21世纪高等院校教材

矿产资源勘查学

（第三版）

阳正熙　高德政　严　冰　编著

科学出版社

北京

内 容 简 介

本书从成矿规律、成矿模型、勘查模型、成矿预测方法以及勘查项目等方面系统论述了靶区圈定战略；从遥感技术和矿产地质填图、地球物理、地球化学以及探矿工程方面详细阐明了现代矿产勘查技术体系；从矿产勘查阶段和资源量/储量分类系统、勘查工程的总体部署、矿产取样、综合地质编录以及资源储量估算等方面全面归纳了矿产勘查的方法学体系。本书既强调基本概念、基本理论和基本技能，又注重融入综合分析、创新思维和前沿成果。

本书可作为资源勘查工程专业和地质学专业本科生和研究生的教材，也可供从事矿产勘查方面的研究人员和工程技术人员参考。

图书在版编目(CIP)数据

矿产资源勘查学/阳正熙，高德政，严冰编著 .—3 版 .—北京：科学出版社，2015.1

21 世纪高等院校教材

ISBN 978-7-03-042795-3

Ⅰ.①矿… Ⅱ.①阳…②高…③严… Ⅲ.①矿产资源-地质勘探-高等学校-教材 Ⅳ.①P624

中国版本图书馆 CIP 数据核字（2014）第 300454 号

责任编辑：文 杨/责任校对：胡小洁

责任印制：张 伟/封面设计：陈 敬

科学出版社出版

北京东黄城根北街 16 号

邮政编码：100717

http://www.sciencep.com

北京虎彩文化传播有限公司印刷

科学出版社发行 各地新华书店经销

*

2006 年 3 月第 一 版 开本：787×1092 1/16

2011 年 2 月第 二 版 印张：25 1/2

2015 年 3 月第 三 版 字数：635 000

2023 年 1 月第八次印刷

定价：79.00 元

（如有印装质量问题，我社负责调换）

第一作者简介

阳正熙　成都理工大学地球科学学院资源工程系教授、博士生导师。1973～1976 年在长沙冶金工业学校矿山地质专业学习；1982 年获成都地质学院矿产地质与勘探专业学士学位；1988 年获中国地质大学矿产普查与勘探专业硕士学位；1996 年获成都理工学院矿床学专业博士学位。1990～1991 年以访问学者身份在英国威尔士大学加的夫学院学习矿产勘查哲学；1997～1998 年以高级访问学者身份在加拿大麦吉尔大学专修经济地质学；2001 年在英国埃克塞特大学进修矿山环境保护；2001～2002 年在美国亚利桑那大学研修神经网络在地学中的应用技术。主要研究领域包括矿床学和矿产勘查地质学。

第三版前言

本书第三版遵循的思路是，继续提升其理论性、综合性、实用性和可读性，努力打造既适合于资源工程专业（固体矿产方向）本科和研究生的专业教材，又可作为其他地矿类专业教学以及野外地质勘查工作者的参考书。本次修改和补充的重要内容包括以下几个方面。

（1）在第12章中对“联合国分类框架”（12.1.1节）的内容进行了更新；将原第16章16.2.6节“矿体空间连续性”的内容调整至第12章作为12.3节。

（2）在第16章中删去了“特高品位问题”一节（原16.2.5节）和“矿体空间连续性”（原16.2.6节），补充增加了“资源储量类别的确定”一节内容（16.2.5节）。

（3）第17章作了比较大的调整：①将“空间内插方法”（原17.1.5节）的内容充实后单列为17.2节；②补充增加了“矿石品位数据的探索性分析”的内容，将其列为17.3节，“特高品位问题”也归入本节的内容中；③补充了“距离倒数加权法”的内容（17.6.4节）；④在“地质统计学方法”一节（17.7节）中补充了点克里金、块克里金、克里金方差的原理和计算过程。

（4）每章后面都增加了讨论题，这些讨论题一般都没有标准答案，适合于兴趣小组课外交流和讨论。

（5）考虑到教学的时效性，在第1章中删去了铁矿石价格博弈的案例（案例1.1）。由于在17.3.3节中讨论了“支撑”的概念，在第17章中删去了“支撑对矿床（体）品位-吨位的影响”（原17.7.4节）。

（6）其余各章也都作了相应的补充修订，力求概念准确、表述清晰、内容完整。

矿产资源勘查学是一门极具综合性和应用性的专业课程，建议在理论教学过程中采用多样化的教学方式，围绕重点、突破难点、引发思考、启迪思维、培养创新意识，教学目的是为学生建立起矿产资源勘查的方法、理念、知识与框架。为方便与使用本教材的教师进行教学交流，笔者可提供自己在长期教学过程中使用的ppt课件，有需求者可向本书责任编辑索取。第三版不再附课程设计实训材料的光盘。

矿产资源勘查是一个从未知到已知的探索过程，建议同学们在阅读本教材的过程中不要浅尝辄止、一知半解，也切忌死记硬背、囫囵吞枣。先从头至尾通读一遍，初步建立矿产资源勘查的理念知识框架；读第二遍时对重点章节内容仔细揣摩，进而获取这些知识的背景，理解应该采用什么样的逻辑和方法解决矿产资源勘查中的复杂问题，培养分析问题和解决问题的能力；读第三遍温故知新，触类旁通，从而收获具有很强生命力和持久性的知识体系；更深入地阅读则有可能形成自己的思想。

在第三版修订的过程中参阅并引用了国内外大量优秀的文献资料，谨向这些作者表示崇高的敬意和诚挚的感谢！本书第三版的出版得到四川省“十二五”规划教材出版基金的资助，第三版新增图件由李静静和李文娟绘制，谨借此机会表示衷心的谢意！

阳正熙

2014年7月19日

第二版前言

本教材第一版自 2006 年出版后，已连续印刷 6 次，发行量接近 9000 册。这组数据承载着的是读者对本书的厚爱，也是对笔者的鞭策。

时过四年，矿业全球化以及世界经济的深刻变化对于矿产资源勘查领域产生了重大的影响。与此同时，高等教育教学改革也在稳步深入推进，矿产资源勘查学的课程内容和知识体系也需要跟上时代发展的步伐。为此，本书在第一版的基础上进行了如下重要的修改补充：

(1) 对第二部分矿产勘查应用技术的内容进行了显著扩充，其思路是力图将矿产资源勘查学打造成一门综合性课程。笔者在教学研究和实践过程中体会到，对于资源勘查工程专业而言，独立开设遥感、地质填图、地球物理、地球化学等勘查技术课程不仅要受到课程学分方面的约束，而且其教学效果也低于预期。如果把矿产资源勘查学作为综合性课程开设，不仅能够减少课程的门类和学时，有利于为学生腾出更多的时间学习通识课程，而且打破了学科之间的界限，有利于培养学生对矿产资源勘查的整体认知能力。

(2) 补充前沿性和先进性的知识，注重体现与国际接轨的思想。体现在将原第 11 章矿产勘查阶段拆分为第 11 章矿产勘查阶段和第 12 章固体矿产资源/储量分类系统，并在第 12 章中介绍了国际上主要的资源/储量分类系统以及我国 2009 年新修订的《固体矿产资源量/储量分类》；将原第 15 章拆分成现在的第 16 章矿体圈定和第 17 章资源储量估算方法简介，在第 16 章中增加了矿体连续性的内容，第 17 章中补充了 SD 法、地质统计学方法、品位-吨位曲线，以及资源储量精度等方面的内容。

(3) 增加了课程设计的实训材料，并且以光盘的形式储存。实训过程主要利用中国地质调查局开发的软件来实现，目的是为教学提供方便。课程设计的内容由高德政教授和严冰讲师完成。

(4) 其余各章节也都作了相应的补充和调整，进一步丰富了本教材的内涵。

在第二版修订的过程中参阅并引用了国内外大量优秀的文献资料，谨向这些作者表示敬意和诚挚的感谢！第二版的出版得到成都理工大学教材出版基金的资助，书中部分图件由孙萍女士绘制，谨借此机会表示衷心的谢意！

笔者对本教材第一版中存在的个别疏漏向读者深表歉意！

阳正熙

2010 年 8 月

第一版前言

矿产资源是人类社会发展的物质基础，人类文明从新石器时代、铜器时代、铁器时代至工业化时代的每次跨越，都伴随着矿产资源利用技术水平的飞跃，人类在开发利用矿产资源的进程中，逐步积淀了勘查矿产资源的知识，发展成为矿产勘查学。

矿产勘查学最早的知识体系是苏联学者 V. M. Kreiter（1931）根据苏联执行第一个五年计划在矿产勘查方面积累的经验总结成《矿床找矿勘探方法》；1940 年，由 Kreiter 撰写的《矿床找矿勘探学》教材出版，该教材的修订版（上册）在 1961 年、（下册）在 1962 年出版。一些国际上有影响的矿床勘查学优秀教材还包括捷克斯洛伐克布拉格大学 M. Kuzvart 等（1978 年第一版，1986 年第二版）的《矿床找矿与勘探》、美国亚利桑那大学 W. C. Peters（1978 年第一版，1986 年修订版）的《矿床勘查与矿山地质学》、原英国威尔士大学加的夫学院 A. E. Annels（1991）的《矿床评价》、英国雷斯特大学 A. M. Evans（1995）的《矿产勘查学导论》及其由 C. J. Moon 等（2006）修订再版的《矿产勘查学导论》，以及加拿大不列颠哥伦比亚大学 A. J. Sinclair 等（2002）的《应用矿产资源储量估计》等。

在我国，矿产资源勘查学作为一门独立的应用地质学学科，可以追溯到 20 世纪 50 年代。最早在地质院校设置的课程名称为“找矿与勘探及编录、取样、储量计算法”，后来调整为“找矿勘探方法”、“找矿勘探地质学”、“找矿勘探学”、“矿产勘查与评价”、“矿产勘查学”，以及“矿产资源勘查工程学”等。最初的教学内容主要是借鉴苏联的教材以及苏联专家在华培训讲学的讲稿。国内比较有影响的教材包括：原重工业部（1954）汇编翻译的《找矿勘探理论和方法，苏联地质专家讲课汇编》、原成都地质学院与原昆明工学院（1980）的合编教材《找矿勘探学》（上、中、下）、侯德义（1984）主编的《找矿勘探地质学》及其由李守义等（2003）修订再版的《矿产勘查学》、赵鹏大等（1986）的《矿产勘查与评价》及其 2006 年修订再版的《矿产勘查理论与方法》、徐增亮等（1990）的《铀矿找矿勘探地质学》、阳正熙（1993）的《矿产勘查中的现代理论和技术》、范永香等（2004）的《成矿规律与成矿预测学》等。

30 余年来对矿产勘查的学习理解、课堂讲授、野外实践，笔者深深体会到，矿产勘查中充满着科学性、综合性、复杂性、变化性和艺术性的问题，这意味着在矿产勘查工程学课程的训练过程中，必须强调对学生进行创造性思维能力的培养。

矿产勘查最重要的环节是选准勘查靶区，本书的第一部分即是围绕这一主题展开的，包括第 2、3、4、5、6 章的内容。第 2 章主要论述成矿作用的地质规律，其目的是要阐明在哪个地质时期、在什么构造部位可能产生成矿物质的富集，从而为成矿预测奠定理论基础。矿产勘查思维需要借助于成矿模型来表达，因而在第 3 章中详细地阐述了成矿模型的概念以及描述性模型、品位-吨位模型，以及矿床成因模型的功能和应用。勘查模型在第 4 章中进行专门论述，其目的是要突出矿床类型的信息特征以及识别这些特征相应的勘查手段。第 5 章涉及了圈定勘查靶区的具体步骤和主要方法。第 6 章论述了建立勘查项目的战略考虑和哲学思想。

第二部分共有 4 章，重点论述矿产勘查应用技术体系。在第 7 章中介绍遥感地质及矿产地质填图；第 8 和第 9 章分别阐述了地球物理和地球化学勘查技术的原理、方法，以及适用条件等方面的内容；第 10 章着重讨论探矿工程在矿产勘查中应用的技术问题。

第三部分的内容涉及矿产勘查方法系统，分成 5 章进行讨论。第 11 章阐明了矿产勘查阶段的划分以及各阶段主要的工作内容，并且详细介绍了矿产资源储量的分类系统；第 12 章论述了矿产勘查工作总体部署的指导思想和技术路径；第 13 章阐述了矿产取样的原理、思路和具体方法；第 14 章介绍矿产勘查中一些主要的综合图件的内容和编制方法；第 15 章专门介绍固体矿产资源储量估算方法的原理和步骤。

为了系统培养学生的实际动手能力和综合分析问题解决问题的能力，本课程安排了课程设计的内容。课程设计要求学生根据一个地区的基本地质资料确定矿种和目标矿床、圈定勘查靶区、建立勘查模型、进行项目设计、原始地质编录和综合地质编录、估算资源储量，最后提交勘查报告。课程设计说明书将与本教程配套。

本书力图反映近年来矿产系统勘查理论研究方面的主要成果以及综合勘查方法所涉及的最重要方面。的确，我们对于矿产勘查活动的认识在好多方面仍然是不全面的，我们需要不断更新知识、创新思想和发展理论。本书的编著只是一种新的尝试，作为教材，希望它能为学生搭建起矿产勘查知识的平台；作为参考书，希望它能为常年坚持在野外第一线辛勤工作的地质勘查人员提供理论和技术指导。然而，由于学时（篇幅）的限制，一些内容（如矿床统计预测方法、地质统计学等）不得不尽量压缩，一些内容（如原始地质编录）则需要放在课程设计中去完成。由于笔者才疏学浅，书中难免存在不完善甚至谬误之处，恳请矿产勘查界专家、同仁和同学们批评指正！以便有机会修订再版时改进。

本书在编写过程中参阅并引用了国内外大量的相关资料，这些优秀的参考文献给了笔者巨大的启迪和帮助；本书的出版得到成都理工大学教务处的资助，谨借此机会一并致以最诚挚的谢意！

阳正熙

2005 年 12 月 1 日

目　　录

第一部分　靶 区 圈 定

第二部分　矿产勘查应用技术

第三部分　矿产勘查方法

第1章 绪　论

1.1 矿产勘查的目的和性质

1.1.1 矿产勘查的目的

矿产资源是人类的宝贵财富，具有难以发现和不可再生的性质。矿产勘查是为发现和获得这些矿产资源而进行的科学调查活动。它是在区域地质调查的基础上，根据国民经济和社会发展的需要，综合运用地质科学理论及多种勘查技术手段和方法对工作区的地质特征和矿产资源所进行的系统研究。

矿产勘查包括寻找、发现、证实和评价矿床。矿产勘查的主要目的是合理地使用资金和时间、运用有效的技术手段去成功地发现和探明矿床。

1.1.2 矿产勘查成功的定义

矿产勘查中的成功可以从两个主要方面进行定义：科学和技术意义上的成功及经济意义上的成功。

科学和技术意义上的成功表现为发现了值得进一步查明其经济潜力（吨位和品位）的矿化富集体或者圈出了重要的矿化异常。在此基础上，进一步的勘查验证将有三种可能的结果：①非经济的成功，即在可预见的未来，所发现的矿化体如果开采是不能盈利的；②次经济的成功，即在当前经济技术条件下所发现的矿化体暂时不能开采利用，但随着技术的进步或经济环境的改善，次经济的资源可能成为经济上可利用的资源；③经济上的成功，即所发现的矿化体能满足当前经济技术条件下进行盈利开采所需要的全部条件，这类矿体（床）通常称为工业矿体（床）。

科学和技术上的成功取决于两个关键的要素：存在和探测。在一个限定地区内矿床的存在与否是一种自然状态，这就是说在无矿的地区无论勘查理论和手段多么先进也不可能找到矿，因此，勘查工作最重要的是选准靶区。探测则在很大程度上取决于勘查工作的质量，这意味着：①选择最适合于目标矿床类型及其环境的技术和方法；②合理地计划和组织勘查工作，包括进度安排及其逻辑性；③合理地利用好风险资金。

经济意义上的成功依赖于另一个关键要素——矿床的经济价值；其意义是使科学技术上的成功转化为经济上的成功。矿床经济价值仅部分取决于矿化体的自然状态，即矿化强度和范围，同时，它还包括了许多其他因素，如地理因素、经济因素、财政因素及政策和法律法规因素等。

如果考查近些年来重要矿床的发现，不难看出矿产勘查的成功主要来自以下两方面的因素：

（1）地质人员在以前没有人勘查过的地区进行找矿。这可能是由于历史原因，以前这一地区交通不便，然而，更主要的原因可能是以前没有人意识到这个地区的找矿潜力。

(2) 地质人员认识了难以识别或者非典型的矿化标志。主要的原因可能是前人已经观测到这些矿化特征但否定了它们的价值。

逻辑思维在矿产勘查中固然十分重要，但促使矿产勘查取得成功的关键要素往往是横向思维。在矿产勘查中，所谓横向思维指的是这样一种思维意识能力：①采用新的视角理解所熟悉的岩石和地质环境；②质疑所有的假设（尤其是自己提出的假设）和已被接受的观点；③知道什么时候追随预感。

1.1.3 矿产勘查性质

矿产勘查主要是一种经济活动，更确切地说，是一种特殊的投资形式。促进矿产勘查活动不断进行的原因是：①已知矿产储量不能满足当前或可预见未来的经济发展要求，急需寻找新的资源储量；②人们总想找到比目前正在开采或拥有资源储量的矿床更能获利的矿床，即生产成本较低和（或）品位较高的矿床。但在实际工作中，大多数勘查项目多难以发现具有经济意义的矿床，因此，其项目的最初投资就难以回收，更不用说赚取投资利润了。对于国外一些私营勘查公司来说，矿产勘查的大部分盈利来自少数重大矿床的发现。

矿产勘查是一个动态的过程，它将随着矿产品价格和消费者的需求、采矿和矿石加工技术、政府的矿业政策及新的勘查技术和地质理论等因素的变化而变化。

由于矿产勘查基本上是一种经济活动，因此，技术发展和政府的矿业政策对于矿产勘查的整个水平和发展方向有着极大的影响。矿产勘查的一次热潮一般开始于某种刺激因素，如矿产品价格的上升、新矿床类型的证实，或者在以前被认为缺乏矿产资源的地区取得重要突破等。一次勘查热潮，常常可导致许多重大发现。由于新发现的矿产原料看来已经过剩，或者随着本地区勘查的深入发展，目标矿床发现率显著降低，或者在新的地区发现了更容易探明的矿床，致使勘查目标转移，于是矿产勘查的一个周期宣告完成，与此同时，新的勘查热潮将再度兴起。

世界矿产品市场巨变始于 1974 年，由于供小于求，1973～1974 年石油价格急剧上升，其他矿产品价格也相继上涨（尤其是 1979～1980 年），并由此导致了 20 世纪 70 年代后期矿产勘查活动的繁荣兴旺。同时，也促使人们更合理使用矿产资源，更广泛地回收金属，以及发展塑料、金属陶瓷和玻璃材料来代替一些传统的矿产资源。

上述状况导致了两方面的后果：一方面，矿山建设和开发的速度加快；另一方面，消费却停滞不前，矿产品过剩，价格暴跌，矿产品输出国也因此而失去了重要的外汇来源。于是又迫使许多矿山关闭，采矿公司关、停、并、转；对地质勘查而言，除金矿勘查仍然方兴未艾外，其他许多金属矿产勘查活动锐减，直到 1997 年矿产勘查投资才回升至高位。

由于随后几年金属价格暴跌，大部分采矿公司持续削减生产、一些矿业公司并购，以及许多初级公司缺乏资金，导致勘查投资连续 5 年下降，并且在 2002 年降到了 12 年以来的最低点。这轮矿产勘查周期于 2002 年探底，之后，由于黄金价格的不断攀升以及股市持续多年的牛市，共同促使其他大多数金属的价格在 2007 年和 2008 年早些时候达到高峰，大型采矿公司每年勘查投资的增加和初级勘查公司投资的急剧增加推动世界矿产勘查投资（不包括铀矿）创造了 2008 年的历史新高。然而，伴随着世界陷入近十年以来最坏的经济状况，金融市场也遭遇低迷，矿业市场这几年的繁荣期至 2008 年 9 月进入了新一轮的调整期。尤其是从2012年开始，随着全球矿产品需求持续萎缩，矿业投资强度显著削减，大宗商品及主要矿产品价格呈现高位下行态势，我国矿业与全球矿业一样，进入了行业的低迷期。未来十年，随着世界经济的复苏，尤其是国内经济的稳步增长，必将推动矿产品需求持续增加，矿产勘查将会迎来新一轮的发展机遇。在机遇与挑战并存时期，中国矿业要实现可持续发展，必须实施创新驱动战略，借力改革，进行结构优化调整，坚持长远布局；加强对市场的研判，并根据市场的变化调整布局，培育适应矿产勘查需要的各类市场主体；进一步鼓励和引导企业放眼未来，提升矿产勘查企业的差异化竞争能力，引导国有地勘单位与矿业公司通过并购重组来组建我国大型跨国矿业企业，打造中国矿业经济升级版。

1.2 矿产勘查所面临的形势

1.2.1 国家矿产资源安全的基本概念

在未来100年内，我们的矿产资源也许还不会枯竭，但可以预料，随着技术、经济等各方面的发展和变化，有的矿产品可能在利用上受到限制，有的则会大力发展，当然也可能会有新的突破。保证适应形势需要，提供足够的、长期稳定的、经济上可接受的矿产资源是地质、采矿、选冶工作者的光荣任务。

随着我国经济的持续高速发展，我国部分重要矿产资源保障程度不断降低，特别是石油、铀、铁、铜、铝土矿、锰、铬、钾盐等大宗矿产自给不足，供需缺口持续扩大，矿产品进口量大幅攀升，矿产资源对经济增长的约束日益加剧，直接影响国家经济全局的稳定。我国已成为全球矿产资源第一大消费国，“中国需求”、“中国因素”被列为影响国际矿产品市场未来价格走势的首选因素之一，中国需求量的每一次微小的变化，都会引起矿产品价格的重要波动。城镇化是刺激中国内需的核心动力，李克强也曾多次强调，城镇化是未来中国经济增长的动力；根据中国社会科学院发布的《2013中国中小城市绿皮书》，至2020年中国的城镇化率将达到60.34%，届时全国将有8.37亿人生活在城镇中。毫无疑问，城镇化进程的加快以及城市化质量的提升都将导致对金属需求量的显著增加。

以铜为例，2011年，铜精矿进口量占国内总供应量的68.5%，且呈现上升趋势；我国的铜精矿需求量约占全球总需求量的50%，目前精炼铜的年需求量已接近1000万t，接近世界铜年产量的50%，较10年前翻了两番。根据工业化、城镇化与铜消耗量的已知关系推算，至2020年我国铜的年需求量将达到1330万t，世界铜产量将达到3700万t，约占世界年产量的36%。再以BHP公司在智利北部的Spence铜矿山为例，其年生产能力为20万t铜，按此估算，中国新增的铜消耗量将要求勘查界探明约17个生产规模与Spence相近的铜矿床。

国家资源安全问题是指一个国家因其社会经济发展所需要的自然资源受到某些因素（如资源枯竭、国际市场资源价格变动、生态环境破坏等）的干扰而不能获得持续、稳定、及时、足量的供给并导致一定程度的威胁和损害的状态（成升魁等，2003）。根据世界各国关于矿产资源生产和消费的水平，大致可以划分出矿产资源生产国和消费国。为了保证各自的国家利益，矿产资源生产国通常采取确保矿产资源稳定需求、足量供给的战略，具体对策主要包括：①动用剩余生产能力及调节生产配额来调节资源供应，并通过提高资源价格来实现最大利润；②建立矿产资源现有产业和产品销售网络。

矿产资源消费国往往认为：为保证国家矿产资源安全，不仅要保障资源进口数量的相对稳定，而且要保证控制矿产品市场并维持低价位；其安全战略一般是采取保证通过多渠道以可接受的矿产品价格获取足量资源来满足国民经济的持续发展。具体对策包括：①建立矿产资源战略储备以应付短期矿产资源短缺的威胁；②开发替代产品；③发展循环经济，提高资源利用效率；④增加矿产资源勘查和开发及技术创新的力度，降低对矿产资源进口的依赖性。

资源竞争是当今世界各国竞争的重要形式之一。地球上储存的资源相对有限，缺乏资源会严重影响一个国家的发展及竞争力，因而当前许多国家都在围绕资源展开激烈竞争。第一次、第二次世界大战，一定意义上说就是资源争夺大战。这种战争至今仍然以不同形式在世界的局部地区进行。

目前，我国重要矿产资源储量增长相对缓慢，矿产勘查难度不断增大，隐伏区、深部区等找矿方法尚未有效突破，一大批老矿山可采储量急剧下降，矿产资源勘查开发接续基地严重不足，一些重要矿产资源储量消耗快于资源储量增长。由于我国长期形成的粗放型增长方式和结构性矛盾尚未根本改变，矿产资源开发利用粗放浪费，综合利用率较低，矿山布局和结构不尽合理，矿产开发小、散、乱和矿山环境破坏等问题突出，加剧了资源供求紧张状况。

外部环境复杂多变，矿业合作挑战加大。全球矿业市场活跃，资源配置和矿业全球化趋势明显，为我国利用国外资源和市场提供了难得的机遇。但市场竞争日趋激烈，矿产品价格大幅波动，境外勘查开发矿产资源和进口矿产品成本增大。加之我国资源战略储备能力不足，有效应对资源供应中断和重大突发事件的预警应急能力较弱，矿产资源安全供应面临更大的挑战。

经济社会对于矿产资源巨大的需求，矿产资源保障能力的下降，呼唤着地质找矿必须取得重大突破。正在市场化道路上摸索的国有地勘单位，站在了保障国家资源安全的最前沿。

1.2.2 矿产资源的可持续发展

20世纪末，广为世界各国接受的社会经济发展的一个重大问题是：地球资源是有限的，这些资源的开采应以一种不损害子孙后代利益的方式进行，实现社会经济的可持续发展和资源的永续利用。就矿床开采而言，可持续发展的概念意味着未来的社会和经济实践应当努力维护矿产资源的保障能力，既要满足当代，还要满足子孙后代的需求。事实上，由于矿产资源的稀缺性和不可再生性，随着世界人口的急剧增加，保障矿产品长期稳定的供应是一个十分艰巨的任务，要求我们更好地认识地球系统、更有效地循环利用现有资源，以及对于处于枯竭边缘的资源寻找替代资源。

矿产资源永续利用的条件是不可再生的矿产资源消耗量要得到大致等量的新增资源储量的补充，即实现保有资源储量的动态平衡。这是矿产资源可持续利用的充分必要条件，也应成为矿业可持续发展的重要指标之一。

通过全球资源的优化配置，建立稳定、安全和经济的供应体系，满足我国全面经济建设对矿产资源的需求；通过开源节流，在满足当代人需求的同时，也保证我们的子孙后代发展的需求，实现资源利用上的大致公平；通过高效利用，将矿产资源的优势转化为经济优势，带动地区发展，实现地区间发展的公平性；通过战略储备，降低突发事件和国际市场价格波动对中国的影响，保障国家经济安全；通过科技进步，提高矿产资源的利用效率和效益；重视灾害预防和环境保护，实现资源、环境与社会经济的协调发展和良性循环（周宏春，2003)。

遵循地质规律，依靠技术创新促进转变矿产资源开发利用方式，合理开发和高效利用资源；以科学发展观引领绿色矿业的发展，着力实现矿产资源开发的经济、环境和社会效益相协调，实现经济发展与保护资源双赢。

我们必须加快了解我国乃至全球矿产资源分布的步伐，只有当我们具有了比需要开发的矿产更多的矿产资源开发备选基地，才能实现矿产资源可持续发展。

1.2.3 矿产勘查所面临的形势

按其与地表的关系可把矿床分为以下三类。

(1) 露头矿（outcropped orebodies)：矿体本身或上部氧化带出露地表。

(2) 隐伏矿（concealed orebodies)：矿体曾经由于地壳抬升出露地表但后来由于地壳下降而被新的沉积层覆盖，可能导致这类矿体在地表无任何矿化显示。

(3) 盲矿体（blind orebodies)：矿体未直接出露地表但赋存在地表浅部（一般在1km深度范围内)，在地表可能存在与矿体有空间关系的蚀变带或地球化学异常。

寻找露头矿床不需要什么高深的理论和技术手段，只需对当地情况比较熟悉，具备一些简单的矿物鉴定知识就能找到，20世纪50年代以前，国内外发现的绝大多数矿床均属于这类矿床。发现盲矿床则需要借助一定的地质理论和技术手段，由于地表有矿化间接显示，勘查成功的机会仍比较多，70年代以前发现的矿床多属此类。

勘查在地表没有任何可识别矿化显示的隐伏矿床和盲矿床的难度最大，在许多勘查程度较高的地区所面临的任务就是寻找这类矿床，由于这些地区一般都已形成配套的工业基础，因此，寻找这类矿床具有很大意义。

勘查对象从露头矿床到地表只有间接矿化显示的矿床，再到现在和今后需要找寻的地表无任何矿化显示的隐伏和盲矿床的变迁，表现为矿床勘查难度增大，勘查费用增高，而矿床发现率却相对降低。这是矿产勘查地质工作者正面临的严峻的挑战，也面临着观念的转变和知识的更新。

White等（2007）分析了我国矿产勘查的现状后提出：①中国地质条件极其有利于矿产勘查更大的发现；②中国国内大部分地区都存在勘查不足或者未勘查的情况，绝大部分勘查工作中除了地质填图和地球化学测量，较少甚至没有运用过系统的、综合的地质勘查方法。他们认为，按照世界标准，现今中国采用的绝大部分勘查技术和方法都已过时，而且缺乏正确的勘查理念；对大多数地质勘查队伍来说，如地质填图和地球化学之类的基础勘查技术是可以采用的，但是有关矿床模型方面的知识却是残缺的；地面地球物理方法可以用但是费用较高，所以没有被普遍应用；航遥技术难以应用，质量较差。根据他们的结论，中国矿产勘查和采矿产业至少和世界水平相差了50年。

近30年来，我国地质矿产勘查（简称地勘）行业经历了一系列重大变动和改革，在多年的发展实践中，也陆续发现和出现了一些新的情况和问题。为了适应我国地质找矿工作面临内外环境的巨大变化，国土资源部于2009年在全国范围内开展了“地质找矿改革发展大讨论”，从思想观念、体制机制、规范标准等层面进行了系统的梳理，在思想观念方面、在体制机制方面、在实际工作等方面都程度不同地取得了新进展。目前，《矿产资源管理法》正在加紧修订，《全国矿产资源规划（2008～2015）》以及《国土资源部关于构建地质找矿新机制的若干意见》等一系列重要文件已发布实施，这些都标志着我国适应社会主义市场经济体制要求的矿产资源勘查、开发利用宏观调控机制的初步建立，矿产资源管理法律制度日趋完善。

为了贯彻落实《国家中长期科学和技术发展规划纲要（2006～2020年）》，加强对矿产资源科技的宏观指导和政策引导，科技部会同国家发展和改革委员会、国土资源部、国家能源局于2009年联合制定了《固体矿产资源技术政策要点》，提出了包括开展战略性矿产资源勘查评价，建立资源高效开发和利用先进工艺技术系统，发展大型高效节能矿山设备，发展矿山生态环境保护技术，完善矿山灾害控制和预防体系，发展基础及前瞻性应用技术等七个方面涵盖了60个领域的发展战略。

解放思想、转变观念是矿产勘查取得新的改革和发展的动力之源。在矿业全球化的趋势下，深入了解矿产品及其下游产业链的经济规律和金融知识，认真分析世界矿产品市场的复杂变化，及时捕捉各种信息，对制定对策、延长重要战略机遇期的时效，以及确定矿产资源勘查技术路线等都具有十分重要的意义。

《全国地质勘查规划》（国土资发〔2008〕53号）文件指出：我国城镇化和工业化进程加快，资源供需矛盾更加突出，环境压力不断增大；全球矿业形势步入全面复苏阶段，矿业市场活跃，资源跨国竞争日趋激烈。地质勘查工作面临前所未有的发展机遇和挑战。在《全国地质勘查规划》中确定了我国2010年和2020年地质勘查工作目标，以我国区域地质特点、地质勘查工作程度、资源禀赋条件为基础，根据国家区域发展战略和经济社会发展对地质勘查工作的需求，分别从宏观、中观等不同的尺度，勾画了我国今后地质勘查工作的总体布局。进一步确立了企业在商业性勘查中的主体地位，明确了市场在矿产勘查要素配置中的基础性作用，加强了政府对商业性矿产勘查的宏观调控和引导，从而达到规范勘查市场行为和改善市场环境的目的。其根本目标是形成促进实现矿产勘查的新机制，提高地勘单位核心竞争力。

面对找矿突破的挑战和事业单位分类改革的推进，我国国有地勘单位正面临思维转换和战略发展的新机遇，顺势而为，应对挑战的一些举措可能应该包括：①需要培育和激活矿产勘查市场；②需要提高勘查效率；③需要找到降低发现成本的方式；④需要明智地知道在什么部位进行钻探；⑤需要建立一个可持续发展的行业；⑥勘查的国际化对于把勘查经费花在哪儿有重要的影响。

中国地质调查局汪民局长2014年7月4日在中国矿业联合地质勘查协会第三次会员代表大会上的讲话中强调，地勘单位要改变传统的人才培养、引进、使用观念，充分尊重人才、保障人才权益、激发人才创造活力，着力培养一批创新性、复合型人才和领军人才，打造一批肯干事、能干事的队伍。不断增强地勘队伍的市场竞争力。

1.3 矿产勘查中的风险

矿产勘查属于风险性很高的事业。有人把矿产勘查比喻为人类活动中最大的赌博，这是因为，如果勘查项目取得成功，其所包含的经济报酬将大于许多其他行业所期望的经济报酬；但同时矿产勘查失败的概率也相当高，倘若失败，则会导致重大的经济损失。然而，矿产勘查是人与自然作斗争，在这一过程中，人能充分发挥其主观能动性。

矿产勘查风险来源于地质方面、经济方面以及技术方面，如果到国外进行勘查活动，还要十分注意某些国家政治环境的不确定性。

地质风险与矿床埋藏状况有关，也与勘查靶区的选择有关。更进一步地说，即使发现了矿床，由于矿床内部地质情况的变化，地质风险仍然存在。矿床规模也与风险有关，如果矿床规模小，其整个开采阶段可能都处于矿产品价格低迷时期；如果矿床规模大，其开采阶段可能会跨越一个以上的价格周期，从而在一个或更多的金属高价期受益。所以小矿床的内在风险大于大矿床。

经济风险在所有的经济预测阶段都存在，与对价格、汇率、成本和市场条件等的预测正确与否和是否科学合理有关。矿山开发的经济风险比勘查阶段还要高得多，如果根据不正确的地质资料进行矿山建设，将会造成重大经济损失。

技术风险与矿床开采和选冶技术条件有关。这些风险必须及早考虑，一般可以通过初步验证、半工业性试验等以降低风险。

由于勘查活动是全方位活动，在勘查和开发的过程中，还可能遇到原来被疏忽的因素或难于预料的问题，如经营机制转换，某些政策的改变，整体和局部发生矛盾等。

当人们认识到矿产勘查高风险的规律性时，自然要采取相应的对策。其中一个重要对策是对矿产勘查实行低门槛准入政策。主要表现在以下几个方面：第一，探矿权的取得采用“先来先得”原则（也有例外的情况）。第二，对申请探矿权人的主体不加限制，在市场经济国家，自然人、法人、非法人均可以取得探矿权。第三，探矿权准入成本低，市场经济国家探矿权的准入成本仅体现在租金上，并且探矿权的有偿取得原则也全部体现在这个租金上；租金的费用一般情况下也仅是名义上的，征收的费用很少，美国就是这方面的典型例子（王家枢，2008）。

风险是不利因素，然而，它又是矿产勘查活动的组成部分，因此，为了尽量减少风险程度，缓解其在每个勘查阶段中的有害效应，提高抵御风险的能力，有必要对勘查项目进行风险分析。勘查项目风险分析的目的是揭示风险来源、判别风险程度、提出规避风险对策、降低风险损失。实际操作时可以分为四个步骤：①风险识别，即界定风险源，确定潜在的风险范围；②风险量化，确定事件发生的概率以及可能产生的后果；③风险影响评估和方案选择，定量计算发生风险的后果和选择行动方案；④风险处理计划，描述处理风险的各种方法，并推荐具体的处理风险的行动。矿产勘查过程中除了应综合各种因素认真分析利弊、在风险和机会之间进行权衡外，特别要搞好组织协调工作，以保证勘查活动顺利进行，达到风险最小、效益最高的预期目标。

1.4　矿产勘查地质工作者应具备的素质

矿产勘查难度增大是由于矿产勘查空间从二维过渡到了三维，勘查对象在地表反映的现象与矿床本身之间的距离越来越远；矿化信息由强信息转化为弱信息，由直接信息转化为间接信息。

矿产勘查是一个极具挑战性的行业，矿产勘查工作要取得重大突破，除了改进勘查理论和技术外，提高矿产勘查人员的素质是一个十分紧迫的问题。

Miller（1976）提出了成功的矿产勘查地质人员应具备的素质，按重要性依次为：①良好的身体素质；②创造性；③智力；④乐观主义；⑤坚韧不拔的毅力；⑥不优柔寡断、不盲目崇拜；⑦冒险精神。

朱训（2003）认为矿产勘查地质人员需要智力方面和非智力方面的素养。智力素养包括：①合理的知识结构；②丰富的经验储备；③正确的理性思维；④高超的管理才能。非智力方面的因素包括：①强烈的找矿意识；②无私的奉献精神；③良好的协作道德；④强健的身体素质。

毫无疑问，高级知识人才的能力将决定未来矿产勘查公司的生存和发展。就矿产勘查而言，所要求的高素质地质人才既是精通矿产勘查理论和技术的行家，也是具有项目管理才能的专家，能够强有力地领导自己的团队同心协力地完成所承担的项目。这类人不墨守成规，具有很强的开拓创新精神，善于听取他人意见，懂得扬长避短，是一个地道的综合素质高手。这种综合素质除了包括上述 Miller 所强调的 7 个方面以外，21 世纪的地质勘查人才还要注意培养以下几种能力（阳正熙等，2004）。

1. 创新能力

这里说的创新能力与 Miller（1976）所提到的创造性有所不同，创新能力具体在矿产勘查中表现为想象力。例如，提出新的勘查项目、设想出新的成矿模型和勘查概念，或者对传统勘查方法的更新等。换句话说，矿产勘查中的创新是指用一种独到的方式表述自己的勘查思维，或者采用一种新方法处理老问题。创新的作用在于勘查项目的起点、导致勘查理论的深化、促进成矿理论的完善、形成学术的竞争、引领科学的成矿预测、实现勘查技术的综合应用。具有创新能力的地质人员具有很强的应变能力，能够在复杂的情况下作出正确的判断和决策。因此，创新能力常常能导致勘查项目取得重大突破。

创新是矿产勘查的灵魂，不创新就是重复别人的老路，就是浪费金钱和时间，就是减少以致丧失自己的人生价值。一个人的创新能力是需要培养的，广泛的知识积累，清晰敏锐的洞察力，瞬变现象的捕捉力，关键信息的提取力，复杂事件的分辨力，相关事物的综合力，不同学科的交叉力，灵感思维的爆发力，不屈不挠的坚持力等都是创新能力的基础和要素。要创新，必须要亲自获取数据，识别新现象，提出新思路，运用新方法，采用新技术；要创新，必须熟知前人已有基础和成果，必须不断接受实践检验和印证，必须把握学科发展趋势和前沿，必须不满足已取得的成绩和迷信已有的结论或理论；要创新，必须善于与人合作，必须虚心向别人学习，必须善于吸收别人长处，必须听得进反对意见。

2. 工程能力和团队精神

工程可以广义地定义为把科学知识转化为实际目的的过程。因此，工程的内容不仅包括有形的硬件，而且涉及项目的具体运作方法、组织结构及管理实践。过去我们许多勘查项目的失败是由决策不当或管理不善造成的。工程能够以最少的项目经费、最短的时间获得最好的勘查效果。

团队精神是构成工程能力的一部分。无论是就一个勘查公司还是就一个勘查项目而言，其整体竞争实力表现在人、财、物等方面的综合，但地质勘查人员的能力起着决定性作用。他（她）要充分设计好团队的知识和能力结构，使团队具有技术创新的能力；他（她）还要具备较强的组织和发动能力，领导项目组（团队）全体成员朝着既定目标前进。通过各学科人员密切配合、知识共享，把每个人的聪明才智汇聚成集体的智慧和力量。

为了维持人类文明对矿产资源的需要，必须培养大批有潜在能力的优秀矿产勘查地质工作者，他们肩负着为国民经济建设提供足够能源和矿物原料的光荣而又艰巨的任务。希望有志于矿产资源勘查事业的同学们努力学习本专业及相关领域的专门知识，提高自己在质疑力、观察力、协同力等方面的素质；把握矿产勘查领域的现状和发展趋势，培养自己的战略眼光和全球视野，逐渐成长为矿业界精英。

本章小结

(1) 矿产勘查的成功分为科学技术意义上的成功及经济意义上的成功。科学技术上的成功在于发现值得进一步勘查的矿化或矿致异常，经济上的成功则在于证实了发现的矿化具有工业开发价值。科学技术上的成功需要借助于地质理论和勘查技术手段来实现，而经济上的成功则建立在技术上成功的基础之上。

(2) 矿产勘查是一种投资，矿产勘查活动具有动态性和不确定性的特点。动态性质表现在矿产勘查活动显著地受矿产品价格（供求关系）、科学技术的进步等诸多方面因素的影响，这些因素引领着矿产勘查的发展方向。不确定性说明矿产勘查是一项风险性很大的事业，风险来自于地质方面的不确定性、经济技术方面的不确定性，以及政策方面的变化性。风险是客观存在的，但我们可以通过我们的智慧降低风险。

(3) 实现矿产资源的可持续发展需要我们提供足够的矿产资源储备并保护好环境。

(4) 优秀的矿产勘查地质人员需要具备良好的身体素质、思想素质、业务素质、创新能力及团队精神。

讨论题

(1) 为什么说矿产资源勘查是一个动态过程？

(2) 如何培养正确的矿产勘查思维？

(3) 如何应对矿产资源勘查面临的挑战？

(4) 举例阐述矿产资源勘查的地质风险、技术风险、经济风险以及政治（政策法规）方面的风险。

(5) 在国外投资矿产资源勘查需要考虑哪些方面的风险？

(6) 如何才能成长为一名优秀的矿产勘查地质人才？

本章进一步参考读物

陈毓川，李廷栋，彭齐鸣等. 1999. 矿产资源与可持续发展. 北京：中国科学技术出版社

程裕淇，朱裕生，宋国跃. 2002. 大地中的宝藏——实说中国的矿产资源. 北京：清华大学出版社

王家枢. 2008a. 矿产勘查工作规律性初探（之一）. 国土资源情报，6：2～5

王家枢. 2008b. 矿产勘查工作规律性初探（之二）. 国土资源情报，7：2～5

王家枢. 2008c. 矿产勘查工作规律性初探（之三）. 国土资源情报，8：2～7

王家枢. 2008d. 矿产勘查工作规律性初探（之四）. 国土资源情报，9：2～6

王家枢. 2008e. 矿产勘查工作规律性初探（之五）. 国土资源情报，10：2～9

夏国治，程裕淇等. 1990. 当代中国的地质事业. 北京：中国社会科学出版社

周先民. 2001. 找矿思维方法. 北京：地震出版社

朱训，尹惠宇，项仁杰等. 1999. 中国矿情. 第二卷. 北京：科学出版社

Hall D J. 2006. The mineral exploration business：Innovation required. SEG Newsletter，65：8～15

Miller L J. 1976. Corporation，ore discovery，and the geologist. Economic Geology，71：836～847

White N，Yang K H. 2007. Exploring in China：The challenges and rewards. SEG（Society of Economic Geologists）Newsletter，70：1～15

第一部分　靶区圈定

矿产资源勘查的第一步是选准勘查靶区。工业矿床发现的概率大约只有千分之一，在高风险的条件下，要使勘查成本最低，以便集中资金进一步深入开展工作，就要求在每个勘查阶段的最终结果中可供选择的最佳靶区（机会）尽可能地少，而其他所有靶区都要被否决掉。对非重点靶区尽快加以确定或否决，才有可能把有限的经费投入到最有可能发现目标矿床的地区。选择靶区的技术思路是：在成矿理论的指导下，根据目标矿床形成的地质环境和矿化信息，选择最有利于目标矿床形成的地区。

第 2 章　成矿地质规律分析

地壳本身的结构和构造是极不均匀的，地壳运动及其应力分布也是极不均匀的，由此导致地壳在不同时间和空间上表现出不同的运动特点。认识地壳纷繁变化的运动特点是地球动力学研究的主要内容，也是认识成矿规律的必要前提。把矿床形成环境和构造环境联系起来的目的是了解各种构造环境中形成的岩石的含矿潜力、在构造环境内圈定有利于成矿的部位。构造环境是控制矿床类型、矿床变形及保存潜力的主要因素。

2.1　成矿规律分析

2.1.1　成矿规律分析中的几个基本概念

1. 成矿规律

成矿规律（metallogeny）的研究，强调矿床在空间上和时间上与各种地质特征的关系。地壳中成矿物质的非均匀分布是自然界中的一种客观规律，研究成矿规律就是要探讨成矿物质在地壳非均匀性分布背景下的富集（即具有经济价值的矿床的分布）情况，其目的在于确定在哪个地质时期、在什么构造部位产生了成矿物质的富集，从而圈定出成矿远景区，指导勘查工作决策。

2. 成矿预测

成矿预测（metallogenic prognosis）是为了提高矿产勘查的成效和预见性而进行的一项综合研究工作。其主要过程是根据工作地区内已有的各种地质、矿产、地球物理和地球化学等方面的实际资料，全面分析研究区内的地质特点和已发现的各种矿产的类型、规模及其在时间、空间上与地质构造的关系，阐明其成矿规律，进而预测区内可能发现矿产的有利地段及控制条件，指出需要进一步工作的方向、顺序和内容等，为下一阶段的勘查工作提供依据。

成矿预测的重点是圈定成矿远景区，然后估算远景区内的资源量，即说明矿化规模。根据 1990 年原地质矿产部颁布的《固体矿产成矿预测基本要求》（试行）的规定，成矿预测工作分为小比例尺（1∶100 万～1∶50 万）、中比例尺（1∶20 万～1∶10 万）和大比例尺（1∶5 万～1∶1 万）成矿预测。但也有学者根据预测区范围分为区域性预测和局部性预测（范永香等，2003）；有的根据预测对象分为深部预测、盲矿预测；还有的根据预测方法分为地质统计预测、资源总量预测（赵鹏大等，1994）等。

3. 成矿控制

成矿控制（metallotect）指对一种或多种成矿元素在地壳内或地表富集过程中起重要控制作用的任何地质或地球化学特征。

4. 成矿远景区

成矿远景区（mineral prospect）指根据矿产勘查初步研究圈定的潜在含矿区域或成矿有利地段，又称为成矿靶区。

成矿远景区是三维的，远景区内可能出露有矿化现象、老矿山或者具有与某类矿床形成环境有关的异常特征（一般是借助于遥感技术、地球物理及地球化学的观测结果识别）。远景区是勘查地质人员工作的基本单元，勘查地质人员的工作是确定新的远景区，然后对其进行勘查，其目的是查明远景区内可能存在的矿床。

5. 成矿潜力

成矿潜力（mineral potential）指未发现矿床存在的概率。某个地区成矿潜力是在矿产资源评价阶段得出的结论，其精确性取决于当前科学知识水平和该区勘查工作程度，以及所获得的地学资料的数量和质量。如果该区的地质和矿床类型研究方面取得重要的进展或者获得新的资料，则其成矿潜力应该重新进行评价。

6. 矿点

矿点（occurrence）是勘查程度很低或未做品位和吨位估计的潜在矿床的赋存部位。包括矿化点（ore occurrence）和非经济矿点（uneconomic occurrence）。

2.1.2 成矿规律分析

成矿规律分析（metallogenic analysis）是指查明地壳中矿产分布规律的各种方法的总和。其特点是，把一个个地质现象作为统一整体的各个部分来加以研究，并同时对所获得成果（结论）进行综合。

矿产勘查是一项风险性很大的事业，成功的概率通常被估计为千分之一，即 1000 个异常中可能找到 1 个工业矿床（图 2.1）。在高风险条件下，要使勘查成本最低，以便集中资金进一步工作，就要求在每个勘查阶段的最终结果中可供选择验证的最有成矿潜力的靶区尽可能地少，而其他所有靶区都要否决掉。对非重点靶区很快加以确定或否决，才有可能降低直接的勘查成本。而成矿规律分析就是在矿产勘查过程中充分利用不同地质科学的最新成就和理论来达到上述目的的最有效途径。

地球上不存在完全相同的矿床，然而，深入研究表明，根据矿床的共性可以把全球的所有矿床划分成少数几种类型，如果我们掌握了某个特殊矿床类型的全部特征，包括矿床形成和定位的地质环境以及矿床本身的地质特征，那么，我们就能够根据实际观测资料分析和预测远景区的成矿潜力。

矿产勘查的第一步是要确定工作区，即勘查靶区。所谓勘查靶区是指依据充分收集的地质、构造、蚀变及矿化（点）资料，开展矿床类型和找矿标识研究，对区内物探、化探、遥感等异常进行分析解释，以及野外踏勘或投入极少量工程揭露和控制，圈出的成矿地质条件较有利、与目标矿床成矿模型中的地质环境和矿化特征比较吻合的地段，面积一般在几到几十平方千米。确定为勘查靶区的条件是靶区内发现矿床的概率高于其他地区。

矿床的形成及其定位是多种地质过程综合作用的结果。矿床分布最重要的普遍规律之一

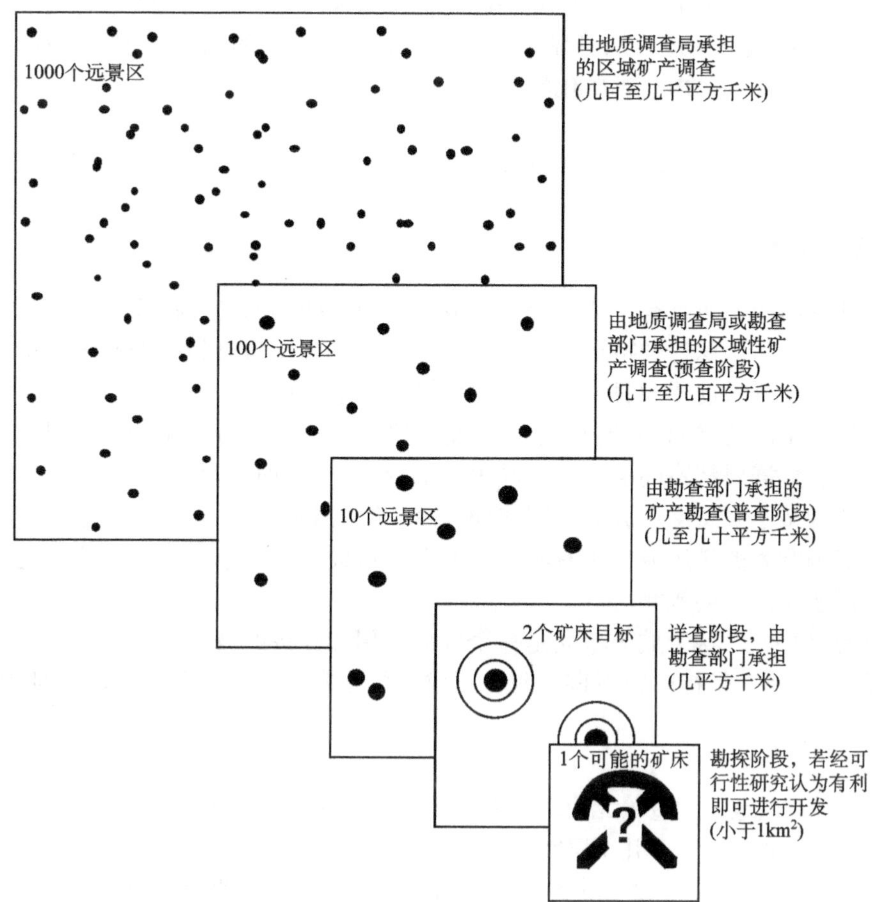

图 2.1　矿产勘查基本过程示意图

是在全球范围内一定矿床组合与一定类型的构造有关，换句话说，一定的地质环境孕育着一定类型的矿床，这是我们进行成矿规律分析的基础。成矿规律分析的主要目的是查明矿床在空间上和时间上的分布规律，并利用这些规律组织和进行矿产勘查工作。

区域性成矿分析的成果通常是确定出成矿省、成矿区或矿田的远景区分布。区域性成矿单元的存在说明了区域地质背景对成矿过程的控制，这些区域规模的控矿因素所起的关键作用是区域成矿分析的主题；区域成矿分析强调矿床之间的关系，致力于探讨导致矿化局部富集的区域地质环境，从而为局部性成矿分析奠定基础。局部性成矿分析的结果则是圈定出目标矿床或矿体的靶区；局部性成矿分析着重于研究矿床地质特征之间的相互关系，从而提供有关矿体及其成矿过程的关键性数据。尤其是利用地质科学和技术的最新成就，在最有利于开发的地理-经济环境中发现新的矿化富集区具有重要意义。

2.2　矿床的空间展布特征

矿床在地质空间上的分布不是随机的，而是不均匀地群集在某些部位。矿化的这种非均匀性聚集是在不同尺度的空间范围内都存在的普遍规律，这种规律虽然是以大量经验实际资料为基础总结出来的，但实质上是展示出矿化的发育受到全球性、区域性，以及局部性地质环境的约束。本节从成矿单元和矿化分带这两个方面来研究矿床在空间上的展布特征（经验规律），2.4 节将以板块构造为例研究全球性构造对成矿作用的约束（理论规律），2.5 节将扼要论述区域性和局部性构造对矿化的制约。

2.2.1 成矿单元

1. 成矿单元的概念

金属在地壳内的分布具有“成群分布、成带集中”的非均匀性特征。地质学家试图不断地应用其技术能力来认识这种特征，以便确定某个地区可作为有利勘查靶区的特殊金属富集区。从矿化的空间分布规律和时间分布规律（见 2.3 节）理解，一定的空间域对应着一定的时间域，而且，不同的空间-时间域内成矿规律的研究和成矿分析的目标是不同的。因此，实际工作中，我们需要从不同层次或不同等级的成矿空间-时间域来研究其成矿规律和进行成矿预测。这种按不同层次划分的空间-时间域统称为成矿单元，它是指含有一组同期的而且具有内在成因联系的矿床或者是有利于这类矿床形成的地质单元。按照这一定义，成矿单元是具有发现矿床潜力的预测区。

朱裕生等（1997）认为成矿单元是一个成矿作用和经济的概念，成矿作用是地质意义下的地质单元；“经济”是指矿床而言。两者在成矿单元划分时，前者为主，同时考虑后者。

2. 成矿单元的划分

苏联学者强调以地质构造单元为基础划分成矿单元（斯特罗纳，1982；斯米尔诺夫，1985；卡日丹，1990）。一般分为以下几个层次。

（1）全球性成矿带：大致与全球性构造带相当，如环太平洋成矿带、古特提斯成矿带等。

（2）成矿省：长期的观测已确立了这样一个事实存在，即同种金属常常在不同的地质时期、由不同的地质作用重复地在同一区域内集中。这虽然是一种经验方式，但它导致了成矿省的概念，即以某一特殊矿物组合或者以一种或多种特殊矿化类型为特征的矿床集中区。张秋生等（1982）把这一层次的成矿单元称为矿化集中区。成矿省的存在表明，成矿过程受区域地质格局控制，这种区域性成矿控制是成矿省研究的重点；区域性矿床分布的研究，强调矿床的内在联系，利于深入了解导致矿化局部富集的区域地质环境。因此，成矿省的概念不仅能够提供金属组合及金属矿床的区域分布、成因等方面的信息，而且也可提供发现新矿床的机会。

成矿省可以看做是地理上定义的整体，在该整体内所有矿床都具有“血缘”关系。成矿省的圈定，通常是根据含相同金属或地球化学行为相似的金属，成因相同的矿床及其远景区的分布。成矿省的规模虽然难以给定具体的尺度界限，但一般认为至少是区域性的。例如，美国内华达州北部的金矿成矿省，葡萄牙与西班牙两国间的伊比利亚火山成因块状硫化物矿床（VMS）成矿省，我国华南钨、锡成矿省等。在许多文献中，长条状的成矿省常常称为成矿带，如安第斯斑岩铜矿成矿带。

（3）矿带：是指具有共同地质构造特征和成因联系的矿床或矿床组合的分布地带。它可以分为以下三种类型。①与一定构造岩相带吻合的矿带，如我国祁连山地区与细碧角斑岩带吻合的黄铁矿型铜矿带；②与一定区域构造断裂带吻合的矿带，如我国湘西黔东的汞矿带；

③与一定大地构造单元边界吻合的矿带，如湘西钨-锑-金矿带。与矿带一致的地质构造单元往往是三级或四级单元。在一些文献中有时把这一层次的成矿单元称为成矿区。

（4）矿结：是矿带或成矿区中矿床较为集中的一部分。

（5）矿田：由一系列在空间上、时间上、成因上紧密联系的矿床组合而成的含矿地区。矿田是矿带中矿床、矿点和物化探异常最集中的地区。

（6）矿床和矿体：它们是具有经济含义的成矿单元。

成矿单元的划分至今没有完全统一。前三个高级别的含矿系统，按其规模属于全球性和区域性系统，其含矿性取决于岩石圈各层的关系、成分和构造；第四和第五级别的系统，其含矿性取决于地壳各层的发育、构造和成分；而矿床和矿体则取决于地壳浅部层位的发育特征。

在上述各级成矿单元中，矿床（体）的分布并不是均匀的，而是呈丛状聚集，矿床常常聚集成矿田、矿田群集成矿结、矿结群集成矿带或成矿省（图2.2）。研究表明，成矿省、矿结、矿田也像矿床一样，可以根据其规模划分为超大型、大型、中型和小型；而且，小型成矿省内以小型矿结、矿田、矿床为主，大型成矿省内多产出大型矿结、矿田、矿床（卡日丹，1990）。

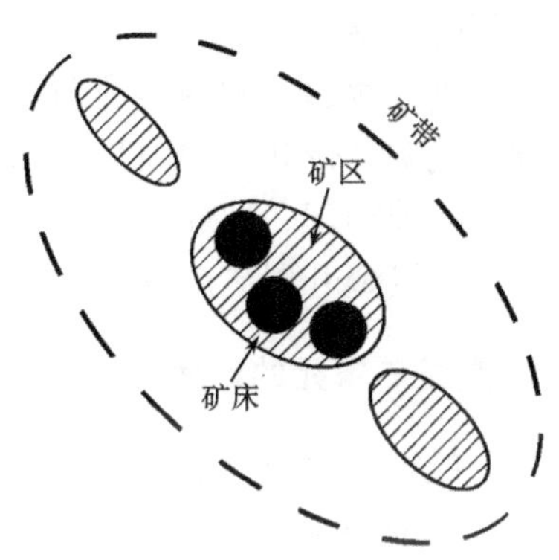

图2.2 成矿单元层次性示意图（Pan et al.，2000）

一个地区如有大量呈星罗棋布式分布的矿点，无论它们是否具有工业价值，对成矿预测来说都是一个有利的勘查标志。众多矿点的分布本身反映出该区属于成矿元素的异常区，而大型工业矿床与中小型矿床及矿点构成“众星捧月”的布局在成矿省内是常见的现象。

3. 我国成矿预测工作中划分成矿单元的原则

国内地质人员习惯将成矿单元称为成矿区带。以成矿理论为指导，采用各种方法进行地质、物探、化探、遥感等多学科、多类别资料的分析处理，识别和提取成矿信息，在研究成矿规律的基础上，划分和标定不同级别的成矿区带，圈出远景区，提出找矿靶区和矿产勘查的工作意见。此类工作称为成矿区划即成矿预测。一般是在区域成矿条件分析基础上遵循下列原则进行成矿区带的划分。

（1）在同一地质构造单元内，采用成矿系列的原则分析不同矿床类型在其发展演化过程中是否有成因联系（是否同期或有物质来源联系）。

（2）确定按矿种还是按矿组来划分。如果一个地区分布着某矿种的不同类型的矿床，彼此之间又有成因联系，那么，就按矿种来划分成矿单元；如果彼此之间不存在成因联系，就应分别按矿床类型来划分；如果一个地区的几个矿种，彼此之间都有成因联系，则按成矿系列来划分。

（3）成矿区带分级。成矿区带分为5个等级：全球性成矿区带为Ⅰ级；跨越数省的成矿区带为Ⅱ级；控矿地质条件相同并有较大展布范围的成矿区带为Ⅲ级；由同一成矿作用形成的成矿区带为Ⅳ级；受局部有利构造、岩体、层位控制的成矿区带为Ⅴ级。

（4）成矿区带的命名。近于等轴状的成矿单元称成矿区，长度与宽度相差悬殊的成矿单元称成矿带。成矿区带的命名采用地理（省、地区、山岳等）名称或大地构造单元＋成矿时代十矿种（或矿组）十成矿区（带）。例如，长江中下游中生代铜金铁铅锌硫成矿带；四川盆地中生代油气盐类矿产成矿区等，诸如此类。

根据上述原则，结合对成矿规律的分析研究，陈毓川（1999）、赵一鸣等（2004）、叶天竺（2004）以及徐志刚等（2008）对我国的成矿单元厘定出了各具特色的划分方案。尽管许多地质学者从不同的角度划分的成矿单元不完全相同，但最终目的都是逐步由面缩小为点，为地质找矿圈定最有可能的找矿空间。

“十一五”期间，我国找矿突破的重点主要围绕西南三江、雅鲁藏布江、天山、南岭、大兴安岭、阿尔泰、西昆仑—阿尔金、北山、秦岭、川滇黔相邻区、晋冀、豫西、湘西—鄂西、辽东—吉南、长江中下游和武夷16个重要金属重点成矿区（带）进行展开。“十二五”期间，我国矿产勘查工作重点部署在阿尔泰、天山、昆仑—阿尔金、北山—祁连、柴达木周缘及邻区、秦岭、西南三江、班公湖—怒江、冈底斯、川滇黔相邻区、大兴安岭、辽东—吉南、晋冀、豫西、湘西—鄂西、长江中下游、南岭、钦杭、武夷山、武当—桐柏—大别20个重点成矿区带和乌蒙山片区。在上述地区，主要依托中央财政资金重点开展区域地质矿产调查、地球物理、地球化学、遥感地质调查、矿产远景调查和评价工作，引导和拉动地方财政、社会资金开展矿产勘查。

4. 研究成矿单元的比例尺

一般说来，研究Ⅱ、Ⅲ级成矿区带可采用1∶25万～1∶100万比例尺的工作；Ⅳ级成矿区带可采用1∶10万～1∶25万比例尺；Ⅴ级可采用1∶2.5万～1∶5万比例尺。

实际上，我们只能根据目前对成矿规律的认识、现有的成矿概念或理论，以及要求区划所解决的问题来划分成矿单元。因此，随着认识的深化以及创新概念和对区划质量要求的提高，原来划分的成矿单元的时空域将会有所变化，而且更趋于合理。

5. 成矿系统

从系统论的观点来分析，成矿单元可以作为一个成矿系统来研究。成矿系统是指在一定空间-时间域中，控制矿床形成和保存的全部地质要素和成矿动力学过程，以及所形成的矿床系列、异常系列构成的整体，是构成成矿功能的一个自然系统（翟裕生等，1999）。根据这一定义，成矿系统研究中包括了控矿要素、成矿作用过程、形成的矿床系列和异常系列，以及成矿后变化和保存4个方面的基本内容，体现了与成矿作用有关的物质、运动、时间、空间、形成、演化的统一性、整体性和历史观。

成矿系统是由相互作用和相互依存的若干要素结合成的有机整体；系统中各要素的相互关联和相互作用即成为成矿系统的结构。一个成矿系统的内部结构通常包括4个部分：①控矿因素；②成矿要素，包括矿源、流体、能量、空间和时间等；③成矿作用的完整过程，包括成矿作用发生、持续、终结及成矿后的变化和保存等；④成矿产物，包括成矿系列和异常系列。有关成矿系统的研究方法可参考李人澍（1996，1999）、翟裕生（1998，1999）、翟裕生等（1999，2004）、於崇文（1998，1999）、汤中立等（1999）、吴言昌等（1999）的著作。

2.2.2 矿化空间分带性

矿化空间分带性是指一系列有成因联系的成矿元素或矿物组合、矿物类型、围岩蚀变等矿化特征在空间上表现出规律性的分布。研究这种规律性分布有助于阐明成矿元素在成矿作用中的演化，提供有关矿化类型、矿石质量，以及矿体延深等方面的重要信息，对矿产勘查具有重要意义。矿化分带既可展现为区域性带状分布，也可表现为局部性带状构造。

1. 矿化的区域性分带

矿化的区域性分带可以表述为相同或相似类型的矿床在空间上呈现区域规模的线状或带状展布，而且，在横向上，这种线状延伸的矿带常常被具有不同矿化特点的另一个矿带所替代。区域性矿化分带又可分为全球性矿化分带和地域性矿化分带。

1）全球性矿化分带

目前关于全球性矿化分带的概念只是在环太平洋矿带的研究中得到发展。C.C. 斯米尔诺夫于 1946 年最早注意到地壳中金属矿床的全球性分布规律，他以环太平洋为例，证明一定的金属矿床是严格地产于这一全球性构造的一定部位。

围绕太平洋水域的环太平洋成矿带的内带以铜矿床为特征，在空间上构成了一个大铜环。它通过日本、中国的台湾岛、菲律宾、苏拉威西岛、新几内亚、布干维尔岛，经新西兰后中断，然后进入美洲大陆，其位置又由智利、秘鲁、墨西哥、美国西部、加拿大科迪勒拉及阿拉斯加东南部的超大型铜矿区所确定；在科里亚克、堪察加和千岛群岛，这一铜环出现中断（伊齐克松，1985）。

大铜环最引人注目的要素之一是南美洲的安第斯段，这个长约 3000km 的带内已经发现了一系列超大型的斑岩铜矿床，而且明显地反映出成矿作用演化的横向分带性（王之田等，1994）。沿太平洋东岸（南纬 22°～31°）为层状和脉型铜矿带，向东过渡为含钼斑岩铜矿带、铅锌矿带和锡矿带。

现已查明，在环太平洋带的内带（近太平洋一侧），其最大特征是产出铜矿床，而其外带（远太平洋侧），最大特征是产出锡矿床。产于内带的矿床中，钨主要以白钨矿的形式存在，而且通常产于多金属矿床中；而在外带的矿床中，钨主要以黑钨矿的形式存在，而且基本上是产于石英脉型矿床中，与锡石共生（谢格洛夫，1985）。

有关全球性矿化分带目前在很大程度上还是处于理论认识阶段，这方面研究还有待于进一步深化。随着数字地球技术的发展和应用，全球性矿化分带将会不断有新的揭示和诠释。

2）地域性矿化分带

地域性矿化分带的特点是，在一定类型的构造环境中不同类型的矿床有规律地呈现带状分布。因此，地域性成矿带的范围一般可以根据区域构造单元环境的轮廓来确定。研究地域性成矿分带除了具有一定的理论意义外，对矿产勘查也具有实际的战略指导意义。

长江中下游铜铁成矿带是地域性分带的一个实例，许多学者都曾对该成矿带内矿床的分布规律进行过深入探讨。常印佛等（1991）将该成矿带划分为 3 个次一级的成矿亚带：①位于北部边缘的滁县—桐城亚带，该亚带内矿化以铜金组合为主，兼有铅锌矿化，几乎无铁矿组合；②中部沿江亚带，该亚带为长江中下游成矿带的主体，以铜、铁、金、银和铅锌矿化为主；③南部溧阳—石台亚带，矿化以铜、钼、金为主，兼有钨、锑和铅锌矿化。此外，常印佛等（1991）和翟裕生等（1992）还阐明了沿该成矿带在纵向上也存在明显的分带性。

2. 矿化的局部分带性

矿化的局部分带性是指矿田、矿床或矿体范围内展现出的分带性。前述的矿化区域性分带主要表现为矿床类型在空间上的交替分带；局部分带性则主要是由矿石矿物或脉石矿物的矿物学特征方面的变化、金属含量方面的变化，或者一定元素之间的比值乃至同一种元素中的同位素比值在不同矿化部位的变化来确定的。此外，局部分带还具有三维的特点（区域性分带也同样具有三维的特点，只是我们在区域成矿分析研究中更多地注意矿床在平面上分布的特点）。几乎所有类型的矿床都可能存在分带性，一些类型的带状分布可能直达矿体（直达矿化中心或矿体根部），只要能够识别出这种分带模型，建立起矿化在三维空间的图像，我们就能够比较准确地对矿体进行定位预测（图 2.3）。

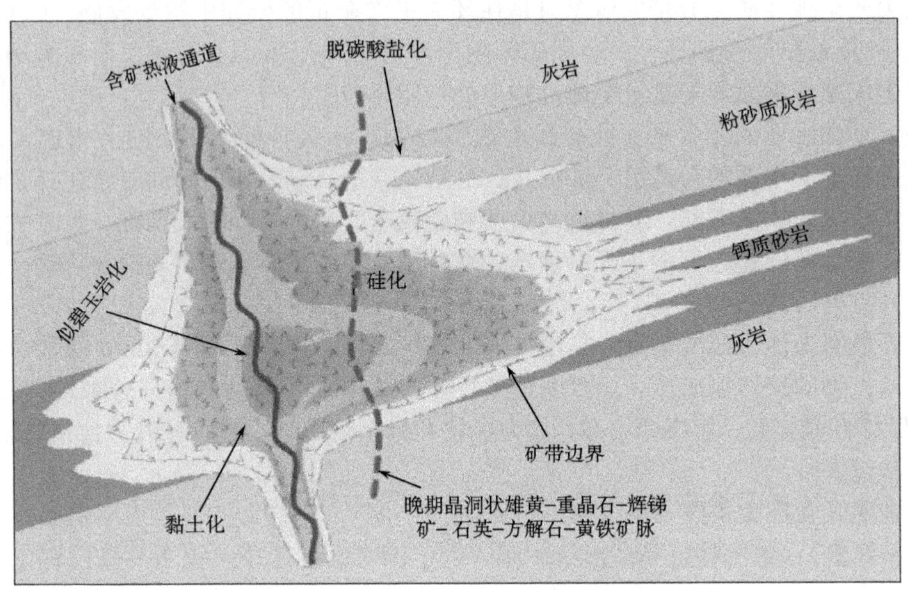

图 2.3 以沉积岩为主岩的微细浸染型（卡林型）金矿床横剖面示意图（Arehart，1996）
图中说明靠近成矿流体补给通道构造附近的围岩蚀变分带和矿化分布特征

2.3 成矿的时间演化规律

众所周知，地球尤其是地壳在地质历史中经历了一个演变序列，这些变化是如此之大，它们必定要对矿化的性质及其范围产生某种影响，具体表现为一定的成矿物质在一定地质时期的某些地区或一定地区的某些地质时期内的富集规律。这种有利于某种矿产或多种矿产富集的地质时间区间称为成矿期（metallogenic epochs）。成矿期的概念不受矿化空间规律的限制，大至全球、成矿省，小至矿床。

2.3.1 全球成矿期

从全球范围考察矿化类型及其样式的变化，可以方便地采用太古宙、元古宙和显生宙的时间区间及其环境来讨论。

1. 太古宙成矿期

太古宙的时间区间为距今 38 亿～25 亿年以前，这一成矿期显著地富集一定的金属矿产，包括金、银、锑、铁、锰、铬、镍-铜以及铜-锌-铁等；显著地缺失另一些矿产，如铅、铀、钍、汞、铌、锆、稀土以及金刚石等。

太古宙存在两个主要的大地构造环境：高级变质区环境和绿岩带环境。高级变质的麻粒岩-片麻岩地体，含三种岩石组合：①长英质片麻岩和混合岩，该岩石组合构成了这类地体的主体。②层状镁铁-超镁铁杂岩体，其规模可能很大。例如，位于格陵兰西南部的 Fiskenaesset杂岩体厚度为 1.5km，走向长度约 60km（Windley，1984）。③变质火山岩和变质沉积岩，主要由角闪岩、大理岩、石英岩、云母片岩、条带状含铁建造组成。在高级变质区内形成的矿床并不重要，主要的矿床实例是博茨瓦纳的 Selebi-Pikwe 镍矿床和产于格陵兰 Fiskenaesset 杂岩体中的铬铁矿床（Pirajno，1992）。

太古宙一个非常独特的性质就是在所有大陆地盾区内广泛分布的花岗岩和片麻岩中发育着呈长条状展布的绿岩带，这一性质在北美、印度、澳大利亚、巴西等地盾区以及津巴布韦克拉通上都表现得非常清楚（Hutchison，1983；Pirajno，1992；Evans，1997）。

绿岩带地质的主要特征已由 Condie（1981）、张秋生等（1982）、Windley（1984）进行了总结。一个完整的绿岩带包括以下 3 个岩性地层单元：①下部超镁铁质岩群，包含超镁铁至镁铁质火山岩（其化学成分与洋中脊玄武岩大致相同），含少量火山碎屑岩和沉积岩；②中部为镁铁质至长英质火山岩、火山碎屑岩和沉积岩组合；③上部以沉积岩为主，含少量火山岩和条带状含铁建造。

绿岩带内金属矿化的富集程度以及矿化类型的丰富多彩性，是以后任何已知的地质构造环境都难以与其相比拟的，从这个意义上说，金属矿化在太古宙成矿期即已达到了顶峰。产于绿岩带的矿床类型可以概括如下：

（1）金矿床。迄今已经证实，分布在世界各地所有的绿岩带，无论其规模大小，都有金矿床产出，而且，超大型金矿床在绿岩带内屡见不鲜。例如，加拿大苏必利尔省和斯莱夫省绿岩带已探明的黄金储量为 8125t，已发现 14 个黄金储量大于 100t 的超大型矿床（Robert et al.，1997）。据克列斯京于 1990 年的统计，世界范围的绿岩带含金性都相近，大致为 50～60kg/km^2，在最富的带中可达 65kg/km^2。而 Barley 等（1989）对澳大利亚绿岩带的研究结果表明，戈登迈尔绿岩中的金为 43kg/km^2，默奇逊省中绿岩含金为 20kg/km^2，南十字架省中的绿岩含金为 12.5kg/km^2。金矿化主要以含金石英脉形式产出，主要赋存在靠近花岗岩体的绿岩带之边缘部位（即处于接触带内），而且向着绿岩带的中心方向金矿化减弱，这表明金是从超镁铁-镁铁质火山岩中由花岗岩的侵入作用建立起的温度梯度而富集的。大型脉状矿床中，金矿脉厚 1～5m，在膨胀处达 30m；走向长度数百米，而沿倾向延深可达 1～1.5km；矿脉一般产于宽 10～150m、长几千米的片理化带（剪切带）内，无论沿倾向或沿走向都呈雁行排列。一些矿床表现出与条带状含铁建造有关，而加拿大赫姆洛矿床则是发育在角闪岩相中的浸染状矿化，研究成果表明它是与斑岩有关的金矿床①。

绿岩带中产出的金矿床通常都含银，在加拿大阿比提比绿岩带内，以金-银-铜-锌组合

① Williams-Jones A E, et al. 1998. Finding the next hemlo: Hemlo geochemistry, alternation and metamorphism, CAMIROExploration division hemlo research project, McGill University.

的矿床赋存在花岗岩-镁铁质火山岩的接触带中。

（2）铜-镍硫化物矿床。铜-镍硫化物矿床发育于科马提岩和拉斑玄武岩熔岩流及其相应的岩床内部或底部附近。矿体呈透镜状，透镜体厚度可达 150m 左右，一般为 30～50m（Hutchison，1983）。世界上存在 4 个主要的区域产出这种类型的铜-镍硫化物矿床，它们分布在澳大利亚西南部的卡尔古利地区、加拿大南部的阿比提比地区、津巴布韦以及俄罗斯地台中的波罗的地盾区。这些金属及其主岩都是派生于地幔，表明这些成矿省的存在是受地幔的非均匀性控制。

（3）铜-锌块状硫化物矿床。火山成因块状硫化物矿床在太古宇中普遍存在，为富锌-铜-银-金矿床。这类矿床赋存在绿岩带内具钙碱性特征的火山岩序列中，而且可与日本黑矿型（Kuroko-type）矿床进行对比（Hutchinson，1973）。加拿大苏必利尔省阿比提比绿岩带中产出的块状硫化物矿床如著名的 Kidd Creek 和 Noranda 矿床等都是这类矿床的重要实例，它们属于世界上最大的块状硫化物矿床之列（Meyer，1988）。这些矿床主要产出铜、锌、和金，但它们具有原始型，而且铅含量很低。绿岩带中缺乏铅矿化的事实可能反映了太古宙期间没有充分的时间为地幔中的铀和钍的衰变产生足够的铅（Evans，1995）。这一时期的火山成因块状硫化物矿床主要形成于距今 27.5 亿～26.5 亿年前（Slack，2012）。

（4）铁矿床。含铁大于 15%的化学沉积岩称为铁岩，主要由铁岩组成且可作为填图单位的岩石地层单位称为含铁建造，含铁建造常具有硅铁交替的条带状构造，绝大多数含铁建造与火山喷流作用有关。

条带状含铁建造（banded iron formation，BIF）在太古宇中普遍存在，但其数量不如元古宇。太古宇铁矿床类型主要为奥尔戈马型（Algoma-type）。西澳大利亚地区的绿岩带和加拿大 Miehipieon 绿岩带都产出这类矿床，世界上最大的菱铁矿床即赋存在 Miehipicon 绿岩带中。

（5）铬铁矿床。绿岩带内并不普遍发育铬铁矿化，然而津巴布韦的塞鲁克维（Selukwe）矿床是一个例外。该矿床位于津巴布韦大岩墙附近，它是赋存在蛇纹岩和滑石-碳酸盐岩中的高品位铬铁矿床。

2. 早-中元古宙成矿期

始于距今 25 亿年前的元古宙标志着大地构造的显著变化，最早的稳定岩石圈板块开始发育，虽然这些岩石圈板块的规模似乎还比较小，但它们的出现为沉积盆地的形成、地台沉积物的沉积以及大陆边缘地槽的发育等奠定了基础，同时也孕育了大量的矿床。这一成矿期以下列矿床类型为特征：

（1）金-铀砾岩型矿床。沉积盆地的形成为金-铀砾岩型矿床创造了基本的条件，南非的维特瓦特斯兰德盆地是众所周知的例子，该盆地内广泛分布含金-铀砾岩。加拿大、巴西、澳大利亚以及加纳等国也都有这类矿床产出。不过，这些地区的砾岩型矿床常只有铀的富集而不含金，其原因可能是古砂矿源区缺少发育很好的绿岩带。这种类型的矿床代表了一个独特的成矿事件，许多学者认为这一成矿事件在以后的地质历史中再也没有重复出现过，因为当时处于还原状态的大气圈是保存碎屑铀矿物和黄铁矿的必要条件。不过，这一观点是有争议的（Robinson et al.，1984；Windley，1984；Gavin et al.，2002）。

（2）沉积锰矿床。在距今 23 亿～20 亿年前的期间内形成的碳酸盐沉积物中存在着锰的显著富集，它们常与条带状含铁建造相伴产出。这类矿床在南非、巴西以及印度和加纳等地都分布很广。这类矿床是世界上优质锰矿的主要来源。

（3）沉积岩为容矿岩石的层状铅-锌矿床。在大约距今 17 亿年以前，水圈中的二氧化碳含量已经达到能形成巨厚白云岩序列沉积的水平。在许多地区，这些白云岩序列中赋存有同生基本金属（base metals）硫化物矿床。这一时期形成的其他沉积岩中包括由白云质页岩和粉砂岩组成的建造，著名的加拿大苏利文铅-锌-银矿床和澳大利亚芒特艾萨铅-锌-银矿床即产于这类极厚的陆源碎屑沉积建造中，它们显示出特别清楚的矿物条带。这类矿床规模巨大，与其他类型块状硫化物矿床不同，它们与火山作用或侵入作用没有直接的联系，因此，其成因长期以来仍悬而未决。

（4）铜-镍-铂族元素-铬矿床组合。小规模地壳板块（克拉通）的存在为大规模的裂隙系统的发育创造了条件，从而导致层状镁铁-超镁铁杂岩体的侵入和定位，众所周知的津巴布韦大岩墙和南非布什维尔德杂岩体即是形成于这一时期。这些层状杂岩体是铬、铂族金属、镍、铜等金属的巨大宝库。

（5）条带状含铁建造。在距今 25 亿～19 亿年前的这段地质史期间，条带状含铁建造的发育达到鼎盛阶段，这一时期发育的含铁建造称为苏必利尔型（Superior-type）；作为一个地层单元，其厚度可达数百米，沿走向延伸达数百千米甚至数千千米，构成了地球上一种重要的矿产宝藏，澳大利亚、巴西以及印度等早-中元古宙盆地是 BIF 富铁矿的重要产区。虽然太古宙时期的条带状含铁建造也很重要，但由于当时不存在稳定的大陆板块，因而不像早元古宙所见的那样大规模发育。伴随着稳定的岩石圈板块的发展，条带状含铁建造可以在大范围内同时沉积；这种沉积作用发生在板块内部的盆地中的大陆架上，绿岩带内基性火山岩的风化作用提供了形成条带状含铁建造所需的铁和硅；Morris（1998）详细总结了西澳 Hamersley 盆地内 BIF 矿床的成因模型和勘查模型。虽然晚元古宙仍然还有条带状含铁建造的发育，但其分布范围已远小于早元古宙。进入显生宙以后，这种建造的地位已被鲕状赤铁矿和褐铁矿建造所取代。

（6）基鲁纳式铁矿床。基鲁纳式铁矿床以铁的高度富集以及磷的显著富集为特征；矿石由磁铁矿组成，含氟磷灰石是特征性副矿物。这类矿床主要分布于瑞典和美国密苏里州。这类矿床被认为是由基性或中性岩浆在岩浆房内冷凝过程中熔离出的磁铁矿矿浆侵入到同源的中酸性火山岩中而成（Hutchinson，1983）。

（7）钛铁矿床。大约在元古宙中期有许多斜长岩体定位，分布于挪威和加拿大的这类斜长岩体中都有钛铁矿床产出。这也是在以后地质时期中再没有重复发生的一种独特的岩浆事件。

（8）金刚石矿床。含金刚石的金伯利岩在这一成矿期内已有形成，这表明当时的地热梯度已经显著降低而且发育了较厚的岩石圈板块，因为金刚石的形成要求极高的压力，只有在岩石圈厚度大于 120km 才能结晶。

太古宙成矿期与早-中元古宙成矿期之间矿化富集的差异表现在：①与火山活动有关的奥尔戈马型铁矿让位于规模巨大的苏必利尔型铁矿；②继绿岩带金矿后，出现了早元古宙金-铀砾岩型矿床；③火山成因块状硫化物矿床数量明显减少，在洋底不再出现含硫化镍的超镁铁质岩浆活动。

3. 晚元古宙成矿期

晚元古宙成矿期的矿化富集具有如下特征：①首次出现大规模的沉积型铜矿床，例如赞比亚和刚果（金）铜带以及美国西北部的一些沉积型铜矿床；②晚元古宙是沉积锰矿床形成的第二个重要成矿期，富锰的沉积物沉积在克拉通地块上或沿克拉通地块边缘分布，最重要的矿床包括印度中部和纳米比亚的锰矿床；③锡矿化开始广泛发育，在上元古宇岩石中锡矿化主要与非造山碱性和过碱性花岗岩和伟晶岩有关，这类锡矿床主要分布在非洲，呈三个南北向的锡矿化带展布，另一个锡矿带分布在巴西西部的罗德尼亚地区。

4. 显生宙成矿期

元古宙时期地球上的陆地主要是以超大陆形式存在，至元古宙末期发育了新的大地构造，由于板块的碰撞造就了显生宙宏伟的造山带、大规模的洋壳再循环形成了延伸很长的火山链和大陆边缘弧、后弧盆地、裂谷盆地以及其他的地质构造特征，从而显著地增加了成矿环境的多样性和变化性。一些成矿环境仍然保存了与太古宙火山岩型块状硫化物矿床和元古宙沉积型矿床类似的特点，硅酸盐岩浆在地球化学方面日臻完善的演化以及地壳内部矿化富集体的再循环可以解释显生宙成矿期中钼、锡、钨等矿床的重要发育。

塞浦路斯型含铜黄铁矿矿床和砂岩型铀矿床在显生宙成矿期内首次出现。豆荚状铬铁矿床最早出现于太古宙，但在元古宙缺失，而在显生宙则发育更广泛。在显生宙形成的火山岩型块状硫化矿床中铅显著富集，而且，根据 Slack（2012）的统计，显生宙期间世界上规模最大的块状硫化物矿床主要形成于 500～300Ma（晚寒武—晚石炭世）。斑岩型铜钼矿床大量发育且集中分布，形成许多超大型矿床。

大量的能源矿产，包括油、气、煤等，主要形成在显生宙。

2.3.2 我国主要的成矿期

我国疆域辽阔，占据东亚的中心部位，西伯利亚和印度的构造关系、特提斯域与环太平洋域的相互作用制约着我国区域地质构造环境的空间配置。根据现有的地质、地球物理、海洋地质及同位素测年资料，我国共有 5 个前震旦纪地台和 4 个显生宙期间发育起来的、位于上述地台之间的褶皱系，晚中生代以来的亚洲东部大陆边缘叠置于其上（图 2.4）。这种配置在不同地史阶段的演化导致了我国矿产在时间上的分布特点，根据这种地史演化及其有关大地构造的发展阶段，可以相应地概括出 5 个成矿期。

1. 前震旦纪成矿期

华北地台是我国最古老的克拉通，距今 18 亿年前的吕梁运动后即出现未变质的沉积盖层（马文璞，1992）。华北地台最全面地展示了我国前震旦纪成矿期矿化富集的特点，其余几个地台均由于基底出露范围的局限性而使该成矿期的矿化特征大部分被掩盖了。

鞍山式铁矿（奥尔戈马型）是这一成矿期最显著的特征，条带状铁建造从吉林东部的板石沟经辽宁鞍山地区，一直西延至河北迁西一带，呈明显的带状分布，我国太古宙铁矿资源的全部储量几乎都集中在这个带内（张秋生等，1982）。与世界其他地区相反，早-中元古宙的苏必利尔型铁矿床虽然在我国山西一带也有分布，但其规模和分布范围都比鞍山式铁矿小得多。

近些年来，国内外地质学家对华北地台太古宙绿岩带的研究，取得了较为明显的进展。在华北地台上分布着与国外基本特征相似的太古宙绿岩带，它广泛发育在吉林和龙、夹皮

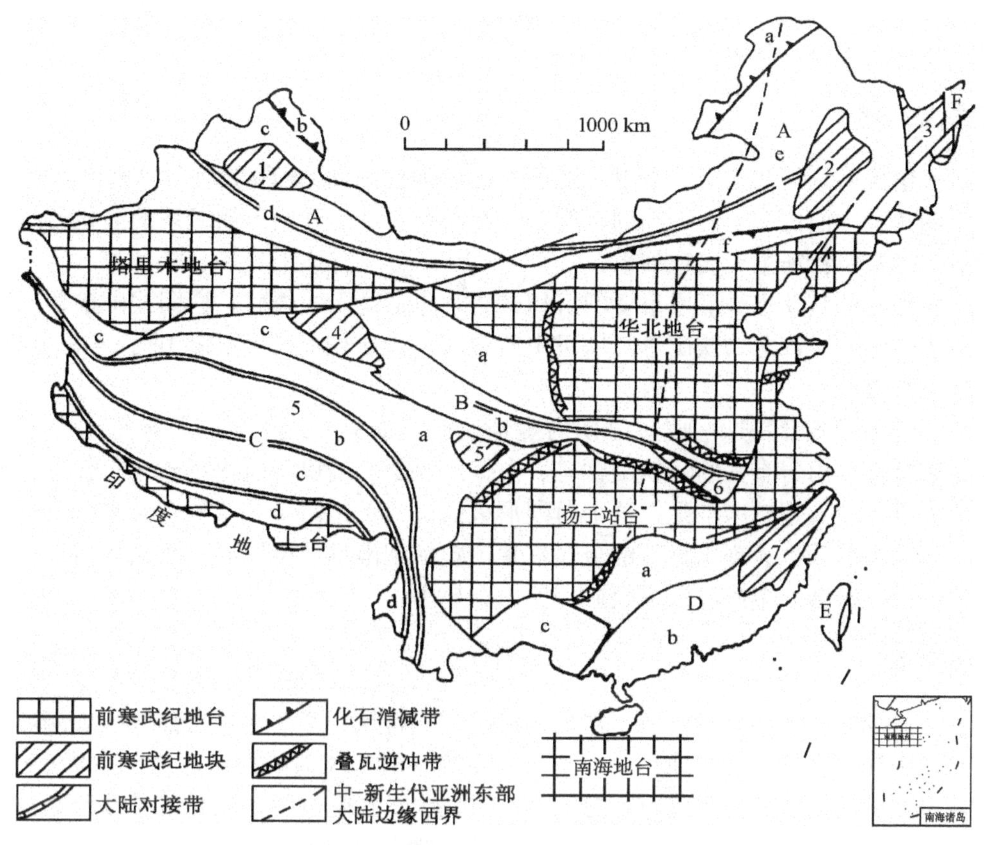

图 2.4 中国陆地部分大地构造分区略图（马文璞，1992）

A. 天山-兴蒙褶皱系：a. 额尔古纳褶皱带，b. 阿尔泰褶皱带，c. 斋桑-额尔齐斯褶皱带，d. 天山褶皱带，e. 兴安岭褶皱带，f. 内蒙古褶皱带；B. 秦祁昆仑褶皱系：a. 祁连山褶皱带，b. 秦岭-大别山褶皱带，c. 昆仑褶皱带；C. 滇藏褶皱系：a. 巴颜喀拉褶皱带，b. 羌塘-保山陆块，c. 拉萨-腾冲陆块，d. 印度地台北部陆缘；D. 华南褶皱系：a. 湘桂褶皱带，b. 赣粤褶皱带，c. 右江褶皱带；E. 台湾褶皱带；F. 乌苏里褶皱带：1. 准噶尔地块，2. 松辽地块，3. 布列亚-佳木斯地块，4. 柴达木地块，5. 松潘地块，6. 大别地块，7. 华夏地块

沟，辽宁清原、鞍本地区、辽西，内蒙古固阳，冀东青龙—滦县、山西五台，豫陕小秦岭，河南登封、鲁山—舞阳，鄂豫皖交界的大别山和胶东等地区（张贻侠等，1994）。与加拿大和澳大利亚等国相比，我国产出的绿岩带型金矿床数量相对比较少、规模相对比较小而且品位相对比较低，这可能与我国花岗-绿岩带发育的规模有关。

我国绿岩带中迄今为止尚未发现与科马提岩有关的铜-镍硫化物矿床；铜-锌硫化物矿床的规模也很小，辽宁北部包括红透山矿床在内的数十个中小型铜锌矿床（铜金属量总计约 40 万 t、锌金属量约为 10 万 t）可能属于这种类型。

取代苏利文型块状硫化物矿床地位的是分布于辽宁海城—大石桥一带的菱镁矿床，菱镁矿总储量超过 20 亿 t。此外，辽东半岛产出的硼铁矿床、江苏海州层状磷灰石矿床、辽宁甜水层状磷块岩矿床等都是我国元古宙沉积成矿作用的特征，辽宁南部地区的青城子等、吉林的荒沟山以及延至朝鲜的咸德铅锌矿床等也是与元古宙火山-沉积作用有关（张秋生，1982）。

条带状铁建造中的金矿床在我国境内发育较少，目前已知比较典型的矿床是黑龙江东风山金矿。金-铀砾岩型矿床至今尚未能取得重大突破，其主要原因可能是绿岩带型金矿不发育，没有足够的含金石英脉砾石来源。

2. 加里东成矿期

进入古生代后，华北地台、塔里木地台、扬子地台、南海-印支地台等都已经先后处于相对稳定的状态，而位于它们之间的区域则逐渐活跃起来，开始了褶皱系的演化程式，这一成矿期的矿化富集特征主要表现如下：

（1）在地台的被动边缘形成重要的沉积矿床，包括昆阳式磷矿、襄阳式磷矿、湘潭式锰矿、瓦房子式锰矿、宣龙式铁矿等。塔里木地台区内稳定的海相沉积提供了良好的油气生、储、盖岩系组合。

（2）祁连山褶皱带是这一成矿时期内生金属矿化最集中的区域，曾被誉为中国的乌拉尔，与海底基性火山岩有关的镜铁山铁矿、白银厂火山岩型块状硫化物矿床、金川铜镍硫化物矿床等大型、超大型矿床都是在这个时期形成的。

（3）华南褶皱系也表现出显著的金属富集，包括湖南桃林铅锌矿、潘家冲铅锌矿、七宝山多金属矿田、黄金洞金矿、沃溪金矿、龙山金矿等。

3. 海西成矿期

海西成矿期基本上继承和发展了加里东成矿期的特点，华北地台内部属陆表海环境、塔里木地台仍为浅海环境、扬子地台则由于华南褶皱系的整体封闭而整体成陆、天山-兴蒙褶皱系区域也在两侧大陆分别向南和向北增生的过程中，在晚古生代后最终导致洋壳消失并继续朝着陆内会聚的过程。海西成矿期矿化富集的主要表现如下：

（1）这是我国最重要的成煤期之一，尤其在华北地台上发育了大同、开滦、平顶山、淮南等大型煤田，鄂尔多斯盆地号称世界十大聚煤盆地之一；在扬子地台区，广布于广西、贵州和云南东部的煤田以及湖南中部、江西萍乡一带的煤田等也是在这一成矿期内发育的。除煤以外，这一成矿期还孕育了其他许多类型的沉积矿产，包括宁乡式铁矿、广布于新疆喀什—南天山—河西走廊—宁夏中卫地区以及云南、贵州和湖南等地的石膏矿产；四川盆地内富饶的天然气田；克拉玛依油田也赋存在这一时期的地层中。我国铝土矿床的成矿时代主要集中于海西成矿期，如山东淄博、山西阳泉、河南巩县、广西平果等矿床。

（2）本成矿期也是继加里东期之后又一次较强烈的岩浆活动期，涉及的范围较加里东期有所扩大（程裕淇，1994），因而，这一时期内生金属矿化分布的范围更广，包括世界著名的白云鄂博稀土矿床，其他如阿勒泰富含稀有金属的伟晶岩型矿床、新疆黄山地区的铜镍硫化物矿床、攀西地区的钒钛磁铁矿矿床、河北矾山、姚家庄等地的磷灰石矿床、黑龙江多宝山斑岩铜矿床、产于准噶尔蛇绿岩中的铬铁矿床（萨尔托海、鲸鱼等矿产）、内蒙古白乃庙斑岩铜矿等（王作勋，1990）。

4. 燕山成矿期

印支运动后，我国进入了一个新的构造发展期，华北地台与扬子地台已经拼合，东部和西部构造差异更趋明显，我国西南部此时仍为特提斯洋所占据，而东部则由于受亚洲东部活动大陆边缘的影响，发育了一系列的北东、北北东向的火山岩带和断陷盆地以及大型拗陷盆地，中酸性岩浆侵入活动显著加强，因此，这一时期是我国东部最重要的成矿期，主要矿化富集特征表现如下：

（1）大量断陷盆地的发育为我国储藏了极为丰富的煤和石油，如东北、内蒙古东部的大型和超大型煤田，鄂尔多斯超大型煤田（鄂尔多斯地区的煤盆地常常上叠在海西期含煤岩系之上，构成“双纪煤田”）以及新疆北部准噶尔、伊宁、吐哈以及塔里木北缘等聚煤盆地。在许多聚煤盆地中，还常常伴生有膨润土矿床，如吉林公主岭市刘房子煤矿区的煤层与优质钠质膨润土呈互层产出，这类膨润土矿床一般储量大、质量较好。燕山成矿期也是我国石油生成、聚集的最重要时期之一，我国超大型油田——大庆油田的重要产油层即是在这一成矿期内形成。

（2）本期岩浆活动是我国地质历史上最强烈的一次，与成矿的关系也最为密切。这次岩浆活动的特点是：①岩浆活动遍及全国范围，但从整体上看，东部比西部地区强烈。②早期岩浆活动比晚期强烈，早期为基性、中酸性和酸性岩类侵入体，岩体规模一般较大；晚期则出现较多的偏碱性、碱性岩类，有不少是浅成侵入体，多数为小规模的岩体。③侵入岩体多为复式岩体。④火山岩分布也很广泛，主要在我国东部濒临太平洋地区，其次见于西南和西北地区。

强烈的岩浆活动造就了这一时期丰富多彩的内生金属矿床，包括著名的长江中下游铜铁成矿带内几乎所有的铁、铜矿床，华南大部分钨、锡矿床，湖南重要的铅锌矿床（水口山、黄沙坪等），云南金顶铅锌矿床，陕西金堆城斑岩钼矿床，黑龙江团结沟斑岩型金矿床，江西德兴斑岩铜矿，湖南柿竹园钨钼铋锡多金属矿床，华南大多数稀有、稀土矿床等。这一成矿期形成的许多内生矿床都达到大型或超大型矿床规模，而且常常具有成群或成带分布的特征。

5. 喜马拉雅成矿期

本成矿期与两个重要构造事件有关：在我国东部滨太平洋区域发生区域性伸展裂陷作用以及在我国西南部印度板块和欧亚板块聚合、碰撞和隆升作用。相应的成矿环境表现如下：

（1）我国东部在这一时期进入了一个新的演化阶段，其标志是一系列北东向地堑型盆地的大量出现，如沅麻盆地、衡阳盆地、南雄盆地、信江盆地等。它们中的一些转化成大型拗陷，如南阳-襄樊盆地、江汉盆地、华北盆地以及苏北盆地等。我国东部的大部分油气田（包括海域范围内），如任丘、濮阳、大港、胜利、辽河、东海、南海等油气田以及大部分煤田，如抚顺、梅河、虎林、依兰、沈北、黄县等煤田都是在这一成矿期形成的。除东部外，我国西南的许多煤田，包括云南开远、昭通、罗茨，四川盐源等也发育于这一时期，这些聚煤的断陷盆地则是派生于喜马拉雅造山运动。

（2）我国西南地区在这一时期已进入了全面陆内汇聚挤压环境，在这个时期的大陆岩石圈构造体制演化中，由于强烈的挤压和周围刚性块体的阻挡，形成大规模的逆冲推覆，岩浆侵入活动也十分活跃，为内生金属矿化富集创造了良好的环境，重要的矿床包括西藏玉龙斑岩铜矿、罗布萨铬矿床、哀牢山金矿以及三江地区的许多金属矿床。

2.4 板块构造环境与成矿的关系

金属在地壳内的富集过程与其地球化学行为有关。从描述性的角度看，金属在地壳中的非均匀性分布可以用成矿省的概念来解释，但从更基本的意义上讲，可以把各种矿床成因模型与地壳演化以及地球动力学的现代理论结合起来解释。下面将讨论和描述板块构造是如何与几类金属矿床的成因和分布联系起来的，这种相关性对于矿床成因的研究以及矿产勘查是有用的。

2.4.1　板块构造理论的基本概念

板块构造理论是基于一个简单的地球模型。在该模型中，一个 50～150km 厚的刚性外壳——岩石圈，是由大陆壳和大洋壳以及上地幔的上部组成，岩石圈被认为是位于一个较热、较弱、半塑性的软流圈上；软流圈（即低速带）从岩石圈的底部向下延深至大约 700km 的深处。脆性岩石圈破裂成为镶嵌状的板块，这些板块在地质时期内互相之间以 1～12cm/a 的速度相对运动，从而使大陆和大洋的位置发生改变。板块之间的边界有三种主要类型：增生型（扩张型）边界、消减型（聚敛型）边界以及转换断层（走滑断层）边界。

板块边界构造环境的特征对于成矿具有重要意义。板块运动过程（高温、高压以及部分熔融作用等）促使金属元素沿着板块边界释放和富集，导致板块边界与许多类型的矿床成因有关。

2.4.2　板块边界成矿环境

1. 增生性板块边界

上涌的软流圈对流把地幔物质带到接近地壳表面的部位，该部位的岩石圈受到拉张，导致该处岩石圈裂开成互相背离运动的两个板块（图 2.5）。热地幔物质的上升、水的加入以及与地壳拉张有关的压力释放等因素结合，导致地幔对流柱的部分熔融，形成镁铁质岩浆（地幔分异产物）。如果大陆板块经过扩张，其扩张边缘的地表表现为裂谷，如东非裂谷和我国的攀西裂谷；而当大洋地壳遭受扩张时，则表现为洋中脊和有关的海底火山和火山岛屿链。

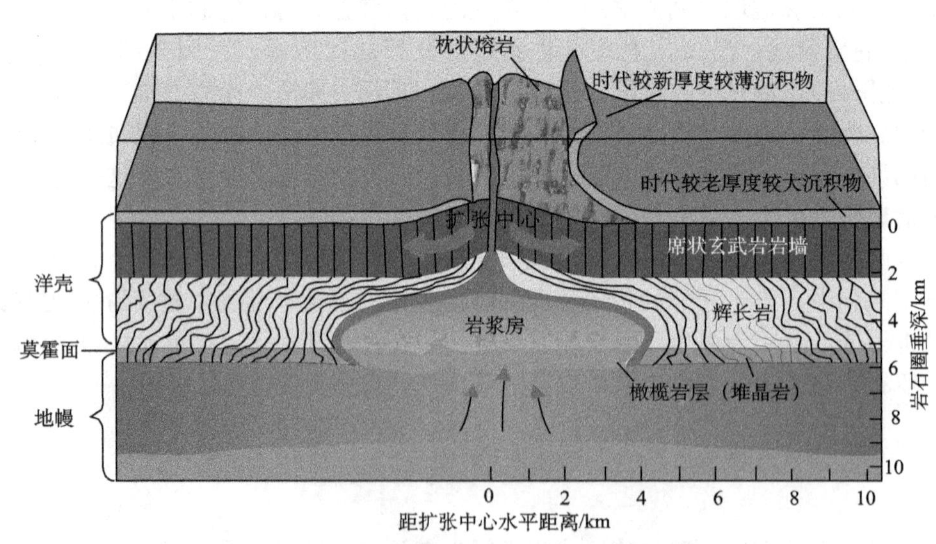

图 2.5　大洋裂谷（洋中脊）扩张示意图

由于镁铁质岩浆的侵入和喷出作用，扩张板块的边界多数情况下将成为形成新大洋壳的场所。这种新的地壳在扩张中心定位，然后又被裂开，依次形成更年轻的大洋地壳。而对成矿具有重要意义的是这样一个事实：这些扩张中心作为地壳显著的热异常部位，形成了大规模热液对流系统。

在扩张中心环境可能形成三种基本的矿床类型（表 2.1）。第一种类型是基本金属块状硫化物矿床，起因于地幔上涌带上部的地壳高热流，这种热驱动了大规模海水通过大洋壳对流（图 2.6），形成壮观的海底热泉活动，即所谓的黑烟囱（black smokers）和白烟囱（white smokers）。当海水在玄武质岩石内运移时，其化学成分将发生变化，释放出钠和镁，吸取岩石中的钙和钾；而且，过热的卤水还能萃取岩石中的铜、锌、铁、银和金等。这种过饱和的含矿流体喷出海底时迅速冷却，其所携带的金属成黑色的烟灰状物质释放在热泉喷口附近沉淀聚集；成群成带的黑烟囱沿洋中脊分布构成黑烟囱田（black smoker field），从而形成火山喷流型块状硫化物矿床，其成因类型归属于火山成因块状硫化物矿床（VMS）。由于硫化物在海水中易于溶解，必须有火山喷出物迅速把它们埋藏才能形成矿床。如果这种含矿流体在枕状熔岩内立刻与下渗的冷海水混合，则会导致热液中所含金属在围岩中沉淀形成脉状或网脉状矿体，从而使冒出海底的热水形成温度较低的白烟区。

表 2.1　与扩张带有关的矿床

矿床类型	主岩	矿床类型实例
块状硫化物矿床		
铜-铁-锌矿床	蛇绿岩套中的玄武质熔岩	塞浦路斯丘多斯地区块状硫化物矿床
铜-铅-锌矿床	裂谷盆地中陆源沉积岩	不列颠哥伦比亚地区苏利文块状硫化物矿床
岩浆矿床		
豆荚状铬铁矿床	蛇绿岩套中的橄榄岩	西藏罗布莎矿床
铜-镍-铂族元素硫化物矿床	蛇绿岩套中的橄榄岩	菲律宾吕宋岛阿柯耶矿床
浸染状钨-铀-钼-锡矿床	碱性花岗岩	尼日利亚含锡花岗岩

这类矿床在地质记录上也是很特殊的，现在已经直接观测到矿床的形成过程。据澳大利亚科学院科学新闻报道，1997 年，澳大利亚科学家宣布在巴布亚新几内亚新不列颠岛附近的 Bismarck 海海底黑烟囱内发现世界上最富的金矿床，其金含量比西澳金田金矿床的金品位高出 5～10 倍。

在许多情况下，这些矿床虽然形成于扩张中心，但后来由于板块运动而随其所赋存的大洋壳一道被定位于聚敛带上（图 2.7），这种以推覆体的方式仰冲到大陆块体之上的大洋壳及上地幔的残片称为蛇绿岩（ophiolite）。根据 Anon（1972），一个完整的蛇绿岩序列从上到下包括以下几个方面。

洋中脊玄武岩（MORB）：通常以枕状熔岩的形式存在，玄武岩的洋底变质作用表现为从顶部的沸石相至底部的绿片岩相。

席状岩墙杂岩：由走向与前大洋地堑（洋中脊）平行的产状陡倾的岩墙群组成，变质作用以绿片岩相为主。许多蛇绿岩序列中缺失席状岩墙群。

深成杂岩：上部由均匀分布的块状辉长岩、闪长岩、英云闪长岩和奥长花岗岩，下部由层状辉长岩和橄榄岩（堆晶岩）组成。一般没有经历洋底变质作用。深成杂岩体代表岩浆房的部位。

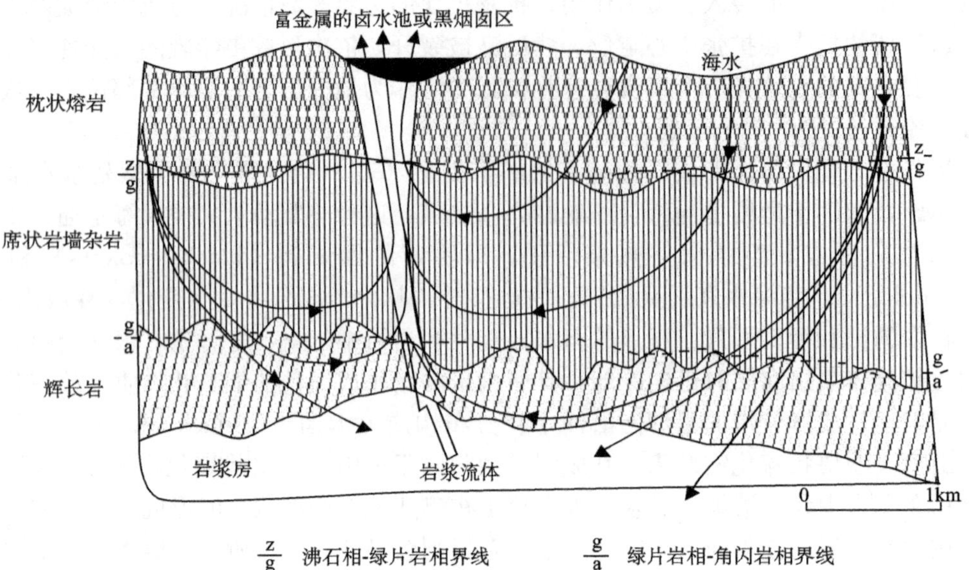

图 2.6　洋中脊塞浦路斯型块状硫化物矿床成矿环境示意图

冷海水向下渗透至岩浆房，然后热力驱动加热的热水沿着热液通道上升至海底；如果热液不与近海底地壳内的冷水混合，热液通道口附近则为黑烟区（Evans，1997；Pohl，2011）

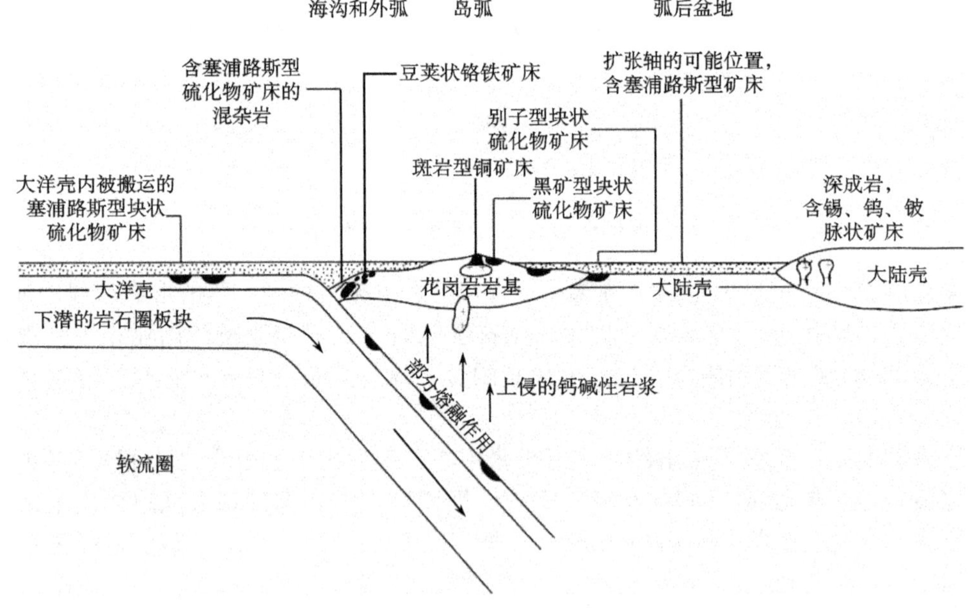

图 2.7　在岛弧及其邻区发育和定位的一些矿床类型分布示意图（Evans，1997）

构造变形的亏损地幔岩：主要为方辉橄榄岩（多已蚀变为蛇纹岩）和透镜状纯橄岩组成。

在该火成岩序列之上可能覆盖各种海相沉积岩，最常见的是生物成因的燧石岩和远海灰岩。非生物成因的喷流燧石岩和碧玉岩只形成于中白垩世之前，自此以后出现消耗硅的硅藻，导致海水中的硅含量是高度不饱和的（Grenne and Slack，2005）。

上述的块状硫化物矿床赋存于蛇绿岩序列上部的枕状熔岩中，这类矿床在塞浦路斯最早发现，故又称为塞浦路斯型块状硫化物矿床（Cyprus-type massive sulfide deposit）；位于葡萄牙和西班牙南部的伊比利亚成矿省即是由这类矿床组成，其中的典型矿床包括 Rio Tinto 和 Neves-Corvo 等著名矿床；我国甘肃的白银厂铜矿也属于这种类型的矿床。蛇绿岩序列下部构造变形（叶片状）的方辉橄榄岩和下堆晶岩赋存可能含有块状和浸染状铬铁矿石的纯橄岩体。方辉橄榄岩中纯橄岩可以理解为从底辟上升的玄武质熔浆滞留析离出的产物，铬铁矿借助于流体-流体不混溶作用产自于纯橄岩。由于大洋地幔内的韧性剪切作用，纯橄岩以及铬铁矿体都遭受了强烈的变形，导致形成豆荚状体，故称为豆荚状铬铁矿床（又称为阿尔卑斯型铬铁矿床），典型矿床如古巴的莫亚矿床、我国西藏藏北的东巧以及藏南的罗布莎矿床等。蛇绿岩序列的堆晶岩中也可能分异出层状铬铁矿，但没有经历过早期的韧性剪切变形作用。

在稳定大陆壳内的初期裂谷阶段，地壳变薄和拉伸作用也能发生类似的但与火山作用无明显关联的热泉活动，导致沉积喷流型热液金属矿化作用，这种成因类型的矿床因而称为沉积喷流型（SEDEX-type）块状硫化物矿床，其最显著的特点是硫化物矿石具有层纹状构造。现代的实例有红海海底拗陷内形成的富金属热卤水和加利福尼亚索尔顿海地区的地下热卤水。索金斯（Sawkins，1990）以世界上规模最大、位于加拿大不列颠哥伦比亚省的苏利文富银铅锌矿床命名这类矿床为苏利文型矿床（Sullivan-type massive sulfides），类似的矿床包括德国兰墨尔斯伯格地区的块状硫化物矿床、澳大利亚昆士兰地区芒特艾萨矿床以及美国田纳西州的达克敦矿床、阿拉斯加州的红狗矿床等。所有这类矿床都赋存在陆源巨厚沉积岩序列中，主岩沉积环境为与大陆破裂早期阶段有关的裂谷盆地，在大多数情况下，这些盆地并不演化为大洋盆地。这类环境也有利于化学沉积作用，可能形成条带状含铁建造和含锰建造；其发育的碳酸盐岩建造有可能最终成为密西西比河谷型（MVT）铅锌矿床的主岩。

在稳定大陆内部与扩张板块环境有关的第三种类型矿床是派生于非造山期岩浆作用的矿床，由于构造环境相对比较稳定，有利于来自于地幔的岩浆高度演化和分异作用，形成层状镁铁-超镁铁杂岩体及其相关的矿床（铬铁矿矿床、铜镍硫化物矿床及铂族元素矿床），最著名的是南非布什维尔德杂岩体（Robb，2005）；或者形成超碱性（超钾）岩浆岩（金伯利岩和钾镁煌斑岩）及其相关的矿床（金刚石矿床）；或者形成碳酸岩浆及其相应矿床，如我国四川冕宁牦牛坪碳酸岩中的稀土矿床；还可能形成碱性花岗岩及其相关矿床，如尼日利亚约斯高原碱性花岗岩中的锡和铌矿床。

2. 消减（聚敛）型板块边界

随着板块背离扩张中心运动，它们最终必定会与背离其他扩张中心运动的板块碰撞。在这类碰撞边界，其中一个板块被牵引至另一个板块之下进入软流圈，形成消减带。随着地壳被牵引至软流圈，将会发生两个过程。第一个过程是消减的板块被加热，伴随着水的加入，导致了大洋壳的部分熔融，沿消减板块产生的中性至酸性成分的岩浆底辟向上运移，到达消减带后部的地壳表面时喷发形成火山岛弧或大陆岩浆弧。第二个过程包括消减板块的断块在叠置板块上的构造定位，这种被仰冲抬升的断块如果定位于被动大陆边缘，即为蛇绿岩；若在主动大陆边缘增生楔中定位则形成极其复杂的块体，称为混杂岩（mélange）。

岛弧后部发生后弧扩张是由相当复杂的因素构成的，也是很常见的。它可形成具明显大洋特征的边缘盆地，这些盆地的沉积来源于靠近的大陆或岛弧的沉积物。

在消减型板块边界的环境中可形成两种特殊类型的矿床，见表 2.2。

表 2.2 与消减带有关的矿床

矿床类型	主岩	矿床实例
块状硫化物矿床		
铜-锌矿床	镁铁质火山岩和杂砂岩	日本别子矿床
铅-锌-铜矿床	酸性-中酸性火山岩	日本黑矿矿床
浸染状矿床		
斑岩铜矿床	花岗质侵入体	江西德兴铜矿床
斑岩钼矿床	花岗质侵入体	陕西金城堆钼矿床
斑岩铀-钨-钼-锡矿床	花岗质侵入体	法国海西期花岗岩

岛弧环境中形成的块状硫化物矿床可分为两类：一类矿床以日本别子矿床命名的别子型矿床（Besshi-type massive sulfides），它是赋存在海底镁铁质火山岩尤其是玄武岩以及厚层杂砂岩中的块状铜和铜、锌硫化物矿床，在日本、挪威、古巴等地的岛弧中都有分布，这类矿床形成方式与塞浦路斯型矿床类似。另一类矿床以日本黑矿命名的黑矿型矿床，赋存在海底长英质或中性火山岩中，在加拿大、澳大利亚、西班牙等地都分布有这类矿床。这两类矿床也归属于火山成因块状硫化物矿床。

在消减型板块边界环境中形成的第二类特殊矿床是斑岩型矿床（图 2.7 和案例 2.1），其主岩通常是花岗质浅成侵入岩体，并被认为是含矿流体的热驱动源和金属源。这类矿床与消减带有关，含矿岩体是由消减板块的部分熔融产生。

案例 2.1 斑岩铜矿床的勘查

斑岩铜矿床是一类规模大（通常含有大约 5 亿 t 矿石）、品位低（铜品位一般在 0.2%～1.0%，平均约为 0.5%，常含钼和金）、适合于大规模露天开采的细脉浸染状铜矿床。这类矿床在 19 世纪即已发现，但当时这类矿床的开采仅限于高品位带和富矿脉，直至 20 世纪采用大规模露天开采方法之后，50～70 年代在全球广泛开展斑岩型铜矿的深入勘查和研究。此后由于基本金属价格的下跌，这类矿床的勘查活动一度有所下降。近年来由于铜价的上扬、铜矿石湿法冶金技术的突破以及认识到富金斑岩铜矿床的重要性等，斑岩铜矿勘查热潮再度兴起。世界 60%的铜产量、99%的钼产量来自于斑岩型矿床，经济意义十分巨大。

矿化在空间上和成因上与岛弧环境和造山环境的中酸性浅成侵入体有关。斑岩型矿床可以分为：①斑岩铜-钼矿床（与花岗斑岩有关）；②斑岩铜-金矿床（与碱性花岗斑岩和闪长玢岩有关）；③斑岩铜-钨矿床（与石英饱和的花岗斑岩有关）。

斑岩型铜矿床的热液蚀变分带明显，蚀变中心为钾化带，向外依次为黄铁绢英岩化带、黏土岩化带，以及青磐岩化带。斑岩铜矿床围岩蚀变以及金属分带模型使得勘查目标放大了上百倍。斑岩型矿床的成因可归纳为：侵入作用派生于消减过程；与矿化有关的岩浆富含挥发分；由于岩浆冷凝收缩以及由于流体的沸腾作用导致侵入体及其围岩裂隙广泛发育；随着温度和压力的降低以及化学环境的变化，含矿热液在与围岩发生水岩反应的过程中其所携带的矿质沉淀富集。

斑岩铜矿的描述性模型和成因模型是紧密相关的，从而在矿产勘查中同时得到应用，寻找新的斑岩铜-金矿床或其外缘的金矿床的勘查概念来源于描述性模型，并在成因理论上得到流体成分和金属搬运方式的支持。

3. 转换型板块边界

这种边界主要存在于洋中脊，边界内无新地壳的补充和现有地壳的消亡，目前尚未发现与这种板块边界有关的矿床。

4. 板内环境

在岩石圈板块内部存在许多类型的矿床，由于错综复杂的地质事件或者由于地质演化期间大地构造机理的变化，其中一些矿床可能与地史早期的板块构造方式有关，且这些板块构造方式很难与现代板块边界联系起来。例如，太古代绿岩带中的金矿床具有确定的岛弧亲缘关系，然而，绿岩带的成因至今仍悬而未决。板内环境中其他一些重要矿床，如密西西比型铅锌矿床和一些岩盆状超镁铁岩的成矿环境还不受板块构造状态的控制。

板块构造有利于矿产勘查的拓宽和加深我们对大地构造环境的认识。例如，在这些大地构造环境中发生的许多与成矿有关的岩性组合，根据板块构造理论我们就能够深入了解其相对的空间位置。如果我们识别出某个特殊的大地构造环境（或许该环境由于变质变形作用而变得模糊难辨），那么，我们就能加深对该环境内存在的各种潜在的成矿环境的了解，从而使矿产勘查能够有针对性地开展寻找一些专门矿床类型。

上述例子是简单概括的，而实际问题却要复杂得多。除板块构造成矿理论外，还有其他多种研究途径，这些途径或者从地球动力学的角度分析构造环境与成矿的关系（如地槽地台成矿分析），或者分析岩性组合与地质过程之间复杂的相互作用及其可能导致的成矿事件（如建造成矿分析）。而尤其值得关注的是“玻璃地球”（glass earth）的新思维，这是澳大利亚国家科学和工业研究组织（CSIRO）下属的矿产勘查和采矿处领导并正在付诸实施的一个长期的国家级创新工程计划，该项工程的目的是要使得澳大利亚大陆地下 1km 深度范围内发生的地质过程“透明化”，从而导致新一轮特大型矿床的发现。了解和掌握这些研究思路对于启迪我们的智慧和确定勘查战略都是大有裨益的。

2.5　控矿因素分析

前已述及，矿床形成于特定的地质环境，其形成和分布规律受一定的地质因素控制。在矿产勘查中，这些控制矿床形成和分布的各种地质因素称为控矿地质因素，主要包括构造、岩浆岩、地层、岩相古地理、岩性、变质作用、地球化学、风化作用等。控矿因素分析是成矿分析的主要内容，本节我们将简要论述这些因素对成矿作用的具体控制，控矿因素分析的结果是圈定靶区的重要依据。

2.5.1　构造控矿分析

矿床的形成在很大程度上受着构造作用的制约，构造不仅为成矿流体的运移提供了通道，也为成矿物质提供了沉淀富集的场所。在矿产勘查过程中查明构造与矿化的关系，尤其是分析构造的扩容部位，对靶区圈定和矿床评价都具有重要的意义。一般来说，大地构造和区域性构造控制着成矿省、成矿带和矿田的分布，局部构造控制着矿床和矿体的分布。在 2.4 节中已经讨论了板块构造与成矿的关系，本节将着重论述局部构造对成矿的控制。

1. 构造与矿化在时间上的关系

根据构造与矿化的时间关系可分为成矿前构造、成矿期构造和成矿后构造。成矿前构造是指成矿作用前即已存在的构造，这类构造提供了成矿流体运移的通道并且为矿质的沉淀富集提供了场所；成矿期构造指成矿过程中发生的构造变动，研究成矿期构造对于了解矿体内部的复杂结构、富矿体产出的部位，以及矿体分带性等都是十分重要的；成矿后构造是指发生在成矿作用以后的构造，这类构造可能破坏矿体的完整性，从而使矿床勘查和开发的难度增大。

由于成矿流体在化学性质上是很活泼的，在压力和温度梯度作用下沿着构造通道运移的途中与围岩反应必然会生成各种各样的矿物（尤其是石英）充填在岩石孔隙中，导致围岩渗透性降低。显然，在分析成矿前构造时要注意其成矿期的活动性，成矿前构造在成矿过程中的再活化尤其对于高质量热液矿床的形成是必要和充分条件之一。

实际工作中，查明成矿后断层的性质对于寻找矿体被错失的部分具有十分重要的意义，美国克拉玛祖斑岩铜矿床的发现就是一个生动的例子（案例 2.2）。

案例 2.2 美国亚利桑那州克拉玛祖铜矿的发现

通过研究已发表的关于圣玛纽埃矿山钻孔资料，J. D. 洛威尔（Lowell）于 1968 年对切过圣玛纽埃斑岩型铜矿体的圣玛纽埃断层的运动作了新的判断。前人误认为圣玛纽埃层是逆断层，并认为该矿体有一小部分被圣玛纽埃断层向上错移并已被剥蚀（图 2.8）；新判断认为该断层性质为正断层，从而认为这部分矿体是向下错移，而且错距不会很大，被错移的矿体仍在附近。通过研究圣玛纽埃矿体的产状及其围岩蚀变模型后，还推断该矿体已被断层削去了一半而不是一小部分，换句话说，被错失部分是另一个大矿体。前人已经在最可能含矿的靶区内钻了 7 个孔，但未发现具工业品位的矿化。洛威尔复查了前人的岩心，发现这 7 个孔中已有 4 个孔穿透了青磐岩化蚀变围岩进入到石英-绢云母蚀变带，而且，有一个孔揭示了弱铜矿化的存在，分析表明，钻孔刚接近矿体时就终孔。后来按照洛威尔的设计施工了一个钻孔，该孔穿过弱黄铁矿化后在 750m 深处就揭露了克拉玛祖铜矿床。该矿床后来成为北美主要铜矿床之一。

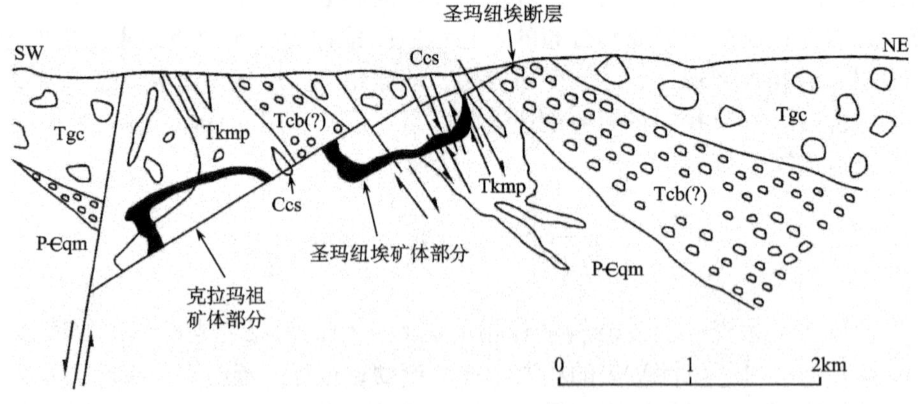

图 2.8 美国克拉玛祖—圣玛纽埃斑岩铜矿区地质剖面示意图（Peters，1987）

Tgc 为古近纪—新近纪砾岩；Tcb 为古近纪—新近纪火山岩和沉积岩互层；

Tkmp 为拉拉米期二长斑岩；P-Ꞓqm 为前寒武纪石英二长岩

2. 构造与矿化在空间上的关系

1) 构造等距性

前面我们论述了矿化在空间上的群聚性特征（见 2.2 节），这种群聚性规律实质上是构造控制的表现。此外，矿化在空间上有时也呈现出等距性分布的特点，表现为矿带、矿田、矿床或矿体在空间分布上大致以相等的距离有规律地出现，这种等距性可以表现为直线式或斜列式等距，有时还呈菱形格子等距、弧形等距或其他形式的等距性分布。这是由于矿化受某些间隔距离彼此近于相等的断裂或褶皱构造控制。

Carranza（2009）利用点型分析、分形分析以及 Fry 分析研究菲律宾 Aroroy 地区已知的低硫化物浅成热液金矿床（点）在空间上的分布形式，同时采用距离分布方法研究这些已知矿床（点）与各种控矿因素之间的空间关系，证实这些矿床受构造控制呈等距性分布。

2) 控矿构造的空间组合

引导含矿岩浆或含矿热液上升的通道称为导矿构造。一些深大断裂是最有利的导矿构造，在遭受强烈褶皱的地区，某些陡斜的有利于成矿流体循环的岩层或岩系也是有利的导矿构造。

含矿流体在沿着导矿构造上升的途中，成矿物质会选择在适合的物理化学环境中富集成矿，这种有利的成矿部位称为容矿构造。导矿构造本身的局部环境可能成为容矿构造，但成矿流体更有可能在发育于导矿构造附近的派生或伴生构造环境中迁移聚集，尤其是滞留于导矿断裂带的上盘那些有利于容矿的构造部位。但是，如果上盘断块渗透性较差，则会导致成矿物质在下盘富集，美国内华达地区卡林金矿带就是一个典型的案例（案例 5.1）。

就力学性质而言，导矿构造常常是压性或压扭性断裂，容矿构造常常是张性或张扭性断裂构造。但有些矿产的形成，如金刚石矿产，则需要压性或压扭性的构造环境。构造应力最集中的部位是构造扩容区，也是最有利的容矿部位，一般发育在构造不规则的部位，如褶皱的转折端和倾伏端（背斜）或扬起端（向斜）以及断层产状变化的部位。

3) 断裂构造部位与成矿的关系

不同性质和规模的断裂构造，往往是岩浆和成矿流体的通道及聚集场所，起着控岩控矿的作用。然而，成矿断裂中往往不是整条断裂带都含矿，多数情况下矿化只在局部的扩容部位富集；因此，断裂构造控矿分析应从构造控矿机理方面着手研究，查明有利于成矿的构造部位。常见的有利断裂构造成矿部位包括以下几个方面。

（1）不同方向断裂交叉处以及主干断裂与次级断裂的交叉处。

（2）断裂产状变化部位：平面上断层走向发生变化扭曲的转弯处（图 2.9），剖面上张扭性断裂倾角由缓变陡（图 2.10）、压扭性断裂由陡变缓的部位，这些部位都属于扩容部位，往往形成富矿体。右旋剪切断层的扩容部位位于剪切带右侧（图 2.9），左旋剪切断层则位于其左侧，在这类扩容空间内发育的富矿体垂向延深较大，而沿走向延伸一般不大；赋存在正断层和逆断层扩容部位的富矿体往往沿走向延伸较大，沿倾向延深较小（图 2.10）。理解这些控矿规律对于勘查工程的部署是非常重要的。

（3）断裂构造与有利岩层的交汇处或与其他构造的交切处。

（4）成矿后断层性质的分析对于寻找错失的矿体具有十分重要的意义（案例 2.2）。

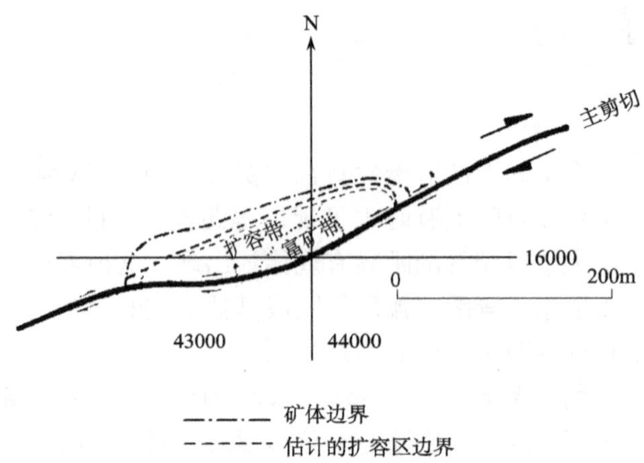

图 2.9　爱尔兰中部锡尔弗迈因斯（Silvermines）铅-锌矿床 K 带矿体赋存在断层的扩容部位（Phillips et al.，1988）

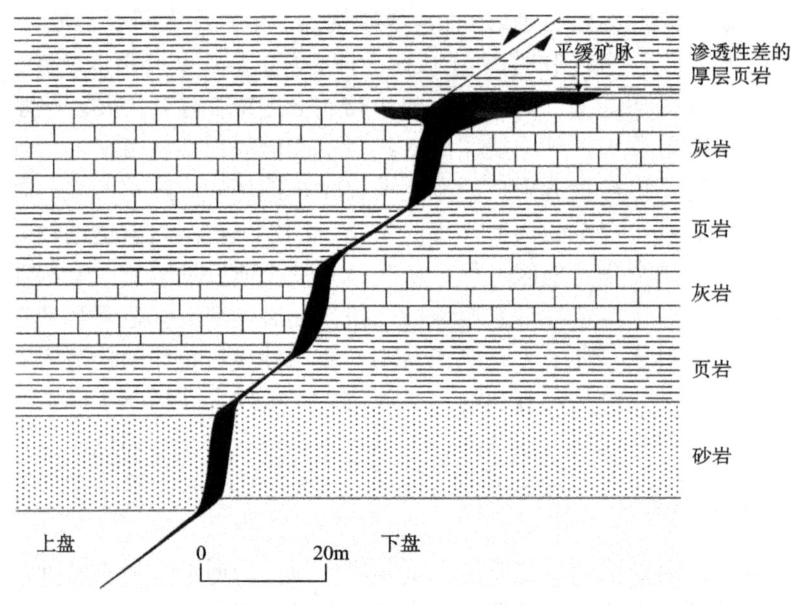

图 2.10　正断层的扩容部位示意图（Evans，1997）

断层在倾向呈现狭缩—膨胀的构造形态，表现为矿化的尖灭—再现

《科技日报》2013 年 3 月 19 日报道了澳大利亚昆士兰大学地震学家戴恩 · 威瑟利和澳大利亚国立大学地质化学学家理查德 · 亨利在《自然 · 地质科学》发表的论文，其研究成果认为沿断层发生地震时，处于断层带内的高温含矿流体会在“断层割阶”内（即断层的扩容部位）迅速沉积下来形成金矿脉。断层割阶是与岩石主断层线相连的一种斜向的拐折断裂（图 2.11），当地震发生时，主断层线的两侧会沿着断层方向滑动，互相摩擦，而断层割阶只是简单地打开。他们设计出一种简单的热力学活塞模型，计算了地震中高温流体流过断层割阶时的情况。计算结果显示压力迅速降低——从地球深处正常的高压突然降到接近地表压力的水平。例如，在一次地球内部 11km 处的 4 级地震中，断层割阶突然打开会使压力从 290MPa（兆帕斯卡）降低到 0.2MPa（海平面大气压为 0.1MPa），压力降低了 1000 倍。含

矿流体在约 390℃时遇到这种急剧降压的环境将会迅即沸腾蒸发，导致矿物质在瞬间结晶，这一过程叫做“闪蒸”或“闪急沉淀”，致使块状石英以及与之相关的矿物和金属都从含矿流体中沉淀析出。所以一次地震瞬间极有可能导致含金金矿脉的形成。此外他们还发现，沿着断层割阶，即使小地震也能产生很大的压力速降。即便是在 2 级地震中，压力也会降低 50%。

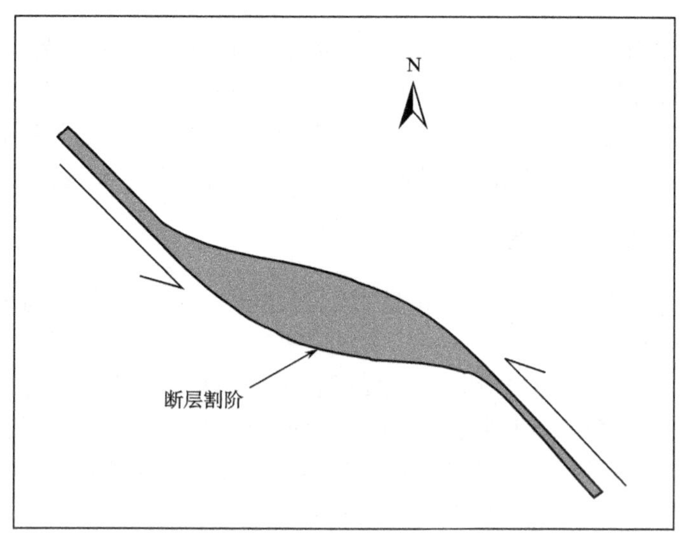

图 2.11　断层割阶平面示意图

4）褶皱构造部位与成矿关系分析

各种褶皱构造对矿床都有明显的控制作用，成矿前和成矿过程中形成的褶皱及与其有关的伴生和派生构造（断层、节理、劈理等）均可成为内生、外生矿床有利成矿空间。对内生矿床而言，应重视成矿前的褶皱，褶皱构造中最有利的成矿部位是褶皱轴部、倾伏端（背斜）或扬起端（向斜）、倒转褶皱的翼部，以及褶皱过程中派生的断裂和破碎带部位等（图 2.12）。

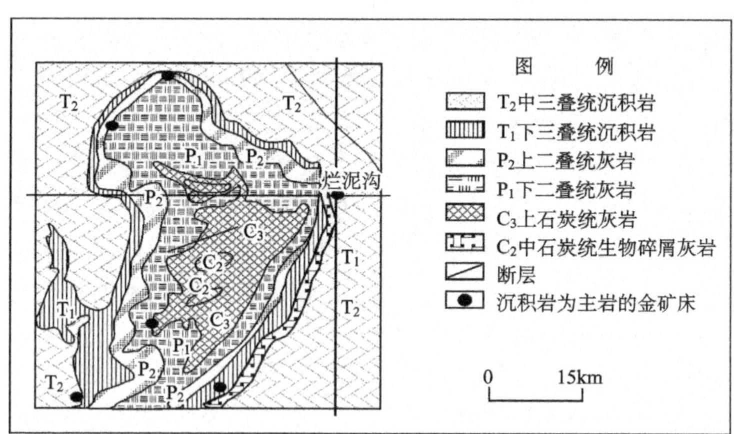

图 2.12　贵州省烂泥沟金矿田地质图（Peters，2002）
说明金矿床受癞子山穹窿构造控制（穹窿长轴为 25km、短轴为 12km），
金矿床沿着穹窿边缘二叠系与三叠系之间的边界分布

查明研究区构造格局及其分布规律，研究各类构造的性质、产状及其变化，构造的复合以及构造与有利岩性的交集，识别成矿前、成矿期和成矿后构造等是成矿分析中最重要的研究内容之一。

2.5.2 岩浆岩与成矿的关系分析

岩浆岩与成矿作用在成因机理、空间以及时间方面都存在比较复杂的关联，具体表现在成岩和成矿作用都受相同的构造系统控制，具有相近的形成深度，它们在微量元素、副矿物和同位素成分方面的紧密相关性，以及不同类型矿床围绕侵入体的规律性分布等诸多方面。因此，在分析各种岩浆活动对矿化的控制作用时，应注意从多方面进行考察。

1. 岩浆岩成分特征与成矿的关系

一定类型的矿床专属于一定成分和类型的岩浆岩，这种现象称为岩浆岩成矿专属性(igneous rock affiliation)。例如，铜-镍-(铂族元素）硫化物矿床主要产于层状镁铁-超镁铁杂岩体内；磁铁矿-磷灰石矿床或钛铁矿-金红石-磷灰石矿床与斜长岩和一些碱性岩紧密相关；金刚石矿床主要赋存在金伯利岩中；阿尔卑斯型铬铁矿床主要产于蛇绿岩杂岩体的超镁铁岩石单元内，而在蛇绿岩杂岩体的枕状熔岩中则可能产出塞浦路斯型块状硫化物矿床；主要与碳酸岩岩浆作用有关的稀土矿床以及与中酸性岩浆作用有关的钨、锡、钼、铋、铜、铅、锌、金、银、铁、铀等热液型和夕卡岩型矿床，在空间上既可赋存在岩体内部，也可能形成于岩体与围岩的接触带部位及其附近，还有的矿床可能分布在远离岩体数百米甚至数千米的距离，但它们还是具有成因联系。

镁铁和超镁铁质岩浆中富含成矿元素（包括铜、镍、铬、铂族元素等）但挥发分不足，因而在成岩过程中一般不可能派生出有挥发分参与的成矿作用，主要是通过熔离作用以及结晶分异作用富集成矿。中酸性岩浆中常常含有足够的成矿元素（包括锡、钨、钼、铅、锌、铜、汞等）并且含有足够多的气体组分（包括氟、硼、氯、硫、砷等)，这些气体组分与成矿组分化合形成丰富的挥发性组分，通过与围岩发生交代作用形成夕卡岩矿床和各种热液矿床，也有可能沿着某些构造岩性通道到达远离岩体的部位。

关于成矿专属性方面的研究前人已做过大量的工作。苏联学者斯米尔诺夫（Smirnov）于1957年总结出锡、钨、铍、和钼矿床主要赋存在二长花岗岩-白岗岩系列（二氧化硅含量在67%～74%)；钼、铜、铅、锌与英云闪长岩-花岗闪长岩-花岗岩系列（二氧化硅含量在60%～65%)。吴利仁（1963）根据对我国166个镁铁-超镁铁岩体的岩石化学进行系统研究后，提出了可用于判断镁铁-超镁铁岩体含矿性的镁铁指数（m/f）的经验公式：$m/f=(Mg+Ni)/(Fe^{2+}+Fe^{3+}+Mn)$；将$m/f$值大于6.5者称为镁质超基性岩，与铬铁矿床关系密切；m/f值介于2～6.5称为铁质超基性岩，与铜镍硫化物矿床关系密切；m/f值小于2者称为铁质基性岩，与钒钛磁铁矿床关系密切。

经验观测和理论研究都支持花岗质岩石的成分特征与成矿元素之间有显著的相关性。花岗岩的成矿潜力与母岩的成因及其演化过程有关，重要的控矿因素包括板块构造环境、源岩的性质、熔体的温度和压力参数、水和其他挥发分的含量、岩浆侵位深度、成岩期构造变形、熔体中氧逸度（氧化还原态)、围岩同化作用、岩浆结晶分异作用。根据Pohl（2011）的总结，不同环境中形成的花岗岩衍生出不同类型的矿化。

（1）M 型（幔源型）花岗岩：如蛇绿岩套中与辉长岩共存的奥长花岗岩（斜长花岗岩）和石英闪长岩以及原始大洋岛弧中的浅成侵入体都属于 M 型花岗岩。与 M 型花岗岩有关的典型矿床主要为斑岩型铜（金）矿床以及热液金矿床。

（2）I 型花岗岩：I 型花岗岩比 S 型花岗岩含更丰富的角闪石，Ca、Na、Sr 的含量更高。一般来说，深成的 I 型花岗岩岩基主要由英云闪长岩和花岗闪长岩组成，而且常常与更基性的岩石（从辉长岩到闪长岩）紧密共生。其中一些水不饱和的熔体（水不饱和的岩浆能够上升地表）喷出地表形成火山岩（如安山岩和英安岩）。一般认为 I 型花岗岩来源于下地壳原有火成岩的重熔，然而，地球化学和同位素证据表明 I 型花岗岩还可能形成于上升的地幔岩浆与下地壳重熔岩浆以及上地壳熔体的混合。I 型花岗岩的副矿物常常为磁铁矿，因而将其归属为磁铁矿系列岩浆岩或氧化型花岗岩，这是因为这些岩浆通常具有较高的氧化度（少数 I 型花岗岩可能为还原型）和较高的磁化率（大于 10^{-3}SI）。与氧化型花岗岩有关的特征矿床包括铁氧化物-铜-金（不含铀）矿床（IOCG 型矿床）、斑岩型铜-钼矿床、Mo-W-Cu 夕卡岩型矿床、热液型 Pb-Zn 矿床以及一些 Au-Ag 矿床等。

（3）S 型花岗岩：S 型花岗岩是沉积岩重熔（部分熔融）作用的产物，主要形成于大陆碰撞环境以及消减板块上的沉积岩被俯冲至深部高温高压区（达到变质作用转换为显著的熔融作用的环境）。S 型花岗岩主要是浅色、富 SiO_2、具有二长花岗岩性质的花岗岩类岩石，除黑云母外还常常含白云母；副矿物包括堇青石、石榴子石、蓝晶石；钛铁矿是常见的不透明副矿物，这就是为什么 S 型（和 A 型）花岗岩属于钛铁矿系列岩浆岩的一部分，并具有低磁化率的特征（小于 10^{-3}SI）。由于源岩沉积岩中含有有机碳，故 S 型花岗岩岩浆的氧化度较低，属于还原型花岗岩；S 型花岗岩熔浆的水派生于变质作用过程中白云母的脱水作用，导致岩浆中富含水，并在较深的部位冷凝结晶，从而，这类花岗质岩石中火山岩很稀少。与 S 型花岗岩有关的矿床主要为 Sn、W、Ta 矿床有关。

（4）A 型花岗岩：典型的 A 型花岗岩是大陆裂谷的碱性花岗岩，可进一步分为富 Na 和富 K 花岗岩。富 Na 花岗岩与 Nb、U、Th、REE 以及 Sn 矿化有关；富 K 花岗岩广泛发育热液硅化、电气石化，主要与 Sn、W、Pb、Zn 和萤石矿化有关。

2. 岩浆的定位深度以及岩体的剥蚀深度与成矿的关系

岩浆定位深度不同，其成岩成矿的物理化学条件也不一样，从而直接影响到岩浆分异作用的程度以及成矿作用。例如，在深部岩浆房定位的中酸性或酸性岩浆在成岩过程中可能派生出伟晶岩型矿床，而夕卡岩型矿床和热液型矿床（包括斑岩型矿床）则主要与中浅成和浅成中酸性或酸性侵入体有关。

Singer 等（2008）对世界各地勘查程度很高的 422 个斑岩铜矿床的定位深度进行了统计分析，其结果如图 2.13 所示。从该图中可以看出：75％的斑岩铜-金矿床定位于 1.5km 以内的深度，75％的斑岩铜矿床定位于 2.5km 以内的深度，75％的斑岩铜-钼矿床定位于 4.0km 以内的深度。

岩体的剥蚀程度意味着与其相关矿床的出露和保存程度。在剥蚀程度较浅的地区，是寻找产于中浅成和浅成中酸性或酸性侵入体顶部及其附近围岩中的热液矿床和夕卡岩矿床的有利地区；如果研究区内中酸性或酸性岩体呈岛状分布且主要出露边缘相，说明剥蚀程度中等，刚达到岩体顶部，仍然是寻找热液矿床和夕卡岩矿床的有利地区；如果中酸性或酸性侵

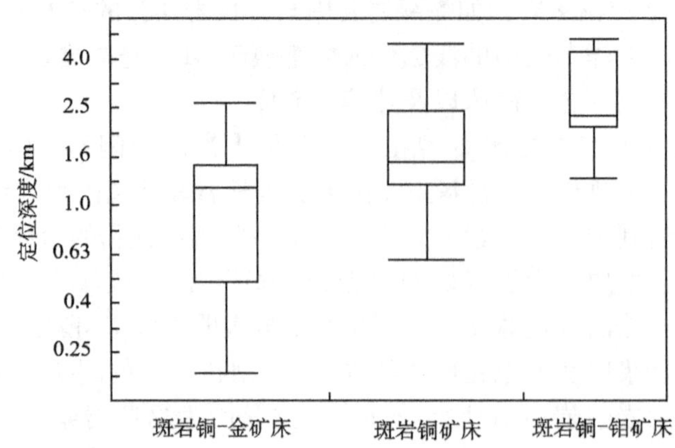

图 2.13 各亚型斑岩铜矿床的定位深度盒须图（Singer et al.，2008）

入体的中心相大面积出露，说明岩体剥蚀程度已经很深，与岩体边缘及外围相关的矿床可能已经被剥蚀。

3. 岩浆分异作用与成矿作用的关系

一般说来，岩浆分异演化作用进行得越完全，越有利于岩浆矿床的形成和富集；而且高温含矿气液是母岩浆完全分异作用的产物。可以利用岩脉的发育情况指示岩浆分异作用进行的程度：如果研究区内发育二分脉岩（即基性和酸性岩脉），说明岩浆仅经历了半完全分异作用；如果发育各种成分的脉岩，则表明岩浆分异作用进行得很完全。岩脉和矿体之间的关系可以比喻为既可能成为兄弟关系（形成时间的先后），又可能成为宾主关系（空间上相伴生），后一种关系的存在很有可能是因为岩脉的侵入为后续的成矿流体创造了流通条件。

岩浆的分异程度还可以根据岩体本身的形态、岩相的演化分布，以及微量元素的地球化学行为等方面进行判断。

4. 岩体的形态、产状与成矿的关系

岩体的形态和产状对成矿物质的富集有重要的影响。例如，早期岩浆矿床中的成矿物质由于重力分异作用往往聚集在盆状岩浆房底部形成底部矿体；岩浆气-液成矿作用通常发育在岩体的顶部和旁侧凹陷部位；在成岩作用晚期阶段，如果残余岩浆特别富含挥发分，则可能由于沸腾作用而导致在岩体上部产生隐爆角砾岩和网状裂隙，为热液矿化提供了极为有利的成矿环境；中酸性岩体的形态越复杂越有利于夕卡岩型矿床的形成。

2.5.3 地层、岩相古地理因素与成矿关系的分析

地层、岩相和古地理环境因素制约着外生矿床的形成和分布。

地层是在一定地质时期内形成的具有一定岩相特征的层状沉积物，地层控矿具体表现为层位控矿，即成矿作用受有利岩性的沉积层控制。例如，在世界范围内，重要的煤矿床、沉积型铜矿床、沉积型铁矿床、黄铁矿（硫）矿床、磷矿床、铝土矿矿床、锰矿床，以及各种类型的砂矿床的成矿作用等都明显地被约束在几个时代确定的地层层位中（见 2.3 节）。所

以，地层控矿分析的首要任务是确定研究区内是否发育有利于某类沉积矿床成矿的层位。

岩相是指在一定沉积环境中由于沉积分异作用而形成的产物。岩相建造与地层在成矿控制方面既有区别又有联系，地层控矿主要表现为时控（层位），而岩相及其相应的建造则是地层在一定沉积环境下的具体表现。大多数沉积矿床都是产在一定的岩相和一定建造中，同一矿种表现为相变的矿床分带（如沉积铁矿床或锰矿床的相变分带），不同矿种间则表现为成矿序列（如铁-锰-磷序列）。因此，在成矿分析时应注重沉积岩相和建造与矿床类型之间的关系。

古地理是指某个地质时期的海、陆、水系分布以及地势和气候等自然地理状况。古地理的分析是以岩相研究为基础的，从不同的岩相分布和变化来分析当时的海陆分布、海水深浅变化、海水进退方向、海水含盐度、古气候的变化以及沉积物的来源等。分析古地理与沉积矿床的关系主要从研究区某个时期所在的古地理单元、古气候以及海陆变迁等方面着手。

2.5.4　岩性与成矿作用的关系

沉积矿床的成分在成因上总是与围岩有紧密的联系，因而，根据上下地层的岩性特征可以推断成矿潜力。例如，鲕状锰矿床通常下伏于诸如泥灰质砂岩、海绵岩或含放射虫的碧玉岩之类的硅质沉积物之下。

对于内生成矿作用而言，具有下列 3 个方面性质的岩石有利于成矿：①渗透性（砂岩、砾岩、孔隙度较高的熔岩，以及裂隙发育的岩石具有良好的渗透性）；②化学活泼性（容易与含矿热液发生反应，从而导致矿质沉淀富集，具有化学活泼性的岩石如碳酸盐类岩石；③脆性（脆性好的岩石，如火成岩、石英岩、白云岩等）。酸性或中性岩浆侵入于碳酸盐类岩石中的环境最有利于形成多金属铜、锡、钨、钼、锑等接触交代矿床（夕卡岩型矿床）和热液矿床。

经验表明，含碱性长石的岩石（如酸性喷出岩和侵入岩、长石砂岩、长石石英砂岩等）、含镁和钙质的碳酸盐岩有利于成矿；页岩、千枚岩、云母片岩不利于成矿；不纯的碳酸盐岩石比纯的碳酸盐岩石更有利于成矿。同时，在一些矿床中，渗透性差的页岩起着阻隔或者限制成矿热液向上运移的作用，促使矿质在屏蔽层之下沉淀富集。

2.5.5　变质作用与成矿作用的关系

区域变质作用期间元素的活化和富集导致变质矿床形成，因而，在变质岩区寻找变质矿床时变质相是一个重要的控矿条件。例如，沸石相中可能赋存自然铜矿床；绿片岩相中可能赋存金矿床；铁矿床、蓝晶石矿床、硅线石矿床、红柱石矿床、刚玉、结晶石墨矿床，以及钛铁矿矿床等与角闪岩相有关；角闪石矿床、辉石矿床、磁铁矿石英岩矿床、石榴子石矿床以及金红石矿床等与麻粒岩相有关；榴辉岩相中可能赋存红柱石矿床。在变质矿床中，原岩的物质成分及其含矿性是影响矿化类型的主要因素。

需要指出的是，上述控矿因素分析只是一般的指南，不同类型的矿床控矿因素所起的作用不同，建议读者通过对典型矿床的研究，提高自己综合分析的能力。同时，在进行控矿因素分析时，还应注意结合找矿标志。所谓找矿标志是指能够直接或间接指示矿化的信息。由于许多找矿标志比矿体本身分布范围广而且易于发现，通过对这些信息的研究，有利于评价区域的含矿性、能够有效而迅速地发现矿床，同时为合理选择和应用勘查方法提供地质依据。找矿标志的种类很多，常见的找矿标志包括矿体露头（原生露头和氧化露头）、围岩蚀变、矿物共生组合和矿物标型特征、地球物理和地球化学异常、古采矿遗址、特殊地形与地名，以及特殊的植物等。

本章小结

成矿规律主要研究矿床形成的时间规律、空间规律、物质来源规律，以及共生组合规律。成矿规律是成矿预测的理论基础。

成矿的时间规律表现在一种或多种矿产或矿床类型趋向于在某个地质时期内富集，据此可以划分出不同的成矿期。成矿的空间规律主要表现在：①矿床（体）具有成群分布、成带集中的特点，据此可以划分出不同的成矿单元；②矿化常常展示出分带性特征，通过对分带性规律的研究建立矿化分带模型；③矿床（体）分布的等距性规律，认识这一规律有助于我们预测隐伏矿床（体）或盲矿床（体）。成矿物质来源规律属于矿床学的研究范畴，本书未予涉及。矿化共生组合规律仅提及从成矿体系方面进行研究。

矿床分布最重要的普遍规律之一是在全球范围内一定矿床组合与一定的构造类型有关，据此可以把成矿作用与大地构造环境联系起来。本章简要总结了板块构造与成矿作用的关系。

控矿地质因素分析是具体地剖析构造、岩浆作用、地层等诸因素对矿化的控制作用。如果能够证实成矿作用的主要控矿因素，则这些因素就成为预测这类矿床存在的地质准则。

讨 论 题

（1）将南美安第斯斑岩铜矿成矿省与我国冈底斯斑岩铜矿成矿省进行对比，试问我国冈底斯成矿省内是否存在斑岩铜矿的巨大找矿潜力？

（2）在华北地台的早元古宙基底内是否存在寻找金-铀砾岩型矿床的潜力？

（3）简要论述地槽、地台、地洼构造与成矿的关系。

（4）VMS 型矿床与 SEDEX 型矿床地质特征和成矿环境的对比。

（5）论述花岗岩与成矿的关系。

（6）论述断裂构造与成矿的关系。

本章进一步参考读物

陈国达. 1985. 成矿构造研究法. 北京：地质出版社

范永香，阳正熙. 2003. 成矿规律与成矿预测学. 徐州：中国矿业大学出版社

孟良义. 1993. 花岗岩与成矿. 北京：科学出版社

米契尔 A H G，加森 M S. 1986. 矿床与全球构造. 周裕藩，李锦轶译. 北京：地质出版社

沈保丰，陆松年，杨春亮等. 2000. 矿床密集区预测的理论和方法（以华北地台为例）. 北京：地质出版社

索金斯・弗. 1987. 金属矿床与板块构造. 曹开春，谢振忠译. 北京：地质出版社

翟裕生，邓军，李晓波. 1999. 区域成矿学. 北京：地质出版社

翟裕生，林新多. 1993. 矿田构造学. 北京：地质出版社

翟裕生，彭润民，向运川等. 2004. 区域成矿研究法. 北京：中国大地出版社

翟裕生，张湖，宋鸿林等. 1997. 大型构造与超大型矿床. 北京：地质出版社

朱裕生，李纯杰等. 1997. 成矿地质背景分析. 北京：地质出版社

Pohl W L. 2011. Economic Geology Principles and Practice：Metals，Minerals，Coal and Hydrocarbons——Introduction to Formation and Sustainable Exploitation of Mineral Deposits. Hoboken：Wiley-Blackwell

第3章 成矿模型

矿产勘查必须与不完整的资料库打交道。我们的肉眼无法观察到地壳的内部，对成矿过程的认识通常都是间接的，对矿床确切的性质是不完全了解的。我们面对如此复杂的研究对象，不得不多方探索更为有效的理论工具。实践证明，矿产勘查的研究总会自觉或不自觉地以成矿模型作指南，因为成矿模型是把一幅模糊不清的隐蔽矿床的图像简化增强为可识别特征的最好方式。

3.1 成矿模型的概念

3.1.1 模型的概念

模型（model）是通过抽象、简化、类比，使所研究系统的结构、形态或运动状态变为易观测的形式。模型通常有两方面的含义，其一是指相对于研究对象的原型而建立模型，即是对原型的抽象或仿真；其二是指研究原型所采用的模型化方法。模型基于原型建立，相似于原型但不等于原型。

模型可分为四类，即原样模型、相似模型、图形模型和数学模型。

（1）原样模型：与研究对象在结构和过程方面基本相同的实体。例如，在制造汽车、飞机等产品时，往往在转入批量生产前要先造出样机，这就是原样模型。

（2）相似模型：根据不同系统之间相似规律而建立起的研究用模型。

（3）图形模型：具有丰富的内容。其表达方式包括示形图、示意图、框图、逻辑图、工程图等。示形图、示意图和框图为不严格图，即没有严格确定的规范，作图者往往要附加文字说明，这些图形模型适合于显示那些还不太清楚的问题，因而在矿产勘查研究中使用极为广泛。例如，地质图、地形图，以及其他各种地质平面图和剖面图等。正是借助于这些图形模型来开发构造成矿环境的想象力和创造力，使得所研究的成矿环境变得越来越清晰、越来越具体。

（4）数学模型：指运用数字符号和数学公式来表达系统的结构或过程。

模型对于任何一种研究问题的脑力活动都是十分重要的。讨论模型的实质和形式，目的在于开发应用模型的思想；了解模型的性质和作用会使我们的思路更加清晰。所谓模型化（即构造模型），只不过是运用某种信息载体来外在地显示人们对现实世界中事物的认识。

模型无所谓真假，模型的价值只在于它的适用性和有效性。模型被用来显示客观事物的状态及其变化，它反映了人们对客观事物认识的思维过程，并能帮助发展这种过程。

建立模型需要有一个模型化的过程，即需要有一个认识问题的辨证过程。模型是人们对事物认识的表达形式和工具，而不是研究问题的归宿，我们所关心的是把问题很好地表达清楚并获得满意的答案。因此，模型本身要被当做一个系统来研究。模型方法论的重要概念之一就是对外延的限定和内涵的开发过程，也就是一个不断深化的认识过程。

矿产勘查中所需要研究的成矿模型，包含有两个方面的意义：一方面是成矿作用的模型化，如板块构造成矿模型（见 2.4 节）、地槽成矿模型等；另一方面是矿床类型的模型化，这是本章需要阐述的内容。为了使读者能够把前面有关内容联系起来，我们仍采用成矿模型（metallogenic models）这个术语，请注意区分。

这里还需要回答这样一个问题：我们在矿产勘查中为什么要使用模型？对这一问题的直接答案是，在成矿预测方面，还没有发现比模型更好的方法。作为一个预测系统，模型代表了科学方法。在着手建立一个成矿模型之前，需要仔细考虑研究对象以及现实世界中抽象的概念；在建立成矿模型的过程中，我们会深深地感觉到对于所研究的对象还知之甚少，我们往往不知道可以利用哪些资料，漏掉了哪些资料；利用已建立好的成矿模型，有助于我们深入了解勘查工作中所要解决的问题。

3.1.2 成矿模型

实际上，模型是为研究对象建立的信息网络，因此，任何模型的固有性质应当是信息、信息连接，以及使用目的的网络的选择。从而，对于矿床勘查而言，成矿模型应当包括有关成矿地质环境、矿床地质特征、矿床的规模及赋存深度等，而且，所有这些信息需要借助于运筹的、成因的以及概念的推理网络联系起来，其唯一的目的就是要提供支持矿床勘查的知识库。所以，成矿模型可以定义为精心组织的、用于描述矿床类型基本属性的信息系统。

成矿模型可分为：①以观测资料为基础的经验模型（empirical models），也称为描述性模型（descriptive models）；②以理论概念为基础的成因模型（genetic models），也称为概念模型（conceptual models）。每个矿床类型所接受的模型一般都包含有这两个方面。成矿模型匹配相应勘查技术后的表达方式称为勘查模型（exploration models），我们将在第 4 章中进行论述。

经验模型是指与矿化富集有关的观测特征的集合。经验模型已经应用了数百年而且形成了矿产勘查的基础；经验模型应用的关键是直接观测和经验。成因模型试图描述导致矿床及其有关地质特征形成的物理和化学过程；成因模型在很大程度上派生于对观测资料的综合分析和推测，但它们包括了实验或计算的约束条件。新的观测资料或概念可能会使某个成因模型发生渐变甚至发生根本的改变。

在矿产勘查过程中，应用成矿模型时应注意避免以下两个方面的问题：

(1) 不要过于强调成矿模型的经验属性中的局部性特征。对局部性特征给予过多地关注可能是由于某个重要矿床的发现。例如，1980 年美国 Homestake 金矿公司在加利福尼亚发现了麦克劳林金矿床后，许多研究者强调超镁铁岩石的存在是控制这类矿床形成的主要因素之一；后来的研究表明，麦克劳林是一个典型的热泉型浅成热液金矿床，超镁铁岩是该矿床成矿环境中典型的但不是必要的成矿特征。此外，局部性特征也可能在以某个矿床命名的矿床类型中被强调，如卡林型、别子型、奥林匹克坝型等。参考同类矿床共同特征确立成矿模型的经验属性的方法是很方便的，然而，相同矿床的实例往往不多，如果不加选择地生搬硬套可能会造成失误。

(2) 过于强调成因模型中的某些因素并把它们作为唯一重要的准则可能会导致滥用，所选择的准则常常作为某类矿床成因的统一理论，这种理论常常容易出现偏见或教条。例如，早期的花岗岩成矿理论强调成矿流体和矿质都来源于花岗岩浆；后来的研究表明，在许多与花岗岩有关的成矿系统中，花岗岩岩浆房可能只是起着热引擎的作用，驱动围岩中流体对流，而成矿流体主要来源于地下水，矿质源自于围岩。由于无法直接观测到成矿过程，只能基于间接的资料或理论来解释矿床是怎样形成的以及何时形成的，以这种方式建立的成因模型在所研究的地区内具有一定的可信度，但是如果把它应用到不适当的环境或者应用于地质情况尚不十分清楚的地区则属于滥用。

3.1.3 成矿模型化的历史回顾

成矿模型化的思想并不是一个新领域，而是赋予其一个相对较新的名称，因为从我国古代著作中记载的矿产分布和矿物分带到根据矿床特征进行分类都是按照这种思想进行的。

系统地成矿模型化起始于20世纪50年代。当时，在苏联，区域成矿规律研究和成矿预测中已流行地槽成矿模型，在以后的几十年中又广泛应用成因模型配合成矿建造分析进行成矿预测；在局部预测中，各种对象模型，包括所谓预测普查组合的确立，都与一般的成矿模型有密切的关系。而在西方国家，一些勘查公司或采矿公司需要定义不同类型的目标矿床以及制定各类目标矿床的勘查战略而着手系统建模，其具体做法是，详细研究某一类型矿床的许多实例，确定出一套矿床特征，利用这些特征指导矿产勘查，以便集中力量研究数量有限的靶区。这一新的勘查方式帮助发现了美国著名的亨德逊钼矿床，而且这一勘查新思维开创了成矿模型的先河。1973年出版的《美国的矿产资源》一书中，已经对一些矿床类型的特征进行了初步的描述并根据对未发现矿床期望的金属吨位做过资源估计（Brobst et al.，1973）。1975年年初，美国地质调查局在实施阿拉斯加1∶25万标准图幅的资源评价项目中已经实际应用了描述性模型，包括：①利用地质特征圈定成矿预测区；②利用品位-吨位模型进行定量资源评价（Richter et al.，1975）。

1978年，美国地质调查局D. A. Singer等收集了有关斑岩铜矿、块状硫化物矿床、豆荚状铬铁矿床以及其他类型矿床大量可靠的品位和吨位资料建立了它们的品位-吨位模型，并应用于阿拉斯加1∶100万矿产资源评价。1980年，美国地质调查局开始了成矿模型化的研究，汇编了由45位矿产资源专家提出的描述性模型。与此同时，还认识到应用人工智能和专家系统进行矿床模拟的可能性，20世纪70年代末期，美国斯坦福大学国际研究所与美国地质调查局合作研制了“Prospector”程序软件（专家系统），用于模拟斑岩铜矿及其他几种矿床类型，然而，由于这种模拟过程需要花费大量的时间和经费，难以满足对大量矿床类型的模拟。

1982年，美国地质调查局承担了哥伦比亚资源评价的任务，该项目提出了利用成矿模型作为美国与哥伦比亚两国地质人员之间交流基础的直接需求。在美国地质调查局地质人员的通力合作下，很快便汇编了一批描述性模型，包括品位和吨位模型，这些模型构成了美国地质调查局第1693号局刊《矿床模型》的核心内容（Cox，1986，1993），其中包括87个描述性矿床模型和60个品位和吨位模型，反映了38位作者的工作成果。《矿床模型》中的描述性模型分为两部分：第一部分是地质环境的描述，描述了有利于所研究的矿床模型的矿化环境类型，包括主岩、构造和沉积环境等控矿因素，这些因素指明到哪儿去寻找这类矿床以及如何圈定这类矿床的成矿预测区；此外，还有一个补充的地质因素，即共生的矿床。第二部分是有关矿床类型的详细描述，包括矿物成分、矿石结构构造、围岩蚀变以及地球化学和地球物理信息等找矿标志，这些特征使得根据有限的露头观测或文献中零碎的描述就有可能识别矿床或对矿床进行归类；除此之外，用图形表示的品位-吨位模型阐明了由描述性模型所定义的矿床类型的品位和吨位的分布。美国地质调查局出版的这本《矿床模型》专著成为现代矿产勘查方法学的基础，在美国和其他许多国家的矿产勘查中得到广泛的应用，而且，它还被美国林务局和土地管理局作为短期教程，在哥斯达黎加、委内瑞拉和墨西哥等国都被用做地质人员短期培训的教材（Cox，1993）。该专著已在20世纪90年代初译成中文出版，在我国产生了比较深刻的影响。

成矿模型代表着我们所建立起的成矿理论、成矿规律和勘查思维的科学基础，它把我们所要找寻的矿床与我们所能够观测到的地质特征有机地联系起来。现有的成矿模型对现在乃至今后长时期的矿产勘查都是很有用的，但是，它们只是代表初步系统化的尝试，因此，它们能够而且应该不断地进行完善。

研制成矿模型的目的是建立矿床的综合样板，即建立用现有手段和方法可以查明的互不矛盾的特征组合。在建模过程中，必须遵守类似或相似、代表性和可以外推等条件。模型也应当符合重功能（有一定指导性）和讲实效（作为矿产勘查的一种手段发挥重要作用）的要求。相应地，模型化过程包括建立模型本身、研究模型和在具体矿床上应用模型所得到的资料。模型化技术随模型的用途及其应用方法不同而不同。

在我国，20世纪70年代以后，成矿模型化思想获得长足的进展，不少矿床成功地发现是由于借助了成矿模型的指导。例如，吉林浑江-柳河石膏矿床的发现，萨布哈成矿模型起了相当大的作用；赤柏松铜镍硫化物矿床的储量增加，与基性、超基性岩有关的成矿模型也做出了贡献（张贻侠，1993）。大量有关我国成矿模型的论著也相继问世，如《中国矿床成矿模式》（陈毓川等，1993）、《矿床模型导论》（张贻侠，1993）、《中国矿床模式》（裴荣富，1995）等。这些著作在发展和完善成矿模型化理论以及总结我国的矿床成矿模型方面做出了重大的贡献。

3.2 描述性模型

描述性成矿模型是对一类矿床本质属性的概括，是对该类矿床基本而共同的特征的总结，或者说，是一类矿床输出信息的系统总结。根据定义，描述性成矿模型应代表一类而不仅仅是一个矿床，因此，首先应在深入研究个别矿床的基础上对矿床进行正确的归类，归类的目的在于揭示一类矿床的共性、共同规律，力求避免把不同类型的矿床归并在一起。

Eckstrand等（1996）给出了矿床类型的经验定义："矿床类型是指具有（a）共享一套地质属性，以及（b）含有某种特殊矿产品或矿产品组合的矿床集合。"从而，根据定义中的（a）和（b）即可把一类矿床与另一类矿床区分开。由该定义还可得出两个重要的推论：①同一矿床类型中的矿床可能具有相同或类似的成因；②含有代表某一特殊矿床类型的地质属性的岩石组合具有赋存这种类型的矿床的最大潜力。

一般来说，矿床的归类应根据矿床产出的大地构造位置、控矿的构造条件、容矿围岩的种类及变化、矿石矿物成分和组构特征以及工业可利用的矿种等因素。矿床的归类应能容纳新发现的矿床类型，以便指导发现新的矿床。

建立描述性成矿模型利用的原始资料必须真实可靠、切忌带着某种成因观点对原始资料随意取舍。一类矿床的基本特征要通过对数据的统计和对事实的归纳而显示出来。

建立描述性成矿模型还要求从矿床复杂的地质环境中精选具有本质意义的要素加以系统

组合，模型所体现的是一类矿床的基本特征，而不是全部属性。描述性成矿模型最基本的属性包括矿床地质特征（如矿体形态和产状、矿物成分和矿石组构、分带性及地球化学特征等）以及成矿地质背景（如矿床的形成与区域构造演化的时空关系、成矿作用与深部地质过程的关系等）。在应用描述性成矿模型时还应注意到，描述性模型反映的是一组矿床的共性，而矿床还具有其地域性的特点，因此，在矿产勘查过程中，既要理解矿床类型的共性，也要认识到研究区矿床的特性，这样，才能在普遍性模型的指导下，既能发现同类新矿床，又不会漏掉新类型的矿床。

描述性模型包括“地质环境”和“矿床描述”两部分内容。第一部分内容依照分列标题提供矿床赋存的地质环境信息：“岩石类型”和“结构”标题描述有利于矿床形成的主岩以及认为可能引起某些矿床形成的矿源岩的特征；“地质时代”指的是导致矿床形成的地质事件的年龄；“沉积环境”呈现的是矿化的地质环境；“大地构造环境”涉及有利于成矿的主要大地构造特征或成矿省特征；“伴生矿床类型”列出空间上共存的矿床类型。这一部分的信息，尤其是主岩岩性和大地构造特征很容易从地质图中获得。第二部分内容提供了矿床本身的识别特征，尤其强调诸如矿物学、围岩蚀变，以及地球物理和地球化学异常等矿化信息。

为了说明描述性模型的特征，这里引用Cox（1986）《矿床模式》中一个相对比较简单的模型——岩筒型金刚石矿床描述性模型作为案例（案例3.1）。

案例3.1　金刚石矿床描述性模型

特征描述　金伯利火山角砾岩筒和其他碱性镁铁质岩石中的金刚石矿床

资料来源　Orlov（1973）；Dawson（1980）；Gold（1984）

地质环境

岩石类型　金伯利岩火山角砾岩筒；橄榄石钾镁煌斑岩类（富钾、镁煌斑岩）和白榴石钾镁煌斑岩筒类。

岩石结构　岩筒状、斑状火成岩结构。火山角砾岩含来自地幔、基底岩层及其上覆盖层的许多岩石包裹体。火山角砾凝灰岩局部充填在火山角砾岩筒上部。

地质时代　已开采的大多数岩筒的时代为80～100Ma、250Ma和1000～1100Ma。

成矿环境　岩筒在高压下由地幔侵入但快速冷凝。

构造背景　多数岩筒侵入到早元古代即已稳定了的克拉通内，部分侵入到变形了的克拉通边缘区上覆的褶皱盖层岩石中。岩筒与造山作用无关，但产在造陆运动所形成的挠曲或隆起和沿主要基底的断裂带中。某些岩筒产于陆地卫星或侧视雷达影像上可见的区域性软弱带的交汇部位。

伴生矿床类型　金刚石砂矿

矿床特征

矿物组合　金刚石、圆粒金刚石或黑色金刚石（多晶的，一般呈暗黑色），放射纤金刚石（球粒状，多晶的和无定形的黑色金刚石）。

结构/构造　金刚石呈斑晶或包裹体状稀疏分散在角砾岩中。开采的金伯利岩，金刚石的回收率为（0.1～0.6）$\times10^{-6}$。

围岩蚀变　蚀变发生在“蓝色黏土”带中的蛇纹石化；靠近岩筒的围岩发生硅化和碳酸盐岩化；少量的碱性交代作用，形成钾长石和钠角闪石。

控矿条件　金刚石的分布是不均匀的，局限在金伯利岩或钾镁煌斑岩岩筒中和向上的喇叭口状火山口内。可供开采的岩筒是很少的，目前仅能根据金刚石的含量来确定是否可采。

风化作用　岩筒快速风化形成地形上的洼地。

地球化学标志　Cr、Ti、Mn、Ni、Co、铂族元素、Ba等；异常的镍、铌和诸如镁铝榴石、石榴子石、金云母和镁钛铁矿等重砂矿物的存在表明靠近岩筒；钾镁煌斑岩筒缺乏钛铁矿。

实例

非洲矿床（Sutherland，1982）

澳大利亚西部矿床（Alkinson et al.，1984）

怀俄明-科罗拉多矿床（Lincoln，1983）

描述性模型最重要的目的是要定义矿床类型可能存在的地质环境，如图3.1左侧所示，这种定义使我们能把矿床类型与地质图上的特征联系起来，这是成矿预测的一个基本过程。描述性模型的另一个重要的用途是在地质上定义包括在品位-吨位模型中的矿床总体，如图3.1右侧所示。加拿大地学在线咨询公司（GeoReference）开发的MineMatch系统已经成功地实现了利用计算机把所研究地区与现有描述性模型进行匹配，从而大大拓展了描述性模型的应用空间，为我们提供了方便实用的工具，有兴趣的读者可登录网站http：//www.georeferenceonline.com/MineMatch/Tutorial.htm，进一步了解该软件的功能和具体操作。

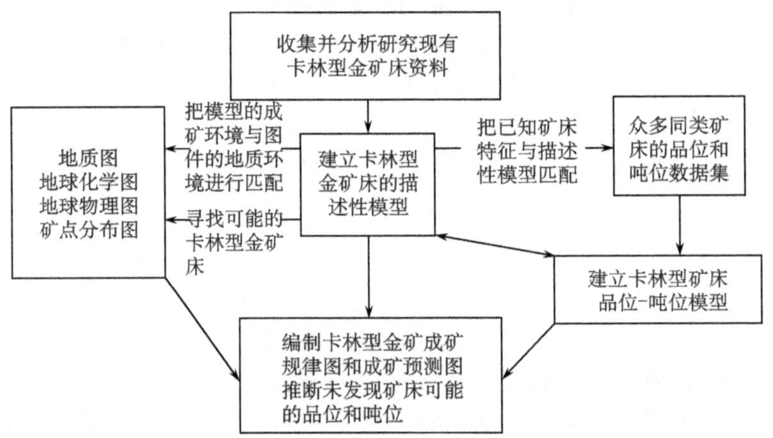

图3.1　描述性矿床模型与品位-吨位模型之间的关系
图中以卡林型金矿床为例，通过建立矿床资料与图件资料之间的联系说明描述性成矿模型在靶区圈定（成矿预测）中的作用

描述性矿床模型在勘查规划和矿产资源定量评价中都是极其重要的，其原因在于：①不同的矿床类型具有显著不同的矿石平均品位和吨位；②不同类型的矿床赋存在不同的地质环境，而且在地质图上可以辨识成矿地质环境。描述性矿床模型综合了地质、矿床、地球物理、地球化学等应用于资源评价和矿产勘查的地学信息，以全球矿床为基础建立起来的矿床模型提供了矿床重要特征的鉴别以及不同特征的论证。精心设计的矿床模型能够使地质人员推断某个地质环境中可能存在的矿床类型，矿产经济人员能够确定这些资源的经济可行性。由此可见，描述性矿床模型是在以一种非常有用的形式为决策者呈现地学信息的方面起着至关重要的作用（Mosier et al.，2009）。

矿化空间分带性系指一系列有成因联系的成矿元素，或矿物组合，或矿化类型等特征在空间上表现出来的规律性分布（见 2.2.2 节），矿床分带模型也是一种非常重要的描述性模型（阳正熙，1993；范永香等，2003）。

3.3　矿床品位-吨位模型

矿床品位-吨位模型（grade-tonnage models）属于矿床统计模型，可以分为两类：一类是利用矿床类型中矿床的平均品位和吨位作为样本构建模型，用于分析和比较相似地质环境中尚未发现的同类型矿床的品位和吨位；另一类是利用某个矿床中矿体或块段的品位和吨位构建模型，主要用于矿床范围内的矿产资源量和矿石储量分析和经济分析，为便于区分，我们把第二类品位-吨位模型称为矿床（体）品位-吨位曲线。本节论述矿床类型的品位-吨位模型，有关矿床（体）品位-吨位曲线将在 17.7 节中介绍。

3.3.1　建立矿床类型的品位-吨位模型的方法

建立品位-吨位模型，其第一步是搜集一组矿床类型相同且勘查程度较高的矿床数据集（矿床吨位及其平均品位数据）用于建立模型，这里所说的“勘查程度较高的矿床”是指该矿床勘探阶段的工作（见 11.5 节）已全面完成。在这一步骤过程中，正确的矿床分类是很重要的，因为不同类型的矿床其品位和吨位方面的差异通常比较明显。例如，富含萤石的以花岗斑岩为主岩的斑岩型铜钼矿床比不含萤石、以石英二长斑岩为主岩的斑岩型铜钼矿床具有更大的吨位和更高的平均品位。分类不正确的矿床在建模过程中可能被证实为统计异元。

由于品位-吨位模型用于预测未发现的矿床，最理想的情况是模型中各矿床的平均品位信息都是采用统一的边际品位或最低工业品位进行确定，吨位包括过去的产量、储量和平均品位高于最低工业品位的资源量。虽然这种情况几乎任何模型都不能完全满足，然而最重要的是，需要了解所采用信息的性质以便证实异常结果的原因。

矿床类型的品位和吨位模型实质上是该类型矿床品位和吨位的累积频率分布，因此，建立模型的第二步是用统计方法分析这些数据，包括拟合所观测的品位和吨位并检验它们之间的关系。为了建立某一开采两种矿产（如金和银）的矿床类型的品位-吨位模型，必须对三个变量进行研究，即矿床的吨位和两种矿产的品位；还需要确立三组关系，即吨位与每种矿产品位的关系以及两种矿产品位之间的关系。对于大多数矿床类型而言，品位和吨位的频率分布可以用对数分布来模拟，即如果直方图是根据矿床品位和吨位的对数来绘成，那么，大多数直方图都会表现出正态分布的性质；若以吨位和平均品位的对数为坐标作散点图，它们常表现为分散状态，表明品位与吨位不相关。对于少数矿床类型，品位和吨位的显著相关性的确存在，但至今所研究的大多数类型矿床，其品位和吨位都是独立的。同一类矿床产出的两种矿产品位的对数也可能在统计学上是独立的，除非这两种矿产是赋存在相同或紧密共生的矿物中。

矿床品位-吨位模型采用坐标图的方式表示，这种图形有利于矿床类型的比较以及数据的展示。这类图形的横坐标一般采用对数刻度表示吨位或品位，纵坐标表示矿床的累积百分数（或百分位数），为便于比较，同一矿种不同矿床类型的品位或吨位图采用相同的坐标刻度；图中的每一个点代表样本中相应矿床的位置投影点（图 3.2 和图 3.3）。为了作出这些图，每个变量（品位或吨位）的数值按从小到大顺序排列，并计算每个矿床的变量值在综合统计矿床的变量值总和中所占的百分比。然后，以每个矿床的品位或吨位的对数值以及该矿床对应变量值的百分比（用累积百分比）在坐标图上投点。最后，根据品位或吨位对数值的平均值和标准差以及正态分布表对图中的观测值进行曲线拟合，该拟合曲线即为概率密度曲线，一般都呈向后的“S”形，如果样本容量很小，每个数据点将位于该拟合曲线之上；随着数据增多，这种效应会减小。

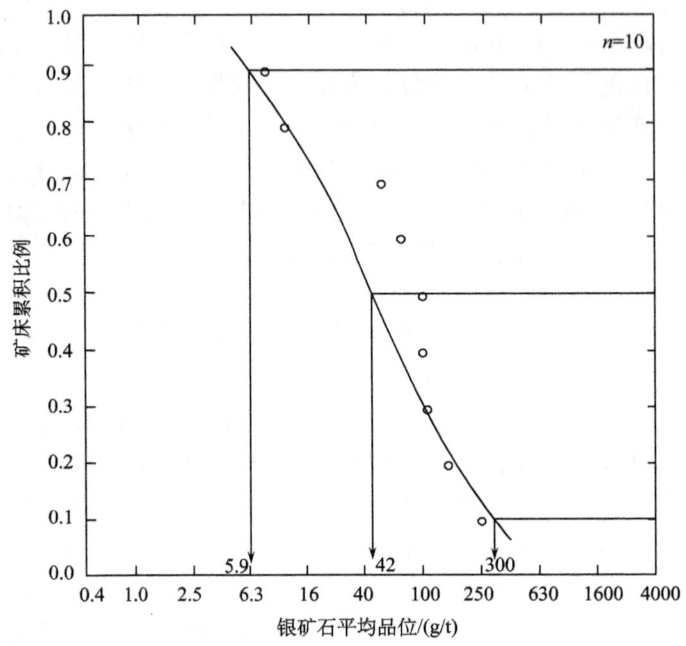

图 3.2　美国内华达州北部以沉积岩为主岩的银矿床品位分布图（Singer，1996）

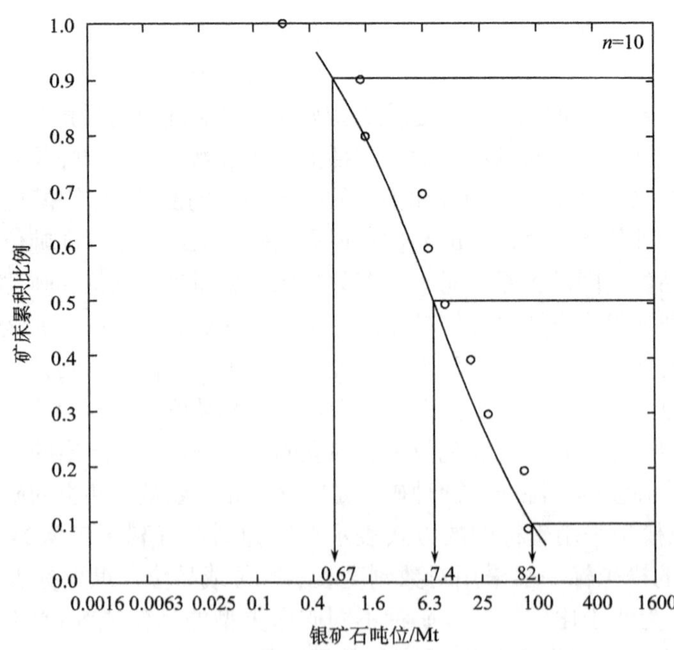

图 3.3　美国内华达州北部以沉积岩为主岩的银矿床吨位分布图（Singer，1996）

拟合曲线上采用截线的方式表示出第90、第50和第10个百分位数所对应的平均品位和吨位值，这些值提供了估计未发现矿床品位和吨位的基础。例如，品位或吨位图中第50个百分位数所对应的平均品位或吨位值可以解读为该类矿床中有50%的矿床其平均品位或吨位低于该值，50%的矿床高于该值。对于具有多种有用组分的矿床类型，也可采用如表3.1的方式进行表达。

表3.1 火山成因块状硫化物矿床（VMS）品位-吨位模型

VMS矿床亚型	吨位和品位	矿床数（n）	对应第10个百分位数的值	对应第50个百分位数的值	对应第90个百分位数的值
黑矿型	吨位	421	36.0	3.00	0.15
	Cu品位	421	3.2	1.20	0.30
	Zn品位	421	10.0	3.20	0.00
	Pb品位	421	3.2	0.42	0.00
	Au品位	421	2.6	0.40	0.00
	Ag品位	421	140.0	25.00	0.00
别子型	吨位	272	31.0	1.90	0.14
	Cu品位	272	3.5	1.40	0.35
	Zn品位	272	8.2	1.70	0.00
	Pb品位	272	0.7	0.00	0.00
	Au品位	272	2.5	0.24	0.00
	Ag品位	272	59.0	9.50	0.00
塞浦路斯型	吨位	174	15.0	0.74	0.03
	Cu品位	174	4.1	1.70	0.61
	Zn品位	174	2.1	0.00	0.00
	Pb品位	174	0.0	0.00	0.00
	Au品位	174	1.7	0.00	0.00
	Ag品位	174	33.0	0.00	0.00

注：表中吨位的单位为Mt，Cu、Zn、Pb品位的单位为%，Au和Ag品位的单位为g/t

资料来源：Mosier et al.，2009

需要说明的是，少数矿床类型（如铁矿床和锰矿床）的品位-吨位图中横坐标采用的是算术刻度而不是对数刻度，图中的平滑曲线是采用目估拟合绘制出的。

美国地质调查局已经建立了世界上几乎所有矿床类型的品位-吨位模型，如果研究者认为其所研究地区某类矿床具有特殊性，也可以根据本区该类矿床的数据构建适合于本地区相应的品位-吨位模型，用于指导该区的矿产勘查工作。

3.3.2 矿床类型的品位-吨位图的应用

品位-吨位模型是对描述性模型的重要补充，它采用图形的方式说明由描述性模型所定义的该类矿床的品位和吨位特征，二者之间的关系如图3.1所示。品位-吨位模型在定量成矿预测和勘查项目设计中都是很有用的，其作用在于：①能帮助预测远景区内未发现矿床的潜在价值（规模及其质量）；②有助于对某个地区的矿床进行分类。

为了说明矿床类型的相对重要性，图 3.4 对矿床类型的品位和吨位进行了比较。图中各椭圆的中心点为各金矿类型的矿床样本中金品位和吨位的中位数；椭圆的短轴和长轴分别代表该类矿床样本平均品位和吨位的一个标准差；每个矿床类型的椭圆区域包含大约 45%的矿床数，由各椭圆中心点引出的箭头所指的大象图形表示该类矿床样本中前 5 个具有最高金属量的矿床品位和吨位的中位数；图中的对角线表示金属量等值线。由该图可以看出，COMSTOCK 型浅成热液脉状矿床的金品位比斑岩型铜金矿床高，但由于斑岩型铜金矿床具有较大的矿石吨位，因而，其所拥有的黄金储量更大；南非的石英砾岩型（兰德型）金矿床具有高的金品位和非常大的吨位。

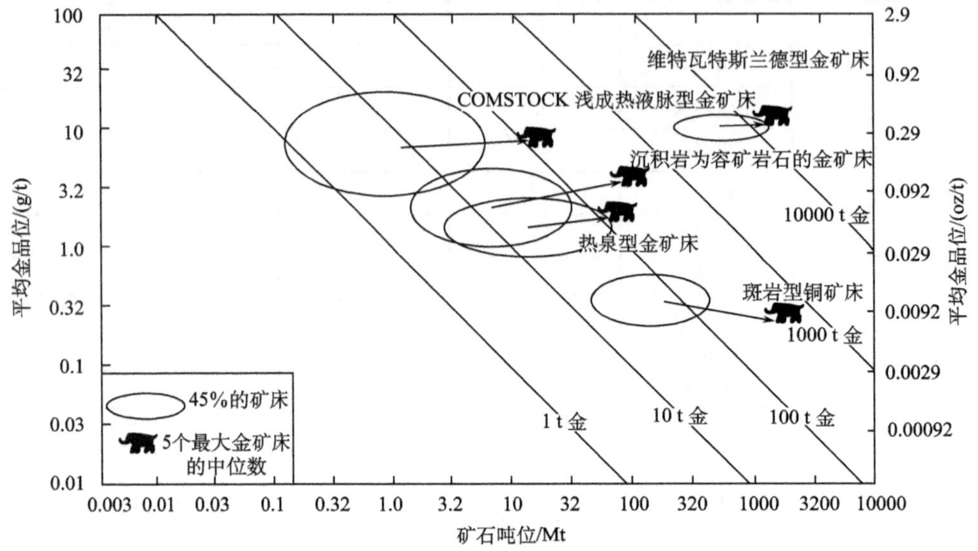

图 3.4　不同金矿床类型的品位和吨位相关图（Singer，1993）

每个椭圆的中点表示矿床类型的品位和吨位的中位数；椭圆的短轴和长轴分别代表该类矿床平均品位和吨位的一个标准差；大象图形表示该类矿床前 5 个含黄金储量最大的矿床品位和吨位的中位数。

盎司（oz）为非法定单位，1oz=31.104g

构建品位-吨位模型来源于勘查程度很高的矿床有用元素的平均品位以及根据已开采的总产量和现有的资源储量得出的矿石吨位，依据这些数据建立的品位-吨位模型可以比较精确地代表该类矿床每个尚未发现矿床的禀赋。从而，品位-吨位模型可用于估计相似地质环境中未发现的同类矿床的品位和吨位；品位-吨位模型结合未发现矿床数的估计（见 5.2 节）是一种将地质人员的资源评价结果转化为决策者能够理解和应用的语言的重要方式（Singer，2010）。

3.4　矿床成因模型

在矿床勘查中，应用最广泛的成因理论是矿床成因模型和大地构造成矿模型，前者注重于矿床或矿田的成矿过程，而后者关注成矿省或成矿带的时间-空间控矿因素。矿床成因模型通常是通过考虑驱动成矿物质活化、迁移，以及富集的局部因素构建起来的，而大地构造成矿模型的建立则主要考虑控制矿化区域性分布的构造-岩浆因素。现代矿床成因的认识强调矿床的形成具有多源、多因、多期和多阶段的特点，概括说来，现代矿床成因理论主要关

注：①成矿物质来源；②成矿物质的搬运方式；③矿化富集机理；④矿床的保存。

矿床成因模型是对观察到的矿床地质现象作出合理的成因解释。实际上，建模始于描述，而当描述性模型建立后，其许多方面需要在理论上进行成因解释；随着对模型的属性被理解成具有成因意义，描述性模型就演化成为成因模型。所以，成因模型是一组相关矿床属性的汇集，从中可以发现某些属性之所以有用的原因。

法国地质学家P. 鲁蒂埃最早从矿质来源、搬运和沉淀环境等诸方面系统提出矿床成因模型。他在1967年归纳了4种主要的成因模型（图3.5），通过对这4种成因模型讨论，他得出如下结论："采用一种或几种成因模型对于矿产勘查战略和战术具有重大影响；从实践的观点来看，摒弃僵化的勘查方式和方法之所以十分重要，原因也在于此。"

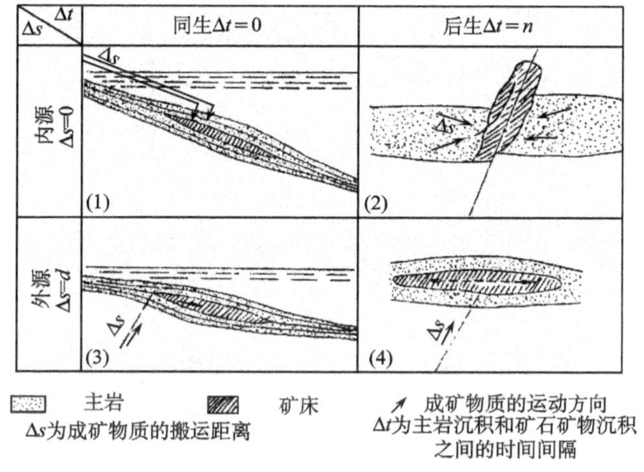

图3.5 4种基本的矿床成因模型（Routher，1967，转引自Edwards，1986）

矿床成因模型着重表现成矿作用过程及其演化，需要涉及的基本内容包括矿床地质特征、成矿物质（金属、硫等）和成矿流体（含矿岩浆、含矿热液等）的来源、成矿物质的搬运方式、成矿物质沉淀环境及富集机理，以及矿床形成后的改造等方面。图3.6阐明了变质热液金矿床（绿岩带）的成因模型，根据该模型，这类矿床的勘查战略应部署在绿片岩相地区，战术目标是脆韧性剪切带以及与金矿化有关的围岩蚀变（包括硅化、绿泥石化、碳酸盐化等）。

虽然矿床成因的研究属于矿床学的范畴，但是，我们需要利用矿床成因来解释某类矿床的地质特征。一个好的矿床成因模型能够合理地解释该类矿床所具有的大部分特征。

矿床成因模型在矿产勘查中的应用又称为理论找矿或概念找矿。在过去十余年里，我们在对矿床形成的地质环境有了比较深刻了解的基础上，许多重要矿床类型的成因模型更加成熟，矿产勘查中应用矿床成因模型已经积累了许多重要的经验。

同时，数十年的研究也表明，矿床成因的证据总是不全面的，而且具有多解性。这就意味着即使是研究程度最深入的矿床仍然值得进一步工作，现有的关于某类矿床的成因模型的概念仍然值得进一步地修正和完善，有的成因理论（假说）可能在兴盛一时后便会逐渐被人们抛弃或被另一种学说所取代。主要的原因是我们无法观测到地质历史时期的成矿过程，我们只能基于间接的资料来解释矿床是怎样形成的以及何时形成的，然而，即使以这种方式也很难实现，那么，只有借助于假说或推断。实际上，成矿物质以及成矿介质的来源和性质、驱动成矿介质的力源、成矿物质被搬运的方式以及沉淀富集的机理等方面都具有很大的不确

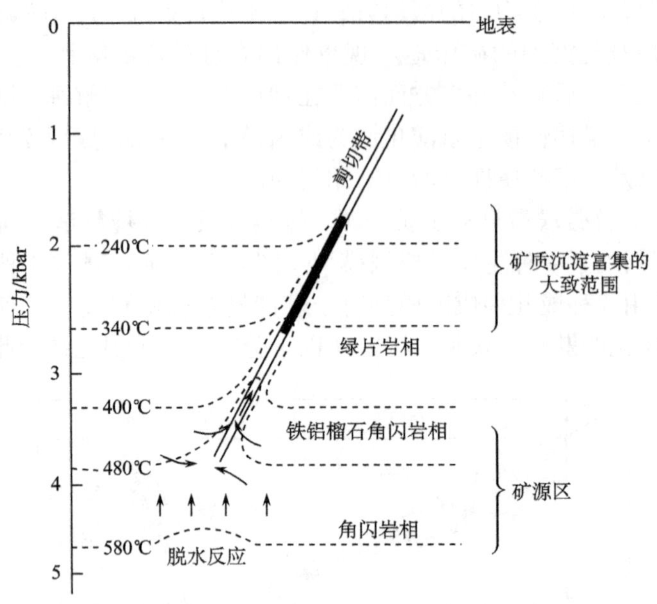

图 3.6　区域变质金矿床（绿岩带金矿床）成因模型（Evans，1997）

巴（bar）为非法定单位，1bar＝10^5Pa

定性。鉴于此，我们在实际工作中要注意成因模型的适用条件和限制，正确地理解和发挥成因模型的功能。

本章小结

综上所述，成矿模型是精心组织的、用于描述矿床类型基本属性的信息系统。描述性模型主要由两部分内容组成：①矿床所在地质环境的描述，这部分内容指明到哪儿去寻找这类矿床以及如何圈定这类矿床的成矿预测区；②矿床类型的特征描述，根据这些特征就有可能从有限的露头观测或文献中零碎的描述识别或推断这类矿床的存在，还可以对已知矿床进行归类。品位-吨位模型阐明了由描述性模型定义的矿床类型的品位和吨位分布特征，从而可以在一定的概率水平下大致估计目标矿床的品位和吨位。

矿床成因模型是对矿床形成机理的科学归纳，也是对描述性模型的理论解释。矿床成因的概念能够为我们指出找矿方向。

必须认识到：模型既具有理论上的功能，也具有方法上的功能，然而，只有恰当地运用好模型，并把它看做是解决现实问题的一种手段时，才会知道把它用到哪里以及如何去用，也只有这样，模型技术才能有实际指导意义。

讨论题

（1）论述成矿模型的思想。

（2）阐述 SEDEX 矿床的描述性成矿模型。

（3）阐述斑岩型铜矿床的描述性模型和成因模型。

（4）举例说明矿产资源勘查中描述性模型、品位-吨位模型、成因模型的应用。

本章进一步参考读物

陈毓川，朱裕生等. 1993. 中国矿床成矿模式. 北京：地质出版社

考克斯 D P，辛格 D A. 1990. 矿床模式. 宋伯庆，李文祥，朱裕生等译. 北京：地质出版社

刘亮明. 2007. 成矿理论的预测能力及其改善途径. 地学前缘，14（5）：82～90

裴荣富. 1995. 中国矿床模式. 北京：地质出版社

施俊法等. 2010. 世界找矿模型和矿产勘查. 北京：地质出版社

阳正熙. 1993. 矿产勘查中的现代理论和技术. 成都：成都科技大学出版社

张秋声，刘连登. 1982. 矿源与成矿. 北京：地质出版社

张贻侠. 1993. 成矿模型导论. 北京：地震出版社

Groves D I. 2008. Conceptual mineral exploration. Australian Journal of Earth Sciences，55（1）：1～2

Slack J F. 2012. Exploration resource assessment guides in volcanogenic massive sulfide occurrence model// Shanks W C，Thurston，Roland（eds）. Volcanogenic Massive Sulfide Occurrence Model：U. S. Geological Survey Scientific Investigations Report 2010-5070-C，19：307～317

第4章　矿床勘查模型

4.1　概　　述

4.1.1　矿产勘查模型的概念

目标矿床是矿产勘查的对象。每个目标矿床都要包含这类矿床赋存的地质环境、勘查准则以及盈利性准则等内容，因而，从一定意义上来说，它是一个特殊的地质特征和经济特征的组合，只有借助于一定的勘查手段才能查明这种组合。而且，现代矿产勘查实践已经证明，单独一种勘查手段不足以查明目标矿床，需要选择多种手段相互配合。这就是我们要建立勘查模型的思路。

矿产勘查模型（mineral exploration models）是表述目标矿床及其对一定勘查技术产生预期效应的模拟体系。建立矿床勘查模型的目的是为了满足矿产勘查的要求，避免收集和解释不必要的资料、费时而无成效的科学研究。勘查过程中，需要创造性地利用已有地质信息（地质信息包括地质资料和地质概念）、创造性地应用现有勘查技术。

勘查模型建立后即可用于圈定工作靶区以及组合运用各种勘查技术。选定勘查技术的原则是，花钱最少，并能迅速有效地提供各种资料。例如，运用于热泉型金矿勘查技术包括：①采用遥感图像解译、地质填图证实火山-侵入岩分布区、构造（破火山口、断层以及裂隙带等）；②在上述地区内进行初步勘查，即采用详细地质填图查明热液系统（蚀变和矿化）以及近地表热液活动的证据（硅华、抛出物层、回落角砾岩、网脉等）；③应用地球化学测量以圈出钛、锑、钡、金、银的异常区；④应用金刚石钻探验证异常。

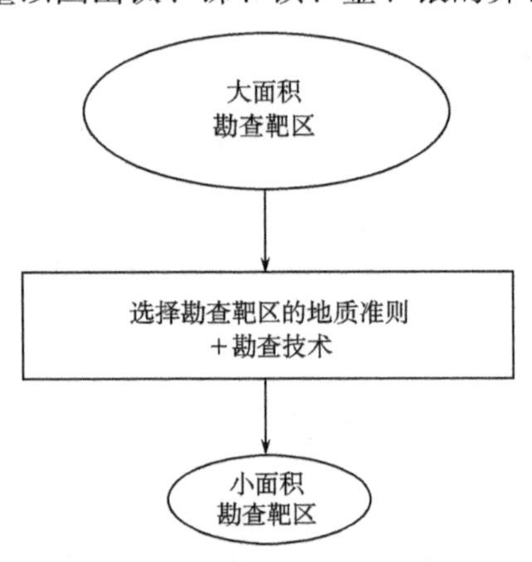

图 4.1　矿产勘查基本过程示意图
(Hodgson，1991)
勘查技术用于测量矿化综合标志的分布，以便能够在较大的勘查区内筛选出最有远景的、范围更小的地区进行更深入地勘查

在实施各种勘查技术、手段时，在步骤上还应考虑先简后繁，密切配合，互为印证。当最初实施的一些勘查技术、手段达不到目的时，就应及时补充新的勘查技术、手段，以利顺利完成任务，实现既定的目标。建立勘查模型是一个各类方法互相补充、验证，取长补短，去伪存真，互相消除疑点，消除多解性的过程，也是提高矿产勘查流程合理性的有效途径。

图 4.1 说明了矿产勘查的基本过程，图中方框内容体现了勘查模型的核心。

勘查模型的意义在于：①圈定矿产勘查靶区，使勘查工作一开始就能把注意力集中在关键问题上；②增强勘查工作的信心，由于勘查模型确立了勘查目标，因而利于勘查人员发扬锲而不舍的精神去发现和探明矿床；③使勘查技术得到最佳组合，相得益彰；④完整的勘查模型可以指导从大面积选区到局部预测，有利于勘查工作的计划、组织和管理。

4.1.2　矿产勘查模型发展历史简介

我们现在勘查斑岩铜矿床时，理论上要求要着重查明斑岩铜矿床赋存的大地构造环境及其控矿构造和围岩蚀变分带。然而，值得注意的是，世界上许多重要的斑岩铜矿床的发现是在板块构造理论被广泛接受以及 1970 年 Lowell 和 Guilbert 阐明著名的斑岩铜矿床成因模型之前。在 20 世纪 50 年代，美国一些采矿公司已经开始利用勘查模型的概念指导勘查工作。以美国皮玛（Pima）斑岩铜矿床发现过程为例，可以说明斑岩铜矿勘查模型的发源及其实际意义（案例 4.1）。

案例 4.1　美国亚利桑那州 Pima 斑岩铜矿发现过程

1949 年秋，两位美国地质学家对斑岩铜矿的勘查作出了以下判断和分析：①铜的市场行情看好；②斑岩铜矿的地质资料已经在收集和研究；③美国西南部亚利桑那和新墨西哥地区为研究程度很低、被冲积层覆盖的有利斑岩铜矿远景区；④刚刚发展起来的地球物理技术可用于勘查斑岩铜矿；⑤大规模矿山开采方法已经证明可行。这个判断和分析为勘查斑岩铜矿建立了最早的勘查模型雏形，显然，它是非常有吸引力的，美国一家勘查公司立即着手开始区域地质的分析研究。

该勘查模型要求地球物理技术能透过冲积层识别出有意义的响应。把这个要求与该区已有的地质资料进行对比，选择了亚利桑那州皮玛地区作为最有利的勘查靶区。该靶区已有的小矿山已经采出了价值约 2000 万美元的金属，其中包括铜；而且，明显存在着对矿化有利的构造控制；更有利的是，一些矿体赋存在碳酸盐岩与侵入体的接触带内，期望这种矿体能引起磁异常和电异常。

从靶区地面和坑道内采集的样品论证了所期望的地球物理对比；方法性模拟试验和在已知矿区上部的试点测量提供了试验性地球物理响应模式。

在磁法初步测量期间圈出了磁异常。接着，采用详细的磁法测量圈定了一个重要的高值异常区。为了进一步证实，又实施了几种物探技术后，找到了其中最适用的技术并发现需要验证的目标。根据目标的电阻测量资料，结合地质预测，估算出冲积层的覆盖厚度为65±16m。最后，采用钻探技术，第一个钻孔在 65m 深处揭露了基岩和氧化矿带，取得了技术上的成功；在 80m 深处钻到硫化物矿带。接着又施工了 15 个钻孔，圈出了矿体范围；然后施工一口勘探竖井，开拓了地下坑道。皮玛矿床终于被成功地揭露出来了。

其他勘查公司闻讯而来，一场更大规模的斑岩铜矿勘查活动在该区展开，导致更多斑岩铜矿床的发现，其中包括当时世界上最大的斑岩铜矿床。从而确定了美国西南部斑岩铜矿省的存在。现在对斑岩铜矿床的认识达到了比较深入的水平，勘查模型也更加完善。案例 4.1 说明，矿产勘查模型是在实践中产生和发展起来的。随着矿产勘查难度的增大，国内外许多研究者都十分重视勘查模型的研究和应用。

20 世纪 80 年代初，苏联的一些地质人员创造性地建立了针对一些主要的有色金属和贵金属矿床类型的预测普查对象模型（克里夫佐夫，1988a，1988b，1988c；博罗达耶夫斯卡娅等，1989），在实际应用中取得显著的经济效益并被大力推广，由此在 1987 年获得苏联地质部和地质工会首次颁发的年度科技成果奖。澳大利亚地质研究院于2002年系统总结了太古宙绿岩带金矿床、斑岩型铜矿床、奥林匹克坝型铜-金-铀矿床等的勘查模型。

在我国，熊光楚于1978年最早提到建立地球物理-地质找矿模型，并于1982年进一步阐明采用综合地球物理、地球化学和地质方法发掘找矿标志，确定找矿准则，以及建立地球物理-地球化学-地质找矿模型。许多学者对勘查模型的建模技术进行了系统地总结和推广（池顺都，1991；王世称等，1993；阳正熙，1993；熊鹏飞，1994；熊光楚，1996，1998；王钟等，1996；范永香等，2003；施俊法等，2010）。

4.1.3 成矿模型与勘查模型的关系

成矿模型和勘查模型之间有着紧密的联系：成矿模型是勘查模型的基础，勘查模型是成矿模型在技术和经济方面的延伸。

前已述及，成矿模型是成矿系统中各成矿要素的高度概括和抽象，其内容一般包括系统的基本地质特征、矿化的时间和空间、成矿物质来源及成矿机理等，它提供了矿床形成条件的信息。然而，由成矿模型所刻画的成矿系统常常是在一定概念意义上而言的，其成矿要素的相对时间和空间关系通常都具有较大的不确定性；根据成矿模型选择的勘查技术可能不是一种最佳的勘查组合。由此可见，成矿模型虽然对成矿预测和勘查工作具有重要的指导作用，但在实际应用中仍然感觉到缺乏如何去勘查目标矿床的基本判别要素和获取各种矿化信息的技术手段、方法及其合理组合的运作方式，因而限制了它在实际勘查工作中的应用潜力。

勘查模型是成矿模型的补充和深化，它在内容上不仅包含了成矿模型中的重要因素，而且还包含了针对查明目标矿床勘查准则的技术手段的最佳组合、工作程序的合理安排以及技术经济要求等。因此，勘查模型强调的是预测和勘查功能，是使成矿预测成果在矿产勘查中得到具体实现的提纲，这不仅增强了预测的可能性，而且还提高了预测的准确性。

4.2 矿产勘查模型的种类

4.2.1 地质-地球物理-地球化学勘查模型

在地球物理勘查过程中，常常需要根据地质-地球物理勘查模型开展工作；在地球化学勘查过程中，一般也都要求建立地质-地球化学勘查模型。在矿产勘查工作中，更多的是要求建立地质-地球物理-地球化学勘查模型，这类模型又称为综合地学勘查模型（熊光楚，1986，1998；王钟等，1996；邹光华等，1996；范永香等，2003；Morris，1998）。这类勘查模型不仅是对矿产勘查工作具有理论指导意义的理论模型，而且是能为矿产勘查制定最佳战略的实用模型（案例4.2）。

案例4.2 太古宙绿岩带金矿床勘查模型（Yeats et al.，1998）

矿床实例

澳大利亚的Golden Mile、NorsmanSons of Gwalia、Mt CharlotteHill 50、WilunaVictory-Defiance、New Celeberation、JundeeKanowna Belle、Bronzewing等矿床；加拿大的

Hollinget-McIntyre、Dome、Hemlo 等矿床。

目标矿床特征

- 一般规模：0.5～1600t Au
- 最常见的规模：1～20t Au
- 品位：大于1g/t（露天开采）；大于5g/t（地下开采）
- 低的Cu/Au、低-中的Ag/Au、低-中的Te/Au以及极少见有高的Sb/Au值。

采矿和选矿

- 地表风化程度很高，有利于采用低成本的露天开采方法（有些矿床采用地下开采是不经济的）。
- 矿石一般不需要磨矿，但是如果金是与细粒黄铁矿或毒砂共生则可能成为难选矿石。
- Cu含量很低容易实现最优选矿。

区域控矿地质准则

- 矿床一般赋存在太古宙花岗岩-绿岩地体中的绿岩部位，尤其是在呈线状分布的绿岩带内。
- 成矿作用发生在高峰期变质作用的同期、晚期直至后期。
- 虽然最重要的矿床主要是赋存在绿片岩相地区，但在低绿片岩相到麻粒岩相变质作用区都有可能形成这类矿床。
- 控矿构造形式多样，但最常见的是区域性主要剪切带附近的次级断层和缓倾伏的直立背形构造的枢纽部位。

局部控矿地质准则

- 任何岩石都可能是潜在的主岩，但最为常见的主岩是具有高Fe/(Fe+Mg)值的岩性坚硬的岩石，如条带状含铁建造（BIF）和花斑状辉长岩等。
- 强硬岩石（如花岗岩类、长石斑岩、或粒玄岩）的切变边缘。
- 在脆-韧性剪切带内的割阶（jogs）和分叉断层群（splays）。
- 剪切带与有利主岩（见前述）或其他构造的交会部位。
- 非强硬岩石序列中的强硬岩石单元；确切的主岩与岩石地层有关。

矿化特征

- 后生、受构造控制、晚构造期成矿。
- 脉石矿物主要为石英和碳酸盐矿物，硫化物含量一般为1%～6%。
- 矿化呈脉状或发育在显著的围岩蚀变带内。
- 矿化温度与区域变质相之间存在显著的相关性。
- 在低变质级中发育的矿化其硫化物主要为黄铁矿（±毒砂），而在中-高变质级中主要为磁黄铁矿（±毒砂）。

围岩蚀变特征

- 分带的围岩蚀变晕宽0.2～200m；而在高温矿床附近围岩蚀变带较窄且分带不明显。
- 主要发育与K_2O、S，以及CO_2交代作用有关的围岩蚀变。
- 在镁铁质主岩中的低温矿床蚀变：绢云母-碳酸盐化（近矿围岩蚀变）、绿泥石-碳酸盐化（远矿围岩蚀变）。
- 在镁铁质主岩中的中温矿床：黑云母-角闪石-斜长石±碳酸盐（近矿蚀变）、黑云母-绿泥石-普通角闪石±碳酸盐（远矿蚀变）。

- 在镁铁质主岩中的高温矿床：透辉石-钾长石-石榴子石-普通角闪石±黑云母。

矿床地球化学准则

- 利用蚀变指数[3K/Al、CO_2/Ca、CO_2/(Ca+Mg+Fe)]和微量元素分布特征可以勘查微细的远矿 K-CO_2交代作用。
- 可作为探途元素的微量元素包括 Ag、As、B、Bi、Mo、Pb、Sb、Te、W。
- S 同位素值范围为−5.7‰～5.0‰（根据澳大利亚 Yilgarn 克拉通地区的矿床的资料）。
- C 同位素值范围为−8.1‰～−2.7‰（根据澳大利亚 Yilgarn 克拉通地区的矿床的资料）。
- Pb 同位素（锆石）获得的成矿年龄为 2630～2600Ma（根据澳大利亚 Yilgarn 克拉通地区的矿床的资料）。
- 一般说来，矿床中贱金属含量极低，但个别矿床含异常高的贱金属（如 Boddington 矿床含异常高的 Cu，Mt Gibson 矿床中 Cu、Zn、Pb 含量表现为异常）。

地表地球化学准则

- 在澳大利亚 Yilgarn 地区，由于广泛的深度风化作用（风化剖面深达 20～100m）以及红土层的存在，地球化学勘查起着重要作用。
- 在土壤剖面中金的亏损一般可深达 40m，但在氧化还原前缘以及在原地红土层可能保留着矿化特征。
- 土壤、岩屑以及风化层地球化学测量是应用最广泛的区域勘查手段。
- Au、As、Bi、Sb、Pb、W、Mo 是主要的探途元素。

成矿流体化学特征和来源

- 成矿流体盐度低至中等。
- pH 近中性：H_2O-CO_2±CH_4。
- CO_2的摩尔分数为 0.1～0.2。
- 成矿流体温度（T）为 200～740℃、压力（P）为 0.5～5kbar。
- 成矿流体初期表现为还原至弱氧化状态、后期阶段则可能成为强氧化状态。
- 对于成矿温度较高的矿床，Au 一般以二硫化物络合物、氯化物络合物形式出现，可能是重要的搬运方式。
- 由于一种或多种脱硫化作用（与富铁的主岩发生化学反应）、相分离作用，或流体混合作用而导致金的沉淀富集。
- 热液流体和 Au 假定为变质或岩浆成因。虽然流体已经受到热液通道附近的围岩改造，但同位素资料表明原生成矿流体为深部地壳来源，而且有证据支持成矿流体在地壳浅部与地下水混合。
- 对于高温矿床而言，岩浆流体可能是重要的。

地球物理准则

- 矿体的地球物理信号一般较弱或者缺失。
- 地球物理技术主要用于定义覆盖层之下的主岩和构造靶区。
- 使用最广的地球物理勘查技术是航空和地面磁法测量。

4.2.2 预测普查组合模型

预测普查组合模型实际上就是针对某一矿床类型，在成矿建造分析和矿床成因模型基础上，按循序渐进原则，将所采用的勘查方法、所要查明的矿化标志和预测普查对象一致起来，进行矿产勘查的一整套做法。根据不同层次的成矿单元，预测普查组合模型可分为两类：矿田和矿床的预测-普查模型以及矿床的参数预测-普查和普查模型（克里夫佐夫等，1988a，1988b，1988c）。

1. 矿田和矿床的预测-普查模型

这类模型反映的是一套在给定工作阶段（给定的比例尺）可以查明的矿化要素（标志）。预测和普查对象（矿田和矿床）的模型被视为相应区域地质构造及其深部构造的一部分。在矿区范围内划分能够决定矿田在矿区构造、含矿构造-建造组合及其要素中位置的要素总体。

采用平面图和剖面图的方式系统地表现最关键要素的相互关系。模型要素的等级取决于所预测的成矿单元。在这方面，这类模型图与上述的地质-地球物理-地球化学勘查模型相似。

在模型化的基础上，根据数据样本可以评估矿化受剥蚀程度。这些数据样本（各种矿化标志）是通过地球物理、地球化学，以及地质学方法获取的。综合不同性质的原始资料可以查明矿田和矿床预测-普查模型中各要素之间的功能关系（用图解对比法凭经验确定）以及模型要素特征由于矿体侵蚀截面水平不同而发生的变化。

借助该类模型建立预测和普查准则以及标志体系，并在此基础上确定一套勘查方法，利用这套方法或者可以发现具体地质-成矿环境和景观-地理环境中一定的地质-工业类型的矿床，或者可以论证有没有相应的矿床存在。

2. 矿床的参数预测-普查和普查模型

该类模型由含矿空间要素组成，这些含矿空间要素具有定量表达式或可作定量描述。在建立这种模型时要利用矿床主要地质要素的线性规模以及标志矿体和近矿空间不同部位的地球物理和地球化学异常的规模和强度。在局部预测和普查中，利用参数模型可以估算在近矿空间可能存在的矿体距离随意观测点的远近，还可优化勘查网度。

在建立参数模型时利用如下近矿要素：含矿空间、含矿侧部空间；矿上空间、矿上侧部空间、矿上边缘空间；以及矿下空间、矿下侧部空间和矿下边缘空间。这些要素在定性的预测-普查模型中描述。

参数模型采用专门的图解形式表示，图解中包括地质、矿物、地球化学、地球物理等标志，以及定量特征和参数指标。参数模型的基础是矿床的几何化预测-普查模型，但要补充主要的参数，见表 4.1。

表 4.1　俄罗斯霍洛德宁矿床参数模型的主要特征

含矿和近矿空间	参数					
	长/m	高/m	宽/m	长/高	长/宽	高/宽
含矿空间	5600	1800	550	3.11	10.18	3.27
矿体	5000	900	150	5.55	33.33	6.0
含矿侧部空间	30000	1800	400	1.66	75	4.5
含矿空间+含矿侧部空间	8600	3600	475	2.39	18.10	7.58

资料来源：克里夫佐夫等，1995

在资料积累的过程中，要把参数模型的知识库以含矿空间的不同部位可靠而结构化的地质信息形式输入矿床预测、普查和评价信息分析系统数据库中。知识库利用数据库的全部标志，同时可以通过其可能组合的办法得到补充标志。在此基础上估计该观测点在近矿空间中的位置，并确定该观测点距离可能含矿空间或矿体的远近。

在估算勘查网度时，钻孔沿走向和倾向的间距可以通过要找的对象（含矿空间）的规模确定。这样得到的参数（当勘查网的间距不到相应值的0.5倍时）可以保证至少两次穿过要找的对象。勘查面积取决于平均线性参数，而勘查深度取决于参数模型相应轴在空间的位置和长度。

4.3 矿产勘查中两个令人困惑的问题

4.3.1 如何对待勘查活动长期未能取得重大突破的地区

一个分布着众多小矿山或矿点（常常数十个甚至数百个）的地区有时被形容为“只见星星，不见月亮”，显然，这类地区对矿产勘查具有很大的吸引力。然而，矿产勘查工作往往在这类地区几经上下，消耗了勘查队伍大量宝贵的时间和资金，寻找矿床却未能取得重大突破。对于这种重复勘查而又重复失望的地区使勘查人员颇感棘手。

如果是由于勘查区内矿化本来就很弱或者缺失形成重要矿床的基本条件，那么，重要的是作出符合客观实际的结论，避免类似的勘查工作再重复进行。

另一种情况是，这种勘查区内的确存在有重要矿床，只是令人一时捉摸不透，需要勘查人员提出新的设想和通过丰富的想象力，创造性地应用勘查模型，坚持不懈，才可能取得重大突破。下列几点要求或许对于这类地区的勘查工作具有一定的指导意义：

（1）准确和无偏见地进行野外和室内观测；

（2）批判性地利用前人资料，创造性地类比相似地区；

（3）认真吸取前人的工作经验，特别是不要忽视失败的教训，因为失败往往是成功的先导，有助于我们清醒头脑，避免走弯路；

（4）准确定义问题，在确立勘查项目时就要斟酌什么样的问题值得解决，什么样的问题应暂且不顾；

（5）对于与自己设想的勘查模型有矛盾或不相干的资料不应抛弃，而应仔细地推敲；

（6）如果勘查进程缓慢，则应修改或放弃原定勘查模型，以确立新的模型指导勘查；

（7）如果所获得的大部分资料都支持自己原来的设想，坚持下去就能期望取得成功；

（8）善于接受各种意想不到的勘查结果；

（9）各学科人员经常交流讨论工作，统一认识，集思广益。

在矿产勘查工作的进行过程中，需要尽快地否定非重点靶区，以减少靶区数量，从而降低直接勘查成本以及集中力量于最有利的靶区。因为选择过程不可能做到万无一失，有利的勘查靶区有时也难免会被否决掉。

然而，有些实例表明，后来的重复勘查是在对前人工作完全不了解或虽有所了解但比较粗糙的情况下进行的，以至于所获得的结果是重复和无效的，造成时间和费用的浪费。因而，要在一定范围内改变措施，使矿产勘查情报尽可能充分利用，避免无谓的重复勘查。

4.3.2　相信科学的勘查模型

矿床及其成矿环境和控矿因素是一个系统。系统是相互作用的诸要素共存有序的集合体。辨认一个系统主要就是辨认它的信息特征。勘查模型是在科学理论的指导下，综合分析现代技术手段所获取的各种资料的基础上建立起来的，它的核心内容包括了某类矿床系统的信息特征以及为辨别这些特征，所应采取的相应的勘查手段。因此，科学的勘查模型可以鼓励我们去勘查，指出我们应当勘查什么和到哪儿去勘查以及怎样勘查，有利于我们能在各种资料中看到前人可能没有看到的东西，想到前人没有想到的问题，并激励我们去做前人不敢做的事情。

在工作中，我们要力避盲目性，我们的盲目性往往表现在我们疏忽了但并未意识到我们的疏忽。所以，我们应当牢记 L. G. 萨克斯关于 6 个“盲人摸象”的寓言，避免工作中的主观性和片面性，因为片面性和主观性可以使我们陷入盲目性。

创造性地运用勘查模型既是一门科学，又是一门艺术。因为模型在一定意义上来说，只是矿产勘查的提纲，是运用已知去探索未知，探索未知既需要科学技术，也需要敏感、信心和果断，所以，从事矿产勘查的人员必须自觉接受各种锻炼，提高素质，这样，就会在科学的勘查模型的指导下，去实现既定的目的。

本章小结

勘查模型的目的是要以简明的方式回答矿床赋存的地质部位、矿化信息的可能表现形式，以及如何采用最佳的勘查技术组合有效地发现目标矿床。

成矿模型是勘查模型的基础，勘查模型使成矿模型的预测功能得到最充分的发挥。成矿单元可以看作为一个成矿系统，不同层次的成矿单元勘查模型有所不同。随着所预测的内容被逐渐揭示和验证，先验模型不断被补充完善，最终发展成后验模型。

讨　论　题

（1）试总结斑岩型铜矿床的勘查模型。

（2）“盲人摸象”的寓言故事对我们在矿产资源勘查过程中有什么重要启示？

（3）论述建立勘查模型的思路与方法。

本章进一步参考读物

范永香，阳正熙. 2003. 成矿规律与成矿预测学. 徐州：中国矿业大学出版社

施俊法等. 2010. 世界找矿模型和矿产勘查. 北京：地质出版社

熊光楚. 1998. 信息论、系统论与地质找矿工作. 北京：地质出版社

杨立德. 2009. 地质-物探-化探找矿模型. 物探与化探，33（6）：741～742

邹光华等. 1996. 中国主要类型金矿床找矿模型. 北京：地质出版社

Morris R C. 1998. BIF-Hosted iron ore—hamersley style. AGSO Journal of Australian Geology & Geophysics, 17（4）：207～211

第5章　靶区圈定及资源潜力评价方法

5.1　勘查目标决策

5.1.1　勘查目标

勘查目标（exploration target）的确立包括三方面的内容：首先根据市场的需求预测确定目标矿种，根据矿种确定目标矿床，然后再根据目标矿床的成矿模型圈定勘查靶区、建立勘查模型。勘查目标决策是勘查战略的第一步。勘查目标决策常常是基于把地质概念应用于现有数据库，或者说，需要把成矿理论与地球物理、地球化学、矿产经济学、决策科学、空间分析以及概率理论有机融合。相对于后续勘查活动而言，它基本上是矿产品市场前景、矿床经济参数，以及矿床存在概率的预测，所以这一过程又称为成矿预测（范永香等，2003），这一领域已经发展成为独立的学科分支。靶区是勘查项目的立足点，如果靶区圈定失误，那么，后续勘查过程无论采用多么先进的手段，也无论勘查工作效率多么好都注定会是徒劳的。

勘查目标的确定主要是以室内研究为主。我国半个多世纪以来的区域地质和矿产地质工作已经积累了丰富的资料，而且，1999 年国家成立了中国地质调查局，负责统一部署和组织实施国家基础性、公益性、战略性地质和矿产勘查工作，为国民经济和社会发展提供地质基础信息资料，并向社会提供公益性服务。

5.1.2　目标矿种的确定

在我国计划经济的时代，一些地质队只寻找某种特殊的矿产。例如，专门勘查铀矿、煤矿、石油、铬铁矿、金矿、铁矿等。这种勘查队伍善于勘查专门的矿床，但缺乏随经济体制的改变、供求关系的变化、矿产品市场价格的涨落的应变能力，因而，除少数矿产（如石油和煤）还保留了专业勘查队伍外，其他从事金属矿产的勘查队伍都已经扩展了勘查范围和领域。虽然国际上也有许多著名的采矿公司经营单一矿种，如加拿大 Inco 公司只勘查和开发镍-铜-铂族金属、Barrick 公司以及美国和南非的一些国际大公司只勘查和开发黄金等，但这些公司都通过开发高质量矿床获得丰厚的利润并具有雄厚的实力。

在确定目标矿种时，一方面，要预测矿产品的价格走势，在市场经济条件下矿产品的价格受供求因素制约，随着经济全球化以及矿业全球化进程提速，我国主要矿产品价格基本上都与国际接轨；另一方面，要考虑到经济技术发展对矿产供求关系的影响，尤其是新技术、新产品、新领域的影响。

5.1.3　目标矿床的确定

每一矿种通常都有多种矿床类型，不同的矿床类型所赋存的地质环境和经济价值往往差异很大，因此，目标矿床直接影响到勘查战略和投资效果。

我国矿业的发展进程中，四个最重要的趋势显著增强了现代矿床发现的挑战：①矿产品价格具有短期动荡、长期呈现下行和上扬交替的周期性变化特点；②矿床发现难度的不断加大；③环境保护、安全生产、改善工作条件等使生产成本显著增加；④矿业全球化。这几个趋势的综合效应必然要提高目标矿床的界限值（包括矿床的品质、规模、经济技术条件、环境保护等），目标矿床界限值的提高势必会增加矿床发现的风险，换句话说，在技术上成功的条件下，降低了发现经济矿床的概率。鉴于此，我们预测的目标矿床应该是高质量矿床（阳正熙，1999）。

高质量矿床是指那些规模大、品位高、在当前经济技术条件下容易开采和加工的矿床。开发高质量矿床具有生产成本低、现代化技术程度高、矿山寿命长、经济效益好等特点。以高质量矿床作为目标矿床是我国矿产勘查的努力方向（阳正熙，1999）。

近30年来，采矿技术取得长足进展，在加拿大、澳大利亚、美国、南非、瑞典等矿业发达国家，遥控采矿和自动化采矿技术已经实现或正在实现。例如，加拿大Inco公司在肖德贝里地下开采矿山的采掘工作实现了通过卫星在位于大约400km之外的多伦多市区内的遥控中心进行遥控；露天开采都已借助于GPS（global positioning system，全球定位系统）定位技术实现了自动化。同时，采矿深度也不断加大。例如，加拿大安大略省Kidd Creek黑矿型块状硫化物矿床的开采深度已达2000余米；南非Anglo金矿公司已经着手开采垂深为3500～5000m的金矿储量。我国大型矿山的开采都已经实现机械化，正朝着自动化方向迈进。现代采矿业已成为高新技术应用最活跃的领域之一，显然，推动采矿技术迅速发展的力量来源于高质量矿床，只有高质量矿床才能使现代化采矿的技术经济效益得到最充分的发挥。

高质量矿床在市场经济中具有很强的竞争力。例如，20世纪90年代后期黄金价格处于探底的低迷阶段（黄金价格下探至265美元/oz），世界平均黄金生产成本大约为260美元/oz，而Barrick公司在秘鲁的Pierina高硫化物浅成热液金矿床探明的储量约为金250t、银1750t，生产成本为50～100美元/oz，设计生产能力为23.30t/a，2003年生产黄金约28t。由此可见，开发高质量矿床可以在变幻莫测的市场经济中立于不败之地，寻找高质量矿床是促进矿产勘查活动不断进行的推动力。

小规模矿山开采在发展我国地方经济中起着重要作用。然而，由于小规模矿山生产缺乏长远规划，对环境疏于保护，许多中小型矿山开采已经导致我国一些局部环境遭到严重破坏，而且，小矿山条件简陋、易发安全事故、产量波动大。随着生活水平不断提高、生态环境意识的不断增强，小规模采矿活动将会逐渐受到限制和衰落，只有采用现代化采矿技术才能达到最大限度保护环境的要求。毫无疑问，矿产勘查战略应以高质量矿床作为勘查目标，并以此为契机，发展我国的矿业。

勘查高质量矿床的基本思路是，首先根据矿床品位-吨位图确定目标矿种的高品位、大吨位的矿床类型作为目标矿床，然后根据目标矿床的地质特征确定勘查靶区、勘查技术、项目经费预算以及人员和设备的配置，其中最关键的环节是勘查靶区的抉择。

成功实现高质量矿床勘查战略的关键因素包括：①跟踪国内外高质量矿床发现的记录，从中吸取宝贵的经验和教训；②努力降低发现成本；③对现有资料进行深入分析研究，仔细推敲，寻找突破口；④利用长期合作的联合经营方式分散风险；⑤尽可能把勘查靶区定位在矿化富集区内；⑥整合多学科技术；⑦团队上下一心、坚韧不拔。

5.1.4 靶区的圈定

勘查工作必须布置在地质环境最有利于目标矿床形成的地区。靶区的抉择除了要全面分析控矿因素、覆盖层厚度，以及地球物理和地球化学技术的响应外，还要综合考虑靶区所在的经济地理位置、生态环境的影响等因素。因此，勘查靶区一般是指“A类远景区”内经少量地表工程揭露和控制的，成矿条件十分有利，与已知矿床勘查模型表达的勘查准则吻合程度较高，预测依据充分，资源潜力大或较大，地表可见矿化露头或隐伏（盲）矿床存在可能性很大，可优先安排矿产预查、普查或详查的地段。面积一般在一到几十平方千米。

矿床的分布具有极不均匀性和丛聚型特征，这一经验规律意味着：①某个勘查队伍在新开辟地区获得重大突破为其他勘查队伍提供了矿床赋存部位和成矿潜力的新信息；②新类型矿床的发现为其他勘查队伍提供了该类矿床成矿环境和地质特征的信息，从而可能促使发现更多新矿床或降低发现成本。因此，在矿产勘查中，竞争更多的是在人与自然之间，或者说，在人与未知之间展开，新矿床的发现常常能提升整个勘查界的知识水平，增大了在已知区或新区发现更多同类矿床的机会（案例5.1）。靶区圈定一般遵循两种战略：

第一，就矿找矿，又称为“圈羊法”或“淘金热法”，即在已知矿田或矿床范围内圈定靶区。这是利用了矿床（体）具有成群出现的规律，因而是多年来行之有效的途径。无论采用什么勘查战略，在成矿条件有利的已知矿化区内的勘查都是很活跃的，西方国家矿业界有一句俗语：“如果你要捕获大象的话，就得去大象的家园。”这里所谓的“大象”指的是世界级的高质量矿床，而“大象的家园”则是指根据特殊的地质环境和前人成功的勘查经验建立起来的含有这种高质量矿床潜力的地区。

王文（2004）对国外1950～2000年发现的70个矿床的勘查史资料进行了分析研究，结果表明，其中有42%的矿床是在已知成矿带或老矿区外围和深部找到的。成熟区的勘查具有非常重要的意义。一方面，这些地区是找矿的有利地区，在矿床勘查和开采过程中积累了大量的资料，有比较丰富的资料和经验可供借鉴，只要充分注意吸取前人成功的经验和失败的教训，采用新的思路、新的理论、新的方法和新的技术，在这些地区取得新的突破是完全有可能的。另一方面，这些地区往往已经具备了比较好的工业基础，新矿床（体）的发现具有很高的经济和社会效益。

我国东部和中部许多地区在20世纪后半叶进行了比较深入的勘查工作，已探明一大批重要矿床，较大程度地满足了以往国民经济建设的需求。但是受当时技术条件所限，大部分已探明矿床都属于直接出露地表或地表容易识别的矿床，这些地区地下中浅部仍有大量隐伏资源未被发现；而且，由于受当时勘查技术和采矿成本的制约，勘查深度基本控制在500m以内，500～1000m的深度区间仍赋存巨大的资源潜力。随着对矿物原料需求的增加以及勘查和采矿技术的发展，开展东部和中部重要成矿区带中浅部隐伏矿床和500～1000m深度第二找矿空间深隐伏矿床的勘查，充分发挥地表已基本配套的采选冶能力，对于保持现有矿山企业产能，满足2030年以前的矿产资源急需，具有重要的现实意义。

第二，开辟新区，又称为“试错法”或“逐步逼近法”，即是指勘查程度很低或者目标矿床类型尚无重要发现的地区进行成矿分析，圈定成矿靶区。

我国西部地区幅员广阔，大部分地区勘查程度非常低，其中许多地区成矿条件良好，是实施战略勘查的主战场。在新区开展矿床勘查工作必须以区域基础地质调查成果（包括地质、地球物理、地球化学等方面）为依据，科学地进行成矿分析，对有利的远景区进行普查。

案例5.1 卡林趋势（Carlin Trend）金矿带

美国内华达卡林金矿床的发现是矿业界最重要的事件之一，但是，如果没有在勘查和开采以及选冶方面的技术突破，该矿床的发现是不可能的。由于这一地区的金颗粒极其细小，早期的淘金者们没有注意到其蕴藏着的巨大潜力。

20世纪50年代后期，美国地质调查局的Ralph Roberts领导的项目组在卡林地区进行地质填图，Roberts的研究论文以及他在内华达大学的讲座使纽芒特（Newmont）勘查有限公司的地质学家John Livermore和Alan Cope深受启发，同时，能够从低品位金矿石中回收金的氰化物浸出技术的发展也促使Newmont公司重新对卡林地区进行勘查。通过采用先进的钻机和分析技术，1961年发现了卡林金矿并揭示了Roberts山冲断层下盘金矿床勘查潜力。卡林矿山1965年开始露采，1993年转入地下开采。

现已查明，位于内华达东北部的卡林金矿带长约64km、宽约8km，呈北北西向展布，是北美最大的金矿带，也是世界上仅次于南非的产金区。自1961年纽芒特公司在该区发现卡林矿床至1996年已查明40余个金矿床、累计探明金资源量为1.8亿oz（约5599t），至2008年年底已累计产出黄金2227t。纽芒特和巴里克（Barric）由于在卡林地区金矿床的勘查和开发而成为世界上两个最大的金矿公司。至2002年年初，已从26个生产矿山中开采出黄金1560t。

1991年，Placer Dome公司以联合经营的方式在卡林金矿带西南部的Cortez趋势发现Pipline和South Pipline金矿床，1998年发现Cortez Pediment矿床，2003年发现Cortez Hill。一些专家认为Cortez趋势成为世界第三大甚至可能超过卡林地区而成为第二大产金区。

卡林金矿床的发现是新的地质理论与高强度资金投入以及高技术采矿和选矿等多方面结合的成功典范。在此后如火如荼的金矿勘查领域，以沉积岩为主岩的金矿床（卡林型金矿床）成为最重要的目标矿床之一，并且在许多国家都取得重大突破。20世纪70年代以来，在我国的贵州、广西、四川、陕西等地相继查明一大批这类矿床。

由于内华达地区许多这类矿床都受到强烈氧化，氧化作用使得这些矿床适合于大规模露天开采和堆浸法提取黄金，由此也容易把这种类型的所有矿床误解为都是大吨位、低品位的矿床。新的深部勘查发现，许多这类矿床属于高品位中等规模，适合于地下开采。

靶区圈定过程大致包括下列步骤。

1. 构建目标矿床的成矿模型

把研究区的地质环境与目标矿床联系起来是通过成矿模型来实现的。目标矿床成矿模型可以是成因模型，也可以是描述性模型，或者两者的结合。构建目标矿床成矿模型的目的是要提供支持勘查活动的知识库。借助于成矿模型，尤其是描述性模型和品位-吨位模型，就有可能按图索骥。

在运用成矿模型时，一个极为重要的问题是不能机械地照搬模型。根据某一地区获得的一套资料建立起的模型如果不加批判地套在另一个地区获得的一套资料的框架中，有可能会导致靶区圈定的失误，因为局限于某个地区的隐含假设可能会通过模型移植到另一个地区，只有创造性地应用成矿模型，才有可能把信息之间的联系转化为概念之间的联系。举一个简单的例子，假设围岩的渗透性被认为是信息库之间一个很重要的联系，如果一个地区是砂岩，而另一个地区是裂隙相当发育的碳酸盐岩，虽然这两种环境中围岩渗透性的表现形式不同，但可以看作具有相同的有利于矿化的条件。

不同的靶区规模模型的参数是不同的，要注意识别目标矿床的区域性和局部性控制因素和矿化信息，而且，应当是能够以相对较低的成本观测到这些因素和信息。控矿因素和矿化信息的研究虽然是公认的发现目标矿床的最好方式，但必须准确地把握，至关重要的是判别出哪些是第一位的控矿因素。一个正确的认识可以指导有效的勘查，相反，一个错误的结论可能会导致不应有的失败。

2. 靶区圈定

目标矿床成矿模型建立后，就可以用于在研究区内圈定靶区。首先是汇编关键性目标专题图（即代表目标矿床成矿模型中关键组分并且能够进行空间描述的信息图层），如矿点分布图、有利岩性分布图等。圈定靶区方法可以归为两类：文氏图法和层次法（图 5.1）。

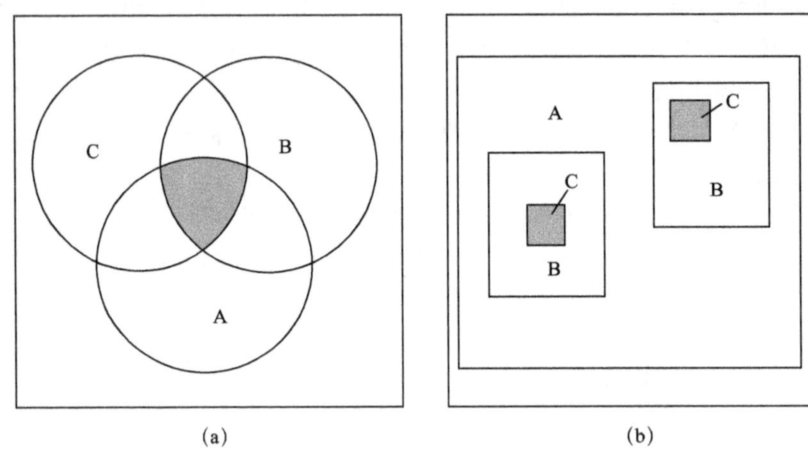

图 5.1 圈定成矿预测区的两种途径，图中填充区域代表靶区
（a）文氏图法；（b）层次法

文氏图法的做法是把目标矿床成矿模型中多种控矿因素和矿化信息相吻合的部位圈为靶区［图 5.1（a）］，传统的操作方法是在透图台上把研究区内地球化学异常和地球物理异常叠加在相同比例尺的地质图上，根据地质、地球物理和地球化学特征的叠合程度圈定目标矿床类型的成矿靶区，而现在可以根据证据权法利用 GIS（geographic information system，地理信息系统）模拟来实现（见 5.4 节）。文氏图法主要适用于勘查程度比较高、资料比较丰富的地区（文氏图的数学解释请参见数据集合的有关内容）。

例如，20 世纪 70 年代，原西澳矿业公司（WMC）在南澳 Stuart 陆架区寻找“赞比亚型铜矿床”，即是以“重力异常、磁异常以及线性构造交互部位的叠加区域”的勘查思路确定了 Gawler 克拉通的奥林匹克坝地区作为勘查靶区，结果出乎意料地发现了轰动矿业界的奥林匹克坝矿床（Selby，1991；阳正熙，1991）。

层次法认为大多数靶区模型都是由一系列不同尺度的重要控矿参数组成。因而，应用层次法需要确定不同层次矿化特征的嵌套关系［图 5.1（b）］，具体的做法是根据研究区内目标矿床成矿模型中不同级别的控矿因素和相应比例尺的矿化信息先圈出大区域的靶区，然后再逐步缩小靶区范围。例如，利用地球动力学参数（全球构造）圈定某个国家最有远景的靶区，如图 5.1（b）中的 A 区，利用区域性或地壳构造定义最有远景的成矿省，如图 5.1（b）中的 B 区，而利用各种局部范围的地质参数（如构造、盆地、岩石地层、岩浆作用等）确定最有远景的局部区域，如图 5.1（b）中的 C 区。

层次法一般适用于从全球性成矿带到成矿省在到矿田范围的逐步缩小靶区的过程，尤其适合于在资料相对较少的区域快速缩小靶区的情况。例如，自 20 世纪 80 年代以来，我国开展的全国性的成矿区划工作即是这一思路的具体体现。

实际操作过程中，这两种途径常常结合运用。

3. 靶区优选

实际工作中，常常会在研究区内圈出多个靶区（远景区），由于资金和人力资源等方面的限制，不可能对所有圈定的靶区同时进行勘查验证，必须通过对这些靶区的成矿潜力进行充分论证，并按其潜力大小分级排序，最后优选出 1～2 个潜力最大的靶区作为下一步勘查的工作区，同时要提出项目工作建议或设计方案。

叶天竺（2004）提出了四种优选靶区的方法：①找矿信息量优选模型；②地质背景衬度法；③非先验约束模型法；④主观优选法。

Hronsky 等（2008）提出了靶区优选的概率方法。该方法通过定义目标矿床形成的关键过程（在成矿系统中起关键作用的过程，而且，每个关键过程都是相互独立的）。例如，浅成热液矿床成矿系统中的关键成矿过程可以描述为成矿物质来源、成矿流体通道、成矿物质圈闭以及盖层或溢出系统。成矿关键过程可以通过与其关联的关键参数（地质事件）或替代参数（地质现象）表现出来，这些关键参数或替代参数可以在地质图或从地质数据库中检测到。如果确认靶区内某个成矿关键过程存在，其概率估计为 1.0；如果证实为缺失，其概率为 0；如果没有决策依据，其概率为 0.5。只要其中某个关键过程缺失，那么，该靶区成功的概率即为 0。

根据 1980 年原地质矿产部颁发的《成矿远景区划基本要求》（试行）中的规定，远景区统一分为三类（表 5.1），分别用 A、B、C 表示。

A 类远景区：成矿条件十分有利，预测依据充分，资源潜力大或较大，埋藏在可采深度范围以内，可建议优先安排矿产勘查的地区。

B 类远景区：成矿条件有利，有预测依据，有一定的资源潜力，可考虑安排勘查工作的地区。

C 类远景区：具有成矿条件，有可能发现矿产资源，可考虑探索的地区；或在现有矿区外围或深部，有预测依据但资源潜力较小的地区。

表 5.1　成矿远景区分类准则

项目	A 类远景区	B 类远景区	C 类远景区
区域成矿地质背景	现有地球物理、地球化学测量结果和遥感图像解译以及地质分析均能充分说明远景区处于十分有利的区域成矿地质背景中	现有地球物理、地球化学测量结果和遥感图像解译以及地质分析均能说明远景区处于有利的区域成矿地质背景中	现有地球物理、地球化学测量结果和遥感图像解译以及地质分析尚难以说明远景区处于有利的区域成矿地质背景中

续表

项目	A类远景区	B类远景区	C类远景区
远景区内控矿因素的组合	远景区内存在多种有利的控矿因素，而且这些因素在时间上和空间上达到最佳的配置	远景区内存在多种有利的控矿因素，但部分因素不能足以说明在空间上或时间上与其余因素协调一致	远景区内或者只存在少数几种有利控矿因素，或者存在多种有利因素，但难以说明它们之间内在有机的联系
远景区内直接矿化信息	远景区内已有大量矿点（床）分布；或已圈出有一定规模的和强度的重砂异常，而且重砂矿物组合可能与所预测的目标矿床有关	远景区内有一定量的矿点（床）分布；或已圈出一定规模和强度的重砂异常	远景区内有少量矿点分布，或已圈出一定规模的重砂异常
远景区内间接矿化信息	①显著的围岩蚀变晕，并具有明显的蚀变分带； ②存在与矿化有关的标志层； ③区域地球物理场和局部异常的推断和解释提供了较好的成矿信息； ④地球化学异常的强度和规模都很显著，元素组合特征与目标矿床相近，且异常所在部位为成矿有利部位或与多种异常叠加	①发育较强的围岩蚀变，但分带性不明显； ②存在与矿化有关的标志层； ③区域地球物理异常明显，局部异常属可能的矿致异常，但具有多解性； ④地球化学异常具有一定的强度和规模，元素组合与目标矿床具有可比性	①发育围岩蚀变，无分带现象； ②地球物理异常具多解性； ③地球化学异常较弱，且元素组合单一
	远景区内至少存在任意两种上述间接矿化信息		

远景区的圈定通常是按照成矿单元的层次从大面积入手逐步缩小范围，根据1∶25万和1∶5万区域地质填图资料以及预查资料可以圈定区域远景区；根据普查和详查资料可以圈定局部远景区。在同一幅图中不同规模的远景区可以采用不同粗细的线条予以圈定，以示区别。远景区最好采用直线圈定，同时最好至少有两个边与地质图的边框平行，这样有利于勘查工作的部署，而且能够避免复制图件以及给图件的各个边定向可能出现的误差。

在圈定远景区的过程中应当注意不同目标矿床类型的控矿因素。例如，对于沉积成因的矿床，赋矿的主岩受限于一定的地层-岩性分布区；而热液成因的层控矿床，其矿床分布范围虽然限于某些有利的层位，但有时可能超出这些层位的范围，从而，远景区的范围应大于地层-岩性准则的分布区。

控矿因素和矿化信息分布区的范围应根据不同异常场（地质、地球物理、地球化学）的实际资料确定。在成矿预测图上，每一类控矿因素和矿化信息都要采用不同的符号表示。目标矿床远景区的范围要根据控矿因素和矿化信息的总和进行圈定。远景区圈定可以采用传统的目测法，即在透图台上把各种有利的控矿因素和矿化信息叠加在同一张图上，然后根据它们的总体分布范围圈定远景区；而现在更多的是利用GIS技术进行圈定（见5.4节）。

世界上没有任何矿床所在的地质环境是完全相同的，所以不可能采用一成不变的成矿模型套合在所有的勘查研究区。必须立足于选择最具潜力的靶区、最好的勘查准则，以及最佳的勘查手段组合，科学合理地选择本身既能反映我们勘查知识水平的深浅，又能体现我们项目管理才能的高低。

成矿远景区的圈定是根据相似类比原理推断类似的地质环境下存在一种或多种矿床类型的可能性。成矿模型提供了联结地质环境和矿床类型的桥梁。地质矿产分布图是圈定成矿区域的主要信息源。能鉴别出矿床类型的区域无疑将增加圈定这类矿床远景区的信心，但由于不完整的矿床描述，对许多远景区和某些矿床很难鉴别其矿床类型。无论在何种情况下，成矿远景区域的圈定都应首先依据地质图或推断地质图。成矿远景区原始面积的缩小仅取决于有信息确切表明在除去的面积内不存在这种矿床类型。对某些矿床类型，广泛勘查能提供这样一种证据，但对许多矿床类型只能用密集勘查的方法排除非矿化区域。

5.2　“三部式”矿产资源评价方法

矿产资源评价（mineral resource assessment）是美国和加拿大等国广泛使用的术语，是指对某个地区赋存矿床潜力的评价，这种评价是基于对研究区现有的区域地质图、局部地质图、地球物理和地球化学资料，以及已知矿点资料的汇编并应用现代矿床学的知识，如有必要，还可以开展相应的野外调查工作以补充现有资料的不足；根据单个矿床类型已知的地质特征，由专家工作组估计不同区域相对的成矿潜力。说明研究区内不同部位相对成矿潜力的评价结果表现在成矿潜力图中。由此可见，矿产资源评价的工作内容与我国开展的成矿预测工作是大致相同的。

美国地质调查局经过近 20 年的实践，总结出一种以成矿模型为中心的“三部式”矿产资源评价方法（Singer，1975；Singer et al.，1979，1993，2010；Drew et al.，1986；Root et al.，1992）（图 5.2）。

第一部分：根据矿床类型及其地质特征圈定成矿远景区；

第二部分：借助于品位-吨位模型估计金属量及其矿石的某些特征；

第三部分：估计圈定的各成矿预测区内每种矿床类型的个数。

成矿远景区是通过与其他地区相似地质环境的矿床进行类比圈定的。为了确定远景区的边界，首先必须要有地质图，并且需要地质、地球物理和地球化学方面的资料。传统的远景区圈定方法是利用描述性成矿模型把这些信息与不同类型矿床的成矿地质环境综合起来考虑（图 3.1），而现在已经发展成为利用神经网络技术进行靶区圈定。

未发现矿床个数的估计是以概率的方式表示的，在进行估计时需要考虑的一个重要问题是所估计的矿床数与品位-吨位模型之间的联系，两者之间必须吻合。“三部式”成矿预测过程中主要是采用主观方法估计未发现的矿床数（通常是采用德尔菲方法）。为了使估计的矿床数与某个品位-吨位模型一致，所估计矿床中有近半数矿床的规模和品位应当大于该模型吨位或品位的中位数。从而，未验证远景区由品位-吨位模型代表的矿床总体的概率必须谨慎地估计。

利用矿床分布密度是一种比较实用的估计未发现矿床数的方法。矿床分布密度是矿床模型的一种表现方式，建模过程是计算出勘查程度较高地区单位面积分布的矿床数，然后利用这组数据建立矿床密度分布频率直方图，如图 5.3 所示。可以利用矿床分布密度累积频率直方图中直接估计 90%、50%以及 10%概率条件下研究区内未发现的矿床数，也可以间接作为其他未发现矿床数估计方法的指南（Singer et al.，2010，2007，1993）。

矿床数的估计很明显代表了存在于靶区的某些固定的但未知的未发现矿床数的概率（可信程度）。这些估计既反映了矿床存在的不确定性又反映了对矿床类型存在的有利度的度量。

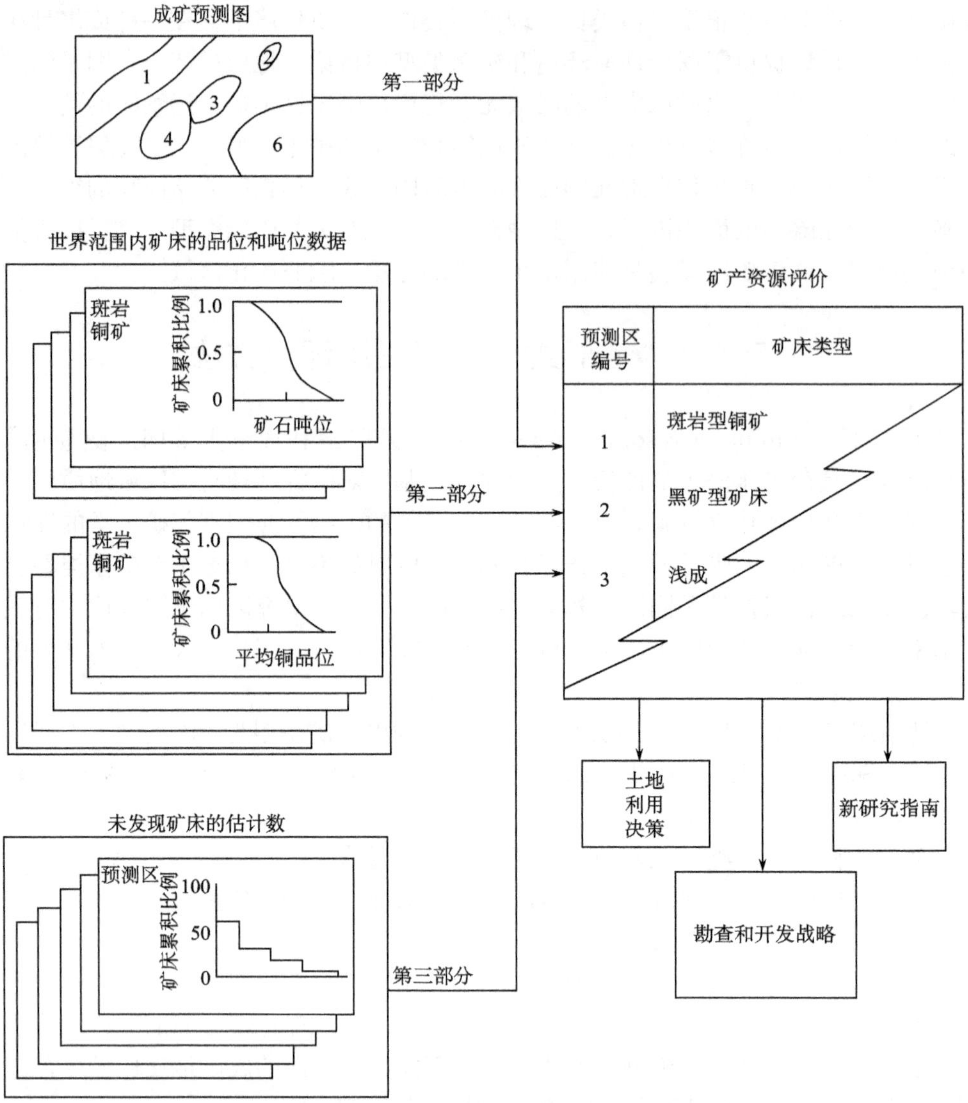

成矿预测图
1
2
3
4
6
第一部分
世界范围内矿床的品位和吨位数据
斑岩
铜矿
矿床累积比例
1.0
0.5
0
矿石吨位
斑岩
铜矿
矿床累积比例
1.0
0.5
0
平均铜品位
第二部分
未发现矿床的估计数
预测区
矿床累积比例
100
50
0
第三部分
矿产资源评价
预测区
编号
矿床类型
1
斑岩型铜矿
2
黑矿型矿床
3
浅成
土地
利用
决策
新研究指南
勘查和开发战略

图 5.2 “三部式”矿产资源定量评价结构流程（Singer et al.，1993）

0.45/km²
0.25/km²
0.29/km²
0.31/km²
0.24/km²
0.0/km²
0.4/km²
0.3/km²
0.5/km²
0.15/km²
0.32/km²
0.15/km²
(a)
频率
4
3
2
1
0
0
0.1
0.2
0.3
0.4
0.5
每平方千米矿床个数
(b)

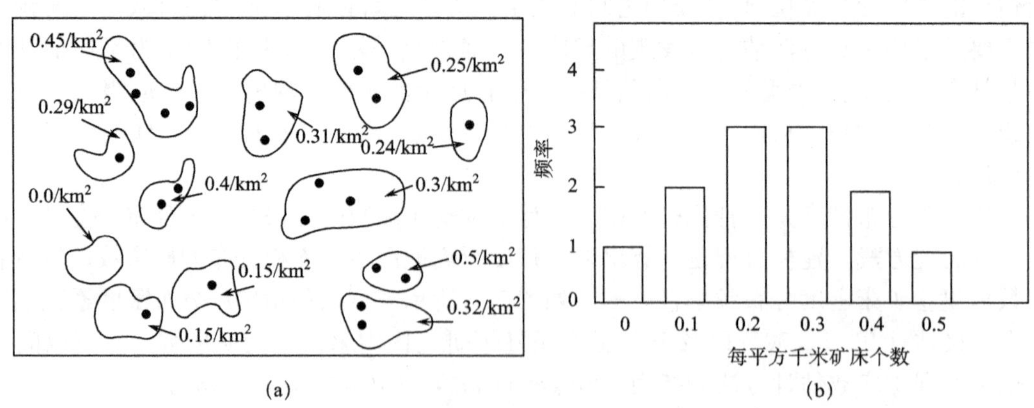

图 5.3 在 12 个假设勘查程度较高的远景区内已知矿床（用实心圆点表示）

（a）分布平面图；（b）推导出的矿床密度直方图（Singer，2008）

不确定性被一系列估计的矿床数所表明，这种估计与品位-吨位图上 90%～10%或 1%的分位数相联系；矿床数的巨大差别表明了巨大的不确定性。成矿有利度能用矿床估计数来表达，并与给定的概率水平或矿床数的期望值有关。根据矿床类型的估计必须与品位-吨位模型相一致，因此矿床的估计数必须与品位-吨位模型的分位值相匹配。例如，在任何概率水平上，估计的未发现矿床数的一半应该比吨位的中位数更大，且约 10%的矿床应该与吨位模型中第 90 个百分位数的矿床规模一样大。如果品位-吨位模型是基于矿区资料建立的，那么未发现矿区数应该可以估计。某些模型的构建是基于空间距离规则，如在块状硫化物模型中组合矿化采用 500m 规则，对未发现矿床数进行估计时应该应用同样的规则。已经公布品位和吨位研究区的矿床被计为已发现矿床；但是为了避免重复计算，没有公布的矿床则被认为是未发现矿床。

大多数矿床类型的统计研究表明：①吨位分布近似于对数正态分布；②矿床规模与矿床密度呈负相关关系；③远景区的规模与所赋存的矿床规模相关；④矿化岩石的总量与矿床规模的中位数成正比。利用这些统计关系以及品位-吨位模型可以预测未发现矿床的个数及其金属总量（Singer，2008；Slack，2012）。

美国地质调查局还开发了 Mark3B 资源定量分析专用软件，评价结果包括潜在的新就业机会、矿山开采的潜在收入、土地规划以及潜在的矿产品供应等。

加拿大不列颠哥伦比亚省地质调查所在实际应用“三部式”矿产资源评价方法过程中把金属矿产资源评价分解为 6 个步骤（图 5.4）。

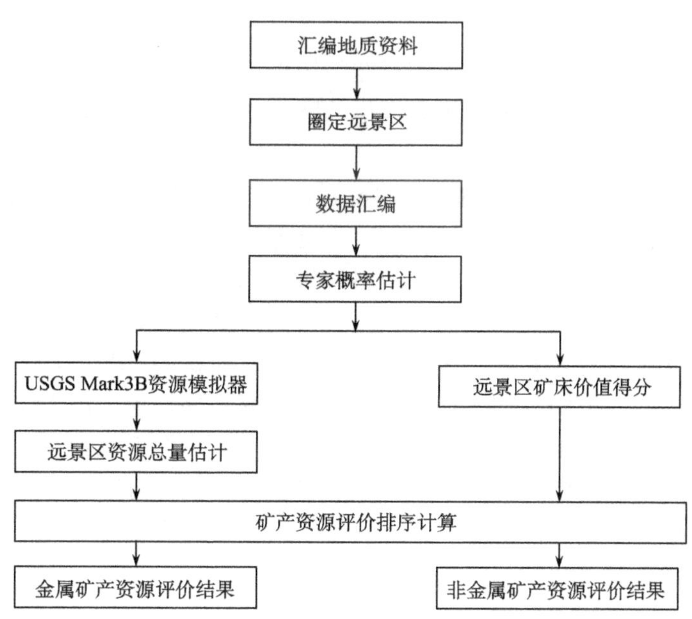

图 5.4　矿产资源评价过程流程图

（1）汇编研究区内现有地质资料；

（2）圈定矿产评价区块；

（3）以表格形式列出区块内已发现的矿产资源并构建矿床模型；

（4）聘请经验丰富的专家组成专家组按远景区和矿床类型估计未发现的矿床数；

（5）采用美国地质调查局开发的 Mark3B 矿产资源评价蒙特卡洛模拟器确定尚待发现的

金属矿产品的数量；

（6）根据未发现和已知矿产资源计算每个远景区的原地资源总价值。

其中，对于非金属矿产资源评价而言，图 5.4 中的第 4 步是相同的，但不是采用 Mark3B 模拟器和计算原地资源总价值，而是应用非金属矿床类型的相对排序方法。所有非金属矿床类型都根据主观的价值估计赋以从 1～100 的相对排序得分，这种矿床价值相对得分被用于确定每个远景区未发现矿床的重要性，然后把这些估计结果与已发现的非金属矿床的价值结合起来求出总的非金属矿产远景区评价结果排序。

5.3　数学模拟方法在成矿预测中的应用

数理统计方法应用于成矿预测发展形成的矿产资源定量预测理论及方法体系称为地质统计预测或矿床统计预测。限于篇幅，本书不可能对这部分内容作详细介绍，只利用本节简要介绍有关数理统计理论与成矿预测结合的发展进程，并且安排在下一节选择齐波夫定律和证据权法进行扼要阐述，以此试图使读者达到管中窥豹的目的。感兴趣的读者可参考韩金炎（1987）、刘承祚等（1989）、赵鹏大等（1994）、范永香等（2003）的著作。

5.3.1　定量预测发展历史沿革

1. 初始发展阶段（20 世纪 50～60 年代）

采用数理统计方法解决成矿分析中的问题的历史可以追溯到 20 世纪 50 年代中期，巴黎矿业学院经济学教授 Allais 和美国加州大学地球物理学教授 Slichter 所作的开拓性工作为后来的统计预测奠定了基础。

Allais（1957）应邀对阿尔及利亚的撒哈拉沙漠地区开展矿床勘查的可行性作出评价。他的第一步是要估计在这 100 万 km^2 的研究区内可能找到的矿床数及其矿产价值。因为该研究区内地质工作几乎还是一片空白，没有资料可供利用，于是，Allais 决定根据其他地区的资料进行类比。他选择了法国和北美勘查程度比较高的地区建立了矿床分布的统计模型。例如，他把美国西部含矿盆地划分为许多单元，每个单元面积为 $10km^2$，发现每个单元中的矿床数近似地以泊松离散概率函数的方式分布。根据研究结果，他得出矿床的分布与随机过程有关的结论；并进一步推论单个矿床的价值呈对数分布，它们近似地呈现正偏斜的频率分布曲线，表明数量相对较少的矿床在区域内矿产总价值中占大部分。

在上述泊松-对数模型的基础上，Allais 推出了一个三阶段勘查项目在最不利、中等、最有利的情况下成功的概率（P），其结果列于表 5.2。

表 5.2　矿产勘查项目成功的概率

概率（P）	矿产价值至少 20 亿法郎的矿床个数	
	估计值	95％的置信区间
1/1000	10	4～16
1/500	20	11～29
1/250	40	28～52

资料来源：Allais，1957；转引自 Peters，1987

在考虑了期望的勘查成本后，Allais 建立了勘查项目能够赢利 500 亿法郎的概率为 0.35、亏损 200 亿法郎的概率为 0.65。他认为这种估计适用于撒哈拉研究区也适用于任何具有相似面积的地质研究程度很低的地区，因为其中没有考虑地质因素。Allais 的这一预测从未被验证过。同时，由于政治原因，阿尔及利亚的这一风险勘查项目被放弃了。

不过，Allais 这项研究成果所获得的三个结论对以后的成矿预测工作产生了非常重要的影响，表现在以下方面：

（1）在一个很大的区域范围内，矿产品的主要价值来自于少数大型矿床。例如，具有最大价值的这个矿床常常占到该区全部矿床总价值的 35%～40%，正是这个最大矿床，而非发现矿床的总个数，对风险勘查成功作出的贡献最显著。

（2）远景区的筛选必须是具有高度选择性的，因为其目的就是要排除那些成矿潜力较低的地区（即那些有可能投入勘查经费而又不能发现矿床的远景区）。如果早期的筛选阶段不具有选择性（“筛孔”太稀），那么，下一阶段将仍然要在与上次风险相近的条件下验证几乎所有的异常。这就是我们需要对工作区内的远景区进行分类的原因。

（3）确立了筛选策略以及泊松-对数分布的矿床模型后，随着远景区范围的逐步缩小矿床发现概率将会显著提高。参照以下概率公式：

$$P = e^{-NPs} \tag{5.1}$$

该式又称“赌博者孤注一掷”定律。式中，P 为孤注一掷的总事件的概率；P_S为单个冒险事件成功的概率；N 为冒险次数。表 5.3 把这一定律作了更好的诠释。根据表 5.3，假设每个远景区都有相等的 1%的概率有矿床存在，那么，为了把失败的风险降低至 10%，我们必须研究（查证）229 个远景区。

表 5.3　在降低勘查风险所要求查证的远景区个数

成功的概率	失败的概率			
	20%	10%	5%	1%
1%	160	229	298	458
5%	31	45	58	90
10%	15	22	28	44
20%	7	10	13	21

资料来源：Peters，1987，有补充

Slichter（1959，1960）应用统计学理论指导在地表没有矿体出露地区确定最佳钻孔网度以及航空地球物理飞行线间距。在他的研究中，他根据美国西部和加拿大安大略已知矿区的资料在许多假设情况下计算出使矿床发现与勘查总成本的比值（即勘查利润比值）达到最大的模型。

Slichter 证实了 Allais 关于矿床价值呈对数分布的研究结果，但是，他拒绝了 Allais 关于矿床分布服从泊松分布的论点。Slichter 得出的结论是，在他的控制区内，矿床的空间分布服从指数函数分布，因此意味着在一个单元空间范围内，已知矿床（体）的存在并不会降低赋存在该单元内其他矿床（体）存在的概率。矿产勘查地质人员一般都认为矿床（体）不是随机分布的，而且认为某个地区已知矿床或矿点的大量出现正是说明该区是成矿有利地区的一个重要标志。

Allais 和 Slichter 的工作思路都是通过对地质工作程度较高的地区进行研究后，建立矿床的统计分布模型，再把这种模型类比到研究程度较低的未知地区。在所类比的未知区内，所有的单元（子区）都具有相同的发现矿床的概率。其开拓性工作的重要特征可以总结为以下几点：

（1）认识到某个地区的矿产资源量与该区的地质环境之间存在某种关系，而且这种关系是可以用数学语言来进行描述的，这是成矿分析中数学模型的原始概念；

（2）他们关于矿产资源量与地质环境之间的关系还只是建立在单变量基础上的数学关系，因而只有研究和探索意义，尚未成为具有实用价值的成矿预测方法和途径。

尽管如此，Allais 和 Slichter 的研究为后来的统计预测搭建起了把统计学方法应用于成矿分析研究的平台。

2. 趋于完善阶段（20 世纪 60～70 年代）

此阶段，成矿预测工作中应用数理统计方法得到显著发展，尤其是计算机技术的引入，为成矿预测提供了重要的手段。这一阶段值得一提的是 Harris 于 1965 年建立的地质数学模型，其内容包括：

（1）选择美国亚利桑那州和墨西哥州相毗邻的工作程度较高的地区作为已知区进行研究。

（2）将已知区划分为 243 个单元，每个单元面积为 $32km^2$。

（3）从已知区的地质图上选择 24 个地质变量，这些地质变量可分为以下四类：①岩石类型和时代，包括单元中古近纪—新近纪以前的沉积物所占的百分比和前寒武纪侵入岩所占的百分比；②断裂，包括单元内长度为 0～8 英里①（mi）的高角度断裂条数和高角度断裂的交会部位的数目；③褶皱，包括单元内长度为 0～8mi 的背斜个数和长度大于 0～8mi 的背斜个数；④侵入活动的时代和接触关系，包括拉拉米期和内华达期侵入岩与沉积岩接触带的长度、前寒武纪侵入岩与前寒武纪变质岩接触带的长度等。

（4）根据矿山过去的开采资料，把每个单元内的矿床储量换算成相应的价值，并将价值大于 100 万美元的单元归为一组，小于 100 万美元者归为第二组。

（5）建立贝叶斯准则下的多组判别分析函数，确定这 24 个地质变量与所划分的矿产资源价值组之间的关系，当归入第一组的概率大于 0.2 时，即可认为该单元是成矿有利的地区。

（6）为了验证该模型的有效性，利用邻近犹他州地质条件类似、工作程度较高的地区进行检验，其结果全部已知矿床都落入含矿组的界限内；而且，在所划分的 144 个单元内，圈出 19 个有矿单元，将这 19 个有矿单元的预测结果与实际结果进行比较，结果见表 5.4。

表 5.4 根据已知区建立的地质数学模型预测结果与实际情况的对比

矿床级别（按累积总产值划分）	预测的矿床数	实际已知的矿床数
＞1 亿美元	5	5
1000 万～1 亿美元	2	4
100 万～1000 美元	3	8
＜100 万美元	9	0

资料来源：Harris，1984

① 1 英里（mi）＝1.6093km。

由于 Harris 的模型考虑到了地质因素，因而，其预测效果相对比较好。总结这一阶段的重要进展，得出两个显著的特点：

（1）在单变量数学模型基础上发展了具有实用价值的多元统计数学模型以及主观概率模型等；

（2）电子计算机的应用为成矿预测提供了崭新的工具，从此可以把许多人工难以完成的复杂计算的数学方法纳入成矿分析的范畴，为地质数据和地质知识的综合奠定了基础。

3. 实用阶段（20 世纪 70 年代至今）

一方面，计算机技术突飞猛进地发展为解决繁杂的计算问题创造了条件；另一方面，成矿预测中应用数学的理论基础和方法都已基本成熟。因而，数理统计和其他许多数学方法在成矿预测分析中的应用进入了实用阶段。这一阶段有下列重要事件值得指出：

（1）1975～1980 年，国际地质相关计划（IGCP）第四组设置第 98 号专题《资源研究中计算机应用标准》，总结推广 6 种定量成矿预测方法：①区域价值法；②体积估计法；③丰度估计法；④矿床模拟法；⑤德尔菲法；⑥综合方法。这一专题的设置对矿产资源数据的收集、处理和应用的标准化起到了很大的推动作用。

（2）1976 年召开的第 25 届国际地质大会上，国际数学地质协会组织召开了《定量勘查策略》讨论会。

（3）1977 年苏联学者康斯坦丁诺夫应用逻辑信息方法预测矿床的可能规模（康斯坦丁诺夫，1982），以及 1980 年布加耶茨应用模糊数学理论进行成矿预测。

（4）在我国，成矿预测中应用数学方法始于 1975 年，赵鹏大等首先在宁芜盆地中段和北段应用数理统计方法开展铁矿预测；1977 年，朱裕生等在安徽庐枞盆地北段应用统计对策方法预测铁矿（朱裕生，1984）。

（5）2006 年，国土资源部部署了全国矿产资源潜力评价工作，下发了《关于开展全国矿产资源潜力评价工作的通知》（国土资发［2007］6 号），该项目工作定位为我国矿产资源方面的一次重要的国情调查，目的是通过系统总结地质调查和矿产勘查工作成果，全面掌握矿产资源现状，科学评价未查明矿产资源潜力，建立真实准确的矿产资源数据，为实现找矿重大新突破提供资源勘查依据（见 5.4 节）。中国地质大学开发的矿产资源评价系统（Geodas）以及中国地质科学院开发的矿产资源研究所开发的矿产资源评价系统（MRAS）为本次全国矿产资源潜力评价提供了技术支撑。

进入 20 世纪 90 年代后，GIS 在矿产勘查中的推广应用，使数字矿产勘查逐渐成为了现实。

GIS 是在计算机软硬件技术支持下采集、存储、管理、检索和综合分析各种地理空间信息，以多种形式输出数据或图件产品的计算机系统。其外观表现是计算机软硬件系统，但是它的内涵却是由一些计算机程序和各种地学信息数据组织而成的现实空间信息模型。通过这些模型，可以从视觉、计量和逻辑上对现实空间从功能上进行模拟；通过计算机程序的运行和各类数据的变换还可以对各类信息变化进行仿真（朱光等，1997）。在 GIS 操作下，各类地质图件不再是一张从内容到形式都不变化的图纸，而是一些可以随意抽取、增减、组合、复制、装饰、传输的计算机空间信息；地质人员可以按照自己的思维利用这些信息迅速编制成各种专题图件。

市场上现在有许多非常优秀的矿产勘查专用 GIS 软件，如加拿大的 Gemcom、Geosoft，澳大利亚的 Micromine，以及我国的 MapGIS 等。

GIS 技术及其应用作为通用技术被列入原地质矿产部、冶金部、煤炭部、中国石油天然气总公司等十个部门近百名专家共同编制的 20 世纪 90 年代发展地质勘查工作的关键技术；原地质矿产部 1996 年 3 月 5 日颁布的《地质勘查工作“九五”计划和 2010 年远景目标纲要》以及在《矿产勘查跨世纪工程》和《第二轮填图计划》中都明确规定要利用 GIS 作为重要技术手段支持新一轮矿产资源评价和填图。中国地质调查局、中国地质大学、中国地质矿产信息院等单位在把 GIS 技术推广应用于地学和资源勘查方面取得十分可喜的成就，并制定出了一系列的技术标准和管理办法。

GIS 是一个用于图件叠加、搜索重合异常以及交互查询检验地质体或矿床特征的极佳的“电子透图台”。作为决策支撑的工具，GIS 的重要性已逐渐为我国地质勘查部门所认识，通过利用现有的所有数据库并借助于统计学和专家系统对数据进行综合，可以实现最佳化勘查决策。

GIS 在矿产勘查中的成功应用不仅来自于计算“黑箱”的应用，而且来自于仔细地建立矿床模型（在此基础上建立勘查模型），指导数据库的选择以及利用这些数据库提取用于矿产勘查的重要的空间证据。统计学方法（如证据权法和逻辑回归方法）是非常重要的，因为它能够客观地计算出每个数据层和已知矿床之间的空间关系。同时，专家系统（如模糊逻辑或 DEPSTER SHAFER）不受已知矿床的束缚，而是利用勘查经验对每个数据层进行权的分配并建立试图模仿有经验的地质人员综合不同数据来源的思维过程的“推理网络”，采用不同的假设应用各种不同模型的结果生成一系列综合的“成矿有利性”图件，并且，这些图件之间的差异度即为假设改变以及参数改变结果的敏感性的度量。

毫无疑问，最常用的考察勘查数据之间的空间关系的 GIS 方法是利用其可视化技术，在彩色屏幕上进行图像放大、扫视、询问以及应用增强、叠加点和线等方面的功能鼓励着几乎是无限制的勘查空间数据的分析。然而，除了可视化阶段外，还需要应用进行空间分析的某个环境的成矿模型；允许利用关于所研究矿床类型的专家知识建立综合方案、圈定成矿远景区，这需要 GIS 专家和地质人员共同努力，目的是为地质人员提供一个用户友好的 GIS。

采用 GIS 工具圈定勘查靶区是充分利用了大多数 GIS 的图层概念，即在一个独立的数据层（专题）内含有某个特殊类型的全部特征。例如，岩性界线储存在一个图层内而线性构造储存在另一个图层内。为了达到最大的灵活性，属性信息都以平面文件形式储存，并尽可能采用层次编码，从而使数据库的询问能力达到最大。举例说来，变质级可以用一个数字来表示，变质级越高，该数值越大，以这种方式，所有的变质岩都可以由一次询问即可选定。

将物探、化探和遥感等硬件技术与计算机信息处理的软件技术相结合，即基于 GIS 平台，应用先进的数据管理、建模和分析系统对勘查所获得的各种数据信息进行处理，使多样性的勘查技术数据常规性地转换成实用的地质信息和直观的三维图像表达，已成为当代矿产勘查的主要工作模式。同时，信息技术的进步也使物探、化探和遥感技术数据的采集和存储更快更高效，使工作效率大大提高。数据信息处理技术已然成为矿产勘查技术中不可或缺的重要组成部分。

4. 发展趋势

现在，地质人员都已习惯于使用计算机，矿产资源勘查中所使用的数学方法的应用软件都已经比较成熟，具体的计算已经是一件容易的事。计算机技术的迅速发展为我们提供了越来越好的手段，为了充分发挥计算机的潜能，我们应尽可能多地掌握一些常用的数学方法，进一步推动成矿分析的数字化、定量化、标准化。

数代地质学家通过艰苦的努力积累了大量而宝贵的资料。这些资料的存储、加工、查询及分析处理、再利用，一直是地质学家渴望解决的重大课题。电子技术、计算机技术、航天航空技术及通信测量技术的发展，使得数据库、数据分析与处理、“3S”技术成为资料处理的重要手段，地质资料不再是令人生畏的孤立的数字与文字的堆积与表述，而已成为相互关联的、可视的，对地质现象进行三维或多维显示及模拟的图形，尤其是 GIS 技术的发展，正在逐渐成为地质学家探索地下奥秘的利器。

传统上，大多数矿产勘查（矿业）公司的工作都是以纸质报告和计算机输出的纸质地球物理图或地球化学图为基础。随着计算机技术（包括硬件和软件）的迅猛发展，GIS 已成为许多勘查部门以及矿业公司日常工作内容的一部分。在多数情况下 GIS 被用作基本的数据管理系统，而有些公司则利用 GIS 的特性，进行不同专业多源数据的综合，以更有效地确定下一个主要矿体可能赋存的靶区。不管 GIS 用于什么目的，将多学科的数字化数据综合在一起，需要特定的数据获取标准。而且，如果没有合理的管理和存储系统，数字数据可能很容易损坏或丢失。

由中国地质调查局承担的国家“863”计划“基于 SIG 的资源环境空间信息共享与应用服务”课题，正在打造地质空间信息的共享平台，一个基于 SIG（空间信息网格）与大型 GIS 技术的中国地质空间信息网格已经初步形成。空间信息网格（spatial information grid, SIG）是一种汇集和共享地理上分布的海量空间信息资源，并对其进行一体化组织与协同处理，具有按需服务能力的空间信息基础设施。

“智慧勘探”系统是由华东有色地勘局自主研发的覆盖从野外数据动态采集、地质数据管理、勘查设计、资源储量估算、数字矿山建设等矿产勘查和开采工作全流程的信息化与智能化平台。该系统以成矿理论为指导，综合应用 GIS、大型关系型数据库、智能移动设备等现代信息技术和定量统计分析、三维地质建模等先进地质信息方法。目前，该系统在地质数据远程回传、专家汇商指导、矿床模型库构建、地质统计学资源储量估算、资源量定量预测等方面均有重大突破。

因特网实现了硬件资源的连接，万维网实现了网页的连接，网格技术则实现了应用层面的互联互通，有效地消除了信息孤岛，使信息共享成为可能。空间定位技术、航空和航天遥感、地理信息系统和互联网、栅格计算等现代信息技术的发展及其相互间的渗透，逐渐形成了以空间信息为核心的集成化技术系统。这种信息共享与服务为矿产勘查展示了广阔的应用前景。

5.3.2　齐波夫定律和证据权法

目前可供成矿预测选择的数学方法很多。常用的统计方法有频率分布法、条件概率法、贝叶斯法、参数计算法、蒙特卡洛法，以及多元统计方法等；其他分析方法还包括信息量分析、数量化理论、逻辑信息法、特征分析、齐波夫定律、秩相关分析、模糊数学法、灰色系统理论、综合信息矿产预测理论等。这里只对齐波夫定律作简要介绍。综合 GIS 的各种图层并编制成矿预测图的方法有多种，最常用的是证据权法、代数法和模糊逻辑法（Bonham-Carter，1997；Knox-Robinson et al.，1997），本书只对齐波夫定律和证据权法作简要介绍。

1. 齐波夫定律

齐波夫定律是美国哈佛大学语言学教授齐波夫（George Kingsley Zipf）于 1949 年提出的一种概率分布模型。齐波夫在对英文单词出现频率进行的研究过程中，他把出现频率最高的单词“the”的秩（range）列为 1，出现频率次高的单词“to”列为 2，诸如此类，按出现频率大小依次排列，建立起英文单词出现频率的系列，称为齐波夫系列。齐波夫系列存在一个有趣的规律：频率值（F）与秩（R）的乘积为一常数，即 $FR=K$。后来，人们发现这种规律广泛存在于自然科学和社会科学中，从而，这一规律又被总结为齐波夫定律，该定律指出：第一大的数值是第二大数值的两倍、第三大数值的三倍、第四大数值的四倍，诸如此类。其数学表达式为

$$F_1R_1=F_2R_2=F_3R_3=\cdots=F_nR_n=K \tag{5.2}$$

式中，F_n 为研究对象取值；R_n 为秩，一般用自然数 1，2，3，…，n 表示。因而，式（5.2）又可写成

$$F_1=2F_2=3F_3=4F_4=\cdots=nF_n=K \tag{5.3}$$

这里所说的秩，就是把某个变量的若干个观测值按照从小到大（或从大到小）的顺序排列，其中每个值所在的位次即称为该观测值的秩。由式（5.2）可见，当秩 $R=1$ 时，研究对象对应值等于常数 K，即 $F_1=K$。显然，只要求得最大值 F_1 或 K 值，则其他各级的值将分别为 $K/2$，$K/3$，$K/4$，…，K/n。

把齐波夫定律应用于矿床发现简直是太直接了，即把已知矿床按大小投点在双对数坐标纸上进行排列，再把齐波夫的单位坡度线与已知数据进行拟合，然后查找未发现的矿床。Howarth 等（1980）对于未发现矿床的预测途径给出有趣的评述，包括与齐波夫定律的使用条件。国内也有许多应用齐波夫定律进行成矿预测的实例（刘振义等，1994；任林子，1993；刘庆生等，1999；綦远江等，2002；董耀松等，2003），预测效果都比较好。下面我们举一个应用实例。

綦远江等（2002）采用齐波夫定律对夹皮沟金矿田的金矿资源量进行预测，根据矿田内已知矿床的储量，按其大小排列列于表 5.5 中。利用各已知矿床储量与最大已知矿床储量的比值 F_n/F_1，且乘自然数的积，建立起接近自然数的系列（表 5.6）。

表 5.5 夹皮沟金矿田部分矿床探明储量表

矿床名称	三道岔	板庙子	小北沟	三道沟	大金牛	大线沟
编号	F_1	F_2	F_3	F_4	F_5	F_6
储量/kg	40781	9050	6693	5850	4160	3870

资料来源：綦远江等，2002

表 5.6　夹皮沟金矿田各系列值及其平均值和标准差

序次 (n)	R_nF_2/F_1	R_nF_3/F_1	R_nF_4/F_1	R_nF_5/F_1	R_nF_6/F_1	x	s
1	1.1096 (5)	0.9847 (6)	1.0041 (7)	1.0201 (10)	1.0439 (11)	1.0325	0.00432
2	1.9973 (9)	1.9694 (12)	2.0083 (14)	2.0402 (20)	1.9928 (21)	2.0016	0.0231
3	3.1068 (14)	2.9542 (18)	3.0124 (21)	2.9582 (29)	3.0367 (32)	3.0137	0.0562
4	3.9945 (18)	3.9389 (24)	4.0166 (28)	3.9783 (39)	3.9857 (42)	3.9828	0.0254
5	5.1041 (23)	4.9236 (30)	5.0207 (35)	4.9984 (49)	5.0295 (53)	5.0153	0.0580

注：括号内的数值表示秩

资料来源：綦远江等，2002

由表 5.6 中可以看出，第 2 序次的平均值（x）最接近自然数 2，而且其标准差（s）也最小。因此确定三道岔矿床（F_1）的秩为 2，板庙子、小北沟、三道沟、大金牛，以及大线沟等矿床的秩为表中第 2 序次括号内数字（R_n），即分别为 9、12、14、20 以及 21。由此可以判断，夹皮沟矿田目前缺失秩为 1、3、4、5、6 等的矿床，意味着在该区还存在一个规模更大的矿床以及一些具有一定规模的矿床尚待发现。利用式（5.2）还可计算出最大矿床的黄金储量为

$$K=(2F_1+9F_2+12F_3+14F_4+20F_5+21F_6)/6=81616\text{kg}$$

据此计算方法，还可计算出不同规模的矿床个数、资源量及其找矿潜力（刘庆生等，1999；綦远江等，2002）。

选择数学方法时，首先要考虑成矿分析工作的研究内容，其次要了解各种数学方法的特点及其所能解决的问题。例如，一些用于研究分类的数学方法，如聚类分析、判别分析、非线性映射等，可用于对岩体、异常等进行分类，也可用于对比成矿环境和圈定各级成矿远景区；在估计可能的成矿概率时，可选用事件概率的数学方法，如条件概率、贝叶斯准则、蒙特卡洛法和频率分布法等。需要强调的是，每种数学方法都有其应用条件，而且，对变量的分布和数据的类型、样品数以及变量数等都有特殊的要求。只有正确地使用数学方法才能获得好的预测效果，否则，就有可能只是一种脱离实际情况的“数字游戏”。

2. 证据权法简介

证据权法是一种对支持某个假设的证据进行综合的定量方法，用于组合各种来源的空间数据，描述和分析数据之间的相互作用，建立预测模型，从而为决策者提供支持。这种方法最初是在临床医学对研究非空间数据的开发应用过程中发展起来的，在临床应用中，证据由一套病情症状组成，而过程的“假设”是“该病人具有疾病 x”。对于 x 的每一个症状，计算一对权值，其中一个作为该症状存在的赋值，另一个是该症状缺失的赋值；权值的大小取决于一大群患者中该症状与该疾病之间的相关性程度。然后，根据病症的存在或缺失，利用所计算出的权值估计新病人患上这种疾病的概率。20 世纪 80 年代末由加拿大地质调查所著名数学地质学家 Agterberg 和 Bonham-Carter（1990）引入这种方法进行成矿预测，随着计算机技术的发展，90 年代在美国和加拿大，证据权法成为一种采用 GIS 技术进行区域成矿预测重要方法得到广泛的应用（Bonham-Carter，1997）。采用证据权法进行成矿预测，证据是由一套勘查数据库（图层）组成，假设是“该部位有利于目标矿床类型的存在”，并根据已知矿点和用于预测的图层之间的度量关系估计权重，然后对用于计算权重的图中所有可

能的部位重复进行评价、生成由多个图层的证据综合而成的成矿潜力图。

如果把研究区内每个可能与某个矿床类型的成矿有关的地质特征都以二元图（即存在和缺失）的形式表示，并假设已从数据库中选取已知矿床（点）建立了矿床子库，利用该矿床子库可获得已知矿产地位置的矿床（点）分布图。如果把这些二元图与矿床（点）分布图简单地融合在一起，那么可以迅速地构成一份成矿预测图。这种简单的综合结果对理解研究区总的远景是有一定的意义的，但是，这种方法不能确认一些与矿床空间关系更密切的地质特征，只能是机会均等地考虑每一个因素，因而难以获得所预期效果的成矿预测图。

由 Agterberg（1988，1989，1990）和 Bonham-Carter（1988，1990，1994，1997）发展起来的证据权法克服了这一问题。证据权法的基本原理是把每一种成矿信息（转化成二元图）都被看做成矿预测的一个证据因子，每个证据因子对成矿预测的贡献是由该因子的权来确定的。证据权模拟的目的就是要确定这些与已知矿床（点）相关的二元图的证据权。

图 5.5 阐明了两个二元图合成的概念（假设这些二元图与某个已知类型的矿床有关）。图 5.5（a）描述了 6 个矿床的位置、岩石类型和两条线性构造；图 5.5（b）表示该岩石类型的露头形态，其中有几个矿床可能与该岩类有关；图 5.5（c）说明这两条线性构造扩展成带状，在这些带状区内矿床存在的可能性大于该研究区的其他部位；图 5.5（d）指示位于岩石类型和带状构造域叠加部位可能具有矿床存在的最大概率。在图 5.5（b）～图 5.5（d）中的矿床都是由一个小的单元面积表示。

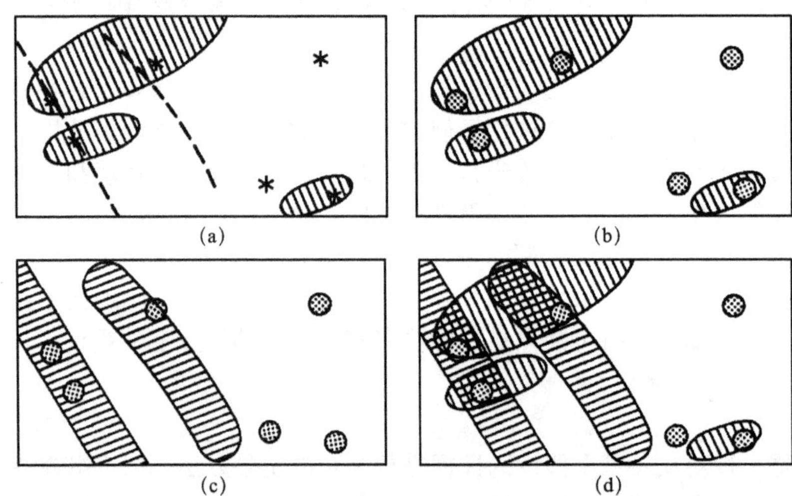

图 5.5　阐述两个与某一矿床类型有关的二元图形合成概念的仿真例子
（Agterberg et al.，1990）
（a）描述了岩石类型、线性构造和矿床的露头分布图；（b）说明岩石类型和扩展为一个单元的矿床的关系；
（c）扩展成条带状的线性构造与矿床的关系；（d）三个图形的叠加

假设研究区总面积为 $t\,\mathrm{km}^2$，每个单元面积为 $u\,\mathrm{km}^2$，那么，$T=t/u$ 为研究区划分的单元总数；设 D 为含有一个矿床（点）的单元数，如果 u 足够小的话，则 D 等于已知矿床（点）数，于是，$P(D)=D/T$ 称为先验概率，即随机选择的某个含矿单元的概率。先验概率为非条件概率，而且在整个研究区范围内都是常数。把所求出的先验概率转化为先验有利度 $O(D)$。

对于第 j 个因素的二元图，b_j 为该因素出露的面积，则 $B_j=b_j/u$ 表示存在该因素的单

元数。第 j 份二元图的证据权定义为

$$W_j^+ = \ln \frac{P(B_j \mid D)}{P(B_j \mid \bar{D})} \text{ 和 } W_j^- = \ln \frac{P(\bar{B}_j \mid D)}{P(\bar{B}_j \mid \bar{D})} \tag{5.4}$$

若二元模型存在（即该因素分布的区域内存在含矿单元），则采用正的证据权 W_j^+；若不存在，则采用 W_j^- 式中的条件概率采用叠加面积确定（图 5.6），例如

$$P(B_j \mid D) = \frac{B_j \cap D}{D} \text{ 和 } P(B_j \mid \bar{D}) = \frac{B_j \cap D}{\bar{D}} \tag{5.5}$$

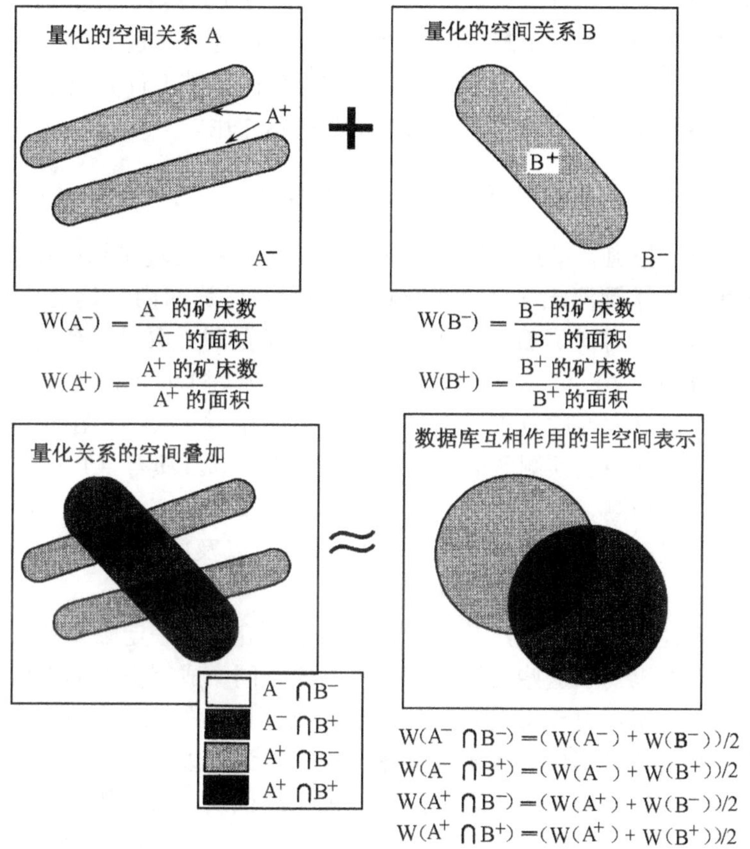

图 5.6　两个已证实和量化的空间关系合成为单张图的过程示意图

（Knox-Robinson et al.，1997）

图中所示的准文氏图根据分量图中的区域是如何互相关联的

m 个因素的二元图的任何重叠合成（唯一性条件），其后验有利度的对数值由下式给出：

$$\ln O(D \mid B_1^k \cap B_2^k \cap B_3^k \cdots \cap B_m^k) = \ln O(D) + \sum_{j=1}^{m} W_j^k \tag{5.6}$$

式中，k 为二元模型的存在或缺失。例如，$B_j^k = B_j$ 表示 j 模型存在；$B_j^k = \bar{B}_j$ 则表示 j 模型缺失。同理

$$
W_j^k=\begin{cases}W_j^+, & \text{若 } B_j^k=B_j \\ W_j^-, & \text{若 } B_j^k=\bar{B}_j \\ \Phi, & \text{若 } B_j^k \text{ 为未知的情况}\end{cases} \tag{5.7}
$$

于是，后验概率为

$$
P_{\text{后}}=\frac{O_{\text{后}}}{1+O_{\text{后}}} \tag{5.8}
$$

对于每一个唯一性条件都要进行后验概率的确定。

证据权法的预测结果是一份后验概率图，其值为 0～1，其数值越大，表明发现矿床的概率越大，圈出那些后验概率大于某一临界值的地区，即为成矿远景区。由于后验概率是在大量地质、地球物理、地球化学、遥感等图层叠加操作的基础上计算出来的，因此其结果综合反映了各种控矿因素和矿化信息对矿床的控制和指示作用。

$$
O(D)=\frac{P(D)}{1-P(D)} \tag{5.9}
$$

据雷恩斯（1997）报道，最近在加拿大新发现的一个块状硫化物矿床就是使用证据权、模糊逻辑的 GIS 综合技术预测出来的。Turner（1997）对美国内华达北中部地区采用证据权 GIS 方法对以沉积岩为容矿岩石的金矿类型进行成矿预测，取得了令人信服的成果。

加拿大地质调查局在 ArcView 平台上开发了证据权法模块（WofE），这是一个免费使用的软件，可直接在加拿大地质调查局网站上下载。严冰等（2005）在四川宁南地区铅锌成矿预测中应用 WofE 软件圈定预测区取得比较好的效果。苏红旗等（1999）在 MapGIS 平台下实现了证据权法成矿预测。

中国地质大学开发的矿产资源评价系统（Geodas）以及中国地质科学院矿产资源研究所开发的 MRAS 系统都具有证据权法功能模块。

证据权法是一种经验类比方法，其目的是要根据研究区内一定数量的已知矿床编制同类矿床的成矿预测图，所以要求这些已知矿床应该是属于同一成因类型的矿床。假定研究区内存在两种或多种矿床类型，由于每类矿床的控矿因素不同，如果分析中采用所有已知矿床，那么，就有可能编制出效果不佳的成矿预测图，这是因为可以用于某种矿床类型的矿化部位可能由于缺乏另一种矿床类型的控矿因素而不能被系统识别。如果能确切地证实研究区内存在两类或多类矿床，那么，研究区内所有已知矿床都应进行正确地归类，然后分别编制每类矿床的成矿预测图。

证据权方法要求二元图与矿床（点）分布图是条件独立的，如果这一条件不能满足，最终的成矿预测图将可能或者低估或者高估研究区内期望存在的矿床数（Bonham-Carter，1994）；证据权法的第二个限制是它的概率性，在远景计算中不能把矿床规模考虑进来。

5.4 全国矿产资源评价项目采用的方法体系简介

2006～2010 年，国土资源部实施了全国矿产资源潜力评价项目。该项目定位为我国矿产资源方面的一次重要的国情调查，其目的是通过系统总结地质调查和矿产勘查工作成果，全面掌握矿产资源现状，科学评价未查明矿产资源潜力，建立真实准确的矿产资源数据库，满足矿产资源规划、管理、保护和合理利用的需要。项目的总体技术思路为：以成矿理论为指导，加强区域成矿规律研究，加强与成矿有关的基础地质研究工作，最大限度地深入分析地质构造的成矿信息，以Ⅲ级成矿区（带）为单位，深入全面总结主要矿产的成矿类型，研究以成矿系列为核心内容的区域成矿规律；全面利用物探、化探、自然重砂、遥感所显示的地质找矿信息；运用体现地质成矿规律内涵的预测技术，全面全过程应用 GIS 技术，在定性和Ⅳ、Ⅴ级成矿区内圈定预测区基础上，实现分省、全国资源潜力预测评价。该项目的方法体系主要包括以下几个方面。

1. 确定矿产预测方法类型

全国矿产资源潜力评价项目采用现代综合信息理论，全方位全过程应用 GIS 系统，矿产资源潜力评价分矿种、按矿产预测类型开展工作。凡是由同一地质作用下形成的，成矿要素和预测要求基本一致，可以在同一张预测底图上完成预测工作的矿床、矿点和矿化线索，均可以归为同一矿产预测类型。全国项目办专家组总结出六种矿产预测方法类型。在预测工作中，不同的矿产预测类型应选择不同的预测方法类型。

（1）沉积型矿产预测方法类型：受严格的地层层位岩相控制，预测底图选择岩相古地理图/沉积建造古构造图。包括通常预测模型中的外生沉积型矿产，SEDEX 型和砂岩型铅锌矿、铜矿、铀矿等内生热卤水成因矿产以及部分海相火山岩型无法区分火山机构的矿产。进一步可划分为沉积岩型、沉积内生型和第四纪沉积型。

（2）侵入岩体型矿产预测方法类型：岩浆岩构造作为预测评价的必要条件，岩体直接控制矿床的分布。由成矿侵入体时空定位的矿产，底图选择侵入岩浆岩构造图。包括岩浆型、斑岩型、夕卡岩型、高温热液型、伟晶岩型等矿产。根据预测重要因素和资源预测潜力估算方法，进一步可划分为岩浆型和侵入岩体接触带型。

（3）火山岩型矿产预测方法类型：由成矿火山作用时空定位的矿产，底图选择火山岩性岩相构造图。包括陆相火山岩型和部分海相火山岩型。

（4）变质型矿产预测方法类型：由成矿变质作用时空定位的矿产，底图选择变质建造构造图。包括变质型铁矿、变质型铜矿和部分绿岩带金矿。

（5）复合内生型矿产预测方法类型：由地质建造、变形构造、侵入岩浆作用综合因素时空定位的矿产，底图选择构造建造图。代表性预测地质模型有胶东金矿、小秦岭金矿等。

（6）层控内生型矿产预测方法类型：由特定地层建造时空定位的矿产，底图选择沉积建造构造图，在构造沉积建造图上圈定预测区。

2. 信息提取

矿产预测评价涉及地质、地球物理、地球化学以及遥感等多学科信息。不同矿产预测类型，其预测要素的组合是不一样的。为了确定某类矿床最佳的预测要素组合，需要通过大量的典型矿床的对比研究。

预测要素是指具有预测意义的控矿要素和控矿标志。预测要素在 GIS 中表征为地质空间对象图层或图层的属性，在定量统计预测中称为变量。某类矿床的必要预测要素是指该类型矿床存在的必要条件，也就是说，如果研究区内缺乏该要素，就不能找到该类型的矿床。重要预测要素是指对预测区优选以及资源量估算起重要作用的要素。次要预测要素是指对于圈定目标矿床类型预测区可有可无的预测要素。

信息提取的具体的操作时通过数据模型实现的，在矿产预测数据模型中，详细定义了各专业学科原始数据、信息提取和解译成果的数据格式。信息提取的主要内容是对成矿要素图和预测要素图进行复核、确认和修改，通过定性的研究对比和分析，从中提取真正和矿产预测有关的要素，剔除和矿产预测关系不大的要素，对反映同一信息的多种表达进行有效的归并，避免重复，从而最终为建立区域预测模型奠定基础。

3. 建立区域成矿模型

在GIS环境下开展成矿预测的基本途径是通过信息提取和综合来实现的。根据具体预测目标研究典型矿床预测要素与区域预测要素的关系，对各种预测变量进行反复筛选和优化组合，从而形成最优的预测要素组合，这一过程即为建立预测模型过程，并通过框图的形式和逻辑语言来表达建模过程，由GIS自动实现。

4. 圈定预测区

（1）划分预测单元。主要采用两种划分方法：①规则网格单元法，即是将研究区按照一定的规格（一般是1cm×1cm）划分成规则网格；②不规则地质体单元法，即是采用恰当的预测要素图层组合构成，以各要素图层的边界作为单元的自然边界。

（2）预测变量的构置和优化。为了研究各变量相对于矿化的重要性而需要对变量进行定量排序，为探讨各变量之间的相关性需对变量进行分类。在对预测变量进行分类组合的基础上进一步进行筛选和优化组合，从而达到预测变量结构的最优化。

（3）单元成矿有利度的计算。如果研究区内有足够多的已知矿床用于建立数学模型，如只有少量单元中有矿产信息，则可采用数据驱动为主的方法，如证据权法、逻辑回归方法、人工神经网络法以及特征分析法等。如果研究区内缺乏足够多的已知矿床用于建立数学模型，如有相当多的单元中有矿产信息，则可采用知识驱动为主的方法，如模糊逻辑法、模糊证据权法以及多指标决策方法等。

有利度的输出主要以四种形式，即有利度指数、后验概率、模糊度以及适合度。

（4）预测区的圈定。计算单元成矿有利度的主要目的是圈定预测区，这里所谓的预测区是指一组具有相同成矿意义单元的组合。实际上就是在计算出各单元的成矿有利度后确定预测单元的阈值（临界值），成矿有利度大于阈值的单元即为预测区。所圈定的预测区应该是最小预测区（即是说发现矿床的可能性最大、漏掉矿床的可能性最小）。

（5）预测资源量估算。预测资源量估算方法包括体积法、地球物理模型法、地球化学块体估值法、矿床地质经济模型法，以及矿床模型综合地质信息定量预测法。

该项目采用的矿产资源评价系统主要是Geodas和MRAS。

本章小结

勘查目标包括目标矿种、目标矿床以及靶区。目标矿种的确定是基于对矿产品市场的分析和预测；目标矿床应该是高质量矿床；勘查靶区的圈定则是建立在研究区内控矿因素最佳组合部位的基础之上。

圈定成矿远景区（即指明勘查有利地段）并对远景区内资源潜力进行评价（即说明其矿化规模）是成矿预测的主要任务。成矿预测的方法多种多样，构成了一个方法学体系，本章简略地介绍了两类方法。

（1）“三部式”矿产资源评价方法，由三部分工作内容组成：①利用描述性矿床模型圈定成矿远景区；②借助于品位-吨位模型预测矿床的规模和质量；③采用主观方法推断远景区内未发现矿床的个数。

（2）矿床统计预测方法，在介绍了这一方法体系的发展历程的基础上，本章选择了简便易行的齐波夫定律和能够利用 GIS 模拟技术来实现的证据权法进行简要介绍。国土资源部实施的全国矿产资源评价项目在 GIS 平台上搭建起了矿产统计预测综合方法学体系。

讨　论　题

（1）列举一个高质量矿床，简要阐述其成矿地质环境和矿床地质特征、发现和勘查历史以及经济贡献。

（2）如何圈定勘查靶区？

（3）如何优选勘查靶区？

本章进一步参考读物

陈毓川. 1999a. 当代矿产资源勘查评价的理论和方法. 北京：地震出版社

陈毓川. 1999b. 中国主要成矿区带矿产资源远景评价. 北京：地质出版社

池三川. 1988. 隐伏矿床（体）的寻找. 武汉：中国地质大学出版社

范永香，阳正熙. 2003. 成矿规律与成矿预测学. 徐州：中国矿业大学出版社

胡惠民等. 1995. 大比例尺成矿预测方法. 北京：地质出版社

肖克炎，张晓华，王四龙等. 1997. 成矿预测通则方法之四，矿产资源 GIS 评价系统. 北京：地质出版社

叶天竺. 2004. 固体矿产预测评价方法技术. 北京：中国大地出版社

赵鹏大，胡旺亮，李紫金. 1994. 矿床统计预测. 第二版. 北京：地质出版社

朱裕生，肖克炎等. 1997. 成矿预测通则方法之二，成矿预测方法. 北京：地质出版社

Hronsky J M A，Groves D I. 2008. Science of targeting：definition，strategies，targeting and performance measurement. Australian Journal of Earth Sciences，55：3～12

Singer D A. 2010. Progress in integrated quantitative mineral resource assessments. Ore Geology Reviews，38（3）：242～250

第6章 矿产勘查项目

6.1 矿产勘查工作的主要内容

矿产勘查最终的目的是为矿山建设设计提供矿产资源/储量和开采技术条件等必需的地质资料，以减少开发风险和获得最大的经济效益。

根据中华人民共和国国家标准《固体矿产地质勘查规范总则》（GB/T 13908—2002）的规定，矿产勘查内容包括勘查区地质、矿体地质、开采技术条件、矿石加工技术性能和综合评价等。

6.1.1 勘查区地质研究内容

对勘查区地质研究内容包括搜集、研究与成矿有关的地层、构造、岩浆岩、变质岩、围岩蚀变等区域地质和矿区地质资料。

（1）地层：应划分地层层序、岩性组合、岩相分带，确定含矿层位。对沉积矿产应研究含矿层的岩性组合、物质组成以及沉积环境与成矿关系等。

（2）构造：应对控制或破坏矿床的主要构造进行研究，了解其空间分布、发育程度、先后次序及分布规律等。

（3）岩浆岩：对与成矿有关的岩浆岩应了解或查明其岩类、岩相、岩性、演化特点及其与成矿的关系等。

（4）变质岩：对变质矿床应了解或研究变质作用的性质、强度、影响因素、相带分布特点及其对矿床形成或改造的影响。

（5）围岩蚀变：应了解或研究矿床的围岩蚀变种类、规模、强度、矿物组成、分带性及其与成矿的关系。

对砂矿床还包括第四纪地质及地貌特征。

6.1.2 矿体地质研究内容

1. 矿体特征

应研究或控制矿体分布范围、数量、规模、产状、空间位置及形态、相互间关系及氧化带（风化带）的范围等；研究围岩、夹石的岩性、产状、形态等；研究成矿后断层对矿体的破坏情况、找出矿体的对比标志，使其合理地有依据地连接。

2. 矿石特征

矿石特征包括矿石物质组成和矿石质量特征。

（1）矿石物质组成：包括矿物组成及主要矿物含量、结构、构造、共生关系、嵌布粒度及其变化和分布特征；应划分矿石自然类型，矿石的蚀变和泥化特征，并研究各类型的性质、分布、所占比例及对加工、选冶性能试验的影响。

（2）矿石质量特征：包括矿石的化学成分、有用组分、有益和有害组分含量、可回收组分含量、赋存状态、变化及分布特征；依据矿石的工艺性质及当前生产技术条件，划分矿石工业类型和品级，不同矿石类型的变化规律和所占比例。非金属矿产及固体燃料矿产，可根据用途要求选择测定项目，用以确定该矿产的类型和品级。

3. 开采技术条件研究

（1）水文地质条件：调查矿区地下水的补给、径流、排泄条件，确定其汇水边界；查明含（隔）水层的分布、含水性质、构造破坏与含水层间的水力联系情况，主要构造破碎带、岩溶发育带与风化带的分布及其导水性，主要充水含水层的含水性及储水性、与矿体（层）的相对位置、连通其他含水层及地表水体和老窿水的情况；地下水的水头高度、水力坡度、径流场特征与动态变化；地表水体的分布、水文特征、连通主要充水含水层的可能途径及其对矿床开采的影响；确定矿床主要充水因素、充水方式和途径，建立水文地质模型，结合矿床可能的开采方案，估算矿坑开拓水平的正常和最大涌水量以及矿区总涌水量。调查矿区及其相邻地区的供水水源条件，结合矿山排水对矿山供水问题及排供结合的可能性进行综合评价，指出矿山供水水源方向；对缺水地区，应对矿坑涌水的利用价值进行评价。

（2）工程地质条件研究：研究矿床开采区矿体及围岩的物理力学性质、岩体结构及其结构面发育程度和组合关系，评价岩体质量；调查影响矿床开采的不良工程地质岩组（风化层、软弱层、构造破碎带）的性质、产状与分布特征，结合矿山工程需要，对露天采矿场边坡的稳定性或井巷围岩的稳固性做出初步评价，指出可能发生工程地质问题的地质体或不良地段。

（3）环境地质研究：研究区域稳定性，矿区内历次地震活动强度及所在地区的地震烈度；老窿的分布范围及充填情况，在可能的情况下，圈定老窿（采空区）界限；查明矿区内崩塌、滑坡、泥石流、山洪、地热等自然地质作用的分布、活动性及其对矿床开采的影响；调查矿区存在的有毒（砷、汞等）有害（热、瓦斯、游离二氧化硅等）及放射性物质的背景值；对矿床开采可能造成的危害做出评价。

预测矿床疏干排水范围，对影响区内的生产、居民生活可能造成的影响和对生态环境、风景名胜区可能构成的危害作出评价，提出防治意见。

结合采矿工程，对矿床开采可能引起的地面变形破坏（地面沉降、开裂、塌陷、泥石流等）范围、采选矿废水排放对附近水体的污染进行预测和评价，对采矿废石的堆放和处置以及利用提出建议。

适于水溶、热熔、酸浸、碱浸、气化开采的矿床以及多年冻土矿床，应针对其勘查的特殊性要求开展工作。具体要求可参见相应矿产的勘查规范。

4. 矿石加工选冶技术性能试验

根据试验的目的、要求、程度及其成果在生产实践中的可靠性，矿石加工选冶试验可分为可选（冶）性试验、实验室流程试验、实验室扩大连续试验、半工业试验、工业试验五类。试验工作应根据勘查阶段，由浅入深循序渐进。具体要求按有关规范执行。

5. 综合评价

在勘查主矿产的同时，对于达到一般工业指标要求、又具有一定规模的共生矿产或伴生的其他矿产，应进行综合评价。对同体共生矿，应综合考虑，整体勘查，运用综合指标圈定矿体；对异体共生矿，应利用勘查主矿产的工程进行控制，其控制程度，视具体情况确定。

6. 放射性检查

一般矿产应做放射性检查，对于放射性矿产，在各勘查阶段均应按规范要求开展放射性测量工作。

6.2 关于矿产勘查

6.2.1 矿产勘查战略

"战略"一词源自于军事，把"战略"转用于矿产勘查，是指勘查的总体谋略和全局筹划，包括战略指导思想和战略目标、总体战略及其子战略、战略部署以及阶段战略对策及措施等。

矿产勘查战略（mineral exploration strategy）是涉及矿产勘查工作一系列重大关键问题的解决方案、工作部署和预期经济目标。具体地说，由哪些人员、在何时何地、勘查什么目标矿床以及如何进行勘查等都涉及矿产勘查战略问题。矿产勘查战略的正确决策关系着勘查项目的成败。国内外很多矿床被发现的实例表明，成功的矿产勘查活动常常包含着革新和创造，常常是根据矿产地质上的新认识，勘查技术手段的进步而做出带有新思路的战略决策；有些情况下，根据对旧资料的再分析或矿产资源形势、技术发展的正确认识，也可做出成功的勘查战略决策。由此可见，矿产勘查战略可以理解为利用勘查部门的现有技术和资源，在最有利的条件下实现其基本勘查目标的科学和艺术。

勘查战略的目的是要查明经济上具有开采价值的矿床，勘查战略需要通过勘查项目作为载体才能实现。

战略理念对于勘查队伍的发展具有深远的影响，只有不失时机地积极实施人才战略、体制改革战略、高质量矿床勘查战略、高新技术战略以及质量战略才能够增强我们在复杂多变的市场经济中搏击的能力。

6.2.2 整装勘查战略与整合勘查战略

整装勘查和整合勘查都是应对新形势发展提出来的地质勘查新思路。两者有相似、相通之处，同时也存在很大差异，目前仍在探索阶段（刘泽增，2010）。国土资源部关于构建地质找矿新机制的若干意见（国土资发［2010］59 号）明确提出了要推进实施矿产资源的整装勘查。

1. 整装勘查

整装勘查是指在资源前景明朗的地区，地勘单位和矿业企业联合，找矿着眼开矿，开矿引导找矿，打破传统的评价阶段划分模式，以矿产开发利用为最终目的，将预查、普查、详查、勘探、开发一条龙设计，物、化、电、磁、钻等多工种、多方法整合施工，加快勘查开发速度。

泥河铁矿勘查项目被业界誉为整装勘查的典范。地处长江中下游成矿带的庐江—枞阳地区，属于长江中下游成矿带的庐枞火山岩盆地，蕴藏着丰富的铁矿资源，在总结长期找矿经验的基础上，近年来，专家们对其外围地区和整个庐枞火山岩盆地的地质成矿背景与成矿规律进行了深入研究，对找矿潜力特别是广泛分布的物探异常成因作了全面解剖，认为庐枞盆地找矿前景广阔，萌发了深部钻探，向第二空间要矿的大胆设想。

2006 年 10 月，安徽省地质调查院“庐江盛桥—枞阳横埠铁铜矿勘查”项目在国家地质大调查项目中成功立项，中国地质调查局首批项目资金到位，安徽地调院调集各路精英组建项目组立即开展工作。

2007 年 5 月，泥河铁矿设计 500m 的第一孔钻进至 600m 时仍未见矿，由于不能解释磁异常产生的原因，于是采用井中物探，发现有磁性体，专家们决定打下去，终于在 675m 处见矿。这个钻孔穿过 250m 的矿体，终孔于 1096m。泥河深部终于找到了罗河式玢岩型铁矿，实现了长江中下游地区 20 年来找矿重大突破。2007 年 7 月，安徽省地质矿产勘查局以泥河铁矿探矿权入股、中国五矿集团公司以资金投入，双方合作组建安徽五鑫矿业有限公司。

2007 年 11 月，中国地质调查局、安徽省国土资源厅、安徽省地质矿产勘查局、中国五矿集团公司在北京签署《共同推进安徽省庐枞地区矿产勘查合作协议》，明确合作四方以泥河铁矿为突破口，统一部署庐枞地区勘查工作，通过四方联动，整装勘查，尽快实现找矿重大突破。公益性、商业性地质工作相互衔接，理论探索、实践总结相互促进，普查、详查、勘探、开发一条龙设计，一场大会战就此打响。通过集中优势资源，仅用 3 年多时间成功的探明了 1.2 亿 t 磁铁矿、3000 多万吨硫铁矿以及一个 500 万 t 中型石膏矿，创造了“泥河速度”。因为泥河铁矿高效的探矿速度和新模式的改革，实现了长江中下游地区 20 年来找矿重大突破，所以被评为 2007 年地质调查十大进展和 2008 年十大地质找矿成果，国土资源部也将庐枞地区列为全国找矿示范区。

“泥河铁矿勘查”，概括了整装勘查的内涵：政府指导、四方联动、公商结合、整装勘查、探采一体、企业运作。即以局为单位，整合人才、技术、资金、装备各类资源，物、化、遥、电、磁、钻，多工种、多方法齐上，按市场机制运作。这实际上是市场经济条件下的矿产勘查大会战的另一种形式。但整装勘查不可一哄而上，一蹴而就，必须建立在对该区成矿模型有充分的了解、对矿产赋存有一定的把握、对成矿区带有充分的认识的基础之上。否则，整装勘查只能是一句空话。同时，在不能充分了解勘查风险的情况下，政府、企业是不会轻易投资的，人才、技术、资金不可能有效统一，整装勘查实际上也只能是纸上谈兵，流于形式，当然也谈不上成果。

“泥河”的主要经验有：安徽省国土资源部门积极营造良好的矿政管理环境，体现了政府部门的服务、管理作用。公益性地质工作发挥先行性、基础性优势，为大企业商业勘查降低投资风险。安徽省地质矿产勘查局主动参与，出人、出技术、出设备。中国五矿集团充分发挥企业资金和管理优势，敢于打破固有工作模式，大大加快了勘查、开发进度。

2. 整合勘查

20 世纪 80 年代后期，矿产资源法的颁布实施，促进了我国地质市场的改革开放，加速了探矿权和采矿权流转，为地质事业的蓬勃发展奠定了良好的基础。然后由于多元化的投入，现行矿业权设置范围相对较小，导致在同一矿田或成矿区星星点点分布数十个地勘项目，甚至一个完整的矿体，也被人为地分割成多个探矿权由不同法人参与地质勘查，形成了遍地是小矿床，导致大矿床的“大矿小勘”的尴尬局面，从而提出了“整合勘查”。

所谓整合勘查是指根据矿床的形成规律，对位于同一成矿区带、同一成矿体系或出于一个矿集区、一定范围物化探异常区内的矿业权区，进行统一工作部署、统一组织实施的勘查形式，同时也是对人员、技术、资金、设备等资源要素的优化整合。

河南嵩县多金属矿产勘查项目被誉为整合勘查的典范。该勘查区位于小秦岭山脉东段，为东秦岭构造成矿带的主要组成部分，属于豫西小秦岭—熊耳山—外方山多金属成矿带中心地区，地质构造跨中朝和扬子两个一级构造单元，处于华北地台南缘，秦岭褶皱带东端，构造作用叠加，地质构造复杂，地层出露齐全，岩浆活动频繁，具有良好的地层、构造、岩浆岩三位一体的成矿地质条件。已有资料显示，这里蕴藏着金、钼、萤石、铁、银和铅锌等矿产资源，找矿前景广阔。

在该矿集区内，河南省地质矿产勘查开发局下属地勘单位有 8 个矿权，但由于勘查投入不足，工作进展缓慢。为了尽快实现矿产勘查突破，河南省地质矿产勘查开发局果断决策，采取建立股份公司的方式，让这些地勘单位把矿权评估后入股，实现风险共担，利益共享。探矿权的整合引导资金、人员、技术等资源的整合，从而使小矿权变为大矿权，使小工作区形成大工作区，使小成果集成为大成果，而且由于统一规划、统一部署、统一组织、统一施工、统一研究，可以显著提高效率，节约成本。这种方式不仅能够降低勘查风险，而且由此形成的大项目，有利于引进企业的投入。

2008 年 11 月，由河南省地质矿产勘查开发局 15 个地勘单位共同出资的河南豫矿资源开发有限公司成立，注册资金 1 亿元。与此同时，中国五矿公司以投资方式入股该项目，与豫矿资源公司合作成立河南五鑫矿业有限公司。2009 年 1 月，该项目的整合勘查完成整体部署。按照设计，项目概算总经费 1.86 亿元，其中一期工程安排投入资金 6000 万元；项目总体设计钻探 75120m，坑探 6850m，槽探 11000m^3。一时间，数百名地质勘查和矿山建设专家云集嵩县，在方圆约 70km^2 的 8 个勘查区内，近 30 台钻机同时施工，多年不见的地质找矿大会战在这里热火朝天地重现。仅花了两年即全面完成普查-详查工作，这种勘查效率无疑是强强联合的结果。

2009～2013 年，该项目共施工钻孔 168 个，完成钻探工作量 82100m。现已查明在大坪村槐树坪矿区金矿床规模达到大型，向南 5km 处东湾矿区金矿床达到中型规模，两个矿区可提交黄金资源储量近 40t，未来将成为河南省最大的黄金矿山。

嵩县的主要经验在于：河南省地质矿产勘查开发局通过内部调整，协调相关利益，将处于一个成矿带上的 8 个探矿权整合到一个勘查平台，勘查区面积达 67km^2，逐步形成了 50t 以上的金资源潜力的勘查开发基地；实现了统一勘查规划、统一项目设计、统一技术标准、统一组织实施、统一提交成果。从而使小矿权变成大矿权，小项目变成大项目，小工区集成为大工区，小成果集成为大成果，体现了整合勘查新机制的活力。

3. 整装勘查与整合勘查的区别

整装勘查针对的是勘查周期过长的问题，目的是减少各阶段的重复性工作，即在地质勘查项目实施起就将预查、普查、详查、勘探乃至开发阶段一次性立项、设计通过，各阶段无缝对接，地勘单位无需重复编写多个立项书、设计书、成果报告，减少各阶段重复的审批程序，尤其是等待审批拖延的时间。

整合勘查主要针对的是在大型矿床勘查区内采用小规模勘查的问题，目的是改变重点成矿区或大型矿床所在区域项目过多，矿体人为分割的大矿小勘的混乱勘查秩序，实现一个矿集区尤其是大型矿床区域只设一个勘查项目部，统一勘查，实现大矿大勘，使资源开发利用规模化和集约化。

作为矿产勘查部门正在探索的一种新的机制，整装勘查和整合勘查战略有望成为我国现阶段力争实现矿产勘查重大突破、发现和评价一批具有重大影响的大型或特大型矿产地的有效形式，也是一种资源综合勘查开发利用的有效途径。

6.2.3　矿产勘查哲学

矿产勘查哲学（exploration philosophy）是指导勘查人员发现矿床综合应用一整套原理和技术所持的观点，蕴藏在勘查过程中如何合理地运用人力、智慧、勘查技术以及时间和经费等的过程中。因此，勘查程序是勘查哲学的具体体现。

矿产勘查哲学是20世纪40年代末、50年代初出现在西方地质文献中和矿业界的一个概念。70年代以后，西方国家的矿业公司、勘查公司以及一些在找矿方面成绩卓著的专家，不断扩充和丰富矿产勘查哲学的内涵，涉及了矿产勘查全过程的各个环节和要素，阐述如何有效地利用各种工作资源去多快好省地发现矿床。其主要内容如下：

（1）矿产勘查和矿业在社会经济发展中的地位和作用；

（2）矿产勘查工作的性质、特点和要素；

（3）矿产勘查的任务、目标和战略；

（4）矿产勘查学家应具有的素质和品格；

（5）矿产勘查技术的合理应用原则；

（6）矿产经济和矿产勘查经济的基本问题和原则；

（7）现代矿产勘查的发展趋势、挑战和对策。

虽然西方勘查哲学涉及了矿产勘查工作的方方面面，包括矿产勘查的硬件（各种技术方法及其装备）和软件领域（各种地质资料、概念、理论、模型、思想方法、人才素质、政策策略等），但这种哲学主要是研究如何有效利用这些资源的战略战术问题，而不是去具体研究矿床的地质特征、分布规律、找矿标志或矿床的成因，也不是去从事某一技术方法及其设备的研究（戴自希等，2004）。

6.2.4　勘查项目

勘查项目是指为寻找和发现新的工业矿床而进行的一系列勘查活动。勘查项目也可以理解为矿产勘查任务，其内容包括该任务所要达到的目标、完成任务的途径和要求。

勘查项目是争取勘查经费的依据，是矿产勘查队伍赖以生存的保障。要使勘查工作坚持下去，就必须要有一个简单的、令人信服的证据来确立勘查项目，以获得足够的资金。从某种意义上讲，每一个矿产勘查项目实际上都是一个创意，需要建立一个明确的概念，即在哪个区域、采用什么技术路径、寻找什么类型的目标矿床、需要多长时间和多少经费，诸如此类。矿产勘查的任务不仅仅是寻找和发现矿床，而是要以尽可能少的费用去寻找和发现最好的矿床。

Hall（2006）将矿产资源勘查定义为矿业的研发（R & D），并将矿产勘查过程与其他行业的研发过程进行了比较。同时强调勘查地质人员和勘查经理需要创新能力和具备领导才能，需要清楚地认识到矿产勘查是一种商业化运作，需要从投资机构和大型矿业公司争取经费。

只有在明确勘查靶区后，一般才能确定勘查项目。确定勘查靶区是非常的关键，在没有矿床存的地区，无论多么完善和彻底的勘查也不会取得成功。

确定勘查项目有两条途径可循，第一条途径称为"逐步逼近法"，一般用于开辟新区；另一条途径称为"圈羊法"或"淘金热法"，即在已有重要发现的地区内设立勘查项目（见5.1.4节）。

矿产勘查项目的立项论证是勘查项目管理过程中的首要环节，也是重要的环节，矿产勘查工作的社会经济效益就取决于立项论证。立项论证的核心内容是解决矿产勘查项目正确确立的问题，要全面收集、分析勘查项目的各种地质矿产资料，进行技术、经济论证，提出立项建议。

冯建忠等（2007）提出了有关矿产勘查项目研判的内容和准则。在西方矿业发达国家，矿产勘查项目的研判又称为尽职调查（due diligence），即是根据成矿地质条件、矿化地质特征分析、现有地质工作程度对矿床的矿化强度和规模的控制及各种示矿要素的综合提取，对找矿前景做出科学预测，对矿床的潜在经济价值做出评价。决定该项目是否投资及进一步勘查开发计划。

研判的内容包括：人文环境、自然地理、矿权设置调查，研究区域矿床分布规律和大地构造环境，矿区构造格局、地层层序及岩性、岩浆岩分布、岩石化学及演化，岩石变质程度，各种示矿要素提取（包括重砂、水系沉积物、土壤、岩石地球化学异常、重力、航磁、地面磁法异常和激电异常、遥感解译及蚀变信息，矿点、矿化点、矿化带矿化强度及规模等），矿床类型、矿床规模预测，投入概算及潜在价值估算。研判的准则主要包括：

（1）投资环境可行。主要包括地形地理条件，路、水、电、选冶等基础设施以及与当地政府支持力度和村民协作关系等。

（2）矿权唯一性。必须保证探矿权的唯一性和合法性，矿权没有纠纷。

（3）资料翔实可靠。已投入地物化遥工作量，探槽、浅井、竖井、平硐、钻探工程量，各种编录原始资料、图件、报告是否齐全、可靠、具体，工程控制网度、间距情况，取样方法能否满足要求、样品加工及缩分是否合理、有没有污染，化验方法及流程、分析的检出限和精确度等，资源储量估算是否合理。目前普遍存在的现实问题是：以假乱真、以小充大、以劣充好。表现为投入工作量少，工程控制不够，品位比预想的低，资源储量无依据或仅凭有限的工程随意推断。

（4）成矿地质背景、地质条件有利。

（5）示矿要素集中显示，有利矿化信息高度集成。

（6）找矿前景优越，潜在经济价值可观。在已发现的矿化地段，经济价值可观，深部及外围未控制区找矿标志明显、示矿要素显示好、有扩大资源储量的潜力。根据现有的市场金属价格，考虑到探矿、采矿、选矿、运输、劳动力等一系列成本，能取得明显的经济效益，短期内能融资或偿还贷款。

(7) 价格合理。建议根据现有的市场金属价格，考虑到采矿、选矿、运输、劳动力等成本，切实保护投资者的利益，根据潜在价值的±1%作为基础价。价款考虑因素主要涉及：已投入探矿工作量费用及国家价款，现有工程控制金属储量的经济价值，选矿、采矿设备及基础设施折算价，外围新发现矿点的潜在价值估价。

在大多数西方矿业发达国家，矿产勘查项目的目的和工作范围与勘查机构的性质有关。私营组织，如果是大的石油公司或采矿公司，主要是寻找具有高额利润的矿床或者为保证本公司所属企业正常生产准备充足的矿产；政府勘查机构则要受政治或社会的制约而不是单纯为了追求经济效益。例如，开发不发达地区，在失业区创造就业机会，保证足够的关键或战略矿产供应以及换取外汇等。如果私营公司和政府勘查组织采用相似的途径勘查，政府组织则主要进行矿产资源的区域评价，以便进行土地使用规划或进行初步矿产勘查；而常常把具有矿化的地区留给私营企业去进一步勘查。一些发达国家的政府地质机构，如美国地质调查局、英国地质调查局、法国地矿局等都在许多发展中国家进行大规模的区域勘查。

我国目前的地质找矿工作划分为公益性地质工作和商业性矿产勘查工作。公益性地质工作由政府出资、地质调查机构承担，对于找矿至多做到详查阶段；商业性矿产勘查工作按照市场机制运作，出资人承担风险享受效益，由商业性矿产勘查承担的矿产勘查项目以投资人自身利益为转移。政府为降低商业性勘查风险设立了地质勘查基金，着重用于国家确定的重要矿种和重点成矿区带的前期勘查，同时还设立了危机矿山接替资源找矿专项，主要用来维持重要矿产品的现实供给，为国家资源安全提供基础支撑。

我国的矿产勘查项目应立足于寻找国民经济建设急需的紧缺矿产、出口创汇矿产和保证大中型采矿企业正常生产需要的矿产以及为地方查明适合小规模开采的矿床。

6.2.5　编制勘查实施方案

勘查活动需要耗费大量资金、时间和人力。因而，矿产勘查工作组织的好坏是关系到勘查工作能否取得成功的关键。为了有效地组织勘查工作，需要制定一个特殊的工作计划，这个工作计划称为勘查实施方案或勘查程序，其实质是利用现有勘查力量和手段以及资金寻求发现矿床的途径。

矿产勘查实施方案是申请探矿权的一个法定要件，国务院《矿产资源勘查区块登记管理办法》第六条明确，探矿权申请人申请探矿权时，应当向登记管理机关提交包括勘查实施方案及附件在内的材料。

勘查项目是通过勘查方案实施的。设计合理的勘查实施方案不仅能使该项目获得较多的成功机会，而且可以降低勘查费用。在许多情况下，发现工业矿床的难度并不在于难以知道矿化可能赋存在什么地方，而在于依据最初的勘查方案以及通过实施最初的勘查实施方案所取得的成果，所制定的后续勘查实施方案是否准确、全面、科学。

设计勘查方案必须有明确的目的性，即勘查什么类型矿床？为什么要勘查这类矿床？到什么地方勘查这类矿床？需要多长时间？

各类勘查项目设计方案的编制在格式上大同小异，在内容上各有所重。一般要求做到任务明确、部署合理、方法得当、措施有力、技术可行、经济合理。在编制勘查方案前，必须对勘查区内的地质环境有正确的认识，确定符合实际情况的勘查模型。编制一个具体的勘查实施方案应包括以下内容。

（1）规定勘查项目的目标。要找什么矿，说明为什么要找那种矿，到哪儿去找。

（2）勘查区以往地质工作程度。要反映出勘查区以往地质工作情况、工作程度、地质工作成果、矿产开采情况、存在的主要问题等。申请延续、变更的项目，需简要介绍自首次登记或受让探矿权以来地质工作概况，重点反映探矿权人前一勘查期内的工作情况，包括完成的主要工作量、地质勘查投入、成果及存在的主要问题等。

（3）勘查区成矿地质背景。应包括区域地质成矿背景及勘查区地质特征与控矿条件。

（4）制定勘查工作部署。应反映出总体工作部署情况，包括工作部署基本原则和技术路线以及矿床勘查类型、工程布置原则和依据。

（5）拟定勘查方案执行的顺序和阶段，并计算出各阶段所需费用以及年度工作安排（应详细表述第一年度的工作安排）。

（6）按勘查方案的需要建立机构、编制预算、配备人员，为实现该项目提供仪器设备；设立与所用方法、技术管理相适应的机构。

（7）监督。项目一旦付诸实施，在关键环节上拟定检查和观测的措施。

（8）勘查实施方案应具备灵活性。这一点很重要，勘查方案必须有足够的灵活性才能适应勘查过程中经常碰到的意想不到的变化。勘查过程中的重要发现或取得的资料均需重新复查、分析，然后再纳入实施方案之中。

有关矿产勘查实施方案的编制大纲请参见国土资源部关于《关于规范矿产资源勘查实施方案管理工作的通知》（国土资厅发〔2010〕29 号）文件中的附件 1。

矿产勘查项目所需的时间与所勘查矿床的规模与其产地有关。下列时间要求可以提供一个粗略的指标：

（1）小型矿床，2～3 年勘查，1～2 年矿山基建和选矿厂建设；

（2）中型矿床，3～4 年勘查，2～4 年矿山基础设施建设；

（3）大型矿床，5～10 年（或更长）勘查，5～8 年（或更长）的矿山基础设施建设。

确定和实施勘查项目要求严格的科学组织和管理（案例 6.1）。无论采用何种方法，勘查项目关键的要求是以最低的成本而又不遗漏重要的勘查目标，实现这一要求不是一件容易的事情，因此，在勘查项目设计时即应考虑采用关键路线法以及决策树的方法（阳正熙，1993）。勘查过程中，地质人员需要对成矿模型或勘查模型不断进行修改并加入矿床经济方面的考虑，对所寻找矿床的规模、埋藏的最大深度以及开采技术条件等方面都应做到心中有数；圈定钻探靶区通常需要采用如地球物理和地球化学等多种勘查手段的最佳配合，实现对钻探目标的定位以及目标在地下大致的延伸范围。

案例 6.1　FMC 公司在勘查项目组织和实施的成功经验

美国 FMC 公司是生产工业和农用机械以及化工产品的世界主要产家之一，其产品畅销世界各地。该公司拥有 28000 余工人，117 个分厂分布于美国国内 27 个州和 15 个国家。在 20 世纪 80 年代“淘金热”中，FMC 公司也加入了“淘金”队伍的行列，并获得巨大的成功。那么，该公司是怎样从事金矿勘查项目的呢？

他们首先研究了能提供金矿勘查的价格和利润信息，评价了勘查地质人员的能力以及以往矿产勘查的费用；然后，求得所需调查靶区的数量。他们研究了 1976～1980 年这段时间的金矿勘查活动，根据研究结果，确定了所需招聘勘查地质人员的数目；并假设在 7700 个靶区中，估计大约 20 个靶区能发现潜在的工业矿床，换句话说，发现一个新矿床需要评价

385个靶区；根据矿床规模评价，推测可以发现100万～300万oz黄金之间的矿床规模，他们选择的勘查目标为百万盎司黄金的矿床。虽然确定这一目标缺乏统计资料，但是，他们感觉这一目标是适合于他们的勘查项目的。

根据上述分析，假设未来勘查比过去5年的勘查难度增大50%，从而确定发现一个目标矿床需要评价575个靶区。选用这种较高的比例主要考虑以下一些原因：

(1) 所获得并用于评价的1975～1980年的矿床勘查和发现的资料并不精确；

(2) 从事金矿勘查起步较晚，不像其他许多公司那样已具有发现矿床的经验；

(3) 未来勘查难度更大。

从区域勘查的水平上确定了靶区数量后，下一步就是制订计划实施的时间。他们选定以5年时间达到勘查目标。他们认为，要想获得成功，时间因素是最重要的。他们期望能在575个靶区中筛选出30%的远景区；在这30%的远景区中能选出20个最有远景的地区作为钻探靶区；在这20个最有远景的地区中，能有3个被选入为详细勘查的靶区；期望其中能有2个勘查区转入可行性分析评价，最后发现一个工业矿床。

他们把项目方案与霍姆斯塔克采矿公司提供的一些资料进行对比。霍姆斯塔克采矿公司研究了矿床发现的概率，其所获得的结论是：找到150万oz的金矿床要求调查500个靶区，从中筛选出50个进一步勘查的靶区，最后有10个靶区能被选入勘查评价。参考了这一结论后，他们更坚定了信心。

选定项目的目标后，接下来是资金预算。所预算的费用为5年2700万美元，其中，区域地质调查和普查钻探阶段花费最大，预算费用为1400万美元；详查阶段为800万美元；勘探阶段（包括可行性分析）为500万美元；然后，评价了花费这些钱可能获得的利润：如果发现100万oz的金矿床，投资60万～100万美元进行开发，并且，考虑了可能找到的矿床类型、采矿成本以及矿石品位和回收率等因素。虽然他们并没有考虑堆浸法的费用，但他们所得出的结论是能够盈利的，至少不会亏本。

下一部考虑的问题是公司是否具有竞争性。他们计划聘请26名地质人员，由这26名地质人员组成的地质力量可以与美国当时20个主要金矿勘查公司的地质力量相抗衡。实际上，在财力方面，该公司具有足够的竞争力。

最后，项目的战略被肯定下来了，这是一个只找金矿，时间为5年，勘查经费为2700万美元，勘查目标为1个100万oz级的金矿床。

在具体实施项目的过程中，FMC公司要求勘查人员采用决策树技术组织实施，公司赋予他们一定的决策权限；勘查区的选择和人员配备都采用有关系统工程学的方法决策；金矿勘查模型由勘查人员自行决定；管理部门只负责分配资金，具体安排由勘查部门处理。

每年计划采取4万多个岩石和土壤地球化学样品。这个工作水平认为是必要的，因为勘查是为了避免失败，取得成功。

整个工作组织过程中对所获得的各种结果都有严格的检查措施。勘查部门要对日常工作进行检查，钻孔施工前后要进行评述，每月要对各自分管的项目实施情况进行一次总检查。勘查部门还成立了执行委员会，该委员会每两个月召开一次会议，检查整个项目全面实施的情况，而且，任何方案变更都必须在会议上进行评价讨论，取得共识后方可变动。管理部门负责检查预算执行情况、评价钻探结果、进行可行性分析等。

项目的最重要组成部分是人才。在FMC公司内具有三方面的专门人才：①有才能的矿产勘查人员；②充分相信自己的能力，对项目取得成功具有信心并持乐观态度的领导；③项目决策依靠集体智慧，而不是某个人独裁。

1983 年 6 月 19 日，在帕拉戴斯山顶（Paradise Peak）地区布置实施的第一个钻孔即传出捷报，该孔钻进至 24m 深处揭露了含金 12.4g/t、含银 81g/t 的矿层。在后来的 4 个月内该区共施工了 77 个钻孔，其中有 44 个孔见矿。矿体的连续性极好，矿床适宜露采，且剥离比小于 2∶1。资源量估算结果为 100 万 oz 的金、300 万 oz 的银。接着，根据一定的投资和回收率进行了可行性研究。整个矿床从第一个钻孔施工、到生产出第一根金条，前后只用了 34 个月的时间。

该项目（称为黄金勘查项目Ⅰ）以帕拉戴斯山顶矿床的发现达到了该项目预定的目标。管理部门然后着手准备黄金项目Ⅱ的工作。

帕拉戴斯山顶金矿床在花费了 1300 万美元后即发现了。该公司后来还开发了第二个矿山，即奥斯汀金矿（Austin Gold Venture）。

该项目从立项到项目完成，其速度是快的，其效果也是非常好的。究其原因，经费充足只是一方面，真正值得借鉴的是，充分发挥了个人才能，依靠了集体智慧和严密科学组织以及管理。

6.3 矿权基本知识

靶区确定后、勘查项目立项之前，需要向有关部门申请工作区的勘查登记，获得勘查许可证即被授予探矿权后，才能合法地在靶区内进行勘查工作。

6.3.1 矿产资源所有权和矿业权

矿产资源所有权包括对矿产资源所有权的占有、使用、收益和处分等，各项权能构成矿产资源所有权的内容。矿产资源所有者的代表是国务院，即国务院代表国家行使占有、使用、收益和处分的权利。该定义中的“占有”是指国家的矿产资源神圣不可侵犯，任何法人、自然人使用矿产资源需经国务院许可；“使用”是指国家可以依法设立矿业权，通过资源规划合理开发；“收益”是指国家作为所有者在经济利益上的回报，如收取矿产资源补偿费（权利金）；“处分”是指对矿产资源的规划分配和矿业权的出让、拍卖或作价投资等。

矿业权是在矿产资源所有权之下所设定的物权，它派生于矿产资源所有权。一般，国家通过矿业权的设定、许可和管理，可以基本实现所有权的各项权能。矿产资源所有权和矿业权共同构成矿产资源产权的内容。

1. 探矿权和探矿权人

我国的矿业权实行二分法，即分为探矿权（exploration right）和采矿权（mining right）。根据《中华人民共和国矿产资源法实施细则》第六条规定：探矿权是指在依法取得的勘查许可证规定的范围内，勘查矿产资源的权利。取得勘查许可证的单位和个人称为探矿权人。采矿权是指在依法取得的采矿许可证规定的范围内，开采矿产资源和获得所开采的矿产品的权利。取得采矿许可证的单位或个人称为采矿权人。

由于探矿活动是一种风险投资很大的活动，国家对勘查活动也采取积极的鼓励政策，因此，我国法律对探矿权人的资格没有进行限制，凡是依法独立享有民事权利和承担民事义务的公民、法人或者其他经济组织，都可以成为探矿权人。成为探矿权人的条件是必须具备有资质证书或施工单位的资质证书，勘查计划、勘查合同；勘查实施方案；资金证明等。如要成为特殊矿种的探矿权人必须符合特定矿种的特殊要求。此外，勘查石油、天然气的探矿权人，必须是国务院批准设立的石油公司或者持有同意进行石油、天然气勘查的批准文件者。

探矿权是排他性的权利。1998 年国务院以第 240 号令形式颁布的《矿产资源勘查区块登记管理办法》中规定："禁止任何单位和个人进入他人依法取得探矿权的勘查作业区内进行勘查或者采矿活动"。法律应当保障探矿权人能够对其依法取得的工作范围进行勘查作业，并排除他人的干扰和妨害。

2. 采矿权和采矿权人

采矿权是指具有相应资质条件的法人、公民或其他组织在法律允许的范围内，对国家所有的矿产资源享有的占有、开采和收益的一种特别法上的物权，在物权法概括性规定基础上由《矿产资源法》予以具体明确化。采矿权客体应包括矿产资源和矿区，具有复合性，并且矿区及其所蕴涵的矿藏种类规模不同对采矿权的取得及行使有着重要影响。

采矿权人是指出资开采矿产资源，并具备组织开采行为能力（资金、技术、设备），依法享有采矿权和承担相应义务的法人、自然人和其他经济组织。成为采矿权人的条件是必须具有地质勘查报告；资质证明、矿产资源开发利用方案、依法设立矿山企业的批准文件；开采矿产资源的环境影响评价报告；开采国家规划矿区、对国民经济具有重要价值的矿区矿产资源的资质文件；开采国家实行保护性开采的特定矿种的资质文件。

采矿权人依法享有的权利主要包括：①按照采矿许可证规定的开采范围和期限开采矿产资源；②自行销售开采的矿产品；③在矿区范围内建立所需的生产和生活设施；④根据生产建设需要依法取得土地使用权；⑤依法转让采矿权。

采矿权人应履行的义务主要包括：①按期进行矿山建设并开始生产；②合理开采、综合利用、有效保护矿产资源；③依法缴纳采矿权使用费、资源税和矿产资源补偿费等有关税费；④遵守国家有关劳动安全、水土保持、土地复垦和环境保护的法律法规；⑤接受国土资源主管部门和有关主管部门的监督管理，按照规定填报矿产资源储量表和矿产资源开发利用情况统计报告；⑥依法办理采矿权变更、延续、转让和注销手续。

6.3.2　矿业权登记制度

所谓矿业权登记制度是指探矿权、采矿权申请人向国家履行勘查、开采登记手续，经批准依法取得勘查、开采矿产资源权利的制度。任何单位和个人勘查、开采矿产资源，都必须依法向国家提出申请，经有权的地质矿产行政主管部门批准，履行勘查、开采登记手续，领取勘查、开采许可证，取得了探矿权和采矿权后，才能进行矿产资源勘查、开采活动。勘查许可证和采矿许可证法律制度，体现了矿产资源国家所有权制度，是申请人依法取得矿产资源的合法使用权与收益权的制度，是合法的探矿权和采矿权受到法律保护、不受侵犯的制度。

根据国务院 1998 年颁布的《矿产资源勘查区块登记管理办法》，国家对矿产资源勘查实行统一的区块登记管理制度。矿产资源勘查工作区范围以经纬度 $1'\times1'$划分的区块为基本单位区块。每个勘查项目允许登记的最大范围：矿泉水为10个基本单位区块；金属矿产、非金属矿产、放射性矿产为40个基本单位区块；地热、煤、水气矿产为200个基本单位区块；石油、天然气矿产为2500个基本单位区块。

1995年原地质矿产部颁布的《矿产资源勘查区块划分及编号办法》规定：矿产区块的划分，均以1∶5万图幅为基础，按经差1′、纬差1′划分成基本单位区块；以基本单位区块为基础，按经差30″、纬差30″划分成A、B、C、D四个1/4区块；以1/4区块为基础，按经差15″、纬差15″划分成1、2、3、4四个小区块，其编号均由其所在1∶5万图幅的编号、各区块行列号和1/4区块号、小区块号共16位码组成（基本单位区块号编号的后两位数字码为0）。

国家实行探矿权有偿取得的制度。探矿权使用费以勘查年度计算，逐年缴纳。探矿权使用费标准：第一个勘查年度至第三个勘查年度，每平方千米每年缴纳100元；从第四个勘查年度起，每平方千米每年增加100元，但是最高不得超过每平方千米500元/a。

6.3.3 矿业权市场

1. 矿业权市场

矿业权市场是因矿业权流转、交易所产生和形成的经济关系和行为的总和。市场的产生和形成源于商品。矿业权市场的商品就是矿业权。

矿业权市场所包含的主要经济关系可概括为：矿产资源所有者与矿业权人的关系，地矿行政管理机关与矿业权人的关系，矿业投资人与矿业权人的关系，中介组织与矿业权市场主体的关系，这些经济关系表现为管理与被管理、服务与被服务、平等交易的相互关系。矿业权市场的这些经济关系是通过申请、审批等行为建立起来的。

我国矿业权市场分为一级市场和二级市场。一级市场表现为各级国土资源主管部门依据法定权限，通过审批、招标、拍卖、挂牌等形式，将探矿权、采矿权出让给矿业权申请人。在一级市场中，矿业权由矿产资源所有人（国家）流向市场中的矿业权持有人，具有垄断经营性质，矿业权呈纵向流通。二级市场表现为已经取得矿业权的单位和个人，通过市场途径，将矿业权让渡给新矿业权人。在二级市场中，矿业权在经营者之间的平行转移系经营者之间的交易行为，具有经营性质，矿业权呈横向流通（翁春林，2008）。

根据王春秀等（2003），矿业权市场具有如下特征：

（1）矿业权市场中交易客体的特殊性，即所交易的矿业权是矿产资源使用权而非矿产资源所有权。根据我国《宪法》和《中华人民共和国矿产资源法》及其他有关法律、法规的规定，矿产资源属于国家所有，其所有权不能出让，只能出让使用权即矿业权，所以在我国矿业权市场中交易的只能是矿产资源使用权，这种使用权不同于一般使用权，它包含了一定时期内对矿产资源的使用、收益的权利。

（2）矿业权市场中交易的矿业权具有期限性。取得采矿权或探矿权资格的矿业权人必须按照一定的开采规模、勘查进度在规定的时间内行使矿业权。

（3）交易实体的非移动性。矿业权在交易过程中，所依附的矿产资源不能移动，只发生货币和使用者的移动，其实质是矿产资源使用资格（采矿权或探矿权许可证）的交易。因此，矿业权交易往往以矿业权的产权证书为依据，权利的取得必须以法律为依据方为有效，并按权属管理的需要进行变更登记，使用权其权属的变更得到法律确认。

（4）矿业权价值的依附性。矿业权价值是指矿业权人在一定时期内通过对矿产资源客体的活劳动和物化劳动的投入而可能产出的投资收益额，矿业权价值主要来源于矿产资源。

（5）矿业权商品供给的稀缺性。由于矿业权商品依附于矿产资源，而矿产资源是一种可耗竭性资源，再加上它的天然属性，使得矿业权的供给弹性很小。

2. 矿业权转让

国务院 1998 年颁布的第 242 号令《探矿权采矿权转让管理办法》中明确规定：探矿权人有权在划定的勘查作业区进行规定的勘查作业，有权优先取得勘查作业区内矿产资源的采矿权。探矿权人在完成规定的最低勘查投入后，经依法批准，可以将探矿权转让他人。

矿业权的转让是指探矿权人或采矿权人作为民事主体的一方将矿产资源探矿权或采矿权转移给作为民事主体另一方的新的矿产资源探矿权和采矿权受让人的行为。矿业权的转让以平等、自愿、等价、有偿为原则。探矿权和采矿权转让包括出售、赠予、交换、作价入股等基本形式。

矿业权人在拥有矿业权后可能会自己进行勘查或开采，有的则不想由自己勘查或开采，而是将拥有的矿业权转让给他人进行勘查或开采。在以下几种情况下矿业权人有可能转让矿业权：

（1）当探矿权人发现了一处有经济价值的矿体后，由于自身开采技术、设备、人员等不具备勘探条件，因此可能会将探矿权转让给他人进行勘查，在转让过程中将勘查投入回收。

（2）一些大的矿业公司在勘查过程中发现了一些规模较小的矿体，如果由大的矿业公司进行开采，生产成本会很高，不值得开采，这时大的矿业公司有可能将发现的相对小规模的矿体的采矿权转让给他人开采。一般来说，规模相对小的矿业公司愿意开采这类矿体。

（3）某些小的矿业公司发现了规模较大的矿体后，由于自身人力、财力、物力等不具备开采条件和能力，他们会将矿业权转让给大的矿业公司开采，或者与他人合作开采。

（4）有些探矿权人希望寻找合资伙伴，以此来分担勘查风险，从而建立股份公司，将矿业权转让给该公司。

（5）矿业权是一种资产，投资人用作担保进行筹资，当矿业权抵押实现时，抵押权人可以拍卖矿业权，最终发生矿业权转让。

（6）当企业破产时，法院拍卖产权，发生矿业权转让。此时，该企业的矿业权作为企业的部分资产由法院执行判决，进行再分配。

（7）当企业分立、合作，与他人合资、合作经营时，企业可能会将矿权转让，作为企业资产入股或合资经营。

在目前的外商投资矿产勘查领域中，外方投资者和中方投资者合作勘查是最主要的形式。其中，中方大部分是以其探矿权作为投入，外方投入大部分或全部勘查资金。

探矿权人有收益和转让的权利。按照《探矿权采矿权转让管理办法》，探矿权人有权优先取得勘查作业区内的矿产资源的采矿权。在完成法定义务后，可以将探矿权转让他人。探矿权人取得探矿权后，在支配这种财产权利的过程中，随着勘查工作的进行，勘查数据等地质资料的取得，探矿权可能会增值。同时，由于可以优先取得勘查作业区内的采矿权，探矿权人可以通过采矿获得勘查投入的回报。探矿权人在完成法定义务的情况下，可以通过转让等方式处置其探矿权并通过探矿权的转让获取勘查投入乃至探矿权增值的回报。

为进一步完善探矿权和采矿权有偿取得制度，2003 年，国土资源部又颁发了《探矿权采矿权招标拍卖挂牌管理办法（试行）》。探矿权采矿权拍卖，是指主管部门发布拍卖公告，由竞买人在指定的时间、地点进行公开竞价，根据出价结果确定探矿权采矿权竞得人的活动；探矿权采矿权挂牌，是指主管部门发布挂牌公告，在挂牌公告规定的期限和场所接受竞买人的报价申请并更新挂牌价格，根据挂牌期限截止时的出价结果确定探矿权采矿权竞得人的活动。

矿产资源有偿使用是建立资源开发良性经济机制的最有效途径，为此，国土资源部2006年出台了《矿产勘查开采分类目录》，对矿业权实施分类管理。为了鼓励开展锰、铬、钒、铜、铅、锌等高风险性矿产勘查实行申请在先原则：只要没有他人申请并符合规定，申请人就可以取得探矿权，找不到矿，风险自担，找到矿，优先取得采矿权；对低风险矿产勘查一律实行有偿出让，主要通过招标、拍卖、挂牌出让方式确定勘查主体；对于勘查风险很小可直接设置采矿权的矿产，不再设探矿权。

根据国土资源部2011年颁发的《矿业权交易规则（试行）》（国土资发〔2011〕242号）文件：矿业权交易是指县级以上人民政府国土资源主管部门出让矿业权和矿业权人转让矿业权的行为；矿业权出让是指国土资源主管部门根据矿业权审批权限和矿产资源规划及矿业权设置方案，以招标、拍卖、挂牌、申请在先、协议等方式依法向探矿权申请人授予探矿权和以招标、拍卖、挂牌、探矿权转采矿权、协议等方式依法向采矿权申请人授予采矿权的行为；矿业权转让是指矿业权人将矿业权依法转移给他人的行为。

6.3.4 探矿权评估

探矿权评估是探矿权投入的必要组成。尤其是利用好外资以及国外先进的勘查技术方面，在目前的中外合作探矿企业中，中方如以探矿权作价出资或作为合作条件，涉及国家出资形成的，按照《探矿权采矿权评估管理暂行办法》的规定必须进行评估。为了实现探矿权评估的有序进行，国土资源部还先后出台了《探矿权采矿权评估资格管理暂行办法》、《探矿权评估报告备案办法》等规定。从这些规定可以看出，目前的探矿权评估，是从类似国有资产管理的角度，从防止国家所有的矿产资源流失的目的出发所做的评估。但是，从更广的范围来讲，非国家出资形成的探矿权，如果准备以出资形式转让，也应逐步实行先评估，再作价的道路。好处在于，一方面，中立的、专业性的矿权评估机构的存在，为探矿权实现市场化流转提供了十分便利的条件，另一方面，为探矿权以及矿产勘查企业最终走向股票上市，走向社会融资的道路打下了基础。从这一角度来说，探矿权评估市场的逐步建立和发展，对于中外合作勘查具有十分积极的意义。

本章小结

本章明确了矿产勘查工作的内容，概括为5个方面：①勘查区地质研究；②矿体地质研究；③开采技术条件研究；④矿石加工技术条件的研究；⑤综合评价。由于各个勘查阶段工作程度不同，研究重点也将有所不同。

矿产勘查人员应该树立勘查战略和勘查哲学的思想，这是因为矿产勘查项目具有投入大、风险高、周期长的特点。为了确保勘查项目目标和目的的实现，需要周密地计划与协调以及严密的组织和科学的管理。

本章还介绍了矿权的概念以及矿权市场的基本知识。

讨　论　题

（1）如何理解矿产勘查战略？
（2）如何理解矿产勘查哲学？
（3）如何开展勘查项目的尽职调查？
（4）试论我国矿业权市场的现状和发展趋势。

本章进一步参考读物

国土资源部. 2011. 矿业权交易规则（试行）
国土资源部. 2003. 探矿权采矿权招标拍卖管理办法（试行）
国土资源部矿产资源储量司. 2003. 固体矿产地质勘查规范的新变革. 北京：地质出版社
国务院令第 240 号. 1998. 矿产资源勘查区块登记管理办法
国务院令第 242 号. 1998. 探矿权采矿权转让管理办法
矿业权评估指南修订小组. 2004. 矿业权评估指南（修订版）. 北京：中国大地出版社
王家枢. 2008a. 矿产勘查工作规律性初探（之一）. 国土资源情报，第 6 期：2～5
王家枢. 2008b. 矿产勘查工作规律性初探（之二）. 国土资源情报，第 7 期：2～5
王家枢. 2008c. 矿产勘查工作规律性初探（之三）. 国土资源情报，第 8 期：2～7
王家枢. 2008d. 矿产勘查工作规律性初探（之四）. 国土资源情报，第 9 期：2～6
王家枢. 2008e. 矿产勘查工作规律性初探（之五）. 国土资源情报，第 10 期：2～9
谢学锦. 1997. 矿产勘查的新战略. 物探与化探，21（6）：402～410
阳正熙. 1993. 矿产勘查中的现代理论和技术. 成都：成都科技大学出版社
中华人民共和国国家标准 GB/T 13908—2002. 固体矿产地质勘查规范总则

第二部分　矿产勘查应用技术

矿产勘查时，为了研究矿床地质构造，揭露、追索和圈定矿体，查明矿产的质和量，以及了解矿床的水文地质和开采条件等所采用的各种工程和技术方法，总称为矿产勘查手段或矿产勘查技术。现代矿产勘查技术包括遥感地质和数字化矿产地质填图、地球物理、地球化学，以及探矿工程等，构成了一个完整的勘查技术体系。

几十年的矿产勘查实践充分说明，无论一种技术多么好，它必须应用于适合的环境才有效；应用勘查技术获得的信息还必须结合实际地质环境进行解释。因此，勘查地质工作者必须熟悉每一种勘查技术；以便对其经济有效性进行充分的评价。

第7章 遥感地质及矿产地质填图

7.1 遥感技术

7.1.1 遥感技术的基本原理

遥感（remote sensing）是利用诸如常规的照相机或利用对可见光及可见光区域之外的电磁辐射敏感的电子扫描仪获取影像用于分析的技术。换句话说，遥感是通过测量反射或发射电磁辐射以获得地球表面特征的技术。它能使我们识别主要的区域或局部地形特征以及地质关系，有助于发现有矿产潜力的地区。安装在卫星上的遥感仪器扫描地球表面并测量反射太阳的辐射或地表发射的辐射（图7.1），通常波长范围为0.3～3μm，这些波长范围跨越了从超紫外线、可见红外线到微波雷达光谱。由传感器从远距离接收和记录目标物所反射的太阳辐射电磁波及物体自身发射的电磁波（主要是热辐射）的遥感系统称为被动遥感。另一方面，测量由飞行器本身发射出的辐射在地球表面的反射，这类方法称为主动遥感方法（有时又称为遥测）；其主要优点是不依赖太阳辐射，可以昼夜工作，而且可以根据探测目的的不同，主动选择电磁波的波长和发射方式。

一般利用各种合成方式构建多光谱影像或颜色合成影像。我们把遥感影像中的每一种颜色称为一个光谱波段（spectral band），每个波段调到电磁波辐射波长的一个窄波段（即“颜色”），遥感技术可以探测到少至一个、多至200个以上的波段。

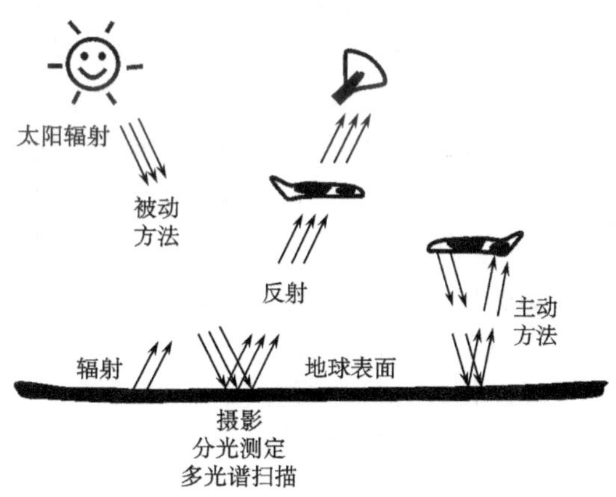

图7.1 遥感的主动方法和被动方法示意图
（Gocht，1988）

由于不同的岩石类型在不同的光谱范围内具有不同的反射辐射特征，所以，根据遥感信息我们能对一个地区做出初步的地质解释，一些与矿床关系密切的地质特征提供了能够用遥感探测到的强信号。例如，与热液蚀变有关的褪色岩石和与斑岩铜矿氧化带有关的红色铁帽，或者是可能赋存贵金属矿脉的火山岩区的断裂等，这些特征即使被土壤或植被覆盖有时也能清楚地识别。部分植被本身也具有反射地下异常金属含量的效应。

遥感技术系统主要由遥感仪器（传感器，用来探测目标物电磁波特性的仪器设备，常用的有照相机、扫描仪和成像雷达等）、遥感平台（用于搭载传感器的运载工具，常用的有气球、飞机和人造卫星等）、地面管理和数据处理系统，以及资料判译和应用等部分组成。

根据所采用的遥感平台的不同，通常又可分为航天遥感（主要是卫星遥感）及航空遥感两类。航天遥感，如地球资源卫星遥感，其优点是在很短的周期内得到基本上覆盖全球的，特征、规格相同的图像，并且处理分析的速度快，单位面积的费用较低，便于发挥多波段、多时相、多种图像的信息优势，以及与地面地质、地球物理勘探及地球化学勘查等多种数据复合分析的优势。航空遥感图像，包括黑白及彩色航空像片，航空多波段遥感图像及航空测视雷达图像等，适用于较大比例尺的地质矿产调查。

7.1.2　航天遥感技术的发展历程

遥感技术是20世纪60年代以来在航空摄影、航空地球物理测量等方法基础上，综合应用空间科学、光学、电子科学及计算机技术等最新成果而迅速发展起来的。1972年，美国航空航天局（NASA）发射了第一颗地球资源技术卫星（当时称为ERTS-1，后来改称为Landsat-1），它采用距地球表面920km高并且与太阳同步的近圆形轨道，每天绕地球14圈，卫星上的摄像设备不断地拍下地球表面的情况，每幅图像可覆盖地面近2万km^2，Landsat-1的成功发射开启了陆地卫星成像（landsat imagery）应用于地学领域的新纪元。

第一代陆地资源卫星（包括Landsat-1，2和3号卫星）使用的传感器是多光谱扫描仪（multispectral scanner，MSS），能同时获得4个光谱波段的数据，其中2个波段的波长分别是0.5～0.6μm和0.6～0.7μm，对应于可见光谱的绿色和红色部分；另2个波段的波长范围分别是0.7～0.8μm和0.8～1.1μm，对应于光谱中的近红外部分，刚好超出可见光范围。第一代陆地卫星获得的光谱波段数据其地面分辨率为79m×79m面积（称像元，也就是说，所记录的地球表面反射的天然电磁波，其观测值是由地面6241m^2面积上反射率的平均值组成），并且通过反束光导管摄像机（RBV camera）提供少量分辨率为40m的影像。

第二代陆地卫星系统始于1982年发射的Landsat-4，它在与太阳同步的轨道上运行，每16天覆盖一次地球。Landsat-4安装了专题成像仪（thematic mapper，TM）传感器，在第一年的试运行期间能获得与早期发射卫星提供的相同的MSS数据，TM数据的空间分辨率为30m×30m，而且更准确；第二年后，它可以提供6个波段范围从0.45～2.35μm的光谱数据和1个分辨率较低（120m）波长范围从10.4～12.5μm的热红外波段。1984年发射的Landsat-5是为Landsat-4提供数据备份。由于TM的第5和7波段位于短波红外区内，以及随着功能更强大的计算机软件的问世，TM数据不仅提供了识别铁帽而且还能够识别热液黏土矿物蚀变的功能。目前Landsat-1～Landsat-4均相继失效，Landsat-5仍在超期运行。

卫星图像按标准进行分幅，一幅称为一景（scene，又称为一个像幅），一景MSS图像由3240×2380个像元组成，而一景TM图像是一景MSS图像的像元个数的9倍。每一景有一个编号，由轨径（path）编号和行（row）编号两组数字组成，这种编号称为全球参考系统（WRS）。例如，陆地卫星4、5号覆盖全球一次共飞行233圈，其轨径编号为001～233；规定穿过赤道西经64.6°为第一圈轨径，编号为001，自东向西编号。我国领土位于4、5号卫星的113～146号轨径。在任一给定的轨道圈上，横跨一幅图像的纬度中心线称为行，按照卫星沿轨道圈的移动进行编号，即北纬80°47′作为第一行，与赤道重叠的行编为第60行，到南纬81°51′为122行。然后开始第123行，向北方行数增加，穿过赤道（相当于184行），并继续向北直至北纬81°51′为第246行（从123行后为夜间飞行）。我国领土的大陆部分白昼图像位于23～48行。例如，某幅图像编号为123～32，表示位于第123圈轨径、第32行的位置。由于同一景遥感图像通常都是采用多个光谱波段同时拍摄，如果每个波段赋予一种颜色，通过三个波段的合成就可以生成一幅假彩色图像。

1999 年发射的 Landsat-7 是美国第 3 代陆地资源卫星（第六颗卫星在 1993 年因火箭故障没有发射成功），它运行在一条高 705km、倾角 98.2°的太阳同步轨道上，每天绕行地球 14 圈，16 天覆盖地球一遍，图像幅宽达 185km。Landsat-7 号卫星最主要的特点是用再增强型专题成像仪（enhanced thematic mapper plus，简称 ETM+，它是安装在第六颗卫星上的 ETM 的改进型号，比 MSS 和 TM 灵敏度高）。

美国宇航局和美国地质调查局于 2013 年 2 月 11 日合作研制发射了 Landsat-8 号陆地资源卫星，卫星上搭载了陆地成像仪（operational land imager，OLI）和热红外传感器（thermal infrared sensor，TIRS）。这两个传感器以 30m（可见，近红外，短波红外光谱）、100m（热红外光谱）和 15m（全色光谱）的空间分辨率提供了全球陆地季节性覆盖。Landsat-8 每天为美国地质调查局传送 400 幅的卫星图像作为数据存档（每个图幅沿轨道幅宽 180km，垂直轨道幅宽 185km），比 Landsat-7 多 150 幅。

地球观测系统（SPOT）系列卫星是法国空间研究中心（CNES）研制的一种地球观测卫星系统。1986 年法国 SPOT Image 公司发射了第一颗商业遥感卫星，其传感器能够提供分辨率可以达到 10m×10m 的全色（黑白）影像，还可以提供分辨率为 20m×20m、与 MSS 相似的彩色图像。1998 年 SPOT-4 增加了一个短红外波段（1.58～1.75μm），分辨率为 20m。2012 年发射的 SPOT-6，将多光谱波段地面分辨率提高到了 6m，空间分辨率能够达到 1∶1 万地质解译的要求，短红外波段能够反映大部分的蚀变信息。SPOT 的一景数据对应地面 60km×60km 的范围，在倾斜观测时横向最大可达 91km，各景位置根据 GRS（SPOT grid reference system）由列号 K 和行号 J 的交点（节点）来确定。SPOT 数据的用途和 Landsat 相同，即以陆地上的资源环境调查和检测为主。自 1986 年以来，SPOT 已经接收、存档超过 7 百万幅全球卫星数据，提供了准确、丰富、可靠、动态的地理信息源。

1997 年，空间成像 EOSAT 公司发射了分辨率为 1～3m 的 IKONOS-1 卫星，可提供与航高 3000m 的航空照片相当的地面细节。1998 年春，美国 Earth Watch 公司发射的 Early Bird 卫星可提供分辨率为 3m 的图像用于详细地质填图。表 7.1 总结了目前国际上主要商用陆地观测卫星的技术指标。

表 7.1　国际上主要的商用陆地观测卫星的技术指标

卫星	所有者	发射年份	成像系统	波段数	分辨率/m	最佳图像的比例尺	立体成像
Landsat-5	美国政府	1984	多光谱	7	30	1∶100000	
SPOT-4	法国政府	1998	全色 多光谱	1 3～4	10 20	1∶30000 1∶60000	是
Landsat-7	美国政府	1999	全色 多光谱	1 6	15 30	1∶50000 1∶100000	
ASTER	美国政府和日本政府共同拥有	1999	可见光/近红外（VNIR） 短波红外（SWIR） 热红外（TIR）	3 6 5	15 30 90	1∶50000 1∶100000 1∶250000	是
IKONOS	GeoEye（美国私营公司）	1999	全色（最低点） 多光谱	1 4	0.82 3.28	1∶4000 1∶15000	是

续表

卫星	所有者	发射年份	成像系统	波段数	分辨率/m	最佳图像的比例尺	立体成像
QUICKBIRD	Digital Globe（美国私营公司）	2001	全色（星下点处） 多光谱	1 4	0.6 2.4	1∶2500 1∶7500	
SPOT-5	法国政府	2002	全色 多光谱	1 4	2.5 10	1∶7500 1∶30000	是
ALOS	日本政府	2006	全色 多光谱	1 4	2.5 10	1∶7500 1∶30000	是
WOLDVIEW-1	Digital Globe（美国私营公司）	2007	全色（星下点处）	1	0.5	1∶2500	
GeoEye-1	GeoEye（美国私营公司）	2008	全色（最低点） 多光谱	1 4	0.41 1.64	1∶2000 1∶5000	
WOLDVIEW-2	Digital Globe（美国私营公司）	2009	全色（星下点处） 多光谱	1 8	0.46 1.8	1∶2000 1∶5000	
SPOT-6	法国政府	2012	全色 多光谱	1 4	1.5 6	1∶5000 1∶20000	是
Landsat-8	美国政府	2013	全色 多光谱 热红外	1 8 2	15 30 100	1∶50000 1∶100000 1∶250000	

我国的资源卫星计划起步于 20 世纪 80 年代中期，由于巴西政府对我国在研的资源卫星表现出极大的兴趣，1988 年中国与巴西在北京签署了联合研制地球资源卫星的协议书，被命名为中巴地球资源卫星（CBERS）的合作项目从此拉开序幕。1999 年，中巴地球资源一号 01 卫星在太原成功发射，2003 年又成功发射了中巴地球资源一号 02 卫星。2000 年，我国自行研制的地球资源二号 01 卫星成功发射，此后，又分别发射了地球资源二号 02 和 03 卫星，其分辨率高于中巴地球资源一号卫星系列，而且形成了三星联网，表明我国卫星研制技术实现了历史性跨越。

2007 年 9 月第一颗民用高分辨率陆地卫星的发射，开创了我国民用卫星应用的新局面。2008 年发射了环境减灾 EA、EB 卫星；2011 年 12 月我们国家发射了资源 01 号卫星，这颗卫星分辨率是 0.36m。2012 年 1 月我国发射了第一颗民用高分辨率卫星，简称为资源 3 号卫星，这颗卫星最高分辨率 0.1m，同时搭载了前后式的相机，能够满足 1∶5 万比例尺的测试要求并能提供丰富的三维信息。

随着更精确的数字传感器的出现，美国航空航天局在 1983 年即已经进行了一个名为机载成像光谱仪（airborne imaging spectrometer）的试验超光谱扫描仪（hyperspectral scanner），该系统具有 128 个波段。1987 年，又进行了 224 个波段的机载可见光/红外线成像光谱仪的飞行试验。这些扫描仪已经发展到能提供 64～384 个独立波段的影像，目前还仅限于在飞机上使用，不久将会在卫星上应用。搭载在美国 Terra 卫星（1999 年 12 月发射，轨道高度 700～730km）上由日本和美国合作研发的 ASTER（星载热发射和反射辐射仪）传感器也具有可见光-近红外光谱达 14 个波段的高光谱数据，从而为开展地表岩性识别和矿化蚀变信息提取提供了重要遥感数据源。

超光谱扫描仪不仅能够提供与 MSS 和 TM 相似的影像，其最大的优点是能够为影像中每一个像元提供一种光谱信号。如果把实验室测定的矿物或植被的反射光谱与图像中的像元进行匹配，就可以在基本上均一的区域内证实主要的矿物或植物。

雷达遥感技术则具有较强的穿透性，可以穿透云雾，进行全天候工作，产生分辨率优于 10m 的图像，在揭示地质构造方面具有独特的优势。

谷歌地球（Google Earth）是一款由 Google 公司开发的虚拟地球仪软件，该软件把卫星照片、航空照相和 GIS 布置在一个地球的三维模型上，通过卫星图片、地图，以及强大的 Google 搜索技术的有机结合，能够随时浏览全球各地的高清晰度卫星图片。

7.1.3　航空遥感

航空遥感也称机载遥感，是指以各种飞机、气球等作为传感台和运载工具的遥感技术。飞行高度一般在 25km 以下。现代航空遥感技术已由常规的航空摄影发展到多种探测技术，如紫外摄影、红外摄影、多光谱摄影、多光谱扫描、热红外摄像以及各种雷达技术等。航空遥感成像具有比例尺大、地面分辨率高、机动灵活等特点。

航空摄影可为数十平方千米或更小范围的勘查工作提供地形和地质基础资料；卫星遥感使用较宽的电磁光谱，而航空摄影只利用可见光和近红外光谱部分。

航天飞机已经拍摄了一些极好的大区域照片，不过未能进行系统地覆盖拍摄。由飞机进行的垂直摄影所获得的照片，已成为多数地质工作的基础，目前我国常用的航空像片，像幅有 18cm×18cm、23cm×23cm 和 30cm×30cm 三种，比例尺可从 1∶10 万～1∶2 万或更大。彩色航空照片对矿产勘查是非常有用的，因为颜色能突出重要的地质细节，但彩色航空照片摄取较少，价格较贵，通常难于买到。

航空照片能精确地反映地貌及基岩岩性和构造，而且，根据其灰度或颜色分辨率能识别出诸如岩石蚀变带和硫化物氧化带等。因为飞机拍摄相邻地区的照片能够形成立体感，所以，地貌的细节表现得特别明显。这些毗邻的照片（或称立体像对）在前进方向叠加了大约 60%，侧向上叠加大约 30%。用作三维图视的立体镜可以是野外用的袖珍型或室内用的反射棱镜或单棱镜。因为是在中心透视中拍摄的单张航空照片，因而，它们具有边缘和高程畸变，这可以通过照片的联结或叠加所形成的一张有误差的照片镶嵌图上进行校正。

根据航片上可识别的地形、地貌和地质特征，帮助确定重点勘查工作区、参照地形标定工作路线、设置工作场所、部署地球化学取样或地球物理测线位置。因此，航片是勘查设计较理想的基础资料。

已经研制出无畸变、具颜色校正的航空摄影专用相机。黑白胶片目前仍是最常用的，但红外胶片和各种彩色胶片的应用已日渐广泛。

7.1.4　遥感地质

遥感地质又称地质遥感，是综合应用现代的遥感技术来研究地质规律，进行地质调查和资源勘查的一种方法。它从宏观的角度，着眼于由空中取得的地质信息，即以各种地质体对电磁辐射的反应作为基本依据，结合其他各种地质资料及遥感资料的综合应用，以分析、判断一定地区内的地质构造情况。遥感地质工作的基本内容是：①地面及航空遥感试验，建立各种地质体和地质现象的电磁波谱特征；②进行图像、数字数据的处理和判释地质体和地质现象在遥感图像上的特征；③遥感技术在地质填图、矿产资源勘查及环境、工程、灾害地质调查研究中的应用。遥感地质需要应用计算机技术、电磁辐射理论、现代光学和电子学技术以及数学地质的理论与方法，是促进地质工作现代化的一个重要技术领域。

遥感地质解译分为初步解译、实地踏勘、详细解译、野外验证、综合研究、编写报告六个工作阶段，每个阶段的工作内容可参考中国地质调查局地质调查技术标准《遥感地质解译方法指南》(DD2011—03)。

国内各遥感中心一般都备有成套的电磁波信息磁带，应用计算机处理技术可获得国内任一地区的黑白或假彩色合成图像。在假彩色合成图像中，可以选择不同的光谱限或光谱限的合成来突出或增强最重要的地质信息。例如，计算机在对原始电磁波信息处理过程中，通过选择特征频带强度（强度比值）能够对岩石进行分类；最好地反映某一岩石类型的信息组合（算法）被赋予一种颜色，使该像幅内相应于该算法（也即相应于该岩石类型）的所有像元都被赋予同种颜色。结合野外和实验室谱分析，TM 数据能够生成黏土和铁氧化物蚀变分布图，ASTER 数据可以有效地生成青磐岩化和黏土化蚀变分布图；超光谱数据可以生成多达 20 余种蚀变矿物的分布图（表 7.2）。因此，只要识别出工作区最重要的岩石类型或蚀变带及其光谱特征，便可以把这些特征外推到更大的地区，也就可以根据假彩色合成图像进行初步地质解释以及对该区矿产潜力进行评价。

表 7.2　光学传感器识别蚀变矿物的范围和能力

传感器名称	美国陆地资源卫星(Landsat)	日本地球资源卫星(JERS-1)	星载热发射和反射辐射仪（ASTER）	美国超光谱(Hyperion)
波段数	8	7	14	220
图幅大小	185km×185km	75km×75km	60km×60km	7.7km×42km
蚀变矿物识别能力	热液黏土矿物蚀变	明矾石化、绢云母化、绿泥石化、高岭石化、方解石化	明矾石化、绢云母化、绿泥石化、高岭石化、蒙脱石化、方解石化、滑石化、地开石化	明矾石、绢云母、绿泥石、高岭石、蒙脱石、方解石、白云石、滑石、地开石、赤铁矿、针铁矿、黄钾铁矾、叶蜡石、埃洛石、石膏、绿帘石、阳起石、水铵长石、富铝绢云母、富镁绢云母、镁绿泥石等

红外波长范围的遥感可将记录的地球表面的热辐射，用于圈定高热流或低热流地区并可证实不同程度保留或放射积热的岩石类型。雷达波长能穿透植被并显著地被地表反射，航空侧视雷达非常适合于地质构造制图。

反映一个广大地区内的岩石类型和地质构造概貌，是遥感技术在矿产勘查中的主要优势。高分辨率图像资料的可利用性，进一步促使矿产勘查利用遥感技术。特别需注意研究的课题包括：①应用综合数据套，即把地球物理、地球化学测量资料叠加在遥感图像中；②在短和中红外波长范围内开发图像资料的数字处理技术；③影像雷达的评价。实际工作中常常利用多阶段、多种遥感影像进行解译。首先从小比例尺（1∶25 万～1∶100 万）卫星影像解译入手，然后，解译高空拍摄的研究区的大比例尺航摄像片，再进一步解译研究区更大比例尺的传统拍摄的航片，在一些条件较好的地区，还可以结合航空物探测量成果进行研究。利用多种遥感信息可以对一些重要的地质特征的解译结果互相印证，如航空磁法测量可以指示侵入体的存在，利用航片可以帮助圈定侵入体的边界。

遥感资料提供的信息可以帮助对区域地质体进行较准确的圈定，从宏观上控制区域地质构造的总体格架，对提高区域地质调查质量具有十分重要的作用。遥感图像的解译主要是去伪存真、先整体后局部，通过对比、推理，解译不同比例尺的单张单波段或彩色合成卫片，然后再对比多时相、多波段、多片种及航、卫片镶嵌图，从中确定各类地质体、线、环形影像特征及其分布和变化等。根据遥感资料的影像特征，进行遥感影像单元和遥感形态单元（线形、环形）划分，并编制遥感图像解译草图；对照参考已有地质资料，拟定全区岩性和构造地质解译标志；根据解译标志，对遥感资料进行地质解译并编绘遥感地质解译图，提供野外踏勘中参考应用，以便有针对性地布置地质观察路线，并对解译内容进行实地检查验证，不断修改补充和完善解译标志，提高解译质量；同时修改补充原遥感地质解译图有关内容，使解译内容与客观情况更为吻合。

遥感地质解译的重点包括：区域构造格架解译、辅助地质填图解译、已知控矿因素的追索圈定等。因为遥感影像只是多种勘查手段中的一种，因而有必要与其他类型数据（地质、地球化学、地球物理等）在相同比例尺和同一个坐标系统中进行匹配和比较。

如果说遥感数据分辨率的提高显著地提高了地面地质体影像的精细程度，那么，超光谱技术的发展则促使遥感地质方法由现在的以图像分析为主转变为以光谱分析为主的图谱结合的方式。未来的遥感地质将会向着定量化（如地质目标的自动识别、岩石中矿物丰度和化学成分的定量反演，以及包括地质填图模型和矿产资源评价模型在内的定量应用模型等）和集成化（即多种遥感技术、多种遥感信息以及多种数据处理方法集成为优势互补协同作业的应用体系）的方向发展。

2007 年在北京召开的以“遥感找矿面临的新挑战”为主题的第 302 次香山科学会议提出了“后遥感应用技术”的概念。所谓后遥感应用技术是指在数字地球框架下，将遥感技术与传统的地质方法相结合、与现代信息技术相结合的遥感信息深化应用技术，其核心是遥感信息的延伸应用和信息化。其目的是最大限度地利用信息资源，以提高矿产资源的勘查效果。后遥感应用技术有利于发挥遥感找矿的技术优势，发现用常规地质方法很难发现的地质体和地质现象，为找矿提供新的依据。通过引进新型探测技术的数据源，开发先进图像处理方法，进一步深化对遥感信息的理解和诠释；通过与传统地质方法的集成来弥补主要反映地表信息、受植被干扰大和解读不确定性等不足。

7.2　矿产地质填图

7.2.1　地图和地质图的基本概念

地图是用形象符号再现客观，反映和研究自然现象以及社会现象的空间分布、组合、相互联系及其在时间中变化的图形模型。地质图属于一种重要的地图类型，是矿产勘查中用于交流信息的最重要媒体。地图是地表特征的二维展示，它不仅能传递某个特定区域的详细信息（采用图形的形式实现），而且能指示该区域相对于地球其他地区的位置（采用坐标系统控制）。地形图和地质图是矿产勘查中最常用的地图，地球物理和地球化学图件常常与地质图结合使用。

地质图是在平面上的地质观测和解释的图形展示，地质剖面图是在垂向上的地质观测和信息解释，两者在性质上是相同的。对于矿产勘查工作来说，平面图和剖面图在可视空间以及三维地质的关系方面是必不可少的图件。有了这些图件，便可以应用有关成矿控制的理论来预测潜在矿床赋存的位置、规模、形态以及品位等。

地质填图的目的是确定构造单元并概括或恢复出填图区的地质发展历史，根据对资料的综合分析，评价相应地质条件下矿化潜力和建立勘查准则。矿产勘查的第一步总是需要获得地质图。在确立勘查项目之前，首先需要收集研究区内原有的地质图和资料，在对这些图进行评价后，可能需要在更小的区域内进行更大比例尺的地质研究。而且，勘查靶区的地质图对所有后续勘查工作，包括地球物理、地球化学、钻探，以及矿山设计和开采等，都是极为重要的地质控制资料。所以地质填图是勘查地质人员必须掌握的基本技术之一。

7.2.2 我国地质填图的进展简介

我国最早的区域地质调查工作始于1952年地质部成立之时，至20世纪末的近50年间，已累计完成1∶100万区域地质调查面积达947.38万km^2，占国土面积的98.7%；完成1∶20万中比例尺区域地质调查691万km^2，占国土面积的72%；完成1∶5万区域地质填图164万km^2，占国土面积的17%。从2004年开始，我国再次启动了中断20多年的大比例尺区域矿产远景调查工作，被锁定的区域包括雅鲁藏布江地区、“三江”地区、大兴安岭中南段等15个重要成矿区带的成矿有利地段，共填图217幅，调查面积为88021km^2，年度计划总投资1亿元。至2010年，我国已基本实现中比例尺地质图的全面覆盖，在主要经济发展区带、重要成矿带以及科学问题突出的地质单元行将完成849幅1∶5万地质图，合计36万km^2。

根据国际基本地形图系统数字化的新形势，从“九五”计划开始，我国中比例尺新测图幅统一由1∶20万改为1∶25万，并且规范了1∶25万、1∶5万、1∶2.5万，以及1∶1万比例尺构成的国家层次“野外地质填图”标准系列，数字填图技术已经在我国推广。目前，我国地质填图已实现野外数据采集、储存、数据处理、成图的全流程数字化。GPS已成为野外地质人员的重要工具，它有两个主要的用途：①预先把所需要研究的观察点位置坐标输入GPS，野外工作时就可以很容易地利用它到达预定点位；②野外定点，即利用GPS确定并能自动记录观测者所在位置。

中国地质调查局除承担比例尺一般为1∶25万～1∶5万区域地质填图外，还承担1∶5万矿产远景调查。矿产远景调查是战略性矿产勘查的前期基础工作，是为矿产预查直接提供靶区和新发现矿产地的区域找矿工作，其目的是解决矿产勘查后备选区紧缺问题，为政府矿产资源规划管理、提高矿产可持续供给能力提供基础保障，为提高国家勘查资金的投入产出效益、促进矿业可持续发展服务。

矿产远景调查一般部署在重要成矿区带选择成矿有利地段，突出战略性矿种，兼顾综合找矿，按国际分幅，采用单幅或多幅联测的方式分阶段部署。未开展过1∶5万区调的地区，矿产地质填图必须以野外实测为主。已进行过1∶5万区调的地区，采用野外调查和室内修编相结合的方式进行，主要任务是实测矿产和与成矿有关的含矿层、标志层、控矿构造、矿化带、蚀变带、物化探异常区和与成矿有关的其他地质体。有关矿产远景调查的技术要求请参见《战略性矿产远景调查技术要求》[中国地质调查局地质调查技术标准（DD2004—4)]。

7.2.3　矿产地质填图

矿产勘查阶段的地质填图称为矿产地质填图，由地质勘查部门自行完成，比例尺一般为 1∶1 万、1∶5000、1∶1000，一些情况下为 1∶500。野外填图的比例尺越大，要求的控制程度和研究程度越高。例如，如果野外按照 1∶5000 比例尺要求进行地质填图，那么，最终成图的比例尺应为 1∶5000 或 1∶1 万，而不能为 1∶2000，因为该比例尺的野外填图的控制程度不能达到更大比例尺地质图的要求。

在 1∶1 万比例尺的地质填图中，间距为 100m 的勘查工程能够在这一比例尺的地质图上展绘出来，而且，宽度为几米的岩墙和断层带不需要在图上夸大表示。在 1∶1 万地质填图的基础上可进行更大比例尺（如 1∶2000）的地质填图，更大比例尺的地质图上能够实际表示与矿床有关的规模更小的地质特征。一般说来，地质填图选取比例尺应按工作区内原有地质图比例尺 5～10 倍的尺度扩大，采用小于这一倍数比例尺的地质填图。例如，进一步详细的地质填图只比原比例尺扩大 2～3 倍，将不可能新增多少地质细节。

矿产地质填图的目的是提高测区内地质矿产研究程度，基本查明地质特征，大致查明成矿条件，发现新矿（化）点，为物化探异常解释、成矿规律研究和勘查靶区圈定提供基础地质资料。

地质填图在矿产勘查的各个阶段都需要进行，随着勘查工作的逐步深入，勘查范围逐步缩小，地质填图所要求的比例尺更大，精度要求更高。地质填图也不是一个孤立的活动，它在勘查手段的最佳组合中占有重要位置，地质填图对地球物理、地球化学、槽探、钻探，以及坑探等勘查技术的应用提供指导作用，而地质填图过程中也需要借助于这些手段来了解覆盖层之下基岩的地质特征。

一旦确定了钻探或槽探的施工区域，则一般需要进行更大比例尺的地质填图。例如，1∶500 的比例尺，以便把取样结果以及地层和构造细节都能精确地展绘在图上。勘查工程如探槽和钻探的原始地质编录则还要以更大比例尺（如 1∶50 或 1∶100）来进行。原始地质编录有助于确定构造、岩性、矿化，以及详细取样位置之间的关系，而且对于岩土工程研究也是很重要的。

7.2.4　实测地质剖面的测制要求

实测地质剖面是进行勘查区基本地质情况研究以及进行地质填图的基础工作。在地质填图设计书中即应明确测制实测地质剖面的目的和地点以及样品（标本）采集要求等。首先需要通过踏勘，选择露头良好、构造清楚的地段作为实测剖面的路线，必要时采用探槽进行揭露。然后进行实测剖面，通过观察研究和对比，确定填图单位，并采用一套经过鉴定、测试的标本，统一命名和统一认识。

实测地质剖面的分层精度可根据剖面的比例尺大小确定。凡在剖面图上宽度达 1mm 的地质体均应划分和表示，对于一些重要的或具特殊意义的地质体，如标志层、化石层、矿化层、火山岩中的沉积岩夹层等，如厚度达不到图上 1mm，也应将其放大到 1mm 表示。

对于实测勘查线剖面，要求地质界线定位准确，并且准确测定其产状，勘查工程位置准确定位。

实测地质剖面时用半仪器法同时测绘地形及地质界线，绘制路线地质平面图和地质剖面图。勘查线剖面图用仪器法测绘地形剖面图，填绘地质体时，对工程位置及地质界线特别是矿体（层）界线、重要的地质构造界线等必须用仪器法定位。测量点、基点、观测点在实地用木桩或用油漆在岩石上标记，勘查线剖面的端点还应埋设水泥桩，并测定其 x、y 和 z 坐标。实测地质剖面的比例尺依据地质填图的比例尺确定（表 7.3）。

表 7.3　矿区地质图与实测地质剖面图及勘查线剖面图比例尺的关系

矿区地质图	实测地质剖面图	勘查线剖面图
1∶2.5 万	1∶2000～1∶1000	1∶5000～1∶1 万
1∶1 万	1∶1000～1∶500	1∶2000～1∶5000
1∶5000	1∶500～1∶200	1∶2000～1∶5000
1∶2000	1∶200～1∶100	1∶1000～1∶2000
1∶1000	1∶100	1∶500～1∶1000

7.2.5　矿产地质填图的要求

1∶1 万矿产地质填图是在 1∶5 万或 1∶10 万（一些情况下可能为 1∶25 万）地质图的基础上进行的。在开始地质填图工作之前，要注意分析研究区内现有地球物理、地球化学以及航空照片资料。如果目标矿床是内生矿床，地质填图过程中尤其要注意对构造特征的了解；如果是外生矿床，则要注重岩相-岩性条件的研究；在变质岩区要加强对变质相的研究。在解读研究区的构造格局时有必要了解地质事件发生的时间顺序；除了构造要素需要查明以外，任何类型的接触界线都必须要确定。覆盖层不一定要填出来。大比例尺地质填图的主要目的是要发现填图区内出露于地表的所有矿化体、建立矿化与岩性和构造之间的关系、确定矿床界限、圈定有利于成矿的靶区，以及综合收集矿产勘查所需的资料。在覆盖层厚度不大的地区应采用探槽揭露，中心部位主干探槽最好能够横切过工作区，揭露和控制主要地层和构造；辅助探槽主要用于控制矿化和构造的走向。

前已述及，矿产地质填图的目的任务是提高测区内矿产地质研究程度，了解工作区内地表和近地表存在的岩石类型和构造型式以及相互间的关系，大致查明地质及矿化特征，发现新矿（化）点，为物化探异常解释、成矿规律研究和勘查靶区圈定提供基础地质资料。矿产地质填图是矿产勘查中花费最少而且最重要的一种方法，主要任务是实测矿产和与成矿有关的含矿层、标志层、控矿构造、矿化带、蚀变带、物化探异常区和与成矿有关的其他地质体。主要目的是创建一幅总结归纳野外地质观测研究结果的地质图。

大比例尺矿产地质图能够全面反映工作区内的地质及矿化特征、矿（化）点的分布状况，是物化探异常解释、成矿规律研究和圈定找矿靶区的重要基础性地质资料，可以直接为矿产资源的进一步勘查提供依据，在矿产勘查中具有重要作用。表 7.4 列出了不同比例尺矿产地质填图的适用范围。

矿产勘查地质填图过程中应注意以下几方面：

(1) 应充分收集、分析、应用区内已有的地、物、化、遥、矿产资料，提高研究程度和工作效率。

表 7.4　不同比例尺矿产地质填图适用的范围

比例尺	适用范围
1∶1万～1∶5000	3. 在1∶20万～1∶5万地质填图、地球物理勘查、地球化学勘查以及遥感地质工作基础上，通过成矿规律和成矿预测研究提供的勘查靶区。
	4. 在已知矿床的外围，根据成矿规律和成矿预测圈定的有利成矿地段。
1∶2000～1∶1000	4. 在1∶1万地质填图的基础上确定的或经普查阶段转入的详查区。
	5. 在已知的详查或勘探区外围，根据成矿规律研究或勘查证实，可进行详查或勘探的地段。
	6. 在预查和普查的基础上，以已知矿体或矿化带为中心圈定的成矿地段。

（2）应充分应用新技术、新理论、新方法，不断提高区内地质、矿产研究程度和填图质量。原则上采用数字填图技术。使用GPS定点。

（3）要充分考虑区内地形、地貌、地质的综合特征及已知矿产展布特征，对成矿有利地段要有所侧重。

（4）尽可能使用符合质量要求的地形图为底图，其比例尺应大于或等于最终成图时的比例尺，野外手图比例尺应大于或等于室内地形底图，无合适比例尺地形图应测绘出符合要求的地形图后再进行填图工作。地质填图过程中最好同时进行地球物理和地球化学测量。

（5）根据不同比例尺要求的精度查明区内地层、构造和岩浆岩的产出、分布、岩石类型、变质作用等特征，深入研究与成矿有关的地质体和构造并且了解含矿层、矿化带、蚀变带、矿体的分布范围、形态、产状、矿化类型、分布特点及其控制因素、矿石特征。

有关矿产地质填图方法以及具体技术要求请感兴趣的读者参见中国地质调查局2006年颁发的《固体矿产原始地质编录规程（试行）》（DD2006—01）规范中的相关内容。

7.2.6　矿产地质填图方法和研究内容

（1）沉积岩：采用岩石地层方法填图，重点查明岩石地层单位的沉积序列、岩石组成、岩性、主要矿物成分、结构、构造、岩相、厚度、产状、构造特征以及接触关系，大致查明其含（控）矿性质、时空分布变化等，厘定地层层序和填图单位。

（2）侵入岩：着重查明侵入岩体、脉岩的形态与规模、产状、主要矿物成分、岩石类型、结构构造、包体、岩石化学和地球化学特征等以及侵入岩体内外接触带的交代蚀变现象、同化混染现象以及分异现象特征，并圈定接触带、捕虏体或顶盖残留体，测量接触带产状；探讨侵入体的侵入期次、顺序、时代、演化规律、与围岩和矿产的关系及时空分布、控矿特征。

（3）火山岩：采用火山地层-岩性（岩相）双重方法填图，研究火山岩的成分、结构、构造、层面构造和接触关系。大致查明火山岩层的层序、厚度、产状、分布范围、沉积夹层及岩石化学和地球化学特征，划分和厘定岩石地层单位；划分火山岩相，调查研究火山机构、断裂、裂隙对矿液运移和富集的控制作用及与火山作用有关的岩浆期后热液蚀变、矿化特征；研究探讨火山作用与区域构造及成矿的关系，确定与成矿有关的火山喷发时代。

（4）变质岩：区域变质岩要研究各种类型变质岩石的特点和变质作用；浅变质沉积岩、火山岩、侵入岩注意运用相应的填图方法进行工作；中、深变质岩系根据变质、变形作用特征及其复杂程度以及岩石类型，划分构造-地层单位、构造-岩层单位、构造-岩石单位；接触变质岩石应着重研究接触变质带、接触交代带的分布、物质成分、规模、形态、产状和强度及其主要控制因素。要求查明变质岩石的主要矿物成分、结构构造、岩石类型、岩石化学和地球化学特征、变形特征及其空间分布、接触关系，并建立序次关系，恢复原岩及其建造类型；调查研究各类变质岩内的含矿层、含矿建造及矿产在变质岩中的分布规律，变质岩石、变质带、变质相对矿床、矿化的控制作用。

（5）构造：查明构造的基本类型和主要构造的形态、规模、产状、性质、生成序次和组合特征。建立区域构造格架，探讨不同期次构造叠加关系及演化序列；观察褶皱、断裂构造或韧性剪切带、构造活动等及新构造运动对沉积作用、岩浆活动、变质作用、矿化蚀变、成矿的控制作用、对矿体的破坏作用以及矿体在各类构造中的赋存位置和分布规律。

（6）矿产：观察研究含矿层、蚀变带、矿化带、矿体以及与成矿有关的侵入体、接触变质带、构造带以及矿化转石等的种类、规模、展布范围、产状、形态及其空间变化，并取化学分析样和采集标本。观察研究矿石质量特征、矿石的物质组成、矿石矿物、脉石矿物、结构构造等。

（7）第四纪地质：第四纪地质体大致按时代、成因类型划分填图单位。含矿层位为第四系时要大致查明第四纪沉积物的物质成分、厚度及时空分布。

在勘查工作区内，常常需要建立地质填图、地球物理测量、地球化学取样，以及勘查工程布置的控制网。一般的做法是沿主要矿化带、地球物理或地球化学异常带或构造带的走向布置一条或多条基线，然后垂直于基线布置横剖面线（图 7.2），剖面线间距最初可定在 300m 左右，随着勘查工作的深入逐步加密。如果勘查区域已经缩小到矿床或矿体范围，可能要求进行 1∶1000～1∶100 比例尺的地质填图。

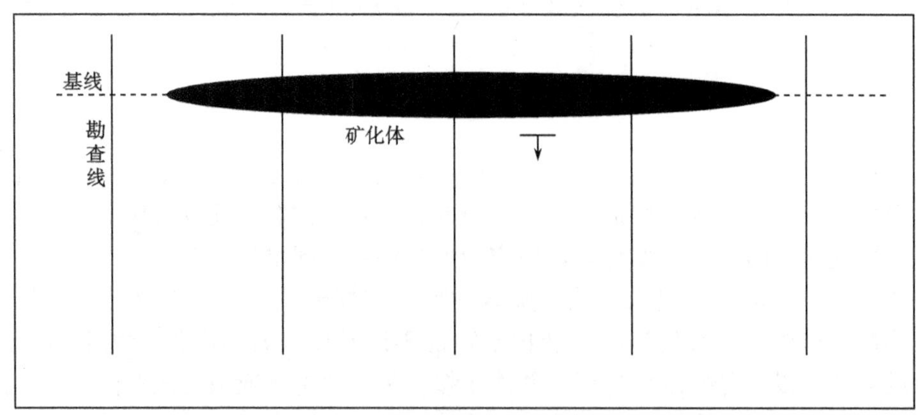

图 7.2　勘查区控制网的建立

野外填图过程中的资料收集方法常常采用两种方式：①在野外记录簿上按时间顺序记录信息，记录簿代表完成野外研究的工作日志，记录每天观测的点号、点位、点性、观测内容、样品编号等；②利用专为本勘查项目设计的标准的收集数据表格，即要求把每个观测点或取样位置记录在单独的表格上。重要的地质界线和地质体应有足够的观察点控制。重要地质现象、矿化蚀变应有必要的素描图或照片。野外地质观察记录格式应统一，点位准确，记录与手图要一致。记录内容应丰富翔实，真实可靠。地质现象观察要求仔细，描述要求准确，除详细描述岩性特征外，对于沉积岩石的基本层序、火山岩石的相序特征、侵入岩石的组构特征、露头显示的构造特征、接触关系、矿化蚀变现象等均应有详细描述记录，并有相应照片或素描图。点与点之间的路线亦应有连续观察记录；每条路线应有路线小结。重点穿越路线、重要含矿层位、矿（化）带、矿（化）体、蚀变带的追索路线应有信手剖面。

当发现重要含矿层位、矿化带、矿体（点）、蚀变带时，应采用适当的轻型山地工程予以揭露控制。工程应采用GPS定位。探矿工程应按规范要求编录。

本章小结

通过本章的简要介绍，我们对遥感技术和矿产地质填图有了基本的认识。遥感地质技术就是能够提供研究区鸟瞰遥感地质影像，不仅能够辅助进行矿产地质填图，还可以提取围岩蚀变信息和控矿构造格局以及有利成矿的岩性分布特征的信息。

矿产地质填图属于大比例尺综合性地质调查研究工作，其主要任务是通过地质填图、矿产调查和综合研究，系统查明勘查工作区的地质特征和成矿地质环境，为勘查工作提供基础地质资料。

讨论题

（1）试述卫星图像目视判读的步骤和方法特点。

（2）在航空像片上如何确定岩层产状？如何判读向斜构造、背斜构造和断层？

（3）阐述矿产地质填图的方法和技术要求。

本章进一步参考读物

李超岭等. 2003. 数字区域地质调查理论与技术方法. 北京：地质出版社

叶天竺. 2004. 固体矿产预测评价方法技术. 北京：中国大地出版社

中国地质调查局. 2004. 中国地质调查局工作标准. 1∶5万区域矿产调查技术要求（讨论稿）

中国地质调查局. 2006. 中国地质调查局地质调查技术标准DD2006—01. 固体矿产勘查原始地质编录规程（试行）

中国地质调查局. 2011. 中国地质调查局地质调查技术标准DD2011—03. 遥感地质解译方法指南（1∶5万、1∶25万）

第8章 地球物理勘查技术

8.1 概 述

8.1.1 地球物理勘查的基本原理

地球物理方法一般在某种程度上测量所有岩石所具有的客观特征并导致了收集大量的用于图形处理的数字资料。在矿产勘查中的应用体现在两个方面：①目的在于定义重要的区域地质特征；②目的在于直接进行矿体定位。第一方面的应用主要是填制某种岩石或构造特征的区域性分布图，如地球物理方法测量地表对电磁辐射的反射率、磁化率、岩石传导率等。这方面的应用不要求观测值与所寻找的目标矿床之间存在任何直接或间接的关系，根据这类观测资料结合地质资料可以产生地质特征的三维解释，然后可以应用成矿模型预测在什么地方可以找到目标矿床，从而指导后续勘查工作。这一应用的关键是对这些观测值以最容易进行定性解释的形式展示，即转化为容易为地质人员理解的模拟形式，现在利用GIS技术可以很容易实现。

第二方面的应用是要测量直接反映并且在空间上与工业矿床（体）紧密相关的异常特征。因为矿床在地壳内的赋存空间很小，这决定了这类测量必须是观测间距很小的详细测量，从而，测量费用一般较高。以矿床为目标的地球物理/地球化学测量项目通常是在已经圈定的勘查靶区内或至少是有远景的成矿带内进行，其观测结果的解释关键在于选择那些被认为是异常的观测值，然后对这些异常值进行分析，确定异常体的大致性质、规模、位置及其产状。

岩石或矿石的物性差异是选择相应的物探方法的物质基础。任何地球物理勘查技术应用的基本条件是，在矿体（或它所要探测的地质体）与围岩之间在某种可测量到的物性方面能进行对比。例如，重力测量是根据密度对比；电法和电磁法是根据电导率进行对比。异常强度除受物性差异控制外，还受到其他一些因素的约束。地球物理异常是由式（8.1）中的信息构成：

$$A = \Delta P \times F \times V / r^n \tag{8.1}$$

式中，A 为地球物理异常的度量；ΔP 为所测量到的物性差；F 为作用力（自然力或人工外加力）；V 为地质体的有效体积；r 为地质体与观测点之间的距离；n 为经验常数，与地质体形状、大小、所用地球物理方法等有关。

由式（8.1）可知，具有强作用力而且与围岩有显著物性差异的大矿体，若赋存在近地表，能产生强异常，若赋存在地下较深部位（即 r 较大），仍可能产生明显异常。表达式 V/r^n 是地质体各要素的总和，地质体形状是很重要的，球状或筒状体所赋的 n 值比倾斜的板状体大，如透镜体所产生的异常比赋存在相同深度的脉状体产生的异常要微弱得多。地质体这种形状效应适用于所有地球物理勘查技术，但在电磁法中有独特含义：重力法、磁法、电阻率测量法以及激发极化法接收的信号强度与地质体体积有关，而电磁信号却与垂直于外加场的地质体面积有关，从而，在电磁法中，平放的圆盘状体能产生具有相同半径的球状或透镜状体相同的电磁异常强度。

8.1.2 勘查地球物理技术的应用及其限制

20世纪50年代，地球物理技术的应用和发展深刻地影响着矿产勘查，尤其在北美，许多勘查公司认为，地球物理技术是矿产勘查的“灵丹妙药”，然而，应用效果却使这些公司感到失望。美国西南部的斑岩铜矿省应用激发极化法测量穿越矿化区、无矿区和覆盖区，其结果不具有判别性；在一个地区，由于勘查竞争激烈，各公司都争先应用地球物理技术，以至于不得不采取一个非正式的协议来降低互相之间电的干扰；为了查明地球物理测量对黄铜矿和黄铁矿的判别，一个勘查公司把强烈的电流输入地下，以至于把该区地下的小动物全部杀灭了（Peters，1987）。

地球物理勘查技术（除放射性测量外）最初在美国应用缺乏成功归因于四个因素：①忽视了勘查靶区的选择；②缺乏对地质环境和矿床特征的认识；③缺乏对新技术适用范围的认识；④地球物理测量仪器灵敏度不高。

地球物理技术在矿产勘查各阶段都可使用。在初步勘查阶段，采用航空地球物理圈定区域地质特征；详细勘查阶段，运用地面地球物理和钻孔地球物理测井，甚至在坑道内直接运用地球物理技术。

地球物理技术常可用做辅助地质填图。例如，在美国密苏里铅锌矿区东南部，依靠航磁异常圈定埋藏的前寒武系基底岩石的隆起和凹陷，这些隆起和凹陷与上覆碳酸盐岩石中的藻礁和矿床有关。在一些具有广泛覆盖层分布的地区，电法、电磁法、地震法和重力法广泛用于在高阻的石灰岩层、低阻的板岩层以及高密度的镁铁质岩墙分布区填图。

地球物理技术也可直接用于寻找矿床。如利用放射性法找铀矿、磁法找铁矿、电法找基本金属矿床等；通常认为，它们是在未开发地区进行矿产勘查的一部分。在许多老矿区，利用这些地球物理技术还获得了许多新的发现；在生产矿区正在力图应用地球物理技术寻找深部隐伏矿体，因为在寻找具有特征相对明显的矿体时更容易应用新概念和新技术。生产矿区有特殊的优点，地球物理技术可在深部坑道运用，但也存在缺点——杂散电流及工业有关的噪声干扰。

综上可见，地球物理技术在矿产勘查中的应用目的在于：①确定具有潜在工业矿床的地区；②排除潜在无矿的远景区。例如，假设要寻找含铜镍硫化物矿床，地球物理勘查的目的是，查明在工作区一定深度范围内是否存在某种具有电导带或很大密度带的地质体及其赋存部位；如果兴趣更广泛些，相同的地球物理工作还能阐明超镁铁岩体或主要断裂带的特征信号，因为它们能预测铜镍矿化的地质特征。

地球物理信号是由信息和噪声组成的，异常存在于信息中。异常必须根据地质条件进行解释。由于影响异常的因素十分复杂，因此，地球物理异常具有多解性，致使利用地球物理技术进行矿产勘查命中率较低。Paterson（1983）在加拿大为寻找块状硫化物矿床的工作进行了好几年，结果表明，5000个航空电磁异常中有一个是潜在的工业矿体。

通过综合运用表8.1中所列的地球物理技术可以降低地球物理异常的多解性。例如，一个与强电导体异常形状大致相同，而且出现在相同部位的磁异常，可以表明是一个磁黄铁矿体或者是黄铁矿和磁黄铁矿石组合的矿体，而不是石墨片岩的电导带；如果导体不具磁性，但密度很大，足以产生高重力值，则它可能是一个黄铁矿体，而不是磁黄铁矿体或磁铁矿体。

表 8.1 地球物理勘查技术一览表

技术种类		测量单位	测量参数	测量的物理性质	提交成果的方式	引起地球物理异常的原因	适用范围	评价
磁法		毫微特斯拉（nT或Gr）	地磁场强度的空间变化	磁化率和剩余磁化强度	等值线图，剖面图	磁铁矿、钛铁矿、磁黄铁矿、镜铁矿等的富集体含磁性矿物的矿体基岩的不规则性镁铁质侵入体和火山岩沉积物中的“黑砂”	适合于寻找含磁铁矿、磁黄铁矿等铁磁性矿物的矿床；圈定基性和超基性岩体以及推断构造等；可应用于航空和地面测量	效率高、成本低、效果好，适合于寻找磁铁矿床、块状硫化物矿床、斑岩铜矿床、IOCG 型以及金刚石矿床等
重力法		mGr	重力加速度的空间变化	密度	等值线图，剖面图	致密状矿体，致密状侵入体，基岩不规则性，基底不规则性盐穹	密度大的矿床（如各种致密块状的金属矿体）和密度小的非金属矿床（如盐类床矿）；研究地壳深部构造、确定基岩顶面的构造起伏、研究基底构造、圈定侵入体、勘查与石油、天然气有关的局部控矿构造；可应用于航空和地面测量	受地形影响大，适合于寻找金刚石矿床、VMS 矿床、MVT 铅锌矿床、SEDEX 矿床以及岩浆型铜-镍硫化物矿床
电法	自然电位	mV	自然电位	电化学力和电导率	等值线图，剖面图	导电矿化体、石墨	寻找金属矿床和解决水文地质问题	设备简便，成本低，速度快
	电阻率法	Ω/m	具外加电流的视电阻率	电阻率或电导率	等值线图，剖面图，“探测”曲线图	电导性矿体电导性和电阻性地层具电导性流体的裂隙电导性矿化	金属硫化物矿床、石墨矿床，黄铁矿化、石墨化岩石分布区的地质填图，水文地质和工程地质	适合于寻找 VMS 矿床、MVT 矿床、斑岩铜矿以及岩浆铜-镍硫化物矿床
	激发极化法	mV/V 以及派生的单位	极化电压	电子（金属）和离子（液体）和导体之间的电化学效应	等值线横剖面图，等值线图，剖面图	浸染状矿化、石墨、蛇纹石、一定的黏土和云母	主要用于寻找良导金属矿和浸染状矿床	不论其电阻率与围岩差异如何均有明显反映，比较其他电法，它有独特优点
	电磁法	Ω/m μV/A 接收线圈的倾角等	激发电磁场	电导率和电感	等值线图，剖面图，套合剖面图，矢量图	电导性和磁导性矿体、石墨化岩石	适合寻找导电、导磁矿体，如块状硫化物矿床、磁铁矿床等；可应用于航空和地面测量	应用广泛，但数据的定量解释比较复杂。适合于寻找金刚石矿床、铀矿床、VMS 矿床以及铜-镍硫化物矿床等
放射性法		脉冲数/次 mR/次	铀、钍和含钾矿物的自然伽马射线		等值线图，剖面图，“探测”曲线图	天然放射性物质	可应用于航空和地面测量	方法简便，效率高。适合于寻找铀矿床、斑岩铜矿床、奥林匹克坝型矿床等

地球物理技术探测的深度极限与信号/噪声的值、探测目标的形状和规模以及作用力的强度有关。仪器敏感度的增益或外加力的增强均无助于来自深部的弱信号。例如，如果近地表的噪声来源碰巧是覆盖层中的电导带或火山岩中的磁性带，那么，随着外加电流的增强或磁力仪灵敏度的改善，噪声也将增大。虽然磁法、地震法和大地电流法测量都可以渗透很深，并对探测目标进行大致对比，但是，就矿体的效应而言，大多数金属地球物理技术的有效的实际探测深度为 300m 以内；在有利条件下，对于一定的电法测量（激发极化法）和电磁法测量（声频电磁法），300m 深度可作为工作极限。经验法则有时提到：激发极化法可以探测到所寻目标最小维的两倍深度范围内所产生的效应；对磁性体而言，赋存于其最小维 4～5 倍的深度范围内可被探测到；在电磁测量中，最深的效应大于传感器和接收器之间距离的 5 倍。显然，在地质勘查中，我们不能指望单纯依赖地球物理勘查技术，因为它涉及许多变量且穿透的深度有限，所以，必须综合应用各种手段和理论推断等才能圆满完成任务。

物性（physical properties）是岩石或矿石物理性质的简称，如岩石和矿石的密度、磁化率，电阻率、弹性等。在实施地球物理测量项目工作之前需要对测区内各类岩石和矿石进行系统的物性参数测量和研究，物性测定是选择地球物理勘查方法和进行地球物理异常解释的前提和主要依据。

物探仪器发展的明显特点之一是智能化、网络化功能的增强，以及一机多参数测量，这不仅可大大提高观测速度，还为实现张量和阵列观测提供了基础。

8.1.3　航空地球物理勘查和井中地球物理测量的主要技术

1. 航空地球物理勘查技术

航空地球物理测量在一些发达国家应用比较广泛，它们具有速度快，每单位面积成本相对较低，不仅可以同时进行航空磁法、电磁法、放射性法测量，某些情况下还可同时进行重力测量。目前，航空测量精度大大提高，不仅勘查成本很低，而且具有所获资料比较全面等优点，勘查效果比较显著。航空地球物理与地面地球物理方法的配合，以及航空地球物理测量数据与遥感数据的结合，极大地推动了地球物理技术的发展和应用。我国自行研制的直升机磁法和电磁发测量系统目前的最大勘查比例尺已达 1∶5000，探头离地高度最低可达 30～80m，采样间隔可达 1～3m，差分全球定位系统（DGPS）平面定位精度好于 1m，尤其适合于地形复杂地区的矿产勘查工作（熊盛青等，2008）。

高分辨率航空磁测方法是采用高灵敏度仪器、大比例尺高精度航空勘查技术，获取高质量的航空磁测数据；先进的数据处理方法，对磁测信息进行有效的分离与提取；精细定量解释方法。高分辨率航磁测量方法具有速度快、测量数据精度高、解释方法精细、价格低廉等优势，目前在国内外得到了广泛的应用。在矿产勘查方面：可快速有效地对矿产勘查远景区进行评价，更好更快地进行勘查选区；直接发现矿床或矿体，可替代地面物探测量；识别构造细节，分辨细小的断层与裂隙；对岩石边界进行精确填图；区分杂岩单元；“穿透”沉积层对下伏基岩进行填图，较准确圈出隐伏地质体的空间分布状态。

航空电磁法分为时间域和频率域两类。时间域发射断续的脉冲电磁波，主要测量发射间隙的二次电磁场，所以又称为航空瞬变电磁法。频率域发射连续的交变电磁波，发射的同时测量二次电磁场。航空电磁法广泛应用于地质填图、矿产勘查、水文地质和工程地质勘查、环境监测等。它成本低、效率高、适应性强，能够在地面难于进入的森林、沙漠、沼泽、湖泊、居民区等地区开展物探测量工作。特别适合大面积的普查工作，是国土资源大调查中必不可少的物探方法。多年来国外一直将航空电磁法作为一种常规的物探方法广泛应用。

航空放射性测量系统主要由航空多道伽玛能谱仪和飞机系统组成。利用光电效应，晶体探测器将不可见的射线转换为能够被探测的光电子流，该光电子流正比于放射射线的能量。通过分析光电子流的强度，能谱分析仪获得放射射线的能量和该能量射线单位时间内出现的次数，即该能量射线单位时间内的计数。该计数越大，说明该能量射线的强度越大。通过分析不同能量射线的强弱分布特点，获取有用的地质信息或放射污染的程度。

航空放射性测量的特点是快速、经济而有效，最初主要用于寻找放射性矿产资源，即铀矿普查，测定岩石中铀、钍、钾的含量。固定翼航空放射性测量主要用于铀矿普查，直升机航空放射性测量主要用于铀矿详查。到了 20 世纪 60 年代，航空放射性测量开始广泛应用。80 年代以来，航空放射性测量引起重视，在基础地质研究和矿产资源勘查中得到了广泛的应用，利用它进行地质填图及寻找其他矿产资源，取得了丰硕的地质和找矿效果，形成了一套成熟的测量方法技术。到目前为止，我国大约有 1/3 的国土已经完成了航空放射性测量，找到了众多的大、中、小型铀矿床以及矿田（袁桂琴等，2011）。

2. 井中地球物理测量技术

众所周知，地面物探异常往往是地下多个地质体（包括矿体）所形成异常的叠加结果，根据地面异常布置验证孔不一定发现地下矿体。同时，依据普查资料的地表地质、地面地球物理和地球化学采集的数据经过分析、解释，而布置的钻孔，企图穿过目的物，但分析解释的正确性和精度与工作的详细程度及非目的物的干扰程度有关，故在普查或干扰严重的地区，普查钻孔的见矿率较低。而进行地下地球物理勘查则可弥补地面地球物理勘查的上述不足之处。对钻探工程在条件适宜的情况下，应根据地球物理条件，进行测井与井中地球物理测量，以发现和圈定井旁盲矿。

井中地球物理测量技术包括井中地球物理勘查和地球物理测井技术。井中地球物理勘查用来解决井周、井间的地质问题，其探测范围为几十米到几百米，是介于地面地球物理勘查和常规测井的过渡性技术，具有受地面干扰因素影响小，探测范围大的特点，可准确地确定井周与井间盲矿的空间位置及其形态。地球物理测井技术在石油勘查中广泛应用，主要用来解决井壁的地质问题，其探测范围为十几厘米到几米。

井中地球物理勘查技术主要包括：井中磁测（包括磁化率测井）、井中激发极化法、井中大功率充电法、井中瞬变电磁法、井中电磁波法、井中声波法等。

井中地球物理勘查可应用于固体矿产勘查、石油勘查、水文及工程地质勘查等领域。特别是在深部和外围找矿评价中，井中地球物理勘查具有独特的优势，是寻找深部、隐伏矿床的重要手段。

井中磁测主要用于解决井底、井旁和井周的地质问题。例如：①划分磁性层，确定磁性层的深度和厚度，提供磁性参数（磁化率、磁化强度等），验证评价地面磁异常；②发现井旁盲矿，并确定其空间位置；③预测井底盲矿，估算可能见矿的深度；④估计磁性矿体资源量等。

井中激发极化法可以校正钻孔地质剖面，确定被钻孔穿过的矿层的深度、厚度，探测井旁盲矿体，预测井底盲矿，确定见矿深度，以及为地面地球物理和井中地球物理的资料解释提供岩矿石的电阻率、极化率参数等。

地-井瞬变电磁法是近年来国内外发展较快、地质找矿效果较好的一种电法勘查方法，主要应用于金属矿勘查、构造填图、油气田、煤田、地下水、地热、冻土带、海洋地质等方面的研究。在金属矿勘查方面，主要应用于勘查井旁、井底盲矿体，尤其是当地面电磁法工作因矿体深度太大，或者是在受电性干扰因素（如导电覆盖、浅部硫化物、地表矿化地层等）影响大的地区，更能体现其优越性（袁桂琴等，2011）。

利用井中地球物理勘查预测井旁、井底盲矿、判断已见矿矿体的空间分布对于提高钻探（含坑探）工程效益、扩大钻探工程作用半径、降低钻探工作量等方面具有重要的意义。

8.2 磁法测量

8.2.1 磁法测量基本概念

物质在外磁场的作用下，由于电子等带电体的运动，会被磁化而感应出一个附加磁场，其感应磁化强度与外加磁场强度的关系可表述为

$$M = kH \tag{8.2}$$

式中，k 为磁化率（magnetic susceptibility）；M 为感应磁化强度（induced magnetization）；H 为外加磁场强度。在国际单位制（SI）中，感应磁化强度的单位是特斯拉（Tesla），用 T 表示，如中纬度地区地磁场总强度为 5×10^{-5} T（50μT）。由于磁法测量测得的强度变化要小得多，从而采用毫微特斯拉（nanoTesla）为基本单位，简称为纳特（nT，1nT＝10^{-9} T），又称为伽玛（γ）；磁场强度的单位为安培/米（A/m）。

如果移除外加磁场后物质仍存在天然磁化现象，其磁化强度称为剩余磁化强度（remnant magnetization）。地壳物质可以同时获得感应磁场和剩余磁场，感应磁场会随着外加磁场的移除而消失，剩余磁场则能够固化在地质体中；地壳物质的感应磁场方向与地球磁场方向平行，而剩余磁场可以呈任意方向，如果环境温度高于居里温度，物质的剩余磁化强度随之消失。在北半球，感应磁化强度的负异常指向北，正异常指向南；如果实测的磁化强度不符合这一规律，则意味着测区内存在显著的剩余磁场。

磁异常是磁法勘查中的观测值与正常磁力值以及日变值之间的差值，换句话说，磁异常是在消除了各种短期磁场变化后，实测地磁场与正常地磁场之间的差异。

对磁异常数据进行分析时，需要了解磁异常是感应磁化强度为主还是剩余磁化强度为主，这可以借助于科尼斯伯格比值（konisberger ratio）（Ir/Ii）进行表述。只有含磁铁矿较高的岩石（如镁铁质、超镁铁质岩石）才是以剩余磁化强度为主（表 8.2）。

表 8.2　各大类岩石磁化率和剩余磁化强度的标型值

岩石类型	磁化率（k，国际单位制）	Ir/Ii（剩余磁化强度/感应磁化强度）
沉积岩	0.0005	0.01
变质岩	0.0030	0.1
花岗岩	0.0050	1.0
玄武岩/辉长岩	0.1200	10.0

磁法测量（magnetic surveys）是采用磁力仪记录由磁化岩石引起的地球磁场的分布。因为所有的岩石在某种程度上都是磁化了的，所以，磁性变化图可以提供极好的岩性分布图像，而且在某种程度上反映岩石的三维分布。

区域磁性分布图一般是在安装有磁力仪的飞机在低空平稳飞行测出来的，这种图准确地记录了工作区内地磁场的变化，图的细节与飞行线的高程和间距有关。在加拿大和澳大利亚等国家，公益性航空磁法测量采用固定机翼的飞机，常用标准是飞行高为305m、线距约2.5km；而在近年来的金刚石勘查活动中，一些勘查公司采用直升机进行测量，飞行高度在30～50m，而飞行间距达到50m。因为磁场强度与距离（飞行高度）的平方成反比，而且，其细节随飞行间距的增大而减弱，从而，飞行高度和飞行间距以及测量仪器的选择是非常重要的。

磁法测量不仅是最有用的航空地球物理技术，而且，由于其飞行高度低并且设备简单，其费用也最低。现在使用的标准仪器是高灵敏度的铯蒸气磁力仪，有时也采用质子磁力仪，但铯磁力仪不仅灵敏度比质子磁力仪高100倍，而且还能以每十分之一秒的区间提供一次读数，质子磁力仪只能以每秒或每二分之一秒区间提供读数。铯磁力仪和质子磁力仪都能够自动定向而且可以安装在飞机上或吊舱内。因为地面磁法扫面速度比较慢，因而矿产勘查中大多数磁法测量都是采用航空磁法测量。近些年来，航空磁法测量的测线间距在不断缩小，目前可能小至100m，离地高度也可能小至100m。

8.2.2 磁法测量的技术要求

1. 磁法测量的适用条件

（1）所研究对象与其围岩之间存在明显磁化强度差异。

（2）研究对象的体积与埋藏深度的比值应足够大，否则可能会由于引起的磁异常太小而观测不出来。

（3）由其他地质体引起的干扰磁异常不能太大，或能够消除其影响。

2. 测网的布置

在地面磁法测量中，一般是以一定网度建立测站（表8.3），探测磁性差异较小的板状地质体要求较小的间距。现代仪器通常都与GPS联结，从而能够同时自动记录站点坐标和相

表 8.3 不同比例尺磁法测量测网间距的确定

比例尺	矩形测网			正方形测网	
	线距/m	点距/m	测点数/km^2	线距＝点距/m	测点数/km^2
1∶50000	500	50～200	40～8	500	4
1∶25000	250	25～100	100～40	250	16
1∶10000	100	10～50	1000～200	100	100
1∶5000	50	5～20	4000～1000	50	400
1∶2000	20	4～10	12500～5000	20	2500
1∶1000	10	2～5	50000～20000	10	10000
1∶500	5	1～2	200000～100000	5	40000

资料来源：罗孝宽等，1991

对磁性读数。地面磁法的仪器设备携带方便，容易操作，因而，磁法常作为地质填图和初步勘查项目的一部分工作内容。

磁法测量的测线布置应尽可能与磁异常长轴方向垂直，点距和线距的大小应视磁异常的规模大小而定，使得每个磁异常范围内测点数能够反映出磁异常的形状和特点。

3. 基点的确定

磁测结果是相对值而不是绝对值，为便于对比，一般一个地区要选择一个固定值，固定值所在的观测点称为基点。基点可分为两种类型：①全区异常的起算点称为总基点，要求位于正常场内，附近没有磁性干扰物，有利于长期保留；②测区内某一地磁异常的起算点称为主基点，可作为检查校正仪器性能，故又称为校正点。

8.2.3　磁异常的地质解读

1. 常见磁异常图的表现形式

磁法测量获得的数据经各种方法校正（包括日变化、纬度影响、高程影响、向上延拓和向下延拓等）后，便可以绘制成磁异常图。区域性磁异常图通常是根据航空磁法测量数据绘制而成。磁异常通常采用三种图件展示形式。

（1）磁异常剖面图：反映剖面上磁异常变化情况。剖面上异常的对称性受磁性地质体的形状及其相对于地磁场的方向的影响：垂向或水平产状的磁性地质体产生对称的磁异常；倾斜的长条形磁性地质体形成非对称性异常（图 8.1）。磁性体的规模及埋藏深度可以利用磁测剖面异常曲线的形状进行定性估计。一般说来，埋藏越深、规模越大的磁性体所产生的磁异常宽度越大，而且磁异常曲线的对称性越高。

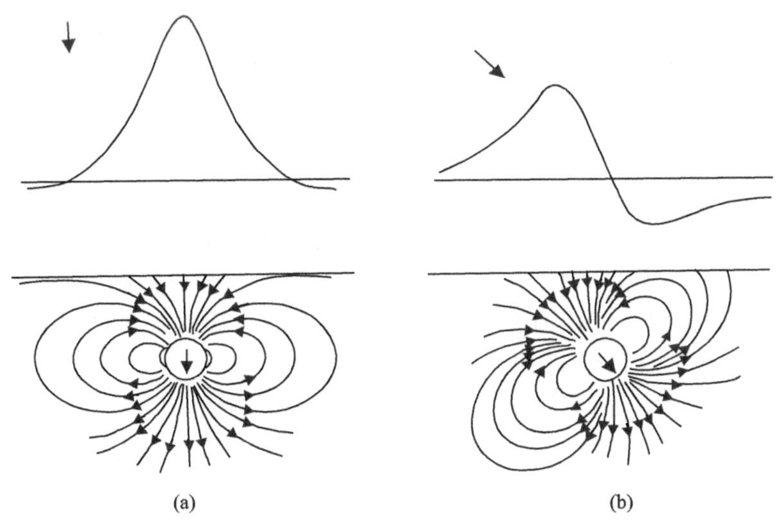

图 8.1　磁异常剖面图

(a) 对称异常；(b) 非对称异常

（2）磁异常平面剖面图：这种图件是把多个磁异常剖面按测线位置以一定比例尺展现在平面上，反映测区磁异常的三维变化，可以给人以立体视觉，便于相邻剖面间异常特征的对比。

(3) 磁异常平面等值线图：磁法测量的数据可以绘制成磁力等值线图（图 8.2）。

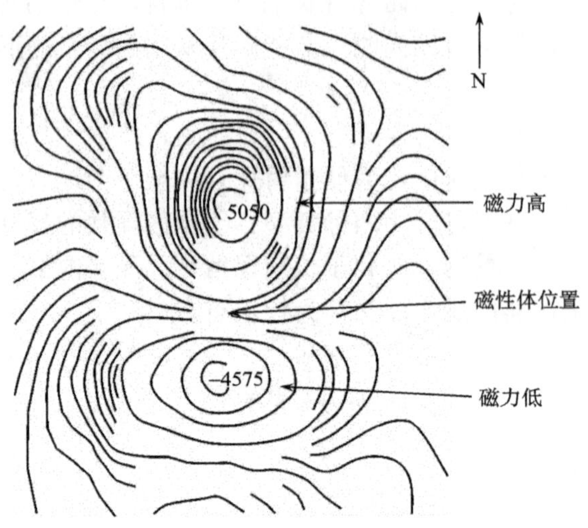

图 8.2　磁力线等值线示意图

根据等值线的形状和轮廓可以大致确定磁性地质体的位置、形态特征、走向及分布范围，解译深部地质界线的性质，以及发现断层等。根据磁异常梯度可以大致判别地质体的埋藏深度：浅部磁性地质体引起显著的陡倾异常；深部磁性地质体则形成宽缓异常。现有的许多地质专用软件已经很好地利用晕渲法解决了等值线着色的问题，所绘制的磁异常彩色渲绘图像中采用红色代表磁力高、蓝色代表磁力低，两者之间的色调表示磁力高、低之间的值，这种图像易于判读，而且能够更直观地表现磁异常的三维空间变化。

磁异常的等值线形态多种多样，有的是等轴状或同心圆状，有的是条带状，有的呈椭圆形。一般等轴状和椭圆形异常是由三维空间体引起的，而条带状和长椭圆状异常可以近似看作由二维空间体（板状、层状体）引起。

三维空间体一般是正负成对出现。在北半球，一般负异常位于偏北一侧，若整个正异常周围有负异常（伴生负异常）环绕，则表示磁性体向下延深不大。

实际上，真正的三维体是不存在的，只要磁性体沿走向的长度大于埋深 5 倍，将其看做是二维体来解释，误差不大。通常是由异常等值线来判定二维体或三维体的异常，其方法是：取 1/2 极大值等值线，若长轴长度为短轴长度的三倍以上，即可将其看作二维体异常，这一规则属于中、高纬度区（张胜业等，2004）。

二维体一般是正异常一侧有伴生负异常出现，只有顺层磁化向下无限延伸的板状体上，Z_a 曲线为两侧无负异常的对称异常。在特定情况下，ΔT 也可能出现正或负的异常。

2. 借助于磁异常图了解地下地质特征空间展布的大致范围

具体操作过程是先将磁异常图与相应的地质图进行对比，建立磁异常所在位置与相应地质体之间的联系，根据岩石（矿石）磁性参数，判别引起磁异常的原因；再结合控矿地质因素区分哪些磁异常是矿致异常，哪些是非矿致异常。若异常位于成矿有利地段，且磁性资料表明该区矿体的磁性很强，则该异常有可能是矿致异常。

磁异常的位置和轮廓可以大致反映地质体的位置和轮廓，其轴向一般能反映地质体的走向。平面上呈线性条带、弧形条带或“S”形条带展布的磁异常，通常是构造带的反映；区域性磁力高或磁力低，可能是隆起或凹陷（穹窿或盆地）的反映。局部磁力高通常是小岩体或矿体的反映。

只有正异常而无负异常，或者正异常两侧虽然存在负异常但不明显或两侧负异常大致相等，可以解释为磁性地质体位于正异常的正下方；磁异常正负相伴可以解释为磁性地质体的顶面大致位于正负异常之间且赋存在梯度变陡的下方。

3. 磁异常的区域趋势和剩余分析

由深部磁性体引起的磁异常具有较长的波长，这种长波长的磁异常称为区域趋势；埋藏较浅的磁性体引起的磁异常以较短的波长为特征，具有短距离波长的磁异常称为剩余或称为异常（图 8.3）。

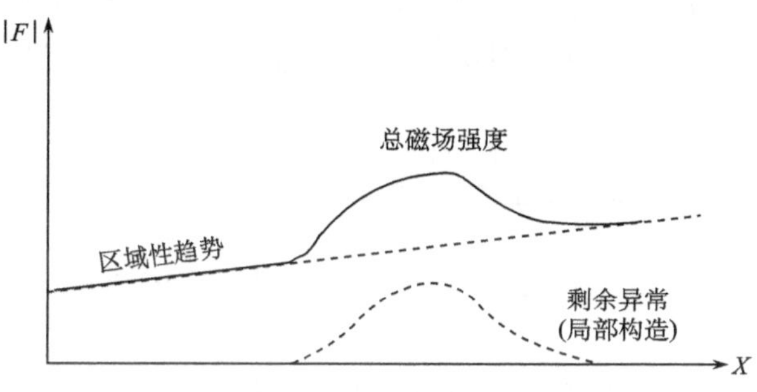

图 8.3　磁异常的区域趋势和剩余示意图

| F | 表示总磁场，X 表示磁异常的波长

如果我们对浅部地质体感兴趣，那么，长波长的磁异常（即区域趋势）就是噪声，因而可以滤除；同理，如果我们研究的是埋藏较深的地质体，那么，短波长的异常就成为了噪声，应该去除掉。不过，有时候这两类数据并不是那么容易区分开，因而难以进行分离。

区域异常一般反映了区域性构造或火成岩的分布，局部异常可能与矿化体、小规模的侵入体有关。为了进一步查明每个异常的地质原因，还可结合地质特征或控矿因素对磁异常进行分类。

4. 磁性地质体埋藏深度的估计

磁异常分析的另一个重要内容是确定引起磁异常的地质体的埋藏深度，通常是在磁异常图上对已经证实异常的横剖面进行研究。具体作法如下。

1）利用波长半宽度技术估计埋藏深度

该方法的原理是磁异常的宽度与磁性地质体的埋藏深度相关而且二者的值为同一个数量级。由此很容易建立它们之间的经验公式。

（1）直立筒状地质体：直立筒状地质体（如金伯利岩筒）引起的磁异常可以看作为一个孤立磁极（Monopole）。设岩筒顶部距地表的深度为 z，那么，其异常垂直分量的半宽度由下式给定：

$$x_{1/2}=0.766z \tag{8.3}$$

整理后得

$$z=1.306x_{1/2} \tag{8.4}$$

需要指出的是，式（8.3）所计算的是磁异常半波长宽度（图 8.3），从而必须滤除背景磁场（即区域趋势）。此外，应用式（8.4）时还需谨慎，因为该式只有在磁性体倾角近于90°的情况下才成立。

（2）球状和圆柱状磁性地质体：估算球状和圆柱状磁性地质体埋藏深度的公式如下：

$$x_{1/2}=0.5z \tag{8.5}$$

整理后得

$$z=2x_{1/2} \tag{8.6}$$

式中，z 为球状或圆柱状磁性地质体中心至地表的埋藏深度。与式（8.3）相同，由于计算的是磁异常的半幅宽度，所以，必须先消除其背景磁异常后才能进行计算。

可以利用式（8.5）和式（8.6）对磁异常两侧进行计算，如果磁异常不对称，可以取其平均值。

2）坡度法（slope methods）估算深度

利用磁异常坡度（dF/dX）也可以用于给定磁性地质体埋藏深度的约束条件。具体作法如下。

在磁异常图中找到具有最大 dF/dX 值的位置，然后找出位于最大坡度值 1/2 处的两个点，这两点间的距离为 d（图 8.3）。偶极磁性体埋藏深度的计算公式为

$$z=1.4d \tag{8.7}$$

这一分析可以在磁异常两侧进行，如果异常不对称，那么可以取左右两侧 d 值的平均值进行计算。

8.2.4 磁法在矿产勘查中的应用

磁法测量结果对地质数据的解释是极为有用的，因为地质填图过程中常常受露头发育不良的条件限制。磁法测量能够测定地表盖层之下地质建造的相对磁性分布图，据此我们能够推断不同岩石类型的边界，以及断层和其他构造的展布等，从而使地质图上的信息显著增强。磁法勘查是一种轻便快捷的勘查技术，其勘查精度随着仪器设备的更新换代不断提高，目前，磁法勘查已成为矿产勘查中一种重要的手段。

1. 划分不同岩性区和圈定岩体

利用磁法测量对在磁性上与围岩有明显差异的各类岩浆岩尤其是镁铁质和超镁铁质岩体进行填图的效果非常好。基性与超基性侵入体，一般含有较多的铁磁性矿物，可引起数千纳特的强磁异常；玄武岩磁异常值在数百至数千纳特之间。闪长岩常具中等强度的磁性，在出露岩体上可以产生 1000～3000nT 的磁异常，当磁性不均匀时，异常曲线在一定背景上有不同程度的跳跃变化。花岗岩类一般磁性较弱，在多数出露岩体上只有数百纳特的磁异常，曲

线起伏跳跃较小；然而，如果在岩浆侵位过程中与围岩发生接触交代作用而产生磁铁矿或磁黄铁矿，沿岩体边缘有可能形成磁性壳。喷出岩一般具有不规则状分布的磁性，少数喷出岩无磁性。

磁异常一般都源自于火成岩和变质岩，沉积岩通常不产生磁异常，因而磁异常一般都是以基底岩石为主，沉积盖层实际上不产生磁异常，或者说沉积盖层对磁力实际上是透明的，所以在沉积盆地观测到任何有意义的磁异常，一定是基底表面或内部磁性体引起的，因此，磁法测量特别适应于较厚沉积盖层下的基底构造填图（孟令顺等，2007）。此外，利用磁异常的平滑度估计基底的埋藏深度（或者沉积盖层的厚度）是磁异常数据的标准应用。

原岩为沉积岩的变质岩一般磁性微弱，磁场平静；原岩为火山岩的变质岩，其磁异常与中酸性侵入体的异常相近；含铁石英岩建造通常形成具有明显走向的强磁异常。

2. 推断构造

构造趋势能够借助于磁性分布形式展示出来，因而，在矿产勘查尤其是在油气勘查中，磁法勘查主要用于研究结晶基底的起伏与结构，测定深大断裂和火成岩活动地带。近年来，高精度磁法勘查在研究沉积岩构造方面也有一定效果。

断裂的产生或者改变了岩石的磁性，或者改变了地层的产状，或者沿断裂带伴随有同期或后期的岩浆活动，因而，断裂带上的磁异常大多表现为长条状线性正异常或呈串珠状、雁行排列的线性磁异常。有些发育在磁性岩层中的断裂带，由于断裂带内岩石破碎而使其磁性减弱，如果没有岩浆侵入的话，则这类断裂带上会出现线性低磁异常带。

在褶皱区，一般背斜轴部上方会出现高值正磁异常，向斜轴部上方可能出现低缓异常而其两翼则表现为升高的正异常。

综上所述，利用磁法测量能够测定地表盖层之下地质建造的相对磁性分布图，据此我们能够推断不同岩石类型的边界，以及断层和其他构造的展布等，从而，在露头发育不良的地区，磁法测量可以作为矿产地质填图的重要辅助手段。

3. 矿致异常

铁矿体具有很高的磁化率并且可以呈现感应磁化强度和剩余磁化强度，这些磁异常能够在一定的飞行高度上很容易被探测到，因此，航磁测量是预查阶段最有用的勘查手段之一。

因为石棉矿常常赋存在富含磁铁矿的超镁铁侵入岩中，所以，利用磁法勘查可以确定石棉矿床。需要指出的是，赤铁矿具有反铁磁性，只能产生微弱异常。

有经济价值的矿床本身可能不具有磁性，但是只要矿石矿物与一定的磁性矿物（主要是磁铁矿和磁黄铁矿）之间存在某种相对直接的关系或者与某些可以采用磁法填图的岩石类型相关，就有可能利用磁法探测到矿化的存在。例如，与含铁建造有关的金矿化，由于含铁建造中含磁铁矿，在一些金矿化带内含磁黄铁矿，利用磁法测量可以圈出含铁建造层位，至于如何在含铁建造中找到金矿体则属于另一个研究内容。对于夕卡岩型金矿，则可以利用磁法圈定夕卡岩体，夕卡岩中常常含有一定量的磁铁矿和磁黄铁矿。

在一些斑岩型铜矿床中，磁法测量结果可能表现为在未蚀变的岩石建造之上圈出的是正磁异常，而勘查目标则圈定为磁力低，这是因为在成矿过程中，原始侵入体或火山岩中所含的磁铁矿矿物被成矿流体交代蚀变，其中的磁铁矿已被蚀变为诸如黄铁矿之类的非磁性矿物。

案例 8.1 利用航磁异常确定南澳 Hillside 项目钻探靶区

Rex 资源公司是 2007 年才组建起来的澳大利亚初级矿产勘查公司，其主要勘查项目位于南澳约克半岛 Pine Point 地区，地质上该区属于 Gawler 克拉通地体，位于奥林匹克坝型 Cu-Au-U 矿床成矿带的南段。Rex 公司于 2009 年 8 月在 Hillside 地区完成了高分辨率航磁测量。图 8.4 说明了南澳政府实施的区域性磁法测量的图像和 Rex 公司开展的高分辨率磁法测量获得的图像之间的对比。图 8.4 左侧图像证实该区存在一个长约 2km、宽约 500m 的大型磁异常（紫色区域）；右侧图像说明该磁异常是由三条清晰的延伸长达 2km 的南-北向重要靶区组成（解释为富磁铁矿的构造带，从西向东分别为 Zanoni 构造带、Parsee 构造带和 Songvaar 构造带）Rex 公司本次实施航磁测量项目的意义在于：

（1）揭示了磁异常与铜矿化的关系。目前已施工的金刚石钻探项目初步证实了 Zanoni 构造带内厚大的高品位铜和金矿化体，在 Parsee 和 Songvaar 构造带内还证实了高品位的铜、金矿化，区域范围内还沿 Pine Point 断裂带圈定了多个强磁异常，具有在南澳再找到一个世界级奥林匹克坝型矿床的勘查潜力；并且确认了磁铁矿是引起 Hillside 地区磁异常的原因，而且铜与磁铁矿关系密切。

（2）测量结果更精确。本次测量是南澳地区进行的最详细的磁法测量之一，直升机的飞行高度为距地面 30m、飞行线距为 25m，完成了 400 线 km 的测量任务，为 Rex 公司进一步圈定钻探靶区提供了重要的指导。

（3）为区域性勘查指明了方向。本次测量是在 Hillside 地区 10km^2 的范围内进行的，整个 Pine Point 铜带面积为 1000km^2，Rex 公司拥有约 60km^2 的矿权地，计划下一步将采用高分辨力航磁测量对整个矿权地进行覆盖。

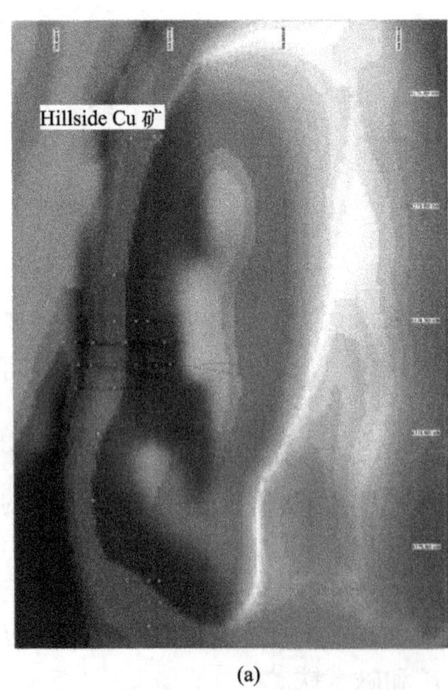

(a)

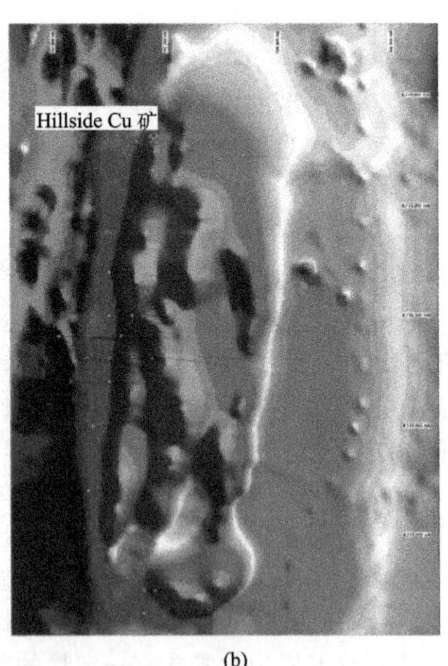

(b)

图 8.4 澳大利亚南澳 Hillside 矿区航磁异常等值线图（引自 Rex 公司 2009 年年报）

政府机构以 400m 飞行线距获得的航磁异常（a）和 Rex 公司以 25m 飞行线距获得的航磁异常图像（b）的对比

8.3 电法测量

电法测量（electrical surveys）是通过仪器观测人工的、天然的电场或交变电磁场，根据岩石和矿石的电性差异分析和解释这些场的特点和规律，达到矿产勘查的目的。电法利用直流或低频交流电研究地下地质体的电性，而电磁法是利用高频交流电达到此目的。利用岩石和矿物电导性高度变化的特点，发展了多种电法测量技术，包括电阻率测量法、充电法、自然电场法、激发极化法、电磁法等，本书只对电阻率测量法、激发极化法以及电磁法作简要介绍。

8.3.1 电阻率测量法

1. 电阻率测量法的基本概念

当地下介质存在导电性差异时，地表观测到的电场将发生变化，电阻率测量法就是利用岩石和矿石的导电性差异来查找矿体以及研究其他地质问题的方法。电阻率是表征物质电导性的参数，用 ρ 表示，单位为 Ω · m。

根据地下地质体电阻率的差异而划分出电性层界线的断面称为地电断面。由于相同的地层，其电阻率可能不同，不同的地层，其电阻率又可能相同，所以，地电断面中的电性层界线不一定与地质剖面中相应的地质界线完全吻合，实际工作中要注意研究地电断面与地质剖面的关系。

另外，由于地电断面一般都是不均匀的，将不均匀的地电断面以等效均匀的断面来替代，所计算出的地下介质电阻率不等于其真电阻率，而是该电场范围内各种岩石电阻率综合影响的结果，故称为视电阻率。由此可见，电阻率测量法更确切地说应该是视电阻率测量法。

电阻率测量技术是利用两个电极把电流输入地下并在另两个电极上测量电压而实现的。可以采用各种不同的电极布置形式，并且在所有情况下都可以计算出地下不同深度的视电阻率，利用这些数据可以生成真电阻率的地电断面。

矿物中金属硫化物和石墨是最有效的电导体，含孔隙水的岩石也是良导体，而且正是由于岩石中孔隙水的存在使得电法技术的应用成为可能。对于大多数岩石而言，岩石中孔隙发育程度以及孔隙水的化学性质对电导性的影响大于金属矿物粒度对电导性的影响，如果孔隙水是卤水，电法的效果最好；只含微量水分的黏土矿物也容易发生电离。表 8.4 列出了一些常见岩石和矿物的电阻率，由于孔隙水的存在及其含盐度的差异，表中同类岩石或矿物呈现很大的电阻率变化区间。

表 8.4　常见岩石和矿物的电阻率

常见的岩石类型	电阻率/(Ω · m)	常见矿物	电阻率/(Ω · m)
表土层	50～100	磁黄铁矿	0.001～0.01
风化基岩	100～1000	方铅矿	0.001～100
黏土岩	1～100	黄铜矿	0.005～0.1
砂岩	200～8000	黄铁矿	0.01～100
灰岩	500～10000	闪锌矿	1000～1000000
花岗岩	200～100000	磁铁矿	0.01～1000
辉长岩	100～500000	赤铁矿	0.01～1000000
玄武岩	200～100000	锡石	0.001～10000

续表

常见的岩石类型	电阻率/(Ω·m)	常见矿物	电阻率/(Ω·m)
板岩	500～500000	斑铜矿	10^{-6}～10^{-5}
石墨片岩	10～500	辉铜矿	10^{-8}～1
绿片岩	500～200000	铬铁矿	1～1000000
石英岩	500～800000		

2. 电阻率测量法的布设

电阻率测量法的目的是圈定具有电性差异的地质体之间的垂直边界和水平边界，一般采用垂直电测深法和电剖面法的布设方式来实现。

(1) 垂直电测深法（vertical electrical sounding）：垂直电测深法是探测电性不同的岩层沿垂向方向的变化，主要用于研究水平或近水平的地质界面在地下的分布情况。该方法采用在同一测点上逐次加大供电极距的方式来控制深度，逐次测量视电阻率 ρ 的变化，从而由浅入深了解剖面上地质体电性的变化。电测深有利于研究具有电性差异的产状近于水平的地质体分布特征，这一技术广泛应用岩土工程中确定覆盖层的厚度以及在水文地质学中定义潜水面的位置。

(2) 电剖面法（electrical profiling）：电阻率剖面法的简称，这种方法用于确定电阻率的横向变化。它是将各电极之间的距离固定不变（也即勘查深度不变），并使整个或部分装置沿观测剖面移动。在矿产勘查中采用这种方法确定断层或剪切带的位置以及探测异常电导体的位置。在岩土工程中利用该法确定基岩深度的变化以及陡倾斜不连续面的存在。利用一系列等极距电剖面法的测量结果可以绘制电阻率等值线图。

电阻率测量法要求输入电流和测量电压，由于电极的接触效应，同一对电极不能满足这一要求，而需要利用两对电极（一对用作电流输入，另一对用作电压测量）才能实现。根据电极排列形式不同，电剖面法主要分为联合剖面法和中间梯度法等。

联合剖面法采用两个三极装置排列（三极装置是指一个供电电极置于无穷远的装置）联合进行探测，主要用于寻找产状陡倾的板状（脉状）低阻体或断裂破碎带。

中间梯度法的装置特点是供电电极距很大（一般为覆盖层厚度的 70～80 倍），测量电极距相对要小得多（一般为供电电极距的 1/30～1/50），实际操作中供电电极固定不变，测量电极在供电电极中间 1/3～1/2 处逐点移动进行观测，测点为测量电极之间的中点。中间梯度法主要用于寻找诸如石英脉和伟晶岩脉之类的高阻薄脉。

电阻率测量法的测网密度需根据勘查目标和工作比例尺确定（表 8.5）。

表 8.5 不同比例尺电剖面法测网布置密度

比例尺	线距/m	点距/m
1∶25000	250	100
1∶10000	100～200	50～80
1∶5000	50～100	20～40
1∶2000	20～40	10～20

资料来源：李世峰等，2008

3. 电阻率数据的定性解读

由于电法勘查的理论基础很复杂，因而在地球物理勘查中电法测量结果最难于进行定量解读的。在电阻率测量法结果的解释中，对于垂直电测深结果的数学分析方法已经比较成熟，而电剖面测量结果的数学分析相对滞后。

利用电测深获得的视电阻率数据可以绘制相应的视电阻率地电断面等值线图（图 8.5）、视电阻率平面等值线图等，借助于这些图件分析勘查区的地质构造、地层（含水层）的分布特征等。

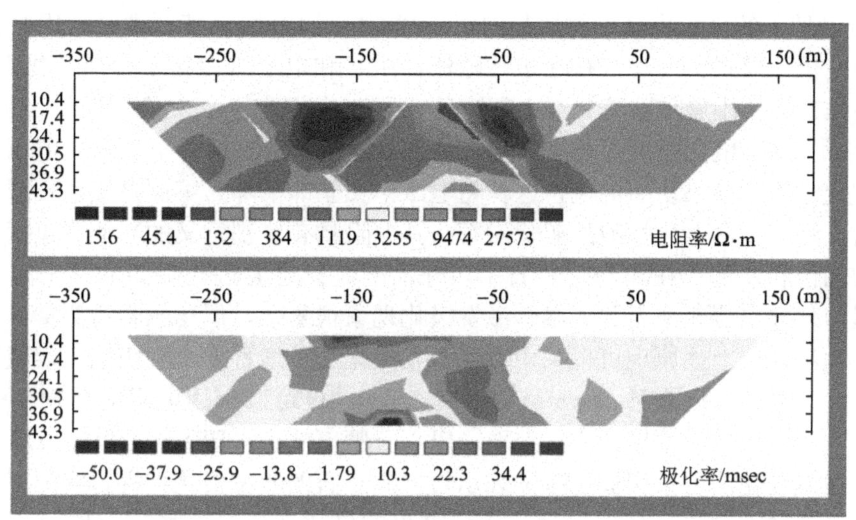

图 8.5　根据偶极-偶极电阻率-激发极化测量结果绘制出的电阻率视剖面（上图）和极化率视剖面（下图），电极距为 1～5m（Ford et al.，2008）

联合剖面法的成果图件主要包括视电阻率剖面图、视电阻率剖面平面图，以及视电阻率平面等值线图等，利用这些图件可以确定异常体的平面位置和形态，并可进行定性分析：

（1）沿一定走向延伸的低阻带上各测线低阻正交点位置的连线一般与断层破碎带有关；

（2）沿一定走向延伸的高阻异常带，多与高阻岩墙（脉）有关。需要指出的是，地下巷道、溶洞等也具有高阻的特征，应注意区分；

（3）没有固定走向的局部高阻或低阻异常与局部不均匀体有关。

4. 电阻率的应用

这种方法既可以直接探测矿体（如密西西比河谷型硫化物矿床），也可用于定义勘查目标的三维几何形态（如金伯利岩筒）；电阻率测量法还可用于绘制覆盖层厚度图。

电阻率测量法应用于水文地质研究，可以提供地质构造、岩性以及地下水源的重要信息。电阻率测量法也广泛应用于工程地质研究，电测深是一种非常方便的、非破坏性的确定基岩深度的方法，并且能够提供地下岩石含水性的信息；电剖面法可用于确定探测深度之间基岩的变化，并且能够显示地下可能存在不良地质现象。

尽管电阻率测量法在圈定浅部层状岩系以及垂向电阻不连续面是一种有效的方法。然而，这种方法在使用上有许多限制，主要表现在：①电阻数据具多解性；②地形和近地表电阻变化可能屏蔽深部电阻变化；③电阻率测量法的有效深度大约为 1km。

8.3.2　激发极化法

1. 激发极化法的基本概念

当施加在两个电极之间的电压突然断开时，用于监测电压的两个电极并没有瞬间降低为零，而是记录了一个由初始的快速衰减其后为缓慢衰减的过程；如果再次开通电流，电压开始为迅速增高其后转为缓慢增高，这种现象称为激发极化（induced polarization，IP）。

IP 法测量地下的极化率（即物质趋向于持续充电的程度）。其原理是利用存在于矿化岩石中的两种电传导模式：离子（存在于孔隙流体中）和电子（存在于金属矿物中），若在含有这两类导体的介质中施加电流，在金属矿物表面就会发生电子交换，引起（激发）极化，形成电化学障。这种电化学障提供了两种有用的现象：①需要额外电压（超电压）来传送电流通过该电化学障，如果切断电流，这种超电压不会立即下降为零而是逐渐衰减，使电流能在短时间内流动；②具电化学障的矿化岩石，其电阻具有鉴别意义的特征，包括与外加电流频率有关的相位和差值。在非矿化岩石中，外加电流只是通过孔隙间的离子溶液传导，因此，其电阻与外加电流频率无关。尽管激发极化现象很复杂，但比较容易测量。

激发极化法根据上述原理可以采用直流激发极化法，这种技术利用电压衰减现象，其观测值以时间域的方式，以毫秒（msec）为单位表示；也可以利用电阻对比现象采用交流激发极化法，其观测值以频率域的方式获取，以百分频率效应（PFE）为单位表示。

在直流激发极化法中，用极化率 η 表示岩（矿）石的激发极化特性，实际工作中，由于地下介质的极化并不均匀且各向异性，所计算出的极化率值是电场有效作用范围内各种岩（矿）石极化率的综合影响值，称为视极化率值 η_s。

2. 激发极化法测线的布设

激发极化法测量是沿着垂直于主要地质走向等间距布设测线，采用两个电流电极将电流注入地下，利用两个电压电极测量衰减电压，同时还可以测量电阻率。电极布置可以采用多种方式，如单极-偶极排列（梯度排列）、偶极-偶极排列等。改变电极之间的距离可以获得不同深度的测深结果，从而可以绘制出电阻率和极化率随深度变化而变化的图像。对于偶极-偶极测量来说，电极对之间的距离保持不变，增加电压电极和电流电极之间的间隔，这种间隔是以电压电极之间距离的整数倍（n）增加的。

激发极化法测量结果一般绘制成极化率视剖面图（图 8.5 和图 8.6）。视剖面图能够表现极化率相对于深度以及电极距的变化，反映导体的几何形态。视剖面图的具体做法是利用 3～4 种电极距所获得的 IP 观测值（视电阻率值），以供电偶极的中点和测量偶极中点的连线为底边作等腰三角形，取直角顶点为记录点，并将相应的 IP 观测值（视电阻率值）标在旁边，同理，当改变电极距（n）时可作出同一测点不同 n 值的直角顶点，同时标出相应的观测值，然后绘制成等值线图或晕渲图。埋藏较浅的小规模导体趋向于生成所谓的“裤腿状”异常，如图 8.6 所示。

3. 激发极化法的应用

电法测量中，激发极化法是矿产勘查中应用最广的一种地面地球物理技术。最初设计这

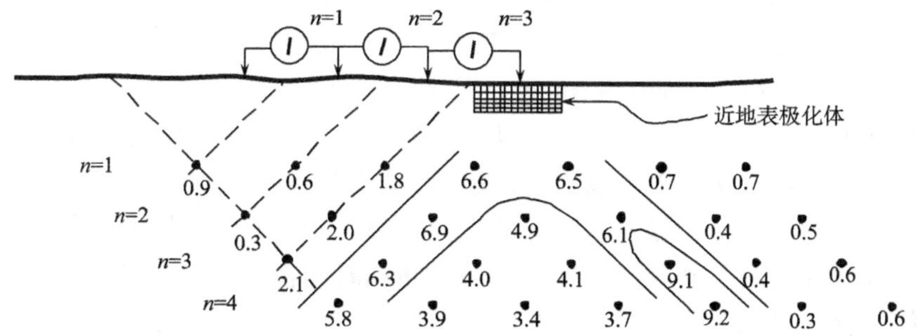

图 8.6　IP 视剖面图，说明与某个埋藏较浅的导体有关的极化率变化和“裤腿状”异常（Moon et al.，2008）

种技术是用于寻找浸染状硫化物矿床，尤其是斑岩铜矿，但不久就发现这种方法比常用的电阻法更能在层状、块状硫化物矿床以及脉状矿床中显示有特征意义的异常（理论上，导电的块状硫化物矿化只能产生微弱的 IP 响应，但实际上，IP 法在勘查块状硫化物矿床的效果也很好，这是因为块状硫化物成分比较复杂）。

激发极化法是一种特殊类型的电法测量，它实际上是目前唯一的一种能够直接探测隐伏的浸染状硫化物矿床的地球物理方法。

除闪锌矿外，所有常见的硫化物都是电导体；大多数具金属光泽的矿物也都是电导体，包括石墨和某些类型的煤；一些不是电导体但具有不平衡表面电荷的黏土矿物也能产生效应（地质噪声）。一些具有阻挠特性，使用相角关系的措施，如采用（光谱激发极化法），能够判别出金属矿物和非金属矿物发出的信号。激发极化法应用的另一个限制是成本较高。

4. 电法的适用条件

电法测量技术要求一台能够输出高压的发电机以及直接置于地下的传送输入电流的电极，并且需要沿着地面布置的一系列接收器测量电阻或极化率（充电率）。因而，电法测量是相对费钱费力的技术，主要用于具有金属硫化物矿床潜力的勘查区内直接圈定目标矿床。

应用电法测量有可能会遇到输入电流短路的问题，导致短路的原因可能是在深度风化地区含盐度较高的地下水引起的。如上所述，电法测量结果解释过程中可能会遇到的问题是：除了块状和浸染状硫化物矿体会产生低电阻或高极化率外，岩石中还有其他可能产生类似响应的带，如石墨带。因此，在结果的解释中应结合工作区的地质特征进行排除。

电法测量的有效探测深度在 200～300m 内，适合于近代抬升和剥蚀的地区，因为在这些地区，新鲜的、风化程度较弱的岩石相对接近于地表。

电法测量目前只能在地面使用，不能用于航测。地面电法测量的主要优点是能够直接与地面接触，因此，电法测量在详细勘查中应用广泛。

8.3.3　电磁法测量

1. 电磁法测量的工作原理

电磁法是电法勘查的重要分支技术，它主要利用岩石（矿物）的导电性、导磁性和介电性的差异，应用电磁感应原理，观测和研究人工或天然形成的电磁场的分布规律（频率特性和时间特性），进而解决有关的各类地质问题。

电磁法测量（electromagnetic surveys，EM）的目的是测量岩石的电导性，其原理或者是利用天然存在的电磁场或者是利用一个外加电磁场（一次场）诱发电流通过下部的电导性或磁导性岩（矿）石产生次生电磁场（二次场），从而导致一次场发生畸变。一般说来，一次场和二次场叠加后的总场在强度、相位和方向上与一次场不同，因此，研究二次场的强度和随时间衰变或研究总场各分量的强度、空间分布和时间特性等，可发现异常和推断地下电导体或磁导体的存在（图 8.7）。

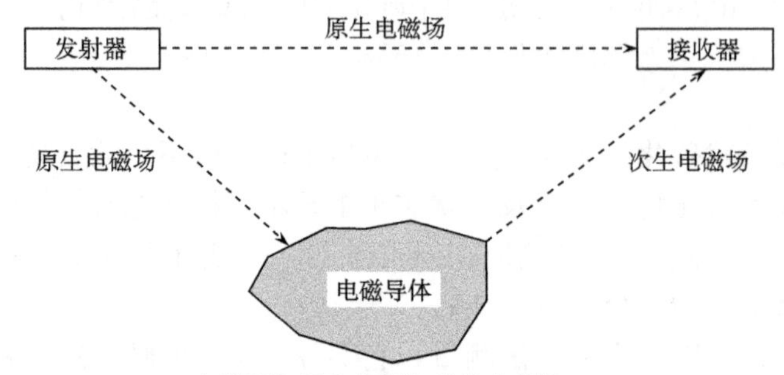

图 8.7 电磁法工作原理示意图

发射回路（TX）中的电流随时间变化（振动）产生原生磁场，同样，原生磁场也随时间变化，从而在导体（矿体）中感应出次生磁场；次生磁场通过闭路线圈（RX）时，随时间变化产生次生电压，测量次生电压就能获得导体的大小和位置的信息

一次场是使交流电通过导线或线圈产生，这种导线或线圈既可以布设在地面也可以安装在飞机上；在电导性岩石中诱发的电流会产生二次场。一次场和二次场之间的干扰效应提供了确定电导性或磁导性岩（矿）体的手段。

2. 岩石（矿物）的电导率

电导率是表征物质电导性的另一个参数，以西/米（Siemens/m）为单位进行度量；电导率与电阻率互为倒数关系，这两个术语都很常用。不同类型岩石和矿物之间的电导率差异相当大，诸如铜和银之类的自然金属是良导体，而诸如石英之类的矿物实际上不具有电导性。岩石和矿物的电导性是一种十分复杂的现象，电流可以以电子、电极或电介质三种不同方式进行传导。

花岗岩基本上不导电，而页岩的电导率在 0.5～100mS/m 内变化。岩石中含水量的增加其电导率将显著增大，如湿凝灰岩和干凝灰岩的电导率可以相差 100 倍（Telford et al.，1990）。不同类型岩石之间的电导率值域存在重叠现象，块状硫化物的电导率值域可能覆盖诸如石墨和黏土矿物之类的其他非矿化岩石。导电的覆盖层，尤其是水饱和的黏土层可能足以屏蔽下伏块状硫化物的电磁异常。

表 8.6 列出了常见岩石和矿物的电导率，块状硫化物、石墨以及卤水具有较高的电导率（超过 500mS/m）；沉积岩、风化岩石、围岩蚀变带以及淡水的电导率位于 1～500mS/m 的中等电导率区间；火成侵入体以及变质岩的电导率较低（低于 1.0mS/m）。

表 8.6　部分岩石和矿物的电导率

岩石类型	电导率/(mS/m)			矿物名称	电导率/(mS/m)		
	最小	最大	平均		最小	最大	平均
砂岩	1	20		黄铜矿	116.55	707	
页岩	30	200		方铅矿	115.44	158.8	
灰岩	0.01	1		黄铁矿	172	874.7	
砾岩	0.1	1		磁黄铁矿	540	656.3	
含铁建造	0.05	3300		闪锌矿	0.08	388.5	
流纹岩			0.04	磁铁矿			205.4
辉绿岩			0.03	石墨	108	389	
玄武岩			0.2	煤	2	100	
辉长岩			0.02				
夕卡岩			1.25				
角岩			0.05				

3. 电磁法的应用

电磁法测量系统对于位于地表至 200m 深度范围内的电导性矿体最有效。虽然从理论上讲，较高的一次场强和较大间距的电极可以穿透更大的深度，但是，对 EM 观测结果的解释过程中遇到的问题将会随穿透深度的增加呈对数方式增多。一般来说，地面电磁法的有效探测深度大约为 500m，航空电磁法的有效探测深度大约为 50m；最后，电磁法数据的定量解释比较复杂。

电磁法借助于地下硫化物矿体周围产生的电导异常探测各种贱金属硫化物矿床。航空电磁测量和地面电磁测量结果都可以绘制出地下硫化物矿体的三维图像，从而提供钻探靶区。

电磁法测量尤其适合于探测由黄铁矿、磁黄铁矿、黄铜矿，以及方铅矿等矿物组成的块状硫化物矿床，这些矿物紧密共生形成致密块状矿体，犹如一个埋藏在地下的金属体。需要指出的是，如果块状硫化物矿体中闪锌矿含量较高，由于闪锌矿为不良导体，矿体可能只表现为弱的 EM 异常。

地面电磁测量技术的费用相对较高，一般是在勘查区内用于圈定特殊矿化类型的钻探靶区时使用。这种技术也可以在钻孔测井中应用，用于测量钻孔与地表之间或两相邻钻孔之间通过的电流效应。航空电磁法既可以用于矿床靶区圈定，也可用于辅助地质填图。

EM 结果解释过程中经常出现的问题是因为许多矿体围岩可能产生与矿体本身相似的地球物理响应；充水断裂带、含石墨页岩以及磁铁矿带都能产生假的电导异常；风化程度很深的地区或含盐度很高的地下水都有可能导致电磁法测量失效或者造成观测结果难以解释。正因为如此，在新鲜岩石露头发育较好或风化程度较低的地区应用 EM 技术效果更好。

EM 测量在矿产勘查中都是很常用的技术，如果在具有电导性的贱金属矿床和电阻性围岩之间或者厚度不大的盖层之间存在明显的电导性差异，那么，利用电磁法测量能够直接探测导电的基本金属矿床。这一技术在北美和斯堪的纳维亚地区应用比较成功。许多其他电导源，包括沼泽、构造剪切带、石墨等电导体，在 EM 异常解释中构成主要的干扰源。

8.4 重力测量

8.4.1 重力测量的基本概念

1. 重力测量的基本原理

重力测量（gravity surveys）的基本原理是利用地下岩石、矿石之间存在的密度差异而引起地表局部重力场的变化，通过仪器观测地表重力场的变化特征及规律，进行找矿或解决重要的地质构造问题。主要应用于铁、铜、锡、铅、锌及盐类、能源矿产的找矿、调查或了解大地构造的形态等方面。

重力方法是测量地下岩石密度方面的横向变化，所采用的测量仪器称为重力仪，实际上是一种灵敏度极高的称量器，通过在一系列的地面测站称量标准质量，利用重力仪能够探测出由地壳密度差异引起的重力方面的微细变化。像磁法数据一样，重力异常也可采用重力等值线图或彩色图像表示。

地球表面重力的平均值为 $9.8\mathrm{ms}^{-2}$，由地下密度变化引起的重力变化大约为 $100\mu\mathrm{ms}^{-2}$，因而，采用较小的单位表示重力变化更加方便，即重力单位以 $\mu\mathrm{ms}^{-2}$ 表示。陆地上重力测量的精度可以达到 $\pm 0.1\mu\mathrm{ms}^{-2}$，海面上重力测量精度可以达到 $\pm 10\mu\mathrm{ms}^{-2}$。重力的厘米克秒制单位为毫伽（mgal，$1\mathrm{mgal}=10^{-3}\mathrm{gal}=10^{-3}\mathrm{cms}^{-2}=10\mu\mathrm{ms}^{-2}$，或者 $9.8\mathrm{ms}^{-2}=9.8\times 10^{-5}\mathrm{mgal}$）。

2. 岩石（矿物）的密度

在所有的地球物理参数中岩石密度是变化程度最小的变量，大多数常见岩石类型的密度为 1.60～3.20g/cm^3。

岩石的密度与其孔隙度和矿物成分有关。在沉积岩中孔隙度的变化是导致密度变化的主要原因，从而，在沉积岩序列中，由于压实作用导致密度随深度的增加而增大，由于渐进胶结作用致使时代越老的岩石密度越大。

大多数岩浆岩和变质岩的孔隙度极低，其成分是引起岩石密度变化的主要因素。一般来说，密度随岩石酸性增加而降低，从而，从酸性岩、中性岩、基性岩-超基性岩密度逐渐增大。

根据表 8.7，辉长岩的密度为 2.7～3.4g/cm^3，花岗岩为 2.4～3.1g/cm^3；泥质沉积岩的密度为 2.1～2.8g/cm^3，灰岩为 2.3～3.0g/cm^3；方铅矿的密度为 7.4～7.6g/cm^3，磁铁矿为 4.8～5.2g/cm^3，黄铁矿为 4.9～5.2g/cm^3，磁黄铁矿为 4.3～4.8g/cm^3，黄铜矿为 4.1～4.3g/cm^3。由于诸如此类的密度差异，可以利用重力测量圈定岩石构造和寻找大规模块状硫化物矿床。

表 8.7 部分常见矿物和岩石的密度

岩石名称	密度/(g/cm^3)	岩（矿）石名称	密度/(g/cm^3)	矿物名称	密度/(g/cm^3)
纯橄岩	2.5～3.3	大理岩	2.6～2.9	磁铁矿	4.8～5.2
橄榄岩	2.6～3.6	白云岩	2.4～2.9	黄铁矿	4.9～5.2
辉长岩	2.7～3.4	灰岩	2.3～3.0	赤铁矿	4.5～5.2
辉绿岩	2.9～3.2	页岩	2.1～2.8	方铅矿	7.4～7.6

续表

岩石名称	密度/(g/cm³)	岩（矿）石名称	密度/(g/cm³)	矿物名称	密度/(g/cm³)
玄武岩	2.6～3.3	砂岩	1.8～2.8	黄铜矿	4.1～4.3
玢岩	2.6～2.9	白垩	1.8～2.6	磁黄铁矿	4.3～4.8
安山岩	2.5～2.8	干砂	1.4～1.7	铬铁矿	3.2～4.4
花岗岩	2.4～3.1	黏土	1.5～2.2	钛铁矿	4.5～5.0
流纹岩	2.3～2.7	表土	1.1～2.0	钨酸钙矿	5.9～6.2
石英岩	2.6～2.9	煤	1.2～1.7	重晶石	4.4～4.7
片麻岩	2.4～2.9	褐煤	1.1～1.3	刚玉	3.9～4.0
云母片岩	2.5～3.0	锰矿	3.4～6.0	硬石膏	2.7～3.0
蛇纹岩	2.6～3.2	钾盐	1.9～2.2	石膏	2.2～2.4
千枚岩	2.7～2.8	铝矾土	2.4～2.5		

注：密度值的变化范围反映风化程度及孔隙度

资料来源：张胜业等，2004

3. 重力测量工作比例尺的确定

对于金属矿产勘查而言，要求以不漏掉最小有工业价值的矿体产生的异常为原则，即至少应有一条测线穿过该异常，所以线距应不大于该异常的长度，并且在相应工作成果图上，线距一般应等于 1cm 所代表的长度，允许变动范围为 20%。至于点距，应保证至少有 2～3 个测点在所确定的工作精度内反映其异常特征，一般为线距的 1/2～1/10。具体布设是可参照表 8.8 或中国地质调查局的《大比例尺重力测量规范》(DZ/T 0171—1997)。

表 8.8　不同比例尺重力测量的测网间距

比例尺	矩形测网		正方形测网
	线距/m	点距/m	线距=点距/m
1∶5 万	500	100～500	—
1∶1 万	100	20～50	—
1∶5000	50	10～20	30～40
1∶2000	20	5～10	10～20
1∶1000	10	2～5	5～10
1∶500	5	1～2	2～5

资料来源：罗孝宽等，1991

8.4.2　重力异常的解释

1. 异常解释过程中应注意的问题

（1）从面到点：对异常的解释一般是从读图或异常识别开始，即先把握全局，再深入到局部。不同地质构造单元内由于地质条件的差异而呈现不同的重力异常分布特征。所以首先对异常进行分区或分类，分析研究各区（类）异常特征与区域地质环境可能存在的内在联系，在此基础上才有可能进一步对各区内的局部异常作出合理的地质解释。

（2）从点至面：对异常的解释必须遵循从已知到未知的原则，因为相似的地质条件产生的异常也具有相似的特征，因而可以利用某一个点或一条线作控制进行解释，将获得的成功经验推广到周围条件相似地区的异常解译中去，或者是从露头区的异常特征推断邻近覆盖地区的异常成因解释。

（3）收集工作区内已有地质、地球物理、地球化学以及钻探资料，尽可能多地增加已知条件或约束条件，为重力异常解释提供印证、补充或修改。有条件时，应对所解释的异常进行验证，进一步深化异常的认识和积累经验。

2. 异常特征的描述

对于一幅重力异常图，首先要注意观察异常的特征。在平面等值线图上，对于区域性异常，异常特征主要是指异常的走向及其变化（从东到西或从南至北异常变化的幅度）、重力梯级带的方向及延伸长度、平均水平梯度和最大水平梯度值等；对于局部异常，主要指圈闭状异常的分布特点，如异常的形状、异常的走向及其变化、重力高还是重力低，以及异常的幅值大小及其变化等。

在重力异常剖面图上，应注意异常曲线上升或下降的规律、异常曲线幅值的大小、区域异常的大致形态与平均变化率、局部异常极大值或极小值幅度以及所在位置等。

3. 典型局部重力异常可能的地质解释

（1）等轴状重力高：可能反映的是囊状、巢状或透镜状的致密块状金属矿体，或反映镁铁质-超镁铁质侵入体，也有可能是反映密度较大的地层形成的穹窿或短轴背斜，还有可能是松散沉积物下伏的基岩的局部隆起。

（2）等轴状重力低：可能是盐丘构造或盆地中岩层加厚的地段的反映，或者是密度较大的地层形成的凹陷或短轴向斜，或者是碳酸盐地区的地下溶洞，也有可能是松散沉积物的局部增厚地段。

（3）条带状重力高：可能是由高密度岩性带或金属矿化带引起的重力异常，也可能是镁铁质岩墙的反映，或者是密度较大地层形成的长轴背斜构造等。

（4）条带状重力低：可能反映密度较低岩性带或非金属矿化带的展布特征，或者是侵入密度相对较大的围岩中的酸性岩墙，或者是密度较大地层形成的长轴向斜。

（5）重力梯级带：重力异常等值线分布密集并且异常值向某个方向单调上升或下降的异常区称为重力梯级带，可能反映垂直或陡倾斜断层的特征，或者是不同密度岩体之间的陡直接触带等。图 8.8 列举了在重力异常等值线图上指示断裂构造存在的一些标志。

8.4.3 重力测量与磁法测量的比较

Boyd（1997）对重力测量和磁法测量技术进行了如下几个方面的比较。

1. 重力测量和磁法测量的相似之处

（1）重力测量和磁法测量都属于被动地球物理勘查技术，即是利用这两种技术测量地球上天然发生的场：重力场或磁场。

（2）可以采用相同的物理和数学表达式理解重力和磁力。例如，用于定义重力的基本要

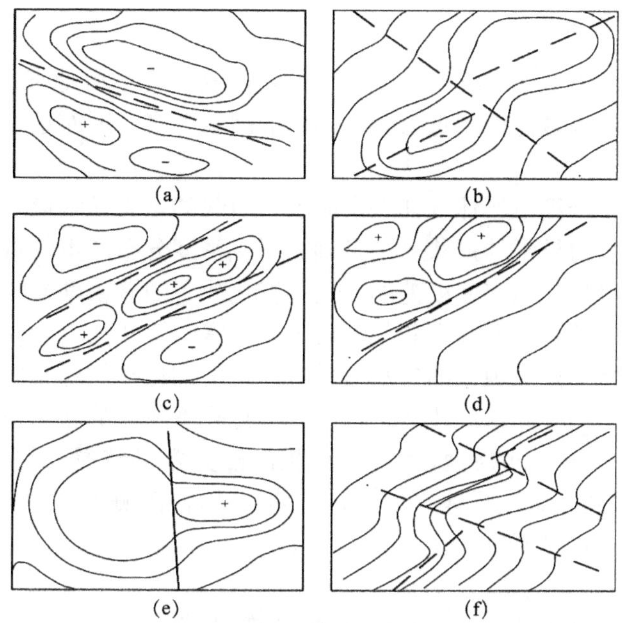

图 8.8　重力等值线图上断裂构造识别标志（刘天佑，2007）

(a) 线性重力高与重力低之间的过渡带；(b) 重力异常轴线明显错动部位；
(c) 串珠状异常的两侧或轴部所在位置；(d) 两侧异常特征明显不同的分界线；
(e) 封闭异常等值线突然变宽或变窄的部位；(f) 异常等值线同形扭曲部位

素是质点（point mass），同样的表达式可用于定义由基本地磁要素派生的磁力，只不过基本地磁要素不是称为质点，而是称为磁单极（magnetic monopole）；质点和磁单极具有相同的数学表达式。

(3) 重力和磁法测量的数据采集、处理及其解译原理都具有相似性。

2. 重力测量和磁法测量的不同之处

(1) 控制密度变化的基本参数是岩石密度，不同地区近地表岩石和土壤密度的变化非常小，一般观测到的最高密度为 $3g/cm^3$，最低密度大约为 $1g/cm^3$。同时，不同地区磁化率的变化可达 4～5 个数量级，这种变化不仅表现在不同的岩石类型中，而且同一种岩石类型的磁化率也存在显著变化，从而，在磁法测量中根据磁化率的估计来确定岩石类型是极其困难的。

(2) 磁力与重力不同，重力总是表现为引力，而磁力既可以是引力也可以是斥力，也就是说，数学上单极可以假设为正值也可以为负值。

(3) 与重力的情况不同，磁性单点源（单极）不能单独存在于磁场中，而是成对出现；一对磁单极（称之为双极）总是由一个正极和一个负极组成。

(4) 一个存在明显对比的重力场总是由地下岩石密度的变化产生的；然而，一个具有明显对比的磁场至少起源于两种可能性：可能由感应磁化也可能是由剩余磁化产生，而且，仅凭野外观测难于将二者区分开。

(5) 重力场不随时间的变化发生明显的变化；而磁场与时间显著相关。

3. 重力异常与磁异常的差异

(1) 重力异常是由于地下密度的变化产生的，而磁异常是由地下磁化率的变化引起的。由于控制磁异常形状的因素比控制重力异常形状的因素更多，因而难于直观地构建起磁异常的形状。

(2) 如果知道由一个简单形体（如一个质点）引起的重力异常形状，常常能够推断更复杂的密度分布之上的重力异常的形状。一旦确定了该密度分布产生的重力异常的形状，则可以合理地推断该异常将如何随着密度差的变化而变化或者随着密度差的深度变化而变化。此外，如果这种密度分布转移至地球上其他部位，其异常的形状也不会改变。

另一方面，磁异常与两个独立的参数有关，即地下磁化率的分布以及地磁场的方向，其中一个参数的变化将引起磁异常的改变。这实际上意味着相同的磁化率分布如果处于不同部位（如位于赤道部位和位于北极地区），其产生的磁异常形状是不同的。此外，不同方向（如东西向或南北向）的二维地质体（如脉状矿体），即便磁测剖面总是与矿脉的走向垂直，其所产生的磁异常形状也是不同的。

8.4.4 重力测量在矿产勘查中的应用

重力测量可用于探测相对低密度围岩中的相对高密度地质体，因而可以直接探测密西西比河谷型铅锌矿床、奥林匹克坝型矿床（又称为铁氧化物铜-金矿床，简称 IOCG)、铁矿床、夕卡岩型矿床、块状硫化物矿床（VMS 型矿床）等。

在地质情况比较清楚的地区，能够预测探测目标的大致密度和形状时，重力测量可直接用于寻找块状矿体。葡萄牙南部伊比利亚（Iberian）黄铁矿带中的一个最重要的矿床——内维斯科尔沃（Neves Corvo）块状硫化物矿床就是 1977 年在详细重力测量圈定的异常区内用钻探在 305m 深处揭露和确定的。重力测量受地形效应影响较大，尤其在山区，但在较深的地下坑道内，这种影响就会小得多。例如，在奥地利柏雷伯格（Bleiberg）地区采用重力测量圈定了高密度的铅锌矿带。

重力测量和磁法测量配合可以有效地识别从基性到酸性的各类隐伏侵入体。如果同步显示重力高和磁力高，而且异常强度和规模较大，则该异常可能是镁铁或超镁铁岩体所致；如果显示磁力高而且异常规模较大，重力只表现为弱异常，则有可能是中性侵入体；如果同步显示磁力低和重力低，而且异常规模很大，则有可能是酸性侵入体。

具一定规模的磁性铁矿体将同时在其周围空间激发起重力异常和磁异常，即所谓的重磁同现；而高密度但弱磁到无磁性的地质体，如石膏、基岩起伏，或具磁性但不具剩余密度差的地质体（如强磁性火山岩）都将引起单一的重力异常或磁异常，即所谓的重磁单现。重磁单现是指重力异常与磁场（包括正异常及伴随的负异常）在一起出现，并不是指两者的极大值重合（董英君，2006）。

在勘查基本金属矿床中，重力测量技术通常用于磁法、电法以及电磁法异常或者地球化学异常的追踪测量，尤其适合于评价究竟是由低密度含石墨体引起还是由高密度硫化物矿床引起的电导异常。重力测量也是用于探测基本金属硫化物矿床盈余质量（密度差）的主要勘查工具。重力数据还可以估计矿体的大小和吨位，重力异常还可以用于了解有利于成矿的地质和构造的分布特征。近年来，航空重力测量技术取得了显著进展。

重力测量最常用的功能是验证和帮助解释其他地球物理异常，它也被用于地下地质填图；重力法以及折射地震法的特殊功能是确定冲积层覆盖区下部基岩的埋深及轮廓，还可用于寻找砂矿床。

最适合于重力测量的条件主要包括：①作为研究对象的地质体与围岩之间存在明显的密度差异；②地表地形平坦或较为平坦；③工作区内非研究对象引起的重力变化较小，或通过校正能予以消除。

8.5　设计和协调地球物理工作

地球物理和矿产勘查关系十分密切，因此，勘查地质工作者要善于把两者的工作协调好。地球物理工作者根据地质解释选择野外方法和测线，而勘查地质工作者却要利用地球物理信息进行有关解释。

8.5.1　地球物理勘查的初步考虑

（1）地球物理勘查模型。基于矿床（体）的概念模型以及与工作有关的任何其他地质信息，可以预测一定的物性对比以及矿床可能产出的深度范围。一种地球物理模型可能是矿床发现模型；另一种模型是填图模型，目的在于确定岩性和构造的关键地质信息。

（2）目标。考虑成本、完成地球物理勘查工作的时间。在日程安排及地球物理勘查模型的组织范围内，制定出最佳的地球物理和地质工作程序。

例如，某单位 1964 年在某硫化铜镍矿成矿带上，做了大量的地质物化探工作。主要物化探方法有：次生晕、磁法、重力、自然电场法、激发极化法、视电阻率法等。他们这次找矿是成功的，查清了这个成矿带并找到了数个矿体，但仔细研究，有些方法效果重复，有的方法效果局限，还有的效果不佳。磁法和重力比较，在岩体上磁法有明显异常，在大的岩体上有重力异常，在小的岩体上则需仔细辨认；磁法速度快、成本低，室内工作量比重力的少，因此只选磁法就可以了。自然电场方法简单、速度快、成本低，但只对块状硫化物矿体有效，对浸染状硫化物矿体无效。激电对块状和浸染状硫化矿体都有效，视电阻率效果不佳。可见，只用磁法、次生晕和激电三种方法就可以完全解决问题（杨立德，2009）。

（3）工作程序。可能不止一个单位参加项目工作，为了使他们能建立起一个试验性程序以便发挥其作用，必须让他们了解工作区原有地球物理的控制程度以及现在的目的，并尽可能详细地阐明下列条件：①工作区的范围；②所要求地球物理工作的详细程度；③测线的方位以及测站的间距；④所要求地球物理工作覆盖的程度（完全覆盖或部分覆盖）；⑤各拟用地球物理技术所要求的精度；⑥测线控制要求的精度；⑦提交成果的范围和方式（即原始资料、等值线图、解释资料等），若需要解释资料，说明解释程度等；⑧地球物理工作的日程安排；⑨工作区的地形、气候、地质特征以及野外基地设施等。

8.5.2　地球物理工作开展前的准备

开展工作之前，勘查地质人员要与地球物理人员共同设计一个特殊工作项目，其内容包括以下 4 个方面。

(1) 由勘查地质工作者简要介绍：①工作区的地质条件。利用现有地质图，若可能的话，还可利用能指示不连续性和岩性对比的原有地球物理测量资料，详尽地把地质模型与物性（如密度、电导率、磁化率等）联系起来。②噪声来源。根据现有信息可以预测某些噪声来源，如具导电性的覆盖层，矿山、管道产生的人工噪声等。

(2) 共同编制工作进度表：由于季节、气候、设备故障等因素的影响，不可避免地会造成地球物理工作的某些延误。因而，工作进度安排具有应变性。此外，由于地球物理工作是用于建立工作区的地质图像，工作进展过程中可能会出现新的情况，需要补充一些测线；有时测线需要延拓至邻区；有时需要补充使用其他地球物理方法；地质填图范围可能需要扩大，以便与新的地球物理资料吻合。诸如此类，虽然不可能编入工作进度表中，但在考虑工作安排时必须预计这些可能发生的事件。

(3) 取样和试验：实验室确定地球物理参数的样品以及地球物理响应的模拟可以由地质人员来完成。此外，勘查地质人员和地球物理人员可以选择露头发育良好的部位进行踏勘；若要穿过已知矿体进行试点测量，勘查地质人员的任务是要识别工作区或类比区内具代表性的矿体。

(4) 地下信息：根据地层层序、深部取样以及已有剖面图上的重要信息，对地球物理工作以及对在最关键部位设计钻孔，以获得最重要资料的地质工作是十分重要的。在某些情况下，只要把钻孔再延伸几米就可穿透一个有意义、具物理特征的边界，或者施工一个成本较低的无岩心钻孔穿过覆盖层，即使它们与直接的地质目的没有什么关系，但在地球物理方面具有意义，这也是值得的。

8.5.3 地球物理测量期间的协调工作

(1) 把明显的异常进行分类，必要时进行一些特殊的地质工作来增强或证实初步的解释。

(2) 提供辅助的地球物理方法。在异常可由其他地球物理方法证实时，此项工作仍由现场的物探组完成。

(3) 延拓工作。有关勘查靶区范围的早期概念可能由于地球物理资料的充实而发生变化，从而需要调整勘查范围。

8.5.4 后续工作

野外工作完成后，地球物理工作者要对资料进行处理和解释；勘查地质工作者可能要求增强一些明显的信号以阐明某些特殊地区的可疑信息；可能需要进行附加的地质填图来证实地球物理解释。最后，可能选择合适的目标进行钻探。

地球物理测量是矿产勘查中了解深部地质情况的重要手段，地球物理测量和资料解释工作是一项十分复杂的任务，而且，如果没有地质指南的话，这项工作的价值将是有限的。勘查地质工作者也应该明白，如果没有地球物理方面的资料，其工作也会受到明显的限制。

本章小结

地球物理勘查技术取决于所探测的矿化与围岩之间存在显著的物性比对。在矿产勘查中，地球物理勘查资料可以为成矿地质环境分析提供补充性信息。例如，识别有物性差异的隐伏半隐伏构造、岩体、地层、推断基底埋深，以及进行盖层分层等；还可以为靶区圈定提供直接或间接的矿化信息。

本章旨在使读者了解地球物理勘查技术的基本原理、在矿产勘查中的应用、适用条件等。

讨 论 题

（1）磁法测量的原理、应用、适用条件、测量成果的解释。
（2）激发极化法的原理、应用、适用条件、测量成果的解释。
（3）重力测量的原理、应用、适用条件、测量成果的解释。
（4）对比重力异常和磁异常的解释技巧。

本章进一步参考读物

李世峰，金瞰昆，周俊杰. 2008. 资源与工程地球物理勘探. 北京：化学工业出版社
罗孝宽，郭绍雍. 1991. 应用地球物理教程——重力磁法. 北京：地质出版社
夏国治. 2004. 二十世纪中国物探（1930～2000）. 北京：地质出版社
叶天竺. 2004. 固体矿产预测评价方法技术. 北京：中国大地出版社
袁桂琴，熊盛青，孟庆敏等. 2011. 地球物理勘查技术与应用研究. 地质学报，85（11）：1744～1803
中国地质调查局. 2006. 中国地质调查局地质调查技术标准 DD2006-03. 岩矿石物性调查地质规程
Ford K，Keating P，Thomas M D. 2008. Overview of Geophysical Signatures Associated with Canadian Ore Deposits//Goodfellow W D，ed. Mineral Deposits of Canada：A Synthesis of Major Deposit-Types，District Metallogeny，the Evolution of Geological Provinces，and Exploration Methods. Special Publication 5，Mineral Deposits Division，Geological Association of Canada：937～971
Kearey P，Brooks M，Hill L. 2002. An Introduction to Geophysical Exploration，3rd edition. Paris：Blackwell Science Ltd

第9章　地球化学勘查技术

9.1　概　　述

9.1.1　地球化学勘查发展历史简述

现代地球化学勘查始于苏联，他们在20世纪30年代即已开展了系统地研究。第二次世界大战后，这些技术传入西方并得到了进一步发展，至70年代，地球化学勘查已成为最有效的勘查手段之一。地球化学勘查技术迅速发展的推动力在于认识到：①大多数金属矿床的围岩中都存在微量元素异常富集的晕圈；②诸如冰碛物、土壤、泉水、河水、河流沉积物之类物质中微量元素的异常富集来源于矿床的风化剥蚀；③发展了适合检测天然介质中含量较低（几个ppm[①]甚至几个ppb[②]）的元素和化合物的快速、精确的化学分析方法；④利用计算机辅助的化探资料统计技术处理和评价方法大大增强了地球化学勘查的效率；⑤在国外，随着直升机和诸如覆盖层钻进设备的使用，取样效率不断提高；⑥研究自然地理景观对地球化学勘查的影响方面取得了重要进展，从而可以针对一定的野外条件选择最有效的野外技术和解释方法。

9.1.2　地球化学勘查的基本原理和概念

矿床代表地壳某个相对有限的体积范围内某一特殊元素或元素组合的异常富集。大多数矿床都存在一个中心富集区，在中心富集区内有用元素常常以质量百分数（贵金属以ppm）的数量级富集达到足以能够经济开采的程度；远离中心区有用元素含量一般呈现降低趋势，达到以ppm（贵金属以ppb）级度量的程度（但其含量明显高于围岩的正常背景水平），有用元素的这种分布规律为探测和追踪矿床提供了地球化学勘查的途径。

地球化学勘查的基本原理是矿化带内的与成矿有关的微量元素由于热液、风化剥蚀、地下水渗滤等作用而扩散到周围地区。在水系沉积物地球化学勘查中，这一原理意味着地球化学异常的源区可能位于汇水盆地内的任何部位；在土壤地球化学取样和岩石地球化学取样中，采样网格定义了潜在的异常源区，网度的设计意味着源区的地球化学晕至少大于采样间距的假定，因此，要求深入了解不同元素的搬运机理才能够比较准确地估计地球化学晕的分布范围。

利用矿床附近的天然环境中一定元素或化合物的化学特征一般不同于非矿化区相似元素或化合物的化学特征的原理，地球化学勘查技术可以通过系统测量天然物质（岩石、土壤、河流和湖泊沉积物、冰川沉积物、天然水、植被以及地气等）中的一种或多种元素或化合物的地球化学性质（主要是元素或化合物的含量）发现矿化或与矿化有关的地球化学异常。

---

① 1ppm=10^{-6}。

② 1ppb=10^{-9}。

地球化学勘查建立在一些重要的基本概念之上，主要包括以下几个方面。

1. 地球化学景观

气候、地形、岩石、土壤、水和植被等自然要素的综合体称为自然地理景观，自然地理景观与化学元素迁移规律相联系即构成地球化学景观（geochemical landscape）。一般来说，同一地球化学景观带内，化学元素迁移条件和迁移规律具有相同或相似的特点。

2. 地球化学背景和异常

在地球化学勘查中将无矿地区或未受矿化影响的地区叫做背景区或正常区，背景区内天然物质中元素的正常含量叫做地球化学背景含量或地球化学背景（geochemical background），简称背景。背景不是一个确定的含量值，而是一个总体（见 14.1 节），该总体的平均值称为背景值；一个地区的地球化学背景可用背景值和标准差两个数值来描述。偏离某个区域（或某个地球化学景观区）地球化学背景的值称为异常值（anomalies），异常值分布的区域称为异常区。地球化学异常区按规模分下列 3 种。

（1）地球化学省：地球化学省是规模最大、含量水平最低的异常区，其范围可达数万平方千米或更大。如非洲的赞比亚，根据水系沉积物 Cu 含量大于 20ppm 圈出的铜地球化学省，面积为 8000 多平方千米，该国重要铜矿床几乎都赋存在该铜省内。地球化学省与成矿省紧密相关。

（2）区域性异常区：由矿田或大型矿床周围广大范围内的矿化引起的异常区，面积达数十至数百平方千米。

（3）局部异常区：分布范围较小的异常区，其异常元素含量水平最高。许多局部异常在空间和成因上与矿床密切相关，是地球化学勘查中研究和应用最多的一类异常。

3. 临界值和异常下限

通过采用设定临界值（threshold）的方式来确定地球化学异常，临界值标志着某个元素总体的上限和下限，换句话说，临界值所界定的区间内为背景，区间外为异常。矿产资源勘查过程中主要关注的是正异常，因而把背景的上临界值称为异常下限。不过，对于出现的负异常也应该引起我们的重视，如成矿过程中由于围岩蚀变发生元素亏损而产生负异常。

地球化学异常和背景一般都是根据经验进行划分的，Hawkes 和 Webb（1962）推荐了如下几种选择临界值的方法：

（1）采用试点测量确定局部临界值。即在已知矿化区和远离矿化区分别采集一定数量的样品，所获得的数据绘制成诸如直方图或累计频率图之类的统计图件，确定区分矿化区和非矿化区数据的最佳值作为临界值。

（2）将数据集（data set）按从小到大的顺序排列，选择靠前的占总数据个数 2.5%的数据作为异常值。

（3）采用数据集的“平均值±2 倍标准差”作为临界值。

（4）采用中位数±2 倍中位数绝对偏差。具体做法是将数据集按从小到大的顺序排列，先找出数据集的中位数，然后求出各数据与中位数之差并取绝对值，称为绝对偏差（absolute deviation），再将求出的绝对偏差排序，找出其中位数，称为中位数绝对偏差（median absolute deviation，MAD）。

（5）盒须图方法。有关盒须图的内容可参见《地学数据分析教程》（阳正熙等，2008）。

Reimann 等（2005）对上述估计临界值的方法进行了比较研究，给出了如下评述：

（1）第一种方法要求补充进行野外工作，但试点测量一般在地球化学勘查项目实施之前完成，而在项目分析数据出来后几乎不可能仅仅为了确定临界值再进行试点测量。

（2）第二种方法是利用了第 97.5 个百分位数，其依据是第三种方法中的“平均值＋2 倍标准差”原理。采用数据集总个数 2.5％的极值数据作为异常值的做法是有疑问的，因为不能解释为什么选取 2.5％的数据个数而不选取 5％、10％或者不选取（没有异常值）。如果需要采用百分位数，那么，第 98 个百分位数（即数据集总个数的 2％或 1∶50）作为背景值域与异常值域的分割点更容易被接受。

（3）第三种方法似乎更加严密些，但实际上，这种方法隐含着数据集服从正态分布的假设，这种方法的计算结果是大约有 4.6％的数据作为异常值（即正态分布曲线下两侧各有 2.3％的数据），为了满足正态分布的假设，需要将原始数据进行对数转换。显然，利用这种方法确定背景值总体的上下限也是有疑问的，因为如果异常指示的是矿化，那么异常值域和背景值域应该分属于不同的总体，而以数据集的平均值±2 倍标准差作为这两个总体边界（切割点）的估值就是不合理的。此外，如果数据集中异常值个数占的比例较大，这种方法也是不合理的。

根据统计学经验，单一总体的化探数据几乎都呈正偏斜分布，因而可将原始数据转换为以 10 为底的对数（lg）数据后，一般近似于服从对数正态分布。从理论上讲，异常下限值应取$\bar{x}+3s$（图 9.1），实际工作中，在试点测量阶段，可以采用$\bar{x}+3s$ 定义异常下限；如果没有进行试点测量，则只能利用$\bar{x}+2s$ 定义异常下限。值得注意的是，这里的$\bar{x}$应采用几何平均值，并可利用式（17.6）进行转换还原，s 为几何标准差，利用式（17.8）还原。然而，业已证明，大多数地球化学勘查数据集都位于正态分布和对数正态分布之间（Reimann and Filzmoser，2000）。

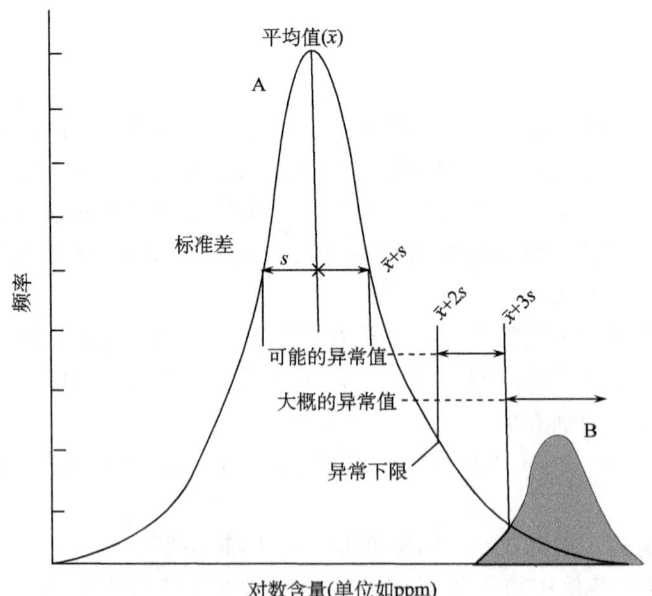

图 9.1　两个不同地球化学总体的频率分布图

地球化学数据的分布一般都呈对数正态分布，总体 A 可以看作为正常的地球化学背景；总体 B 可以看作为矿化区的表现（Pohl，2011）

(4) 中位数±2MAD 的方法求得的估值通常是最低临界值，因而采用这种方法所确定出的异常值个数最多，适合于呈正偏斜分布的数据集。由于这种方法在统计学上比较稳健(即不像平均值那样容易受极值的影响)，如果异常值的个数占数据集总数的 15%以上，这是唯一能够采用的方法。

(5) 盒须图的内限 (IQR=Q_3-Q_1之间的距离范围称为内限；式中 Q_3 为第三个四分位数，Q_1 为第一个四分位数，IQR 为第一和第三个四分位数之间的间距) 定义的临界值小于原始数据经对数转换后利用平均值±2 倍标准差求出的估值。盒须图也是一种稳健的统计方法，如果异常值个数低于数据集总数的 10%，采用盒须图方法是最合适的。此外，利用盒须图对数据进行初步分级用于编制地球化学色块图是非常有用的途径。

4. 原生晕和次生晕

矿床形成过程中成矿元素在矿体周围岩石中迁移扩散形成的元素相对富集区域 (异常区) 称为原生晕 (primary halo)，其富集过程称为原生扩散 (primary dispersion)。由于影响岩石中流体运移的物理和化学变量很多，导致原生晕分布的规模和形状变化相当大；一些原生晕在距离其相应矿体数百米的范围内即可能被检测出来，而有的原生晕只有几厘米的分布宽度。

矿床形成后由于风化剥蚀作用导致在风化岩石、土壤、植被以及水系等次生环境中迁移扩散形成元素的相对富集区 (异常区) 称为次生晕 (secondary halo)，其富集过程称为次生扩散。次生晕的形状和大小受许多因素的约束，其中最重要的也许是地形和地下水运动因素。

识别测区内元素扩散的主要机理有助于合理设计地球化学测量项目实施方案，导致元素迁移富集的过程主要是物理过程和化学过程。图 9.2 简要地阐明了元素扩散的基本过程。

图 9.2　元素扩散基本过程示意图

5. 靶元素和探途元素

地球化学勘查被认为是利用现代分析技术延伸了我们查明矿床存在能力的一种方法。矿床地球化学勘查是对天然物质进行系统采样和分析以确定派生于矿床的化学元素异常富集区。采样介质通常是岩石、土壤、河流沉积物、植被以及水等。所分析的化学元素可能是成矿的金属元素，称为靶元素 (target element)，或其他与矿床有关且容易探测的元素，称为探途元素 (pathfinder element)。靶元素和探途元素合称为指示元素 (indicator elements)。靶元素或探途元素的原生晕是在成矿过程中发育在主岩内的，原生晕的成分和分布与矿床类型有关。例如，斑岩铜矿可能具有平面上和垂向延伸 (深) 达数百米的原生晕；赋存有沉积型硫化物矿床的地层沿着层位方向可能具有大范围的金属异常富集带，但沿垂向上则迅速消失。发育在次生环境中的靶元素或探途元素扩散晕的分布范围通常都要比相应的原生晕大得多，因此，河流沉积物地球化学、土壤地球化学、地下水地球化学以及生物地球化学等手段能够探测到赋存在更远距离的矿床。因而，地球化学异常显著扩展了矿床目标的探测范围 (图 9.3)。随着迅速、灵敏、精确的分析方法的迅速发展，在矿产勘查中正日益广泛应用地球化学勘查技术。

选择探途元素要求建立预测矿床的成因模型。例如，砷在块状硫化物矿床中作为铜的探

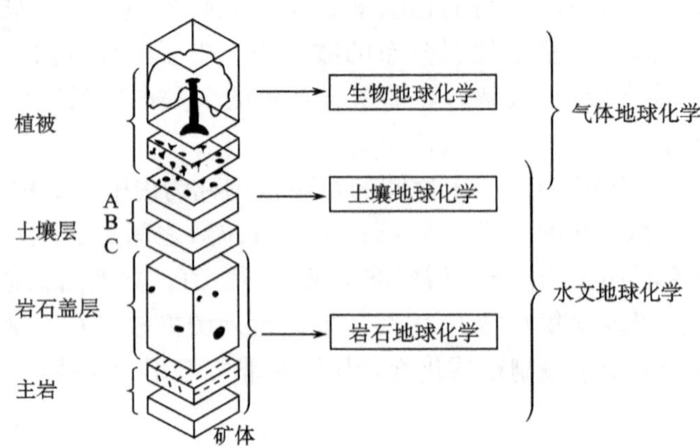

图 9.3　地球化学勘查技术以及探测原生和次生分散晕时所采集的地质物质
(Gocht et al., 1988)

途元素，但它并不是每类铜矿床的有效探途元素。表 9.1 列举了一些最常见矿床的靶元素和探途元素组合。

表 9.1　一些常见矿床的靶元素和探途元素组合

矿床类型	靶元素	探途元素
斑岩型铜矿	Cu、Mo	Zn、Au、Re、Ag、As、F
硫化物矿床	Zn、Cu、Ag、Au	Hg、As、S、Sb、Se、Cd、Ba、F、Bi
贵金属脉状矿床	Au、Ag	As、Sb、Te、Mn、Hg、I、F、Bi、Co、Se、Tl
夕卡岩型矿床	Mo、Zn、Cu	B、Au、Ag、Fe、Be
砂岩型铀矿	U	Se、Mo、V、Rn、He、Cu、Pb
脉状铀矿	U	Cu、Bi、As、Co、Mo、Ni、Pb、F
与镁铁-超镁铁杂岩体有关的矿床	Pt、Cr、Ni	Cu、Co、Pd
萤石脉状矿床	F	Y、Zn、Rb、Hg、Ba

6. 异常强度和异常衬度

异常强度（anomaly intensity）是指异常含量的高低或异常含量超过背景值的程度。异常区内某元素的平均值称为该元素的异常平均强度。

异常衬度（anomaly contrast）又称异常衬值，是指异常和背景之间的相对差异，它能反映异常的强度，通常有四种表现形式：

（1）某个元素含量值与其异常下限之比，这种方式求出的衬值≥1 即为异常值，可用于对比同一地区不同元素之间的异常强度。

（2）元素的峰值与异常下限之比。异常值中常常有多个峰值，如果这种形式的衬值持续存在，异常区就很容易圈定。例如，图 9.4 中可以估计铜的地球化学背景值域为 20～80ppm，地球化学异常值域为 80～300ppm。假设背景值为 50ppm，那么，图中峰值分别为 300ppm、220ppm、150ppm 以及 230ppm，其相应的衬值为 6∶1、4.4∶1、3∶1 以及 4.6∶1。

(3) 元素的异常值与其背景值之比，所得出的衬值为背景值的倍数。

(4) 异常平均强度与相应的背景值之比，可用于对比不同区域同一元素的异常强度。

有时候还可以利用原始衬度来反映勘查区的异常强度，所谓原始衬度是指矿体中成矿元素的平均值与围岩中该元素的背景值或异常下限值之比。

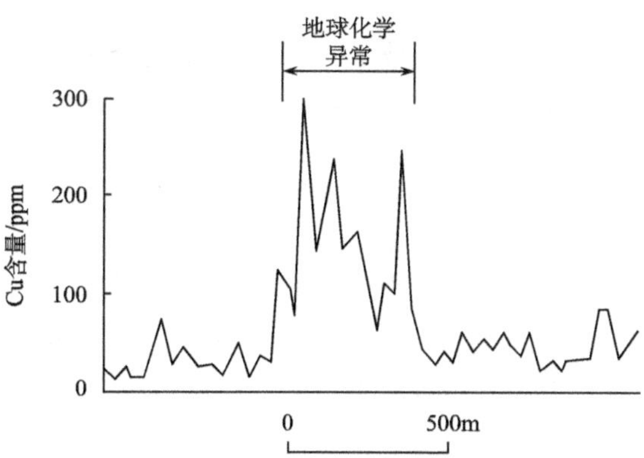

图 9.4　土壤地球化学勘查剖面铜含量变化曲线图

不同粒级的样品之间、上层土壤和下层土壤之间、河水与河流沉积物之间以及不同的化学分析方法之间所获得的元素含量，其异常衬值不同。显然，异常衬度越高，说明所采用的技术方案的效果越好，利用试点测量可以确定具有最高异常衬值的技术方案。

7. 试点测量

地球化学勘查项目的基础是系统的地球化学取样，从而必须从成本-效果的角度对采样介质、采样间距，以及分析方法等进行设计。地球化学勘查项目设计中一个重要的方面是评价在勘查区域内采用哪一种技术方案对于所寻找的目标矿种最有效，这一过程称为试点测量(orientation survey)，又称为技术试验或地球化学测量方法有效性试验。在试点测量阶段中，需要尽可能收集和研究勘查区内现有资料，对不同取样介质（岩石、河流沉积物、河水、土壤等）的取样方法进行试验，从所有的介质中采集代表性样品在实验室采用不同分析方法进行化学分析（包括在实验室采用多种分析方法对不同粒级的土壤或河流沉积物进行化学分析，旨在确定如何制备用于化学分析的样品以及采用哪一种化学分析方法）。试点测量的目的之一是建立勘查区内不同部位可能存在的化学元素含量的值域，并了解某种地球化学勘查方法在某个化学元素的异常值和背景值之间是否具有显著的衬值。不同部位采集的样品其衬值也不同，如上层土壤和下层土壤之间、河流水样和河流沉积物之间的衬值是不同的。从而，方法性试验是寻求为获得最大可能衬值的最佳取样方法和化学分析方法。

试点测量的另一个重要目的是利用精心设计好的取样方案确定最佳的技术参数（包括采样密度、采样物质的粒度、靶元素和探途元素等）、排除可能存在的隐患、为后续地球化学测量制订最佳的取样战略以及建立标准的操作程序、确保项目顺利开展。最好的试点测量是选择与目标矿床成矿地质条件类似而且地形条件与工作区也类似的远景区或矿区内对采用各种不同的采样方法进行试验，从中选择效果最佳的方法作为工作方法。

如果前人已在测区内或邻区开展过地球化学勘查工作，设计时其主要技术指标和方案可参照前人的工作成果。如果认为资料不足，可补做部分试点测量。前人未工作过的地区、特殊地球化学景观地区以及为寻找特殊矿种、特殊矿产类型为目的的地区，必须开展试点测量。试验内容包括：采样层位（深度），采样介质，样品加工方案，靶元素和探途元素的确定，采样布局，采样网度和方法等。地球化学背景和异常一般都是采用经验方式确定，而在试点测量中，可以利用典型背景区和已知矿化区采集的样品确定异常下限。

Stanley 等（2007）阐明利用试点测量的结果确定所采用地球化学勘查技术的效果（图 9.5）。图 9.5 (a) 中的直方图呈现高度的地球化学对比（异常衬值很大），样品值明确地归属于异常子总体或背景子总体，换句话说，样品分类明确，异常下限容易确定，说明试点测量中所采用的技术指标和方案是合理的。图 9.5（b）说明在样本值在一个连续区域内覆盖了异常和背景值域，其子总体显著叠加，异常衬值很低，有必要对取样过程进行评价。

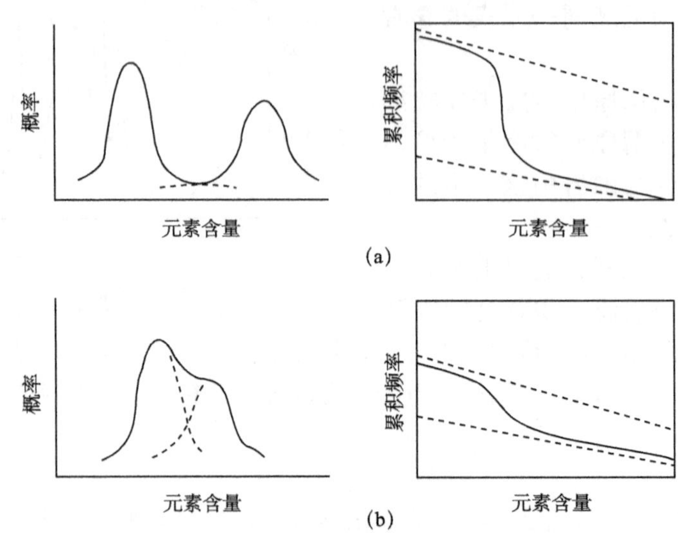

图 9.5 利用方法性试验数据绘制频率直方图（左侧图）及其相应的概率图（右侧图）的示例（Stanley et al.，2007）

（a）为双峰式分布，清晰地呈现出异常分总体和背景分总体，其地球化学衬度很高，能否圈定异常取决于样品是否布设在异常区（布尔型变量）；（b）中异常和背景分总体显著重叠，其地球化学衬度很低，需要采用另一种方法来评价勘查的效能

气候和地形控制着次生环境中元素的活动性。例如，在寒冷气候条件下，由于化学分解效果较差而且水系不发育，因而不容易形成发育较好的地球化学异常；在干燥、炎热的气候条件下（沙漠气候），化学分解效果也较差，由骤发洪水引起的扩散同样不会形成发育良好的地球化学异常；在赤道气候条件下，由于成矿元素的离解和淋滤非常彻底，以至于在风化岩石和土壤中没有保留下金属富集的痕迹。由上述可知，应用地球化学勘查技术的最好环境是，在位于温带气候且地形平缓的地区，由于气候温暖、水源丰富致使矿物被有效地分解，平缓的地形促使化学分解和次生扩散晕的发育。

地球化学勘查的部署采取从区域到局部的方式，一些发达国家还利用直升机辅助步行，从稀疏取样到密集取样演化。大多数地球化学勘查项目是从区域河流沉积物取样开始，然后是土壤取样，最后是岩石取样。地质填图和地球物理测量一般都与地球化学测量同步进行。

9.2 地球化学勘查的主要方法及其应用

根据采样介质的不同，地球化学勘查技术分为水系沉积物地球化学测量、土壤地球化学测量、岩石地球化学测量、水地球化学测量、生物地球化学测量、气体地球化学测量等。本节将对前三种方法作简要的介绍。读者若需进一步了解不同勘查阶段各种地球化学勘查技术的工作内容和技术要求，可参考本章后列出的相关技术规范以及有关地球化学勘查的文献。

9.2.1 河流沉积物取样法

以水系沉积物为采样对象所进行的地球化学勘查工作称为河流沉积物取样法（stream sediment sampling），其特点是可以根据少数采样点上的资料，了解广大汇水盆地面积的矿化情况。由于矿化及其原生晕经风化形成土壤，再进一步分散流入沟系，经历了两次分散，不仅异常面积大，而且介质中元素分布更加均匀，样品代表性强，可以用较少的样品控制较大的范围，不易遗漏异常。对于所发现的异常，具有明确的方向性和地形标志，易于追索和进一步检查。

河流沉积物是取样点上游全部物质的自然组成物，它们通过土壤或岩石的剥蚀以及地下水的注入而获得金属，这些金属可能赋存在矿物颗粒中，但它们更多的是存在于土粒中或岩石和矿物碎屑表面的沉淀膜上。表现地球化学异常的河道向下游都可能迅速衰减。因为许多河道都是稳定的，所以，从河流沉积物中取样是有效的，其单个样品点可以代表很大的汇水区域。故在某些地球化学省，每 100km 只采取一个河流沉积物样品；但更经常的是一个样品只代表几平方千米的地区，沿主要河流每 1km 取 2～3 个样品，而且取样点都布置在支流与主流汇合处的支流上。在详细测量河流沉积物时，沿河流每隔 50～100m 进行采样，在一般情况下，向着上游源区方向金属或重砂矿物含量增高，然后会突然降低，在河床狭长地带内形成水系沉积物异常，习惯上称为分散流（dispersion train）。发现矿化的分散流后，其所在的流域盆地，尤其是分散流头部所在的流域盆地便是与该分散流有成因联系的成矿远景区。

一般情况下，指示元素在分散流中的含量比在原生晕或土壤次生晕中的含量低 1～2 个数量级，因此，同一指示元素在分散流中的异常下限往往低于在土壤次生晕中的异常下限。细粒沉积物（<1.0mm）的分散流长度一般在 0.3～0.6km（小型矿床）和 6～8km（大型矿床）变化，最大长度可达 12km 以上（黄熏德等，1986）。

河流沉积物样品一般比土壤样品容易收集而且容易加工，然而，如果人们将各种废料都倾注于河流中，就会使沉积物混入杂物，影响取样效果，严重的甚至可使取样失败。

为了发挥河流沉积物取样的最大效益，应尽可能满足下列条件：

(1) 工作区应当是现代剥蚀区，发育了深切的河流系统。

(2) 理想的取样点应布置在面积相对较小的上游汇水盆地中的一级河流上，在二级或三级河流中，即使存在很大的异常区也会迅速稀释（图 9.6）。

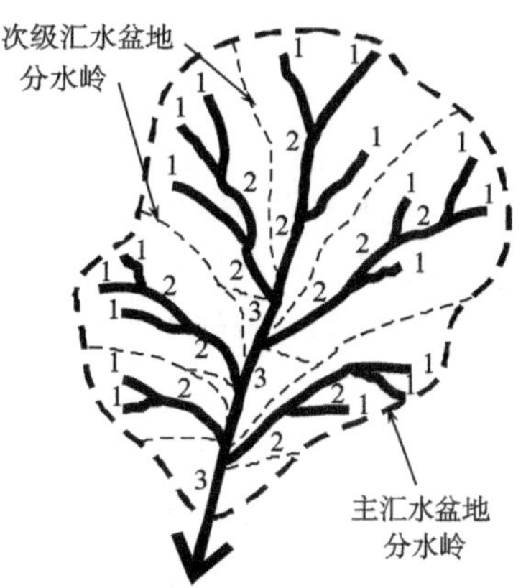

图 9.6 河流水系分级示意图

1 表示一级水系；2 表示二级水系；3 表示三级水系

(3) 在河流沉积物取样中，可以采集全部河流沉积物，或者某个粒级的沉积物，或者重砂矿物。在温带地区，细粒级河流沉积物中可以获得微量金属元素的最佳异常值/背景值衬度，这是因为细粒级沉积物含有大多数有机质、黏土，以及铁锰氧化物；含有卵石的粗粒级沉积物来源一般更为局限而且亏损微量元素。通常采集粉砂级河流沉积物（一般规定为 80 网目以下的样品），然而，应当通过试点测量来确定能给出最佳衬度的沉积物粒级。对于基本金属分析和地球化学填图而言，0.5kg 重量的样品就足够了，但如果是分析 Au，由于金粒的分布极不稳定，因而要求采集的样品重量要大得多。许多作者（Gunn，1989；Hawking，1991；Akcay et al.，1996）采集了 8～10kg 的－2mm 粒级的样品再进行缩分。

最常用的采样方法是在选定的位置上采集活性水系沉积物样品，最好是沿河流 20～30m 范围内采集多个小样品组合成一个样品，并且在 10～15cm 深度采样，目的是避免样品中含过多的铁锰氧化物。在快速流动的河流中，为了采集到适合化学分析的足够重量的样品（至少需要 50g，最好是 100g），必须采集较大体积的沉积物进行现场筛分。

（4）详细记录采样位置的有关信息，包括河流宽度和流量、粗转石的性质以及附近存在的岩石露头情况。这些信息在以后对化学分析结果进行研究以及选择潜在的异常值进行追踪调查时将是很重要的。

（5）异常值的追踪测量一般是采取对上游河流沉积物取样的方式，即沿着异常的河流，确定异常金属进入河流沉积物中的入口点，然后采用土壤取样方法进一步圈定来源区。

若河流沉积物中发现较多的重砂矿物存在，应对河流沉积物进行淘洗或加工。对所获重砂除进行矿物学研究外，还可进行化学分析，以查明重矿物中选择性增强的一定靶元素和探途元素的异常含量。重砂方法基本上是淘金方法的量化。水中淘洗常常需要把密度大于 $3g/cm^3$ 的离散矿物分离出来，除了贵金属外，淘洗还要检测富集金属的铁帽碎屑，如铅矾之类的次生矿物，如锡石、锆石、辰砂以及重晶石之类的难溶（稳定）矿物，以及多数宝石类矿物，包括金刚石。每一种重矿物的活动性都与其在水中的稳定性有关。例如，在温带地区硫化物只能够在其来源地附近的河流中淘洗到，而金刚石即使在河流中搬运数千千米也能够很好地保存下来。采集的样品通常要进行分析，即要对样品中重矿物颗粒进行计数。在远离实验室的遥远地区查明重砂矿物的含量是非常有用的，根据重砂异常有可能直接确定下一步工作的靶区。重砂取样的主要问题是淘洗，要达到技术熟练程度需要花几天时间实践训练。

河流沉积物测量一般可采用地形图定点。先在 1∶25000 或 1∶5000 地形图上框出计划要进行工作的范围。在此范围内画出长宽各为 0.5km 的方格网。以四个方格作为采样大格。大格的编号顺序自左而右然后再自上而下。每个大格中有四个面积为 $0.25km^2$ 的小格，编号顺序自左而右自上而下标号 a、b、c、d。在每一小格中采集的第一号样品为 1，第二号样品标号为 2。每个采样点根据其所处的位置按上述顺序进行编号。

9.2.2 土壤地球化学取样法

土壤地球化学取样技术基本原理是：派生于隐伏矿体风化作用产生的金属元素常常形成围绕矿床（体）或接近矿床（体）分布的近地表宽阔次生扩散晕，由于具有测定非常低的元素丰度的化学分析能力，从而，按一定取样网度开展土壤地球化学分析便能够圈定矿化的地表踪迹。

在露头发育不良的地区，土壤取样具有一定的优越性，靶元素有机会从下伏基岩的小范围带内呈扇形扩散在土壤中（图 9.7）。这里要强调一点的是，土壤异常已经由于蠕动造成与其母源基岩的矿化发生位移；实际上，直接分布在矿体之上的土壤异常只存在于残积土中。因此，与岩石取样比较，土壤取样的主要缺点是具有较高的地球化学“噪声”（指混入了杂物或污染）以及必须考虑形成土壤的复杂历史过程的影响。

土壤取样要求按一定的取样间距（网度）挖坑并从同一土层中采集样品。测线方向应尽

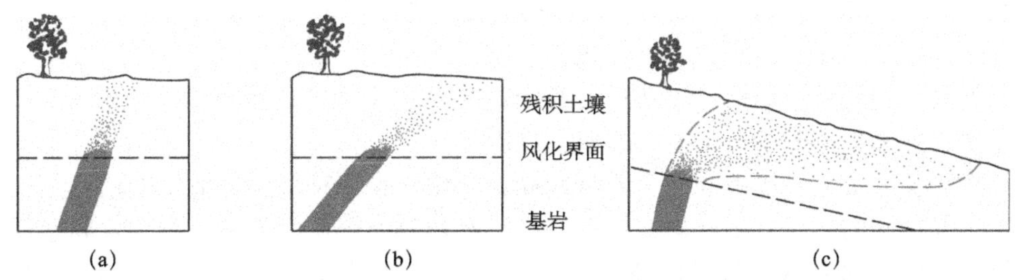

图 9.7　土壤蠕动导致指示元素在土壤中呈扇形扩散
(a) 简单风化作用；(b) 风化堆积；(c) 风化过程中土壤蠕动，成矿物质呈扇形扩散

量垂直被探查地质体的走向，并尽可能与已知地质剖面或地球物理勘查测线一致；测网间距可参照表 9.2 进行部署。对于规模较小的目标矿体（如赋存在剪切带内的金矿体以及火山成因块状硫化物矿体），取样网度有必要加密至 10m×25m；对于斑岩铜矿体，取样网度可以采用 200m×200m。

表 9.2　土壤地球化学测量工作比例尺和测网密度

比例尺	矩形网格		正方形网格	点/km^2
	线距/m	点距/m	点线距/m	
1∶50000	500	100～250	250～500	4～20
1∶25000	250	50～100	125～250	16～80
1∶10000	100	20～50	50～100	100～500
1∶5000	50	10～25	25～50	
1∶2000	20	5～10		

资料来源：据土壤地球化学测量规范 DZ/T 0145—94

利用土壤地球化学追踪地球物理异常时，至少应有两条控制线横截勘查目标，而且控制线上至少应有两个样品位于目标带内，目标带两侧控制宽度应为目标带本身宽度的 10 倍（图 9.8）。

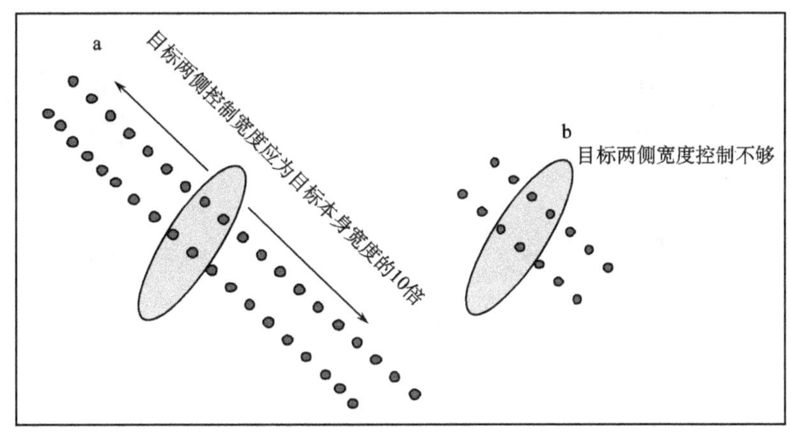

图 9.8　追踪地球物理异常的土壤地球化学样品布置示意图
a 表示异常带两侧的控制宽度应为异常本身宽度的 10 倍；
b 说明异常两侧控制宽度不够，有可能难以圈定异常土壤取样的工具是鹤嘴锄或土钻等，采集的土壤样品装在牛皮纸样袋中，样品干燥后筛分至 80 网目（0.2mm），并收集 20～50g 样品进行分析。

取样土壤的主要类型包括：①残积的和经过搬运的土壤；②成熟的和尚在发育的土壤；③分带性和非分带性的土壤；④上述过渡类型的土壤。

图 9.9 代表分带型土壤中的一个典型剖面，并说明在四种气候环境中剖面可能发生的某些变化。在温带气候并具有正常植被的条件下，在树叶腐殖层之下是一层富含腐殖质和植物根须的黑色土层，称为 A_1 层；该层底部常常发育一个淋滤亚层，颜色呈灰色至白色，称为 A_2 层，该亚层的金属元素已被淋失。A 层之下是一个褐色至深棕色的土层，称为 B 层，该层趋向于富集由地下水从下部带上来以及从上部 A 层淋滤下来的金属离子，土壤测量通常是在 B 层采样。如 B 层缺失，可以选择其他层作取样层，但必须保证每个样品都是取自同一层位。B 层之下的土层颜色一般为灰色，称为 C 层，该层土壤可能直接派生于风化的基岩，因而向下岩石碎块越来越多直至为基岩。这类地区的土壤剖面可以反映出母岩中存在的矿化，因而土壤取样是一种很有效的勘查方法。

在一些地区，要对剖面重要部位的各层土壤都进行取样，目的是要确定近矿体剖面的特征。在这种近矿土壤剖面中，从 B 层到 C 层金属含量表现为增高或保持稳定；在距矿体更远的部位所采的样品中，B 层中的基本金属含量一般更为富集。在温带地区，通常在富腐殖质的 A 层更容易检测到金。此外，最顶部的森林腐殖土层起着圈闭由植被从基岩和土壤中聚集起来的活动元素的作用，有时把它作为取样介质可以收到明显效果，尤其在亚高山地带，那里的矿物土壤层（A、B、C 层）实际上是派生于被搬运了的崩积物和冰川碎屑物。

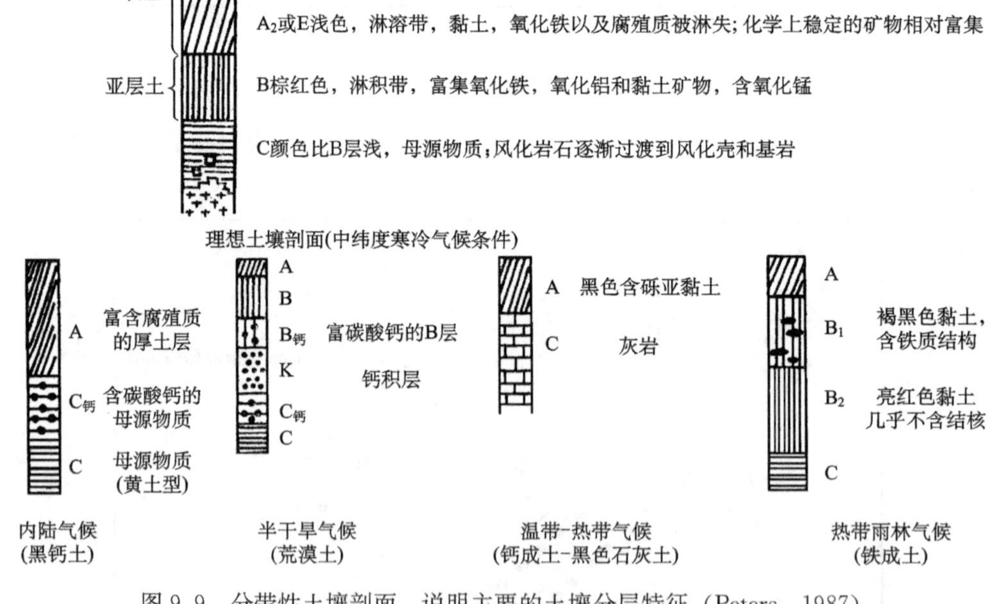

图 9.9　分带性土壤剖面，说明主要的土壤分层特征（Peters，1987）

在潮湿炎热的热带地区，原地风化作用可能导致与上述特征不同的红土层，只要认识到当地土层的特征，土壤取样效果仍然会比较好。然而，在干旱地区，由于没有足够的地下水渗滤，难以把金属离子迁移到地表，因而，一般的土壤取样方法可能失效。

并不是所有的土壤都是简单的基岩风化的残积物。例如，它们可能是通过重力作用、风力作用或雨水营力从来源区横向搬运了一定的距离。这些土壤可能是具有长期演化历史的地貌的一部分，其演化历史可能包括了潜水面的变化以及元素富集和亏损的地球化学循环。为了足以能够解释土壤地球化学测量的结果，需要对其所在的风化壳有所认识。对于复杂的风化壳，有必要在设计土壤地球化学测量之前进行地质填图和解释，以便确定适合于土壤地球化学取样的区域。

在我国西部、北部干旱荒漠戈壁残山景观、半干旱中低山丘陵景观、干旱半干旱高寒山区景观、高寒湖沼丘陵景观等景观区应注意克服或避免风成砂或风积黄土的干扰；在东北森林沼泽景观区土壤测量应避免有机质和黏土层的干扰。有风成沙和有机质及黏土层干扰的景观区，土壤测量应在 C 层（残积层）取样。

由于费用相对较高，土壤地球化学取样一般应在已确定的远景区内进行比较详细的勘查时使用，主要用于圈定钻探靶区。

9.2.3　岩石地球化学取样法

岩石取样法广泛应用于基岩出露的地区。就取样位置选择而论，岩石采样是最灵活的方法，它可以在露头上，或坑道内，或岩心中采集。在细粒岩石中，一个样品一般采集 500g；在极粗粒岩石中，样品重量可达 2kg。

样品可以分别是新鲜岩石或风化岩石，由于风化岩石和新鲜岩石的化学成分有所不同，因而不能将这两类样品混合，否则将会难以对观测结果进行合理的解释或得出错误的结论。

与其他地球化学方法比较，岩石地球化学勘查具有几个优点：①局部取样，所获信息直接与原生晕有关，还可以利用岩石地球化学取样建立矿床的元素分带模型，如图 9.10 所示；大范围的取样，所获信息可直接与成矿省或矿田联系起来；②岩石取样的地质意义是直接的，采样时要注意构造、岩石类型、矿化和围岩蚀变等现象；③岩石样品不像土壤和水系沉积物样品那样容易被外来物质污染，而且，岩石样品可以较长期保存用来以后检验。当然，

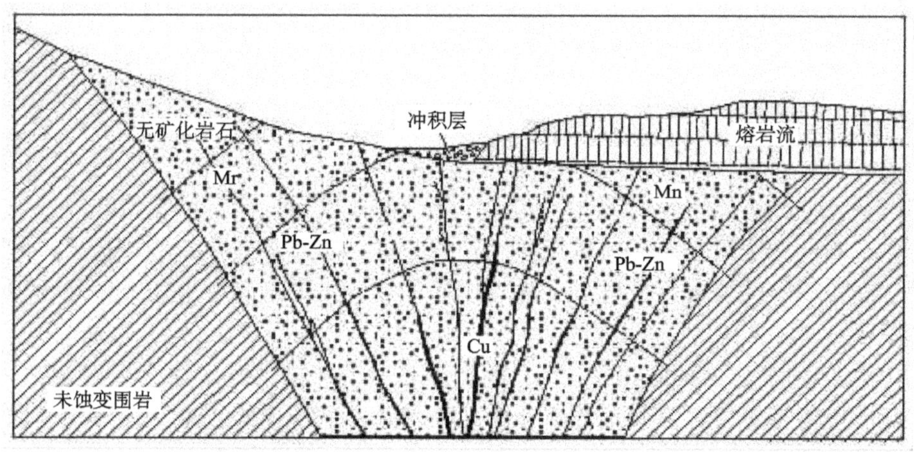

图 9.10　利用岩石化学取样建立美国落基山地区脉状铜矿床金属元素分带模型
(U. S. Department of Agriculture，1995)

污染是相对的而不是绝对的，即使是最干净的露头，在某种程度上也已经发生了淋滤和重组合现象。

岩石取样法也有一些明显的限制。例如，①采样位置受露头发育程度的制约；②岩石样品仅代表采样位置的条件，比较而言，河流沉积物样品代表整个汇水区内的条件；③在有明显矿化出露的部位所采样品显然不能代表围岩晕，一般的解决办法是取两个样品，一个采自矿化带内，一个取自附近未矿化的岩石中，用以获得金属比值的信息；④岩石样品只能在实验室内分析，而土壤、水系沉积物和水化学样品不需磨碎，并可直接在野外用比色法分析，用以立即追踪更明显的异常。

由于岩石测量的采样工作和样品加工等方面的工作效率较低，成本较高，因而很少在大范围内开展面积性岩石测量。一般应根据其工作目的有针对性地布置采样工作。具体工作如下：

（1）为了查明水系或土壤异常浓集中心的确切位置，可在略大于异常的范围内布置几条剖面线进行岩石采样；

（2）为了查明构造带的含矿性，可布置若干条垂直于构造带的短测线采集岩石样品；

（3）为了查明是否存在新的含矿层位，可布置几条垂直于地层走向的长测线进行岩石采样；

（4）为了评价岩体的含矿性，可在测区内的几种典型岩体中各采集数十个岩石样品等。

9.3 矿产地球化学勘查的工作程序和要求

矿产勘查的各阶段都可应用地球化学测量技术。在区域范围内（数百甚至数千平方千米的地区）地质资料缺乏的情况下，以稀疏的取样密度采集河流沉积物样品以查明具有勘查潜力的地区；在比例尺更大的地区，配合地质或地球物理测量，以更密的取样网度覆盖较小的地区（一般是几平方千米）。地球化学异常指导勘查潜在的矿床，缺乏异常有助于确定无矿地区，但实际工作中应慎重，因为没有查明地球化学异常并不能否定矿床的存在。

区域地球化学勘查属于中小比例尺的地球化学扫面工作，矿产地球化学勘查则属中大比例尺地球化学勘查，后者还可进一步划分为地球化学普查（比例尺为1∶5万～1∶2.5万）和地球化学详查（比例尺为1∶1万～1∶5000）。

9.3.1 矿产地球化学勘查区的选择

矿产地球化学勘查以发现和圈定具有一定规模的成矿远景区和中大型规模以上矿床为目的，因而，正确选准靶区是矿产地球化学勘查的关键。矿产地球化学勘查选区一般是根据区域地球化学勘查圈定的区域性或局部性地球化学异常，或者是配合地质、地球物理方法综合圈定钻探靶区。

地球化学普查区工作面积一般为数十至上百平方千米，主要采取逐步缩小靶区的方式，以现场测试手段为指导，对新发现或新分解的异常源区进行追踪查证。地球化学详查区主要布置在局部异常区或成矿有利地段，工作面积一般为1km^2至数十平方千米，主要采用现场测试手段，查明矿床赋存位置及远景规模。

9.3.2　测区资料收集

全面收集测区有关地质、遥感、地球物理、地球化学等方面的资料，详细了解以往地质工作程度，并对资料进行综合分析整理，对勘查靶区进行充分论证，利用试点测量选择最适合测区的地球化学勘查方法或方法组合。

在水系或残坡积土壤发育的地区，地球化学普查一般是在区域地球化学圈定的异常范围内采用相同方法进行加密测量；地球化学详查则是在地球化学普查圈定的异常区内沿用大致相同的方法技术加密勘查。而在我国西部干旱荒漠地区或寒冷冰川地区以及东部运积物覆盖区，则需要进行技术方法的有效性试验。

确定所要分析研究的元素（靶元素、探途元素）、测试要求的灵敏度和精度等。这些选择是根据成本、已知的或推测的地质条件、实验室设备等因素，此外，最重要的是考虑方法试验或者类似地区的经验。一般来说，地球化学普查的分析指标为几种至十几种，详查范围更接近目标，分析指标以几种为宜。

根据试点测量获得的结果进行地球化学勘查项目设计，设计方案需要回答下述重要问题：

（1）采用何种采样方法？这个问题的答案很简单，因为根据方法性试验结果的解释，地球化学工作人员能够确定哪一种取样方法最经济而且最有效地圈定矿化异常区。

（2）如何确定最佳采样点位的布置形式（如河流沉积物地球化学测量是按照设定的间距进行采样或者土壤和岩石地球化学测量是按照事先确定的网格进行采样）？这个问题的答案在于所选定用作化学分析的样品（如土壤、岩石、河流沉积物或河流水样）能否给出最佳衬值。

（3）如何确定采样间距？这一问题的答案要求化探工作人员了解地球化学测量的目的，如果目的是要在全国范围或区域范围内圈定矿化异常区，那么，采样间距可以在数千米之间；如果目的是在某个确定局域内圈出具体矿体位置，那么，采样间距可能在数十米之间（采样间距的确定可参考相应的地球化学勘查规范）。之所以区域地球化学勘查项目和局部范围的地球化学勘查项目采样间距相差如此之大，是因为区域化探项目旨在圈定潜在矿化的大范围靶区，而局域化探项目的目的是要在相对较小的范围内确定具体的矿化构造。

（4）采用哪一种实验室分析方法？这一问题的答案仍然是来自于方法性试验结果，因为在方法性试验过程中要对各种实验室分析方法进行检验。

化探人员设计出能够回答上述所有问题的勘查方案后，即可按要求到实地进行采样。

野外取样时，要在部分样品点采集少量深部样品进行比较，以使样品更具可靠性并对污染等情况做出评价。

9.3.3　矿产地球化学勘查中常用的测试技术

野外现场测试技术主要使用比色法。这种方法最一般的是用二硫腙（一种能与各种金属形成有色化合物的试剂），通过改变 pH 或加入络合剂，可以分别检测出样品中所含的金属，主要是铜、铅、锌等；具体操作是把试管中的颜色与一种标准色进行对比，并以 ppm 为单位换算出近似值。因为只有在土壤或河流沉积物样品中呈吸附状态的金属或冷提取金属才能被释放到试液中，所以，比色法实际上只能测出样品中全部金属含量的一小部分（5%～20%）。因此，这种测试方法灵敏度和精度都很低，而且所能测试的元素有限，但是，利用它能初步筛选出具有潜在意义的地区。

实验室内分析测试技术种类很多，为了选择合适的分析测试手段，化验人员与地质人员应充分协商。选用分析测试手段需要考虑的因素是成本、定量或半定量、所需测定的元素数目以及它们表现的富集水平和要求的灵敏度等。在地球化学样品中，如含有多种具潜在意义的组分时，可能需要考虑采用几种方法测定。

低成本的基本金属地球化学分析方法通常是将重量约 1g 的样品利用强酸溶解，这种酸性溶液中含有样品中的大部分基本金属，然后采用原子吸收光谱（又称为原子吸收分光光度计，简称 AAS），虽然它一次只限定测试一种元素，但它能测定大约 40 种元素，而且灵敏度和精度都很高；它还具有成本较低、速度快、操作相对简单等优点。石墨炉原子吸收分光光度计（GFAAS）可用于分析诸如 Au、Pt 元素以及 Ti 之类的低丰度值元素。

发射光谱分析尤其在俄罗斯应用广泛，它适用于同时对大量元素（这些元素的富集水平可以变化很大，而且可以是不同的化学组合）作半定量分析。一种较昂贵的新型仪器——电感耦合等离子光谱（ICP-MS），具有发射光谱系统的多元素测定能力，灵敏度相当高，而且经济。

岩石和土壤中的贵金属可采用火法试金分析，其优点是可以利用重量相对较大的分析样品（大约为 30g），重量较大的测试样品有助于降低“块金效应”，从而能够获得更好的分析精度。

中子活化分析是一种灵敏度高、能准确测试地球化学样品的仪器和方法，尤其是测定金的灵敏度很高，它广泛用于测定生物地球化学样品和森林腐殖土样品中所含的金以及常见的探途元素。作为一种非破坏性方法，它能提供同时或重复测试各种元素的手段。

实验室比色法类似于野外比色法，但它能得益于进一步的样品制备和更周密的控制条件。虽然较其他测试方法精度低，但成本也低，因此，仍被广泛用于测定钨、钼、钛、磷等元素。

地球化学样品分析不必刻意追求测试结果的准确性，因为我们利用地球化学勘查的主要目的是了解靶区内相关元素的分布形式而不是这些元素的绝对含量，何况重量仅为 1g 的分析样品也难以完全代表原始样品。正因为如此，地球化学分析结果只作为矿化显示而不宜看作为矿化的绝对度量。

一般诸如铁、铝和钙之类的元素以质量分数为单位进行测定；锌、铜和镍之类的元素以 ppm 为单位测定；金和铂族元素则以 ppb 为单位测定。锌、铜和镍等元素的异常值可以在 100ppm 至数千 ppm 变化；砷、铅和锑在数十 ppm 至数百 ppm；银的异常值可以达到 3ppm 至数百 ppm；而对于金而言，其值在 15～20ppb 即可能成为异常值，但在一些重要区域可能达到 100ppb 或更高。

地球化学分析技术的发展主要反映在分析范围的增加和元素检出限的降低，如痕量金的检出限已达到 1ppb。

9.3.4 地球化学勘查的野外记录

地球化学技术在矿产勘查中之所以重要，是由于化探样品的收集很迅速，其大量的数据可用于研究元素分布模型和趋势变化。但是，如果只采样而无记录，其后果可能像采样不当或样品分析测试不正确那样容易出现错误。野外记录是取样过程的一个重要组成部分，要经常培训取样人员，提高取样人员的素质，以使取样保质、保量。

野外工作中对每一个采样点进行详细地质观察和描述是非常重要的，因为这些信息在数据解释阶段将会是十分有用的。在土壤测量中，应当记录下采样层位、厚度、颜色、土壤结构等；若有塌陷、有机质存在、土壤已经搬运以及含岩石碎屑或有可能已被污染等迹象，也应当记录下来。采样位置除必须准确地在图上标定出来外，最好能在现场上做标记，便于以后复查。

对河流沉积物的采样，要记录采样点与活动性河床的相对位置、河流规模和流量、河道纵剖面（陡或缓）、附近露头的性质、有机质含量、可能的污染来源等。

岩石样品有特殊的地质含义，记录中应包括尽可能多的岩石类型、围岩蚀变、矿化以及裂隙发育程度等方面的信息。为了加快记录速度，可设计一种便于计算机处理的野外记录卡片。

所采集的样品应仔细包装编号并及时送实验室进行制备和化学分析。地球化学人员应该意识到分析过程中可能出现的问题，从而应该设计一个用于检验分析数据质量的方案（见 14.4.3 节）。需要记住一点的是，即使是最好的实验室也可能出错。

9.3.5　地球化学勘查数据的处理

地球化学勘查数据处理是地球化学勘查的一个重要组成部分。地球化学原理告诉我们，不同的取样介质、不同的采样方案，以及不同的化学分析手段都有可能产生不同的背景水平和异常含量。因此，利用不同取样介质或相同取样介质不同取样方案获得的数据混合处理后所圈定的异常区是不可靠的，实际工作中应该分别进行处理。

地球化学勘查的主要目的是圈定进一步工作的靶区，因而，通常是利用图形的方式表达地球化学勘查结果，凸显地球化学异常区。最常用的地球化学图件是投点图，即把单个元素或一组紧密相关元素的测试结果投在地质图或地形图上。在一些地球化学图（尤其是河流沉积物取样分布图）上是用圆圈的大小或其他符号表示样品点上元素分析值所在的区间，然后圈定异常区。如果数据点比较均匀，可以作等值线图来表示，重要元素之间的比值，如铜/钼、银/锌等值，也可投在图上并绘制等值线图；等值线图的缺点在于有时候图上呈现出仅仅只根据一两个样品而圈出的多个封闭等值线区域，尤其是在区域地球化学勘查中、样品分布很不规则的情况下这种现象更为常见。多变量数据常常需要研究变量之间的相关性，两个变量常常采用散点图的图形方法研究其相关性，由于微量元素的含量一般呈正偏斜分布，作图之前最好先对数据进行对数转换。其他用几何表示方式的还有曲线图、直方图等。

根据《多目标区域地球化学调查规范》（DD2005—01）的规定，用以制作地球化学图的数据，采用表 9.3 所示的间隔划分色区，各色区内不同等量线间隔可用过渡色阶表示。若使用累积频率方法成图，推荐色区划分为小于 1.5％区为深蓝、1.5％～小于 15％为蓝、15％～小于 25％为浅蓝、25％～大于等于 75％为浅黄、大于 75％～小于 95％为淡红、95％～98.5％为深红、大于 98.5％为深红褐。

表 9.3 地球化学图色区划分及着色表

色区颜色及其可能代表的地球化学含义	元素含量区间	备注
深蓝（负异常区）	$<\bar{x}-2.5s$	
蓝（低背景区）	$\bar{x}-2.5s \sim \bar{x}-1.5s$	
浅蓝（中低背景区）	$\bar{x}-1.5s \sim \bar{x}-0.5s$	
浅黄（背景区）	$\bar{x}-0.5s \sim \bar{x}+0.5s$	$\bar{x}$为数据集的平均值，s为标准差。若数据集呈正偏斜分布，则应采用几何平均值及相应的标准差
淡红（中高背景区）	$\bar{x}+0.5s \sim \bar{x}+1.5s$	
深红（高背景区）	$\bar{x}+1.5s \sim \bar{x}+2.5s$	
深红褐（正异常区）	$>\bar{x}+2.5s$	

地球化学数据处理的数学方式主要是应用统计学方法解释地球化学数据集以及定义地球化学异常，但在实际应用过程中应谨慎，因为地球化学数据集具有自身的特征。例如，地球化学数据集往往是多元数据集、相邻样品之间存在空间相关性，以及由于取样和分析过程的误差致使数据精度不高等。

一元统计方法可用于组织和提取一个元素数据集中的信息，通常是利用频率直方图、累积频率图，以及盒须图等方式了解数据集的分布形状（对称分布还是偏斜分布、单峰还是多峰等）、中心位置、离散程度，以及异元值（outliers）等特征（见 14.1 节）。

一个地球化学数据集常常可能来自多个总体（图 9.11）。例如，从不同介质或者是派生于不同主岩的相同介质中采集的样本都会含有多个总体，每个总体都有各自的异常下限；进一步说，由异常值构成的异常与背景也是分属于不同的总体。

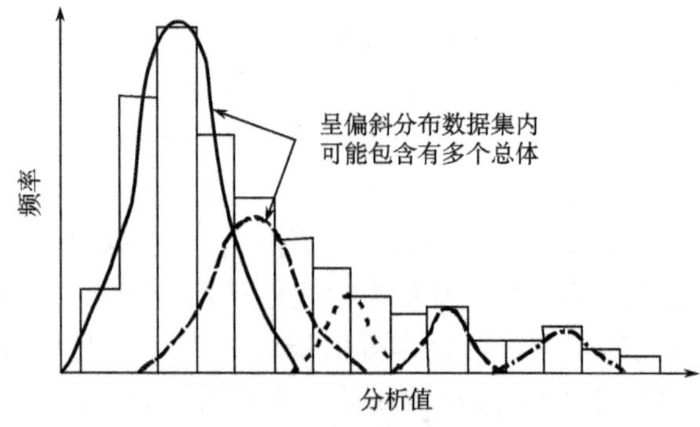

图 9.11 呈正偏斜分布的数据集频率直方图，可能包含多个总体

地球化学异常一般采用多元素的异常形式来表达，这是因为不同的矿床类型通常都有特殊的靶元素和探途元素组合。多元统计方法主要用于评价多元数据集中变量之间的关系，如相关分析、聚类分析、判别分析以及因子分析等。有关数据分析方法可参见阳正熙等(2008)。

由于气候条件、地质条件，以及地形条件的变化，对于地球化学数据的解释既要求良好的数据质量，还要求地质人员或地球化学人员具备一定的数据处理技巧和经验。数据的统计处理和地质评价，应注意充分挖掘和利用所获得的数据，采用多种方法进行处理，结合地质和地球物理资料对地球化学异常进行评价。

9.3.6　地球化学异常的证实

寻求所研究元素的异常值是地球化学勘查的主要目的，最好是能够利用试点测量确定异常下限。在没有进行试点测量的情况下，可以利用项目完成后获得的数据集确定（见 9.1.2 节）。需要强调的是，异常下限的设定应有一定的灵活性。例如，根据图 9.4 中定义的异常下限为 80ppm Cu，但是考虑到取样、样品加工，以及化学分析过程中都存在误差，更为稳妥的做法是将异常下限上调至 100ppm Cu；此外，在鉴别异常值时还应考虑样品所在的空间位置。

地球化学人员需要注意排除研究化学元素的异常值来源于地表诸如古冶炼遗址或人工废物之类的污染源的可能性；同时还需要查证所研究的化学元素异常是否是由岩石中元素的非经济含量或是由其他因素引起的。换句话说，地球化学人员应当寻求对所研究化学元素的所有地球化学异常值进行的合理解释，如果根据野外观察不能确认现有的解释，那么就有必要再去实地对不能解释的地球化学异常值进行实地查证。

为证实显著的地球化学异常，要在地球化学异常区内采用较密的间距和增加地球化学手段进行取样分析。

多次取样和补充分析是很重要的，像地球物理勘查一样，地球化学勘查是把异常与矿体的概念模型联系起来，而且，初步钻探验证可能改变整个模型（案例 9.1）。

案例 9.1　综合地球化学勘查

在加拿大新不伦瑞克省的普利森特山（Mount Plea-sant），钨-钼-锡矿床是经过地球化学勘查-钻探-评价序列多次重复进行才发现的。在初步地球化学勘查中，是在 260km 范围内采用水系沉积物测量，结果发现 3 个铅、锌、铜的异常部位；接着在这些异常区内又进行水系沉积物和土壤测量，在一条水系内发现了高金属含量的信息。然后实施更详细的地球化学测量，以 30m×120m 的网度采取土壤样，结果选定了进行地球物理勘查和钻探的靶区。但是，应用电磁法测量效果不佳，钻探也只揭露出矿化现象。为此，对勘查模型重新进行了评价，对土壤样品补充作钼和锡的分析，从而，圈定出一组新的地球化学异常。

接着又进行钻探，结果还是不理想，但获得了一些新的地质信息。这些信息表明，要补充进行地球化学测量。于是在部分地区以更密的取样网度（6m×30m）进行新的尝试，还是未获得所期望的信息。接着又用更精确的测试技术重新对原始土壤样品进行分析，结果提供了新的一组异常信息。然后，又进一步进行取样，不过，这次是选择其中一个异常区进行基岩取样，圈出了一个含锡带，并估计可能是冰川作用使得土壤异常的范围发生了转移。在异常区又一次投入钻探验证，结果很令人鼓舞，后来又施工了一个平硐，揭露出很好的矿带。从地球化学初步勘查在三条水系中揭示出异常至矿山建设，这一过程共花了 11 年的时间。1983 年，这个新建的钨、钼矿山投产，日产矿石量 2000t。

案例 9.1 说明，要注意参考最适合的矿床模型选择取样介质、取样密度以及靶元素和探途元素；在研究程度较低的地区，要通过方法性试验测量证实最适合的靶元素和探途元素并确定最有效的取样密度；随着工作的逐步深入，在获得了更多的地质资料的基础上，有必要对原有模型和取样方法进行调整。因为没有圈出清晰的地球化学异常并不一定说明该区不存在矿床，事实上，也可能是由于地球化学信息未能充分解释而未及时发现潜在的矿床。

9.4 异常查证

在矿产勘查的不同阶段中，通常需要相应地对地球物理和地球化学圈出的异常进行筛选，优选出最具代表性的异常，进行异常查证，目的是查明异常源，对异常的地质找矿意义做出评价，提出进一步工作建议。

9.4.1 异常的筛选

首先对工作区范围内已有的各种资料（物、化、矿产、地质、遥感等）进行综合整理及必要的数据处理，从中提取与找矿有关的异常信息，编制相应的异常图件和建立异常（矿点）卡片，以提供一整套系统的找矿信息和矿产资料。然后以综合方法推导成果图件为基础，对所圈定的化探异常、重砂异常、伽马能谱测量异常和航磁、重力异常以及遥感菱环构造异常等进行分类和排序。由于综合方法推断成果图件的综合性强，可使异常分类的依据更为充分，并且对异常所处的地质环境的了解、目标识别准则和发现标志的确定以及地质找矿意义的判断更为深入，因而分类结果更为客观。

9.4.2 异常查证的工作方法

在对异常排序的基础上，及时挑选部分认为最有找矿远景的异常进行查证，是查明异常的地质起因和对异常的找矿意义做出评价的重要举措。

异常查证工作按查证的详细程度可分为三个等级即踏勘检查（三级查证）、详细检查（二级查证）、工程验证（一级查证）。它们的查证任务和查证要求及考核标准见表 9.4。

表 9.4　异常查证任务、要求及考核标准表

查证级别	查证任务	查证要求	考核标准
踏勘检查（三级查证）	①证实异常是否存在；②进一步确定异常的确切位置；③了解异常所处的环境；④初步查明由浅部地质体引起异常的起因，对异常的找矿远景作出初步评价，提出是否进一步工作的具体意见	①应大致确定异常的范围，至少有三条物探、化探剖面反映异常；②查证方法以原方法为主，并可适当选择其他方法。物探异常要作必要的化探工作；物探、化探异常都应进行地质剖面测量工作；③对浅覆盖区内有找矿意义的异常，应进行少量的槽探揭露；④检查结束后，应提交查证工作简报，提出是否详细检查的建议	全面检查是否符合本阶段的查证要求。重点考核：①初步查明了由浅部地质体引起异常的起因；②对异常的找矿意义作出了有依据的评价

续表

查证级别	查证任务	查证要求	考核标准
详细检查（二级查证）	①详细圈定异常范围；②详细了解异常区的地质、地球物理和地球化学特征；③对异常的找矿意义做出评价；④对有找矿意义的异常提出工程查证的具体建议	①应做大比例尺的面积性物探、化探工作，工区大小应以能完整反映主要异常形态为准；测网密度应以能充分反映异常的主要细节为原则；②应测地质、物探、化探的典型剖面，测制地质草图；③对浅覆盖区有找矿意义的异常应进行一定量的山地工程，揭露浅部异常体；④对需要进行钻探验证的异常，要进行定量、半定量的推断，提出异常验证方案及验证建议书。提出异常检查报告	全面检查是否符合本阶段的查证要求，重点考核：①在确定异常起因方面提供了更充分的依据；②对建议验证的异常源形态和参数做出了较为可靠的推断
工程验证（一级查证）	①查明由地下地质因素引起异常的地质起因，或查明矿化向深部延伸的变化情况，大致了解矿化规模、产状、分布特征；②提出可否作为进一步开展地质矿产评价的具体意见	①实施合理、有效的验证工程；②对钻孔必须进行井中物探、化探工作；③查证过程中应有物探、化探配合，以便及时调整验证工程和做补充性物探、化探工作；④查证结束后，应提出是否进行地质普查的意见，提高查证报告	全面检查是否符合本阶段的查证要求，重点考核：①工程中见到了异常源；②对异常的找矿价值做出了有依据的评价

资料来源：孙文珂等，1994

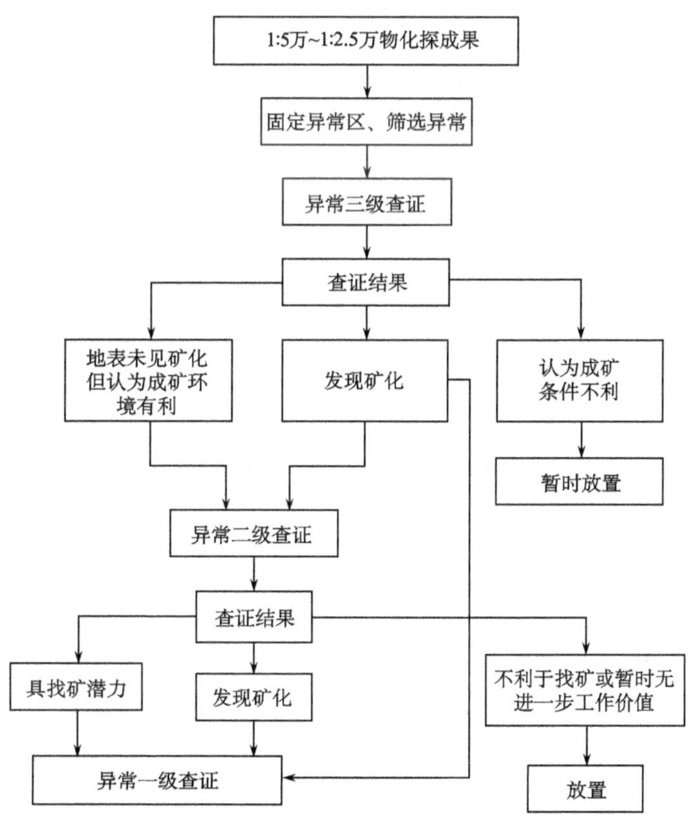

图 9.12　异常查证工作流程图（孙文珂等，1994）

异常查证的工作流程如图 9.12 所示。一般应遵循先三级、后二级、再一级查证的顺序，不宜跳跃（特殊情况下可跨越）；而且应在逐级筛选的基础上进行异常查证工作，即通过初步筛选确定三级查证异常，二级查证异常则在三级查证后的异常中筛选，一级查证的异常又在二级查证后的异常中筛选。

在开展异常查证工作前需编写设计书，工作结束后应编写异常查证报告，即踏勘结束后应提交工作简报、详细检查结束后应提交异常检查报告，工程验证结束后应提交验证成果报告。

本章小结

地球化学勘查技术是通过对天然物质进行系统取样和分析查明派生于矿床的化学元素异常富集区。根据取样介质的不同，地球化学勘查技术分为水系沉积物取样、土壤取样、岩石化学取样等方法。水系沉积物和土壤取样主要用于圈定次生晕分布区、岩石化学取样圈定原生晕分布范围。在工作程序上，区域地球化学一般采用水系沉积物取样，在水系沉积物异常区内采用土壤地球化学取样进一步缩小靶区，最后采用岩石化学取样逼近矿床。

讨论题——加拿大不列颠哥伦比亚省 Hillside 地区铜异常

一、Hillside 地球化学勘查区基本资料

地理位置：位于加拿大不列颠哥伦比亚省中部。

地质特征

岩石类型：主要出露页岩、碳酸盐岩、砂岩以及少量火山岩。

已知矿化类型：沉积型铜矿。

预测的目标矿床：沉积型基本金属矿床。

地形特征

地势：地形中等起伏；高程为 500～2000m。

水系：水系发育，春季河水流速较快。

气候特征：温带气候，年降水量 400～500mm（以降雪的形式为主）。

植被特征：茂密林区。

勘查条件

取样密度：河流沉积物取样为 6～8 个/km；土壤取样网度为 100m×200m（6 号和 7 号采样线除外）。

野外条件：良好。

采样时间：7～8 月。

覆盖层特征：残积土为主，少量运积土（高山冰川沉积）。

取样介质：河流沉积物和土壤。

分析方法

样品制备：河流沉积物和土壤样品都是经风干后筛分。

样品粒度：−200 目。

提取技术：热硝酸-高氯酸提取。

测定元素：Cu、Pb、Zn。

分析方法：原子吸收。

二、项目概述

某勘查公司在不列颠哥伦比亚中部地区开展了区域河流沉积物地球化学测量，采样密度为 3 个/km，初步圈出了 Hillside 铜异常，并推断该异常区具有沉积型基本金属的矿化潜力。第二年 7 月继续采用河流

沉积物测量进行异常追踪，由于获得了有利的结果（表 9.5），几周后又采用详细的土壤地球化学测量，表 9.6列出了土壤地球化学取样分析结果，然后在土壤地球化学异常区采用浅井和探槽揭露基岩，但只揭露出无矿的砂岩。

表 9.5　Hillside 地区河流沉积物样品 Cu 含量　（单位：ppm）

样品编号	Cu	样品编号	Cu	样品编号	Cu	样品编号	Cu
1	45	8	195	15	250	22	70
2	55	9	175	16	150	23	75
3	65	10	140	17	90	24	70
4	85	11	135	18	50	25	65
5	105	12	140	19	50	26	50
6	95	13	260	20	145	27	45
7	150	14	270	21	100		

表 9.6　Hillside 地区 B 层土壤样品 Cu 含量

距离南/m \ Cu/ppm \ 编号	1	2	3	4	5	6	7
0	60	35	70	70	75	65	80
100	55	60	80	80	65	70	70
200	45	50	80	75	60	70	65
300	70	55	60	85	80	70	80
400	70	40	55	70	75	160	175
500	80	65	50	65	105	190	
600	50	75	65	70	890	310	
700	55	70	55	80	840	320	
800	65	70	75	110	365	260	
900	60	60	80	190	325		
1000	70	35	55	160	325		
1100	50	70	150	160			
1200	80	860	810				
1300	100	260					
1400		210					

三、操作步骤

（1）将表 9.5 中的河流沉积物取样数据投在图 9.13，然后在图中标示出潜在的河流沉积物异常样品点。

（2）将表 9.6 中的土壤取样数据投在图 9.13 中，然后圈出潜在的土壤地球化学异常区。

四、问题讨论

（1）可以假定铜含量较高（>150ppm）的河流沉积物样品代表矿化样品吗？如果不能，说明理由。

（2）该公司仅在右侧河流的西部山坡进行了土壤取样，而该座山西侧的河流也具有相似的地形，地球化学工作人员是根据什么确定河流沉积物地球化学异常值的源区位于山的东侧？

（3）所采用的土壤取样网度（100m×200m）合理吗？

（4）假设矿化赋存在直径 400m 或更小的范围内，为什么探槽不能揭露异常区下伏基岩中的矿化？给

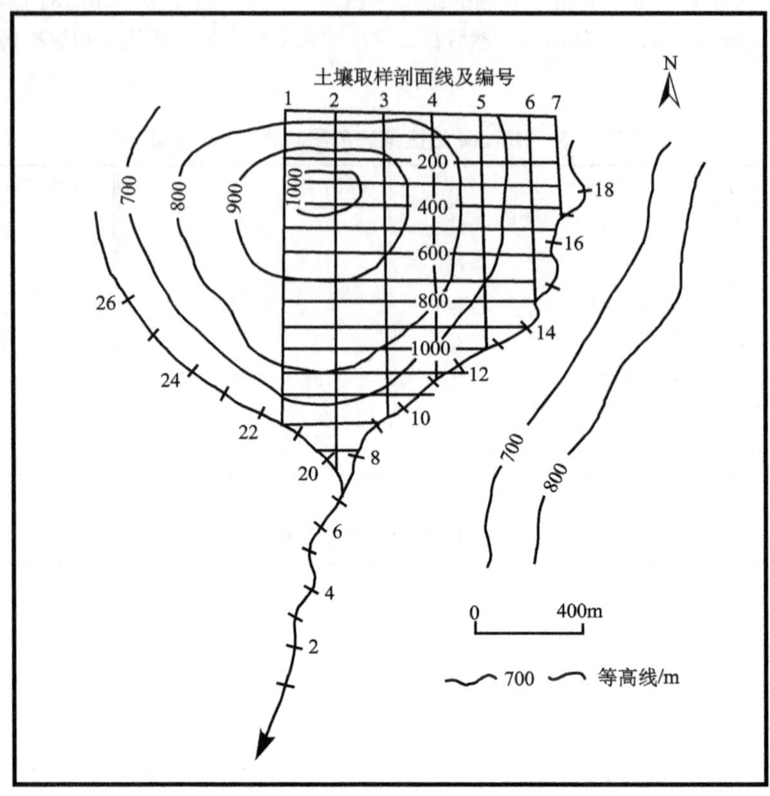

图 9.13 河流沉积物取样位置及其编号（图中只标示了双号点）以及土壤取样网格
河流沉积物取样结果列于表 9.5 中；土壤取样结果列于表 9.6 中

出两种可能的解释。

(5) 如果附近不存在工业矿体，那么对该土壤异常区最合理的解释是什么？

(6) 根据你对问题（5）的解释，所圈定土壤异常属于什么类型的异常？

(7) 该异常是假异常还是矿致异常？或者在目前的工作阶段还不能确定？

(8) 你能为公司董事会提出有关该矿权地的勘查工作建议吗？

(9) 通过该项目的实施能否推导出应用于地球化学勘查的主要原理？

本章进一步参考读物

地质矿产部. 1994.《地球化学普查规范（1∶50000）》(DZ/T0011—91)

地质矿产部. 1994.《土壤地球化学测量规范》(DZ/T0145—94)

吕国安. 2002. 成矿区带地球化学异常评价方法. 北京：冶金工业出版社

王汝成等. 1999. 地球科学现代测试技术. 南京：南京大学出版社

武宗华等. 2000. 隐伏矿床地球化学勘查. 北京：地质出版社

阳正熙，吴堑虹等. 2008. 地学数据分析教程. 北京：科学出版社

叶天竺. 2004. 固体矿产预测评价方法技术. 北京：中国大地出版社

中国地质调查局. 2004.《战略性矿产远景调查技术要求》(DD2004—04)

中国地质调查局. 2005.《多目标区域地球化学调查规范（1∶250000）》(DD2005—01)

中国地质调查局. 2006a.《区域地球化学勘查规范》(DZ/T0167—2006)

中国地质调查局. 2006b.《岩石地球化学测量技术规程》(DZ/T0248—2006)

第10章　探矿工程勘查技术

地质、地球物理、地球化学以及遥感等勘查技术都能从不同方面提供发现矿床所需的资料，这些资料是非常重要的，然而，它们一般都具有多解性的特点。虽然通过综合运用上述技术可以互相补充、互为印证，消除多解性，建立起比较符合实际情况的地质图像或概念，但是，其真实性最终仍有待探矿工程技术来证实。由系统布置的探矿工程勘查网能提供矿化远景区内的地质及矿石含量的三维图像。

探矿工程勘查技术包括坑探和钻探两大类。钻探是目前地质勘查中运用最多的技术手段。

10.1　坑 探 工 程

坑探工程简称坑探，是在地表和地下岩石或矿体中挖掘不同类型的坑道，以了解地质和矿化情况。它可以分为地表坑探工程（过去有人称为轻型山地工程）和地下坑探工程（又称为重型山地工程）两种。地表坑探一般采用人工挖掘，不需照明、通风、动力等设备，包括剥土、探槽和浅井，主要用于揭露基岩、地质界线、接触关系和矿化带等，以了解其特征和延展情况；而地下坑探由于是在地下较深处的岩石或矿体中掘进，因此，生产技术较复杂，需要动力、照明、支护、通风、排水等一系列设备，主要用于勘探形态复杂、有益组分变化大和经济价值高的矿床，如稀有金属、贵金属，金刚石、水晶、宝石等。对于各类大型矿床，即使矿体形态比较规则、有益组分变化不大，为了提高控制程度或者为了检查钻孔质量以及专门采取技术样品和技术加工样品，同样需要使用（或部分使用）坑探工程。

坑探的特点是地质人员可以进入工程内部，对所揭露的地质及矿化现象进行直接观测和采样，能够获得比较精确的地质资料。因而，利用坑探工程探明的资源储量具有较高的精度，可以用于检验钻探和物化探资料或成果的可靠程度。由于地下坑探工程，尤其是竖井和斜井，要求设备多、施工速度慢、成本高，所以选用这类工程时一定要切合实际，权衡好各方面的因素。

10.1.1　地表坑探工程

1. 探槽

探槽（trenching）是指勘查工作中为揭露基岩或矿化体，在地表挖掘的一种深度不超过3m的沟槽。一般要求探槽槽底深入基岩0.3m、底宽0.6m左右，其长度及方向则取决于地质要求，通常是按一定的间距垂直所要探明的地质体或矿化体布置。按其作用的不同分为主干探槽和辅助探槽。

主干探槽布置在勘查区的主要地质剖面上，要求尽量垂直于矿化带或构造带以及围岩的走向，目的是研究地层剖面和构造规律以及控制矿化体的分布等。辅助探槽是加密于主干探槽之间的短槽，用于揭露矿体或其他地质体界线。关于探槽原始地质编录的技术要求请感兴趣的读者参见中国地质调查局 2006 年颁发的《固体矿产勘查原始地质编录规程（试行）》规范中的相关内容。

探槽主要适用于揭露、追索和圈定近地表的矿化体或其他地质界线，一般要求覆盖层的厚度不超过 3m。由于探槽施工简便、成本较低，因而在矿产勘查中广泛应用。

2. 浅井

浅井（pitting）是从地面铅垂向下掘进的一种深度和断面都较小的勘查竖井。其断面形状一般为正方形或矩形，断面形状为圆形的浅井又称为小圆井。断面面积为 1.2～2.2m^2，深度不超过 20m，一般为 5～10m。

浅井可用于砂矿床与风化壳型矿床的勘查或用于揭露松散层掩盖下的近地表的矿化体。浅井施工的难度和成本比探槽要高，因而，如果不采集大样的话，可用轻便取样钻机代替部分浅井。

10.1.2 地下坑探工程

1. 平硐

平硐（adit）又称平窿，是按一定规格从地表向山体内部掘进的、一端直通地表的水平坑道（图 10.1）。两端都直接通达地表的水平巷道称为隧洞或隧道。平硐的形状一般为梯形或拱形，是人员进出、运输、通风及排水的通道。在勘查中常用于揭露、追索和研究矿体。与竖井和斜井比较，平硐的优点是施工简便、运输及排水容易、掘进速度快、成本较低等，因此，在地形有利的情况下应优先采用平硐勘查。

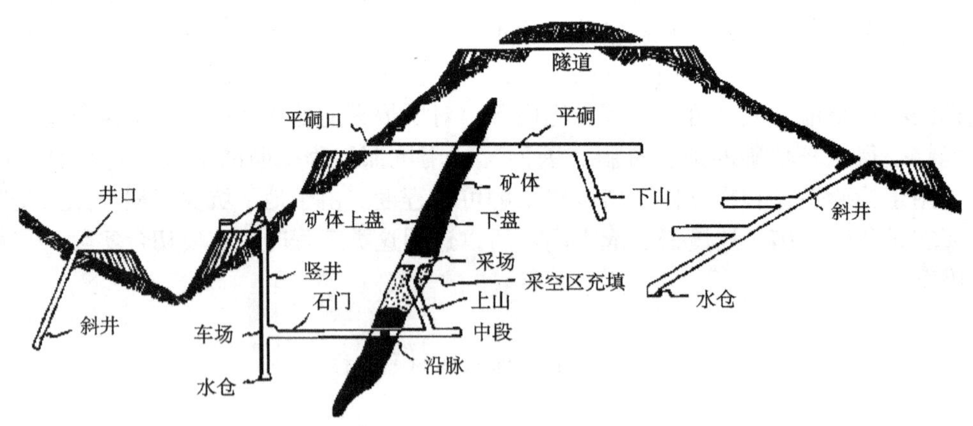

图 10.1 地下坑探工程示意图

2. 石门

石门（crosscut）是指从竖井（或盲竖井）或斜井（或盲斜井）下部掘进的地表无直接出口且与矿体走向垂直的地下水平巷道。由于它是穿过围岩的巷道，故称为石门，一般用作连接竖井或斜井与主要运输巷道（沿脉）的主要通道、揭露含矿岩系的地质剖面，以及追索被断层错失的矿体等。

3. 沿脉

沿脉（drift）是指在矿体中或在其下盘围岩中沿矿体走向掘进的地下水平巷道。沿脉无地表直接出口，一般通过石门与竖井或斜井井筒连接。布置在矿体内的沿脉称脉内沿脉，布置在围岩中的沿脉称脉外沿脉或石巷，采用哪一种沿脉应根据矿体地质特征和生产要求而定。

在勘查项目中，主要利用沿脉来了解矿体沿走向的变化情况，沿脉还可供行人、运输、排水和通风之用。

4. 穿脉

穿脉（cross-cuts）是指垂直矿体走向掘进并穿过矿体的地下水平巷道。在勘查中穿脉主要用于揭露矿体厚度、了解矿石组分和品位的变化，以及查明矿体与围岩的接触关系等，其长度取决于矿体厚度以及平行分布的矿体数。

由沿脉、穿脉、石门等地下平巷配合，构成了控制矿体分布的水平断面，这种水平断面称为水平（level），通常以所在标高来编号，如 0m 水平，－50m 水平等，有时也以从上往下按顺序编号，如第一水平、第二水平等。相邻水平之间的阶段称为中段，某一水平标高以上的那个中段称为某标高中段，中段上下相邻水平坑道底板之间的垂直距离（或高差）称为中段高度。

5. 竖井

竖井（shaft）是指直通地表且深度和断面较大的垂直坑探工程。竖井是进入地下的一种主要通道，按用途可分为勘探竖井和采矿竖井，后者又分主井、副井、通风井等。竖井一般在地形比较平坦的地区采用。勘探竖井断面常为矩形，深度一般在 20m 以上。由于开掘竖井技术复杂、成本高，一般不得随意施工。竖井设计须与矿山设计部门共同商定，以便开采时利用。

6. 斜井

斜井（inclined shaft）是以一定角度（一般不超过 35°）和方向，从地表向地下掘进的倾斜坑道，它也是进入地下的一种主要通道。地表没有直接出口的斜井称为盲斜井或暗斜井。斜井的设计与施工也须与矿山设计部门共同商定。

10.1.3　地下坑探工程的地质设计

地下坑探工程地质设计的内容包括：坑道勘查系统的选择、勘探中段的划分、坑口位置的确定、坑道工程的布置，以及设计书的编写等。由于地下坑探工程施工技术复杂、工程量大、投资费用高，设计时必须具有充分的地质依据和明确的目的，坑道的布置必须考虑为今后矿床开采时所利用，因而要提出多个设计方案进行地质效果和经济效果的比较和论证，抉择最优方案。

1. 坑道勘查系统的选择

坑道勘查系统（见 13.2 节）可分为平硐系统、斜井系统以及竖井系统，分别适用于不同的条件。因此，应用时须根据矿床所在的地形地质条件，如地形、矿体产状、围岩性质等进行合理选择。原则上要求所选坑道勘查系统既能达到最佳勘查效果，又能实现经济、安全、施工方便，并且所设计的坑道能够为今后矿山开发所利用。

2. 勘探中段的划分

一般是以主矿体地表露头的最高标高为起点，根据所确定勘查类型或采用其他方法确定的中段高度（见 13.2 节）或其整数倍。一般厚大矿体，急倾斜时，中段高为 50～60m；厚度不大的急倾斜矿体，中段高为 30～40m；缓倾斜矿体中段高为 25～30m。向下依次确定各勘探中段的标高（此为在水平上布置水平巷道腰线的标高），并在设计剖面图或矿体垂直纵投影图上标绘出各水平的标高线，以便布置坑探工程。同一矿区不同地段的水平标高应当一致，同一水平上各水平巷道的腰线标高误差不得超过 3‰～5‰（徐增亮等，1990）。

3. 坑口位置的选择

平硐和斜井坑口应有比较开阔的场地，以便建筑附属厂房以及堆放废石，并且要求岩层比较稳固、坑口标高必须高于历年最大洪水水位。坑口最好能位于坑探系统的中部，使主巷两翼的运输和通风距离大致相等。

布置竖井时要求：

（1）井筒应布置在矿体下盘，而且必须位于开采后形成的地表移动带范围之外，以确保井筒的安全以及避免因维护井筒而保留大量的矿柱；

（2）井筒应避开构造破碎带和厚度大而又非常坚硬的岩层（如花岗岩、石英岩等）；

（3）井口标高必须高出历年洪水水位，井口附近地形条件良好，便于建筑、排水，以及堆放废石等；

（4）尽可能使石门长度达到最短。

4. 探矿坑道的布置

探矿坑道主要指沿脉和穿脉。沿脉坑道一般布置在主矿体内或其下盘，其设计长度大致与矿体一致或视需要而定；穿脉坑道应布置在相应的勘查线上，用于揭露矿体沿厚度方向的变化以及圈定次要矿体。

探矿坑道的布置是在相应水平的平面图上进行。如果深部有钻孔资料，可以根据设计地段的勘查线地质剖面编制水平地质平面图（编制方法见 15.4 节）。当深部无钻孔资料时，则可根据勘查区大比例尺地质图，在设计地段按一定间距切制若干条地质剖面，剖面上地质界线及其产状按地表产状向下延伸到设计水平，然后编制水平地质预测平面图。

在水平地质平面图上坑道的布置可分为脉内沿脉系统和脉外沿脉系统。如果矿体厚度小于沿脉坑道的宽度，可以考虑采用脉内沿脉系统；如果矿体厚度大于沿脉坑道宽度，而且下盘围岩稳定，则可采用脉外沿脉系统，在沿脉中按一定间距布置穿脉。无论是脉内沿脉还是脉外沿脉系统，穿脉坑道的布置都必须与整个勘查系统相适应，便于资料的综合整理。探矿坑道设计好后，应在水平地质设计平面图以及勘查线设计剖面图上标出坑道的方位、坑道设计长度、断面规格，以及坡度等。

5. 坑探工程设计书的编写

凡地下坑探工程都应编写专门的设计书，对应用坑探工程的地质依据和必要性进行论证，对勘探系统的选择、水平标高及坑口位置的确定等进行评述，最后列表统计坑探工作量。设计书应附勘查区地形地质图、各中段地质（预测）平面图、有关设计剖面等图件。具体要求参见有关规范。坑道设计被批准后还应将坑道预计地质情况和水文地质情况等方面的资料送交施工部门，以保证施工安全。

6. 坑探的施工管理和编录要求

根据批准的坑探工程施工设计图，由地质人员与测绘人员共同到现场对工程进行实测定位。施工期间应定期对工程质量与工程量进行阶段验收，在预计有突水和涌水地段施工时应制定探水防水措施和预警方案，工程全部完工后应进行竣工验收。

中国地质调查局 2006 年颁发的《固体矿产勘查原始地质编录规程（试行）》（DD2006—01）规范中详细阐述了坑道原始地质编录操作方法及技术要求，表 10.1 列出了坑探工程原始地质编录的作业细则。

表 10.1　坑探工程原始地质编录作业细则

工序名称	技术要求	主要操作步骤	注意事项
坑口测定及坑道布置	位置、方位、坡度必须与设计相符	①坑口坐标计算，下达定位测量通知书；②实地测量定位；③地面标记、打桩、编号	定位必须复测检查
工程施工	执行施工合同及有关坑探工程规程和规定要求	①签订施工合同书，明确施工要求；②提交预想平面图、剖面图和穿、沿脉位置平面图；③随施工进度监控施工方位及工程规格；④根据工程地质情况的变化下达任务变更通知书或终止通知书	
工程验收	完全满足设计和地质观察素描作图要求	①系统检查工程方位、规格、断面、坡度；②穿脉坑道穿过矿体并控制其顶底板；③查有无坍塌、冒顶、片帮、悬石等不安全因素；④冲刷消洗坑壁	主矿体分支复合及平行矿体的控制
地质编录准备	掌握编录规范及有关工作细则	①研究设计及工程地段平、剖面资料，了解各地质体在三度空间上可能的变化；②学习坑道地质编录规范、方法，统一素描作图法	已有资料仅作参考
地质编录	贯彻原始编录规范、执行设计及有关工作细则	①填写工区名称、工程编号；②工程系统踏勘了解，统一认识，确定分层界线；③量具检查、挂基准尺丈量绘图，测量产状及界线；④深入观察研究，逐层进行描述，典型地质现象用大比例尺补充素描或照相描述；⑤布样、采样	描述不得漏项；文、图相符并与实地吻合

10.2　钻 探 方 法

钻探是利用机械碎岩方式向地下岩层钻进的一种地质勘查方法，主要用于探明深部地质和矿体厚度、矿石质量、结构、构造情况，包括提供地下含水情况以及验证物、化探异常，寻找盲矿体等。钻探方法不仅广泛应用于矿产勘查，也是工程地质勘查中的最基本的勘查手段之一，通过钻探可以直接获取地下埋藏的岩石、土层、水、气、油等实物样品，并可在钻孔中进行各种测试。

10.2.1 主要的钻探方法

钻探按钻进方法分为冲击钻进、回转钻进、冲击回转钻进以及反循环钻进等；按钻进是否采取岩心，则分为取心钻进和不取岩心钻进。

1. 冲击钻进

这种钻进设备基本上是采用压缩空气驱动的锤击系统，重锤把一系列的短促冲击迅速地传递至钻杆或钻头，与此同时，传递一次回转运动，达到全面破碎钻孔孔底岩石的目的，这种钻进方法称为冲击钻进。钻进设备大小不一，小者如用于坑道掘进的风钻，大者可以安装在卡车上，能够以较大孔径钻进数百米的深度。

冲击钻进方法是一种快速而成本较低的方法，其最大的缺点是不能提供取样的精确位置，然而，其钻探费用只有金刚石钻探的1/2～1/3。这种技术主要在勘探阶段用于加密钻探，获取化学分析样品以及确定矿化的连续性，尤其适合于斑岩铜矿的勘查。其钻进速度可达1m/min，而且在一个8h的工作班内钻探进度有可能达到150～200m。如果以这样一种进度并配置多台钻机，每天可获得数百个样品；以10cm的孔径计算，每钻进1.5m的孔深可以产生大约30kg的岩屑和岩粉，所以，要求与采样和样品的化学分析密切配合。像所有的压缩空气设备一样，这类钻机操作时噪声很大。

2. 回转钻进

利用硬度高、强度大的研磨材料和切削工具，在一定压力下，以回转的形式来破碎岩石的钻进方法，称为回转钻进。按照钻进形式，回转钻进又可分为两类。

（1）孔底全面钻进：即在钻进过程中将孔底岩石全部破碎，钻下的岩屑通过冲洗液带至地表用作样品，不能取岩心。典型的回转钻头是三牙轮钻头，每小时以高达100m的速度钻进是可能的。这种类型的钻进方法一般用于石油勘查和开采，其钻孔孔径较大（大于20cm)、钻孔深度可达数千米，需要使用昂贵的钻进泥浆，钻探设备比较笨重。

（2）孔底环状钻进：即以环状钻进工具破碎岩石，在钻孔中心部分留下一根柱状岩石（岩心），这种钻进方法称为岩心钻探。按照不同的方法，岩心钻探又进一步分为不同的钻进形式（表10.2）。

表10.2 岩心钻探钻进形式的分类

<table>
<tr><th colspan="2">按岩石破碎形式划分</th><th>按冲洗液循环介质划分</th><th>按循环方式划分</th><th>按钻孔角度划分</th></tr>
<tr><td>回转钻进</td><td>硬质合金钻进
钢粒钻进
金刚石钻进</td><td rowspan="2">清水钻进
泥浆钻进
空气钻进
化学泥浆钻进</td><td rowspan="2">正循环钻进
反循环钻进</td><td rowspan="2">直孔钻进
斜孔钻进
水平孔钻进</td></tr>
<tr><td colspan="2">冲击-回转钻进
震动钻进
静压钻进</td></tr>
</table>

3. 冲击回转钻进

冲击回转钻进是冲击钻进和回转钻进相结合的一种方法，即是在钻头回转破碎岩石时，连续不断地施加一定频率的冲击动载荷，加上轴向静压力和回转力，使钻头回转切削岩石的同时还不断地承受冲击动载荷剪崩岩石，形成高效的复合破碎岩石的方法。根据冲击和回转的重要性大小，这种方法还可进一步分为冲击-回转钻进（即冲击频率较低、冲击功较大、转速较低）和回转-冲击钻进。

回转式空气冲击钻进（rotary air blast drilling，RAB）在澳大利亚矿产勘查初期阶段中是一种非常重要的勘查手段，据澳大利亚应用地球化学家协会 2006 年发行的第 130 号勘查通讯的报导，仅在 1996～1997 年，在西澳耶尔岗克拉通地区矿产勘查施工的 RAB 钻探总进尺达到 5000km；近 30 年来在耶尔岗地区发现的金矿床中，RAB 钻探在 90%的金矿床的发现过程中都起着关键作用。为什么 RAB 钻探在澳大利亚矿产勘查中得到广泛应用，究其原因主要在于：

（1）澳大利亚大部分地区都分布着很厚的风化壳，采用钻探手段很容易穿过覆盖层进入到富含黏土矿物的氧化基岩内；而且现代潜水面一般都位于比较深的部位（通常为 40～60m 的深度水平），使得 RAB 钻探样品的采取率能够达到技术要求。

（2）RAB 钻探成本比反循环钻探和金刚石钻探要低得多。根据 2006 年澳大利亚钻探公司承包的 RAB 钻探项目的基本钻探费用价格为：4.5～6.5 澳元/m（RAB 多刃钻头钻进）、8.5～12.5 澳元/m（RAB 风动往复式驱动锤冲击钻进）。RAB 钻机售价也相对较低，钻机一般安装在四轮或六轮驱动的卡车上，载重 10～15t，根据 2006 年的价格，澳大利亚生产的车载 RAB 钻机售价为 40～60 万美元（包括活动住房在内）。

（3）RAB 钻机搬迁灵活轻便，钻进速度快（每小时进尺可达 30～40m，钻孔直径在9～11.5cm），适合于勘查初期阶段圈定异常或异常查证。

（4）澳大利亚劳动力成本相对较高，因而，采用人工开挖探槽和浅井揭穿浅部覆盖层并不是一种经济有效的最佳选择。

RAB 钻机与露天矿山的爆破孔钻机（潜孔钻机）结构基本相似，所不同的是 RAB 钻机通常安装在卡车上而不是履带式的；既可采用硬质合金钻头旋转钻进（绝大多数情况下采用这种钻进方式），也可采用风动往复式驱动锤冲击钻进（适应于钻进诸如硅质胶结砾岩、石英脉、燧石层以及硅铁建造等坚硬岩层）。RAB 钻进取样的原理是将压缩空气（压力高达 17.5～24.5kg/cm^2）从钻杆内部向下注入，通过钻头沿钻杆和孔壁之间返回地面，钻下的岩屑随之携带至地表，按采样要求收集。

4. 反循环钻进

反循环钻进是指钻井液介质从钻杆与孔壁之间或从双壁钻杆间隙进入孔底，将岩屑或岩心经钻杆柱内携带至地面。钻进液介质可以是清水、泥浆、空气或气液混合。

反循环钻进方法既可用于钻进未固结的沉积物（如砂矿床钻探），也可用于钻进岩石；采取的样品既可是岩屑，也可为岩心。尤其适合于斑岩型铜矿和以沉积岩为主岩的金矿床（卡林型金矿床）。

这种钻进方法的优点是钻进速度快（每小时钻进深度可达 40m）、样品采取率高（可达 100%）而且样品几乎不受到污染。由于采用了专用钻杆、需要空气压缩机和其他附加设备等，其钻探成本较高，然而，其采样质量也较高。一些反循环钻进具有取岩屑和岩心双重功能，因此，在钻进过程中可以考虑在重要部位时采用高质量的岩心钻进而在不重要的部位采取岩屑钻进方式，这样实际上可以降低钻探总成本。

5. 不取岩心钻进

一般是在勘探后期，对矿床地质情况已有相当了解，且地质情况简单，或为了查明远离矿体的围岩时采用。在钻进方式上的不同之处在于，它是从钻孔中取出岩屑、岩粉，再配合电测井以确定钻孔中各岩性的位置和厚度。但在见矿部位，一般仍要取岩心。在勘探石油、天然气时，较多采用地球物理测井技术，目前在勘探固体矿床中，也日趋广泛采用。测井方法主要有以下几种。

（1）磁测井：主要用于协助查明钻孔附近由于矿体引起的磁性干扰。

（2）电磁测井：电磁性、电阻性和激发极化法能有效查明金属矿体，特别是能指示块状或浸染状硫化物矿床的存在。

（3）γ-射线能谱测量用于放射性矿床勘查。

（4）中子活化法用于测量孔壁中钼、铅、锌、金和银的含量。这一方法目前仍处于试验阶段，但由于它能直接测定某些金属含量，因此，今后定会有广阔的发展前景。

此外，地球物理测井技术不仅能应用于单孔，还可在钻孔之间以及钻孔和地面之间进行测量，从而对勘查目标进行三维解释。

进行钻探工作，需要如下几个方面：

（1）一套复杂的机械设备，如不同型号的钻机（带动力机）、水泵（带动力机）、钻塔、拧管机和照明发电机等，还得配钻杆、取心管以及各种其他工具等，特别是石油钻探更是庞杂；

（2）完整的施工规程；

（3）一支训练有素的工人队伍和具有组织指挥才能，兼有丰富的理论知识和技术才能及实践经验的高级工程师、工程师等人员组成。

过去，地质和探矿工程是一家，在转换机制后，探矿工程已独立成队或公司，但主要为地质服务的任务没有变，因此，在进行地质勘查中，地质人员和探矿工程部门应密切合作。

10.2.2 钻探方法的选择

选择合适的钻探技术或多种技术的结合需要考虑钻进速度、成本、所要求样品的质量、样品的体积以及环境因素等方面进行综合权衡。虽然冲击钻进方法只能提供相对较低水平的地质信息，但具有速度快、成本低的优点；金刚石钻进能为地质研究和地球化学分析提供最重要的样品，并且在任何开采深度范围内都可以利用这种技术获得样品，所获得的岩心能够进行精确的地质和构造观测，还可以提供无污染的化学分析样品，不过，金刚石钻进成本最高。矿产勘查中金刚石钻探方法应用最为广泛。

勘查项目的技术要求在选择钻探技术时起着重要作用。例如，如果勘查区地质复杂或者露头发育不良，而且没有明确圈定的目标（或者也许需要验证的目标太多），因而，不可避免地需要采用金刚石钻进来提高对该地区地质认识的水平；在这种情况下，从金刚石钻进所获取的岩心中得到的地质信息有助于建立勘查目标概念或者是对地球物理/地球化学异常进行排序。同时，如果需要验证个别的、明确圈定的地表地球化学异常，其目的是要验证是否是浅部埋藏矿体的显示，那么，可以选用冲击钻或其他成本较低的钻进方法。

10.2.3　矿产勘查中钻探工程的主要目的

钻探是矿产勘查技术中一种最重要也是花费最高的技术。在几乎所有的情况下，都需要利用钻探技术对矿体进行定位和圈定。在各个勘查公司，投入靶区钻探的预算百分比提供了公司勘查业绩的度量；许多管理有方的成功的勘查公司认为，在一定期间内，平均至少应有40%的勘查经费用于靶区钻探。根据矿产勘查的目的，勘查钻孔可分为如下几类：

(1) 普查钻孔。在区域勘查阶段，主要用于了解深部地层、岩性等的变化，尤其是在寻找层控矿床的地区。

(2) 构造钻孔。主要用于区域勘查阶段，查明与矿床有关的地质构造。

(3) 普通钻孔。在详查尤其是在勘探阶段中，用于查明矿化的连续性，即探明深部矿体的赋存状态、质量和数量等。普通钻孔一般都属于加密取样钻孔，一般不要求通过这类钻孔来了解更多的矿床地质特征的信息，故可采用成本较低的钻进方法。

(4) 控制钻孔。用于圈定矿体边界和矿床的分布范围。重新钻探前，要注意充分利用已有的钻孔资料，因为许多成功的勘查项目往往始于对过去的钻井资料和岩心所作检查。美国亚利桑那州的克拉玛祖铜矿的发现就是一个极好的实例（案例2.2）。

10.3　金刚石岩心钻探方法

金刚石岩心钻探是采用由镶嵌有细粒金刚石的钻头破碎岩石的一种钻探方法。金刚石具有极高的硬度和良好的强度，是迄今最有效的碎岩材料。由于人造金刚石及配套技术的发展，金刚石岩心钻探应用范围大为扩展，不仅能应用于坚硬地层而且能应用于硬、中硬及软地层，金刚石岩心钻探的发展推动了整个岩心钻探技术的发展，金刚石岩心钻探已成为矿产勘查最重要的钻探方法。

金刚石岩心钻探在发展中为适应不同岩层及不同地质勘查要求，发展了以金刚石及绳索取心钻进为主体的多工艺钻进，包括冲击回转钻进、受控定向钻进、反循环中心取样钻进、无岩心钻进等。

金刚石岩心钻探配套技术包括钻头、管材及工具、设备（钻机、泵、仪表等）、钻井液、钻进工艺、规程，以及标准等。

10.3.1　金刚石钻头

金刚石钻头按包镶形式分为表镶、孕镶、镶嵌体三类，分别适用于各类不同的地层。表镶金刚石钻头是在钻头胎体表面镶嵌天然单层金刚石（按每克拉金刚石的粒数进行分类）；孕镶金刚石钻头是将细粒金刚石均匀分布在胎体工作层中，在钻进过程中金刚石与钻头胎体一起磨损，新的金刚石不断露出于唇面来切削破碎岩石；镶嵌体钻头是用复合片或聚晶体镶嵌在钻头胎体上。一般说来，镶有颗粒相对较大的表镶和孕镶型金刚石钻头适合于钻进较软的岩石（如灰岩），而镶嵌型钻头适合于坚硬的致密块状岩石（如燧石岩层）钻进。我国现在能制造不同岩层和不同用途的金刚石钻头，还能制造特殊钻头，如冲击回转钻头、打滑钻头、不提钻换钻头等，在金刚石钻头设计、制造和性能检查技术方面已跻身国际先进行列。

随着技术的发展，金刚石钻头将可以钻进任何岩石。但是由于金刚石钻进成本较高并且要使岩心钻进长度和岩心采取率达到最大而钻头磨损达到最小，因此，选择钻头要求具有相当丰富的经验和判断能力。用过的表镶金刚石钻头还具有金刚石回收利用的价值。

虽然我们希望钻取的岩心直径越大越好，但是小直径的岩心一般也是能够接受的，因为金刚石岩心钻探的成本随孔径的增大以及随钻进深度的增加而增高。同时，我们也要求最小的岩心直径不仅能够提供地下的地质信息，而且能够提供适合于化学分析或工程地质研究的样品。岩心直径可以直接用毫米表示，但更常见的是用代码分类，表 10.3 是美国金刚石岩心钻机制造协会（DCDMA）制定的分类标准。

表 10.3　金刚石钻进标准岩心直径代码及其对应的岩心直径和孔径

标准岩心直径代码		标准岩心直径/mm	钻孔孔径/mm
传统钻进	XR	18.3	30
	EX	21.4	36
	EXT	23.8	36
	AX	29.4	48
	AXT	32.5	48
	BX	42.1	59
	NX	54.8	76
	HX	76.2	96
绳索取心	AQ	27	48
	BQ	36.5	60
	NQ	47.6	75.8
	HQ	63.5	96.1
	PQ	85.0	122.6

岩心直径代码中第一个字母指示的是钻孔孔径；第二个字母指示岩心管系列；第三个字母 T 表示的是薄壁岩心管，这种岩心管重量更轻，其所获的岩心直径也要稍微大一点。X 系列岩心管是传统使用的标准管，这些代码 EX、AX 和 BX 仍然是岩心直径常用的符号，但是，现在更多的是采用 Q（或 W）系列（绳索取心岩心管）和钻杆。X 系列和 W 系列的钻孔孔径相同，由于钻进过程中要提取内管，故 W 系列的岩心直径稍微小一点。例如，BW 的岩心直径为 33.3mm，而 BX 为 42.1mm。

10.3.2　岩　心　管

随着钻头的旋转运动钻取岩心，并且通过钻杆的推进迫使岩心向上进入岩心管。岩心管根据其所能容纳岩心的长度进行分类，岩心管一般长 1.5～3m，最长可达 6m。岩心管通常都是双管，其中的内岩心管不随钻杆运动，也不旋转，这样能够提高岩心采取率。在岩石较易破碎的情况下，还可以采用三管的岩心管。

过去，为了采取岩心，必须把钻孔内所有钻杆全部从孔中一根一根地提出地面，取完岩心后还得一根一根地放入孔内，再继续钻进，这是一个很费时间的过程。现在，采用绳索取心的方法，无需升降和拧卸钻杆，从而大大节省了时间和减轻了钻工的劳动强度。

所谓绳索取心钻进是指在钻探施工过程中提升岩心时不提升孔内钻杆柱，而是通过绞车和钢丝绳将打捞器放到孔底，将容纳岩心的内管连同岩心一起提至地面，取出岩心后再将空的内管投放孔内，继续钻进。而且，新近发展起来的技术甚至能够通过钻杆柱的伸缩更换钻头或检查钻头的磨损情况而无须提升全部钻杆柱。

10.3.3　循 环 介 质

一般在钻进过程中，利用水在钻杆内部向下流动，冲洗钻头的切割面，然后通过钻杆与孔壁间狭窄空间返回地面（这种钻进方式称为正循环钻进）。该道工艺的目的是润滑和冷却钻头并把破碎和研磨的岩屑从孔底带到地表。水可以与各种黏土或其他掺合剂结合使用，从而可以达到降低样品损失和保护钻孔壁的目的。有关循环介质的研究在石油钻井中取得显著的进展。

10.3.4　套　　管

套管是一种柱状空心钢管，钻具可以在套管中安全运行。钻进过程中经常可能遇到破碎带或漏水层，必须采用套管封闭孔壁，起着防止孔壁岩石坍塌、循环介质的流失或地下水的灌入之类的突发事件。在设计钻孔时必须考虑套管和钻头按尺寸配套，保证下一级较小直径的套管和钻头能够通过已经钻进的较大直径的孔径。

10.3.5　钻进速度和成本

在固体矿产勘查中大多数钻孔深度都小于 400m，但所使用的钻机一般都具有最高钻进深度达 2000m 的能力，而且可以打水平钻孔、垂直钻孔，以及从水平到垂直角度之间的各种倾斜钻孔。钻进速度与钻机类型、钻头以及钻孔孔径等因素有关。一般说来，孔径越大，钻进速度越慢；孔深越大，钻进速度越慢。此外，钻进速度还与钻孔穿过的岩石类型有关，在软岩层、易碎或节理发育的岩层中钻进速度较慢。

每小时钻进 10m 的速度是可能达到的，当然，这在很大程度上取决于钻工的技术以及岩石的钻进条件。对于孔深为 300m 左右的钻孔而言，钻进成本在 800～1500 元/m。有关金刚石钻探成本的标准可参考有关文献。

10.4　钻孔的设计

钻孔的设计是在勘查工程总体部署的框架下进行（见第 13 章），作为勘查系统的一个重要组成部分，本节着重阐述钻孔设计中的一些具体要求。

10.4.1　钻孔布置及施工顺序的考虑

钻孔布置必须在对地面地质情况进行了一定程度的地表揭露、实测地质剖面或者是对地球物理、地球化学勘查成果进行了深入研究的基础上。探矿工程是直接获取深部地质和矿产情况的最有效手段，但因投资较大，故对钻孔布置必须精心设计实施，为避免盲目和浪费。一般应严格遵循以下原则：

（1）根据不同的要求，按一定间距，系统而有规律地布置，以便工程间相互联系并对比，利于编制一系列的剖面和获得矿体的各种参数；

（2）尽量垂直矿体走向或主要构造线方向布置，以保证工程沿矿体厚度方向穿过整个矿体或含矿构造带；

（3）从把握性大的地方向外推移，即由已知到未知，由地表到地下，由稀到密地布置；

（4）充分利用原有槽探、钻探和坑探的成果。

无论是零散的或成勘查线排列的钻孔，均应尽可能地与已有的勘查工程配套，相互联系，构成系统，以便获得完整的地质剖面。布置的形式可以是勘查线，也可以是勘查网（如正方形的、矩形的或菱形的），这要视地质和矿床的具体情况而定（见第 13 章）。

在施工的步骤上，为了某些特殊需要，如为查明某些重要地层层序，获得有关岩石类型方面的信息，探测不整合面下部或冲断层下盘的地质情况，以判断有利成矿部位；或在勘查靶区为了验证显著的地球物理异常或地球化学异常以及重要的地质情况，也可先布置单孔，但单孔布置应符合总体方案要求，使它成为总体方案的一个点或基础，往后，再按更系统的勘查间距施工。

为了获得适合于确定矿石品位的最精确的取样，钻孔一般都要以高角度与潜在的矿体相交。如果目标是原生矿化，钻孔要布置在预测的氧化带水平以下穿过矿体（案例 10.1）。如果矿化体是陡倾斜的板状，那么，钻孔应以一定角度在矿化体倾向相反的方向揭露矿体。如果矿化体的倾向还不清楚（当验证地球物理或地球化学异常时常常会出现这种情况），那么，为了保证能与目标相截，将需要设计至少两个相反倾向的钻孔，若第一个钻孔揭露到了目标矿化体，则不施工反向钻孔；若第一个钻孔落空了，有可能矿化体是向反方向倾斜，有必要施工反向钻孔进行证实。如果矿化体是缓倾角的层状或透镜体，则采用垂直钻孔进行验证。

案例 10.1　钻孔设计和施工战略

我们以一个虚构的例子来进一步阐明钻孔布置和施工顺序。假设钻探目标是一个隐伏的倾斜板状或脉状矿体，钻孔定位的指南如下（图 10.2）：

（1）根据地球物理和（或）地球化学异常结果的解译，沿推测的隐伏矿体的倾斜方向布置 2 个钻孔［图 10.2（b）中编号为 1 号和 2 号孔］，设计时尽可能在接近氧化界面下的基岩内垂直或高角度穿透矿体，其目的是揭露矿体的氧化带［图 10.2（a）］，这两个孔所在的勘查线间距可按 50m 的倍数设定。如果不清楚矿化体的倾向，则可能需要在异常的两侧各设计一个孔，希望其中能有一个孔穿过矿体。矿化部位至少应以 NQ 直径的孔径与其相截，因而，设计钻孔开孔孔径时应考虑到能够保证钻孔穿过破碎带部位可以加套管。

（2）确定钻孔最佳倾角时，还要考虑到钻孔与岩层层理、片理、劈理等相截的角度不是锐角，因为锐角相交可能会导致岩心破碎呈薄片状，这些岩石碎片在岩心管内互相滑动，有可能在岩心管尚未盛满之前即被堵塞。

（3）勘查线应尽可能与矿化体走向垂直，以便绘制精确的勘查线剖面。

（4）钻孔应遵循一定的施工顺序。如图 10.2（b）所示，如果 1 号孔和 2 号孔揭示了具有经济意义的矿化，那么，应在这两条线之间的勘查线上施工第 3 号钻孔，其目的是验证矿化沿倾斜方向上的连续性；若3号孔证实了矿化的延深，那么，继续施工第4～7号孔；然后施工8号和9号孔。从而逐步建立起一个错位控制的勘查网。

(5) 一旦确立了矿化体的空间位置和产状以及地层层序，即可以转入勘探阶段，实施补充钻探（在图10.2中“十”的位置加密钻探）。这一钻探阶段可考虑采集岩屑作为化学分析样品的回转冲击钻进技术，同时，为了获得选冶半工业试验的样品，还可以考虑大直径钻孔的可能性。

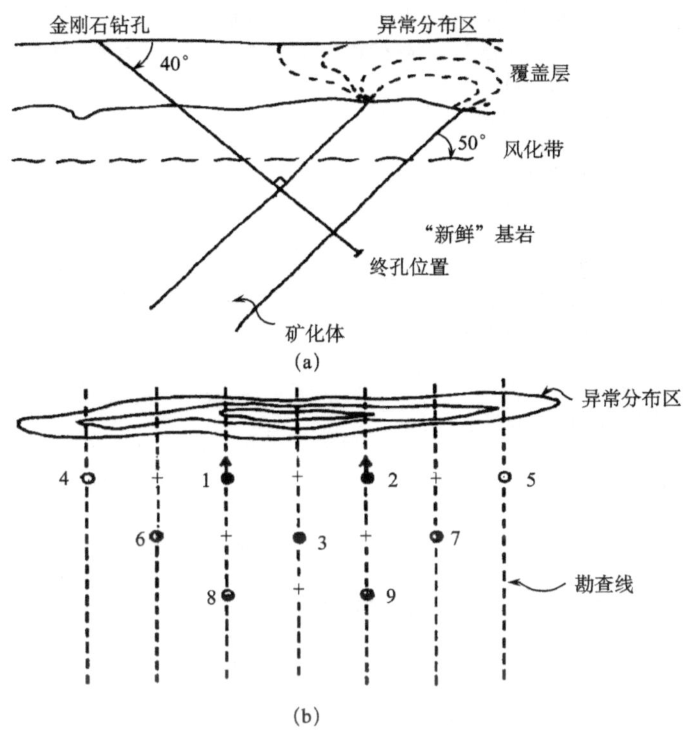

图10.2 说明钻孔布置及其施工顺序的例子（Annels，1991）
(a) 钻孔设计剖面示意图，说明第一个钻孔如何布设；(b) 钻孔布设平面图

一旦揭露到目标矿化体，根据勘查设计的要求，以第一个见矿钻孔位置为起点实施扩展钻探，目的是确定矿化范围。由于矿化体的潜在水平范围通常比其潜在深度范围会了解的更多一些，所以，在多数情况下，第一批施工的扩展钻孔都是从第一个发现孔沿走向布置（以40m或50m为倍数的规则网度布置），目标是在与第一个发现孔近似的深度与矿化体相截。一旦在一定长度的走向范围内证实了有经济意义矿化的存在，即可以按设计实施勘查线剖面上较深的钻孔。

10.4.2 单孔设计

钻孔结构又称孔身结构，是指钻孔由开孔（开钻）至终孔（完钻）的孔径变化，它包括孔深、开孔和终孔直径、孔径更换次数及其所在深度、下入套管的层数和位置以及套管的固定方法。在单孔设计时，在满足地质要求的前提下，应尽可能简化钻孔结构，即力求孔径小、少换径、少下或不下套管，从而提高钻进效率、降低钻探成本。

表 10.4 列出了设计钻孔时需要考虑的一些问题。

表 10.4　设计勘查钻孔所需考虑的因素

A. 初步考虑	1. 钻探目的：为获得基础地质资料（岩性、地质、构造）；或者为获得靶区资料（矿床发现指南）；或者为证实勘查目标（发现矿床） 2. 钻探目标的几何形状及埋藏深度：根据地质、地球物理、地球化学资料的解释以及可能的矿床模型等进行推断 3. 经费预算的限制及最大可接受的成本 4. 钻探区的自然地理条件：包括交通、气候、设施等 5. 钻探工程条件：包括岩性、构造、现有的采矿坑道、采样可能遇到的问题等 6. 要求钻探提供的资料： a. 主要的地质界线和地质细节 b. 钻孔地球物理测井资料 c. 钻孔定向测量资料 d. 岩石力学测试样品 e. 水文资料 f. 化学分析测试样品等
B. 钻孔的设计	1. 根据钻孔的用途确定最小岩心的直径和岩心采取率 a. 获得深部地质资料 b. 提供化学分析测试样品 c. 岩石力学测试样品 2. 根据钻孔的用途确定最小孔径 a. 钻孔地球物理测井 b. 水文测试 c. 复杂地层中下套管和不等径钻进 3. 确定地面与地下钻进的孔位、地下钻室的潜在价值、坑道存在的掘进、通风、动力、供水、排水等 4. 确定钻孔的类型（直孔、斜孔、定向孔） 5. 钻进方法的可能结合（如在需要查明的重要部位以上采用无岩心钻进方法） 6. 采用楔入、造斜器等手段可在主孔内进行多孔钻进 7. 下套管的程序 8. 岩心和样品的处理及保存 9. 钻探承包单位的价目表 a. 岩心钻进和无岩心钻进每单位深度的成本（随孔径深度的增大而增高） b. 岩心采取率的保证措施，特殊岩心和样品处理方法的成本 c. 金刚石钻头的消耗 d. 扩孔 e. 安装套管 f. 钻杆及套管损失 g. 水泥和泥浆 h. 供水 i. 搬迁 j. 钻井场地准备
C. 钻孔施工过程应考虑的因素	1. 随着新资料的补充修改钻孔设计 2. 决断（终孔、加深、钻孔或补充要求提供其他有关钻孔内的信息）

资料来源：Peters，1987

钻孔设计一般包括以下内容。

（1）编制设计理想剖面图。这种剖面图是根据地表地质情况的观测研究、地球物理和地球化学异常的分析等获得的有关矿体和围岩产状、构造特点等资料，结合控矿条件分析，推测矿体在地下可能的延伸和赋存状态而编制。

（2）钻孔预定截穿矿体（或其他地质体）位置的确定。根据设计钻孔的目的要求，在理想剖面图上从矿体在地表的出露点开始，向下沿推测矿体或矿带厚度中心平分线（矿体较薄时则沿底板线）截取选定的钻孔孔距，此间距的下端点即为钻孔预定截穿矿体的位置。

（3）预计终孔深度。是指定钻孔在穿过了目的层后再钻进一段进尺（如 5m）后不再继续下钻的深度。当对地下地质情况掌握不太确切，尤其是在验证地球物理或地球化学异常时，终孔深度应设计得比较灵活些。

（4）钻孔类型的确定。这是指岩心钻探的钻孔采取什么角度进行钻进。根据地质上对穿过矿体时的要求以及矿体和围岩的产状、物理机械性质和技术可能，可考虑直孔、斜孔或定向孔。具体选择时应注意以下要求：①保证钻孔沿矿体厚度方向穿过。至少钻孔与矿体表面的夹角不得小于 25°，以免钻孔沿矿体表面滑过。②尽量节约工程进尺，使孔深较浅就能达到预计的终孔位置。③尽可能选择直孔，因为斜孔和定向孔技术上比较复杂，施工比较困难，设计用的资料也要求更高。一般在矿体倾角大于 45°时才考虑采用斜孔。

（5）地表孔位的选择。单个工程布置应符合总体方案要求，因此，钻孔地表孔位的选择应在满足地质要求的前提下，注意照顾现场的实际情况。例如，便于场地平整、避开容易坍塌的危险地点，不损坏建筑物和交通要道，尽量少占农田以及便于器材运输和供水等方面的因素。当设计孔位与上述要求相矛盾时，可根据具体地质条件，在勘查线上或两侧作适当移动，但不得超过 2m。

（6）编制钻孔理想柱状图。根据实测地质剖面和孔位周围的地质、地球物理、地球化学及其他探矿工程资料编制出钻孔理想柱状图，提供钻进时要截穿的岩（矿）层厚度、换层深度、岩性特点、岩石硬度、裂隙发育情况、涌水、漏水等资料，以备钻探人员施工时能针对具体情况采取必要的技术措施。同时，要提出对钻探的质量要求（如岩心、矿心的采取率等）。合理的开孔、终孔直径、钻孔方位、开孔倾角、允许弯曲度、测深以及测斜等要求。

第一个钻孔施工后获得的新资料，应作为修改邻近新钻孔设计的依据，指导新钻孔的正确施工，如此渐进，以使每一个钻孔的设计尽可能符合实际，获得最大效果。

10.5　钻 探 编 录

10.5.1　概　　述

1. 常用术语解释

回次（round trip）：指在钻孔施工中，将钻具下入孔底进行钻进直至将钻具提出孔外，这样一个循环，称为一个回次。

进尺（footage）：钻进深度的度量，基本单位为 m，作为钻探或钻井工程的工作量指标，用以表示工程的计划工作量和实际完成的工作量，或借此核算工程的单位成本等。实际工作中，则按每台钻机或井队的班进尺、日进尺、月进尺、年进尺、平均进尺、总进尺等方式分别表示计划和已完成的工作量。此外，还以钻头进尺（即新钻头从开始钻进到磨损报废为止共钻进的深度）来评价钻头的寿命。在钻孔编录中常常涉及累计进尺和回次进尺的概念。

累计进尺等于孔深，可由下式计算

$$孔深(m)=钻具总长-机高-机上余尺 \tag{10.1}$$

$$或孔深(m)=回次前孔深+(回次前机上余尺-回次后机上余尺) \tag{10.2}$$

式中，钻具总长＝钻头长＋岩心管长＋异径接头长＋孔内钻杆柱长＋机上钻杆长；机高是指孔口地面到丈量机上余尺时钻机上的固定位置处的距离；机上余尺是指从钻机上固定位置至机上钻杆上端的长度。

回次进尺由下式计算

$$回次进尺(m)=钻具总长-回次前孔深-机高-回次后机上余尺 \tag{10.3}$$

$$或回次进尺(m)=回次初机上余尺-回次后机上余尺 \tag{10.4}$$

岩（矿）心采取率（core recovery）：岩（矿）心采取率是指实际采取的岩（矿）心长度或岩屑体积（重量）除以该取心（或取岩屑）孔段实际进尺或体积（重量）并以百分率表示。在一个回次进尺内的采取率称为回次岩心采取率，在某一岩层内的采取率称为分层岩心采取率。岩心采取率是衡量钻探或钻井工程质量的一项重要指标。

钻孔弯曲（hole deflection）：又称孔斜，是指在钻进过程中，已经钻成的孔段轴线与原设计轴线之间所产生的偏移。孔斜是衡量钻探或钻井工程质量的一项重要指标。

钻孔实际轨迹偏离原来设计轨迹时，对钻探成果、特殊工程效果以及钻孔施工本身都会造成危害。在钻探成果方面，可能歪曲地质体（包括矿体）的产状，误定矿体厚度，甚至可能导致预计的钻探目标落空，还可能改变勘查网度从而导致对地质构造的判断失误，影响对矿体的控制程度和资源量/储量估算精度。在钻探施工方面，孔斜会造成钻具与孔壁摩擦力增大、钻杆折断事故增多、钻具升降困难、功率消耗上升、钻进速度下降以及岩心采取率降低等。钻孔弯曲值的大小称为钻孔弯曲度，如果钻孔弯曲度超过允许范围，则需要进行纠斜甚至重新钻孔，造成重大的经济损失。根据中国地质调查局规定：垂直钻孔允许顶角每100m弯曲2°，斜孔每100m弯曲3°，按孔深累计计算；方位角偏差一般不超过勘查网的1/3～1/4，要求在钻进时必须根据岩层情况，每钻进一定深度即测量一次，以便及时发现和采取纠正措施，并根据孔斜测量结果校正地质剖面图。

钻孔顶角（zenithal angle of hole）：钻孔轴线上某一点的切线与通过该点铅垂线间的夹角，称为该点或该孔深处的钻孔顶角，它是确定钻孔在地下空间位置的一项参数。

钻孔倾角（dip angle of hole）：钻孔轴线上某一点的切线与包括该点的水平面之间的夹角，称为该点或该孔深处的钻孔倾角，它与钻孔顶角互为余角。

钻孔方位角（azimuthal angle of hole）：自钻孔轴在水平面投影上的某点指北方向起，顺时针方向与通过该点切线之间的夹角，称为该点或该孔深处的钻孔方位角，它是确定钻孔在地下空间位置的一项参数。

2. 钻探阶段

矿产勘查过程中采用钻探大致可分为初步钻探和详细钻探两个阶段，每个阶段钻探所要求的地质信息量是不同的。

初步钻探阶段是在普查和详查阶段实施的钻探项目。这一阶段钻探的目的旨在加深对勘查靶区的地质认识和矿化潜力的评价，其中，最关键的目标是在地下发现和确定矿体或矿化带。这是勘查靶区钻探最关键的阶段，钻探地质编录过程常常比较困难，因为地质人员对钻探所揭露的岩性还不熟悉，而且难于知道在岩心中观察到的许多特征中究竟哪些特征可以在钻孔之间相关联，岩心所反映出的特征对于矿化的识别是至关重要的，如果不能识别矿化，则可能导致漏掉矿体。显然，尽管第一批施工的钻孔数可能不多，但所要求钻孔能够提供的信息量要达到最大，而且要求对岩心的观测和记录尽可能的详细。根据经验，地质人员在对矿化岩石进行编录时，每小时编录的岩心长度不要超过5m，应当详细观测岩心中出现的每一个面。

详细钻探阶段相当于勘探阶段实施的钻探项目。这一阶段已经基本上确立了矿体的存在，实施钻探的目的主要是建立矿床的经济参数（如品位和吨位等）以及工程参数（如矿体的形态、产状、埋藏深度等）。当勘查项目进入到此阶段时（大多数勘查项目都未能达到这一阶段），主要地质问题都基本上已经明了，地质人员应当对勘查区的情况已经心中有数。同时，这一阶段钻探工作量很大，将获得大批量的岩心，从而对钻探编录的要求是快速准确地收集和记录大量的标准数据。

从钻孔中获得的信息来自于以下几方面：岩心（或岩屑）、孔内地球物理测量、钻孔弯曲测量等。在本节中我们重点讨论钻孔地质编录，但是，负责钻孔编录的地质人员必须熟悉所有来源的信息。

3. 岩心采取率及采取质量的要求

有效的岩心采取率是必须达到的，如果岩心采取率小于85%～90%，那么，该段岩心的价值是值得怀疑的，因为该段岩心不能很好地代表所穿透的岩石，也即它不是一个真样品，而且容易误导。尤其是矿化和蚀变岩石部位在钻进过程中常常最容易破碎，易于被研磨而损失。

除了保证达到有效的岩心采取率外，还要求钻探过程中岩心应有较好的完整程度，避免钻进和采心过程中对岩心的人为破碎、颠倒和扰动，尽量保持岩心的原生特征。为了提高岩心采取质量，必须根据岩层特点，正确地选定钻进方法、取心工具，确定适宜的钻进规程和操作方法。

10.5.2　钻孔编录前的准备工作

在钻探期间，尤其是在初步钻探阶段，任何一个钻孔在编录前都要进行许多工作。

（1）编制钻孔周围地表地质图：钻探开始之前，尽可能详细编制钻孔周围地表地质图（比例尺为1∶1000或更大），最好的方式是岩心编录比例尺与地表地质图可以比较，不过，由于地表露头常常发育不良，致使地表地质图比例尺通常小于钻孔编录的比例尺。

（2）编制钻孔预测剖面图：根据地表地质图编制钻孔预测剖面图。

（3）编制勘查线预测剖面图：根据地形图和地表地质图编制勘查线预测剖面图，图中标绘出设计钻孔的位置以及所有已知的地表地质、地球化学和地球物理特征，必要时，将这些资料投影到钻孔预测剖面图中。

（4）根据这些剖面图，预测钻孔与重要地质要素相截的位置。编写钻孔设计说明书，在说明书中应当包含这些预测结果。这一过程促使项目地质人员能够充分考虑两个重要的问题：①我为什么要钻这个孔？②我期望通过这个孔发现什么？

10.5.3 钻孔定位

钻机必须精确地按设计的钻孔方位角和倾角安置。为了保证正确地安装钻机，建议采用下述步骤：

（1）用木桩标出钻孔孔口的大致位置。

（2）用推土机或人工平整场地并挖好蓄水池。钻机场地面积为边长 15～20m 的方形。

（3）原有木桩此时通常已不存在，因而必须重新用木桩标定钻孔方位。孔位的定位误差在 1m 左右都是允许的，关键是在钻探结束后精确地测定井口的实际坐标。

（4）在木桩上标出钻孔编号、方位角和倾角。

（5）在孔位的任一边 20～50m 的距离以设定前视和后视木桩的方式确立钻孔设计的方位角，钻工将依据这些标志安装钻机。注意必须让钻工们明确知道哪一个是前视木桩、哪一个是后视木桩。

（6）钻机安装完毕后，在开钻之前，还应再用罗盘和测斜仪检验钻孔的方位角和倾角。

10.5.4 岩心整理及鉴定

1. 岩心整理

每一回次取出的岩心必须及时整理，其要求如下：

（1）钻探记录员应将每次取出的岩心洗净，然后按上下顺序从左至右装入岩心箱内，并填写回次岩心牌，说明回次编号、岩心名称、本回次起止深度、岩心采长和所代表的孔段位置以及孔底残留岩心情况。对重要的岩心，应交地质人员进行复查与保管。

（2）换层岩心装箱时，须在两层岩心之间置以换层隔板及层次岩心牌。

（3）凡长度大于 50mm 和少数长度虽小于 50mm 但仍完整的岩心，都应统一编号和并填写岩心牌，并且用油漆在岩心上表明孔号及本块岩心编号。岩心编号用代分数表示：分数前面的整数代表回次号，分母为本回次中有编号的岩心总块数，分子为本回次中第几块编号的岩心。例如，某孔中第 5 回次有 7 块编号的岩心，其中第 3 块编号为 $5\frac{3}{7}$。

（4）在岩心箱一侧写明矿区名称、孔号、岩心起止号码及岩心顺序号等。

2. 岩心鉴定要求

观测岩心最好是在明亮的自然光下进行，如果阳光太强，天气太热，可在一把浅色的遮阳伞下观测；若因天气太冷或下雨不能在室外编录，室内应尽可能有大的窗户。编录的岩心箱应放在舒适高度的盘架上，岩心应清洗干净，而且湿的岩心能够更清晰地展示出地质特征。观测岩心时一般使用放大镜，有条件时也可配备一台双目镜。编录时要详细记录主要的构造特征（如裂隙间距和裂隙方位）、岩性描述（包括颜色、结构、矿物成分、蚀变特征、岩石命名等），以及其他细节，如岩心采取率以及岩心损失过大（如大于 5%时）的位置。这种描述应当是系统的，而且应当尽可能地定量描述。

矿产勘查部门一般都有岩心编录的标准格式以及描述地质特征的专门术语。中国地质调查局 2001 年颁布的《固体矿产钻孔数据库工作指南（试用）》中详细规定了建立固体矿产数据库的有关引用标准、数据采集原则、工作流程、编录表格、数据内容、数据文件格式、词典定义标准，以及质量保证要求等。

在比较舒适的自然环境下观测岩心，首先遇到的问题是岩心上可能观测到的细节是如此之多，以至于很难确定主要地质特征的界线，换句话说，容易出现“见木不见林”的情况。为了克服这一点，比较好的方式是随着岩心的钻取，先初步编制一份全孔的总结性的编录。这种第一轮的岩心扫视确定是否存在有关矿化的任何直接的、最重要的地质特征，而且，如果存在矿化，能够提供直接开始对化学分析取样的控制；同时，总结性编录应确定出钻孔穿过的主要地质界线和构造，并给出下一步拟进行更详细编录的岩心范围。对岩心多次编录是非常必要的，因为岩心中隐藏着大量的信息，每次编录肯定都会有新的发现和认识。

根据许多地质人员体会，对一定长度范围的岩心分别观测其岩性、构造、矿化和围岩蚀变等特征比试图同时观测和记录这些特征更容易些；而且，如果诸如测量岩心采取率或转换方位标志之类的日常工作由有经验的野外钻探技术人员完成，那么，地质人员的编录工作将会更顺畅些。

地层分层要慎重，既要看整个岩心的变化，也要仔细研究分析钻探日志中记录的钻进速度的变化、钻工的操作感觉、冲洗液的颜色和消耗量的变化、孔壁坍塌和加固情况，以及钻进过程的描述等。

注意含水层及地下水位的鉴定。如果做提水、抽水、压水或注水试验时，应将其试验结果进行比对。

岩心编录是在现场进行，应随着钻孔的进度及时做好编录工作，不可拖延，否则会失去指导钻探进程的意义、造成不必要的经济损失。诸如加深或中止钻进以及确定下一个开钻的钻孔之类的重大决策可能必须在钻进过程中作出。

除了对岩心进行地质描述外，还要对岩心进行各种用途的采样。在初步钻探阶段，岩心的取样部位应该根据地质特征来确定，由地质人员选定取样部位并在编录时在岩心上标示清楚；取样部位的边界应尽可能与地质人员观测或推测的矿化界线一致。如果所取岩心相对比较均匀时则应按一定的长度（一般以 1m 长度作为一个样品）采取规则样品，采样时采用金刚石锯或岩心劈分机将岩心分成近于相等的两半，其中一半送交化学分析或作其他研究用，另一半放回岩心箱内作为记录保存。在岩心损失的部位，取样区间不应跨越发生岩心损失的岩心段，譬如说，把岩心采取率为 100%的样品与岩心采取率只有 70%的样品混在一起，实质上是用质量差的样品影响质量好的样品。

显然，构造特征的记录必须在岩心劈分之前就应当完成。比较好的做法是在编录前对湿岩心进行拍照，这样，随着钻孔的进程，可以拍摄一套从顶到底的全孔岩心柱的永久性原始照片记录。所获得的岩心花费了如此高昂的代价，因而，保存好这些岩心供以后检验是合理的。诚然，长期保存岩心涉及时间、空间和费用的问题，钻孔位置可能会消失，但其所含信息的价值是重要的，尤其是在一些重要的矿区内。原地质矿产部 1992 年颁发的（DZ/T0032—92）详细规定了地质勘查钻探岩矿心（含岩屑，下同）的现场管理、缩减处理、移交入库和库房管理的细则。

在不取岩心钻进过程中，岩屑和岩粉一般按 2m 的间距进行采集，在现场干燥后装袋（图 10.3）。岩屑和岩粉经清洗后，采用放大镜或双目镜即可相对容易地进行观测；样品还可以进行淘洗以获取人工重砂样品。同样，对岩屑和岩粉样品的描述必须是系统的和定量化的。

图 10.3 不取岩心钻进现场岩屑（粉）样品采集

10.5.5 岩心采取率及换层深度的计算

1. 岩心采取率的计算

从钻孔内提取岩心时，钻下的岩心有可能不能全部取出，这部分未能取出而残留在孔内的岩心根部称为残留岩心。由于残留岩心位于每回次的底部，磨损消耗不大，所以，理论上认为本次残留岩心长度与本次残留进尺相等。因此，回次岩心采取率的计算有以下两种情况。

（1）无残留岩心的情况，回次岩心采取率的计算公式为

$$回次岩心采取率 = 本回次所取岩心长度 \div 本回次进尺 \times 100\% \tag{10.5}$$

$$分层岩心采取率 = 本分层岩心总长 \div 本分层进尺总长 \times 100\% \tag{10.6}$$

（2）若回次岩心采取率超过 100%，即回次岩心长度大于回次进尺时，一般为残留岩心所致。残留岩心的长度一般以施工人员测量为准，当未进行残留岩心测量或残留岩心测量不准，使其岩心长度大于进尺时，根据（DD2006—1）规范，残留岩心可按下面办法由编录人员进行处理。

在岩心完整时，以本回次岩心采取率为 100%计，将超出部分推到上回次计算，如继续超出可继续上推，最多只能上推三个回次。

如图 10.4 所示，第 9 回次进尺 4m，岩心长 4.9m，大于该回次进尺 0.9m 的岩心作为残留向上推到第 8 回次（第 9 回次采取率现为 100%）。

第 8 回次原进尺 4.5m，岩心长 4.2m，现加上第 9 回次上推的 0.9m 残留岩心，则岩心长为 4.2+0.9=5.1m，超过进尺 0.6m 继续上推至第 7 回次，则第 8 回次采取率现为 100%（该回次原采取率 93%应更正为 100%）。

第 7 回次原进尺 4m，岩心长 2.9m，采取率 73%，现加第 8 回次上推的 0.6m 残留岩心，则岩心长为 2.9+0.6=3.5m，采取率为 88%，岩心长度小于进尺，无残留上推，至此，第 9 回次残留岩心处理完毕（第 7 回次原采取率 73%，应更正为 88%）。如残留岩心处

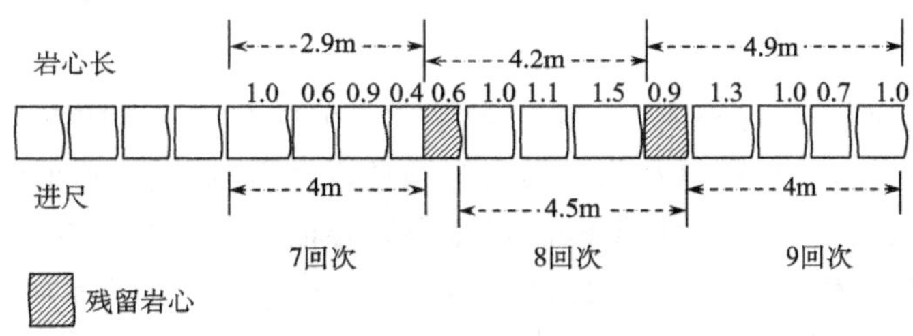

图 10.4　残留岩心处理图（中国地质调查局，2007）

理中，上推三个回次后继续超出，应寻找原因，再作处理。

如岩心破碎为砂状、粉状和不在同一岩性中钻进而用反循环采心工具采取的岩心，一般不允许上推。

对于有残留岩心的情况，回次岩心采取率计算公式为

$$
\text{回次岩心采取率} = \text{本次提取岩心} \div (\text{本回次进尺} - \text{本次孔底残余进尺} + \text{上次孔底残余进尺}) \times 100\% \tag{10.7}
$$

2. 换层孔深的计算

从一个分层变换为下一个分层时称为“换层”，换层时所处钻孔深度称为换层孔深。根据换层所处位置不同，分为：回次内换层孔深、回次间换层孔深及空回次换层孔深三种情况计算换层孔深。

（1）回次内换层孔深。某一回次内换层时的换层孔深的计算式（图 10.5）：

$$
\text{回次内换层孔深} = \text{上回次止孔深} + \frac{\text{本回次上层岩心长}}{\text{本回次岩心采取率}} \tag{10.8}
$$

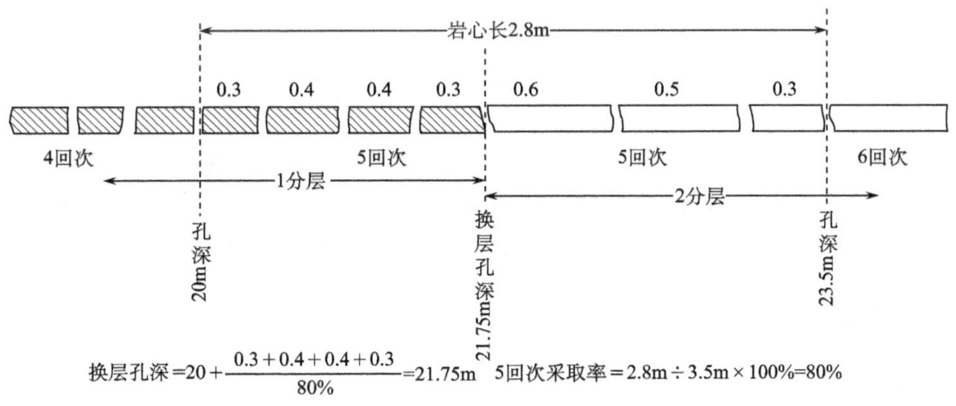

图 10.5　第 5 回次内换层孔深计算示意图（中国地质调查局，2007）

（2）回次间换层孔深。在两个回次之间换层时，其换层孔深等于上回次终止孔深，若有残留岩心时，则应减去上回次残留岩心长。

（3）空回次换层孔深。未取得岩心的回次称为空回次，若在空回次换层，其换层孔深等于上回次终止孔深加上空回次进尺的 1/2，也可根据上下层岩石的相对硬度、破碎情况确定合适的比例。

3. 测量标志面与岩心轴夹角

岩心轴夹角是岩心轴与各种面（层面、断裂面、节理面、片理面等）的夹角，它是了解地层、矿层（体）、岩（矿）脉以及地质构造的倾角以及编制地质剖面图、计算地层和矿层（体）厚度的基础数据。通常用量角器法测量获得岩心轴夹角，步骤如下。

首先找出要测量的标志面在岩心上的总体方向，找出标志面在岩心上的最高与最低点（可用红、蓝铅笔画一条线），如图 10.6 中 AB；将岩心柱面（图中 CD）紧靠岩心隔板；将量角器的零度边（图中 ab）与标志面（AB）平行，同时将量角器的 0 点与标志面（AB）同岩心柱面（CD）的交点（O）重合；读出岩心柱面在量角器上的读数（70°）即为岩心轴夹角。

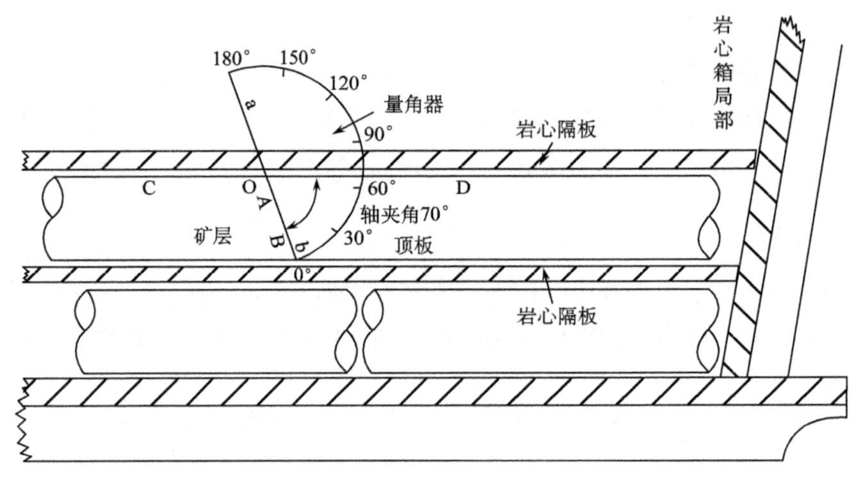

图 10.6　测量岩心轴夹角示意图（中国地质调查局，2007）

10.5.6　钻孔弯曲的投影

钻孔在施工过程中，由于某些地质因素（如地层产状的变化、岩石硬度差异、遇到断裂构造等）和技术原因（如钻机立轴不正、钻进压力不当、定向管过短等），致使钻孔轴线的实际方向偏离设计的钻孔轴线，造成钻孔弯曲，尤其在斜孔施工中钻孔弯曲的现象最为常见。

为了掌控钻孔轴线位置的变化，及时预防和纠正孔斜，钻进过程中应按要求对钻孔进行测量。一般超过 100m 深度的垂直钻孔要求每钻进 50m 测量一次，斜孔每 25m 测量一次。采用投影方法把钻孔测量数据投影到勘探线剖面图上的作图技术，称为钻孔弯曲投影或钻孔弯曲校正。

只要获得钻孔测量的观测数据，就应当立即根据这些数据绘制钻孔轴线在剖面和平面上的投影图，通过这种图件可以了解钻孔到达设计目标的进度和效果。如果出现偏斜，钻工们可以及时采取纠斜措施解决这个问题。

现在，只要把钻孔测量数据输入到计算机内，在专用的勘查软件中通常都有完成钻孔弯曲投影任务的功能。然而，在勘查钻进过程中，为了及时指导钻探，一般都是在现场用手工绘制，而且，这种图件很容易完成，我们将在课程设计中学习这种投影方法。

10.6 钻探合同

钻探任务可由地质队或勘查公司自己所属的钻探部门完成，也可与专门的钻探公司签约承包。如果是签约承包，则需要在承包合同中详细规定钻进条件、所要求的工作量以及费用等。钻探的目的是要以较低的成本获得勘查目标的代表性样本，因此，钻探设备的选择是很关键的。如果不了解钻进条件，那么，在任何大规模钻探工作开始之前，应尽可能地事先进行试验性钻探，目的是对不同钻探方法进行比较，从而确定最适宜的钻探技术（案例10.2）。

案例 10.2 钻探方法的选择

赋存在灰岩中的银矿化体厚12.2m，主要由细粒白云石和石英组成，含少量的黄铜矿、方铅矿、闪锌矿，银主要以螺硫银矿的形式存在，部分为自然银。该矿化体已施工少量的金刚石钻探和冲击钻探进行验证，并且还施工了一个浅井采集大样进行采矿试验。

金刚石钻探情况：采用BQ钻头穿过矿化体，岩心直径36.5mm，按1m样长采集样品，岩心采取率为93%。岩心劈分后送化学分析样，矿化层样品总重量为10kg。化学分析结果的加权平均品位为62g/t银。金刚石钻探的主要问题是样品品位可能偏低，因为易碎的银矿化层被金刚石钻头研磨后被循环水冲洗而导致品位偏低。

冲击钻探情况：穿过矿化体的孔径为1.6cm，按1m长度的岩屑作为一个样品，岩屑采取率为87%，所采集的全部岩屑都作为化学分析样，所获矿化层样品总重量为255kg。样品分析结果的加权平均品位为86g/t银。这种钻进方法比金刚石岩心钻进的费用低，主要问题是比重较大的银矿物可能沉淀在钻孔的水柱中而不能收集到。

大样采集的情况：从1.1m见方的浅井中采集大样进行分析，样品总重量为51.8t，加权的化学分析平均品位为78g/t银。

试验结论：接受大样的分析结果作为银品位的最佳估值，那么，应该选用费用较低的冲击钻进技术作为该矿床的主要采样手段。

在签订钻探合同时涉及的主要费用如下：

(1) 从钻探公司至钻探工作区钻井设备的搬迁，其费用随搬迁方式（人工搬迁、汽车搬迁等）而有所不同；

(2) 机台的建立以及各孔位之间的钻井设备的搬迁，其费用随孔位之间的搬迁距离以及工作地区的不同而不同；

(3) 每米进尺的基本钻探费用；

(4) 个别项目的费用，如封孔、下套管、钻孔测井等；

(5) 拆迁费用。

在钻探合同中，所有费用都应当一项一项地详细列出。

对于客户（勘查部门）制定的技术要求，比方说，岩心采取率大于90%、垂直钻孔的偏斜小于5°等，钻探公司需要仔细考虑能否接受这些要求。如果接受这些要求但实际工作中未能满足时，钻探公司必须对此承担责任。

工程进行时，钻工们每个班在交班时都要填写工作报表（日志），报表中要详细描述本班所完成的进尺以及存在的问题，由地质人员检验后在报表上签名。最后付款时就是根据这些报表核实合同的完成情况。在钻工和勘查部门派往钻井现场的代表（负责钻孔质量监督和编录的地质人员）之间关注点有所不同，钻工们可能只强调每个班的钻探进尺，而地质人员更关心的是岩心采取率和该钻孔所要揭露的预测目标。因此，负责钻探编录的地质人员应该全面熟悉合同条款以及钻进过程中可能出现的问题。

钻探工程的成果体现在最终报告中，这类报告可由以下几部分组成：①钻探过程中的技术记录、岩心采取率以及技术问题；②附有地质平面图和勘查线剖面图的钻孔柱状图；③岩石和矿石分析的地质记录；④地球物理测井。成功的探矿工程可以提供勘查区地质、矿床、矿石品位以及吨位的三维图像。

本章小结

探矿工程技术是矿产勘查中最重要而且成本最高的勘查手段，分为坑探工程和钻探工程。坑探工程是为揭露地质和矿化现象而在地表或地下挖掘不同类型坑道的工作，其特点是人员可以进入工程内部进行直接观测和采样，所获取的地质资料精度较高，但地下坑探工程成本很高。

钻探工程是采用钻机按一定设计角度和方位向地下钻孔，通过取出孔内的岩心、岩屑或在孔内下入测试仪器，获取地下地层、岩性、构造，以及矿化等方面的资料。

本章要求掌握探矿工程的单体设计思想和地质编录方法，有关探矿工程的总体设计理念需要在后续章节中逐渐领悟。

讨论题

（1）在什么条件下选择平硐勘查技术？

（2）金刚石钻探技术的优点和缺点？

（3）矿产资源勘查中如何选择钻探技术？

（4）如何进行钻孔（单孔）地质设计？

（5）如何进行岩心编录？

本章进一步参考读物

安徽省地质调查院. 2006. 安徽省地质调查院质量管理体系标准 QB/AHGC750—2006. 作业指导书

侯德义. 1984. 找矿勘探地质学. 北京：地质出版社

青海省地质局和山西省地质局. 1981. 探矿工程地质编录（上册）. 北京：地质出版社

中国地质调查局. 2006. 中国地质调查局地质调查技术标准 DD2006—01. 固体矿产勘查原始地质编录规程（试行）

中国地质调查局工作标准. 2001. 固体矿产钻孔数据库工作指南

中华人民共和国地质矿产行业标准 DZ/T0078—1993. 固体矿产勘查原始地质编录规定

第三部分　矿产勘查方法

矿产勘查时，为了查明矿床赋存的地质条件、了解矿床的质和量，以及评定其工业利用价值所采取的各种研究方法、技术措施和工作途径等，总称为勘查方法。

矿产勘查项目是一个多层次、多形式、多因素、多技术种类的工程系统。这众多要素所形成的勘查系统自然存在着时空位置、比例关系、纵横序列等组合问题，存在着各个要素间是否相互关联、是否协调同步、工程部署是否最优化、勘查精度是否合理等问题。因此，矿产勘查应该遵循从实际出发、循序渐进、全面研究、综合评价，以及经济合理的原则。

第11章　矿产勘查阶段

11.1　概　　述

11.1.1　矿产勘查标准化

1. 标准化

标准化（standardization）是在经济、技术、科学及管理等社会实践中，对重复性事物和概念通过制订、发布和实施标准达到统一，以获最佳秩序和社会效益。

标准化的目的之一，就是在企业建立起最佳的生产秩序、技术秩序、安全秩序、管理秩序。企业每个方面、每个环节都建立起互相适应的成龙配套的标准体系，就使每个企业生产活动和经营管理活动井然有序，避免混乱，克服混乱。“秩序”同“高效率”一样也是标准化的机能。标准化的另一目的，就是获得最佳社会效益。一定范围的标准，是从一定范围的技术效益和经济效果的目标制定出来的。因为制定标准时，不仅要考虑标准在技术上的先进性，还要考虑经济上的合理性。也就是企业标准定在什么水平，要综合考虑企业的最佳经济效益。因此，认真执行标准，就能达到预期的目的。一些工业发达国家把标准化作为企业经营管理，获取利润，进行竞争的“法宝”和“秘密武器”。特别是一些著名公司，往往都建立企业标准化体系，以保证他的利润和竞争目标的实现。

2. 标准

标准（standard）是对重复性事物和概念所做的统一规定。它以科学、技术和实践经验的综合成果为基础，经有关方面协商一致，由主管机构批准，以特定形式发布，作为共同遵守的准则和依据。根据中华人民共和国标准法第六条规定：标准的级别分为国家标准、行业标准、地方标准、企业标准四级。

3. 规范

规范（specification）是对勘查、设计、施工、制造、检验等技术事项所作的一系列统一规定。根据国家标准法的规定，规范是标准的一种形式。

4. 地质矿产勘查标准

我国地质矿产勘查标准化工作始于20世纪50年代，按照统一和协调的原则，分别由各部门制定了一系列关于地质矿产勘查的标准和规范规程，初步统计已达上百种，其中固体矿产勘查规范已达45种，涉及84个矿种，形成了一个独立的体系，并且已进入了国家的标准化管理体系。大部分的这些标准都可以在中国地质调查局、中国矿业网，以及中国矿业联合会地质矿产勘查分会等相关网站上查阅。

11.1.2 矿产勘查阶段的基本概念

从前几章的讨论中我们已经了解到，矿产勘查工作是一个由粗到细，由面到点，由表及里，由浅入深，由已知到未知，通过逐步缩小勘查靶区，最后找到矿床并对其进行工业评价的过程。

也就是说，一个矿床，从发现并初步确定其工业价值直至开采完毕，都需要进行不同详细程度的勘查研究工作。为了提高勘查工作及矿山生产建设的成效，避免在地质依据不足或任务不明的情况下进行矿产勘查、矿山建设或生产所造成的损失，必须依据地质条件、对矿床的研究和控制程度，以及采用的方法和手段等，将矿产勘查分为若干阶段，这种工作阶段称为矿产勘查阶段。

每个阶段开始前都要求立项、论证、设计、施工，而且在工程施工程序上，一般也应遵循由表及里，由浅入深，由稀而密，先行铺开，而后重点控制的顺序。每个阶段结束时都要求对研究区进行评价、决策、提出下一步工作的建议。

矿产勘查过程中一般需要遵守这种循序渐进原则，但不应作为教条。在有些情况下，由于认识上的飞跃，勘查目标被迅速定位，则可以跨阶段进行勘查；反之，如果认识不足，则可能会返回到上一个工作阶段进行补充勘查。

11.1.3 矿产勘查阶段的划分

矿产勘查阶段的划分是由勘查对象的性质、特点和勘查实践需要决定的，或者说是由矿产勘查的认识规律和经济规律决定的。阶段划分的合理与否，将影响矿产勘查和矿山设计以及矿山建设的效率与效果。

1. 国外矿产勘查阶段的划分

在联合国 1997 年和 2004 年推荐的矿产资源量/储量分类框架中，勘查阶段划分为：①预查（reconnaissance）；②普查（prospecting）；③一般勘探（general exploration）；④详细勘探（detailed exploration）。世界各国的矿产勘查总的说来也都相应地大致遵循这几个阶段。然而，不同的国家以及各国不同采矿（勘查）公司之间勘查阶段的划分又有一定的差异。下面以 Rio Tinto 公司下属的 Kennecott 勘查公司采用的划分方案为例来进行说明。

第一阶段：矿产资源潜力评价（assessment of potential）

本阶段的目的是要确定研究区内是否具有寻找目标矿床的潜力。工作内容主要涉及对有关研究区的现有资料的收集和评价，包括过去的开采历史、公益性地质图、卫星影像等资料，并选择交通方便的露头区进行实地地质考察。如果地质人员认为该区有一定的潜力，则需要向当地社团咨询，讨论和评价未来的勘查和开采对局部环境的影响。本阶段需要花数周的时间和数千美元。

第二阶段：靶区确认（target identification）

如果某个地区经过评价认为是有利的，那么，该区的勘查可以转入靶区确认阶段。本阶段可能采用航空地球物理测量，还可能采用河流沉积物、土壤，以及岩石地球化学取样。在这一阶段期间，至关重要的是要获得勘查许可证或矿权。本阶段需要花数月的时间和数万美元。勘查结果的成功率为 10%，放弃该项目的概率为 90%。

第三阶段：靶区验证（target testing）

本阶段一般是采用钻探验证，需要花数月的时间和数十万美元。

第四阶段：评价阶段（evaluation phase）

如果所勘查的矿床可能是以值得开采的质和量存在，那么，该远景区就可转入评价阶段。这一阶段主要采用详细钻探方法来证实矿床的吨位、品位、几何形态和特征。本阶段的后期要求进行可行性研究。这一阶段需要数年的时间，耗资数百万美元。

勘查过程每深入一步，勘查成本迅速增加，而且完成项目的时间需要更长。

2. 我国矿产勘查阶段的划分

我国矿产勘查阶段的划分，从 1949～1986 年，全国各系统的地勘部门并未完全统一，有的部门按初步普查、详细普查、初步勘探、详细勘探 4 个阶段划分，有的分为初步普查、详细普查、勘探 3 个阶段。1988 年，原地质矿产部将矿产勘查阶段划分为普查、详查、勘探 3 个阶段。1999 年，我国首次颁布了《固体矿产资源/储量分类》国家标准（GB/T17766—1999），其中把矿产勘查阶段划分为预查、普查、详查、勘探 4 个阶段（图 11.1），与联合国 1997 年的分类框架完全一致。

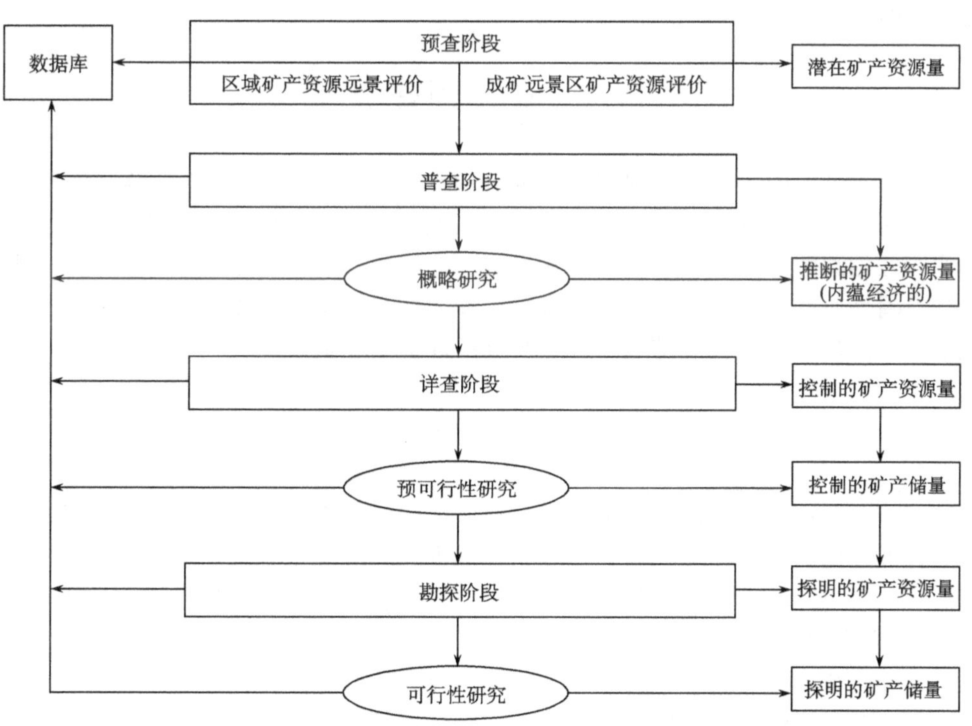

图 11.1　我国矿产勘查阶段划分示意图

预查：依据区域地质和（或）物化探异常研究结果、初步野外观测、极少量工程验证结果、与地质特征相似的已知矿床类比、预测，提出可供普查的矿化潜力较大地区。有足够依据时可估算出预测的资源量，属于未发现的矿产资源。

普查：是对可供普查的矿化潜力较大地区、物化探异常区，采用露头检查、地质填图、数量有限的取样工程及物化探方法开展综合找矿。对区内地质、构造特征达到相应比例尺的查明程度；对矿体形态、矿石质量、矿石加工技术条件和矿床开采技术条件做到大致查明、大致控制的程度；矿体的连续性是推断的。通过概略研究，最终应提出是否有进一步详查的价值，或圈定出详查区范围。

详查：是对普查圈出的详查区通过大比例尺地质填图及各种勘查方法和手段，进行比普查阶段更密的系统取样，基本查明地质、构造、主要矿体形态、产状、大小和矿石质量，基本确定矿体的连续性，基本查明矿床开采技术条件，对矿石的加工选冶性能进行类比或实验室流程试验研究，对新类型矿石和难选矿石应进行实验室扩大连续试验，在详查所获信息的基础上开展概略研究，作出是否具有工业价值的评价。必要时，圈出勘探范围，并可供预可行性研究、矿山总体规划和作矿山项目建议书使用。对直接提供开发利用的矿区，其加工选冶性能试验程度，应达到可供矿山建设设计的要求。

勘探：是对已知具有工业价值的矿床或经详查圈出的勘探区，通过加密各种采样工程，其间距足以肯定矿体（层）的连续性，详细查明矿床地质特征，确定矿体的形态、产状、大小、空间位置和矿石质量特征，详细查明矿床开采技术条件，对矿产的加工选冶性能进行实验室流程试验或实验室扩大连续试验，新类型矿石和难选矿石应作实验室扩大连续试验，必要时应进行半工业试验，在勘探所获信息的基础上开展概略研究，为可行性研究或矿山建设设计提供依据。

11.2　矿产预查阶段

预查相当于过去的区域成矿预测（regional prognosis）阶段。预查工作比例尺随勘查工作要求的不同而不同，可以在 1∶100 万～1∶5 万变化。预查工作采用的勘查方法主要包括遥感图像的处理和解译、区域地质、地球物理、地球化学资料的处理，以及野外踏勘等。

根据中国地质调查局工作标准《固体矿产预查暂行规定》（DD 2000—01），预查阶段分为区域矿产资源远景评价和成矿远景区矿产资源评价两种类型。

11.2.1　区域矿产资源远景评价

区域矿产资源远景评价是指对工作程度较低地区，在系统收集和综合分析已有资料基础上进行的野外踏勘、地球物理勘查、地球化学勘查、三级异常查证，圈定可供进一步工作的成矿远景区的预查工作。条件具备时，估算经济意义未定的预测资源量（334_2，见 12.2 节）。其工作内容包括：

（1）全面收集预查区内各类地质资料，编制综合性基础图件；

（2）全面开展区域地质踏勘工作，测制区域性地质构造剖面，实地了解成矿地质条件；

（3）全面开展区域矿产踏勘工作，实地了解矿化特征，并开展区域类比工作；

（4）择优开展物探、化探异常三级查证工作；

（5）运用 GIS 技术开展综合研究工作，对区域矿产资源远景进行预测和总体评估，圈定成矿远景区；

（6）条件具备时对矿化地段估算 334_2资源量；

（7）编制区域和矿化地段的各类图件。

11.2.2　成矿远景区矿产资源评价

成矿远景区矿产资源评价是指对工作程度具有一定基础的地区或工作程度较高地区，运用新理论、新思路、新方法，在系统收集和综合分析已有资料基础上，对成矿远景区所进行的野外地质调查、地球物理和地球化学勘查、三级至二级异常查证、重点地段的工程揭露，圈出可供普查的矿化潜力较大地区的预查工作。条件具备时，估算经济意义未定的预测资源量（334_1）。其工作内容包括：

（1）全面收集成矿远景区内的各类资料，开展预测工作，初步提出成矿远景地段；

（2）全面开展野外踏勘工作，实际调查已知矿点、矿化线索，蚀变带以及物探、化探异常区，了解矿化特征，成矿地质背景，进行分析对比并对成矿远景区资源潜力进行总体评价；

（3）在全面开展野外踏勘工作的基础上，择优对物探、化探异常进行三级至二级查证工作，择优对矿化线索开展探矿工程揭露；

（4）提出成矿远景区资源潜力的总体评价结论；

（5）提出新发现的矿产地或可供普查的矿产地；

（6）估算矿产地 334_1 和 334_2 预测资源量；

（7）编制远景区及矿产地各类图件。

11.2.3　预查工作要求

本阶段的勘查程度要求搜集并分析区内地质、矿产、物探、化探和遥感地质资料，对预查区内的找矿有利地段、物探和化探异常、矿点、矿化点进行野外调查工作；对有价值的异常和矿化蚀变体要选用极少量工程加以揭露；如发现矿体，应大致了解矿体长度、矿石有用矿物成分及品位、矿体厚度、产状等，大致了解矿石结构构造和自然类型，为进一步开展普查工作提供依据，并圈出矿化潜力较大的普查区范围。如有足够依据，可估算预测资源量。

1. 有关资料收集及综合分析工作

（1）全面收集工作区内地质、物探、化探、遥感、矿产、专题研究等各类资料，编制研究程度图。对以往工作中存在的问题进行分析；

（2）对区域地质资料进行综合分析工作，根据不同矿产类型，编制区域岩相建造图、区域构造岩浆图、区域火山岩性岩相图等各类基础图件；

（3）对区域物探资料进行重磁场数据处理工作，推断地质构造图件以及异常分布图件；

（4）对区域化探资料进行数据分析工作，编制数理统计图件以及异常分布图件，开展地球化学块体谱系分析、编制地球化学块体分析图件；

（5）对区域遥感资料进行影像数据处理，编制地质构造推断解释图件；

（6）对矿产资料进行全面分析，编制矿产卡片以及区域矿产图件；

（7）运用 GIS 技术，对上述资料进行综合归纳，编制综合地质矿产图，作为部署野外调查工作的基础图件。

2. 野外调查工作

固体矿产预查工作，必须以野外调查工作为主，野外调查和室内研究相结合。野外调查工作包括区域地质踏勘工作，区域矿产踏勘工作，地球物理、地球化学勘查，物探、化探异常查证、矿点检查工作；室内研究包括已有地质资料分析，综合图件编制，成矿远景区圈定、预测资源量估算等工作。

1）区域地质踏勘工作

区域地质踏勘工作是预查工作的重要基础工作，无论是否已经完成区调工作都要精心组织落实，一般情况下部署一批能全面控制区内区域地质条件的剖面，进行踏勘工作，踏勘时应进行详细的路线观察编录，并绘制路线剖面图，对重要地质体布置专题路线观察。通过区域地质踏勘工作，实地了解主要地质构造特征，成矿地质背景条件。

踏勘时应适当采集关键地段、有代表性地质、矿化现象的岩矿标本，并进行必要的岩矿鉴定或快速分析测试。通过踏勘选择确定实测地质剖面位置，建立遥感解译标志。

2）区域矿产踏勘工作

区域矿产踏勘工作是预查工作的关键基础工作，一般情况下，工作区内都有一定数量的矿化线索、矿化点、矿点、物探、化探异常区，因此必须全面开展踏勘工作，对不同类型的矿化线索，都必须进行现场踏勘。对有较多工作程度较高矿产地的地区，应经过分类，对不同类型的代表性矿产地进行全面踏勘，详细了解矿化特征、成矿地质背景、工作程度、以往评价存在问题等情况，修订原有的矿产卡片。

对已有成型矿床的远景区，必须开展典型矿床的野外专题调查工作，通过实地观察，详细了解矿床成矿地质条件、矿化特征、找矿标志等资料，以便指导远景区总体评价工作。

根据中国地质调查局工作标准《矿产远景调查技术要求》（DD 2010—05），对与成矿有关的沉积岩，应在已划分的岩石地层单位基础上，进一步划分其岩性及岩石组合，大致查明沉积岩层的岩石类型、物质成分、沉积特征、含矿性、接触关系、时空分布变化，建立岩石地层层序，分析其沉积相与沉积环境，研究沉积作用与成矿作用关系。

对与成矿有关的侵入岩，在已划分侵入体的基础上，大致查明其岩石类型、形态与规模、矿物成分与岩石地球化学特征、结构构造、接触关系、包体与脉岩的规模、产状、组分等，以及与成矿有关的侵入体内外接触带的交代蚀变、同化混染和分异特征、矿化特征等，圈定接触带、捕虏体或顶盖残留体，测量接触带产状。根据侵入体相互接触关系和同位素年龄资料确定侵入体的侵入时代和侵入顺序，研究其时空分布规律及与围岩和成矿的关系、控矿特征，研究侵入体及岩浆作用与成矿关系。

对与成矿有关的火山岩，应在已划分的岩石地层单位基础上，进一步划分其岩性（岩相）及岩石组合，大致查明火山岩岩石的岩石类型、矿物成分、结构构造、地球化学特征、产状与接触关系、空间分布，以及沉积夹层、火山地层层序等特征，划分火山喷发韵律和喷发旋回，建立火山岩地层层序，确定火山喷发时代，分析火山岩时空分布规律，研究火山作用与区域构造及成矿作用的关系。对与成矿作用密切的火山活动，应圈定火山机构，划分火山岩相，分析研究火山机构、断裂、裂隙对矿液运移和富集的控制作用及与火山作用有关的岩浆期后热液蚀变、矿化特征。

对与成矿有关的变质岩，应在已划分的构造-地（岩）层或构造-岩石单位基础上，进一步划分其岩性及岩石组合，大致查明变质岩石的岩石类型、矿物成分、结构构造及主要变质岩类型的岩石地球化学等特征，恢复原岩及其建造类型。大致查明不同变质岩石类型的空间分布、接触关系及主要控制因素，并建立序次关系。对成矿作用密切的变质岩，应进一步研究其岩石组合、变质变形特征，划分变质相和变质带，研究变质期次、时代及其与成矿作用的关系。

对与成矿有关的构造，应大致查明基本构造类型和主要构造的形态、规模、产状、性质、生成序次和组合特征，建立区域构造格架，探讨不同期次构造叠加关系及演化序列。深入研究成矿有关的褶皱、断裂构造或韧性剪切带等构造特征，以及矿体在各类构造中的赋存位置和分布规律，分析构造活动与沉积作用、岩浆作用、变质作用及成矿作用的关系。

3）地球物理、地球化学勘查工作

一般情况下，区域矿产资源远景评价工作应当在已完成 1∶25 万～1∶50 万地球物理（包括航空或地面）、地球化学勘查工作的基础上进行，如尚未开展 1∶25 万～1∶50 万地球物理及地球化学勘查工作的地区，应单独立项开展 1∶25 万～1∶50 万地球物理及地球化学勘查工作。一般情况下，成矿远景区矿产资源评价工作应当在已完成 1∶5 万地球化学勘查工作的基础上进行，如尚未开展 1∶5 万地球化学勘查工作的地区，应单独立项开展 1∶5 万地球化学勘查工作，必要时应单独立项开展 1∶5 万地球物理勘查工作。

对重要矿化地段，重要物探、化探异常区，以及开展物探、化探异常二级查证的地区应部署大比例尺（一般为 1∶2.5 万～1∶1 万）地球物理、地球化学勘查工作。

对部署钻探工程的地区，必须作地球物理精测剖面，地球化学加密剖面。对钻探工程在条件适宜的情况下，应开展井中物探工作。

地球物理和地球化学勘查方法应根据具体地质条件，选择有效的方法。

4）遥感地质调查工作

遥感地质调查工作应贯穿于预查工作的全过程，收集资料及综合分析工作阶段，应选用合适的遥感影像数据，进行图像处理，制作同比例尺遥感影像地质解释图件。野外踏勘阶段，必须对遥感解释进行对照修正，最大限度地通过野外踏勘，提取地层、岩石、构造、矿产等与成矿有关的信息以及确定矿产远景地段。室内综合研究阶段，应利用遥感资料提供成矿远景区，优化普查区，提供矿化蚀变地段。

5）矿点检查和物探、化探异常查证工作

经过收集资料，综合分析，区域地质踏勘，区域矿产踏勘，物探、化探、遥感等资料综合分析及数据处理工作，对具有成矿远景的矿产地或矿化线索以及有意义的物探、化探异常开展检查工作，主要内容包括：草测大比例尺地质矿产图件，开展大比例尺物探、化探工作，布置少量探矿工程。了解远景地段的矿化特征，提出可供普查的矿化潜力较大地区，或者提出可供普查的矿产地。

对物探、化探异常查证工作，按照异常查证有关规定执行（见 9.4 节）。

6）探矿工程

预查阶段的探矿工程布置，要求达到揭露重要地质现象和矿化体的目的。

槽井探、坑探和钻探等取样工程应布置在矿化条件好，致矿异常可能性大或追索重要地质界线的地段。探矿工程的布置需有实测或草测剖面，使用钻探手段查证异常时，孔位的确定要有实际依据，一旦物性前提存在，应用物探有关勘查方法的精测剖面反演成果确定孔位、孔斜和孔深；在围岩地层和矿层中岩矿心采取率要符合有关规范、规定的要求。

7）采样和化验工作

预查工作必须采集足够的与矿产资源潜力评价相关的各类分析样品，各类采样、化验工作技术要求参照有关规范、规定执行。

8）工程编录工作

野外编录工作按照有关《固体矿产勘查原始地质编录规定》（DZ/T0078—1993）标准执行。

11.2.4 预测资源量（334_1、334_2）的估算

1. 预测资源量（334_2）的估算条件

（1）初步研究了区内地质构造特征和成矿地质背景、各类异常的分布范围和特征、矿点、矿化点和矿化蚀变带的分布；

（2）经过三级异常查证，获得了相应的数据，判定属矿致异常特征者或通过矿（化）点及有关民采点、老硐评价证实有潜力的地区；

（3）编制了估算 334_2资源量所需的地质图件；

（4）估算参数除预查工作实测外，部分参数可与地质特征相似的已知矿床类比，新类型矿床的估算参数要按地质调查的实际资料获取。

2. 预测资源量（334_1）的估算条件

（1）初步了解了工作区内的地质构造、矿点、矿化点、矿化蚀变带、各类异常的分布范围和特征；

（2）异常、矿（化）点经过了三级至二级查证，已有见矿工程；

（3）据地表观察和物、化、遥异常推断了矿体的产状、规模、分布范围，矿石品位和自然类型；

（4）顺便了解了工作区的水文地质、工程地质、环境地质和开采技术条件。

11.2.5 预查工作提交成果

1. 预查地质报告及附件、附表、附图

1）预查地质报告

预查地质报告主要包括以下内容：

（1）工作目的和任务；
（2）自然地理及经济条件；
（3）以往地质工作评述；
（4）区域地质背景；
（5）区域矿产资源远景评价；
（6）成矿远景区矿产资源评价；
（7）预查工作方法及质量评述；
（8）预测资源量估算；
（9）结论。

2）预查地质报告一般应附的附图、附件和附表

矿产预查地质报告中常见的附图包括交通位置图、研究程度图、实际材料图、地质矿产图、物化探参数图、物化探推断成果图、遥感解释图、地质和工程剖面图、成矿预测图、预测资源量估算图、地质工作部署建议图、工程编录图等。

有关预查项目的批复文件应作为预查地质报告的附件。矿产预查报告常见的附表包括：样品登记和分析结果表；预测资源量评价数据表（各工程、各剖面、各块段的矿体平均品位、平均厚度或面积、体积计算表）；地球物理、地球化学勘查各类数据表；物化探异常登记表和异常查证结果表；探矿工程一览表；生产矿井、老硐、民采坑道等资料汇总表；质量验收资料；插图图册、照片图册；新发现矿产地和可供普查的矿产地登记表；重要的原始资料清单等。

2. 数据光盘及其相关的数字化资料

重要的勘查工作可摄制成声像资料；所有的地质信息资料均应按照相关要求刻录于光盘中。

预查工作成果要以纸质和电子文档的方式报相关部门审查和存档。

11.3　矿产普查阶段

矿产普查的工作比例尺一般在 1∶10 万～1∶1 万，主要采用的方法包括相应比例尺的地球物理、地球化学、地质填图、稀疏的勘查工程等。

11.3.1　矿产普查的目的和任务

根据中国地质调查局工作标准《固体矿产普查暂行规定》（DD 2000—02），矿产普查的目的是对预查阶段提出的可供普查的矿化潜力较大地区和地球物理、地球化学异常区，通过开展面上的普查工作、已发现主要矿体（点）的稀疏工程控制、主要地球物理、地球化学异常及推断的含矿部位的工程验证，对普查区的地质特征、含矿性和矿体（点）作出评价，提出是否进一步详查的建议及依据。

其任务是在综合分析、系统研究普查区内已有各种资料的基础上，进行地质填图，露头检查，大致查明地质、构造概况，圈出矿化地段；对主要矿化地段采用有效的地球物理、地

球化学勘查技术方法，用数量有限的取样工程揭露，大致控制矿点或矿体的规模、形态、产状，大致查明矿石质量和加工利用可能性，顺便了解开采技术条件，进行概略研究，估算推断的内蕴经济资源量（333）等。必要时圈出详查区范围。

11.3.2　矿产普查要求的地质研究程度

本阶段的勘查程度要求搜集区内地质、矿产、物探、化探和遥感地质资料，通过适当比例尺的地质填图和物探、化探等方法及有限的取样工程，大致查明普查区的成矿地质条件，大致查明矿体（层）的形态、分布、规模、产状和矿石质量，推断矿体的连续性，大致了解矿床开采技术条件，对矿石加工选冶性能进行类比研究，最终提出是否具有进一步详查的价值，并圈出可供进一步开展详查工作的范围。

1. 地质研究程度

在预查工作和搜集区内各种比例尺的区域地质调查资料的基础上，视研究程度和实际需要开展地质填图工作。对区内地层、构造和岩浆岩的产出、分布及变质作用等基本特征的查明程度，应达到相应比例尺的精度要求。

全面搜集区内各种地质资料和研究成果，注重搜集和研究区内与矿体（点）形成有内在联系的成矿地质条件资料进行分析。与沉积有关的矿产应着重搜集研究沉积环境方面的资料及含矿岩层（系）的产出、层位、层序和岩石组合等资料；与岩浆活动有关的矿产应着重搜集研究岩石类型、围岩及接触关系、蚀变特征等方面的资料；与变质作用有关的矿产应着重搜集研究变质作用及其产物的物质组成和空间展布等方面的资料；对主要（控矿）构造应大致查明其性质、规模、分布及与矿化的关系。

2. 矿产研究

依据区内矿产、地球物理、地球化学和重砂矿物、遥感影像特征，结合区域成矿地质背景、已有矿产资料、矿山生产资料、矿化类型、蚀变分带、分布特点、矿体的展布特征、矿石的物质组成，矿石矿物、脉石矿物、结构构造、矿石品位、有关物理化学性质及有害组分含量；对重点解剖的主要矿体（点），充分运用区域成矿规律和新理论进行深入研究，指导区内的找矿工作。注重综合评价，应了解共、伴生矿产及其品位和质量，并研究其分布特点。

3. 开采技术条件研究

顺便了解与矿山开采有关的区域和测区范围内的水文地质、工程地质、环境地质条件。矿化强度大、拟选为详查的地区，当水文地质条件复杂或地下水丰富时，应适当进行水文地质工作，了解地下水埋藏深度、水质、水量及与矿体（点）的关系、近矿岩石强度等。

4. 矿石加工技术选冶性能试验

对已发现矿产应与同类型已开采矿产的矿石物质组成、结构构造、嵌布特征、粒度大小、品位、有害组分等进行类比，并就矿石加工选冶的可能性作出评述；对无可比性的矿石应进行可选（冶）性试验或加工技术性能试验。

对有找矿前景的全新类型矿石，应先进行专门的矿石加工技术选冶性能试验研究，为是否需要进一步工作提供依据。

11.3.3　矿产普查的控制要求

普查工作重在找矿，要求对整个普查区的矿产潜力作出评价。通过对面上工作各种资料的全面综合分析研究和对矿体（点）进行数量有限的取样工程，大致了解矿石质量和利用可能性，有依据地估算矿产资源的数量，最终提出是否具有进一步详查的价值，圈定出详查区范围。

普查阶段一般应填制 1∶5 万地质图，地质条件复杂、测区范围小、找矿前景大时可填制 1∶2.5 万地质图。对矿化明显的局部地段，为满足施工工程、控制矿体（点）、估算矿产资源数量的要求，可填制 1∶1 万～1∶2000 地质简图。

对发现的矿体，地表用稀疏取样工程、深部有极少量控制性工程证实，大致控制其规模、产状、形态、空间位置，并分别详细记录矿体实测和有依据推测的规模、长度、厚度及可能的延深。

11.3.4　矿产普查技术方法

（1）测量工作：必须按规定的质量要求提供测量成果。工程点、线的定位鼓励利用 GPS 技术，提高测量工作质量和效率。

（2）地质填图：地质填图尽可能使用符合质量要求的地形图，其比例尺应大于或等于地质图比例尺，无相应地形图时可使用简测地形图。地质填图方法要充分考虑区内地形、地貌、地质的综合特征及已知矿产展布特征，对成矿有利地段，要有所侧重。对已有的不能满足普查工作要求的地质图，可根据普查目的要求进行修测或搜集资料进行修编。

（3）遥感地质：要充分运用各种遥感资料，对区内的地层、构造、岩体、地形、地貌、矿化、蚀变等进行解释，以求获得找矿信息，提高普查工作效率和地质填图质量。

（4）重砂测量：对适宜运用重砂测量方法找矿的矿种，应开展重砂测量工作，测量比例尺要与地质填图比例尺相适应。对圈定的重砂异常，根据需要择优进行检查验证，作出评价。

（5）地球物理、地球化学勘查：应配合地质调查先行部署，用于发现找矿信息，为工程布置、资源量估算提供依据，根据普查区的具体条件，本着高效经济的原则合理确定其主要方法和辅助方法。比例尺应与地质图一致，对发现的异常区应适当加密点、线，以确定异常是否存在和大致形态。

对有找矿意义的地球物理、地球化学异常，结合地质资料进行综合研究和筛选，择优进行大比例尺的地球物理和（或）地球化学勘查工作，进行二级至一级异常的查证。当利用物探资料进行资源量估算时，应进行定量计算。验证钻孔和普查钻孔应根据具体地球物理条件，进行井中物探测量，以发现或圈定井旁盲矿。

（6）探矿工程：根据已知矿体（点）的信息和地形、地貌条件，各类异常性质、形态、地质解释特征以及技术、经济等因素合理选用。

探矿工程布设应选择矿体和含矿构造及异常的最有利部位。钻探、坑道工程，应在实测综合剖面的基础上布置。

(7) 样品采集、加工：样品的采集要有明确的目的和足够的代表性。

普查阶段主要采集光谱样、基本分析样、岩矿鉴定样、重砂样、化探样及物性样等。有远景的矿体（点）还应采取组合分析样、小体重样等。必要时采集少量全分析样。

样品的加工应遵循切乔特公式（$Q=Kd^2$）的要求（见 14.4 节），K 值可取经验值。样品加工损失率不大于 3%，砂矿样品应由合格的淘洗工在现场使用能回收尾砂的容器中进行。对尾矿砂要反复淘洗，所得重砂合并为一个基本样品。

基本分析样依据矿种和探矿工程的不同，选择经济合理的取样方法，坑探工程一般应采用刻槽取样的方法，刻槽断面一般为 10cm×3cm 或 10cm×5cm，不适宜刻槽取样的矿种应在设计中规定；钻探工程的矿心样应用锯片沿长轴 1/2 锯开，取其一半做样品，不得随意敲碎拣块，确保分析结果能反映客观实际。取样规格要保证测试精度的要求，样品的实际重量用理论重量衡量时应在允许误差范围内。

(8) 编录：各种探矿工程都必须进行编录。探槽、浅井、钻孔、坑道要分别按规定的比例尺编制。有特殊意义的地质现象，可另外放大表示，图文要一致，并应采集有代表性的实物标本等。

地质编录必须认真细致，如实反映客观地质现象的细微变化，必须随施工进展在现场及时进行。应以有关规范、规程为依据，做到标准化、规范化。

(9) 资料整理和综合研究：要贯穿普查工作的全过程。对获得的第一性资料数据应利用计算机技术和 GIS 技术进行科学的处理，对获得的各类资料和取得的各种成果应及时综合分析研究，结合区内或邻区已知矿床的成矿特征，总结区内成矿地质条件和控矿因素，进行成矿预测，指导普查工作。

普查工作中使用的各种方法和手段，其质量必须符合现行规范、规定的要求，没有规范、规定的，应在设计时或施工前提出质量要求经项目委托单位同意后执行。各项工作的自检、互检、抽查、野外验收的记录、资料要齐全，检查结论要准确。为保证分析质量，普查工作中要由项目组按规定送内、外检样品到有资质的单位进行分析、检查。

11.3.5 可行性评价工作要求

普查工作阶段可行性评价工作要求为开展概略研究，一般由承担普查工作的勘查单位完成。概略研究，是对普查区推断的内蕴经济资源量（333）提出矿产勘查开发的可行性及经济意义的初步评价，目的是研究有无投资机会，矿床能否转入详查等，从技术经济方面提供决策依据。

概略研究采用的矿床规模、矿石质量、矿石加工技术选冶性能、开采技术条件等指标，可以是普查阶段实测的或有依据推测的；技术经济指标也可采用同类矿山的经验数据。

矿山建设外部条件、国内及地区内对该矿产资源供求情况，以及矿山建设规模、开采方式、产品方案、产品流向等，可根据我国同类矿山企业的经验数据及调研结果确定。

概略研究可采用类比方法或扩大指标，进行静态的经济分析。其指标包括总利润、投资利润率、投资偿还期等。

11.3.6　估算资源量的要求

矿产普查阶段探求的资源量属于推断的内蕴经济资源量（333），其估算参数一般应为实测的和有依据推测的参数，部分技术经济参数可采用常规数据或同类矿床类比的参数。当有预测的资源量（334_1）需要估算时，其估算参数是有依据推测的参数。

矿体（点或矿化异常）的延展规模，应依据成矿地质背景、矿床成因特征和被验证为矿体的异常解释推断意见、矿体产状及有限工程控制的实际资料推断。

11.3.7　矿产普查工作提交成果

矿产普查工作提交的成果包括地质报告及附图、附件、附表等。

1. 矿产普查地质报告

矿产普查地质报告包括以下主要内容：

(1) 工作目的任务及完成情况；

(2) 普查区范围、交通位置及自然经济状况；

(3) 普查区以往地质工作评述；

(4) 普查区地质特征，阐述其地层、构造、岩浆岩、变质作用、水文地质条件；

(5) 普查区地球物理、地球化学特征及解释推断意见，阐述地球物理、地球化学场特征，物探、化探异常描述及验证结果，物探、化探推断（或圈定）矿体的意见；

(6) 普查区矿产特征，矿化带（点）的分布特征、矿体产出特征、矿石质量等，新发现的矿产地、可供详查的矿产地；

(7) 普查区含矿性总体评价；

(8) 普查技术方法及质量评述，地形、工程测量、地质填图、遥感地质、物探、化探、探矿工程、重砂测量、取样与加工、分析测试、资料编录；

(9) 推断的内蕴经济资源量（333）、预测的内蕴资源量（334_1）估算（参数确定、估算原则、估算方法的选择及结果）；

(10) 可行性概略研究（参照《固体矿产资源/储量分类》GB/17766—1999 相关要求，必要时可另册编制）；

(11) 结论。

2. 矿产普查报告一般应附的文件、表格、图件

矿产普查报告中主要的附件和附表为：地质勘查许可证及工作任务书等；资源量估算指标；矿石可选性或加工技术性能试验资料；地质工作质量验收材料；样品化学分析表；样品内外检结果计算表；有关岩、矿石物性测定表；水文地质调查表；推断的资源量估算表。

主要的附图包括：研究程度图，地形地质图，实际材料图，各种异常图，地球物理，地球化学，遥感推断图，矿产及预测图，主要矿体图件，资源量估算图，以及其他必要图件。

矿产普查项目提交地质成果（包括光盘）应反映客观实际。文字报告应简明扼要、重点突出、文理通顺，文图表吻合，图件编绘应符合有关质量要求。所提交的正式成果，应经项目承担者及技术负责人签字。

11.4 矿产详查阶段

实践证明，预查阶段所发现的异常和矿点（或矿化区）并非都具有工业价值。经过普查阶段的勘查工作后，其中大部分异常和矿点（或矿化区）由于成矿地质条件差、工业远景不大而被否定，只有少数矿点或矿化区被认为成矿远景良好，值得进一步研究。也只有通过揭露研究，肯定了所勘查的靶区具有工业远景后，才能转入勘探。因此，勘探之前针对普查中发现的少数具有成矿远景的异常、矿点或矿化区进行的比较充分的地表工程揭露以及一定程度的深部揭露，并配合一定程度的可行性研究的勘查工作阶段，称为详查。详查阶段的工作比例尺一般在1∶2万～1∶1000，其目的是确认工作区内矿化的工业价值、圈定矿床范围。

11.4.1 详查工作的基本原则

详查阶段在矿床勘查过程中所处的地位决定了它在勘查工作上具有普查和勘探的双重性质，即在此阶段既要继续深入地进行普查找矿，尤其是深部找矿，又要按勘探工作的技术要求部署各项工作。在工作过程中应遵循如下原则。

1. 详查区的选择

在选择详查区时，目标矿床应为高质量矿床，即是要优选矿石品位高、矿体埋藏浅、易开采和加工、距离主要交通线近的矿点作为详查靶区。

详查区可以是经过普查工作圈定的成矿地质条件良好的异常区或矿化区，也可以是在已知矿区外围或深部，经大比例尺成矿预测圈出的可能赋存隐伏矿体的成矿远景地段，值得进行深部揭露。具体选区和部署工程时，可参考下面两种情况：

（1）经浅部工程揭露，矿石平均品位大于边界品位，已控制的矿化带连续长度大于50m，而且成矿地质条件有利、矿化带在走向上有继续延伸、倾向上有变厚和变富的趋势的地段；

（2）规模大的高异常区，且根据地质、地球物理、地球化学综合分析认为成矿条件很好的地区，有必要进行深部工程验证。

2. 由点到面、点面结合，由浅入深、深浅结合

这里的点是指详查揭露部位，一般范围不大，但所需揭露的部位并不是孤立的，其形成和分布与周围地质环境有着紧密的联系。因此，在详查工作中必须把点与周围的面结合起来，由点入手，利用从点上获得成矿规律的深入认识和勘查工作经验，指导面上的勘查研究工作，同时又要根据面上的研究成果，促进点上详查工作的深入发展。另一方面，详查工作应先充分进行地表和浅部揭露，然后利用地表和浅部工作所获得的认识指导深部工程的探索和研究。

采用地表与地下相结合、点上与外围相结合、宏观与微观相结合、地质与地球物理以及地球化学方法相结合的研究方式，形成一个完整的综合研究系统，各方面的研究成果互相补充、互相印证。

11.4.2　详 查 设 计

详查设计是部署各项详查工作的依据和实施方案，也是检查各项任务完成情况的依据。因此，必须在全面收集工作区内地质、地球物理、地球化学等资料的基础上，科学合理地编制项目设计。

1. 详查设计的一般程序和要求

1）现有资料的综合研究

在全面收集资料的基础上，应对各种资料进行认真的综合整理和分析研究，深入了解详查区内的地质特征及区域地质背景，充分认识各类异常和矿化的赋存条件及分布特征；认真分析前人的工作情况、研究程度、基本认识和工作建议等，总结前人工作的经验和教训，既要充分利用好前人的资料，又需要突破和创新。

2）现场踏勘

为了加深对详查区地质和矿化特征的认识，在室内资料综合分析研究的基础上，设计组全体人员应到野外进行实地踏勘，重点了解工作区内主要的地质构造特征、岩性分布和露头发育程度、各类异常和矿化特征，以及地形地貌、气候和交通条件等，以便科学合理地选择勘查手段和布置工程。

3）编制设计

在资料综合分析和现场踏勘的基础上，针对某些重大问题进行学术研讨，形成工作方案，然后编制设计。详查设计由文字报告和设计附图两部分组成。文字报告的内容一般包括区域地质、详查区地质和矿化特征、勘查手段和工程部署方案的技术思路及其要求、地质研究工作要求、取样工作要求等。在文字报告中应根据已经掌握的地质特征和矿化规律，对设计依据进行充分论证，对各项工作的技术要求进行详细阐述，对预期成果应有充分的估计。

设计附图一般包括区域地质图、详查区地形地质图、勘查工程设计总体布置图、地球物理和地球化学工作设计平面图、坑道勘查设计平面图、钻孔设计剖面图等图件。图件编制要求详见有关规范。

4）设计审批

详查项目设计应在施工前两三个月提交上级主管部门审批。未经批准的设计不得施工；设计一经批准，不得随意更改。如遇情况变化需要更改设计时，应补报上级核准。

2. 详查设计应注意的几个问题

在设计过程中，既要注意对详查工作区进行全面研究，又要重点突破，尽快查明其工业远景以及矿化赋存规律，充分体现由点到面、点面结合，由浅入深、深浅结合的战略战术思想。因而，设计过程中应注意以下几方面问题：

（1）勘查工程的布置（见第 13 章）应有针对性、系统性和灵活性。所谓针对性是指工程揭露的目标要具体，明确揭露对象（如矿化体、控矿构造或岩体等）和穿透部位；第一批工程要布置在最有可能见矿的地段和部位。系统性是指工程布置要考虑勘查项目的发展情况进行总体设计，即按一定的勘查系统布置工程。灵活性是指工程定位时，在不影响设计目的和勘查效果的情况下，其地表实际位置相对于设计位置可适当位移（但最终的成果图上所标定的位置是工程竣工后的位置而不是设计位置），施工顺序也可适当变更。

（2）工程的总体设计本着由点到面、点面结合，由浅入深、深浅结合的思想，地表和浅部的揭露要充分，以便掌握规律，预测深部；深部工程应根据浅部工程获得的资料和线索"顺藤摸瓜"，先稀疏控制，再适当加密。

（3）设计中要把科学研究纳入项目实施的内容，确定研究专题的目的、任务和要求以及完成期限等。

11.4.3 详查工作要求

（1）通过 1∶1 万～1∶2000 地质填图，基本查明成矿地质条件，描述矿床地质模型。

（2）通过系统的取样工程、有效的地球物理和地球化学勘查工作、控制矿体的总体分布范围，基本控制主矿体的矿体特征、空间分布，基本确定矿体的连续性；基本查明矿石的物质成分、矿石质量；对可供综合利用的共生和伴生矿产进行了综合评价。

（3）对矿床开采可能影响的地区（矿山疏排水位下降区、地面变形破坏区、矿山废弃物堆放场及其可能的污染区），开展详细的水文地质、工程地质、环境地质调查，基本查明矿床的开采技术条件。选择代表性地段对矿床充水的主要含水层及矿体围岩的物理力学性质进行试验研究，初步确定矿床充水的主（次）要含水层及其水文地质参数、矿体围岩岩体质量和主要不良层位，估算矿坑涌水量，指出影响矿床开采的主要水文地质、工程地质，以及环境地质问题；对矿床开采技术条件的复杂性作出评价。

（4）对矿石的加工选冶性能进行试验和研究，易选的矿石可与同类矿石进行类比，一般矿石进行可选性试验或实验室流程试验，难选矿石还应作实验室扩大连续试验。饰面石材还应有代表性的试采资料。直接提供开发利用时，试验程度应达到可供设计的要求。

（5）在详查区内，依据系统工程取样资料，有效的物探、化探资料以及实测的各种参数，用一般工业指标圈定矿体，选择合适的方法估算相应类型的资源量，或经预可行性研究，分别估算相应类型的储量、基础储量、资源量。为是否进行勘探决策、矿山总体设计、矿山建设项目建议书的编制提供依据。

（6）报告编写格式和要求详见中华人民共和国地质矿产行业标准《固体矿产勘查报告格式规定》（DZ/T0131—1994），报告编写提纲参见本书附录 1。

11.5 矿产勘探阶段

矿产勘探是对已知具有工业价值的矿床或经详查圈出的勘探区，通过加密各种采样工程（其间距足以肯定工业矿化的连续性），详细查明矿体的形态、产状、大小、空间位置和矿石质量特征；详细查明矿床开采技术条件，对矿石的加工选（冶）性能进行实验室流程试验或实验室扩大连续试验；为可行性研究和矿权转让以及矿山设计和建设提交地质勘探报告。

11.5.1　勘查工作程度要求

通过 1∶5000～1∶1000（必要时可采用 1∶500）比例尺地质填图，加密各种取样工程及相应的工作，详细查明成矿地质条件及内在规律，建立矿床的地质模型。

详细控制主要矿体的特征、空间分布；详细查明矿石物质组成、赋存状态、矿石类型、质量及其分布规律；对破坏矿体或划分井田等有较大影响的断层、破碎带，应有工程控制其产状及断距；对首采地段主矿体上、下盘具工业价值的小矿体应一并勘探，以便同时开采；对可供综合利用的共、伴生矿产应进行综合评价，共生矿产的勘查程度应视矿种的特征而定：异体共生的应单独圈定矿体；同体共生的需要分采分选时也应分别圈定矿体或矿石类型。

对影响矿床开采的水文地质、工程地质、环境地质问题要详细查明。通过试验获取计算参数，结合矿山工程计算首采区、煤田第一开采水平的矿坑涌水量，预测下一水平的涌水量；预测不良工程地段和问题；对矿山排水、开采区的地面变形破坏、矿山废水排放与矿渣堆放可能引起的环境地质问题作出评价；未开发过的新区，应对原生地质环境作出评价；老矿区则应针对已出现的环境地质问题（如放射性、有害气体、各种不良自然地质现象的展布及危害性）进行调研，找出产生和形成条件，预测其发展趋势，提出治理措施。

在矿区范围内，针对不同的矿石类型，采集具有代表性的样品，进行加工选冶性能试验。可类比的易选矿石应进行实验室流程试验；一般矿石在实验室流程试验基础上，进行实验室扩大连续试验；难选矿石和新类型矿石应进行实验室扩大连续试验，必要时进行半工业试验。

勘探时未进行可行性研究的，可依据系统工程及加密工程的取样资料、有效的物、化探资料及各种实测的参数，用一般工业指标圈定矿体，并选择合适的方法，详细估算相应类型的资源量。进行了预可行性研究或可行性研究的，可根据当时的市场价格论证后所确定的、由地质矿产主管部门下达的正式工业指标圈定矿体，详细估算相应类型的储量、基础储量，以及资源量，为矿山初步设计和矿山建设提供依据。探明的可采储量应满足矿山返本付息的需要。

11.5.2　勘查类型划分及勘查工程布置的原则

正确划分矿床勘查类型是合理地选择勘查方法和布置工程的重要依据，应在充分研究以往矿床地质构造特征和地质勘查工作经验的基础上，根据矿体规模、矿体形态复杂程度、内部结构复杂程度、矿石有用组分分布均匀程度、构造复杂程度等主要地质因素加以确定（见 13.1 节）。

勘查工程布置原则应根据矿床地质特征和矿山建设的需要具体确定。一般应在地质综合研究的基础上，并参考同类型矿床勘探工程布置的经验和典型实例，采取先行控制，由稀到密、稀密结合，由浅到深、深浅结合，典型解剖、区别对待的原则进行布置。为了便于资源储量估算和综合研究，勘查工程尽可能布置在勘查线上。

一般情况下，地表应以槽井探为主，浅钻工程为辅，配合有效的地球物理和地球化学方法，深部应以岩心钻探为主；在地质条件复杂，钻探不能满足地质要求时，应尽量采用部分坑道探矿，以便加深对矿体赋存规律和矿山开采技术条件的了解，坑道一般布置在矿体的浅部；当采集选矿大样时，也可动用坑探工程；对管条状和形态极复杂的矿体应以坑探为主。

加强综合研究掌握地质规律，是合理布置勘查工程、正确圈定矿体的重要依据。地质勘查程度的高低不仅取决于工程控制的多少，还取决于地质规律的综合研究程度。因此要充分发挥地质综合研究的作用，防止单纯依靠工程的倾向，努力做到正确反映矿床地质实际情况。

各种金属矿床的勘查类型和勘查工程间距，应在总结过去矿床勘查经验的基础上加以研究确定。

11.5.3 矿床勘查深度的确定

矿床的勘查深度，应根据矿床特点和当前开采技术经济条件等因素考虑。对于矿体延深不大的矿床，最好一次勘探完毕。对延深很大的矿床，其勘查深度一般为400～600m，在此深度以下，只需打少量深钻，控制矿体远景，为矿山总体规划提供资料。对于埋藏较深的盲矿体，其勘查深度可根据国家急需情况，与开采部门具体研究确定。

11.5.4 勘 查 设 计

勘查设计的内容包括文字说明书和图件两部分，在有关规范中有明确的要求。文字说明书应阐明：设计的指导思想、目的任务、地质依据；探矿工程的布置；地球物理和地球化学方法的应用；设计工作量和工程施工程序；勘查质量要求和主要技术措施；所需人力、物力、财力的预算和预期的工作成果等。设计图件的种类和数量应根据工作任务和地质条件具体确定。一般应有矿床地形地质图、勘查工程布置图、勘查线设计剖面图以及其他论证地质依据的图件资料等。

勘查设计根据其性质和任务的不同可分为总体设计、年度设计，以及补充设计。总体勘查设计是在矿床转入勘查阶段时，根据工作区的地质特点、范围大小、发展远景以及人力、物力、财力等情况，对勘查工作进行统一安排和部署。特别是在勘查地段的顺序安排和勘查系统的选择上，既要考虑近期的勘查任务，又要兼顾矿床的将来发展远景。所以，总体设计必须按有关规范的要求周密地编制。

年度勘查设计一般是在年度勘查工作总结和认识的基础上编制。它主要叙述来年勘查工作的安排和工作部署，也要进行勘查费用和勘查成果的预测。

补充勘查设计主要是针对某些勘查工作已基本结束，但未达到预期的勘查程度或在勘查过程中遇到某些情况变化，需要及时进行补充工作而作的勘查设计。这种设计往往属于单项工程设计或对原设计的补充（徐增亮等，1990）。

勘探报告的编写格式和技术要求参见《固体矿产勘查报告格式规定》（DZ/T0131—1994），报告编写提纲参见本书附录1。

11.5.5 关于储量比例

储量比例反映了对一个矿区整体的勘查程度，也必然反映了工程投入和资金投入的多少。在计划经济体制下，国家是勘查开发投资者，要求勘查者按一定的储量比例进行勘查，以求将开发投资风险降至最低。过去关于储量比例的规定有一定的经验依据，而且也可以灵活应用，但在计划经济体制下，勘查和开发工作及其投资是分部门管理，有部门利益的驱使，勘查、设计各方面都不愿意突破这一界线，使灵活的规定失去了原来的意图而变得僵化（国土资源部矿产资源储量司，2003）。

在市场经济条件下，各类投资者都是自己承担风险，不存在计划经济条件下分部门管理的问题，现在的《固体矿产勘查规范总则》取消了各类储量比例的规定，只要求按勘查阶段，确定相应类型的资源储量即可。预查阶段估算预测资源量；不具备条件时，可以不予估算；普查阶段估算推断的资源量与预测的资源量，各类资源量无比例要求；详查阶段估算相应类别的资源量，经过了预可行性研究，估算相应类别的基础储量和资源量（控制的预可采储量应达矿山最低服务年限的需要；最低服务年限由投资者确定）；勘探阶段估算相应类别的资源量，经过预可行性或可行性研究的，估算相应类别的基础储量和资源量（探明的可采储量应满足矿山返本付息的需要）。

11.5.6　可行性研究

1. 可行性研究的条件

满足下列条件可开展可行性研究：

（1）具有投资者（业主）对项目进行可行性研究的委托（协议、合同）书；

（2）具有预可行性研究成果；

（3）拟建矿山，具有达到勘探程度的勘探地质报告，或达到勘探程度能满足可行性研究所需的各种矿产地质基础资料及相应的矿石选冶加工性能试验资料；

（4）具有研究所需的其他各种技术经济资料及相关资料。

2. 可行性研究的内容和要求

（1）市场调研及预测，包括产品及主要原辅材料市场评述。要求说明该项目的必要性，确定产品的市场参数，如该矿产品的市场容量、供求状况、价格水平和走势、销售策略、销售费用等。

（2）资源条件评价，包括勘探地段矿产资源储量评述、矿石选冶加工技术性能试验及开采技术条件评述、外部建设条件评述等，这部分内容是可行性研究中最重要的部分。

（3）矿山建设方案研究，包括生产规模、厂址、产品、技术、设备、工程、原材料供应等局部方案的研究和总体方案的研究；环境影响评价、劳动安全卫生、节能节水；组织机构设置及人力资源配置；建设实施进度及投产达产进度设计、建设投资估算和生产期更新投资估算、生产流动资金估算、生产成本和费用估算。应进行多方案比较、择优而定，所形成的总体方案，需协调优化，化解瓶颈和消除功能过剩。

（4）经济评价，包括财务分析和评价指标计算（含不确定性分析）、必要时进行国民经济评价和社会评价、风险分析和风险化解措施（有概率条件时）、资金筹措方案等。经济评价是为矿床开发项目推荐技术上可行、经济上合理、环保上允许的最佳方案，为投资决策提供所有必要的资料，包括矿产资源储量、政策、技术、工程、财务、经济、环保、商务等。经济评价指标计算公式和基本报表、辅助报表等，执行《建设项目经济评价方法与参数》（第二版）的要求。

（5）结论与建议，对影响项目的关键性因素的研究结果应有肯定的结论，选定的厂址、规定的生产能力、生产大纲、原辅材料的投入、工艺技术、机械设备、供水供电、建构筑物、内外部运输、组织管理机构、建设进度等都是经多方案研究后相互协调的结果，使项目的技术和经济数据都能满足投资有关各方的审查评估需要以及银行的认可（国土资源部矿产资源储量司，2003）。

本章小结

固体矿产勘查工作分为预查、普查、详查，以及勘探 4 个阶段。划分勘查阶段是为了避免在地质依据不足或任务不明的情况下进行盲目的勘查和开发所造成的重大损失，是遵循“循序渐进、由已知到未知、由浅部到深部”的技术原则。

预查是通过对工作区内资料的综合分析、类比以及初步野外观测、极少量的工程验证，初步了解预查区内矿产资源远景，圈定可供普查工作的靶区。根据预查区内工作程度的不同，预查工作又可进一步分为区域矿产远景评价和成矿远景区矿产资源评价两个亚阶段。预查工作提交 334 类别的资源量。

普查是通过对矿化潜力较大的地区开展地质、地球物理勘查、地球化学勘查、数量有限的探矿工程（不要求进行系统工程控制），以及可行性评价的概略研究，对已知矿化区进行初步评价，对有详查价值地段圈定详查靶区，估算 333 类别的资源量。普查阶段的工作比例尺为 1∶10 万～1∶1 万。

详查是对详查区采用各种有效的方法和手段，采用比普查阶段密的系统工程控制，估算控制的资源量，并通过预可行性研究，对矿化体作出是否具有工业价值的评价，进一步圈定勘探靶区。详查阶段的工作比例尺为 1∶1 万～1∶2000。

勘探是对已知具有工业价值的矿区或经详查圈出的勘探靶区，通过应用各种有效的勘查手段和方法，在系统工程控制的基础上加密工程控制以查明矿化的连续性，估算探明的资源储量；并通过可行性研究，使资源量提升为储量，为矿山建设在确定矿山规模、产品方案、开采方式、开拓方案、矿石加工选冶工艺、矿山总体布置、矿山建设设计等方面提供依据。勘探阶段的工作比例尺与详查阶段相同或更大（如 1∶500）。

讨 论 题

（1）为什么需要划分勘查阶段？阐述每个勘查阶段的目的、任务、要求或勘查程度。

（2）举例说明“由表及里，由浅入深，由稀而密，先行铺开，而后重点控制”勘查工作技术原则。

（3）梳理我国现行固体矿产勘查的相关规范。

本章进一步参考读物

国土资源部. 2009a.《固体矿产资源/储量分类》(GB/T17766—1999) 国家标准修订说明

国土资源部. 2009b.《固体矿产资源/储量分类》(征求意见稿)

国土资源部矿产资源储量司. 2003. 固体矿产地质勘查规范的新变革. 北京：地质出版社

中国地质调查局工作标准 DD2000—01. 固体矿产预查暂行规定

中国地质调查局工作标准 DD2000—02. 固体矿产普查暂行规定

中国地质调查局工作标准 DD2002—01. 固体矿产推断的内蕴经济资源量和经工程验证的资源量估算技术要求

中国地质调查局工作标准 DD2010—05. 矿产远景调查技术要求

中华人民共和国国家标准 GB/T 13908—2002. 固体矿产地质勘查规范总则

中华人民共和国国家标准 GB/T 17766—1999. 固体矿产资源/储量分类

第12章　固体矿产资源量/储量的分类系统

在矿产勘查过程中，人们对矿床的研究和认识是随着勘查工程控制的程度而逐步深入的，不同类型的矿床、不同勘查阶段、工程的控制程度不同，所估算的矿产资源储量的可靠程度不同，其所提供资料的作用也不同。因此，有必要将矿产资源储量按其控制和可靠程度分为不同的类别。一般说来，资源储量按地质控制精度分级，按技术经济可利用性分类。目前大多数国家都把这种分类标准框架称为资源量/储量分类系统，把地质精度与经济可行性均作为资源量/储量分类的因素考虑。

资源储量类别是由国家有关部门或行业协会制定的，用作统一区分和衡量矿产资源储量精度（或可靠程度）与技术经济可利用性的标准。资源储量类别划分的目的，是为了便于国家与矿山企业正确掌握矿产资源，统一矿产资源储量的估算、审批、统计和用途，更加经济合理地做好矿产地质勘查工作。因此，明确各类资源储量的工业用途具有重要意义。

国际上，随着矿业全球化进程的加快，勘查（矿业）公司需要拓宽和建立有效的融资途径，股市投资者要求提供透明并且容易理解的信息，显然有必要建立国际上可接受的披露矿产资源储量报告的标准。实际上，自20世纪90年代初期开始，联合国欧洲经济委员会（UNECE）和采矿及冶金学会理事会（CMMI，其成员国包括美国、澳大利亚、加拿大、英国以及南非和智利）这两个知名的国际组织就一直在致力于建立矿产资源量和矿石储量的国际定义和标准。

12.1　国际上主要的资源/储量分类系统简介

12.1.1　联合国分类框架

UNECE专家工作组于1992年提出了联合国固体燃料和矿产品资源量和储量的分类框架（UN Framework Classification for Resources and Reserves of Solid Fuels and Mineral Commodities，UNFC），并分别于1997年、2004年和2009年进行了修订。该分类框架由联合国经济及社会理事会（UNECOSOC）签发并建议在全球范围内推广应用。

1997年推出的《联合国固体燃料和矿产品储量和资源量分类框架》（简称UNFC—1997）是在市场经济条件下评价固体矿产矿床而建立一种广泛的和国际通用的分类系统所作的最新尝试。同美国1980年的分类方案相比，这个方案用3个坐标轴而不是2个坐标轴来框定储量/资源量的类别。第一个是地质轴，表明地质工作阶段，由深而浅为详细勘探、一般勘探、普查、预查。第二个为可行性轴，由深而浅为可行性研究/采矿报告、预可行性研究、地质研究。第三个轴为经济轴，由深而浅为经济的、潜在经济的、内蕴经济的（图12.1）。按照这一体系，可将储量/资源量框定为10个类别：证实矿产储量（proved mineral reserve）、概略矿产储量（probable mineral reserve，分为两类）、可行性矿产储量（feasibility mineral reserve）、预可行性矿产资源量（prefeasibility mineral resource，分为两类)、确定的矿产资源量(measured mineral resource)、推定的矿产资源量(indicated mineral resource)、推测的矿产资源量(inferred mineral resource)、预查矿产资源量(reconnaissance mineral resource)。这一分类体系对各国资源量/储量分类体系之间的转换与接轨具有重要意义。

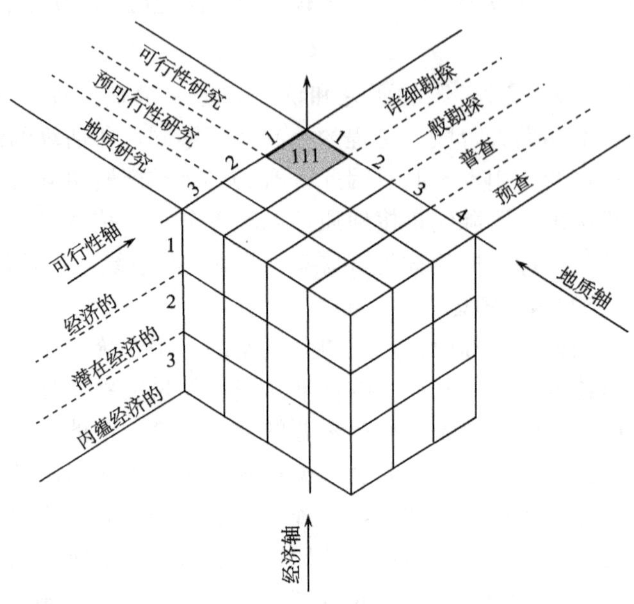

图 12.1 联合国固体燃料和矿产资源储量分类三维框图
(UNECE, 1997)

设计UNFC的目的是力图涵盖国际上所有现行资源/储量分类方案,为了克服术语不同和语言不同的障碍,UNFC中采用了资源/储量类别的EFG数字编码系统,即第一位数字代表经济轴(E轴),第二位数字代表可行性轴(F轴),第三位数字代表地质轴(G轴)。

2004年修订的该分类框架扩展至油气和铀矿资源并更名为《联合国化石能源和矿产资源量分类框架》(简称UNFC-2004)。2009年,UNECE颁布了最新修订的《联合国化石能源、矿产储量和资源量分类框架》(简称UNFC-2009)。

UNFC-2009的三维分类系统赋予了更丰富的内涵,利用影响资源量可采性的三个基本准则构建坐标轴:E轴表示经济和商业可行性,反映在建立项目商业可行性方面的社会经济条件的有利度,包括市场价格、相关法律法规、环境以及合同条件的考虑。F轴表示野外项目状态及其可行性,反映实施采矿计划或矿山基建项目所必需的研究和承诺期限的成熟度,这些研究从勘查初期的项目一直延续至开采和销售矿产品的采矿项目,从而反映了标准的价值链管理原则。G轴表示地质可靠程度,反映地质控制以及潜在可采矿石量的可信度水平;相对以前的版本,地质轴的分类不再是按勘查阶段分,而是分为高、中、低的地质置信度。上述三个准则利用三维可视化的形式进行呈现(图12.2)。

UNFC-2009的分类针对的是原地资源总量。原地资源总量包括已采出的矿量、剩余可采矿量,以及原地剩余附加矿量(表12.1)。

采出矿量是指在一个规定的时间段(通常是从最早有生产记录的时间开始至评价时为止的时间段)内已销售矿量和暂不销售矿量之和。暂不销售矿量具有内在经济价值。UNFC-2009中

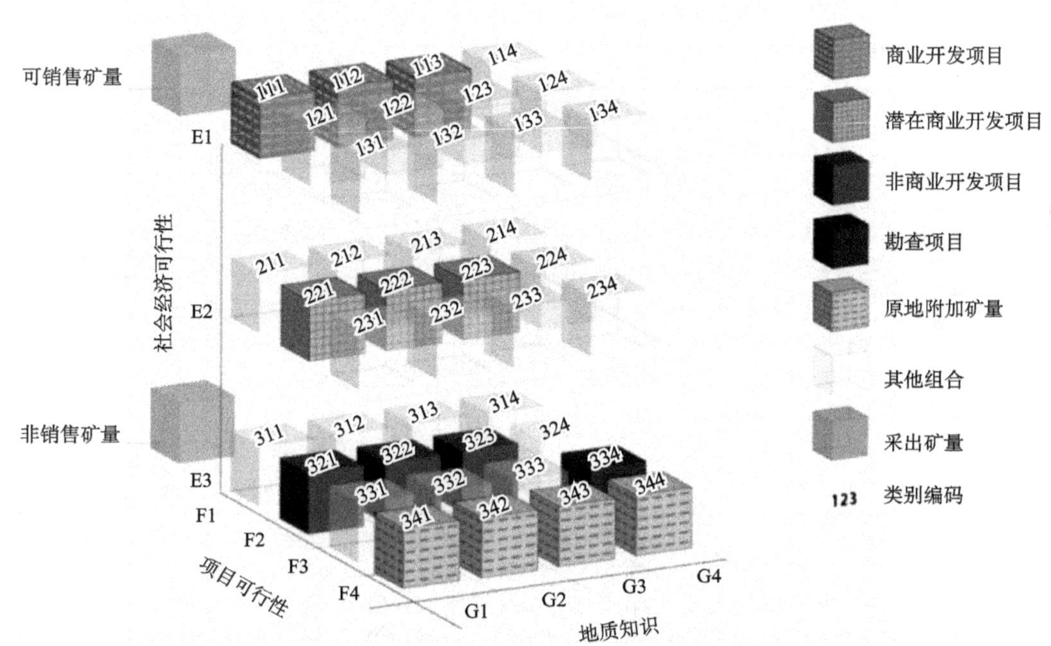

图 12.2　UNFC-2009 分类框架中类别及类型实例（UNECE，2009）

之所以包含已采出矿量是为了有利于解释由于开采而导致剩余可采矿量的变化。

剩余可采矿量是指在指定的未来一个时间段内估计将被开采的可销售和暂不销售矿量之和。UNFC-2009 主要关注剩余可采矿量（表 12.1 和表 12.2 中填色的区域）。

原地剩余附加矿量是指在起始时间点估计的原地矿量，其数量小于已采出矿量和估计的剩余可采矿量之和。原地剩余附加矿量只采用非经济术语描述，因为其可采性和经济可行性尚未进行评价。与暂不销售矿量一样，原地剩余附加矿量也具有内在经济价值。

从每个轴选出的类别（category）或亚类（sub-category）构成的特殊组合定义为项目类型（class），包括 6 个主要类型（表 12.1 和表 12.2）：可商业开发项目（commercial projects）、潜在可商业开发项目（potentially commercial projects）、非商业开发项目（non-commercial projects）、与已知矿床有关的原地附加矿量、勘查项目，以及与潜在矿床有关的原地附加矿量。值得指出的是，在 UNFC-2009 分类框架中没有采用资源量和储量的术语，而是用可商业开发项目代替储量（可商业开发项目包括的范围较实际可采储量的范围更大），用潜在可商业开发项目和非商业开发项目代替资源量。

采用三个主要类别描述经济和商业可行性（E1、E2、E3）；四个类别描述野外项目状态及其可行性（F1、F2、F3、F4）；四个类别描述地质可靠程度（G1、G2、G3、G4）。

E1 表示生产和销售都已证实是经济可行的项目；E2 定义为在可预见的未来预期生产和销售在经济上是可行的项目；E3 为在可预见的未来预期生产和销售在经济上是不可行的或者尚处于初期勘查阶段还不能确定经济可行性的项目。F1 表示已证实可以开采的矿山基建项目；F2 代表采矿可行性还有待进一步评价的基建项目；F3 定义为由于缺少技术资料不能评价其采矿可行性的基建项目；F4 为基建和采矿可行性都还不能证实的项目。G1 表示与已

表 12.1 UNFC-2009 的简化版，说明主要的项目类型

	采出矿量	已销售矿量			
		暂不销售矿量[a]			
		项目类型	矿量类别		
			E	F	G[b]
原地资源总量	未来能够通过商业开发项目或矿山生产项目进行开采	可商业开发项目[c]	1	1	1，2，3
	未来通过有条件的开发项目或采矿项目具有潜在开采的可能性	潜在可商业开发项目[d]	2[e]	2	1，2，3
		非商业开发项目[f]	3	2	1，2，3
		与已知矿床有关的原地附加矿量[g]	3	4	1，2，3
	通过勘查活动未来具有潜在开采的可能性	勘查项目	3	3	4
		与潜在矿床有关的原地附加矿量[g]	3	4	4

注：a. 未来暂不销售的资源量归为 E3.1 类别。所有类别的可采资源量都可能存在未来可以开采但暂不能销售的资源量。b. G 类可以分别应用，尤其是对固体矿产和原地资源量进行分类；也可以采用累积的形式（如 G1＋G2），这种形式在可采流体矿产中常用。c. 可商业开发项目在技术、经济、社会等方面都已经证实是可行的。在许多分类系统中与可商业开发项目有关的可采矿量都被定义为储量，但在采矿业内部采用的具体定义存在一些实质性的差异，从而，本分类系统未采用“储量”这一术语。d. 潜在可商业开发项目在可预见的未来期望能够被开发，在这类项目中所评价的资源量具有最终能够经济开采的合理远景，但其技术和商业上的可行性尚未经证实，显然，并非所有潜在可商业开发项目都能够被开发。e. 潜在可商业开发项目有可能满足 E1 类别的要求。f. 非商业开发项目除了认为在可预见的未来时期内工业开发是不可能的那些项目外，还包括那些尚处于早期评价阶段的项目。g. 随着技术的发展，这些资源量的一部分可能能够开采。由于物理和化学条件的约束，其中一些资源量或者所有这类资源量可以永久性地难以开发（与矿产品的类型以及所采用的开采技术有关）

资料来源：UNECE，2009

表 12.2 根据资源储量亚类别定义的项目类型和亚类型

	采出矿量	已销售矿量				
		暂不销售矿量[a]				
	项目类型		项目亚类型	矿量类别		
				E	F	G
原地资源总量	已知矿床	可商业开发项目	生产项目	1	1.1	1，2，3
			已批准的矿山基建项目	1	1.2	1，2，3
			有理由转入矿山基建的项目	1	1.3	1，2，3
		潜在可商业开发项目	报批的矿山基建项目	2[b]	2.1	1，2，3
			搁置的矿山基建项目	2	2.2	1，2，3
		非商业开发项目	不确定的矿山基建项目	3.2	2.2	1，2，3
			不可行的矿山基建项目	3.3	2.3	1，2，3
		原地附加矿量		3.3	4	1，2，3
	潜在矿床	勘查项目	（未定义亚类）	3.2	3	4
		原地附加矿量		3.3	4	4

注：a. 参见表 12.1 的注；b. 开发报批的矿山基建项目可以满足 E1 类别的要求

资料来源：UNECE，2009

知矿床有关的估值可信度高的矿量；G2 定义为与已知矿床有关的估值可信度中等的矿量；G3 表示与已知矿床有关的估值可信度低的矿量；G4 表示与潜在矿床有关、主要根据间接证据估计的矿量。

亚类别与其主类别资源储量之间采用“小数点”分开（如 E1.1），在类别代码中则采用“分号”区别（如 1.1；1；1 表示由 E1.1、F1、G1 定义的亚类别）。

注意在 UNFC-2009 分类的 E 和 F 类别中设置了最小标准。例如，潜在商业开发项目必须至少是 E2 和 F2，但也可以是 E1F2 或 E2F1。

与估值有关的不确定性或者采用信度水平降低的离散程度（高、中、低）进行描述，或者列举三个具体的结果（低估值、最好估值、高估值）进行说明。前者一般适用于固体矿产，后者常用于油气矿产。低估值应该有 90%的概率小于其真值，并用 P_{90} 表示，低估值的情况直接等同于高信度估值（即 G1）；最好估值应采用平均值、中位数或众数表示，最好估值的情况等同于高信度和中等信度估值的综合（G1+G2）；高估值应该有 10%的概率大于其真值，并用 P_{10} 表示，高估值的情况等同于高、中、低信度估值的综合(G1+G2+G3)。

UNFC-2009 以项目类型为核心，以商业开发为目的，包括了从矿产资源勘查到开发的各个阶段，有利于企业制订战略规划和组织生产，是一个普遍适用于能源和矿产资源储量的分类和评价方案，能够满足国家层面、行业层面以及国际交流的要求，能够与不同国家的资源储量分类系统进行比较（表 12.3）。然而，由于新版（UNFC-2009）的分类思路具有突变性，在内容和形式上较先前的版本作出了大幅度变动；取消了资源量和储量的概念，转而采用可商业开发项目代替储量，潜在可商业开发项目代替资源量，非商业开发项目表示开发不确定或不能开发的资源量；并且取消了勘查阶段的概念。诸如此类的改变使得目前绝大多数国家的分类标准很难与之相适应，也难于在我国推广应用。

表 12.3　CRIRSCO 模板与 UNFC-2009 分类框架中的类别和类型的转换

<table>
<tr><th colspan="2">CRIRSCO 模板</th><th colspan="3">UNFC-2009“最小”类别</th><th>UNFC-2009 项目类型</th></tr>
<tr><td rowspan="2">矿石储量</td><td>证实储量</td><td rowspan="2">E1</td><td rowspan="2">F1</td><td>G1</td><td rowspan="2">可商业开发项目</td></tr>
<tr><td>概略储量</td><td>G2</td></tr>
<tr><td rowspan="3">矿产
资源量</td><td>确定的资源量</td><td rowspan="3">E2</td><td rowspan="3">F2</td><td>G1</td><td rowspan="3">潜在可商业开发项目</td></tr>
<tr><td>推定的资源量</td><td>G2</td></tr>
<tr><td>推断的资源量</td><td>G3</td></tr>
<tr><td colspan="2">勘查结果</td><td>E3</td><td>F3</td><td>G4</td><td>勘查项目</td></tr>
</table>

12.1.2　矿产储量国际报告标准委员会模板

为了对矿产储量国际报告标准委员会的模板有一个比较全面的了解，有必要对美国、加拿大以及澳大利亚的资源储量分类标准进行简要的介绍。

1. 美国的固体矿产资源量/储量分类系统

1976 年以前，几乎所有的勘查报告都把矿化称为“储量”，由此产生了各种混乱和不明确的分级。1976 年，美国矿务局协同美国地质调查局在对 1944 年提出的矿产储量分类方案进行修订后，以《美国矿务局和地质调查局矿产资源分类系统的原则》为题在美国地质调查局第1450—A号局刊上刊发，该方案第一次明确地、系统地阐述了矿产资源量/储量分类及其术语的定义，并从两方面对资源量和储量进行分类：①地质特征，包括品位（质量）、吨位、厚度和埋藏深度等；②当前经济技术条件下开采和销售成本的营利性分析。1980年在美国地质调查局第183期通信发表的《矿产资源分类的原则》一文中对1976年版的分类方案进行了进一步的修订，形成了当时在北美和南美广为流行、世界其他国家均以其为参照的“矿产资源和储量分类原则”。这个原则有两个坐标：横坐标代表地质工作的程度，随着地质工作程度由高至低，所取得的储量或资源量被冠以“探明的”（demonstrated）、“推测的”（inferred）、“假定的”（hypothetical）、“假想的”（speculative）等形容词；纵坐标代表储量或资源的经济可利用性，随着技术经济可行性的由高到低，所取得的储量或资源被冠以“经济的”（economic）、“边际经济的”（marginal economic）和“次经济的”（subeconomic）等形容词（图12.3）。为了区别能从地下回收的矿产物质与地质圈定的矿物物质，美国这一分类方案又将查明的地下储量分为“储量”（reserve）和“储量基础”（reserve base）两个概念，前者是可以从地下真正采出的部分，后者是地质圈定的部分，它包含了可采出的储量和由于设计、开采、安全等原因不能采出的部分。按照这一分类体系，矿产资源量/储量被分为以下主要类型：已查明的资源量/储量，包括储量（探明的、经济的）、推测储量（推测的、经济的）、探明的边际储量（探明的、边际经济的）、推测边际储量（推测的、边际经济的）；探明的次经济资源量、推测的次经济资源量、假定的资源量、假想的资源量。

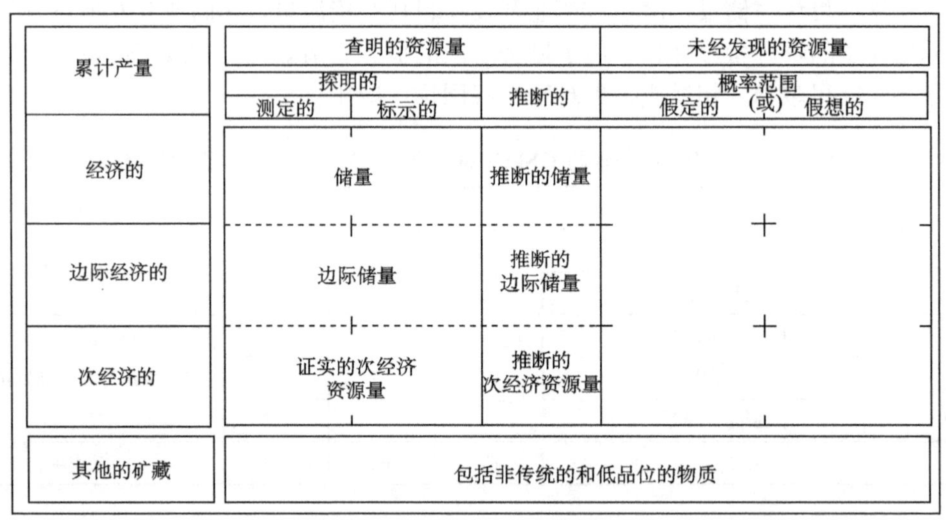

图12.3　矿产资源分类的主要要素，不包括储量基础和推断的储量基础
（美国矿务局和美国地质调查局，1980）

1988年，应美国采矿冶金勘查学会（SME）会员的请求，设立了一个名为“矿石储量定义”的第79工作组，其任务是制定勘查信息、资源和储量公开报告的指南。SME于1991年首次颁发了《矿产资源/储量分类指南》，简称为SME指南，该指南在美国矿务局和美国地质调查局1980年矿产资源和储量分类原则所采用的术语和定义基础上进行了一定的修订。

1996年，第79工作组更名为资源储量委员会，成为SME的一个常设委员会。1999年按照 CRIRSCO 的要求对 SME 指南进行了修订。为了与美国证券交易委员会的管理条例对接，2007 年 SME 颁发了新版的 SME 指南。

美国地质调查局制定的资源量/储量分类系统更多的是从公益性地质的方面考虑，为矿产资源评价、为政府制定矿产勘查开发政策以及土地规划利用等服务的；SEM 制定的资源/储量分类指南是行业标准，主要是从商业性地质的角度进行设计，为勘查公司或矿业公司拓宽和建立有效的融资途径，旨在为股市投资者要求提供透明并且容易理解的信息提供依据。二者的主要差异在于美国地质调查局的分类系统中设立了“未查明资源量”和“储量基础”的类别。

2. 澳大利亚固体矿产资源量/储量分类系统

1971 年，由澳大利亚矿业委员会（MCA）和大洋洲矿冶学会（AusIMM）共同组建了大洋洲联合储量委员会（Australasian Joint Ore Reserves Committee，JORC）。JORC 是一个常设机构，澳大利亚证券交易所（ASX）和澳大利亚证券研究所（SIA）也派驻代表进入该组织。

1989 年 2 月，JORC 发布了第一个版本的 JORC 规范，JORC 的最为成功之处在于：①该规范直接被编入澳大利亚证券交易所和新西兰证券交易所的股票上市规则中，从而对在 ASX 的上市公司具有约束力；②该规范直接被 AusIMM 采纳作为学会规范，从而对学会会员具有约束力，1992 年澳大利亚地球科学家协会（AIG）加入了 JORC 后，该规范对 AIG 的会员也具有约束力。因而，它成为从业者必须遵守的强制性规范。1990 年发布了 JORC 规范指南，1992 年、1993 年、1996 年、1999 年以及 2004 年又先后多次对 JORC 规范及其指南进行了修订。2012 年发布了经过进一步修订的新版本。

由于 JORC 标准被澳大利亚和新西兰股市全盘采纳，近 20 年来，澳大利亚在建立和完善固体矿产资源储量划分标准方面处于国际引领地位，JORC 标准是矿业界与股票交易所密切合作的典范。

JORC 标准建立的资源储量分类系统中，将矿石吨位和品位的估值划分为资源量和储量两大类，每个大类又进一步划分为反映不同信度水平的亚类。尽管 JORC 规范进行过多次修订，但其资源储量分类的框架没有改变。

JORC 规范的结构比较自由，对于定义和操作方面的要求相对地规定得不细，而且在确保合格人员（competent person，CP）对其行为负责的同时，允许其在进行专业判断时，有相当的自由度。这种责任和承担责任的理念使得规范具有足够的灵活性，使其可以应用于各种各样的情形，而不至于使规范成为不合理的条文。例如，JORC 不规定采用什么方法进行资源储量估算，也没有明确要求每一资源储量类别需要采用多大的勘查工程间距控制，而是授权 CP 根据自己的专业学识和经验以及具体矿床地质特征来确定。显然，要想使这样的规范能够顺利地实施，就必须采取某种有效的机制来约束 CP 的行为。在澳大利亚，CP 必须是 AusIMM 或 AIG 的会员并且具有 5 年及以上相关矿床类型勘查的从业经验，这两个机构都是国家级的行业组织，都相应地制定了切实有效的、可操作性的、并且是强制性的道德规范。同时，澳大利亚证券交易所上市规则规定要求公开报告中必须列出 CP 的真名实姓，从而使 CP 接受行业、法规和同行的监督。

支配 JORC 标准运作的主要原则是透明性（transparency）、具体性（materiality）和权责性（competence）。“透明性”要求所披露的资源储量报告含有足够多的、简洁明了的信息，能够让公开报告的读者理解这些信息而不至于被误导，这一原则强调公开报告应无歧义和简洁；“具体性”要求所披露的资源储量报告含有全部相关数据，以便使投资者及其投资顾问能够对所报道资源储量的可靠性作出合理的判断，这一原则强调公开报告应重事实和证据；“权责性”要求所披露的资源储量报告是由具有相应资质并且受强制性职业道德规范约束的人员完成，这一原则强调公开报告应注重知识和判断。

JORC 规范的目的是制定大洋洲勘查结果、矿产资源和矿石储量报告的最低标准，以及确保关于这些类别的公开报告包括了投资者和顾问就所报告的结果和所进行的估算进行无偏判断所合理要求知道的所有信息。

3. 加拿大固体矿产资源量/储量分类系统

1997 年加拿大发生了震惊整个矿业界的 Bre-X 丑闻后（阳正熙，1998），CIM 储量定义标准委员会迅速着手制定更严格的矿产项目披露标准，该标准称为《CIM 矿产资源量/储量标准——定义和指南》。与此同时，安大略证券委员会（OSC）和多伦多证券交易所（TSX）联合成立了特别工作组，目的是制定对上市矿业公司提供给公众的矿产项目技术报告的可靠性进行更有效监管的措施。特别工作组于 1999 年提交了最终报告，报告中一个重要的建议是以国家法定文件（NI43—101）的形式采用 CIM 标准。2000 年 8 月，CIM 委员会批准了《CIM 矿产资源/储量标准——定义和指南》。

2001 年 1 月，加拿大证券管理局（CSA）正式批准《矿产项目披露标准》（NI43—101）及其与之配套的《标准指南》（43—101CP）和《技术报告表格》（43—101F1）文件，这些文件都是关于如何公开披露矿产项目信息的要求。CIM 标准构成了 NI43—101 文件第一部分的内容，从而使 CIM 标准的实施获得了法律保障。此外，CIM 委员会还发布了矿产勘查最佳操作规程指南（Exploration Best Practices Guidelines）、矿产资源储量估计最佳操作规程指南（草案）（Estimation of Mineral Resources and Mineral Reserves Best Practice Guidelines）。为了跟进 2005 年版的 NI43—101（适用于固体矿产）和 NI51—101（适用于石油和天然气），CIM 委员会于 2005 年发布了《CIM 矿产资源/储量标准——定义和指南》修订版。2011 年发布了经过进一步修订的 NI43—101 新版本。

4. 矿产储量国际报告标准委员会模板

1994 年，国际采矿冶金学会委员会（CMMI）设立了矿产资源量/储量国际报告标准委员会（CRIRSCO），其主要使命是仿照已有的澳大利亚矿产资源量和矿石储量报告规范，建立一套向公众报告勘查结果和资源量/储量的国际定义标准。1994 年在南非太阳城举行的第 15 届 CMMI 大会期间召开了 CRIRSCO 的第一次会议，1997 年在美国丹佛达成了矿产资源量和储量分类的临时性协议（称为丹佛协议）。

上述 UNECE 和 CMMI 下设的两个专家工作组组建后不久就认识到如果能够将二者的工作成果融合，他们所付出的努力就会更见成效。因此，这两个工作组于 1998 年和 1999 年在日内瓦召开第二次会议，最终 UNECE 专家组同意在其分类框架中采纳 CRIRSCO 的术语定义，从而使各自制定的标准能够互相吻合。

2002 年 CMMI 专家工作组更名为联合矿产储量国际报告标准委员会（Combined Mineral Reserves International Reporting Standards Committee，CRIRSCO），现称为矿产储量国际报告标准委员会（Committee for Mineral Reserves International Reporting Standards，CRIRSCO)，智利和俄罗斯也分别于 2002 年和 2011 年加入该组织。该委员会的工作职能是协调成员国之间建立勘查成果和矿产资源储量定义和报告的国际标准的相关事宜。

CRIRSCO 成员国现在已经达成了如下共识：①确立合格人员的国际定义（在加拿大，合格人员采用 qualified person 的称谓，简称 QP)；②为合格人员建立一套从业准则，这套准则也是为行业学会监管具有资质人员的提供的最低要求；③建立一套矿产资源量和储量国际报告标准和指南，称为 CRIRSCO 模板。2006 年 7 月首次颁布了《勘查结果、矿产资源量、矿石储量公开报告国际模板》，2012 年版 JORC 规范颁布后，CRIRSCO 随后于 2013 年颁布了新修订的《国际报告模板》。

CRIRSCO 的《勘查结果、矿产资源和矿石储量国际报告模板》对世界各国的勘查结果、矿产资源和矿石储量公开报告准则规定了最低标准，提出了建议和指南。该国际报告模板仅为建议性质，旨在协助尚未制定公开报告准则或准则业已过时的国家，制定一部符合本国最佳实践的新准则；若已制定了国家准则，则以各国准则为先。此外，该模板还将各国准则整合成在一起，体现了其中相容的国际部分，因而也可参照其他国际报告制度来一同使用。“模板”一词的斟酌使用意在表明，本文本仅用作规则制定的参考范文，本身不构成具有法律或其他监管效力的“准则”。

与 JORC 标准相同，支配 CRIRSCO 模板运作和应用的主要原则包括以下几个方面。

(1) 透明性：要求为资源储量公开报告的读者提供足够多的信息，公开报告内容的表述应清晰并且无歧义，使读者容易理解这些信息而不至于被误导（所谓公开报告是指为告知投资者或潜在投资者以及他们的投资顾问而编写的有关勘查结果、矿产资源量或矿石储量的报告，包括年度报告、半年度报告和季度报告以及以公司网站刊登、媒体发布等形式公布的公司其他信息及股东、股票经纪人、投资分析师简报)。

(2) 具体性：要求所披露的公开报告中含有投资者和专业顾问有理由要求并期望能够在公开报告中找到的全部相关信息，以便能够使投资者及其投资顾问能够对所报导资源储量的可靠性作出合理的比较和研判。

(3) 权责性：要求所披露的资源储量公开报告是由具有相应资质、经验丰富并且受强制性职业道德规范约束的人员完成。

图 12.4 阐明了一个能够以不同地质置信度和技术经济评价置信度对品位和吨位估值进行分类的网络构架式的资源量/储量分类系统。图中的勘查结果（exploration results，在美国和加拿大的分类系统中称为勘查信息，exploration information）包括勘查工作中产生的、可供投资者使用的但不作为矿产资源量或矿石储量正式报告部分的数据和信息。勘查初期阶段，所采集的样品数据数量（如利用轻型山地工程进行地表揭露的矿化结果、单钻孔见矿的结果，或地质填图和地球物理以及地球化学勘查的结果等）通常不足以对矿石吨位和品位做出合理估算，因而不能将勘查结果归入矿产资源量或矿石储量。如果上市公司报道的是勘查结果，那么不需要披露吨位和品位的估值。正式公布的矿产资源量或矿石储量报告中可以包含也可以不含勘查结果，但不能利用矿产勘查结果的信息来得出吨位和品位的估算结果，而且在描述勘查靶区或勘查潜力时，应避免有可能被误认为是矿产资源量估算或矿石储量估算的表述。

矿产资源量（mineral resources）是矿化体吨位和品位的原地估值，具有在一定经济技术条件下能够开采的“实际远景”，换句话说，矿产资源量不是矿化的岩石，而是通过技术

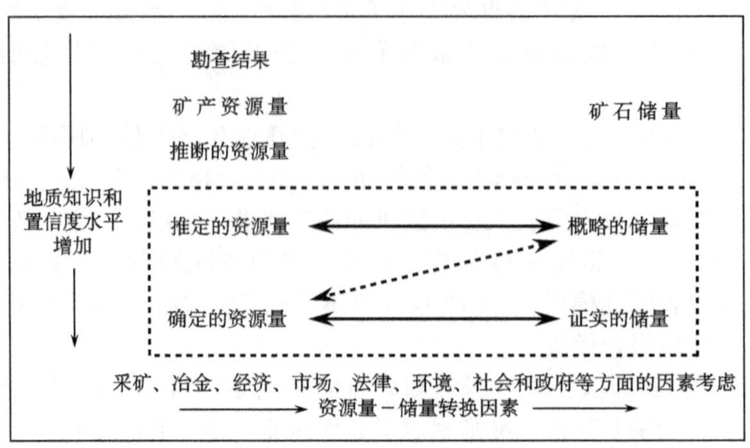

图 12.4　CRIRSCO 矿产资源储量分类模板

经济的初步分析表明有可能被开采、加工和销售。矿产资源量主要是由地质人员根据地质资料结合其他学科的知识进行估计获得的结果。按照地质信度增高的顺序将资源量分为三级：推断的、推定的以及确定的资源量。

矿石储量（ore reserves）是推定的资源量和确定的资源量的限制性子集（位于图 12.4 中的虚线框内），而且是通过了对图中所示的各种“资源-储量转换因素”的论证后获得的。如果某一方面或所有的限制性因素存在着一定程度的不确定性，那么。确定的矿产资源量可能转化为概略的矿石储量，图 12.4 中的虚线箭头标示了这种关系；虽然虚线箭头的趋势包含了一个垂直坐标分量，但并不意味着地质置信度的降低，这种情况下应当在勘查报告中对限制性因素进行全面的解释。

本质上讲，这意味着资源量的地质估计通过经济技术分析（预可行性和可行性研究）转化为储量，由此可见，为了证实在当前技术经济条件下开采是合理的，在可行性研究中必须对所有的资源量-储量转换因素都进行充分论证。

资源量-储量转换因素（modifying factors）定义为包括采矿、冶金、经济、市场、法律、环境、社会以及行政管理方面的条件。

经过论证后，确定资源量可相应地转化为证实储量、推定资源量转化为概略储量。在资源量-储量转换因素具有较低可信度的情况下，根据具有资质地质人员的判断，确定资源量可转化为概略储量。

CRIRSCO 成员国现行的资源量/储量分类规范都是参照 CRIRSCO 矿产资源量/储量分类模板修（制）订的。表 12.3 说明了 CRIRSCO 模板中的资源储量分类系统与 UNFC-2009 转换关系。

12.1.3　俄罗斯固体矿产资源量/储量分类系统

1960 年制定的苏联矿产储量分类规范，经过多次修订后，至今俄罗斯和其他独联体国家仍沿袭苏联有关“以国家原材料基础作为所有矿产储量平衡”的重要概念，为了维持这种平衡，任何采矿企业都有责任发现新的矿产储量。俄罗斯现行方案除从经济的角度，将矿产储量分为平衡表内与平衡表外两类外，根据勘探和研究的程度将矿产储量分为详细探明和详细研究（A、B、C_1）的储量、初步评价的储量（C_2）和预测储量（P_1、P_2、P_3）3 大类 7 个级别（图 12.5）。

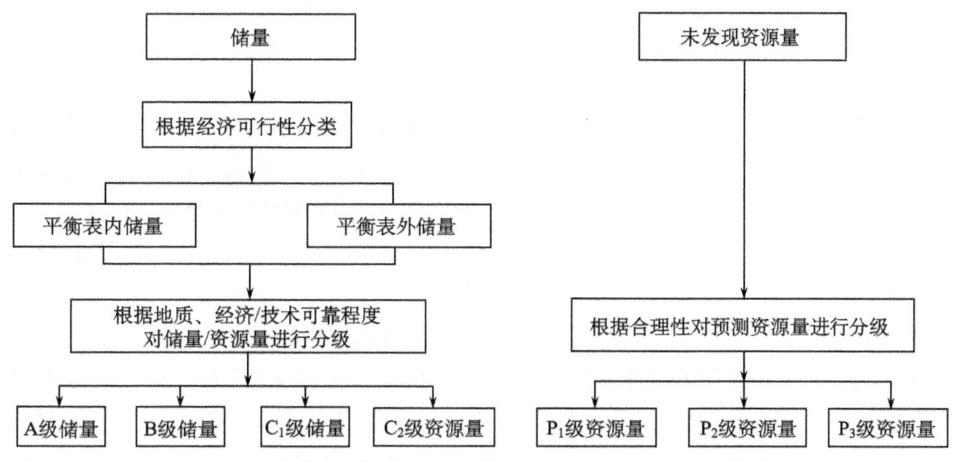

图 12.5　俄罗斯 2006 年版资源/储量分类系统（Weatherstone，2008）

俄罗斯国家储量委员会是俄罗斯矿产资源储量管理的立法机构，下设地方矿产储量委员会。地方性储量委员会一般由 7～11 名首席专家和 5～7 名独立专家组成，首席专家由国家储量委员会任命，独立专家由研究院或当地其他组织选派。批准资源储量估计的决定由地方储量委员会作出，但大型矿床需报国家储量委员会批准。

前已述及，西方主要矿业国家的资源储量标准是建立在对各类矿床、现有数据类型以及所使用的经济因素认可的基础上，报告的责任追究落实在合格人员头上。资源储量分类规范本身只不过是提供编写资源储量报告的一个统一框架，而具有合格人员在应用资源储量标准方面的职业判断才是所提交的资源储量数据的决定因素（Henley，2004）。比较起来，俄罗斯资源/储量分类系统通过对勘查阶段、资源储量估算以及编写报告的规范达到勘查的客观性，该系统几乎没有留出发挥职业判断的余地，规定的计算方法很简单。

2011 年俄罗斯加入 CRIRSCO 组织后，由俄罗斯全国地下调查协会（National Association for Subsoil Examination，NAEN）发布了《俄罗斯公开报告勘查结果、矿产资源和矿石储量的规范》，又称为 NAEN 规范（NAEN code），该规范的内容与 CRIRSCO 模板基本相同。

12.2　我国矿产资源储量分类系统

12.2.1　我国资源储量分类的历史沿革

新中国成立初期，我国暂时采用了苏联 1953 年制定的储量分级方案，即划分为 A_1、A_2、B、C_1、C_2级储量。1959 年，原地质部全国储量委员会制定了我国第一个矿产储量分类暂行规范（准则），该规范将矿产储量分为四类（即开采储量、设计储量、远景储量、地质储量）五级（即 A_1、A_2、B、C_1、C_2），其中开采储量一般为 A_1级，A_2、B、C_1级为设计储量，C_2级为远景储量。在一段时期内，这一储量分级对我国地质工作的开展起了一定的积极作用，但也存在一些问题，已不能适应我国地质勘探和矿山生产建设的实际需要。1964年后，有关部门曾对上述储量分级进行了多次修订。例如，冶金部在1965年颁发和实行了工业储量和远景储量的两级储量划分办法；煤炭部将煤矿储量分为普查、详查、精查三级；在1968年以后的全国矿产储量表中，统一按工业储量和远景储量两级划分方案进行储量统计等。

1977年，原国家地质总局和原冶金部共同制定了《金属矿床地质勘探规范准则（试行）》，以及由原国家地质总局、原建材总局和原石油化工部共同制定了《非金属矿床地质勘探规范准则》（试行）。在这两个规范中，根据对矿体不同部位的研究或控制程度及相应的工业用途，将固体金属及非金属矿产储量划分为A、B、C、D四级，并对各级储量的条件提出了相应的要求。

原地质矿产部1990年颁发的《固体矿产成矿预测基本要求》（试行）中，预测储量划分为E、F、G三级，并对各级预测储量的要求进行了具体的定义。1992年，国家技术监督局颁发了我国第一部涵盖整个固体矿产的勘查规范《固体矿产地质勘探规范总则》（GB13908—92）国家标准，在该标准中，根据工业指标（最低工业品位和最小可采厚度）将矿产分为能利用储量和暂不能利用储量两类，其中能利用储量又依据地质可靠程度进一步划分为A、B、C、D四级。

原有分类系统受计划经济体制的束缚，难免会存在经济观念淡薄，不重视可行性研究，不区分资源量和储量，在执行勘查项目中过程中强调储量比例、注重工程间距，忽视矿体连续性，从而导致一些勘查项目失误。

为了适应市场经济的需要，更好地与国际接轨，在综合考虑经济、可行性，以及地质可靠程度的基础上，采用符合国际惯例的分类原则，国家技术监督局于1999年颁布了《固体矿产资源量/储量分类》（GB/T17766—1999）国家标准。在该标准中，经过矿产勘查所获得的不同地质可靠程度和经相应的可行性评价所获得的不同经济意义作为固体矿产资源/储量分类的主要依据，据此分为资源量、基础储量、储量三大类十六种类型，分别用三维形式（图12.6）和矩阵形式（表12.4）表示。该标准初步做到了可同相关的国际标准对比，开始实现由计划经济条件下的矿产储量分类标准向市场经济条件下的矿产资源储量分类标准转

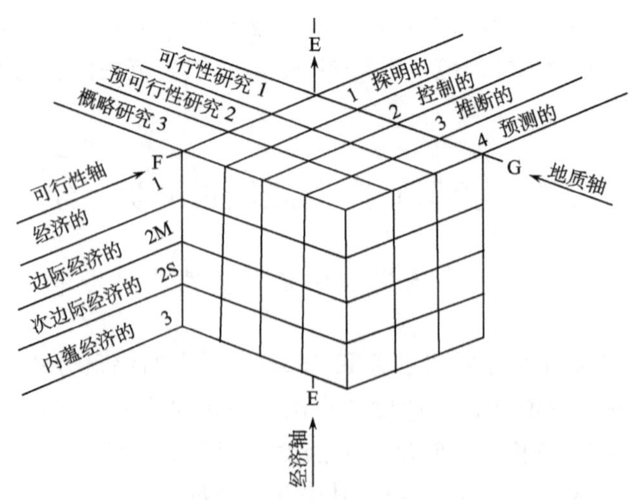

图12.6 《固体矿产资源量/储量分类》（GB/T17766—1999）中的三维分类框架图

变，在我国矿产资源储量分类历史上具有重要的意义。

表 12.4　《固体矿产资源量/储量分类》(GB/T17766—1999) 中的资源储量分类表

<table>
<tr><th rowspan="2">地质可靠程度
分类类型
经济意义</th><th colspan="3">查明矿产资源</th><th>潜在矿产资源</th></tr>
<tr><th>探明的</th><th>控制的</th><th>推断的</th><th>预测的</th></tr>
<tr><td rowspan="4">经济的</td><td>可采储量
(111)</td><td rowspan="2"></td><td rowspan="8"></td><td rowspan="8"></td></tr>
<tr><td>基础储量
(111b)</td></tr>
<tr><td>预采储量
(121)</td><td>预可采储量
(122)</td></tr>
<tr><td>基础储量
(121b)</td><td>基础储量
(122b)</td></tr>
<tr><td rowspan="2">边际经济的</td><td>基础储量
(2M11)</td><td></td></tr>
<tr><td>基础储量
(2M21)</td><td>基础储量
(2M22)</td></tr>
<tr><td rowspan="2">次边际经济的</td><td>资源量
(2S11)</td><td></td></tr>
<tr><td>资源量
(2S21)</td><td>资源量
(2S22)</td></tr>
<tr><td>内蕴经济的</td><td>资源量
(331)</td><td>资源量
(332)</td><td>资源量
(333)</td><td>资源量
(334)?</td></tr>
</table>

注：表中所用编码（111-334）中，第 1 位数表示经济意义：1 为经济的，2M 为边际经济的，2S 为次边际经济的，3 为内蕴经济的，? 为经济意义未定的；第 2 位数表示可行性评价阶段：1 为可行性研究，2 为预可行性研究，3 为概略研究；第 3 位数表示地质可靠程度：1 为探明的，2 为控制的，3 为推断的，4 为预测的；b 为未扣除设计、采矿损失的可采储量

随着我国社会主义市场体系的深入发展和矿业全球化的推进，为了进一步适应我国政府和市场对相关标准提出的新需求，国土资源部于 2007 年开始组织专家对现行矿产资源量/储量分类标准进行了新一轮的修订，2009 年，国土资源部下发了关于征求《固体矿产资源量/储量分类》(征求意见稿) 意见的函 (国土资厅函 [2009] 666 号)。此次修订充分研究了我国近 10 年矿产勘查开发中的经验和问题，考虑了同几个主要国际标准的衔接，在结构上更简单明晰，在定义上更科学合理，更具有与国际标准的互融互通性。我国历次资源储量分类方案对比见表 12.5。

需要说明的是，本节内容主要参考了国土资源部 2009 年下发的《固体矿产资源量/储量分类》(征求意见稿)。在该新修订方案未正式颁发之前，仍然执行《固体矿产资源量/储量分类》(GB/T 17766—1999) 国家标准。

表 12.5　我国历次矿产资源储量类型对比表

<table>
<tr><td></td><td colspan="2">分类</td><td colspan="6">分级</td><td></td></tr>
<tr><td rowspan="3">固体矿产储量分类1954年</td><td colspan="8">探明储量</td><td rowspan="3"></td></tr>
<tr><td colspan="2">平衡表内</td><td>A_1</td><td>A_2</td><td>B</td><td>C_1</td><td colspan="2">C_2</td></tr>
<tr><td colspan="2">平衡表外</td><td>A_1</td><td>A_2</td><td>B</td><td>C_1</td><td colspan="2">C_2</td></tr>
<tr><td rowspan="4">矿产储量分类暂行规范(总则)1959年</td><td colspan="9">探明储量</td></tr>
<tr><td colspan="2"></td><td>开采</td><td colspan="3">设计</td><td colspan="2">远景</td><td>地质</td></tr>
<tr><td colspan="2">平衡表内</td><td>A_1</td><td>A_2</td><td>B</td><td>C_1</td><td colspan="2">C_2</td><td rowspan="2"></td></tr>
<tr><td colspan="2">平衡表外</td><td>A_1</td><td>A_2</td><td>B</td><td>C_1</td><td colspan="2">C_2</td></tr>
<tr><td rowspan="3">金属非金属矿床地质勘探规范总则1977年</td><td colspan="8">探明储量</td><td rowspan="6"></td></tr>
<tr><td colspan="2">能利用储量</td><td colspan="2">A</td><td>B</td><td>C</td><td colspan="2">D</td></tr>
<tr><td colspan="2">暂不能利用储量</td><td colspan="2">A</td><td>B</td><td>C</td><td colspan="2">D</td></tr>
<tr><td rowspan="3">固体矿产地质勘探规范总则1992年</td><td rowspan="2">能利用储量</td><td>a</td><td colspan="2">A</td><td>B</td><td>C</td><td>D</td><td>E</td></tr>
<tr><td>b</td><td colspan="2">A</td><td>B</td><td>C</td><td>D</td><td>E</td></tr>
<tr><td colspan="2">尚难利用</td><td colspan="2">A</td><td>B</td><td>C</td><td>D</td><td>E</td></tr>
<tr><td colspan="3" rowspan="11">固体矿产资源/储量分类GB/T17766—1999</td><td colspan="2" rowspan="2"></td><td colspan="4">查明矿产资源</td><td>潜在矿产资源</td></tr>
<tr><td>探明的</td><td>控制的</td><td colspan="2">推断的</td><td>预测的</td></tr>
<tr><td colspan="2" rowspan="4">经济的</td><td>可采储量111</td><td rowspan="2"></td><td colspan="2" rowspan="8"></td><td rowspan="8"></td></tr>
<tr><td>基础储量111b</td></tr>
<tr><td>预可采储量121</td><td>预可采储量122</td></tr>
<tr><td>基础储量121b</td><td>基础储量122b</td></tr>
<tr><td colspan="2" rowspan="2">边际经济的</td><td>基础储量2M11</td><td></td></tr>
<tr><td>基础储量2M21</td><td>基础储量2M22</td></tr>
<tr><td colspan="2" rowspan="2">次边际经济的</td><td>资源量2S11</td><td></td></tr>
<tr><td>资源量2S21</td><td>资源量2S22</td></tr>
<tr><td colspan="2">内蕴经济的</td><td>资源量331</td><td>资源量332</td><td colspan="2">资源量333</td><td>资源量334?</td></tr>
<tr><td colspan="3" rowspan="6">固体矿产资源/储量分类GB/T17766修订代拟稿</td><td colspan="2" rowspan="2"></td><td colspan="4">已发现矿产资源</td><td>未发现矿产资源</td></tr>
<tr><td>探明的</td><td>控制的</td><td colspan="2">推断的</td><td>预测的</td></tr>
<tr><td colspan="2" rowspan="4">经济的</td><td>证实储量(111)</td><td rowspan="2"></td><td colspan="2" rowspan="4"></td><td rowspan="4"></td></tr>
<tr><td>基础储量(111b)</td></tr>
<tr><td>可信储量(121)</td><td>可信储量(122)</td></tr>
<tr><td>基础储量(121b)</td><td>基础储量(122b)</td></tr>
<tr><td colspan="3"></td><td colspan="2">内蕴经济的</td><td>资源量(231)</td><td>资源量(232)</td><td colspan="2">资源量(233)</td><td>资源量(234)</td></tr>
</table>

注：固体矿产地质勘探规范总则(1992)中，C级与D级的界线，与固体矿产资源储量分类(1999)中，控制的与推断的界线，上下不贯通，是因为总则中对D级的要求是“应有系统勘探工程控制”，而分类中要求“数量有限的工程”,后者控制程度低的缘故

资料来源：《固体矿产资源量/储量分类》征求意见稿

12.2.2　固体矿产资源量/储量的概念

1. 固体矿产资源

固体矿产资源（hard rock mineral resources）：在地壳内或地表由地质作用形成的具有经济意义的固体自然富集物，根据产出形式、数量和质量可以预期最终开采技术上可行、经济上合理的。其位置、数量、品位/质量、地质特征是根据特定的地质依据和地质知识计算和估算的。按照地质可靠程度，可分为已发现矿产资源和未发现矿产资源。

未发现矿产资源（undiscovered mineral resources）：是指根据地质依据和物化探异常预测的，未经查证的那部分固体矿产资源。

已发现矿产资源（discovered mineral resources）：已发现矿产资源是经勘查工作已发现的固体矿产资源量的总和；定义为在地壳中或地壳上富集或产出的、具有内蕴经济意义

的物质，其质量和数量具有最终经济提取的合理前景，包括原地的矿化物质、采出的矿堆物质和尾矿物质。它们可以通过勘查和取样来圈定并估算资源量，通过可行性研究或预可行性研究将其转换为储量。凡不具有最终经济提取合理前景的物质，不在已发现矿产资源之列。

依据地质可靠程度和可行性评价所获得的不同结果，可分为储量、基础储量和资源量三类。

资源量（resource）：是指已发现矿产资源中，除基础储量以外的其余部分，包括经可行性研究或预可行性研究认定为不经济的部分和未经可行性研究或预可行性研究的内蕴经济的资源量，以及预测的资源量。

2. 储量

储量（reserve）：是指基础储量的一部分。地质可靠程度为探明的和控制的，在预可行性研究、可行性研究或编制年度采掘计划当时，经过了对采矿、冶金、经济、市场、法律、环境、社会和政府等诸因素的研究及论证，结果表明在当时是经济可采或已经开采的部分。储量不包含采矿过程中的损失和混入的贫化物质。依据地质可靠程度和可行性评价阶段不同，又可分为证实储量（111）和可信储量（121、122）。

报告储量时，有关选矿和加工回收率的因素是非常重要的。在市场条件变化的情况下，储量的数字可能会随着发生相应的变化。

过去我国固体矿产地质勘查中，“储量”一词的含义是指原地储藏量，而且在勘查各阶段、各种地质可靠程度（甚至预测资源），均只使用一个名词，这与国际上市场经济矿业大国使用的储量的含义相去甚远。现在的分类抛弃了原储量分类的储量的含义，“储量”一词严格地只用于经济可采部分，与国际通用的储量概念接轨（国土资源部矿产资源储量司，2003）。

基础储量（basic reserve）：是发现矿产资源的一部分，它能满足现行采矿和生产所需的指标要求（包括品位、质量、厚度、开采技术条件及其他限制开采的因素等）。经过详查、勘探所获控制的、探明的资源量，通过可行性研究或预可行性研究，圈出包含证实储量和可信储量的全部原地资源量，以及经过可行性或预可行性研究论证，经济评价指标具有边际经济意义（如内部收益率大于 0）的资源量，均划入经济的基础储量范畴。在市场条件变化的情况下，储量数字可能随价格波动，而基础储量的数字相对保持稳定。

基础储量主要用于国家的矿产开发监管、矿产资源统计、规划和政策研究。

12.2.3　地质可靠程度

地质可靠程度反映了矿产资源量的精度，与工程控制程度及矿体的复杂程度有关，在分类框架中用 G 轴表示（图 12.7）。对矿体连续性的控制程度要求是衡量地质可靠程度的重要标准，根据地质可靠程度分为预测的、推断的、控制的和探明的四个级别的资源量。

预测的（predicted）：是指对具有矿化潜力的地区，经过预查获得的资源量。即充分收集区内地质、物探、化探、遥感等各种信息，经分析、类比，预测为由矿化引起的异常，或由矿化蚀变带、矿点露头、极少量工程见矿等显示有矿化的地段。只有在有足够的数据并能与地质特征相似的已知矿床类比时，才能估计预测的资源量。根据定义，预测的资源量相当

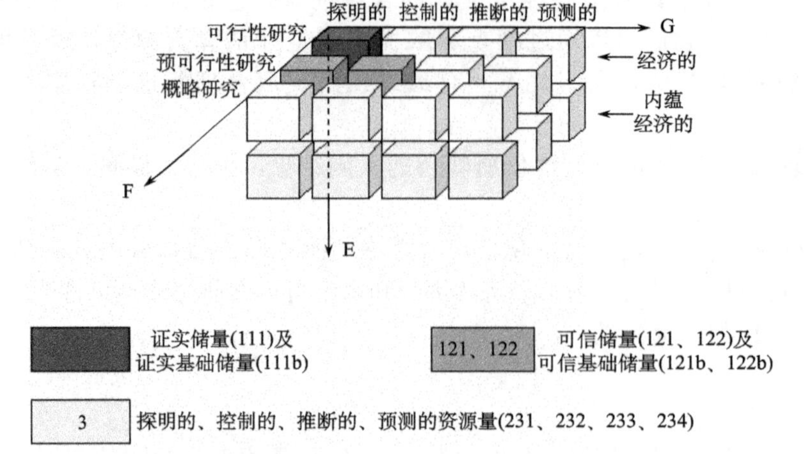

图 12.7　2009 年版《固体矿产资源量/储量分类》(征求意见稿) 中的三维分类框架图

于 JORC 或 CRIRSCO 分类中的勘查结果（见 12.1.2 节）。

推断的（inferred）：是指对普查区按照普查的要求，在大致查明矿产的地质特征，大致控制了矿体（矿点）的展布特征、质量（品位）的基础上探获的资源量；也可以是据更高一级资源量合理外推的资源量。由于信息量有限，不确定因素多，矿体的连续性是推断的，矿产资源数量的估计所依据的数据有限，可信度低。

由于推断的资源量的地质可靠程度低，不能保证在继续勘查后，其全部或任何一部分能被提升为控制的资源量。因此，推断的资源量同任何矿石储量类型均无直接联系，不能作为可行性研究或预可行性研究中确定矿山生产能力和服务年限的依据，只可用于矿山远景规划。

控制的（indicated）：是指对矿区的一定范围依照详查的要求，基本查明了矿床的主要地质特征，基本控制了主要矿体的形态、产状、规模、矿石质量、品位，矿体的连续性是基本确定的（具有一定的多解性），矿产资源数量估计所依据的数据较系统，可信度较高。控制的资源量的地质可靠程度较高，由于采用系统工程控制，矿床中矿体的空间分布范围及主矿体的规模、形态产状、矿石特征已基本控制，资源量估计的可靠程度足以满足开展项目的预可行性研究，可作为开发决策的基础。

对于确定勘查类型所依据的主要地质因素都简单的矿床，或经济价值不高的矿产，或者矿体形态特征很复杂只能边探边采的矿床，也可利用控制的资源量，开展概略研究或预可行性研究，可作为矿山建设的依据。

探明的资源量（measured resource）：是指对矿区的勘探范围依照勘探的要求，详细查明了矿床的地质特征，详细控制了主要矿体的形态、产状、规模、矿石质量、品位，矿体的连续性已经确定，矿产资源数量估计所依据的数据详细，可信度高。

由于探明的资源量的地质可靠程度高，矿体连续性是确定的，矿石的质量和数量误差被限定在很小的范围内，其变化不会对投资估计的精确度产生显著的影响，可作为可行性研究和矿山建设依据。

12.2.4　可行性研究

可行性研究分为概略研究、预可行性研究、可行性研究 3 个阶段，在分类框架中采用 F 轴表示。

概略研究（preliminary study）：是指对矿产资源开发项目的投资机会研究，是对矿产开发经济意义的概略评价。主要依据普查所获矿产资源信息与同类型已知矿床（山）从矿体规模、矿石物质组成及质量、生产技术条件等方面进行类比，客观评述普查区内矿产资源的优劣及未来开发的可行性；结合普查区自然经济条件、建设条件、环境保护等因素，以我国类似矿山企业或授权机构发布的技术经济指标为参数，作出概略的技术经济评价，鉴别有无投资机会。所采用的矿石品位、矿体厚度、埋藏深度等指标，通常是我国矿山几十年来的经验数据，采矿成本是根据同类矿山生产估计的。由于概略研究一般缺乏准确参数和评价所必需的详细资料，所估计的资源量只具内蕴经济意义。

预可行性研究（prefeasibility study）：是指对矿产开发项目可行性的初步评价。受工作阶段的限制，通常可依据有关宏观信息和在可能条件下所搜集到的资料开展工作，目的是从总体上、宏观上对项目建设的必要性、建设条件的可行性以及经济效益的合理性进行初步研究和论证。其结果可以为该矿床是否进行勘探或可行性研究提供决策依据。进行这类研究，通常应经过详查或勘探采用参考工业指标估计获得的矿产资源量数据，实验室规模的加工选冶技术试验资料，以及通过价目表或类似矿山开采对比所获数据估计的成本。预可行性研究内容与可行性研究相同，但详细程度次之，其误差应控制在±25%。当投资者为选择拟建项目而进行预可行性研究时，应选择适合当时市场价格的指标及各项参数，且论证项目应尽可能齐全。

预可行性研究需要评价各种备选方案并进行排序，从中选择最佳的方案，同时，还需评价个别参数的变化可能对项目的敏感性。预可行性研究包括了取样和技术试验，经过预可行性研究后，控制的和探明的资源量可以相应地转化为储量。同时，采矿方法和生产率也已经选定，半工业性试验结果可能论证了产品的提取过程是可行的；矿山建设、劳动力的需求以及矿山开采对周围环境的影响也都进行了评价；基本建设投资和生产成本进行了详细的预算，如采矿和选矿方法的变更、各种生产率水平的效应等方面的敏感性分析也已经完成。在决策过程中，社会和环境方面的综合考虑是最重要的因素，根据社会和环境底线的研究结果预测和评价可能的影响。经过综合评估后，选择具有风险最低、价值最高的方案作为可行的方案。

可行性研究（feasibility study）：是对矿产开发项目可行性的详细评价，对投资项目的技术、工程、经济进行深入、全面分析和多方案比较，进一步确认预可行性阶段优选出的技术和生产经营方案并使其价值达到最大化，从而对投资项目作出论证和评价。其结果可以详细评价投资项目的技术经济可靠性和科学性，所提出投资估计的精确度，要控制在与初步设计概算的出入不得大于 10%。可行性研究所采用的成本数据精确度高，通常依据勘探所获的储量数据及相应的加工选冶技术性能试验结果，其成本和设备报价所需各项参数是当时的市场价格，并充分考虑了采矿、冶金、经济、市场、法律、环境、社会和政府的相关政策等各种因素的影响，具有很强的时效性。

可行性研究是矿山投资决策的重要环节，研究结果可作为投资决策的依据。将可行性评价作为分类的重要条件，强化了资源储量的经济意义。

12.2.5 资源量/储量经济意义的划分

对地质可靠程度不同的查明矿产资源，经过不同阶段的可行性研究，按照评价当时经济上的合理性，其经济意义可以划分为经济的和内蕴经济的两类，在分类框架中采用 E 轴表示。

经济的（economic）：其数量和质量是依据符合市场价格确定的生产指标估算的。在可行性研究或预可行性研究当时的市场经济条件下开采，技术上可行，经济上合理，环境等其他条件允许，即每年矿产品的平均价值能满足投资回报的要求，或在政府补贴和（或）其他扶持措施条件下，开发是可能的。其经济意义不受短期逆市条件的影响。凡经可行性研究或预可行性研究论证，经济评价指标具有边际经济意义（如内部收益率大于 0）的资源量，均划入经济的基础储量范畴。

内蕴经济的（intrinsic economic）：仅通过概略研究做了相应的投资机会评价。在可预见的将来开发具有经济和销售的合理前景，由于不确定因素多，无法区分其中哪些是经济的，哪些是不经济的。

凡经预可行性研究或可行性研究，确定为次边际经济的，均归入内蕴经济的范围。

经济意义未定的（economic-viability undefined）：仅指通过预查获得的预测的资源量，属于未发现矿产资源，无法估计其经济意义。

资源量-储量转换因素（modifying factors）：包括采矿、冶金、经济、市场、法律、环境、社会和政府等因子，是可行性研究或预可行性研究论证矿山项目可行性的主要因素。通过基于这些因素的项目可行性研究或预可行性研究，将资源量转换为储量。

12.2.6 称职和责任

技术责任：矿产资源量和储量估计的真实性涉及国家和广大公众利益，也是影响矿业和矿产勘查市场公平和稳定的重要因素，矿产勘查和矿产资源量、储量估计必须实行技术责任制。

单位责任：承担矿产勘查、矿产资源量和矿石储量估计以及报告编写的单位对报告的真实性和质量承担单位责任。

合格人员责任：承担矿产勘查、矿产资源量和矿石储量估计以及报告编写的个人责任。矿产资源量、矿石储量报告，必须由一个或多个合格人员署名，其中一位对报告负技术全责，其余对报告的有关环节承担技术责任。合格人员的资质另行规定。

12.2.7 资源量/储量的类别及编码

1. 分类依据

矿产资源经过矿产勘查所获得的不同地质可靠程度和经相应的可行性评价所获不同的经济意义，是固体矿产资源/储量分类的主要依据。据此，固体矿产资源/储量可分为储量、基础储量、资源量两大类 7 种类型（储量包容在基础储量中），分别用三维形式（图 12.7）和矩阵形式（表 12.6）表示。

表 12.6　2009 年版《固体矿产资源量/储量分类》（征求意见稿）中的资源储量分类表

<table>
<tr><td rowspan="2"></td><td colspan="3">发现矿产资源</td><td>潜在矿产资源</td></tr>
<tr><td>探明的</td><td>控制的</td><td>推断的</td><td>预测的</td></tr>
<tr><td rowspan="4">经济的</td><td>证实储量（111）</td><td colspan="2" rowspan="2"></td><td rowspan="4"></td></tr>
<tr><td>基础储量（111b）</td></tr>
<tr><td>可信储量（121）</td><td>可信储量（122）</td><td rowspan="2"></td></tr>
<tr><td>基础储量（121b）</td><td>基础储量（122b）</td></tr>
<tr><td>内蕴经济的</td><td>资源量（231）</td><td>资源量（232）</td><td>资源量（233）</td><td>资源量（234）</td></tr>
</table>

注：表中所用编码（111～234），第 1 位数表示经济意义，1 为经济的，2 为内蕴经济的，类型 234 为经济意义未定的；第 2 位数表示可行性评价阶段，1 为可行性研究和采矿报告，2 为预可行性研究，3 为概略研究；第 3 位数表示地质可靠程度，1 为探明的，2 为控制的，3 为推断的，4 为预测的；b 为基础储量。将经可行性研究或预可行性研究后确定为不经济的，归入内蕴经济的；经可行性或预可行性研究论证，经济评价指标具有边际经济意义（如内部收益率大于 0）的资源量，划入经济的基础储量范畴

2. 资源量、储量类别编码

资源量/储量分类采用（EFG）三维编码系统，E、F、G 分别代表经济轴、可行性轴，以及地质轴（图 12.7）。编码的第 1 位数表示经济意义：1 代表经济的，2 代表内蕴经济的；第 2 位数表示可行性评价阶段：1 代表可行性研究，2 代表预可行性研究，3 代表概略研究；第 3 位数表示地质可靠程度：1 代表探明的，2 代表控制的，3 代表推断的，4 代表预测的。经预可行性研究或可行性研究从中转换为证实储量和可信储量的基础储量，在其编码后加英文字母“b”。

3. 储量分类

在三维分类系统中将资源/储量分为基础储量（储量）和资源量两个大类 7 种类型（图 12.7 和表 12.6），即 111b、121b、122b、231、232、233 和 234（证实储量 111、可信储量 121 和 122 分别包容在各自的基础储量中）。基础储量主要用于政府的管理，证实储量和可信储量主要用于矿山企业的规划、设计、和生产管理。

（1）证实储量（111）：证实基础储量中的可采部分。是在探明资源量的基础上，通过基于采矿、冶金、经济、市场、法律、环境、社会和政府等因素的可行性研究，所获得的经济可采储量，表明在论证期间开采是经济的。证实储量的地质可靠性及可行性研究结论的可信度高。

（2）证实基础储量（111b）：与证实储量的区别在于它是包含证实储量在内的全部原地资源量，还包括了因技术原因不可回收部分和具有边际经济意义的部分。

（3）可信储量（121）：可信基础储量中的可采部分。是在探明的资源量的基础上，通过基于采矿、冶金、经济、市场、法律、环境、社会和政府等因素的预可行性研究，所获得的经济可采储量，表明在论证期间开采是经济的。可信储量的地质可靠性及预可行性研究结论的可信度较高。

（4）可信基础储量（121b）：与可信储量（121）的区别在于它是包含可信储量在内的全部原地资源量，还包括了因技术原因不可回收部分和具有边际经济意义的部分。

（5）可信储量（122）：可信基础储量中的可采部分。是在控制的资源量的基础上，通过基于采矿、冶金、经济、市场、法律、环境、社会和政府等因素的预可行性研究，所获得的经济可采矿量，表明在论证期间开采是经济的。可信储量的地质可靠性及预可行性研究结论的可信度较高。

（6）可信基础储量（122b）：与可信储量（121）的区别在于它是包含可信储量在内的全部原地资源量，还包括了因技术原因不可回收部分和具有边际经济意义的部分。

4. 资源量分类

（1）探明的资源量（231）：是指在已达到勘探阶段要求的地段，所探获的资源量具有内蕴经济意义。在可预见的将来有可能证明其开采具有经济意义，但须通过进一步的可行性研究确定。在三维空间上，是在系统控制基础上的加密工程，详细控制了矿体的形态、产状、规模、空间分布以及矿石特征并圈定了矿体，矿体连续性是确定的。本类型还包括探明的资源量经可行性研究或预可行性研究后，确定为当前开采尚不经济的那部分资源量。探明资源量的地质可靠性高，矿床开发利用评价达到据勘探资料进行的概略研究程度。探明的资源量可与 CRIRSCO 模板中确定的资源量进行类比。

（2）控制的资源量（232）：是指在已达到详查阶段要求的地段，所探获的资源量具有内蕴经济意义，在可预见的将来可能具有进一步的勘探和开发意义，但需通过进一步的预可行性研究确定。在三维空间上用系统工程基本控制了矿体的形态、产状、规模、空间分布以及矿石特征并圈了矿体，矿体连续性是基本确定的。本类型还包括控制的资源量经预可行性研究后，确定为当前开采尚不经济的那部分资源量。控制资源量的地质可靠性较高，可行性评价达到据详查资料进行的概略研究程度。控制的资源量可类比 CRIRSCO 模板中推定的资源量。

（3）推断的资源量（233）：是指在达到普查阶段要求的地段，所探获的资源量，经过概略研究，具有内蕴经济意义，并可确定是否开展进一步的详查工作。矿体连续性是推断的，资源量是根据有限采样工程的数据估计的，其可靠性低，可行性评价达到据普查资料进行的概略研究程度。推断的资源量可类比 CRIRSCO 模板中推断的资源量。

推断的资源量通过野外观察、地质研究、物化探数据分析和有限的采样来推断矿体的大致分布和矿石的数量、质量特征。可采用地表有稀疏工程控制、深部有工程证实的勘查部署，不要求系统工程控制。

（4）预测的资源量（234）：依据对地质、地球物理、地球化学和遥感信息分析的基础上，通过异常查证和找矿标志研究，有时采用极少量工程资料，确定具有矿化潜力的地区，并和已知矿床类比而估计的资源量。预测资源量属于未发现的矿产资源量，一般不做概略研究，有无经济意义尚不确定。预测的资源量相当于 CRIRSCO 模板中的勘查结果。

上述分类系统提供了三方面的信息：①矿产勘查阶段；②可行性评价阶段；③经济可靠性程度。新分类包括：与设计和生产相衔接的可采储量、在勘查阶段形成的资源储量、矿产资源预测中使用的预测资源量（国土资源部矿产资源储量司，2003）。在该分类系统之外，不属于储量/资源量部分的即成为矿点。

12.3　矿体空间连续性

1. 连续性的重要性及其定义

矿体的空间连续性是矿体地质研究的主要内容（侯德义，1984；赵鹏大等，1988，2006)。在JORC和其他资源储量分类规范中连续性都是极为关注的主题，新修订的《固体矿产资源/储量分类》(征求意见稿）中也对矿体连续性进行了定义。矿产资源储量估值的质量在很大程度上与地质和品位连续性和确定性有关，它们确定了岩性和矿化单元之间的边界类型、并提供了对地质域内不同品位分布的理解。连续性解释了长程和短程变化性，提供了产生空间异向性变化的原因，并且是理解矿体内品位行为的基础。从资源储量的估值方面，连续性一般可分为两种类型（Sinclair and Vallée，1994；Dominy et al.，2003a)。

（1）地质连续性：赋存矿化的地质构造或岩相带的几何连续性（如矿体厚度沿走向及其沿倾斜方向的连续性）的控制程度。地质的连续性取决于对含矿层位、相带、构造、矿化方向的控制程度、研究和判断。

（2）品位（或其他质量特征）连续性：存在于某个特殊地质带内的品位（或其他质量特征）连续性的控制程度。品位的连续性需要在研究品位空间变化的基础上，通过适当工程间距的采样测试，确定其连续性。

地质和品位连续性的评价是资源量建模的综合部分，地质连续性对于矿石吨位的估计有重要的意义，尤其重要的是要记住地质连续性是一个三维的特征，某个矿体在垂向和水平方向上可能有很好的整体连续性，然而，如果其厚度在局部范围内是极不稳定的，那么，当钻孔密度不足以控制这样的变化时，吨位估值的可靠性就会显著降低。至于品位连续性对于品位估计的影响来说是显而易见的。通常可利用勘查线剖面图、水平断面图和纵投影图对矿体连续性程度作出判断；品位连续性还可以利用变差函数进行定量描述，变差函数不仅定义了品位总体的变化性（基台值），而且给出了指定方向上数据的影响范围（变程）和块金效应。

2. 矿体空间连续性的描述

对矿体空间连续性的控制，通常是根据影响矿体的主要地质因素所划分的勘查类型确定矿体的复杂程度，并通过不同的勘查方法和手段，选择合理的工程间距来实现。最直接的手段是在槽、井、坑、钻等工程中，通过采样测试，依据圈矿指标确认工程中矿体（层）的位置，再按地质规律分析对比，将属于同一个矿体的各工程中的见矿位置连在一起，反映出单个矿体的空间范围和形态。对矿体的控制程度，不是单靠工程间距，也不是工程越密越好，更重要的是研究程度，即是否揭示了矿体赋存的内在规律。

随着研究程度的提高和工程间距的加密，连续性将变得越来越可靠。因此，不同勘查阶段对矿体连续性的控制程度要求不同，可分为确定的连续性、基本确定的连续性、推断的连续性三个级别。

（1）确定的连续性：是指对主矿体部署的工程，充分考虑了主要地质因素对矿体的影响，符合地质规律，其分布范围、形态、品位的空间变化已经详细控制。总体上不存在多解性。地质连续性和品位连续性已经确定的资源量归属于探明的资源量。

（2）基本确定的连续性：是指对研究区内矿体的总体分布范围已经基本查明，对主矿体部署的工程，较充分的考虑了主要地质因素对矿体的影响，空间分布范围、形态、品位的空间变化已经采用了系统工程控制。主矿体的连接基本确定，但部分品位、厚度、形态、产状变化较大地段，尚存在一定的多解性，需要通过加密工程来解决。地质连续性和品位连续性基本确定的资源量归属于控制的资源量。

(3) 推断的连续性：是指由于投入的工程有限，地表只是稀疏工程控制，深部有工程证实，矿体的连接是推断的，未经证实，带有相当大的假设成分。地质连续性和品位连续性为推断的资源量归属于推断的资源量。

表 12.7 阐述了根据连续性程度划分资源储量类型的准则，重要的是注意推断资源量是根据间隔很大的少数几个工程控制的二维或三维视（整体）地质连续性确定的，在任何确定性水平下都不可能精确地圈定矿体，品位和吨位的任何估值都可能是半定量的，具有较大的误差范围。此外，确定资源量的整体连续性和局部连续性特征都已经完全确定了，为了达到这一控制程度，可能要求密集的钻孔以及地下坑道工程的控制（与矿床类型有关）。

表 12.7　根据连续性程度划分资源储量级别的准则

资源储量级别	数据密度	地质连续性	品位连续性
推断的资源量	基于地质信息和大的勘查工程间距（可能是孤立的工程控制）	(1) 二维或三维空间上的整体连续性为假定的，不是确定的； (2) 局部连续性问题没有解决，或者沿钻孔方向的局部连续性可能解决，但钻孔之间的局部连续性不确定； (3) 矿石量总吨位为半定量估计，误差范围较大	推断的连续性： (1) 连续性不确定（沿钻孔轴向方向确定了品位的连续性）； (2) 大致定义了矿体的变化性质（假定的），但没有确定； (3) 矿石总量的平均品位为半定量估计，误差范围较大
推定的资源量 （概略储量）	基于地质信息和中等的勘查工程间距	(1) 部分获得三维空间上整体地质连续性； (2) 局部连续性问题可能已部分解决了，沿钻孔方向的局部连续性已解决； (3) 矿石量总吨位/局部吨位的估计值具有中等误差范围	基本确定的连续性： (1) 局部品位连续性可能已部分确定，沿钻孔方向的局部连续性已解决； (2) 在一定程度上能够判定矿体品位分布和几何形态； (3) 定量估计总矿石量/局部矿石量的平均品位，具有中等误差范围
确定的资源量 （证实储量）	(1) 基于地质信息和较密的勘查工程间距； (2) 可能已进行地下开拓、全巷取样和试采	(1) 在三维空间上能够确定整体地质连续性； (2) 局部连续性已经确定； (3) 总矿石量/局部矿石量的估值比较精确，误差较小	确定的连续性： (1) 品位的局部连续性已经确定； (2) 能够详细判定矿体品位分布和几何形态； (3) 总矿石量/局部矿石量的品位估值误差较小

资料来源：Doming et al.，2002

本章小结

国际上主要有三大资源储量分类体系。第一类是联合国制定的资源储量分类框架；第二类是苏联沿袭下来的以俄罗斯为代表的适应宏观分析的分类体系；第三类是以美国、加拿大、澳大利亚等西方矿业发达国家为代表的适应市场经济企业管理的分类体系。UNFC 的特点是采用三维框架形式，其三个维度基本上涵盖影响分类的所有因素以及所有可能存在的资源储量类型，该分类系统既适用于政府也可用于企业，不过，其新版 UNFC-2009 相对比较复杂。苏联的分类体系存在着计划经济的烙印，其特点是侧重地质工作程度，强调整体勘查、统一布局、宏观管理，对资源利用另有一套严格的管理制度，不区分资源量和储量，对矿床的经济、环境、法律等方面的观念意识淡薄。西方国家的分类体系建立在透明性、具体性和权责性的基础上，适用于商业、企业管理，强调开发项目的经济可行性以及环境和法律等方面的因素，具有高度的微观灵活性；资源储量分类规范直接纳入国内证券交易所的上市规则并且作为相关行业学会的规范，从而为这类规范注入了强大的生命力。这三大资源/储量分类体系在勘查观念、服务对象、项目管理、经济意义等方面都存在很大差异。随着矿业经济的全球化，国际上资源储量分类体系趋向于与 CRIRSCO 模板接轨。

GB/T 17766—1999《固体矿产资源/储量分类》国家标准是我国建立储量分类系统以来，涉及资源储量范围最完整的分类，包括与设计和生产相衔接的可采储量、在勘查阶段形成的资源储量，以及矿产资源预测阶段的预测储量。新修订的《固体矿产资源/储量分类》（征求意见稿）充分研究了我国近 10 年矿产勘查开发中的经验和问题，考虑了同几个主要国际标准《联合国化石能源和矿产资源分类框架（UNFC）》《CRIRSCO（矿产储量国际报告委员会）勘查结果、矿产资源和矿产储量公开报告国际报告模版》（2013 年）的衔接。修订标准采用经济轴二分、可行性轴三分、地质轴四分方案，共定义了 7 个基本类型，在结构上更简单明晰，在定义上更科学合理，更具有与国际标准的互融互通性。

储量应满足的条件包括：①勘查程度上必须达到控制或探明的程度；②可行性评价阶段应经过了预可行性或可行性研究；③经济意义上，经可行性评价结果证实是经济的。此外，是扣除设计和采矿损失的部分。

资源量是指经过勘查后，除去基础储量后的那部分资源数量，由三种途径产生：①不论勘查程度高低，但可行性评价只作了概略研究，不能区分出经济的、边际经济的还是次经济的，也就是区分不出基础储量来，统称为资源量，其经济意义属于内蕴经济的；②经过预可行性或可行性研究，评价结果是不经济的，划归资源量，其经济意义是次边际经济的；③只做了预查工作，根据区域地质背景和预查阶段收集到的有限的新资料，用综合手段预测的资源数量，属于潜在矿产资源。

矿体空间连续性不仅是矿体圈定过程中需要深入研究的重要内容，也是衡量地质控制程度的主要因素。根据性质可分为地质连续性和品位连续性，并且可以采用“确定的连续性”、“基本确定的连续性”和“推断的连续性”术语对其进行描述。

本章涉及比较多概念，对于初学的读者来说，其中一些概念可能需要在学完本课程或多读一些参考书后才能领悟得到。

讨 论 题

（1）为什么需要对资源储量进行分类?

（2）UNFC-2009 资源储量分类框架的原理。

（3）CRIRSCO 资源储量分类模板的原理。

（4）我国现行资源储量分类系统的原理。

(5) 阐明矿体空间连续性与资源量类别的关系。

本章进一步参考读物

国土资源部. 2009a.《固体矿产资源/储量分类》(GB/T17766—1999) 国家标准修订说明

国土资源部. 2009b.《固体矿产资源/储量分类》(征求意见稿)

国土资源部矿产资源储量司. 2003. 固体矿产地质勘查规范的新变革. 北京：地质出版社

侯德义等. 1984. 找矿勘探地质学. 北京：地质出版社

中国地质调查局工作标准 DD2000—01. 固体矿产预查暂行规定

中国地质调查局工作标准 DD2000—02. 固体矿产普查暂行规定

中国地质调查局工作标准 DD2002—01. 固体矿产推断的内蕴经济资源量和经工程验证的资源量估算技术要求

中华人民共和国国家标准 GB/T 13908—2002. 固体矿产地质勘查规范总则

中华人民共和国国家标准 GB/T 17766—1999. 固体矿产资源/储量分类

CRIRSCO. 2013. International Reporting Template for the Public Reporting of Exploration Results, Mineral Resources and Ore Reserves. ICMM

JORC. 2012. Australasian Code for Reporting of Identified Mineral Resources and Ore Reserves (The JORC Code), The Joint Ore Reserves Committee of the Australasian Institute of Mining and Metallurgy, Australian Institute of Geoscientists, and Minerals Council of Australia

UNECE. 2009. United Nations International Framework Classification for Fossile Energy and Mineral Reserves and Resources. Economic Commission For Europe

第13章　矿产勘查工作的总体部署

13.1　矿床勘查类型

矿床的地质特点（如矿体形态、产状、规模大小、有用组分的分布和变化等）和复杂程度不同，勘查工作的任务要求和勘查手段等也不同。在研究和总结大量已开采矿床的资料及已勘查矿床经验的基础上，根据影响矿床勘查难易程度的主要地质特征的复杂程度，将相似特点的矿床加以归并而划分的类型，称矿床勘查类型。

划分勘查类型是为了正确选择勘查方法和手段、合理确定勘查工程间距，以及对矿体进行有效的控制和圈定。

13.1.1　划分矿床勘查类型的依据

勘查类型的确定，主要针对主矿体（一个矿床中占探获资源储量数量70%以上的一个或多个矿体称作主矿体）。影响矿床勘查类型划分的因素很多，涉及地质、勘查、水文地质条件等多方面，但最主要的是综合矿体规模、矿体形态复杂程度、内部结构复杂程度、矿石有用组分分布的均匀程度、构造复杂程度5个主要地质因素的复杂程度，确定勘查类型，因此，划分矿床勘查类型的主要依据包括以下方面。

1. 矿体规模

矿体规模大小是影响矿床勘查类型最主要的因素。一般情况下，矿体规模越大，形态越简单，越容易进行勘查；反之勘查难度越大。规模大、形态简单的矿体（如层状矿体）采用较稀的勘查工程即可控制；而规模小、形态复杂的矿体需要采用较密的勘查工程才能控制。

应当注意“矿床规模”和“矿体规模”的区别和联系。矿床规模是指矿床中有用组分的资源量（包括储量）的大小，主要侧重经济方面的意义，一个矿床可由一个或多个矿体组成。矿体规模是指矿体的空间大小，侧重于几何意义。矿体规模没有明确的划分标准，不同矿种有所不同。一般而言，延长及延深超过1000m、厚度大于10m的矿体可称为大矿体，而延长及延深小于150m、厚度为1～2m的矿体称为小矿体。

2. 矿体中有用组分分布的均匀程度

有用组分分布的均匀程度也即矿石品位的变化程度，常用品位变化系数（Vc）表示，根据品位变化系数可将有用组分分布的均匀程度分为四类：

（1）均匀分布　　　　$Vc<40\%$

（2）较不均匀分布　　$Vc=40\%\sim100\%$

（3）不均匀分布　　　$Vc=100\%\sim150\%$

（4）很不均匀分布　　$Vc>150\%$

有关变化系数的计算和解释参见 14.1 节。

3. 矿化连续程度

矿化连续程度是指有用组分分布的连续程度。一般情况下，矿化连续性好的矿体比连续性差的矿体更容易勘查。矿化连续程度可用含矿率（Kp）来度量：

$$Kp = \iota / L \text{ 或 } Kp = s/S \text{ 或 } Kp = \nu / V \tag{13.1}$$

式中，ι、s、ν 分别为矿体可采部分的长度、面积、体积；L、S、V 分别为矿体的总长度、总面积、总体积。根据矿化系数可将矿化连续性分为以下几种：

（1）连续矿化　$Kp=1$
（2）微间断矿化　$Kp=1\sim0.7$
（3）间断矿化　$Kp=0.7\sim0.4$
（4）不连续矿化　$Kp<0.4$

4. 矿体形态、产状及地质构造复杂程度

形态简单、产状变化小的矿体比较容易勘查，形态复杂、产状变化大的矿体勘查难度较大。此外，矿体的产状还影响勘查方法以及勘查工程间距的确定。

矿区地质构造影响矿体的形状和产状，特别是成矿后的地质构造对矿床勘查有很大影响。例如，成矿后断层往往会破坏矿体的连续性，增大矿床勘查难度。

13.1.2　矿床勘查类型的划分

根据上述矿床勘查类型的划分依据，结合矿床勘查的实践经验，原地质矿产部已颁布铜、铅锌、铁、钨、金等部分矿床勘查类型。下面以铅锌矿床勘查类型为例进行说明（案例 13.1）。划分和确定铅锌矿床勘查类型的主要地质因素，其变化等级和特征如下。

1. 矿体规模

特大：走向长度大于 1200m，延展面积大于 0.8km^2。

大：走向长度 800～1200m，延展面积 0.4～0.8km^2。

中：走向长度 150～800m，延展面积 0.02～0.4km^2。

小：走向长度小于 150m，延展面积小于 0.02km^2。

2. 矿体形态复杂程度

规则：一般为层状，产状变化小，没有或稍有分枝复合现象；一般无构造破坏；厚度变化幅度小，厚度变化系数小于 50%。

较规则：一般为似层状、脉状，个别为层状，产状变化小，矿体分枝复合以简单者居多；一般无构造破坏；厚度变化幅度小至中等，厚度变化系数 50%～80%。

不规则：一般为脉状、透镜状，少数为似层状，产状变化多属小至中等；矿体分枝复合以中等为主；断层破坏程度中等；厚度变化幅度中至大，厚度变化系数 80%～100%。

极不规则：一般为筒状及囊状，也有羽毛状、透镜状等不规则状；产状变化大；矿体分枝复合复杂或呈零星小矿体；有时有断层破坏；厚度变化大，厚度变化系数大于 100%。

3. 有用组分分布均匀性

均匀：矿化一般连续，矿石类型较简单，有用组分在矿体中分布较均匀，品位变化不大，变化系数一般小于 80%。

较均匀：矿化一般连续至较连续，或矿化虽连续但夹石较多；有用组分在矿体中分布较均匀，品位变化不大，变化系数一般为 80%～100%。

不均匀：矿化一般不连续，个别较连续，有用组分在矿体中分布不均匀，品位变化大，变化系数一般为 100%～180%。

极不均匀：矿化极不连续，有用组分在矿体中分布极不均匀，变化系数一般为 150%～200%。

案例 13.1　铅锌矿床勘查类型划分

根据我国已勘探铅锌矿床的实际情况，按前述划分和确定矿床勘探类型的主要地质因素，将铅锌矿床类型划分为如下五类。

第Ⅰ类：矿体延展规模特大；矿体形态规则，一般为层状或巨厚似层状；有用组分属于均匀至较均匀。例如，云南金顶矿区一号矿体。

第Ⅱ类：矿体延展规模大，个别特大；矿体形态属较规则或规则，以似层状为主，亦有脉状或层状；有用组分属不均匀至均匀。例如，湖南桃林矿区。

第Ⅲ类：矿体延展规模以中等为主；矿体形态一般较规则，个别属规则，以似层状、脉状、透镜状居多；有用组分属不均匀或较均匀。例如，甘肃小铁山矿区、江西德兴矿区。

第Ⅳ类：矿体延展规模以小型为多，个别属中等；矿体形态为不规则或极不规则，形状为透镜状、筒柱状或脉状等；有用组分为不均匀或极不均匀。例如，湖南水口山矿区、辽宁关门山矿区。

第Ⅴ类：矿体延展规模较小，形态极不规则，多为小囊状、小透镜状、小筒柱状或其他极不规则状；有用组分为极不均匀。

在总结我国铅锌矿床勘探经验和探采验证对比成果的基础上，根据各勘探类型的地质特征，提出控制各级别储量的基本工程间距见表 13.1。

表 13.1　探求铅锌矿床探明的和控制的资源储量的勘查工程间距表

勘查类型	勘查工程间距/m			
	探明的资源储量		控制的资源储量	
	走向	倾向	走向	倾向
Ⅰ	100	50～100	200	100～200
Ⅱ	50～80	40～50	100～160	80～100
Ⅲ	40～50	40～50	80～100	40～50
Ⅳ			40～50	40～50

注：第Ⅴ类型（未列表）小而复杂，勘查工程间距一般用走向为 40～50m，倾向为 50m 的网度探求推断的资源量，提供边探边采

为了正确应用上表中勘探工程间距和合理地选择勘探手段，需作如下说明：

(1) 表 13.1 中所列工程间距，系指钻孔或坑道控制矿体的实际距离。

(2) Ⅰ、Ⅱ类型矿床钻探可探求探明的和控制的资源储量；但Ⅱ类型矿床探明的资源储量应有少量坑探检查验证；Ⅲ类型矿床钻探可探求控制的资源储量，一般探明的资源储量应用坑探探求或坑钻结合探求；Ⅳ类型矿床，一般用坑钻结合探求控制的资源量/储量。

在地形有利，或不适于钻探施工时，Ⅰ～Ⅲ类型矿床，也可用坑探探求各级资源储量。

当矿体埋藏深，或地形条件又不利于采用坑道探矿时，应专题报告勘查主管部门，并与有关单位具体商定勘查手段问题。

(3) 当矿体规模、形态、品位变化情况是倾斜方向稳定，走向方面变化大时，如筒状、柱状矿体，则表中的走向工程间距可适当加密，倾向工程间距可适当放稀。

(4) 为了有利于详细研究矿体赋存特点，地表槽、井等轻型坑探工程间距，一般应较相应类型走向工程间距加密一倍。

根据中华人民共和国国家标准《固体矿产地质勘查规范总则》(GB/T 13908—2002) 的规定，按矿床地质特征将勘查类型划分为三种类型：①简单（Ⅰ类型）；②中等（Ⅱ类型）；③复杂（Ⅲ类型）。由于地质类型的复杂性，允许有过渡类型存在。

该总则中还按矿床开采技术条件划分勘查类型并提出了相应的勘查工作要求，共分为 3 类 9 型：

(1) 开采技术条件简单的矿床（Ⅰ类）；

(2) 开采技术条件中等的矿床（Ⅱ类），按主要影响因素又分为 4 型，即以水文地质问题为主的矿床（Ⅱ-1 型）、以工程地质问题为主的矿床（Ⅱ-2 型）、以环境地质问题为主的矿床（Ⅱ-3 型），以及复合型矿床（Ⅱ-4 型）；

(3) 开采技术条件复杂的矿床（Ⅲ类），按主要影响因素又分为 4 型，即以水文地质问题为主的矿床（Ⅲ-1 型）、以工程地质问题为主的矿床（Ⅲ-2 型）、以环境地质问题为主的矿床（Ⅲ-3 型），以及复合型矿床（Ⅲ-4 型）。

13.1.3 划分勘查类型时需要注意的几个问题

矿床勘查类型是前人对矿床勘查工作的总结，只能为类似矿床勘查提供参考和借鉴。对于新区而言，属于哪一种勘查类型，需要根据现有资料采用类比方法加以确定。在类比确定勘查类型时应注意以下四方面的问题：

(1) 勘查类型的确定是一个研究过程，由矿产勘查项目的技术责任人员自行研究论证确定。论证资料应在设计和（或）报告中反映。

(2) 同一勘查区中的不同矿体或不同矿段，其地质特征和矿体复杂程度往往不同，应分别确定不同的勘查类型，采用不同的勘查间距。

(3) 矿体规模、形态、构造复杂程度、矿化的连续性，以及有用组分的变化性等因素是确定勘查类型的主要依据，但在多数情况下，一个矿床往往是一项、两项因素起主导作用。因而在分析确定勘查类型时，应抓住主要矛盾，才能得出正确结论。

(4) 确定勘查类型，应以地质研究为基础。确定勘查类型的过程也是我们对所要勘查的矿床认识逐渐深化的过程，在勘查过程中应加强对所勘查矿床自身特征的研究，掌握矿化特征总的变化规律，采用数学地质方法和稀空法或加密法进行对比验证，检查所确定的勘查类型是否合适，避免勘查类型确定的失误。

（5）由于成矿条件的复杂性、多变性，以及对矿体地质特征由浅入深的认识过程，勘查类型的确定不是一成不变的，应根据勘查成果及时调整。普查时因收集的资料有限，难以正确确定勘查类型，可依据已知地表矿化范围、地质特征、物化探异常特征，部署工程。随着勘查成果的不断积累，通过综合研究及时调整。

（6）利用勘查类型确定勘查工程间距有一定的指导作用，但由于勘查类型和勘查间距是高度归纳的结果，不可能达到勘查所有矿体都适用的程度，往往会造成对地质条件简单的矿床勘查过度而对地质条件复杂的矿床则又勘查不足。因此，在实际工作中应注意充分发挥勘查人员的创新精神，根据矿床本身的特点确定矿床勘查类型和勘查工程间距，并且应在施工过程中进行必要的调整。工程间距是否合理，应根据控制矿体的连续性来检验。

13.2　勘查工程的总体部署

矿床勘查的过程实质上就是对矿床及其矿体的追索和圈定的过程。而追索和圈定的最基本方法就是编制矿床的勘查剖面。因为只有通过矿床各方向上的剖面才能建立矿床的三维图像，从而才能正确地反映矿体的形态、产状及其空间赋存状态、有用和有害组分的变化、矿石自然类型和工业品级的分布，以及资源量/储量估算所需要的各种参数。所以，为了获取矿床的完整概念，在考虑勘查项目设计思路和采用的技术路线时，必须充分考虑到各种用于揭露矿体的勘查工程手段的相互配合，并且要求勘查工程按照一定距离有规律的布置，从而构成最佳的勘查工程体系。

13.2.1　矿体基本形态类型与勘查剖面

自然界的矿体形态是变化多端的，但根据其几何形态标志，可以划分三个基本形态类型：

（1）一个方向（厚度）短，两个方向（走向及倾向）长的矿体，这一类矿体包括水平的、缓倾斜的，以及陡倾斜的薄层状、似层状、脉状及扁豆状矿体等。这种矿体在自然界出现得较多。这种形态的矿体，变化最大的方向是厚度方向，因此，在多数情况下勘查剖面布置在垂直矿体走向的方向上（图 13.1）。

（2）无走向的等轴状或块状矿体，这类矿体包括那些体积巨大的，没有明显走向及倾向的细脉浸染状或块状矿体，如各种斑岩型铜、钼矿床和块状硫化物矿床等。这种矿体形状在三度空间的变化可视为均质状态，因而勘查剖面的方向是影响不大的，但从技术施工和研究角度出发，一般均应用两组互相垂直或呈一定角度相交的勘查剖面构成勘查网控制（图 13.2）。

（3）一个方向（延深）长，两个方向（走向及倾向）短的矿体，这一类矿体主要是向深部延伸较大的筒状矿体或产状陡厚度较大的层状矿体等。这种矿体最重要的方法是通过水平断面图来反映矿体的地质特征。也即用水平断面在不同的标高截断矿体（图 13.3），然后综合各水平的断面中的矿体特征，得出矿体的完整概念。

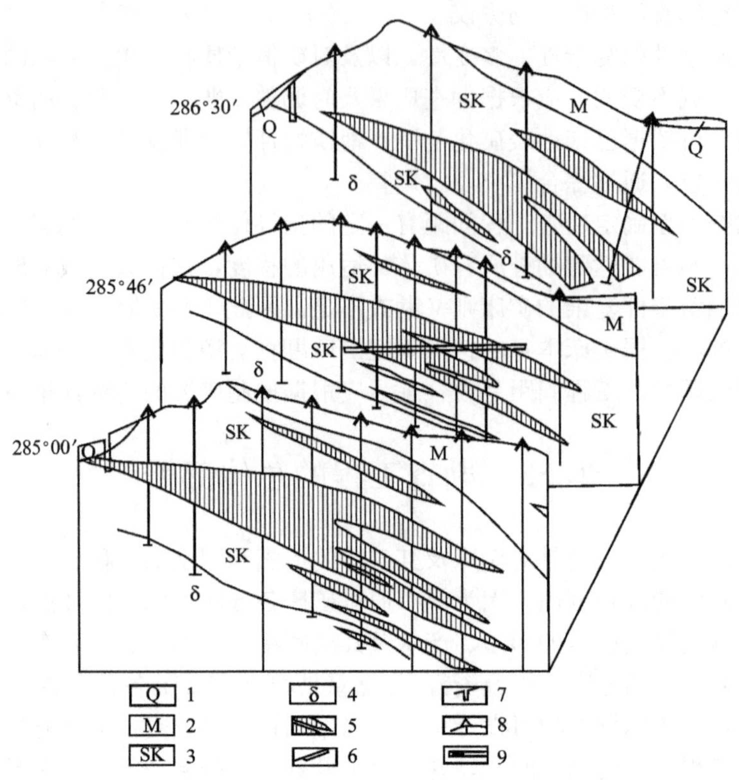

图 13.1　勘查线剖面示意图（蔡汝青，2003）

1. 第四系；2. 震旦系变质灰岩；3. 夕卡岩；4. 闪长岩；5. 矿体；6. 探槽；7. 浅井；8. 钻孔；9. 用于验证的坑道

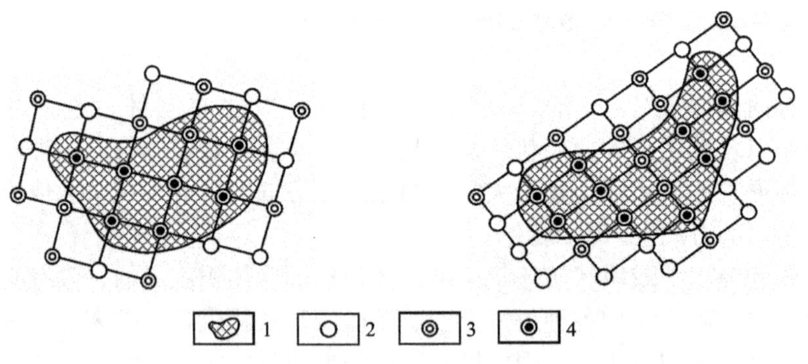

图 13.2　勘查网的两种基本类型

1. 矿体在水平面上的投影；2. 设计钻孔；3. 施工未见矿钻孔；4. 施工见矿钻孔

13.2.2　勘查工程的选择

各种勘查工程都可用于勘查揭露矿体，但它们的技术特点、适用条件及所提供的研究条件不尽相同，因而其地质勘查效果和经济效果也不相同。合理选择勘查工程可以从以下四方

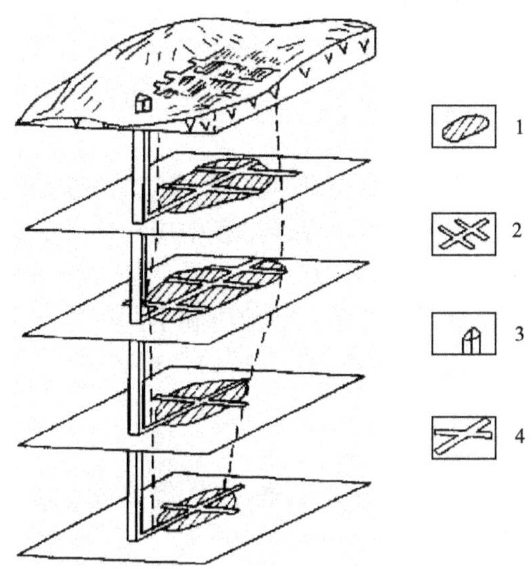

图 13.3　水平勘查筒状矿体（侯德义等，1984）
1. 矿体水平投影；2. 地下水平巷道；3. 竖井地表井口位置；4. 地表槽探

面加以考虑。

（1）根据勘查任务选择勘查工程：在预查、普查阶段一般以地质、地球物理和地球化学方法为主，配合槽探或浅井进行地表揭露，采用少量钻探工程追索深部矿化或控矿构造；而在详查和勘探阶段，往往以钻探和坑探工程为主，采用地球物理和地球化学方法配合。

（2）根据地质条件选择勘查工程：矿体规模大、形态简单、有用组分分布均匀，且矿床构造简单的情况下，采用钻探工程即可正确圈定矿体；如果矿体形态复杂、有用组分分布不均匀、且规模较小，则需要采用钻探与坑探相结合的方式或者采用坑探工程才能圈定矿体。

（3）根据地形条件选择勘查工程：地形切割强烈的地区有利于采用平硐勘查；而地形平缓地区则有利于采用钻探工程，如果矿体形态比较复杂、矿化不均匀，而且对勘查要求很高，则可采用竖井或斜井工程。

（4）根据勘查区的自然地理条件：如高山区搬运钻机比较困难，可利用坑探工程，严重缺水时也只好采用坑探；地下水涌水量很大的地区只能采用钻探工程。

一般情况下，地表应以槽井探为主，浅钻工程为辅，配合有效的地球物理和地球化学方法，深部应以岩心钻探为主；当地形有利或矿体形态复杂、物质组分变化大时，应以坑探为主；当采集选矿试验大样时，也须动用坑探工程；对管状或筒状矿体以及形态极为复杂的矿体应以坑探为主。若钻探所获地质成果与坑探验证成果相近，则不强求一定要投入较多的坑探工程，可以钻探为主，坑探配合。坑探应以脉内沿脉为主，如果沿脉坑道不能揭露矿体全厚时，应以相应间距的穿脉配合进行。

13.2.3　勘查工程的布设原则

采用勘查工程的目的是为了追索和圈定矿体，查明其形态和产状、矿石的质量和数量以及开采技术条件等。显然，只有采用系统的工程揭露才能够达到上述目的，要使每个勘查工程都能获得最佳的地质和经济效果，在布设勘查工程时需要遵循下述原则：

（1）勘查工程必须按一定的间距，由浅入深、由已知到未知、由稀而密的布设，并尽可能地使各工程之间互相联系、互相印证，以便获得各种参数和准确地绘制勘查剖面图。

（2）应尽量垂直矿体或矿化带走向布置勘查工程，以保证勘查工程能够沿厚度方向揭穿整个矿体或矿化带。

（3）设计勘查工程时要充分利用原有勘查工程，以节约勘查经费和时间。

（4）采用平硐或竖井等坑探工程时，设计过程中应充分考虑这些坑道能够为将来矿山开采时所利用。

（5）在勘查工程部署时应根据勘查区不同地段和不同深度区别对待，要有浅有深，深浅结合；有疏有密，疏密结合。既要实现对勘查区的全面控制，又要达到对重点地段的深入解剖。

13.2.4　勘查工程的总体布置形式

勘查工程的总体部署是指在勘查工程布设原则指导下，将所选择的勘查工程按一定方式在勘查区内进行布置的形式。勘查工程的总体布置形式实际上是由一系列相互平行的剖面构成的勘查系统，目的是要展示矿体的三维形态和产状，满足矿山建设的需要。其基本形式有如下三种。

1. 勘查线形式

勘查工程布置在一组与矿体走向基本垂直的勘查剖面内，从而在地表构成一组相互平行（有时也不平行）的直线形式，称为勘查线形式。这是矿产勘查中最常用的一种工程总体布置形式，一般适用于有明显走向和倾斜的层状、似层状、透镜状，以及脉状矿体。勘查线布设应考虑到下述要求：

（1）决定对一个矿体或含矿带采用勘查线进行勘查时，则最先的几排勘查线应布置在矿体或矿化带的中部，经全面详细的地表地质研究之后，并已确定为最有远景的地段，然后再逐渐向外扩展勘查线（图 10.2 和图 13.4）。

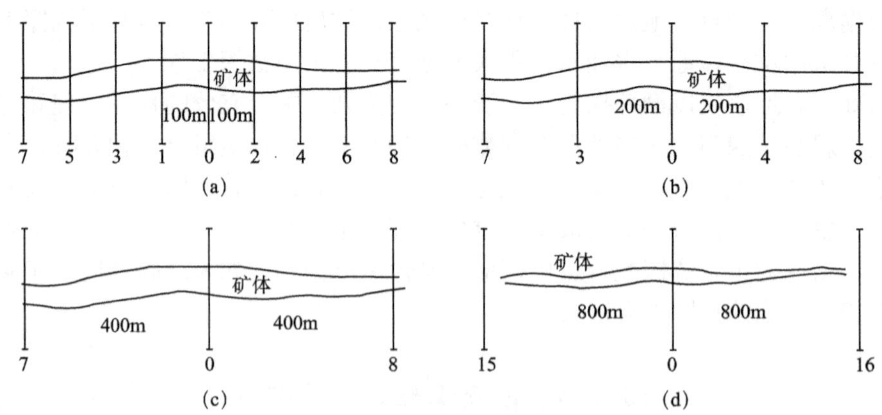

图 13.4　勘查线编号示意图

（a）控制 331 资源量的勘查线；（b）控制 332 资源量的勘查线；
（c）控制 333 资源量的勘查线；（d）控制 334 资源量的勘查线

（2）勘查线布设需垂直于矿体走向，当矿体延长较大且沿走向产状变化较大时，可布设几组不同方向的勘查线。具体说来，矿体走向与总体勘查线方向不垂直，夹角小于 75°（层状与脉状矿体），或夹角小于 60°（其他类型矿体）可改变局部地段的勘查线方向。

（3）勘查线布设前应在其垂直方向设置 1～2 条基线（图 7.2），基线间距不大于 500m。同时计算勘查线与基线交点的平面坐标及各勘查线端点坐标，按计算结果将勘查线展绘在地质平面图上，并对照现场与地质条件加以检查。

（4）勘查线应编号并按顺序排列，勘查线方向采用方位角表示。根据中国地质调查局《固体矿产勘查原始地质编录规程（试行）》（DD2006—01），勘查线按勘探阶段最密的间隔等距离编号。中央为 0 线，两侧分别为奇数号和偶数号。在预查普查阶段，可以预留那些暂不布置工程的勘查线。

例如，某矿区在勘探阶段深部工程间距应为 200m×200m，地表工程线距为 100m，主矿体为东西走向，勘查线布置为南北向，则中央为 0 线，往西每 100m 依次编号为 1、3、5、7、…；由中央往东每 100m 依次编号为 2、4、6、8、…。如在预查、普查阶段，只设计 800m 或 400m 间距勘查线，为了减少图面负担，可以只保留 800m 或 400m 间距的勘查线（而预留其余线号，随勘查程度提高逐渐补充），如图 13.4 所示。

（5）勘查线布设应延续利用前期矿产勘查布置的勘查线，加密工程勘查线应布设在前期勘查线之间。

（6）勘查工程应布置在勘查线上，因故偏离勘查线距离不宜超过相邻两勘查线间距的 5%。在勘查剖面上可以是同一类勘查工程，如全部为钻孔（图 13.1），或全部为坑道，而在多数情况下是各种勘查工程手段综合应用。但是，不论勘查工程是单一或是多种的，都必须保证各种工程在同一个勘查线剖面之内。

勘查工程的编号由工程代号、勘查线号及勘查线上（包括勘查线附近）该类工程顺序号顺次连接而成。如××矿区 2 号勘查线上的第一个探槽编号为 TC201，18 号勘查线上的第一个钻孔编号为 ZK1801。在勘查程度很低，尚无法确定勘查线的矿区和工程少的小矿区，可按工程类别及施工顺序统一编号。例如，钻孔 ZK1、ZK2，探槽 TC1、TC2，但需在勘查设计中作出明确规定。

（7）对零星小矿体、构造，以及矿体边缘的控制性工程布设，可不受勘查线及其方向的控制。

2. 勘查网形式

勘查工程布置在两组不同方向勘查线的交点上，构成网状的工程布置形式，称为勘查网形式。其特点是可以依据工程的资料，编制 2～4 组不同方向的勘查剖面，以便从各个方向了解矿体的特点和变化情况。勘查网布设时应注意以下三点。

（1）勘查网布置工程的方式，一般适用于矿区地形起伏不大，无明显走向和倾向的等向延长的矿体，产状呈水平或缓倾斜的层状、似层状以及无明显边界的大型网脉状矿体。

（2）勘查网与勘查线的区别在于各种勘查工程必须是垂直的，勘查手段也只限于钻探工程和浅井，并严格要求勘查工程布置在网格交点上，使各种工程之间在不同方向上互相联系。而勘查线则不受这种限制，且有较大的灵活性，在勘查线剖面上可以应用各种勘查工程（水平的、倾斜的、垂直的）。

（3）勘查网有以下几种网形：正方形网、长方形网、菱形网及三角形网（图 13.2）。一般正方形和长方形网在实际工作中最常用，后两者应用较少。

正方形网用于在平面上近于等向，而矿体又无明显边界的矿床（如斑岩型矿床）、产状平缓或近于水平的沉积矿床、似层状内生矿床及风化壳型矿床等。这些矿床无论矿体形态、厚度、矿石品位的空间变化，常具各向同性的特点。正方形网的第一条线应通过矿体中部的某一基线的中点，然后沿两个垂直方向按相等距离从中部向四周扩展，以构成正方形网去追索和圈定矿体。正方形网的特点在于能够用以编制几组精度较高的剖面，一般两组剖面；同时还可以编制沿对角线方向的精度稍低的辅助剖面。

长方形网是正方形网的变形。勘查工程布置在两组互相垂直但边长不等的勘查线交点上，组成沿一个方向勘查工程较密，而另一方向上工程较稀的长方形网。在平面上沿一定方向延伸的矿体，或矿化强度及品位变化明显地沿一个方向延伸较大而另一方向较小的矿体或矿带，适宜用长方形网布置工程。长方形的短边，也即工程较密的一边，应与矿床变化最大的方向相一致。

菱形网也是正方形网的一个变形。垂直的勘查工程布置于两组斜交的菱形网格的交点上。菱形网的特点在于沿矿体长轴方向或垂直长轴方向每组勘查工程相间地控制矿体，而节省一半勘查工程。对那些矿体规模很大，而沿某一方向变化较小的矿床适于用菱形网。

菱形网在其一个对角线方向加上勘查线便变成三角形网。三角形网，特别是正三角形网可能是较好的一种工程布置形式，用相同的工程量可能比其他布置形式取得较好的地质效果。尽管一些学者在理论上证明了正三角形网的优越性（Annels，1991），但在实际工作中应用者甚为少见，可能的原因还是地质上的考虑，因为自然界的矿体有产状要素的是绝对多数，应用正方形网对了解走向和倾向方向矿体的变化比正三角形网方便得多。

总之，勘查网形的选择，既要全面研究矿区的地形、地质特点和各种施工条件，使选定的网型既能满足勘查工作的要求，又能方便于施工。

3. 水平勘查

主要用水平勘查坑道（有时也配合应用钻探）沿不同深度的平面揭露和圈定矿体，构成若干层不同标高的水平勘查剖面。这种勘查工程的总体布置形式，称水平勘查（图 13.3）。

水平勘查主要适用于陡倾斜的层状、脉状、透镜状、筒状或柱状矿体。当平行的水平坑道与钻探配合，在铅垂方向也构成成组的勘查剖面时，则成为水平勘查与勘查线相结合的工程布置形式。以水平勘查布置坑道时，其位置、中段高度、底板坡度等，均应考虑到开采时利用这些坑道的要求。水平勘查坑道的布置应随地形而异。当勘查区地形比较平缓时，通常在矿体下盘开拓竖井，然后按不同中段开拓石门、沿脉、穿脉等坑道。当地形陡峭时可利用山坡一定的中段高度开拓平硐，在平硐中再开拓沿脉和穿脉等坑道以揭露和圈定矿体（图 10.1）。

应用水平勘查这种布置形式，可编制矿体水平断面图。

13.2.5　勘查工程间距及其确定方法

勘查工程间距是指最相邻勘查工程控制矿体的实际距离。工程间距也可以理解为每个穿透矿体的勘查工程所控制的矿体面积，以工程沿矿体或矿化带走向的距离与沿倾斜的距离来表示。例如，勘查工程间距为 100m×50m，意思是勘查工程沿矿体走向的距离为 100m，沿矿体倾斜方向的距离为50m。在勘查网形式中，勘查工程间距是指沿矿体走向和倾向方向两相邻工程间的距离，因而，勘查工程间距又称为勘查网度；在勘查线形式中，勘查工程沿矿体走向的间距是指勘查线之间的距离，沿倾斜的间距是指穿过矿体底板（或顶板，对于薄矿体而言）的两相邻工程间的斜距或矿体中心线（对于厚矿体而言）工程间的斜距；在水平勘查形式中，沿倾斜的间距系指某标高中段的上下两相邻水平坑道底板之间的垂直距离，又称中段高或中段间距。

勘查总面积一定时，勘查工程数量的多少反映了勘查工程密度的大小；勘查工程密度大则说明勘查工程间距小，工程密度小则说明工程间距大。因而，勘查工程间距又称为勘查工程密度。

按一定间距布置工程，实际上是一种系统取样方法（见14.1节）。勘查工程间距的大小直接影响勘查的地质效果和经济效果：工程间距过大则难以控制矿床地质构造及矿体的变化性，其勘查结果的地质可靠程度较低；工程间距过小虽然提高了地质可靠程度，但勘查工作量显著增加，可能造成勘查资金的积压和浪费，并拖延勘查项目的完成时间。因此，合理确定勘查工程间距是工程总体部署和勘查过程中都需要考虑的重大问题之一。影响勘查工程间距确定的因素比较多，主要包括以下几方面：①地质因素。包括矿床地质构造复杂程度、矿体规模大小、形状和产状以及厚度的稳定性、有用组分分布的连续性和均匀程度等。要使勘查结果达到同等地质可靠程度，地质构造越复杂、矿体各标志变化程度越大的矿床，所要求的勘查工程间距越小。②勘查阶段。不同勘查阶段所探求的资源量/储量类别不同，这种差别主要反映了对勘查程度的要求。勘查程度要求越高，工程间距越小。③勘查技术手段。相对于钻探而言，坑探工程所获得的资料地质可靠程度更高，因而，同一勘查区若采用坑道，其工程间距可考虑比钻探大一些。④工程地质和水文地质条件。勘查区工程地质和水文地质条件越复杂，所要求的勘查工程间距越小。

需要指出的是，在确定工程间距时，要充分考虑勘查区的地质特点，尽可能不漏掉具有工业价值的矿体，同时也要足以使相邻勘查工程或相邻勘查剖面能够互相比对。同一勘查区的重点勘查地段与一般概略了解地段应考虑采用不同的工程间距进行控制。不同地质可靠程度、不同勘查类型的勘查工程间距，应视实际情况而定，不限于加密或放稀一倍。当矿体沿走向和倾向的变化不一致时，工程间距要适应其变化；矿体出露地表时，地表工程间距应比深部工程间距适当加密。选择工程间距的原则，是依据矿床的地质复杂程度和所要求的勘查程度。目的是满足不同勘查程度对矿体连续性的要求。由于矿床形成的复杂性、多样性，决定了勘查工程间距的多样性。每个矿体的勘查工程间距不是一成不变的，不能简单套用相应规范附录中的参考工程间距，而应由矿产勘查项目的技术责任人员自行研究确定。论证资料应在设计和（或）报告中反映。

确定勘查工程间距的主要方法包括以下几种。

1. 类比法

类比法确定勘查工程间距，是根据对勘查区内控矿地质条件和矿床地质特征的分析研究，与现有规范中划分的勘查类型进行比对，确定所勘查矿床的勘查类型，然后参照规范中总结的该类矿床的工程间距进行确定。如果两者之间存在某些差别，可根据具体情况作适当修正。如果是在已知矿区外围或已进行过详细勘查的勘查区外围勘查同类型矿床，则可参考已知矿区或勘查区所采用的工程间距。

类比法最大的优点是易于操作，常用于勘查初期阶段。不过，根据作者所知，国内多数地勘单位在实际工作中都倾向于采用类比法确定勘查工程间距，利用相应的间距确定资源量类别并作为转入下一勘查阶段的依据；而且，一些评审机构也是根据相应勘查类型的规范进行资源储量报告的评审。由于类比法是一种基于统计推断原理的经验性推理方法，而矿石品位和厚度等数据都是与其所在空间位置有关；此外，这种方式在较大程度上束缚了勘查地质人员的想象力。因此，采用类比法确定勘查工程间距是否符合所勘查矿床的实际，还需要根据勘查过程中新获得的资料进行验证并对所确定的工程间距进行修正，切忌生搬硬套。

根据第 12 章介绍的有关 CRIRSCO 推荐的资源储量分类模板，西方矿业界不推荐采用勘查阶段以及资源储量类别与相应勘查工程间距基本对应的框架，而是在遵照“透明性”、“具体性”以及“权责性”三项基本原则的基础上，由合格人员根据各自的经验和学识确定矿化连续性及其相对应的资源量类别（见 12.3 节），其所确定的资源储量类别是否合理自有世界各地的同行专家评判。案例 10.1 介绍的钻孔设计和施工战略阐明了西方国家勘查公司比较有代表性的钻探方案部署思路：初期钻探阶段一般是按照 40m 或 50m 的倍数由钻探靶区中心向两侧和深部拓展，控制矿体边界；详细钻探阶段进行加密，掌控矿体的连续性。

2. 稀空法和加密法

按照一定规则放稀工程间距（或取样间距），分析、对比放稀前后的勘查资料结果，从中选择合理勘查工程间距（或取样间距）的方法，称为稀空法。这种方法实质上也是类比法的具体应用，所获得的结果一般只能作为同一勘查区其他地段或特点类似的矿床在确定工程间距或取样间距时的参考，常用于勘探阶段。

该方法的具体操作过程概括为：首先选择矿床中有代表性的地段，以较密的间距进行勘查或采样，根据所获得的全部资料圈定矿体、估算资源储量等；然后将工程密度放稀到1/2、1/3、1/4、…，再分别圈定矿体和估算资源储量等，通过分析对比不同间距所确定的矿体边界、估算出的平均品位或资源储量以及它们之间的误差大小，从中选择误差不超过矿山设计要求的合理的工程间距，再将此间距推广应用至所勘查矿区的其他地段。

加密法与稀空法原理相似但在具体操作上不同。加密法是在勘查区内有代表性的地段加密工程，根据加密前后的勘查成果分别绘制图件和估算资源储量；经对比如果前后圈定的矿体形态变化不大、资源储量误差也未超出允许范围，即可说明原定勘查网度是合理的，反之则表明原定网度太稀，应相应加密。

3. 统计学方法

最佳工程间距（勘查网度）的目的是要以一个合理的精度水平提供需要控制矿体规模和品位工程数或样本大小。毫无疑问，探明的资源储量比控制的和推断的工程间距更小。

如果地质边界已经确定而且如果资源储量估算中每个样品的影响范围与实际影响范围吻合，那么，最佳化就容易实现。影响范围在几何学上常常与相邻样品有关，可是，如果两相邻样品在某个可接受的信度水平上不相关，在两者之间的范围内没有一个事实上可以预期的实际和可度量的影响，它们甚至可能不属于同一个矿体。显然，如果相邻样品表现出显著的相关性，说明工程控制达到了目的，影响范围可以确定，进一步加密工程将是浪费。

确定工程或样品影响范围及适合工程或样品间距的方法有多种。例如，除上面提到的稀空法和加密法外，还有相关系数、均方逐次差检验、区间估计等统计学方法。

利用相关系数估计样品的影响范围，其基本思路是，如果工程品位值序列的相关系数接近于 1.0，说明品位之间具有显著的相关性，工程之间没有必要再加密。如果工程位于影响范围之外，则它们的品位值表现出显著的不相关，即品位相关系数接近于 0。

均方逐次差检验方法与上面提到的稀空法以及即将涉及的地质统计学方法的原理具有一定的相似性，即按照不同的间距将工程的品位数据分组，检验每个组与相邻组数据之间的独立性；不相关组之间的间距表明品位最大影响范围。

取样间距也可以联系到给定的精度范围内估计平均厚度或平均品位所需要补充的工程数或样品数来进行考虑，这实际上利用了区间估计的原理（读者可参考有关统计学的教材）。

4. 地质统计学方法

20 世纪 40 年代后期，Sichel 判明南非各金矿床中金品位呈对数正态分布，由此确立了地质统计学的开端。50 年代初期，Krige 根据多年对南非金铀砾岩型矿床估量估算的经验，认识到矿床（总体）中金品位的相对变化大于该矿床某一部分（局部）金品位的相对变化，这也就是说，比较近距离采集的样品很可能比以较远距离采集的样品具有更近似的品位。这一论点为日后的地质统计学奠定了基础。

20 世纪 60 年代，认识到需要把样品值之间的相似性作为样品间距离的函数来加以模拟，从而建立了变差函数。随后，法国马特龙将 Kerige 等的成果理论化和系统化，提出了“区域化变量”理论，并于 1962 年发表了《应用地质统计学》，该著作标志着地质统计学作为一门新兴边缘学科的诞生。今天，地质统计学已经具有成熟的理论基础，其应用范围也已经扩大到多个领域。

经典统计学认为总体的变量值是随机分布的，而地质统计学则认为变量值与其所在的空间位置有关。随时间或空间变化的变量称为区域化变量（regionalized variables），这种变量常常是许多自然现象的特征。例如，品位和厚度都是区域化变量，它们是矿化体的特征。区域化变量强调了两方面的特征：①随机性变化，解释局部性变化特征；②结构性变化，反映了所研究现象的大尺度变化趋势。

地质统计学可以定义为研究变量值之间空间相关性（即区域化变量理论）的学科。为了评价样品值与待估块段值之间的关系，地质统计学创立了一个数学函数，称为变差函数，该函数的图形表示称为变差函数图（variogram），它是地质统计学中最基本的要素。变差函数定义为“相距某个距离矢量的区域化变量值均方差的一半”，其函数式为

$$\gamma(h)=\frac{1}{2n}\sum\left[z(x_i+h)-z(x_i)\right]^2 \tag{13.2}$$

式中，$z(x_i)$ 为在样品点位置 x_i 上区域化变量的值；$z(x_i+h)$ 为在点 x_i+h 位置上区域化变量的值；h 为滞后（lag）距离矢量；n 为参加计算的数据对的数目。根据该定义，变差函数只与变量值之间的相对距离有关，而与它们所在的绝对位置无关。变差函数图有多种数学模型，包括球状模型、指数模型、高斯模型、对数模型、线性模型等（表 13.2），我们这里只给出最常见的球状模型的图示（图 13.5），图中的基本要素解释如下。

表 13.2　常见的几类理论变差函数模型

模型名称	数学表达式	模型参数
球状模型	$\gamma(h)=\begin{cases}C_0+C\left(\frac{3}{2}\frac{h}{a}-\frac{1}{2}\frac{h^3}{a^3}\right) & 0<h\leqslant a\\ C_0 & h=0\\ C_0+C & h>a\end{cases}$	块金常数：C_0 区域化变量的空间组分，称为剩余方差或拱高：C 基台：C_0+C 变程：a
高斯模型	$\gamma(h)=\begin{cases}C_0+C\left(1-e^{-\frac{h^2}{a^2}}\right) & h>0\\ C_0 & h=0\end{cases}$	基台：C_0+C 变程：$\sqrt{3}a$
指数模型	$\gamma(h)=\begin{cases}C_0+C\left(1-e^{-\frac{h}{a}}\right) & h>0\\ C_0 & h=0\end{cases}$	基台：C_0+C 变程：$3a$
线性模型	$\gamma(h)=\begin{cases}C_0 & h=0\\ wh & 0<h\leqslant a\\ C_0+C & h>a\end{cases}$	直线斜率：w

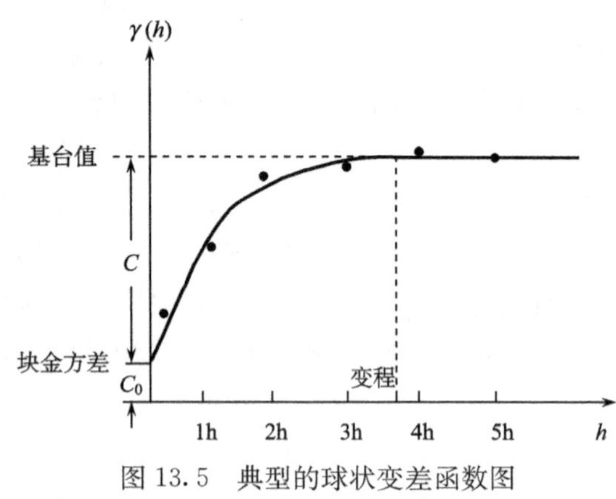

图 13.5　典型的球状变差函数图

块金方差（nugget variance）：块金方差（C_0）是用于描述在同一位置重复取样结果的吻合程度的术语。它综合考虑了矿床自然固有的变化性和由于采样方法、样品体积大小，以及样品加工和分析过程中的变化性。矿化越均匀，块金方差值越低。例如，沉积层状矿床或微细浸染状矿化趋向于在同一采样点上给出再现的结果，但是非均匀矿化对于取样方法很敏感，而且同一位置可能给出不同的结果（如脉状金矿床）。

块金方差的大小可以通过检验同一位置或其附近位置重复取样的结果进行考查，也可以借助于变差函数图进行度量（图中变差函数曲线在 Y 轴的截距即为块金方差的估值，即是样品之间零距离位置的变化程度）。实际上，块金方差是在小于最小取样间距范围内的变化水平。

基台值（sill）：基台值（C_0+C）是指变差函数所达到的最大值（对某些基本变异函数，实际应用中取最大值×0.95），即为采样点原点的方差值（孙英君等，2004）。

块金方差与基台值的比值定义为块金效应（Annels，1991），它是区域化变量随机因素重要性的度量。对于金矿床而言，块金效应一般占总变异性的 30%～50%，其他分布更均匀的矿床（如铁矿床、锰矿床和锌矿床等）具有较低的块金效应；某些粗粒金矿床和砂金矿床可能呈现出块金效应接近 100%的随机分布，由于缺少空间相关性，这类矿床的勘查难度最大。高块金效应意味着无论采样间距再密，区域化变量值都存在显著的变化。具有所谓纯块金效应的矿床区域化变量表现为随机分布的特征（Annels，1991；Dominy and Annels，2001）。我们还将在 16.2.5 节中讨论块金效应对资源储量分类信度的影响。

变程（range）：变程（a）表示变差函数曲线到达基台的点。它可以看作区域化变量值的影响范围，在滞后小于变程的区间内，变量值之间是空间相依的，滞后大于变程值后，样品之间不再存在任何相关性，即变量呈随机性变化；长变程反映了区域化变量分布比较均匀，而短变程则说明区域化变量变化性较大。

如果品位完全是典型的随机变量，则不论观测尺度大小，所得到的实验变差函数曲线总是接近于纯块金效应模型。当采样网格过大时，将掩盖小尺度的结构，而将采样尺度内的变化均视为块金方差。这种现象称为块金效应的尺度效应。

区域化变量的空间结构通过变差函数图清晰地展示出来，由此可以看出区域化变量具有规律性变化和随机性变化的双重性质。

变差函数是矿产勘查阶段最有用的工具之一，它能定量地说明品位连续性的范围和方向，从而有助于地质解释；它也能够突显出由于钻孔间距过大或不正确定向钻孔可能产生的问题。根据某个方向的变差函数图，该方向上可接受的最大勘查工程间距（或取样间距）为图中变程表示的影响范围（影响距离）。建议最好是在变程值的 2/3～3/4 选择一个值作为工程间距，如果块金效应较大，取样间距应相应减小。如果出现纯块金效应（变差函数曲线从平均意义上说呈一水平直线），反映该方向上变量不存在空间上的规律性变化，实际上成为了随机变量，可按照经典统计学的方法进行处理。

感兴趣的读者还可参考《固体矿产地质勘查规范总则》（GB/T 13908—2002）附录 C1 中有关利用地质统计学方法确定矿产勘查的工程间距的更详细的阐述。

13.3　勘查工程地质设计

13.3.1　勘查深度

勘查深度是指勘查工作所查明矿产资源量/储量（主要是指能提供矿山建设作依据的经济储量）的分布深度。例如，勘查深度 300m，是指被查明的经济的储量分布在矿体露头或盲矿体的顶界至地下垂深 300m 的范围之内。目前矿床的勘查深度多在 400～600m，矿体规模越大、矿石品质越好，其勘查深度可适当加大，反之则宜浅。同一矿体或同一矿区的勘查深度应控制在大致相同的水平标高，以便合理地确定开采标高。

合理的勘查深度取决于国家对该类矿产的需要程度、当前的开采技术和经济水平、未来矿山建设生产的规模、服务年限和逐年开采的下降深度以及矿床的地质特征等。一般来说，对矿体延深不大的矿床最好一次勘查完毕；矿体延深很大的矿床，其勘查深度应与未来矿山的首期开采深度一致，在此深度以下，可施工少量深孔控制其远景，为矿山总体规划提供资料。

13.3.2　勘查控制程度

矿产勘查首先应控制勘查范围内矿体的总体分布范围、相互关系。对出露地表的矿体边界应用工程控制。对基底起伏较大的矿体、无矿带、破坏矿体及影响开采的构造、岩脉、岩溶、盐溶、泥垄、老窿、划分井田的构造等的产状和规模要有控制。对与主矿体能同时开采的周围小矿体应适当加密控制。对拟地下开采的矿床，要重点控制主要矿体的两端、上下界面和延伸情况。对拟露天开采的矿床要注意系统控制矿体四周的边界和采场底部矿体的边界。对主要盲矿体应注意控制其顶部边界。对矿石质量稳定、埋藏较浅的沉积矿产，应以地表取样工程为主，深部施工少量工程以验证矿石质量。

相应勘查阶段所要求达到的地质研究程度、对矿体的控制程度、对矿床开采技术条件的勘查程度和对矿石的加工试验研究程度称为勘查控制程度。国土资源部2009年下发的《固体矿产资源/储量分类》（征求意见稿）将勘查控制程度分为以下几个方面。

普查阶段大致查明、大致控制：是指在矿化潜力较大地区有效的物化探工作基础上，进行了中、大比例尺的地质简测或草测，开展了有效的物化探工作；对地质、构造的查明程度达到相应比例尺的精度要求；投入的勘查工程量有限，发现的矿体只有稀疏工程控制；矿体的连接是据已知地质规律，结合稀疏工程中有限样品的分析成果，以及物化探异常特征推断的，尚未经证实，矿体连续性是推断的；矿石的加工选冶技术性能是据同类型矿床的相同类型矿石的试验结果类比所得或只做了可选（冶）性试验；开采技术条件只是顺便收集了相关资料；据有限的样品分析成果了解了有可能的共伴生组分或矿产。

详查阶段基本查明、基本控制：填制了大比例尺地质图及相应的有效物化探工作，充分收集资料，加强地质研究，主要控矿因素及成矿地质条件已经查明；投入了系统的勘查工程，矿体的总体分布范围已经基本圈定，主矿体的形态产状、规模、空间位置、受构造影响或破坏的情况、主要构造，总体上得到较好的系统控制，小构造的分布规律和范围已经研究，矿体连续性是基本确定的；矿石的质量特征已经大量样品所证实，矿石的物质组成和矿石的加工选冶技术性能，对易选矿石已有同类型矿石的类比，新类型矿石和难选矿石至少应有实验室流程试验的成果；开采技术条件的查明程度应达到相应规范的要求，对与主矿种共伴生的有益组分开展了相应的综合评价，且符合规范要求；对确定的物化探有效异常，在地质、物探、化探综合研讨的基础上，通过正反演计算，选择最佳部位对异常进行了查证及解释。

勘探阶段详细查明、详细控制：在已有大比例尺地质、物探、化探成果基础上，应据日常收集的资料，不断补充、完善地质图及相应的成果；加强地质研究，控矿因素、矿化规律已经查明；对矿体连接存在多解性的地段，通过加密工程予以解决，使主矿体的矿体连续性达到确定的程度。与开采有关的主要矿体四周的边界、矿体沿走向的两端，露采时矿坑的底界、对矿山建设有影响的主要构造，都得到了必要的加密工程控制；邻近主矿体上下的小矿体，在开采主矿体时能一并采出者，应适当加密工程控制；矿石的质量特征及物质组成、含量、结构构造、赋存规律、嵌布粒径大小等已查明；矿石加工选冶技术性能试验，达到了实验室流程试验或实验室扩大连续试验的程度，满足提交报告的需要，难选矿石必要时须作半工业试验；开采技术条件应满足规范的要求，大水矿床，应增加专门水文地质工作的工程量，结合矿山工程计算首采区、第一开采水平的矿坑涌水量，预测下一个水平的涌水量及其他影响矿山开采的工程地质和环境地质问题并提出建议，指出供水方向；对可供综合利用的共伴生组分或矿产，应在矿石加工选冶技术试验时，了解其走向和富集特征。在加工选冶工艺流程中不知去向的组分或矿产，无法认定其资源量的数量。

有关各勘查阶段所要求的控制程度请参见第11章，各类资源储量所要求的地质控制程度见12.2.3节。

13.3.3 勘查工程地质设计

在确定了勘查工程种类、总体布置形式、工程间距，以及勘查深度等，勘查项目设计内容中还应进行单项工程设计，然后才能进行施工。工程设计包括地质设计和技术设计两部分，勘查地质人员主要承担地质设计的任务，技术设计一般由生产部门完成。

勘查工程的地质设计是从地质角度出发，根据成矿地质条件、矿床勘查类型、工程布置原则等，确定勘查工程的种类、空间位置，以及有关技术问题。在充分研究勘查区内成矿地质条件和矿床地质特征的基础上，合理有效地选择勘查方法，使勘查工程的地质设计有充分的地质依据，各项工作部署得当、工程之间密切配合，相得益彰。这里主要论述钻探工程和坑道工程设计（见第 10 章）。

1. 钻探工程地质设计

钻孔地质设计必须借助于勘查区地形地质图，在勘查设计（预想）剖面图上进行。设计之前，应根据地表地质和矿化资料以及已有的深部工程资料对矿体的形态、产状、倾伏和侧伏，以及埋藏深度等特征进行分析研究，充分论证所设计钻孔的目的和必要性。

钻探工程地质设计包括：编制勘查线设计剖面图、选择钻孔类型、确定钻孔戳穿矿体的部位、开孔位置、终孔位置、孔深，以及钻孔的技术要求和钻孔预想柱状图的编制。

1）编制勘查线设计剖面图

勘查线设计剖面图是反映钻探及重型坑探工程设计的目的和依据的图件，一般是在勘查区地形地质图上沿勘查线切制而成，其比例尺为 1∶500～1∶2000。图的内容包括勘查线切过的地表地形剖面线、勘查基线、坐标网（X、Y、Z 坐标线）、矿体露头及其产状、重要的地质特征（地层、火成岩体、地质构造等）在地表的出露界线及其产状、剖面上已施工的勘查工程及其取样分析结果等。图上应尽可能根据已有资料对矿体或矿化体进行圈定。在勘查线设计剖面图上进行钻孔的设计与布置，设计钻孔轴线通常用虚线表示，已施工的工程则用实线绘制。

2）选择钻孔类型

钻孔类型按其倾角（钻孔轴线与铅垂线的夹角）大小可分为直孔、斜孔以及水平钻孔。主要根据矿体或含矿构造的产状和钻探技术水平进行选定。

3）钻孔戳穿矿体部位的确定

在勘查线设计剖面图上，每个钻孔戳穿矿体的部位需要根据整个勘查系统的要求来确定。当采用勘查线形式布置钻孔时，通常是在勘查线剖面图上，以地表矿体出露位置或已实施的勘查工程戳穿矿体的位置为起点，沿矿体倾斜方向按确定的工程间距，根据矿体倾角大小，以水平距离（或斜距）沿矿体底板（或矿体中心线）定出第一个钻孔将戳穿矿体的位置，然后顺次确定出后续钻孔的位置。缓倾斜矿体（倾角小于 30°）上一般采用水平间距布置勘查工程［图 13.6（a）］；中等倾斜矿体（倾角 30°～60°），勘查工程间距为斜距［图 13.6（b）］；矿体倾角大于 60°时，工程间距按戳穿矿体中心线或底板的铅垂距离计算［图 13.6（c）］。

若矿体成群分布，钻孔穿过矿体的位置则以含矿带的底板边界为准；若有数个彼此平行、大小不等的矿体时则以其中主要矿体为依据；若为盲矿体，则以第一个见矿钻孔位置为起点，按所选定的工程间距沿矿体的上下两端定出钻孔戳穿矿体的位置。

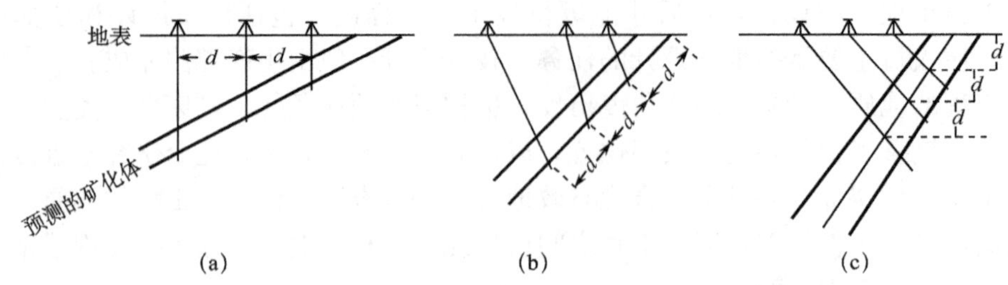

图 13.6　勘查线上沿矿体倾斜方向布置探矿工程示意图

(a) 缓倾斜矿体；(b) 中等倾斜矿体；(c) 陡倾斜矿体

采用勘查网形式时，钻孔戳穿矿体的位置是根据勘查网格结点的坐标来确定。采用坑钻联合勘查时，钻孔戳穿矿体的标高应与坑道中段标高一致。

4) 钻孔的孔口位置、终孔位置和孔深的确定

钻孔的孔口位置（孔位）一般根据勘查工程间距及钻孔戳穿矿体的位置在勘查线设计剖面图上按所定钻孔类型，向上延伸钻孔轴线加以确定，钻孔设计轴线与地形剖面线的交点即为该孔在地表的孔位。如果钻孔设计为直孔，从钻孔所定的戳穿矿体的位置向上引铅垂线；若是斜孔或定向孔，从所定截矿位置向上引斜线，在掌握了钻孔自然弯曲规律的地区，斜孔孔位可按自然弯曲度向地表引曲线确定（即按每 50～100m 天顶角向上减少几度反推而成）。

对于斜孔还必须考虑其倾向，即斜孔的方位（直孔不存在倾斜方位）。钻孔的倾斜方位一般与勘查线方位一致并且与矿体倾向相反。由于地层产状及岩性的变化，钻孔在钻进过程中常常会沿地层走向发生方位偏斜。根据实践经验（徐增亮等，1990），地层走向与勘查线夹角越小，钻孔方位偏斜越大；地层产状越陡，孔深越大，钻孔方位越容易发生偏斜。因此，设计钻孔时，应根据本勘查区内已竣工钻孔的方位偏斜规律来设计钻孔的开孔方位角，使矿体尽可能按设计要求的位置戳穿矿体。

在上述地质设计的基础上还应考虑钻孔施工的技术条件，首先要求孔位附近地形比较平坦，以便修理出安置钻机和施工材料的机场；其次孔口应避开陡崖、建筑物、道路等，因而在确定孔位时，还应进行现场调查。若孔口位置与地质设计要求出现矛盾时，允许在一定范围内适当移动，移动距离应根据所要探明资源量/储量的级别确定，一般在勘查线上可移动 10～20m，在勘查线两侧可移动数米。

终孔位置：一般根据地质要求确定，钻孔穿过矿体后在围岩中再钻进 1～2m 即可。如果矿体与围岩界线不清楚，应根据矿体沿倾斜的变化情况以及围岩蚀变特征等适当加大设计孔深。为了探索和控制近于平行的隐伏矿体或盲矿体在一些重要的勘查线上应设计部分适当加深的钻孔，其加深深度根据勘查区内矿化空间分布规律而定。

钻孔孔深：自地表开孔到终孔位置钻孔轴线的实际长度称为钻孔孔深。因此，只要确定了钻孔的终孔位置，即可求得其孔深。

5) 钻孔技术要求

设计钻孔时需要考虑的技术要求包括岩心和矿心的采取率、钻孔倾斜角漂斜和方位角偏离、孔深验证测量、简易水文观测、物探测井和封孔要求等。

6）编制钻孔预想剖面图

每个钻孔都需要根据勘查线设计剖面编制一份钻孔预想剖面图，比例尺一般为1∶500～1∶1000,以钻孔设计书的形式提交。它是钻孔技术设计和施工的地质依据，其内容包括钻孔编号、孔位、坐标、钻孔类型、各钻进深度的天顶角及方位角、由上至下主要地质界线的位置（起止深度）、可能见矿深度（起止深度）、矿石性质、矿体顶底板是否有标志层以及标志层的特点、钻孔的技术要求及钻孔施工中应注意的事项（如岩心和矿心采取率的要求、终孔位置及终孔深度、测量孔斜的方法、岩石破碎、坍塌、掉块、涌水、流沙层、溶洞等）。实际上，编制钻孔设计书本身就是单个钻孔的设计过程。

钻孔的直径（尤其是终孔直径）依据矿体复杂程度和研究程度而定。当矿体比较简单而且矿体边界已经基本控制住时，可采用小口径岩心钻进或冲击钻进方法确定矿化的连续性；如果勘查程度较低而且矿化复杂，为了保证达到规定的地质可靠程度，对钻孔的终孔直径和岩心及矿心采取率的要求都比较高。

钻孔地质设计完成后，再将钻孔编号、坐标、方位角、开孔倾角、设计孔深、施工目的等列表归总，连同施工通知书提交钻探部门。

2. 地下坑探工程地质设计

坑道工程包括平硐、竖井、沿脉、穿脉等深部探矿工程。此类工程施工技术条件复杂，投资费用高，因而在工程设计时必须有充分的地质依据，对应用坑道工程勘查的必要性进行充分的论证。同时为了使坑道工程能为今后矿床开采所利用，应向相关的开采设计部门咨询，了解开采方案以及开采块段和中段的高度，以便正确进行地质设计。

在坑道地质设计中，新勘查区与生产矿山外围和深部的要求有所不同。在新勘查区地下坑探工程设计的内容主要包括：坑道系统的选择、勘查中段的划分、坑口位置的确定、坑道工程的布置、设计书的编制等（见10.1.3节）。而生产矿区则往往借助于探采资料有针对性地进行坑道设计。

本章小结

根据勘查项目设计的目的、任务、要求以及勘查区的实际情况，确定勘查工作总体构思和工作部署原则，对各项勘查工程的实施做出总体部署，并说明矿床控制程度、研究程度、矿区边界的划定、勘查深度、资源量估算深度和分布范围等。勘查工程总体部署的内容主要包括：

（1）确定勘查类型。确定勘查类型的目的是为了正确选择勘查方法和手段，合理确定勘查工程间距，对矿体进行有效的控制和圈定。具体确定需要考虑五个方面的主要地质因素，即矿体规模、矿体形态复杂程度、内部结构复杂程度、矿石有用组合分分布的均匀程度，以及构造复杂程度等。矿床勘查类型确定应以一个或几个主矿体为主，对于巨大矿体也可根据不同地段勘查的难易程度，分段确定勘查类型。

（2）确定勘查手段。不同的勘查工程和手段，其技术特点、使用条件以及所提供的研究条件不尽相同，因而其地质勘查效果和经济效果也不相同。合理地选择勘查工程需要考虑勘查区地质方面以及自然地理方面的因素。

（3）确定勘查工程的总体布置形式。勘查工程的总体布置形式主要有勘查线、勘查网和水平勘查三种。主要根据矿化体的形态和产状选定合适的工程布置形式。

(4) 确定勘查工程间距。确定勘查工程间距的方法有多种，在确定工程间距时应充分考虑矿床自身的特点，并应在施工过程进行必要的调整。

(5) 确定勘查深度。勘查深度是指勘查工作在垂向上的控制范围。勘查深度的合理确定除了考虑矿床地质特征外，还需要依据当前矿床开采的技术经济水平、矿床的规模以及矿化延深情况等。

(6) 施工顺序、勘查深度和控制程度。施工顺序应按照由已知到未知、由表及里、由浅入深、由稀到密的原则进行。

讨 论 题

(1) 勘查工程总体部署需要综合考虑哪些方面的问题?

(2) 用图形方式阐明勘查深度。

(3) 阐明332资源量所要求的勘查控制程度。

(4) 以图10.2为例阐述勘查工程施工顺序的原则。

(5) 对各种确定勘查工程间距的方法进行评述。

本章进一步参考读物

国土资源部地质矿产行业标准DZ/T0205—2002. 岩金矿地质勘查规范

国土资源部地质矿产行业标准DZ/T0214—2002. 铜、铅、锌、银、镍、钼矿地质勘查规范

国土资源部矿产资源储量司. 2003. 固体矿产地质规范新变革. 北京：地质出版社

侯德义. 1984. 找矿勘探地质学. 北京：地质出版社

赵鹏大. 2006. 矿产勘查理论与方法. 武汉：中国地质大学出版社

第14章 矿产勘查取样

14.1 取样理论基础

14.1.1 取样理论几个基本概念

1. 总体

总体（population）是根据研究目的确定的所要研究同类事物的全体。例如，如果我们研究的对象是某个矿体，那么该矿体就是总体；如果研究的是某个花岗岩体，那么，该岩体就是总体。在实际工作中，我们关注的是表征总体属性特征的分布，如矿体的品位、厚度，花岗岩的岩石化学成分等，在统计学中，总体是指研究对象的某项数量指标值的全体（某个变量的全体数值）。只有一个变量的总体称为一元总体，具有多个变量的总体称为多元总体。总体中每一个可能的观测值称为个体，它是某一随机变量的值，对总体的描述实际上就是对随机变量的描述。

总体是矿产勘查中最重要的研究对象，而且，矿产勘查所研究的总体（如矿体品位、厚度、体重等）都具有无限性。

2. 样品

样品（sample）是总体的一个明确的部分，是观测的对象。在大多数总体中，样品常常是一个单项（一个单体或一件物品）、一个基本单位（不能划分成更小的单位）或者是可以选作样本的最小单位。在矿产勘查中，取样单位是由地质人员规定的，而且，为了获得有用的数据，这种规定必须包括取样单位的大小（体积或重量）和物理形状（如刻槽尺寸、钻孔岩心的大小、把岩心劈开还是取整个岩心，以及取样间距等）。

3. 样本

样本（sample）是由一组代表性样品组成，其中，样品的个数（n）称为样本的大小或样本容量。在统计学参数估计中，$n \geqslant 30$ 称为大样本，大样本的取样分布近似于服从正态分布；$n < 30$ 为小样本，小样本的取样分布采用 t 分布进行研究。研究样本的目的在于对总体进行描述或从中得出关于总体的结论。

总体在某一研究目的和时空范围内是确定的并且是唯一的；而作为实际观测研究对象的样本则不同，因为从一个总体中可以抽取很多个样本（理论上，地学中大多数总体中可以抽取无限个样本），每次可能抽到哪一个样本是不确定的，也不是唯一的，而是随机的。理解这一点对于掌握取样推断原理非常重要。

4. 参数

总体的数字描述性度量（即数字特征）称为参数（parameters）。在一元总体内，参数是一个常数，但这个常数值通常是未知的，从而必须进行估计；参数用于代表某个一元总体的特征，经典统计学中最重要的参数是总体的平均值、方差和标准差。平均值描述观测值的分布中心，方差或标准差描述观测值围绕分布中心的行为。

每个数字特征描述频率分布的一定方面，虽然它们不能描述频率分布的确切形状，但能说明总体的形状概念。例如，“某个金矿体的矿石量为 1000 万 t，金的平均品位为 5g/t”，这两个数字特征虽然没有详细地描述出该矿体的细节，但给出了规模和质量的概念。

5. 统计量

样本的数字描述性度量称为统计量（statistics），即是根据样本数据计算出的量，如样本平均值、方差和标准差等。利用统计量可以对描述总体的相应参数进行合理的估计。

6. 平均值

平均值（mean）是一个最常用、最重要的总体数字特征，矿产勘查中常用的平均品位、平均厚度等都是一种平均值，而且，用得最多的是算术平均值和加权平均值。

1）算术平均值

算术平均值（$\bar{x}$）是指 n 个数据 x_1，x_2，x_3，…，x_n之和被 n 除所得之商：

$$\bar{x}=\frac{x_1+x_2+x_3+\cdots+x_n}{n} \tag{14.1}$$

算术平均值的计算是假定样本中所有观测值都是来自于相同大小的样品或取样单位，如样品的体积相同或质量相等。

2）加权平均值

加权平均值是权衡了参加平均的各个数据对结果所产生影响的轻重后所算出的平均值。设参加平均的各数值为 x_1，x_2，x_3，…，x_n，其权数分别为 p_1，p_2，p_3，…，p_n（p_i值的大小反映了 x_i在参与平均时重要性的大小，或应起作用的大小），则诸 x_i 的加权平均值（$\bar{x}$）为

$$\bar{x}=\frac{x_1p_1+x_2p_2+x_3p_3+\cdots+x_np_n}{p_1+p_2+p_3+\cdots+p_n} \tag{14.2}$$

显然，当各权数p_i相等时，加权平均值等于算术平均值，因此，算术平均值也可看作等权的加权平均值。由于权数（p_i）的大小反映了x_i在参与平均时的重要性大小，其加权平均的结果更加合理。在矿产勘查中常用加权平均法来求得某一变量的平均值。例如，在样品取样长度不等的情况下，在资源量/储量估算时以取样长度为权计算样本的平均品位和平均厚度。

表 14.1 列出了一条横切含金构造剪切带的探槽取样分析的结果及其算术平均品位值和加权平均品位值。由于样品的取样长度不等，如果采用其算术平均值进行描述，则有可能被误导（相对于加权平均值夸大了 189%）。在这种情况下，如果为了强调其中的高品位，可以描述为“该探槽揭露 6.17m 厚的金矿化带，平均品位 6.27g/t，其中包含厚度为 1.2m 品位为 16.5g/t 和厚度为 0.1m 品位为 40g/t 的富矿地段”。

表 14.1　某探槽切穿含金构造剪切带的取样分析结果

样品编号	岩石类型	金品位/(g/t)	样长/m	金品位×样长
TC1	围岩	0.02	1.00	0.00
TC2	含硫化物带	40.00	0.10	4.00
TC3	片岩	1.03	1.30	1.339
TC4	硅化带	10.20	0.75	7.65
TC5	片岩	2.40	2.00	4.80
TC6	石英脉	16.50	1.20	19.80
TC7	片岩	1.20	0.80	0.96
TC8	围岩	0.02	1.00	0.00
合　　计		71.33	6.15	38.549
算术平均值		11.89 (g/t)		
加权平均值		6.27 (g/t)		

3）几何平均值

如样本的观测值为 x_1，x_2，…，x_n，则 n 个观测值乘积的 n 次方根即为样本的观测变量的几何平均值。

$$G_m = \sqrt[n]{x_1 \times x_2 \times \cdots \times x_n} = \sqrt[n]{\prod_{i=1}^{n} n_i} \tag{14.3}$$

通过对式（14.3）取对数，可求得几何平均值的对数，对之取反对数就可获得几何平均值。

$$\log G_m = \frac{1}{n}(\log x_1 + \log x_2 + \cdots + \log x_n) = \frac{\sum_{i=1}^{n} \log x_i}{n} \tag{14.4}$$

几何平均值与算术平均值的不同表现在其变量的取值不能为零或负值，相同数据的几何平均值总是小于或等于该组数据的算术平均值；数据越分散，几何平均值较算术平均值就越小。

地学上，尤其是在地球化学工作中整理那些服从对数正态分布的变量数据（或某些数据变化范围很大以及呈正偏斜分布的数据）时，常采用几何平均值计算样本的平均值。

7. 方差和标准差

方差（variance）是度量一组数据对其平均值的离散程度大小的一个特征数。总体方差一般用 σ^2 表示，样本方差常用 s^2 表示。设有 n 个观测值 x_1，x_2，x_3，…，x_n，其平均值为 $\bar{x}$，则其方差 s^2 为

$$s^2 = \frac{\sum_{i=1}^{n} (x_i - \bar{x})^2}{n-1} \qquad i = 1, 2, 3, \cdots, n \tag{14.5}$$

样本方差（s^2）的平方根（s）称为标准差（standard deviation），式中除以（$n-1$）而不是 n 的原因是为了保证样本方差 s^2 是总体方差 σ^2 的无偏估计。方差和标准差是最重要的

统计量，不仅用于度量数据的变化性，而且在统计推理方法中起着重要的作用。

8. 变化系数

假设两组数据具有相同的标准差，但它们的平均值不等，能认为这两组数据的变化程度相同吗？答案显然是否定的。为了比较不同样本之间数据集的变化程度，人们引入了变化系数（coefficient of variation）的概念，其数学表达式为

$$CV=\frac{S}{\bar{x}}\times 100\% \tag{14.6}$$

式中，CV 为一组数据 x_1，x_2，…，x_n 的变化系数；S 为该组数据的标准差；$\bar{x}$ 为该组数据的平均值。显然，变化系数的值越大，说明数据的变化性越大。如果认为标准差反映了数据的绝对离散程度，变化系数则反映了数据的相对离散程度。注意当 $\bar{x}$ 接近于 0 时，变化系数就会失去意义。

在矿产勘查中，利用变化系数能够更好地反映地质变量的变化程度。例如，不同矿床或同一矿床不同矿体的平均品位不同，利用标准差不能有效地对比矿床之间有用组分分布的均匀程度，而利用变化系数进行对比则比较方便。

9. 变量的分布

变量的变异型式称为分布（distribution），分布记录了该变量的数值以及每个值出现的次数。为了了解变量的分布，将样本数据按照一定的方法分成若干组，每组内含有数据的个数称为频数，某个组的频数与数据集的总数据个数的比值叫做这个组的频率。频率分布直方图是表现变量分布的一种常见经验方式（图 14.1），概率分布是频率分布的理论模型。

正态分布（normal distribution）是一种对称的连续型概率分布函数。正态分布变量极其有用的特点是可以利用两个描述性统计量（平均值和标准差）对这种分布进行描述，根据这两个统计量，我们可以预测小于或大于某个特殊值的数据比例，从而利用正态分布的性质进行参数检验很直接、有效而且易于应用。

在正态分布中，分布曲线总是对称的并呈铃形。根据定义，正态分布的平均值是其中点值，平均值两侧曲线之下的面积是相等的。正态分布的一个重要性质是在任何指定的范围内，其曲线下的面积可以精确地计算出来。例如，全部观测值的 68%位于算术平均值两侧一个标准差的范围内，95%的观测值落在平均值两侧 2 个（实际上是 1.96 个）标准差范围内。

地学中的数据很多都具有非对称性而不是正态分布，通常这类非对称分布是向右偏斜的[即直方图或频率分布曲线呈长尾状向右侧延伸，又称为正偏斜，这意味着具有这种分布的数据中低值数据占优势，如图 14.1（c）所示；反之则称为左偏斜或负偏斜]。在非正态分布中，标准差或方差与其分布曲线之下的面积不存在可比关系，所以，需要采用数学转换将偏斜的数据转化为正态数据，最常用的方法是对数正态转换。

利用成矿元素分析值绘制的频率分布图可以指示矿化作用。统计学经验表明，呈双峰式分布的频率分布图或累积频率分布图［图 14.2（a）和图 14.2（c）］可能派生于两个总体（如地球化学背景和异常，或者是二次成矿作用的产物）；呈正偏斜分布的微量元素数据集如果不服从对数正态分布或者其对数标准差大于 1（log10）则可能表明不止一个地质过程（图 9.11），或许隐含矿化过程［图 14.2（b）］。成对元素的散点图也可能证实多个总体

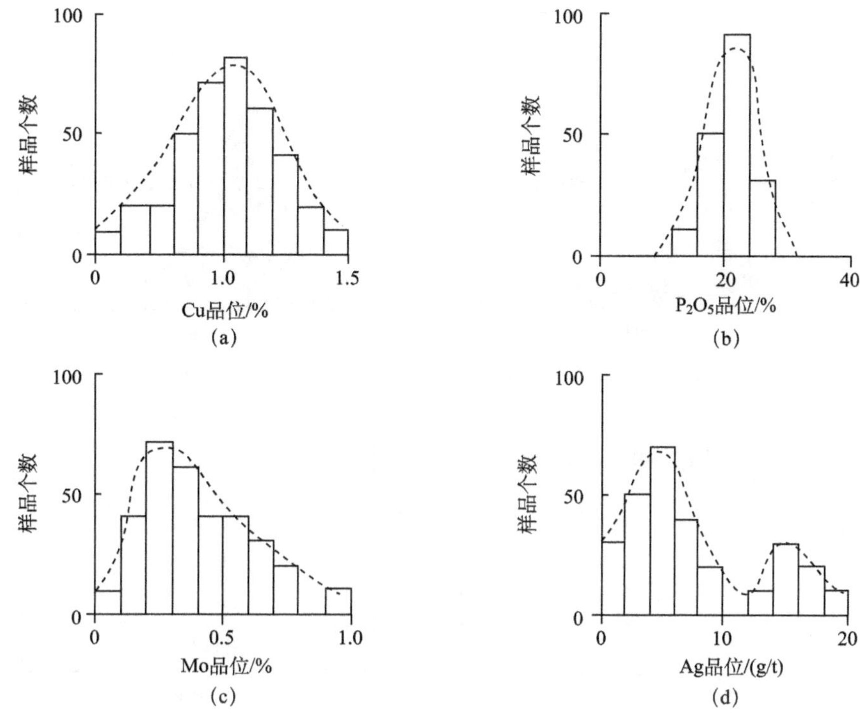

图 14.1 典型的样本分布直方图

(a) 正态分布，变化性中等，一些层状和块状硫化物矿床具有这种分布特征；(b) 正态分布，变化性较小，一些类型的工业矿物矿床、铁矿床和锰矿床具有这种分布特征；(c) 对数分布，许多钼、锡、钨，以及贵金属矿床具有这种特征；(d) 双峰式分布，这种分布可能是由于样品来自于两个不同的矿床类型或矿化类型

(子体) 的存在 [图 14.2 (d)]，其中一个子体可能代表矿化，成对变量的相关性可能是两个或多个总体混合的结果 (Singer et al.，2001)。

变化系数为品位总体的性质提供了一个好的度量：变化系数小于 50%，一般指示品位总体呈简单的对称分布 (近似的正态分布)，对于具有这种分布特征的矿化其资源储量估计相对比较容易；变化系数为 50%～120%的总体具有正偏斜分布特征 (可转化为对数正态分布)，其估值难度为中等；变化系数大于 120%的总体分布将是高度偏斜的，品位分布范围很大，局部资源储量的估计将面临着一定的难度；如果变化系数超过 200% (这种情况常见于具有高块金效应的金矿脉中)，总体分布将会呈现出极度偏斜和不稳定状态，几乎可以肯定存在多个总体，这种情况下局部品位估值是非常困难甚至是不可能的，只能借助于经典统计方法估计整体的品位值。

14.1.2 取 样 目 的

取样的目的是为了获取参加某项研究的个体 (样品) 以获得有关总体的精确信息，多数情况下是为了估计总体的平均值。从主观上讲，我们希望所获样本能够尽可能精确地提供有关总体的信息，但每增加一个数据 (样品) 都是有代价的。因此，我们的问题是如何才能够以最少的经费、时间和人力通过取样获得有关总体的精确信息。由于信息和成本之间存在着

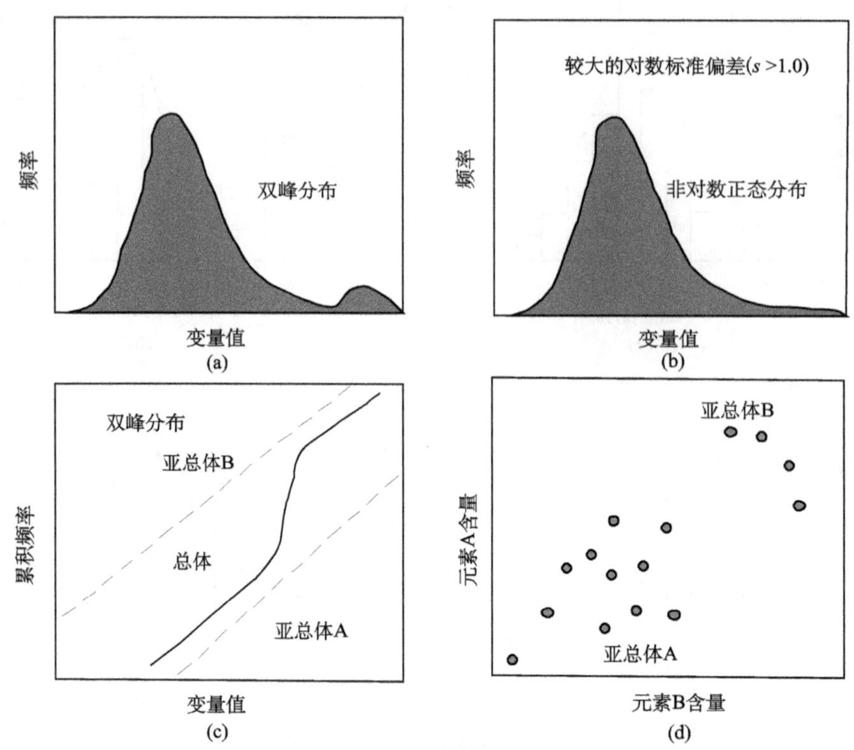

图 14.2　证实数据集可能存在多个总体的统计学方法（Singer et al.，2001）

(a) 双众数（双峰）分布直方图；(b) 高度偏斜的分布；

(c) 双众数分布的累积频率图；(d) 二个混合总体的散点图

约束，在给定成本的条件下可以通过合理的取样设计使获取的有关总体的信息量达到最大。

矿产勘查早期阶段取样的目的可能是为了了解某个矿化带的范围以及质和量的粗略估计；容量很小的样本不应看做是取样区域的代表，因而不能得出经济矿床存在或缺失的结论。随着勘查工作的深入进行，需要研究确定矿石的质和量以及开采条件和加工技术性能，通过精心设计和控制的方式进行系统采样，样本容量将会迅速扩大，而早期的小样本已经构成了后期大样本的一部分。因此，实际工作中所有的取样设计都应考虑到最终目的是要精确的估计矿床的品位和吨位，并且应当为实现这一目的而进行详细的规划。每个取样阶段所获得估值的可靠性可以用统计分析来表示。

14.1.3　取样理论

取样理论主要研究样本和总体之间的关系，我们采集所有与样本相关的信息，目的在于推断总体的特征。其中，首要的问题是选择能够代表总体的样本。

取样理论是围绕这样一个概念建立起来的，即如果无偏地从总体中选择足够多的代表性样品组成样本，那么，该样本的平均值就近似的等于该总体的平均值。现代取样理论试图回答在给定的范围和约束条件下需要采集的样品个数并且寻求如何以最低的成本提供目前所待解决问题的足够精确估值的取样方法和估值方法。为了实现这些目的，需要借助于统计学理论。

矿床或块段的平均品位是基于对矿床或块段的取样分析结果估计的，矿产取样（包括采样、样品加工、分析等步骤）常常是评价矿产资源储量过程中最关键的步骤。取样理论和实践构成了一个复杂的主题，本书只能简要介绍其要点，进一步深入了解可参考 Gy（1982，1991）以及阳正熙等（2008）。

1. 取样分布

对于每个随机样本，我们都可以计算出诸如平均值、方差、标准差之类的统计量，这些数字特征与样本有关，并且随样本的变化而变化，于是可以得出统计量的概率分布或概率密度函数，这类分布称为取样分布。例如，假设我们度量每个样本的平均值，那么，所获得的分布就是平均值的取样分布，同理，我们还可以得出方差、标准差等统计量的分布。对于取样分布而言，如果全部样本某个统计量的平均值等于其相应的总体参数，那么，该统计量就称为其参数的无偏估计量（如样本平均值是总体平均值的无偏估计量），否则，就是有偏估计量（如样本标准差是总体标准差的有偏估计量）。

根据中心极限定理，如果总体是正态分布，那么，无论样本的大小（n）如何，其平均值的取样分布都服从正态分布；如果总体是非正态分布，那么只是对于较大的 n 值来说（$n \geqslant 30$），平均值的取样分布才近似于正态分布。

2. 点估计

把统计学的知识应用于矿产勘查中，在大多数情况下，矿体的参数真值或其概率分布是不可能知道的，即使在其被开采完毕后，由于开采过程中的贫化、损失等原因，仍然不可能获得其参数的真值。我们实际所获得的数据是样本的观测值。显然，我们所面临的问题是应当利用样本的什么功能来估计所研究的矿体的重要未知参数——平均品位、平均体重、平均厚度及其方差（标准差）等。由于不可能知道其真值，就必须借助于样本值来对这些参数进行估计。换句话说，以样本统计量作为其参数的估值，如把根据样本求出的平均品位作为矿床（矿体、矿段或矿块）平均品位的估值。

利用单值（或单点）估计总体未知参数的统计推断方法称为参数的点估计。在矿产勘查中，点估计的应用极为广泛，如根据不同勘查阶段获得的矿体平均品位、平均厚度、平均体重等（即样本平均值）估计矿体相应的参数，根据从某个地质体中获得的某种元素的样本平均值估计该元素在该地质体中的背景值等。虽然平均值的点估计是我们利用任何已知样本作出的优良估值（满足无偏性、相对有效性以及一致性的要求），但是，由于一个样本的 $\bar{x}$ 值不会是恰好就等于 μ 值，因此点估计几乎必然会出错，而且不能给出任何可信度的概念。值得指出的是，许多地质人员在实际工作中往往忽视了样本平均值与总体平均值的差异，以至于把样本的平均品位（估值）与矿床平均品位（真值）混为一谈，将根据样本数据获得的矿石吨位（估值）与矿床规模（真值）混为一谈，有可能导致勘查工作或投资决策失误。

3. 区间估计

如果样本频率分布趋近于正态分布，那么，样本数据的平均值、方差、标准差等统计量能够提供样本所代表的矿床（体）相应参数的合理估计。

如果样本分布服从对数正态分布，那么，应当计算样本的几何平均值和标准差。许多矿床类型，尤其是浅成热液金矿床以及热液锡矿床等，几何平均值能够更合理的提供矿床

（体）平均品位的估值。

利用样本标准差可建立平均值的标准误差：

$$\sigma_{\bar{x}} = \frac{\sigma}{\sqrt{n}} \tag{14.7}$$

式中，$\sigma_{\bar{x}}$为取样分布的标准差；σ为总体的标准差；n为样本的个数。根据 Keller（2004）对中心极限定理含义的注释，样本容量（n）为 30 及以上即为大样本，式中总体标准差（σ）可利用样本标准差（s）代替。从而，利用正态分布可建立平均值的置信区间（CI）：

$$\mathrm{CI} = \bar{x} \pm z_{\frac{\alpha}{2}} \frac{s}{\sqrt{n}} \tag{14.8}$$

式中，$\bar{x}$为样本平均值；z为z分数（z score），只要给定了置信水平，就可以在标准正态分布表中查出z值。例如，某铅锌矿床 60 个 Pb 品位的数据集，其平均值为 8.5%Pb，标准差为 1.2%Pb，以 95%的置信水平查得z值为 1.96，根据式（14.8），该平均的置信区间（CI）为

$$\mathrm{CI} = 8.5 \pm 1.96 \times \frac{1.2}{\sqrt{60}} = 8.5 \pm 0.3$$

即是说，有 95%的置信水平将该矿床 Pb 平均品位的真值定位在 8.8%～8.2%Pb 的区间内。需要强调的是，置信水平 95%仅仅用于描述构造置信区间上、下界统计量（因为区间上、下界是随机的）覆盖该矿床 Pb 平均品位真值（即总体平均值）的概率。例如，假设 100 个样本构成的 100 个置信区间，其中有 95 个区间可能包含平均品位的真值，而仅仅根据一个样本数据获得的只是其中的一个置信区间，这个非随机区间是否包含该总体参数，一般是不可能知道的。

对于小样本（$n<30$），可以利用t分布定义置信概率的置信区间，只需将查t分布表得到的相应置信概率的t值代替式（14.8）中的z值即可。

计算置信区间的式（14.8）可以整理为

$$n \geqslant \left(z_{\frac{\alpha}{2}} \frac{2s}{\mathrm{CI}}\right)^2 \tag{14.9}$$

利用该式可以近似估计达到平均值估值精度要求所需的样品个数。例如，假设对于探明的资源储量（331）的品位估值误差以 95%的置信水平应该控制在 20%的精度范围内，如果详查阶段施工了 60 个钻孔，估算了控制的资源储量（332），其平均品位为 1%Cu，标准差为 1.5%Cu，那么，升级为探明的资源量，平均品位应该为 0.8%～1.2%Cu。将上述已知值代入式（14.9）得

$$n \geqslant \left(\frac{1.96 \times 2 \times 1.5}{0.4}\right)^2 \approx 216$$

也就是说，为了使铜平均品位达到探明的资源储量要求，需要补充施工 216－60＝156 个钻孔。实际工作中，标准差和平均值的估值误差会随着样品数（n）的增大而降低；从而，随着取样数据的补充，应重新计算置信区间，直到获得所要求的精度为止。

根据 Carter 等（2006），利用预先设定的置信水平、平均值相对误差以及变化系数（表 14.2）也可以估计所需的样品个数（n）。例如，设定置信水平为 0.95、相对误差为 0.25、变化系数为 50%，需要 17 个样品；如果变化系数为 150%，则需要 139 个样品。相对误差

采用下式表示：

$$相对误差=\frac{样本平均值-总体平均值}{总体平均值} \tag{14.10}$$

表 14.2　利用预先设定的置信水平、相对误差和变化系数估计总体平均值所要求的样品数

置信水平	相对误差	变化系数/%					
		10	20	40	50	100	150
0.8	0.10	2	7	27	42	165	370
	0.25			6	7	27	60
	0.50				2	7	15
	1.00					2	4
0.9	0.10	2	12	45	70	271	609
	0.25			9	12	45	92
	0.50				2	13	26
	1.00					2	8
0.95	0.10	4	17	63	97	385	865
	0.25			12	17	62	139
	0.50				4	16	35
	1.00					9	16

资料来源：Gilbert，1987，转引自 Carter et al.，2006

4. 估值精度和准度

精度又称精确性（precision），用于衡量观测误差，反映数据的可重复性。例如，同一个样品两次分析的结果非常相近，或者从同一总体采集的样本数据分布很集中，或者同一个总体采集多个样本获得的平均值非常接近，我们就说估值精度很高。精度越低的数据集，需要更大的样本容量才能抵消数据中的噪声。可以利用标准差对精度进行度量，而在矿产勘查中为了更直观地反映精度，一般用百分数的形式表示，如资源储量估计的精度实际上就是区间估计中的置信度（见 17.8 节）。

准度或准确性（accuracy）是指估值与真值的接近程度，即估值误差。一般采用两个数据集之间的平均值之差或者样本平均值及其总体平均值之差进行准度的讨论，由于矿石品位以及其他地质变量的总体都是无穷的，因而难于获知估值的准确性。既然准确性不能测定，那么只能根据反映某种准确分析方法的似然值的重复观测进行推断。例如，标准值、标样、基准值等都是用于评价某个分析方法准确性的尝试，实际上，这些参考值或样品只不过是估计样品或取样过程的偏差，而非其准确性。

在矿产勘查取样中采用的统计方法都是用于度量其精确性而不是准确性。假设观测值具有较高的精度而准度较低，则可能存在系统误差。

14.1.4　取样方法

经典统计学中一般是采用概率取样方法。概率取样是基于设计好的随机性，即是在某种事先确定好的方法基础上选择用于研究的样品，从而消除在样品选择过程中可能引入的任何偏差（包括已知和未知的偏差），在概率取样过程中，总体的每个成员都有被选中的可能性。非概率取样方法是以某种非随机的方式从总体中获取样品，包括方便取样、判别取样、配额取样、滚雪球取样等。

概率取样方法包括随机取样、层状取样、丛状取样，以及系统取样四种基本的取样技术。

1. 随机取样

从大小为 N 的总体中通过随机取样（random sampling）获取大小为 n 的样本。假设每个大小为 n 的样本都有同等发生的机会，那么，该样本就是随机样本。该类样本总是总体的一个子集，并且 $n<N$。

随机取样操作简便、成本较低，主要缺点是不能用于面积性的等间距取样。在我们的实际工作中，样品加工和化学分析一般采用随机取样形式进行抽样。有时也可同时采用随机形式和面积性的系统形式（见下述系统取样）。例如，先在研究区内粗略地布置取样网格，然后取样者到网格点所在的实地随机地选取采样位置；或者是在精确布置好的取样位置周围，随机地采集若干岩（矿）石碎屑组成一个样品。

2. 层状取样

层状取样（stratified sampling）适合于分布不均匀的总体，其操作首先需要把总体分成若干个非重合的组，每个组称为一个层，每个层内的个体在某种方式上说是均匀分布的或是相似的；然后采用随机取样的方式从每个层中获取的样品组成小样本，最后把各层的小样本合并成一个样本，这种样本称为层状样本。相对于随机取样而言，层状取样的优点是可以采取较少数量的样品获得相同或更多的信息，这是因为每个层中的个体都有相似的特征。

在矿产勘查中，由于岩石或矿石类型不同而要求分层取样，但实际操作上，分层取样几乎总是与面积性的系统取样形式结合使用。具体地说，就是垂直于主要矿化带按一定间距布置剖面线，然后在剖面线上按一定间距进行分层取样。

3. 系统取样

从总体中选取每第 k 个样品的取样方法称为系统取样（systematic sampling）。系统取样方法的原理是相对比较简单的，即选取一个数 k，然后在 $1\sim k$ 随机地选择一个数作为第一个样品，此后每隔第 k 个个体取作样品构成系统样本。

上述随机取样和层状取样都要求列出所研究总体的全部个体，而系统取样无此要求，因此，在不能理出总体的全部个体时，系统取样方法是很有用的。不过，随之而来的问题是，如果我们不知道总体的大小，那么，我们如何选择 k 值呢？没有确定 k 值的最好的数学方法。合理的 k 值应该是不能过大，过大的 k 值可能不能获得所需的样本容量；也不能太小，根据太小的 k 值所获得的样本容量可能不能代表总体。

在矿产勘查中，取样通常是采取面积性的系统取样，这种取样是把取样位置布置在网格的结点上，如果数据的变化近于各向同性，则采用正方形网格，如果存在线性趋势，则采用矩形网，这种取样方式可以提供一个比较好的统计面。取样间距（即 k 值）的确定见 13.2 节。

4. 丛状取样

丛状取样（cluster sampling）的原理是随机地抽取总体内的个体集合或个体丛组成小样本，所有被选取的这些小样本合并成一个样本，这种样本称为丛状样本。显然，丛状取样需要考虑如下问题：①如何对总体进行分丛？②应该抽取多少个丛？③每个丛应该含多少个个体？

为了解决上述问题，首先必须确定所设定的丛内个体的分布是否均一，即这些个体是否具有相似性；如果样品丛是均一的，那么，采取较多的丛且每个丛由较少的样品构成的方式比较好。如果样品丛的分布是非均一的，样品丛的非均一性可能与总体的非均一性相似，也就是说，每个样品丛都是总体的一个缩影，在这种情况下，采取较少数量但含较多个个体的丛是合适的。

钻探取样可以看做是面积性系统取样与丛状取样形式相结合的例子，即按照一定的网度布置钻孔，钻孔岩心可以认为是样品丛。

好的取样设计必须符合：①能够获得有代表性的样本；②产生的取样误差很小；③取样费用较低；④能有效控制系统误差；⑤样本分析结果能以合理的可信度应用于总体。

14.1.5　取样过程中的误差

从总体中选取样本观测值的过程可能存在两种类型的误差：取样误差和非取样误差。在取样方法设计的过程中或者在对取样观测结果进行检验时都应该了解这些误差的来源。

1. 取样误差

取样误差（sampling error）又称估值误差，是指样本统计量及其相应的总体参数之间的差值。由于样本结构与总体结构不一致，样本不能完全代表总体，因此，只要是根据从总体中采集的样本观测值得出有关总体的结论，取样误差就会客观存在。

正确理解取样误差的概念需要明确两点：①取样误差是随机误差，可以对其进行计算并设法加以控制；②取样误差不包含系统误差。系统误差是指没有遵循随机性取样原则而产生的误差，表现为样本观测值系统性偏高或偏低，因而又称为规律误差或偏差。

取样误差可分为标准误差（standard error）和估值误差（estimation error）。

1）标准误差

取样分布的标准差（$\sigma_{\bar{x}}$）称为平均值的标准误差［式（14.7）］。标准误差反映了所有可能样本的估值与相应总体参数之间平均误差的大小，可衡量样本对总体的代表性大小。平均说来，标准误差越小，样本对总体的代表性越好。影响标准误差的因素主要包括样本容量和取样方法：①样本容量越大，标准误差越小；②在样本容量相同的情况下，不同的取样方法会产生不同的取样误差，其原因是采用不同的取样方法获得的样本对总体的代表性是不同的。因而需要根据总体的分布特征选择合适的取样方法。

2）估值误差

估值误差又称为允许误差，是指在一定的概率条件下，样本统计量偏离相应总体参数的最大可能范围。以平均值为例，在一定概率下：

$$|\bar{x}-\mu| \leqslant \Delta_{\bar{x}} \tag{14.11}$$

式中，$\Delta_{\bar{x}}$ 为平均值的估值误差；$\bar{x}$ 为样本平均值；μ 为总体平均值。该式表明：在概率一定的条件下，样本平均值与总体平均值的误差绝对值不超过估值误差。

基于理论上的要求，估值误差通常需要以标准误差为单位来衡量。例如，平均值的估值误差为

$$\Delta_{\bar{x}} = z\sigma_{\bar{x}} = z\frac{\sigma}{\sqrt{n}} \tag{14.12}$$

式中，z 为 z 分数；$\sigma_{\bar{x}}$ 为平均值的标准误差；σ 为总体的标准差。该式阐明了估值误差为标准误差的若干倍。需要强调的是，估值误差是一个可能的区间（值域），该区间的大小与概率紧密相连，利用区间估计可以求出其置信区间［式（14.8）］。

2. 非取样误差

非取样误差比取样误差更严重，因为增大样本的容量并不能减小这种误差或者降低其发生的可能性。在获取数据的过程中的人为失误，或者所选取的样本不合适而导致非取样误差的产生。

（1）在获取数据过程中可能出现的误差：这类误差来源于不正确的观测记录。例如，由于采用不合格的仪器设备进行观测得出不正确的观测数据、在原始资料记录过程中的错误、由于对地学概念或术语的误解导致不准确的描述、样品编号出错，诸如此类。

（2）无响应误差：无响应误差是指某些样品未能获得观测结果而产生的误差。如果出现这种情况，所收集到的样本观测值有可能由于不能代表总体而导致有偏的结果。在地学上，很多情况下都有可能出现无响应，如野外有的部位无法采集到样品、有的样品在搬运途中可能损坏、有的元素含量低于仪器检测限而导致数据缺失等。

（3）样品选取偏差：如果取样设计时没有能够考虑到对总体的某个重要部位的取样，就有可能出现样品选取偏差。

14.2 矿产勘查取样

14.2.1 矿产勘查取样的定义

在矿产勘查学中应用统计学理论时，我们应当意识到样本的统计学定义与其在矿产勘查中的相应定义之间的差异：在统计学中，样本是一组观测值；而在矿产勘查学中，样本是矿化体的一个代表性部分，分析其性质是为了获得某个统计量，如矿化体品位或厚度的平均值。矿产勘查取样需要统计学理论的指导，但其研究对象和研究内容具有特殊性，而且必须借助于一定的技术手段才能获得相关的样品。

所谓矿产勘查取样是指按照一定要求，从矿石、矿体或其他地质体中采取一定容量的代表性样本，并通过对所获得样本中的每个样品进行加工、化学分析测试、试验，或者鉴定研究，以确定矿石或岩石的组成、矿石质量（矿石中有用和有害组分的含量）、物理力学性质、矿床开采技术条件以及矿石加工技术性能等方面的指标而进行的一项专门性的工作。根据该定义，矿产勘查取样工作由三部分组成。

（1）采样：从矿体、近矿围岩或矿产品中采取一部分矿石或岩石作为样品，这一工作称为采样；

（2）样品加工：由于原始样品的矿石颗粒粗大，数量较多或体积较大，所以需要进行加工，经过多次破碎、拌匀、缩分使样品达到分析、测试要求的粒度和数量；

（3）样品的分析、测试或鉴定研究。

本节只对采样方法进行简要介绍，有关样品加工和分析测试方面的内容将在下一节涉及。

14.2.2　矿产勘查中常用的采样方法

采样是矿产勘查取样的一个基本环节，矿产勘查各阶段都必须进行采样工作。由于采样目的和所采集的样品种类、数量以及规格不同，所采用的采样方法也有所不同。常用的采样方法主要有以下几种。

1. 打（拣）块法

打块法（grab samples）是在矿体露头或近矿围岩中随机（实际工作中却常常是主观）地凿（拣）取一块或数块矿（岩）石作为一个样品的采样方法。这种方法的优点是操作简便、采样成本低。在矿产勘查的初期阶段，利用这种方法查明矿化的存在与否，所采集的往往是最有可能矿化的高品位样品，因而在有关打（拣）块取样结果的报告中一般采用“高达”的术语来描述，如“拣块样中发现含金高达 30g/t”。这种情况下获得的品位不是矿化体的平均品位，只能表明矿化的存在而不能说明其经济意义，并且这种方法也不能给出矿化的厚度。在矿山生产阶段，常常利用网格拣块法（即在矿石堆上按一定网格在结点上拣取重量或大小相近的矿石碎屑组成一个或几个样品）或多点拣块法（即在矿车上多个不同部位拣块组合成一个样品）采样进行质量控制。

2. 刻槽法

在矿体或矿化带露头或人工揭露面上按一定规格和要求布置样槽，然后采用手凿或取样机开凿槽子，再将槽中凿取下来的矿石或岩石作为样品的采样方法称为刻槽法（channel sampling）。刻槽取样的目的是要确定矿化带或矿体的宽度和平均品位，样槽可以布置在露头上、探槽中，以及地下坑道内。样槽的布置原则是样槽的延伸方向要与矿体的厚度方向或矿产质量变化的最大方向相一致，同时，要穿过矿体的全部厚度。当矿体出现不同矿化特点的分带构造时，为了查明各带矿石的质量和变化性质，需要对各带矿石分别采样，这种采样称为分段采样（图 14.3）。

样品长度又称采样长度，是指每个样品沿矿体厚度或矿化变化最大方向的实际长度。例如，对于刻槽法采样，即为每个样品所占有的样槽长度，而对于钻探采样来说，则是每个样

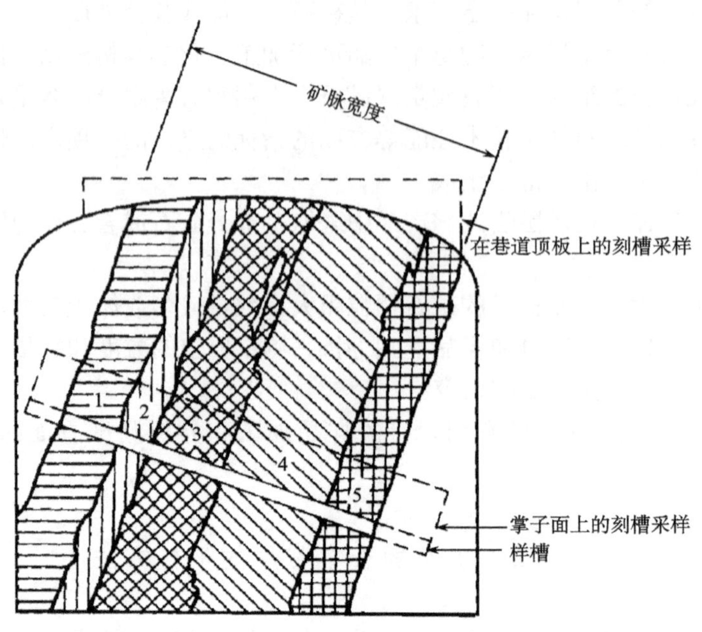

图 14.3　沿脉掌子面分带矿脉上的分段刻槽取样

该图说明在 5 个明确的矿化带均分别取样，同时，在上、下盘围岩中也应视情况进行采样

品所占有的实际进尺。在矿体上样槽贯通矿体厚度，当矿体厚度大时，样槽延续可以相当长。样品长度取决于矿体厚度大小，矿石类型变化情况和矿化均匀程度，最小可采厚度和夹石剔除厚度等因素。当矿体厚度不大，或矿石类型变化复杂，或矿化分布不均匀时，当需要根据化验结果圈定矿体与围岩的界线时，样品长度不宜过大，一般以不大于最小可采厚度或夹石剔除厚度为适宜。当工业利用上对有害杂质的允许含量要求极严时，虽然夹石较薄，也必须分别取样，这时长度就以夹石厚度为准。当矿体界线清楚，矿体厚度较大，矿石类型简单，矿化均匀时，则样品长度可以相应延长。

样槽断面的形状主要为长方形，样槽断面的规格是指样槽横断面的宽度和深度，一般表示方法为宽度×深度，如 10cm×3cm。

影响样槽断面大小的因素有：

（1）矿化均匀程度。矿化越均匀，样槽断面越大；反之，越小。

（2）矿体厚度。矿体厚度大时，断面可小些，因为小断面也可保证样品具有足够重量。

（3）当有用矿物颗粒过大，矿物脆性较大，矿石过于疏松时，需适当加大样槽断面。

这几个因素要全面考虑，综合分析，不能根据一个因素而决定断面大小。一般认为起主要作用的因素是矿化均匀程度和矿体厚度。

样品长度和样槽断面规格可利用类比法或试验法确定，具体确定方法可参见侯德义等(1984)。

刻槽法主要用于化学取样，适用于各种类型的固体矿产，在矿产勘查各个阶段获得广泛应用。

3. 岩（矿）心采样

岩（矿）心采样（drill core sampling）是将钻探提取的岩（矿）心沿长轴方向用岩心劈

开器或金刚石切割机切分为两半或四份，然后取其中 1/2 或 1/4 作为样品，所余部分归档存放在岩心库。

岩（矿）心采样的质量主要取决于岩（矿）心采取率的高低。如果岩（矿）心采取率不能满足采样要求时，必须在进行岩（矿）心采样的同时，收集同一孔段的岩（矿）粉作为样品，以便用两者的分析结果来确定该部位的矿石品位。

4. 岩（矿）屑采样

岩（矿）屑采样（drill cuttings）是使用反循环钻进或冲击钻进方式收集岩（矿）屑作为样品的采样方法，主要用于确定矿石的品位以及大致进行岩性分层（图 10.3）。

5. 剥层法采样

剥层法采样（sampling by stripping）是在矿体出露部位沿矿体走向按一定深度和长度剥落薄层矿石作为样品的采样方法，适用于采用其他采样方法不能获得足够样品重量的厚度较薄（小于 20cm）的矿体或有用组分分布极不均匀的矿床，剥层深度为 5～15cm。该方法还可验证除全巷法外的采样方法的样品质量。

6. 全巷法

地下坑道内取大样的方法称为全巷法（bulk sampling），是在坑道掘进的一定进尺范围内采取全部或部分矿石作为样品的一种取样方法。全巷法样品的规格与坑道的高和宽一致，样长通常为 2m，样品重量可达数吨到数十吨。

全巷法样品的布置：在沿脉中按一定间距布置采样；在穿脉坑道中，当矿体厚度不大时，掘进所得矿石作为一个样品；当厚度很大时，则连续分段采样。

全巷法样品采取方法：是把掘进过程中爆破下来的全部矿石作为一个样品；或在掌子面旁结合装岩进行缩减，采取部分矿石，如每隔一筐取用一筐，或每隔五筐取用一筐，然后把取得的矿石样合并为一个样品，或在坑口每隔一车或五车取一车，再合并为一个样品。取全部或取部分以及如何取这部分，这些问题应根据取样任务及其所需样品的重量来决定。取样要求坑道必须在矿体中掘进，以免围岩落入样品而使矿石品位贫化。

全巷法取样主要用于技术取样和技术加工取样，如用来测定矿石的块度和松散系数；用于矿物颗粒粗大，矿化极不均匀的矿床的采样（对这种矿床剥层法往往不能提供可靠的评价资料），如确定伟晶岩中的钾长石，云母矿床中的白云母或金云母，含绿柱石伟晶岩中的绿柱石，金刚石矿床中的金刚石，石英脉中的金、宝石、光学原料、压电石英等的含量。另外还用于检查其他取样方法。

全巷法采样在坑道掘进同时进行，不影响掘进工作，样品重量大，精确度高等是其优点，缺点是采样方法复杂，样品重量巨大，加工和搬运工作量大，成本高，所以只有当需要采集技术加工和选冶试验样品以及其他方法不能保证取样质量时才采用此方法。

采集大样除利用地下坑道外，还可利用大直径岩心、浅井等勘查工程进行采集。

7. 用 X 射线荧光分析仪现场测量代替某些取样工作

X 射线荧光分析仪是应用物理方法测定矿石中元素（原子序数大于 20 的元素）含量的仪器。采用这种方法可以取代部分矿石样品的化学分析，其操作方式是利用便携式 X 射线荧光分析仪在现场直接测量矿石中有用元素特征的 X 射线强度值，然后计算出矿样中元素的品位值。

关于地球化学勘查采样方法参见第 9 章的相关内容。

14.2.3 采样方法的选择

在矿产勘查中往往需要多种采样方法配合使用，而这些方法的选择首先需要根据勘查项目的目的以及所采用的勘查技术手段来确定。例如，钻探工程项目只能采用岩心采样和岩屑采样；槽探采用刻槽取样；坑探工程可采用刻槽法、打（拣）块法、全巷法等。其次，还要考虑矿床地质特征和技术经济因素。例如，矿化均匀的矿体可采用打（拣）块法或刻槽法，而矿化不均匀的矿体则可能需要采用剥层法或全巷法进行验证；打（拣）块法和刻槽法的设备简单、操作简便且成本低，而剥层法和全巷法的成本高、效率低。因此，选择采样方法的原则，是在满足勘查目的的前提下尽量选择操作简便、成本低、效率高，而且样品代表性好的方法。

14.2.4 采样间距的确定

沿矿体或矿化带走向两相邻采样线之间的距离，称为采样间距。采样间距越密，样品数量越多，代表性越强，但采样、样品加工，以及样品分析的工作量显著增大，成本相应增高。另一方面，采样间距过稀，样品数量不足，难以控制矿化分布的均匀程度和矿体厚度的变化程度，达不到勘查目的。

矿化分布较均匀、厚度变化较小的矿体，可采用较稀的采样间距。反之，则需要采用较密的采样间距才能够控制。一般情况下采样间距与勘查工程网度直接相关，确定合理勘查网度的方法也可用于确定合理采样间距，基本方法仍然是类比法、试验法、统计学方法等（见 13.2 节）。

14.3 矿产勘查取样的种类

按取样研究内容和试样检测要求的不同，矿产勘查取样可分为化学取样、岩矿鉴定取样、加工技术取样，以及技术取样。

14.3.1 化学取样

为测定物质的化学成分及其含量而进行的取样工作称为化学取样。在矿产勘查中，化学取样的对象主要是与矿产有关的各种岩石、矿体及其围岩、矿山生产出的原矿、精矿、尾矿以及矿渣等。通过对样品的化学分析，为寻找矿床、确定矿石中的有用和有害组分及其含量、圈定矿体和估算资源量/储量，以及为解决有关地质、矿山开采、矿石加工、矿产综合利用和环境评价治理等方面的问题提供依据。

1. 化学采样方法

化学样的采样主要利用探矿工程进行。在坑探工程中通常采用刻槽法，有时可结合打（拣）块法，并利用剥层法或全巷法对刻槽法的适用性进行验证；在钻探工程中则采用岩心采样方法，辅以岩屑采样。

2. 样品加工

为了满足化学分析或其他试验对样品最终重量、颗粒大小，以及均一性的要求，必须对各种方法所取得的原始样品进行破碎、过筛、混匀，以及缩减等程序，这一过程称为样品加工。

例如，送交化学分析的样品重量大约为 100g，最终用作化学分析的样品重量只有几克，其中颗粒的最大直径不得超过零点几毫米。但原始样品不仅重量大，而且颗粒粗细不一，各种矿物分布又不均匀。所以，为了满足化学分析的要求，必须事先对样品进行加工处理。

Gy（1982，1991）深入研究了化学样品加工过程中误差的来源，建立了颗粒取样理论（particulate sampling theory）。该理论基于样品物质的变化性与样品物质粒度、有用组分的分布，以及样品重量之间的关系。颗粒物质的变化性与样品所含的颗粒数有关。化学分析样品的重量不变，颗粒粒径越小，变化性越低。

样品最小可靠重量是指在一定条件下，为了保证样品的代表性，即能正确反映采样对象实际情况，所要求的样品最小重量。在样品加工过程中，它是制定样品加工流程的依据，使加工、缩分之后的样品与加工之前的原始样品在化学成分上保持一致，以保证取样工作的质量和地质成果的准确可靠。此外，为了使原始样品具有足够的代表性，也必须根据样品最小可靠重量的要求，选择能获得必要重量样品的采样方法。矿化越不均匀、样品颗粒越粗，需要的样品可靠重量就越大。样品加工的最简单原理是：样品全部颗粒必须碎至的粒度大小要求达到失去其中任何一个颗粒都不会影响化学分析的程度。实际工作中，可根据样品加工的经验公式确定样品最小可靠重量。这类经验公式有多种，其中切乔特公式是应用最广的一种样品加工公式，其表达式为

$$Q = kd^2 \tag{14.13}$$

式中，Q 为样品最小可靠重量（缩分后试样的重量）（kg）；k 为样品加工系数，决定于矿石性质和矿化均匀程度，其值为 0.05～1.0，可采用类比法或试验法确定；d 为样品最大颗粒直径（mm），以粉碎后样品能全部通过的孔径最小的筛号孔径为准。该公式表明，样品的可靠重量与其中最大颗粒直径的平方成正比；矿化越不均匀，样品颗粒越粗，要求的可靠重量就越大。表 14.3 说明样品重量与最大允许颗粒粒度的经验关系。

在样品加工过程中，通常利用“目”来表示能够通过筛网的颗粒粒径，目是指每平方英寸筛网上的孔眼数目。例如，200 目就是指每平方英寸上的孔眼是 200 个，目数越高，表示孔眼越多，通过的粒径越小。目数与筛孔孔径关系可表示为：目数×孔径（μm）=15000（μm）。例如，400 目筛网的孔径为 38μm 左右。目数前加正负号表示能否漏过该目数的网孔：负数表示能漏过该目数的网孔，即颗粒粒径小于网孔尺寸；而正数表示不能漏过该目数的网孔，即颗粒粒径大于网孔尺寸。

表 14.3　矿石样品缩减重量与样品中最大允许颗粒粒度之间的经验关系

最大颗粒直径		品位很低或分布很均匀的矿石/kg	中等品位矿石/kg	富矿或矿化不均匀矿石/kg
mm	目			
102		2177.24	16127.9	
51		544.3	4032	23224
25.5		136	1008	5806
12.75	6	34	252.2	1451.5
6.35	10	8.6	63	363
3.4	20	2.3	17.28	100
1.7	35	0.59	4.31	24.9
0.85	65	0.15	1.08	6.24
0.43	150	0.037	0.268	1.56
0.22		0.091	0.068	0.39
0.1		0.0023	0.017	0.095

资料来源：Gertsch et al.，1998

样品加工程序一般可分为四个阶段：①粗碎，将样品碎至 25～20mm；②中碎，将样品碎至 10～5mm；③细碎，将样品碎至 2～1mm；④粉碎，样品研磨至 0.1mm 以下。上述每一个阶段又包括四道工序，即破碎、筛分、拌匀以及缩分。

缩分采用四分法即将样品混匀后堆成锥状，然后略为压平，通过中心分成四等份，弃去任意对角的两份。由于样品中不同粒度、不同比重的颗粒大体上分布均匀，留下样品的量是原样的一半，仍然代表原样的成分。

缩分的次数不是任意的。每次缩分时，试样的粒度与保留的试样之间，都应符合切乔特公式，否则就应进一步破碎，才能缩分。如此反复经过多次破碎缩分，直到样品的重量减至供分析用的数量为止。然后放入玛瑙研钵中磨到规定的细度。根据试样的分解难易，一般要求试样通过 100～200 号筛，这在生产单位均有具体规定。

3. 化学样品的分析与检查

样品经过加工以后，地质人员填写送样单，提出化验分析的种类和分析项目等要求，送化验室作分析。化学样品分析的种类很多，根据研究目的要求不同主要有以下五种。

1）基本分析

基本分析又称作普通分析、简项分析或主元素分析，是为了查明矿石中主要有用组分的含量及其变化情况而进行的样品化学分析。它是矿产勘查工作中数量最多的一种样品化学分析工作，其结果是了解矿石质量、划分矿石类型、圈定矿体，以及估算资源量/储量的重要资料依据。分析项目则因矿种及矿石类型而定。例如，铜矿石就分析铜，金矿石分析金，铁矿分析全铁（TFe）和可熔铁（SFe），当已知全铁与可熔铁的变化规律，就可只分析全铁。当经过一定数量的基本分析，证实某种有用组分含量普遍低于工作指标规定时，可不再列入基本分析项目。

2）多元素分析

一个样品分析多种元素项目叫多元素分析。它是根据对矿石的肉眼观察或光谱半定量全分析或矿床类型与地球化学的理论知识，在矿体的不同部位采取代表性的样品，有目的地分析若干个元素项目，以检查矿石中可能存在的伴生有益组分和有害元素的种类和含量，为组合分析提供项目。查定结果若某些组分达到副产品的含量要求、某些元素超出了有害组分（或元素）允许的含量要求时，则进一步作组合分析。多元素分析一般在矿产普查评价阶段就要进行。分析项目根据矿床矿石类型、元素共生组合规律、岩矿鉴定和光谱分析结果确定。例如，黑钨石英脉型钨矿床中，共生矿物常有：绿柱石、辉铋矿、辉钼矿、锡石、毒砂、闪锌矿、黄铜矿、钨酸钙矿与钨锰铁矿共生。多元素分析除分析 WO_3 外，还分析铍、铋、钼、锡、砷、锌、铜、钙等元素。多元素分析样品数目视矿石类型、矿物成分复杂程度而定，一般一个矿区作 10～20 个即可。

3）组合分析

组合分析是为了了解矿体内具有综合回收利用价值的有用组分，或影响矿产选冶性能的有害组分（包括造渣组分）含量和分布规律而进行的样品化学分析。其分析项目可根据矿石的光谱全分析结果确定。

组合分析样品不需单独采取，由基本样品的副样组合而成。所谓副样，是指经加工后的样品，一半送实验室作分析或试验后，剩余的另一半样品。副样与主样具有同样的代表性，需妥善保存，用作日后检查分析结果和其他研究的备用样品。

基本样品可被组合的条件是其主要元素应达工业品位，应属同一矿体、同一块段、同一矿石类型和品级。组合的数量一般是 8～12 个合成一个样品，也可 20～30 个或更多合成一个，视矿体的物质成分变化稳定情况及是否已对组分变化规律掌握而定。具体的组合方法是根据被组合的基本样品的取样长度、样品原始重量或样品体积按比例组合。

组合样品的化验项目一般根据多元素分析结果确定。在基本分析中已作了的项目，不再列入组合分析。只有需要了解伴生组分与主要组分之间的相关关系时，或需要用组合分析结果来划分矿石类型时，组合分析才包括基本分析中的某些项目。

4）合理分析

合理分析又称物相分析，其任务是确定有用元素赋存的矿物相，以区分矿石的自然类型和技术品级，了解有用矿物的加工技术性能和矿石中可回收的元素成分。

合理分析样品的采取，通常先利用显微镜或肉眼鉴定初步划分矿石自然类型和技术品级的分界线，然后在此界线两侧采取样品。例如，硫化物矿床，在矿物鉴定的基础上，从不同矿石的分带线附近采集一定数量的样品，通过物相分析确定硫化矿物与氧化矿物的比例，据此划分氧化矿石带、混合矿石带，以及硫化矿石带（表 14.4），从而为分别估算不同矿石类型的资源量/储量以及分别开采、选矿及冶炼提供依据。

表 14.4　一般有色金属矿石自然类型的划分标准矿石自然类型

矿石自然类型	$\frac{\text{硫化物中金属含量}}{\text{总金属含量}}\times 100\%$	$\frac{\text{氧化物中金属含量}}{\text{总金属含量}}\times 100\%$
氧化矿	70～0	30～100
混合矿	90～70	10～30
硫化矿	＞90	＜10

合理分析样品数目一般为5～20个，可以不专门采样，利用基本分析样品的副样或组合分析的副样组成。需要指出的是，当利用基本分析副样作为试样时，必须及时进行分析，防止试样氧化而影响分析结果。

5）全分析

全分析是分析样品中全部元素及组分的含量，可分为光谱全分析和化学全分析。

（1）光谱全分析：目的是了解矿石和围岩内部有些什么元素，特别是有哪些有益、有害元素和它们的大致含量，以便确定化学全分析、多元素分析和微量元素分析的项目。故在预查阶段即需采样进行。光谱全分析样品可采自同一矿体的不同空间部位和不同矿石类型，也可利用代表性地段的基本分析副样按矿石类型组成。一般每种矿石类型都应有几个样品。

（2）化学全分析：目的是全面了解各种矿石类型中各种元素及组分的含量，以便进行矿床物质成分的研究。化学全分析样品可以单独采样，也可以利用组合分析的副样，大致上每种矿石类型应有1～2个样品。某些以物理性能确定工业价值的矿种如石棉等，只需用个别化学全分析样以了解其化学成分，判定矿物的种类即可。

4. 矿石品位分析数据的质量控制

样品进行化学分析的结果，有时和实际相差很大，这是因为在采样、加工和化验等各个工作过程中都可能产生误差。这种误差可以分为两类，即偶然误差（随机误差）和系统误差。偶然误差符号有正有负，在样品数量较大情况下，可以接近于相互抵消，系统误差则始终是同一个符号，对取样最终结果的正确性影响颇大，因此必须检查其有无，并采取相应的措施进行纠正，保证取样工作的质量。不同实验室产生的误差是不一样的，可以采用案例14.1的方式选择一家分析质量高且价格合理的实验室。

案例 14.1　分 析 误 差

把金混在石英砂中制备了一组人工样品，其中每个样品中金的品位都为2.74 g/t，然后把这些样品分送到4个不同的实验室进行分析。这是一个已知总体参数的例子，分析结果见表14.5。

表 14.5　同一组样品不同实验室金含量分析结果　　（单位：g/t）

样品编号	实验室1	实验室2	实验室3	实验室4
A	5.72	2.74	4.39	2.81
B	4.18	2.40	4.01	2.78
C	5.66	2.06	3.81	2.67
D	4.42	3.43	4.01	2.67
E	3.26	2.06	3.81	2.73
平均值	4.65	2.54	4.01	2.73
方差（s^2）	0.87	0.26	0.04	0.003
标准差（s）	0.93	0.51	0.21	0.06

根据表14.5的分析结果，以95%的信度水平（该信度水平的置信区间为平均值$\pm 2s$）。实验室1的分析值置信区间为2.79～6.51 g/t，该区间并未包含总体平均值（2.74 g/t），而

且方差很高；对于实验室 2，该区间为 1.52～3.56 g/t，总体平均值包含在内，但方差很高；实验室 3 分析值的置信区间为 3.59～4.43 g/t，未包含总体平均值，但方差是可以接受的；实验室 4 的置信区间为 2.61～2.85 g/t，包含了总体平均值，而且方差很低。由此可以得出以下结论。

实验室 1：分析结果不准确，也不严格；

实验室 2：分析结果准确，但不严格；

实验室 3：分析结果不准确，但比较严格；

实验室 4：分析结果既准确又严格。

1. 国内地勘单位关于矿石品位数据质量控制的常见做法

国内地勘单位对化学分析数据的检查和处理一般采取下列措施。

1）内部检查

内部检查是指由本单位内部所作的化学分析检查。内部检查只能查出偶然误差。检查方法是选择某些基本样品的副样，另行编号，也作为正式分析样品随同基本样品的正样一起送往化验室分析。取回化验结果后，比较同一样品的结果以检查偶然误差的有无与大小。选择样品作检查时，应考虑矿石的各种自然类型和各种技术品级都选到，还有含量接近边界品位的样品也须检查。检查样品的数量应不少于基本样品总数的 10%。内部检查每季度至少进行一次。

2）外部检查

外部检查是由外单位进行的化学分析检查。外部检查可以查明有无系统误差和误差的大小。系统误差可以由分析方法、化学药品质量和设备等原因引起，在本单位是检查不出来的，必须送水平较高的，设备较好的化验单位检查。外部检查的样品数量一般为基本分析样品总数的 3%～5%，对于小型矿床其外部检查样品不少于 30 个。由队上或公司分期分批指定外部检查号码。当外部检查结果证实基本分析结果有系统误差时，双方协商各自认真检查原因，寻求解决办法。

3）仲裁分析

当外部检查结果证实基本分析结果有系统误差存在，检查与被检查双方无法协商解决，这时，就要报主管部门批准，另找更高水平的单位进行再次检查分析，这种分析就叫仲裁分析。如果仲裁分析证实基本分析结果是错误的，则应详细研究错误的原因，设法补救，如无法补救，则基本分析应全部返工。

4）误差性质的判别

将检查分析结果与基本分析结果进行比较，若有 70%以上的试样的绝对误差偏高或偏低，即认为存在系统误差，否则为偶然误差。通过此法判别有系统误差后，还应进一步采用统计学方法确定有无系统误差以及其值的大小，同时决定能否采用修正系数进行改正等处理方法。有关误差的具体分析处理请读者参见国家地质矿产行业标准《地质矿产实验室测试质量管理规范 2——岩石矿物鉴定质量要求和检查办法》(DZ/T0130.2—1994) 以及《地质矿产实验室测试质量管理规范 3——岩矿分析质量要求和检查办法》(DZ/T0130.3—1994) 中的规定。

2. 西方国家矿业公司关于矿石品位数据质量控制的常见做法

矿石品位分析数据的质量控制在西方国家矿业界一般称为质量保证和质量控制(QA/QC),包括样品分析准确性和精确性的定量的和系统的控制、取样误差的实时控制以及误差来源的证实。

(1) 分析数据准确性的监测措施:在批量样品中插入标准样品(事先已知品位的样品称为标准样品,简称标样),一般每隔 30～50 个样品中插入一个标样。标样可以从有资质的实验室中购买,这些标样是采用适当的方法经过严密的分析测试制成,其结果经统计学检验是合格的。最好的标样是由矿物成分与矿化岩石相似的样品制成,这种标样称为基质匹配标样(matrix matched standards)。

采用模式识别的方法检验标样观测值的行为(Abzalov,2011)。将标样的分析值按分析顺序投在图上(图 14.4),如果观测值在经过认证的平均值周围随机分布而且大约 95%的观测值位于该平均值上下 2 个标准差的范围内(平均值上、下观测值个数基本相同),如图 14.4 (a) 所示,则说明该批次的分析结果质量较好。如果标样的观测结果不同于图 14.4 (a)的分布,则说明存在分析误差。例如,特高品位的存在[图 14.4 (b)]极有可能是记录错误,这种情况虽然不意味着存在数据偏差,但仍然说明数据管理系统存在问题,表明有可能该数据库存在随机误差;标样观测值持续偏移[图 14.4 (c)]说明可能是由于实

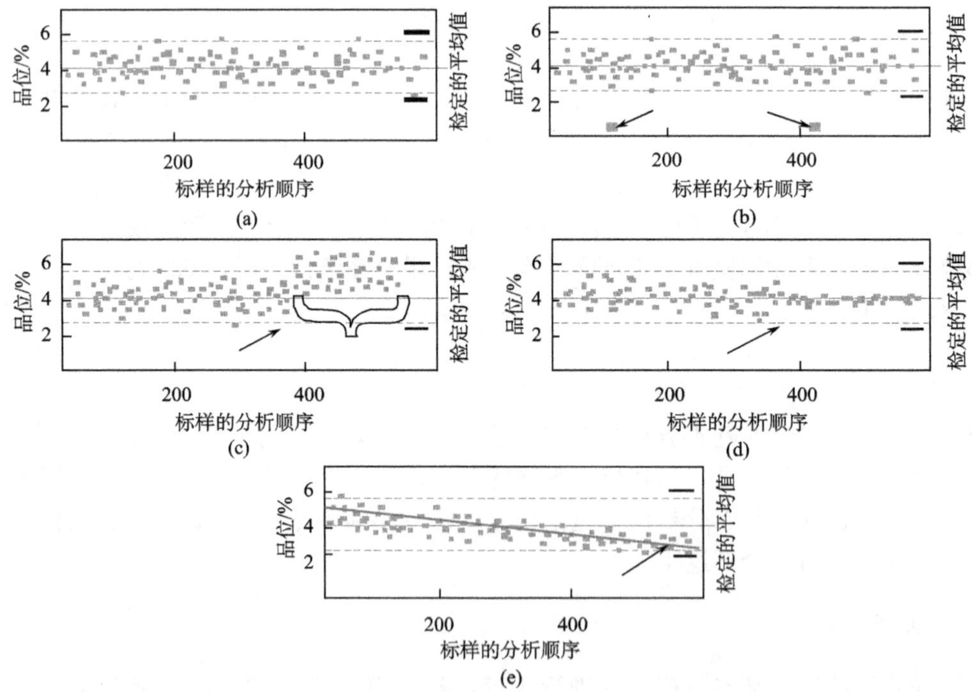

图 14.4　质量控制模式识别方法示意图(Abzalov,2008)

(a) 准确的数据(标准样品观测值呈现统计学有效的分布);(b) 特高品位的存在,说明数据记录的错误;(c) 有偏的分析值;(d) 数据变化性迅速降低,表明可能的数据干扰;(e) 标样分析值的偏移

验室设备校准问题或分析方法的改变产生的分析偏差；当标准样品的品位离散程度迅速降低时出现不太常见的分布模式［图 14.4（d）］，标样变化性迅速降低的这样一种现象通常可以解释为数据受到干扰，表明测试人员已经认识混在批量样品中的标样，从而对这些标样的测试比其他样品更加精细，这样的标样分析数据不能用作证实所分析样品不存在偏差。

在品位与分析顺序关系图上准确性分析的特点还在于缺少数据趋势，趋势可以通过标样分析值系统增高或降低进行识别［图 14.4（e）］；另一条用于证实可能存在趋势的准则是先后顺序的两个观测值都位于 2 个标准差范围之外或先后顺序的四个观测值位于 1 个标准差范围之外的分布（Leaver et al.，1997）。

标样观测值的系统偏移趋势［图 14.4（e）］通常表明测试仪器可能的系统偏移。另一种可能性是由于保存不当导致标准样品观测值低于其相应的认证值。

（2）检验样品是否受到污染：通过插入空白样品控制可能的污染。空白样品是不含被测元素的样品（样品中被测元素的含量低于送检实验室的检测限），一般是利用无矿石英制备空白样品。空白样品常常插入在高品位矿化样品之后，一般每隔 30～50 个样品中插入一个空白样品，主要目的是监控实验室是否存在由于样品设备未足够清洁干净而导致可能的污染问题。空白样品的观测值也可以呈现在品位与观测顺序关系图上（图 14.5），如果设备测试后没有清洁，空白样品将会受到污染，在图上表现为检测元素的观测值显著增大。图 14.5 的例子说明在这一批次的样品分析过程中分析质量有所降低，因为大致在在序列号为 150 的空白样品之后出现系统的污染。

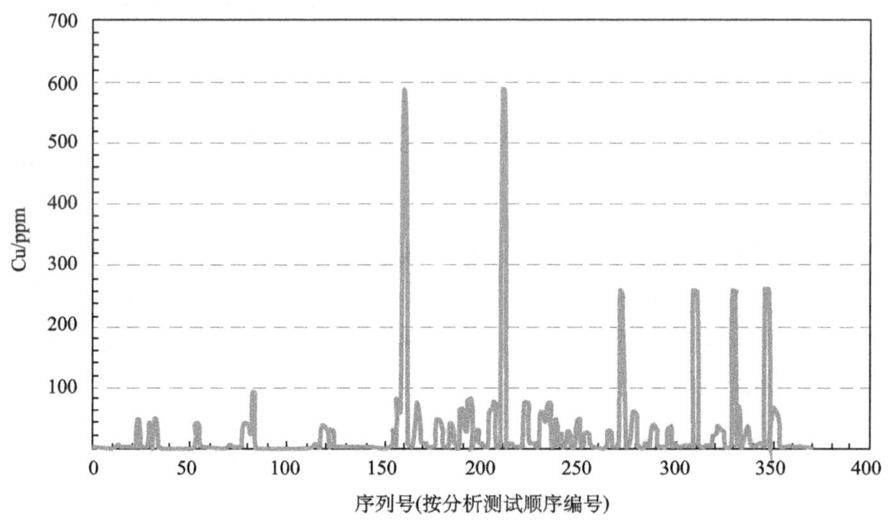

图 14.5　澳大利亚某 Ni-Cu 分析项目空白样品铜品位与其分析顺序的关系图

（3）确定品位数据的精确性：利用样品的副样监测品位数据的精度误差，一般每隔30～50 个样品中插入一个副样。最常用的评价数据对的方法是将原样及其副样的分析数据投在散点图上，根据数据对偏离 $y=x$ 直线的距离评价其离散程度。原样及其副样的观测值的差异是由于样品制备以及化学分析误差引起的。精度误差数学上可以根据数据对之间的差值推导出来。

14.3.2 技术取样

技术取样又称物理取样，是指为了研究矿产和岩石的技术物理性质而进行的取样工作。其具体任务是：①对一部分借助于化学取样不能或不足以确定矿石质量的矿产，主要是测定与矿产用途有关的物理和技术性质。例如，测定石棉矿产的含棉率、纤维长度、抗张强度和耐热性等；测定建筑石材的孔隙度、吸水率、抗压强度、抗冻性、耐磨性等。②对一般矿产，主要是测定矿石和围岩的物理机械性质，如矿石的体重和湿度、松散系数、坚固性、抗压强度、裂隙性等，从而为资源储量估计以及矿山设计提供必要的参数和资料。为此项任务而进行的技术取样又称为矿床开采技术取样。

矿石技术样品包括矿石体重、矿石相对密度、矿石孔隙度、矿石块度、岩（矿）石物理力学性质等方面的测试样品，其采样和测试方法体现在以下几个方面。

1. 矿石体重的测定

矿石体重又称矿石容重，是指自然状态下单位体积矿石的重量，以矿石重量与其体积之比表示。矿石体重是估算资源量/储量的重要参数之一，其测定方法一般分为小体重和大体重两种。

（1）小体重法：利用打（拣）块法采集小块矿石（5～10cm 见方），采回后立即称其重量，然后根据阿基米德原理，采取封蜡排水的方法确定样品的体积，即可求出样品体重。由于所采集的样品（标本）不能包括矿石中较大的裂隙，因而可视为矿石的密度。这种方法一般需要测定 30～50 个样品。

可以采用塑封排水法代替蜡封排水法，即把你重后的矿石样品置于重量和体积都忽略不计的小塑料袋内，排除袋内容气后扎紧袋口，放入盛水的量标中，利用阿基米德原理，测定出矿石样品的体积，即可求出该样品体重。

西方国家矿产勘查公司测定矿石小体重的具体作法一般是从钻孔岩心中采集小体重样品，将样品盛放在吊篮中（吊篮安装在天平上，天平一般精确到 0.1g）并浸没在盛水的容器内，记录水中样品的质量，然后将样品擦干后再称其质量（空气中样品质量）。根据阿基米德原理，利用下述公式计算样品体重：

$$\text{样品体重} = \frac{\text{空气中样品质量}}{\text{空气中样品质量} - \text{水中样品质量}} \tag{14.14}$$

这种做法的最大好处是可以了解矿石品位与体重的关系。如果体重与品位高度相关，则在计算矿段平均品位时应考虑体重的权重。

（2）大体重法：在具有代表性的部位以凿岩爆破的方法（或全巷法）采集样品，在现场测定爆破后的空间体积（所需体积应大于 $0.125m^3$）和矿石的重量确定矿石体重的方法，这种方法确定的体重基本上代表矿石自然状态下的体重。一般需测定 1～2 个大样品，如果裂隙发育，则应多测定几个样品。

需要强调的是应按矿石类型或品级采集矿石体重样品。一般来说，致密块状矿石可以采集小体重样，每种矿石类型不得小于 30 个样品，求其加权平均值；裂隙发育的块状矿石除了按同样要求采集小体重样品外，还需要采集 2～3 个大体重样品对小体重值进行检查，如果两者差异较大，则以大体重的值修正小体重值。松散矿石则应采集大体重样，且不得少于

3 个样品。对于湿度较大的矿石，应采样测定湿度；如果矿石湿度大于 3%，其体重值应进行湿度校正。

2. 矿石相对密度的测定

物质的重量和 4℃时同体积纯水的重量的比值，叫做该物质的比重，又称为相对密度。矿石相对密度是指碾磨后的矿石粉末重量与同体积水重量的比值，通常采用相对密度瓶法测定。用于测定相对密度的样品可以从测定体重的样品中选出。相对密度值用于估算矿石的孔隙度。

3. 矿石孔隙度的测定

矿石孔隙度是指矿石中孔隙的体积与矿石本身体积的比值，用百分数表示。具体确定方法是分别测定矿石的干体重和相对密度，然后根据下式计算：

$$\text{矿石孔隙度} = \left(1 - \frac{\text{矿石干体重}}{\text{矿石相对密度}}\right) \times 100\% \tag{14.15}$$

4. 矿石块度的测定

矿石块度是指岩石、矿石经爆破后碎块形成的大小程度。块度一般以碎块的三向长度的平均值（mm）或碎块的最大长度（mm）表示。矿堆块度指矿石的平均块度，一般用矿堆中不同块度的加权平均值表示。块度样品采用全巷法获取，一般在测定矿石松散系数的同时，分别测定不同块度等级矿石的比例，可与加工技术样品同时采集。

在矿山设计阶段，矿石块度是选择破碎机、粉碎机等选矿设备和确定工艺流程的一个重要参数。

5. 岩（矿）石物理力学性质试验

是为测定岩（矿）石物理力学性质而进行的试验。例如，为设计生产部门计算坑道支护材料提供岩（矿）石抗压强度的数据、为矿山制订凿岩掘进劳动定额以及编制采掘计划提供有关岩（矿）石的硬度及可钻性的数据等。样品采集多用打块法。

14.3.3 矿产加工技术取样

矿产加工技术取样又称工艺取样，是指为了研究矿产的可选性能和可冶性能而进行的取样工作，其任务是为矿山设计部门提出合理的工艺流程及技术经济指标，一般在可行性研究阶段进行。加工技术样品试验按其目的和要求不同可分为如下几种类型。

（1）实验室试验：是指在实验室条件下采用一定的试验设备对矿石的可选性能进行试验，了解有用组分的回收率、精矿品位、尾矿品位等指标，为确定选矿方案和工艺流程提供资料。实验室试验一般在概略研究或预可行性研究阶段进行。

（2）半工业性试验：也称为中间试验，是为确定合理的选矿流程和技术经济指标以便为建设加工技术复杂的大中型选矿厂提供依据。该项试验近似于生产过程，一般是在可行性研究阶段进行。

（3）工业性试验：是在生产条件下进行的试验，目的是为大、中型选矿厂提供建设依据或为新工艺、新设备提供设计依据。

加工技术样品的采集方法取决于矿石物质成分的复杂程度、矿化均匀程度以及试样的重量。实验室试验所需试样重量一般为100～200kg，最重可达1000～1500kg，可采用刻槽法或岩心钻探采样法获取；半工业试验一般需5～10t，工业性试验需几十吨至几百吨，通常采用剥层法或全巷法。

14.3.4 岩矿鉴定取样

采集岩石或矿石（包括自然重砂和人工重砂）的标本（样品），通过矿物学、岩石学、矿相学的方法，研究其矿物成分、含量、粒度、结构构造及次生变化等，为确定岩石或矿石的矿物种类、分析地质构造、推断矿床生成地质条件、了解矿石加工技术性能以及划分矿石类型等方面提供资料依据。部分矿产还需借助于岩矿鉴定取样方法测定与矿石质量和加工利用有关的矿物或矿石的加工技术性能，如矿物的晶形、硬度、磁性以及导电性等。

研究目的不同，岩矿鉴定采样的方法也有所不同：

(1) 以确定岩石或矿石矿物成分、结构构造等目的的岩矿鉴定，一般利用打（拣）块法采集样品，采样时应注意样品的代表性，而且尽可能采集新鲜样品。

(2) 以确定重砂矿物种类、含量为目的的重砂样品，分为人工重砂或自然重砂样。人工重砂样一般采用刻槽法、网格打（拣）块法、全巷法，或利用冲击钻探法获取；自然重砂样是在河流的重砂富集地段采集。

(3) 以测定矿物同位素组成、微量元素成分为目的的单矿物样品，常用打（拣）块法获取。

除上述各种取样外，为了解矿床有用元素赋存状态，有时需要进行专门取样分析鉴定研究，特别是在发现新的矿床类型或矿化类型时，这种取样分析具有重要意义。

14.4 样品分析、鉴定、测试结果的资料整理

14.4.1 样品的采集和送样

样品采集后，要仔细检查和整理采样原始资料。具体工作包括：①在送样前要确认采样目的已达到设计和有关规定的要求；②所采样品应具有代表性、能反映客观实际；③采样原则、方法和规格符合要求；④各项编录资料齐全准确；⑤确定合理的分析、测试项目；⑥样品的包装和运送方式符合要求。

采集标本应在原始资料上注明采集人、采集位置和编号。标本采集后，应立即填写标签和进行登记，并在标本上编号以防混乱。对于特殊岩矿标本或易磨损标本应妥善保存，对于易脱水、易潮解、易氧化的标本应密封包装。需外送试验、鉴定的标本，应按有关规定及时送出。一般的岩矿、化石鉴定最好能在现场进行。阶段地质工作结束后，选留有代表性和有意义的标本保存，其余的可精简处理。标本是实物资料，队部（公司）和矿区都应有符合规格要求的标本盒、标本架（柜）和标本陈列室。

样品要使用油漆统一编号。样品、标签、送样单三者编号应当一致，字迹要清楚。送样单上要认真填写采样地点、年代、层位、产状、野外定名和岩性描述等内容，并注明分析鉴

定要求。

对需要重点研究或系统鉴定的岩矿鉴定样品，必须附有相应的采样图。委托鉴定的疑难样品，应附原始鉴定报告和其他相应资料。

14.4.2　样品分析、鉴定、测试结果的资料整理

收到各种分析、鉴定或其他测试结果后，先作综合核对，注意成果是否齐全，编号有无错乱，分析、鉴定、测试结果是否符合实际情况。如果发现有缺项，则应要求测试单位尽快补齐；若出现错乱或与实际情况不符，应及时补救或纠正，有时需要重采或补采样品，再作分析或鉴定。在确认资料无误后，才登入相关图表，交付使用。

对分析、鉴定的成果资料要按类别、项目进行整理。一般先进行单项的分析研究，找出其具体的特征，再进行项目的综合分析、相互关系的研究、编制相应的图件和表格。同时校正岩石和矿物的野外定名，进一步研究地层、岩石、矿化带的划分和矿体的圈定及分带，以及确定找矿标志等，必要时，对已编制图件的地质和矿化界线进行修正。

内、外检分析结果应按国家地质矿产行业标准《地质矿产实验室测试质量管理规范 2——岩石矿物鉴定质量要求和检查办法》（DZ/T0130.2—1994）以及《地质矿产实验室测试质量管理规范 3——岩矿分析质量要求和检查办法》（DZ/T0130.3—1994）中的规定，及时进行计算（可能时应每季度计算一次），编制误差计算对照表，以便及时了解样品加工和分析的质量，若发现偶然误差超限或存在系统误差时，应立即向相关分析或测试部门反映，同时采取必要的补救措施。

由于样品的化验、鉴定成果对于综合整理研究工作十分重要，在项目多、工种复杂、样品数量较大的分队（或工区），可设专人负责管理这项工作。

14.4.3　矿石质量研究

根据不同矿床的矿石特点，合理选择各种测试项目，并随着工作的深入，作必要的修改和调整。同时，根据勘查任务和设计要求，及时研究矿石物质成分，对于有些矿种还应着重研究矿物组成与化学成分之间的相关关系以及某些物理性能，并利用分析测试结果，编制1～3条有用组分变化规律的剖面图和必要的综合图表或变化曲线图，以及开展诸如相关分析、品位变化系数以及其他数理统计方面的数据处理方法，达到了解矿石中有益、有害组分在不同部位、不同深度的赋存状态及其变化规律，以及其他一些特征或指标的分布和变化特征。

根据矿石物质组分的分析资料，结合矿石加工技术特性，划分矿石的自然类型、工业类型和品级，查明它们的分布规律和所占比例。这些资料是进一步采集加工技术试验样品和分类型或品级、估算资源量/储量的依据。划分结果还应在相应的勘查线剖面图、矿体纵投影图或其他图件上展示出来。

加工技术取样一般是在勘探阶段进行，但是，对于复杂类型或新类型矿石，在详查阶段即应进行研究，以便作出合理的评价。随着勘查工作的进展，矿石的加工技术研究也逐渐深入，试验规模也将加大，除主体矿石类型外，技术性能较特殊的矿石类型也应作较详细的研究。同时应收集矿区内开采生产过程中的选矿经济技术指标，进行综合分析对比。根据试验

研究结果，应对原来矿石类型划分方案作相应的修改补充。

本章小结

本章简要介绍了统计学中一些重要的基本概念和有关取样理论方面的基础知识，这部分内容对于后续的矿产勘查取样和资源储量估算方法具有重要的指导意义。

矿产取样是通过采取一小部分有代表性的矿石或岩石样本进行分析鉴定或试验，研究矿石质量、矿石和围岩的物理化学性质、矿石加工技术性能，以及矿床开采技术条件等，为矿床评价、资源储量估算，以及解决有关地质、采矿、选冶和矿产综合利用等方面的问题提供资料依据。

在矿产勘查以及矿山生产的全过程中都要进行取样，但采什么样、用什么方法采样则取决于不同工作阶段的目的任务和要求。根据取样目的和任务的不同，可以分为化学取样、岩矿鉴定取样、加工技术取样、技术取样等。

采样和样品测试是矿产勘查过程中最为重要的工作，所有探矿工程的施工都是为了采样和测试。这项工作的失误将会造成重大的经济损失，甚至可能导致项目的失败和矿山企业的破产。因此，实际工作中必须严格执行有关规范，提高质量意识并且加强监督和检验。

讨 论 题

(1)“样本数据荷载着总体的信息，可以用样本数据去推断总体的统计规律”体现了统计思想；“从随机性中归纳出规律性，通过变量估计常量，借助于样本的研究推断总体的特征”归结为统计学精髓。试举例阐明如何利用统计学思想以及统计学精髓解决矿产勘查中的实际问题。

(2) 一个好的样本具有哪些特征?

(3) 关于取样误差的讨论。

(4) 化学样品加工的原理?

(5) 矿石品位数据是如何获得的? 如何保证矿石品位数据的质量?

本章进一步参考读物

伯恩斯坦. 2002a. 统计学原理（上册）. 描述性统计学. 北京：科学出版社

伯恩斯坦. 2002b. 统计学原理（下册）. 推断性统计学. 北京：科学出版社

侯德义. 1984. 找矿勘探地质学. 北京：地质出版社

闵茂中，白南静. 1990. 地质测试样品采集及送样指南. 北京：科学出版社

严阵等. 1990. 地质矿产采样手册. 陕西地质矿产局地质成果编辑室

阳正熙，吴堑虹等. 2008. 地学数据分析教程. 北京：科学出版社

赵鹏大. 2006. 矿产勘查理论与方法. 武汉：中国地质大学出版社

中华人民共和国地质矿产行业标准 DZ/T 0130. 3—1994. 岩矿分析质量要求和检查办法

第 15 章 矿产勘查综合图件的编制

地质人员到现场对各种勘查工程所揭露的矿化及各种地质现象进行仔细观测，并且采用图表和文字将矿化特征以及地质特征客观如实地素描和记录下来的工作过程，称为原始地质编录。它是收集第一手资料的最基本方法，所收集的资料是编制各种综合地质图件的基础、是进行综合研究的前提，也是评价矿床的重要依据。这部分学习内容将通过现场实训的方式进行讲授。

根据各种原始地质资料进行的系统整理和综合研究的工作过程称为综合地质编录。通过这一过程，编制出各种必要的能够说明勘查区的地质及矿化分布规律的图件以及资源储量估算的图表和地质报告，为进一步的矿产勘查或矿山开采提供依据。本章将主要介绍几种重要的综合性图件，虽然这些图件的编绘现在都可以利用各种矿产勘查或矿业专用 GIS 软件实现，但仍然有必要学习掌握编制这些图件的意义、应包含的主要内容、基本的编图方法与过程以及它们的主要用途。

15.1 编制综合性图件的一般要求

15.1.1 编制综合性图件的意义

综合性图件的编制意义主要表现如下：

(1) 可以综观矿体形态全貌，研究矿床构造，用于布置探矿工程，解决勘查设计和施工中的一些具体问题；

(2) 综合性图件是全面反映矿产勘查工作成果，进行矿床地质综合研究的基础性图件；

(3) 综合性图件是估算资源量/储量的依据，是矿产勘查报告的重要组成部分；

(4) 综合性图件是进行矿山设计和进一步进行勘查、矿床评价的依据。

15.1.2 编制综合性图件的一般要求

根据原地质部 1980 年颁布实施的《固体矿产普查勘探地质资料综合整理规范》中的规定，编制综合图件的一般要求有以下几个方面的内容。

(1) 为了统一规格和便于折叠保存，除按标准分幅编制的图件外，一般图件的规格宜尽量采用 19cm×27cm（即标准纸 16 开本）的整倍数。

(2) 在编制图件时应事先考虑图的布置、方向、图幅大小、图的内容等。平面图的方向应是上北下南或右北左南。剖面图的正北、北东、正东、南东端一般放在右侧，也可按方位角 0°～180°放在右侧；当剖面方位不一致或呈弧形排列时，应一律向同一方向放平。图幅大小以图内不剩大块空白为原则。

(3) 标准分幅图件接图表示方式按区域地质调查的有关要求处理。一般图件如因图幅过大而需分成数幅绘制时，应在每幅图廓外侧的右上方绘出接图表。接图表要按各并幅的相对位置绘出本幅及其四周相邻图幅界线；注出各幅的分幅编号，并在本幅图范围内打上阴影。分幅的相邻图幅要保证接图质量。

（4）各种图件的整饰（包括内外图廓、分度带、坐标网、图廓间注记、图名、图幅号、比例尺、方位标、图例、图签、接图表坐标系统说明、保密等级等），除区域地质图和水文地质图按有关规范或要求外，一般均应按下述规定办理：①除部分图件（如柱状图）可视需要而定外，其他各类图件均应绘制图廓。②国际分幅的地质图件应在外图廓绘出分度线。③高斯克吕格直角坐标网线或独立直角坐标网线绘在图内廓和分度带内侧线或内图廓和外图廓细线之间，一般不绘入内图廓内。④比例尺 1∶5 万或小于 1∶5 万的各类平面图，应在内外图廓间写出居民地注记、道路到达注记、经纬度注记、坐标网注记、邻幅图号注记等。⑤地质图件的图名一般由下列三部分按顺序排列组成：工作地区（省、县或人所共知的地质单元）、矿区名称或编号、图的类别。如湖北省黄石市大冶铁矿区地形地质图。勘查线剖面图、中段平面图，以及相应种类的图件可省去工作区行政区划名称，如××铜矿区××号勘查线剖面图。图名应全部采用汉字，必要时可注以汉语拼音或当地民族文字。单幅图件应写大图名，大图名一般写在图的正中最上方，但有时也可视图面结构写在图的左上方或右上方。多幅图件的大图名可写在上排中间图幅的最上方，也可根据图面总体结构写在左上方或右上方图幅中。⑥国际分幅图件应在北图廓上方正中写出本图幅的国际分幅编号及名称。当图上写有大图名时，图幅号位于大图名和北图廓之间。⑦所有各类图件均需绘出图的比例尺（用数字及直线比例尺表示）。比例尺 1∶5 万或小于 1∶5 万的各类平面图应兼有数字比例尺和直线比例尺，1∶1 万或更大比例尺的平面图可只画数字比例尺，剖面图有时可只写数字比例尺及垂直标尺，但在一个矿区必须明确规定，以免混乱。⑧图件中所绘各种图形符号、花纹以及彩色必须全部列入图例，说明它们所代表的意义。地形底图上某些惯用符号可不列出。成套使用的图件（如成套剖面图、成套坑道平面图等），可单独编制一张统一图例，在每张图中可不再画图例。图例中地质符号上下排列次序一般为地层系统（自新至老）、侵入岩（自新至老、自酸性至超基性）、岩相、构造、矿产、探矿工程、其他。图例一般绘在右图廓外，但视图面结构情况，也可绘于图廓内，并且不限部位，避免图面上留较大空白。⑨责任表绘制在图幅右下方。

15.2　区域性图件

15.2.1　区域地质矿产图

区域地质图主要用以恰当地表现矿区外围或成矿远景区的地质特征，借以说明勘查区或矿床的区域成矿地质背景，为发现新矿床提供依据。图的比例尺一般为 1∶5 万～1∶25 万。区域地质图属于公益性地质图件。

区域地质矿产图是综合反映研究区矿产分布的图件，用以了解研究区内各类矿产分布的情况，指导矿产勘查工作。它是利用同比例尺区域地质图作底图，从而便于了解各类矿产与地质特征的联系。编图时可简化部分与成矿关系不大的岩层产状及地质符号。目前，多数地区的区域地质图都已经实现数字化，而且中国地质调查局已建立了全国矿产地数据库以及自然重砂数据库。利用 MapGIS 或其他矿产勘查专用 GIS 软件，可以比较容易地编制出区域地质矿产图。图上应表示的主要矿产内容包括：

（1）区内全部矿产的工业矿床（按大、中、小型三种符号分别表示）和矿点（指规模大小不明确的矿产地和矿化点）的位置；

（2）根据地球物理、地球化学，以及重砂测量结果圈定的异常区；

（3）矿体（层）的实际产状（如层状、透镜状、网脉状、浸染状等）；

（4）不同的成因类型和建造分类（包括不同类型的砂矿）；

（5）按时代标出矿体（层）的岩相（带），可能时按矿石成分、结构构造详细划分矿体（层）。

如果研究区内矿床比较密集，可将最大和最重要的矿床符号全部标出，其余矿床或矿点符号则可部分掩盖。如果同种矿产符号被部分或全部掩盖，需用线引出，然后画出该矿床或矿点的符号。

图幅内的全部矿床、矿点、异常区等，应不分矿种、由左至右、由上而下连续编号。为了便于在图上寻找各种矿床和矿产编号，图上应绘出公里网格（图面上网格大小为 5cm×5cm），并将各网格统一编号。

15.2.2　区域地质研究程度图

区域地质研究程度图用于说明研究区内以往地质工作情况及其研究程度的图件，图上应表示如下内容（图 15.1）：

（1）底图采用的比例尺以能清楚反映不同地质工作研究程度为宜。图上应标明铁路、主要公路、山峰、水系、主要城镇，以及县界、省界、国界等。

（2）研究区内不同比例尺的地质填图以及矿产勘查的范围及年代。

（3）不同比例尺、不同方法的地球物理、地球化学、航空测量的工作范围及年代。

（4）同一工作方法但比例尺不同的重复工作区，应分别表示。

15.2.3　成矿远景图和成矿预测图

1. 成矿远景图

在进行预查、普查或进行区域性资料综合整理研究时，要求编制相应比例尺的成矿远景图。其目的在于阐明工作区各类矿产的成矿规律，进行成矿预测，分析其远景，为拟定长期规划和合理部署勘查工作提供科学依据。

编图前需要收集和综合分析研究区内地质、遥感、地球物理、地球化学、重砂测量以及科研成果等各方面资料，根据地质条件圈定成矿远景区。由于每种矿种或矿组（指有成因联系的几个矿种）的成矿规律不同，成矿远景区应按矿种或矿组来划分。如果按照区划级别，成矿远景区一般分为如下几级（见 2.2.1 节）。

Ⅰ级：全球成矿带，如环太平洋成矿带、古地中海成矿带等，比例尺为 1∶100 万或更小；

Ⅱ级：跨越数省的成矿带，如长江中下游成矿带、秦岭成矿带、三江成矿带等，比例尺为 1∶50 万～1∶100 万；

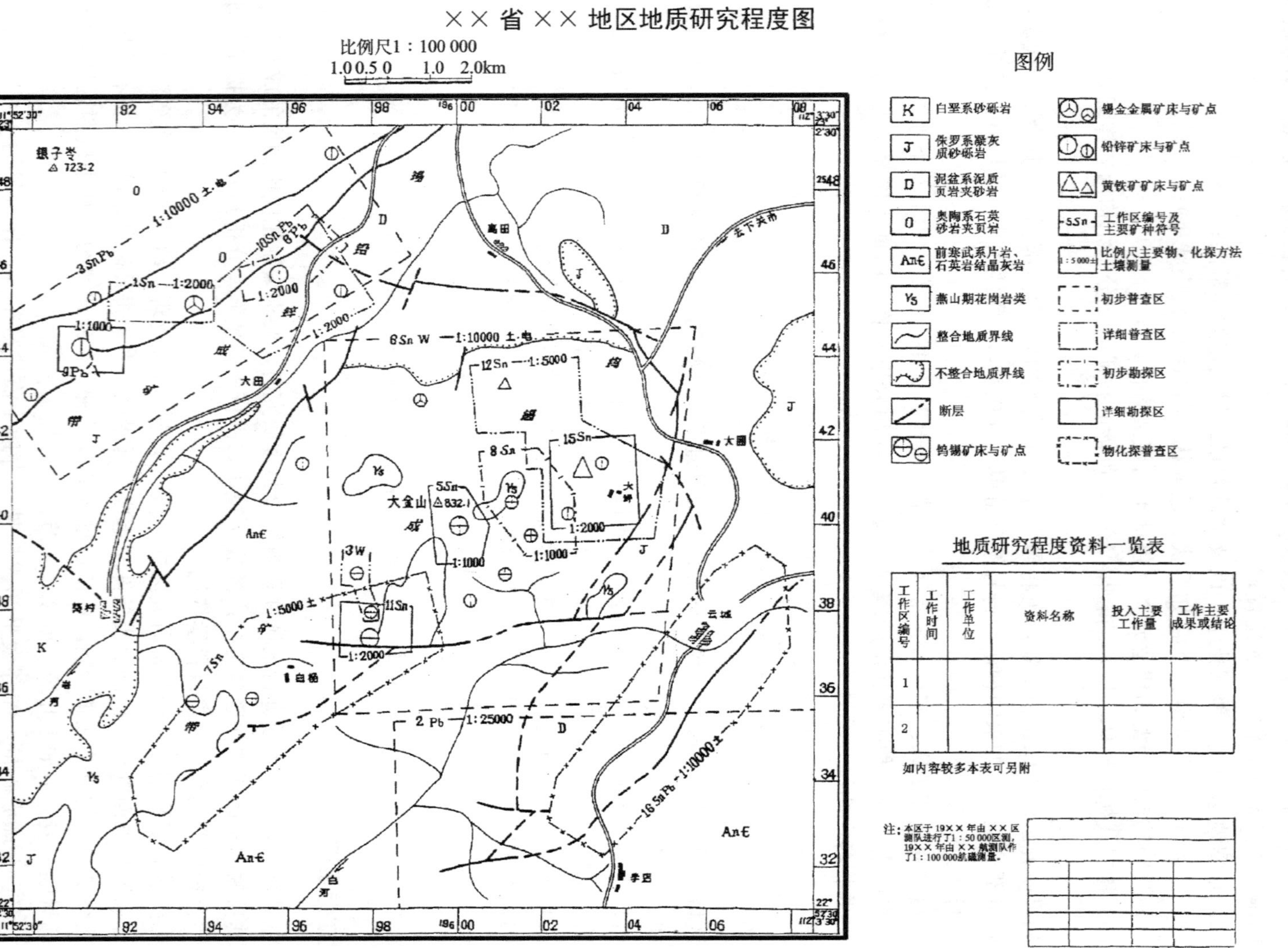

地质研究程度资料一览表

工作区编号	工作时间	工作单位	资料名称	投入主要工作量	工作主要成果或结论
1					
2					

如内容较多本表可另附

图 15.1 地质研究程度示意图

Ⅲ级：控矿地质条件相同并有较大展布范围的矿带，如美国内华达北部成矿带，我国四川攀西成矿带，比例尺为 1∶25 万～1∶50 万；

Ⅳ级：由同一成矿作用形成、具有成因联系的矿田分布区，比例尺为 1∶10 万～1∶25 万；

Ⅴ级：受同一岩体或层位控制的一系列矿床和矿点分布区，比例尺为 1∶1 万～1∶5 万。

在地质程度研究较高的地区，成矿远景区应划到Ⅴ级或Ⅳ级。

编制成矿远景图所需的基础图件包括同比例尺的地质研究程度图、地质矿产图、地球物理和地球化学异常图，以及反映成矿规律的各种辅助性图件，如岩相古地理图、构造岩浆岩图等。

2. 成矿预测图

在对成矿远景区进行成矿规律研究的基础上，根据成矿地质条件和资料依据程度的不同以及资源潜力的分析，进一步划分不同类别的预测区，编制成矿预测图，进行成矿预测。用于编制成矿预测图的底图为矿产地质图或成矿规律图。成矿预测图上一般应突出表示控制成矿的主要地质因素，标绘出各类异常点、异常带、已知矿床和矿点，以及矿化标志的具体位置，并圈定出可以进一步开展勘查工作的远景地段（标识出不同类别的预测区）和建议进行地质填图、地球物理和地球化学，以及探矿工程施工等的工作范围（内容复杂时可另编分区工作布置图等辅助图件）。图件的比例尺可与地质矿产图比例尺一致，也可与地质矿产图合编在一起。对于比例尺为 1∶5 万或更大的成矿规律图件，可以把成矿规律图和成矿预测图合并。

预测区一般划分为 A、B、C 三类（见 5.1.4 节）。不同类别预测区范围可用不同线条或符号圈绘，不同矿种或矿组采用相应矿种或矿组的颜色表现。

预测区的命名应遵循如下原则：采用成矿区（带）编号的级别为字冠，顺序号为下标，分类号为下标的第二数字，如$Ⅳ_{6\text{-}A}$表示预测区内编号为 6 的Ⅳ级成矿区（带），属 A 类预测区。

成矿预测图应附说明书，其内容一般应包括：

(1) 预测区概况。应扼要说明预测区的范围和圈定依据、地质工作简史、研究程度、已取得的成果等。对边远及交通不便地区，还应简述自然经济地理情况等。

(2) 成矿规律与矿产远景评价。本部分为说明书的重点，应详细说明区域地质、地球物理和地球化学背景、控矿因素、重要矿床（点）的地质特征、控矿因素和成矿规律，以及初步建立的矿床模型、进一步勘查的可能性和关键所在、勘查工作范围、可能时估计预测区的潜在矿产资源。

(3) 进一步工作的建议。应说明需要解决的重要地质课题、进一步工作的目标和方向、采用的方法和手段，以及预计的勘查工作量和工作计划等。

说明书中应附必要的插图和表格。文中各种图、表、编号必须一致。

15.3　矿区（床）地形地质图和矿区（床）实际材料图

15.3.1　矿区（床）地形地质图

矿区（或矿床）地形地质图是用以正确详细地表示矿区（矿床）的矿体（层）、矿化带或含矿层、岩层、岩体构造的空间分布、产状、大小及其相互关系，从而能适当地表达或推断矿床的生成地质条件。它是矿床勘查工作中研究矿床地质规律，合理布置勘查工程，综合整理勘查成果的基本图件，是地质勘查报告必须附有的图纸，是日后矿山建设设计所必需的最基本的图件。

图的比例尺是以相同或稍大比例尺的地形图为底图，自 1∶500～1∶1 万不等，一般内生矿床为 1∶500～1∶2000，外生矿床为 1∶5000～1∶1 万。图上需表示：地形等高线、水系、坐标线；各种实测与推断的地质界线，包括断层线、地层、侵入体、矿体、矿化带、蚀变带、含矿层的地质界线及其代表性产状要素；主要民房、厂房、桥梁、高压线路、主要道路。地层与岩石的划分应与图的比例尺大小要求相符合；对矿层（体）、矿化带或含矿层及侵入体接触带等应作明显的表示，并力求鲜明；为反映矿床地质构造，图上要附上垂直主要构造和矿体走向的地形地质剖面图和综合地层柱状图。利用物化探解译推断的界线，可用特殊线条表示。

编制的基本方法：首先以精度符合要求的地形图为底图，在野外进行实测，然后根据野外的原始资料，经过室内的分析研究，联系对比，形成对矿区地质特征的总体概念，提出野外实测工作中存在的问题和对某些地质现象的推断意见，再进一步到野外加以复查与验证，在多次反复实际观察和分析判断的基础上，整理出适合精度要求的矿区地质图。

图件的基本要求：测区所有在图上达 1mm 的地质、构造、矿化现象均应表示出来，某些过小的，但有特殊意义的地质现象可适当夸大表示（应加以说明）；被覆盖的地质界线，要采用一定数量的人工露头加以揭露，以提高图件质量。

矿区地形地质图加上勘查工程、勘查线、物化探异常等值线后，便成为“矿区综合地质图”。在图上勘查工程要用图例区分出设计工程和已完工工程、见矿工程与落空工程，地下坑道要绘出其水平投影位置，各个勘查工程、勘查线、物化探异常等都要编号。

15.3.2　矿区（床）实际材料图

本图用以表现矿区（床）各种探矿工程的分布情况以及地质填图等方面的实际材料，目的是了解矿区地质研究程度和质量。一般在同比例尺简化矿区地形地质图基础上编制，其主要内容如下：

（1）所有地质、水文地质观察路线、观察点及编号。

（2）全部勘查线、探矿工程及其编号。

（3）各类样品和标本的采集位置。

（4）地形等高线、必要的地理注记、坐标线、主要探矿工程的标高、钻孔终孔深度和钻孔轴线弯曲的平面投影。不同地质目的的钻孔（如专门性的填图、构造、水文等钻孔）和见矿、未见矿的钻孔，应在钻孔符号上予以区分。

（5）主要地质界线与岩层符号、面积较广且厚度较大的第四系分布范围。

（6）如果采用地球物理和地球化学进行填图及圈定矿化体时，在图上应表示出地球物理和地球化学工作范围、基线和测线位置及编号等。

15.4　勘查线剖面图、中段地质平面图和矿体纵投影图

15.4.1　勘查线剖面图

1. 勘查线剖面图的主要内容

勘查线剖面图是反映矿床（体）地质特征的基本图件，亦可用作资源储量估算，是垂直断面法估算资源储量的主要图件。当矿体地质情况不太复杂时二者可以合并。

本图系综合地表剖面测量和探矿工程所获得的全部资料编制而成，其比例尺一般为 1∶500～1∶2000。

图纸的主要内容有：剖面地形线及方位，坐标线及标高线，在勘查线上的和投影于该勘查线剖面上的探矿工程位置与编号，钻孔终孔深度，样品位置、分段、品位及编号，一般在剖面图的下方或右侧附有样品化学分析成果表，地（岩）层、火成岩体、断层、褶皱、破碎带、矿化蚀变带、矿体（层）与围岩等的界线与产状，矿体（层）编号，不同矿石类型、品级和矿体（层）氧化带、混合带、原生带的界线等。用于资源储量估算的剖面图，还应有各级资源储量的分界线，各块段面积的编号及其面积，矿体按工程或分级所计算的平均品位、厚度及矿心采取率，用于推定矿体边界和确定矿体厚度的测井成果，在剖面下方要相应绘出剖面线平面位置图，对于某些厚度较薄的层状矿体应在钻孔下边另附矿层小柱状图，以示其矿石类型分布和采样情况，以便于对比。

2. 编制图件的基本方法

（1）首先在图纸上绘制坐标线。垂直坐标根据地质体产出的标高，按一定高差画出水平线（图面上每隔 10cm 绘制水平标高刻度线）；水平坐标（x 或者是 y），一般选择剖面线与坐标线交角大于 45°的一组，即选取与剖面线相交截距最短的坐标线，并标在图上［图 15.2（a）］。

（2）地表地形地质界线的绘制。以坐标线为基线将地形的转换点、地质界线点绘到剖面上，然后用圆滑线将这些地形点连接起来即得地形线［图 15.2（a）］。

（3）勘查工程的绘制。以坐标线为基线，根据测量成果将探槽、浅井和钻孔等位置绘在剖面图上［图 15.2（b）］。

（4）地质界线的绘制。依据各种勘查工程原始编录资料，将各种地质界线点按比例尺缩绘到相应的位置上，且注明其产状、取样位置和编号［图 15.2（c）］。

（5）在综合分析、研究、推断的基础上，依其空间位置相互关系、产状和地质规律连接工程间岩层界线，矿体界线和断层等构造线［图 15.2（d）］，图下可附平面示意图。为了使地质界线连接的合理，每一剖面编制过程中要注意与其相邻剖面联系对比，使地质界线标绘合理。

（6）如用来估算资源储量时，应画出各矿石类型和资源储量级别的界线，并注明面积号、面积数及资源储量类型（图 15.3，图 15.4）。

（7）用投影法在图下边绘出勘查线平面草图，在其一侧按不同工程编制分析结果表。最后写上图名、比例尺，绘好图例与图签（图 15.3，图 15.4）。

（8）砂矿勘查线剖面图，为满足不同开采方法的需要，应按不同工业指标，圈出不同开

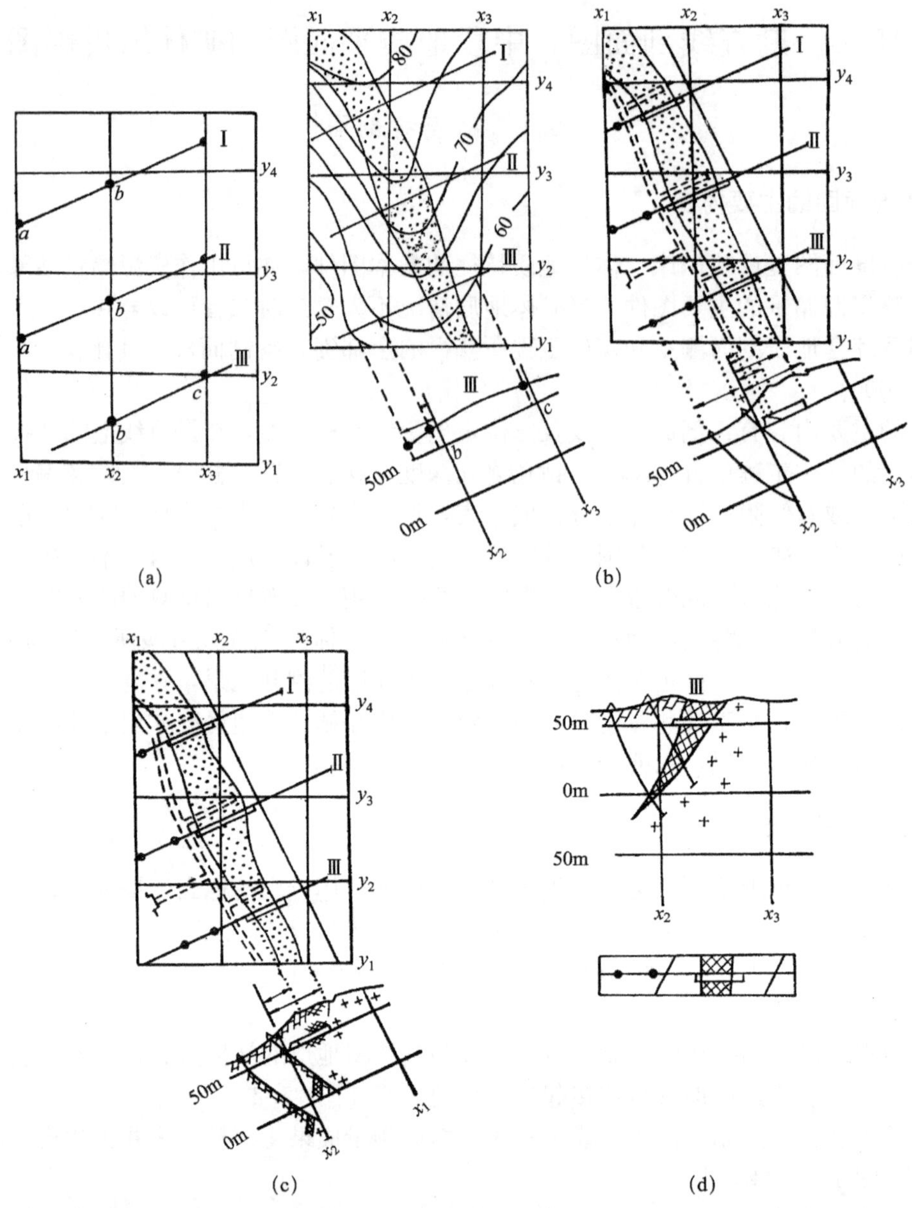

图 15.2　勘查线剖面图的编制方法

(a) 坐标线及地形线的绘制；(b) 勘查工程的编绘；(c) 地质界线的绘制；(d) 地质界线的连接

采方法的开采边界线。如开采的对象只是含矿层时，要区分出含矿层与剥离层，当全面开采时，整个松散层都是开采对象，因而要求按混合砂层计算品位。

前述的（1）、（2）步骤是在矿区地形地质图上切剖面的方法，但是在正规报告的勘查线剖面图其地表地形线和地质界线要用经纬仪测出。

3. 编图时应注意的问题

（1）各种地质界线的连接，必须合乎地质规律，有勘查工程控制的地质界线用实线连接，推断部分用虚线表示。

××矿床××号勘查线剖面图

比例尺 1：1000

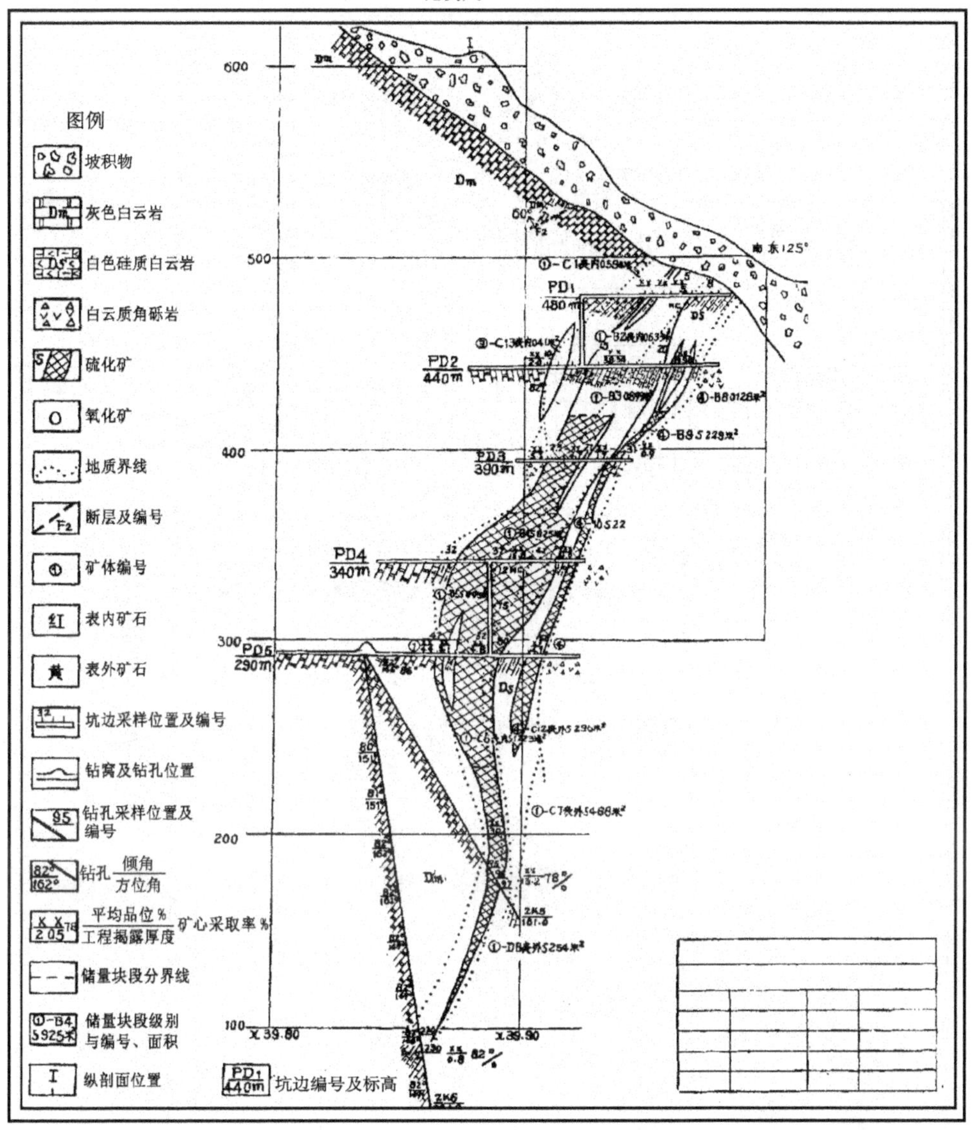

图 15.3　勘查线剖面图示例

(2) 连接的地质界线，应与相应的原始资料相吻合，控制点之间可以根据地质规律合理推断，但控制点不能移动，个别控制点无法合理连接时，要重新系统检查原始资料。发现问题时需要到现场根据实际情况纠正，绝不允许在室内主观臆断地随意更改原始资料。

(3) 位于剖面线左右近侧的工程，视需要可将其位置投影到剖面线上，但必须注明偏离的距离。

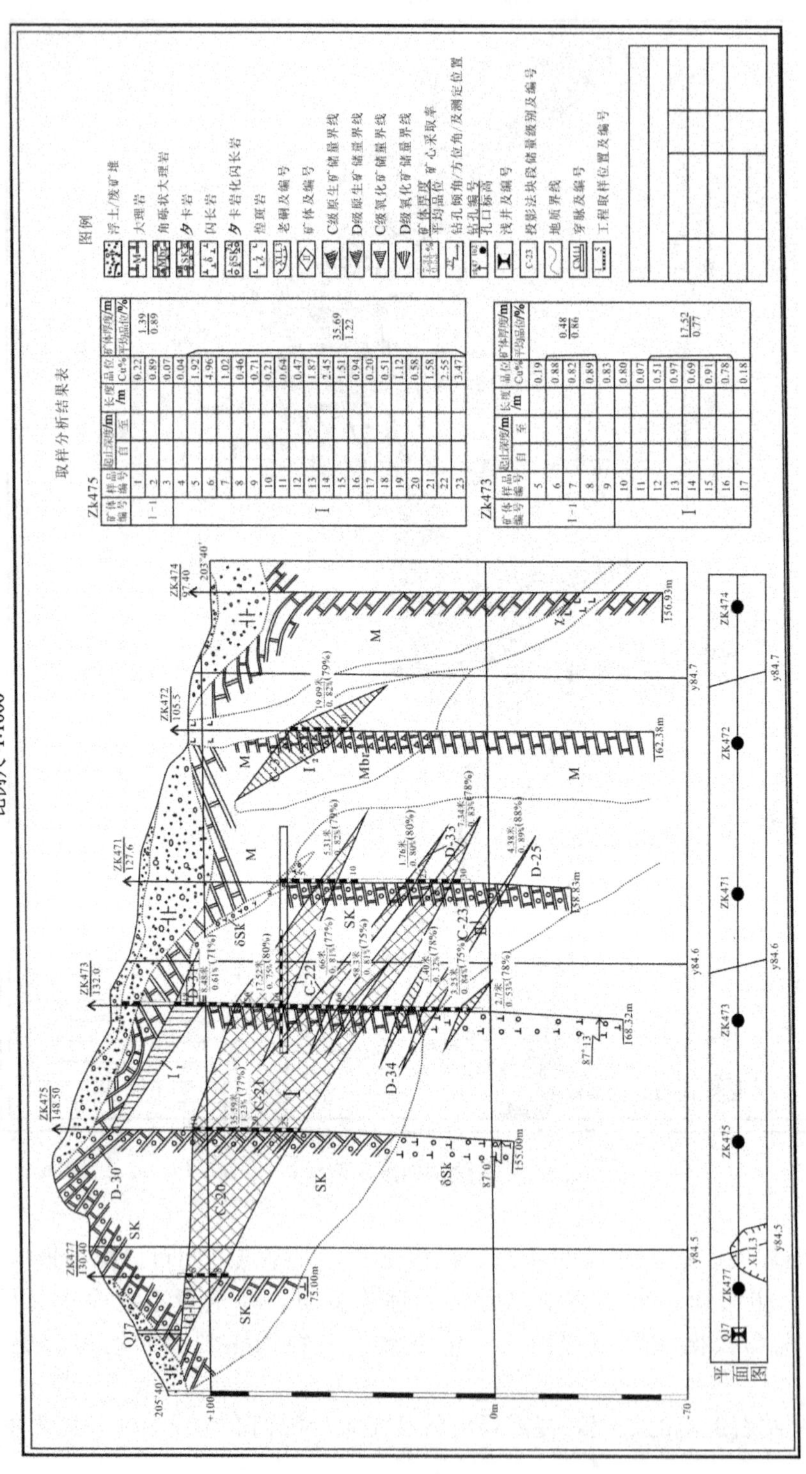

Zk475

矿体编号	样品编号	起止深度/m 自	起止深度/m 至	长度/m	品位Cu%	矿体厚度/m / 平均品位/%
I-1	1				0.22	1.39 / 0.89
	2				0.89	
	3				0.07	
I	4				0.04	35.69 / 1.22
	5				1.92	
	6				4.96	
	7				1.02	
	8				0.46	
	9				0.71	
	10				0.21	
	11				0.64	
	12				0.47	
	13				1.87	
	14				2.45	
	15				1.51	
	16				0.94	
	17				0.20	
	18				0.51	
	19				1.12	
	20				0.58	
	21				1.58	
	22				2.55	
	23				3.47	

Zk473

矿体编号	样品编号	起止深度/m 自	起止深度/m 至	长度/m	品位Cu%	矿体厚度/m / 平均品位/%
	5				0.19	
I-1	6				0.88	0.48 / 0.86
	7				0.82	
	8				0.89	
	9				0.83	
I	10				0.80	17.52 / 0.77
	11				0.07	
	12				0.51	
	13				0.97	
	14				0.69	
	15				0.91	
	16				0.78	
	17				0.18	

图 15.4　勘查线剖面图示例

15.4.2　中段地质平面图（水平断面图）

1. 图件的主要内容

中段地质平面图是根据通过同一标高的勘查工程所获得的地质资料经过综合整理编制而成的。它是用以反映在不同标高各水平面上矿体及地质构造特征、矿化分布规律、勘查工程分布等。当矿床主要利用水平坑道勘查时，它是水平断面法估算资源储量的主要图件。一般比例尺为 1∶500～1∶1000（图 15.5）。

编图所需的主要资料：相应的矿区地形地质图和勘查工程分布图，勘查线剖面图，坑道测量和坑道原始编录资料，中段采样平面图及样品分析结果等。

图件的主要内容：坐标网、勘查线、探矿工程及其编号，各种地质界线、矿体及其编号，矿石类型分布，取样位置及编号等。当用作资源储量估算时，还应表明矿石品级、资源储量类别、块段及编号、面积及平均品位等。

2. 编图的基本方法

（1）首先在勘查中段的水平断面上，按矿区地质图上的要求范围画好坐标网；

（2）根据勘查线端点坐标、展绘勘查线；

（3）根据坑道测量成果，展绘坑道测量基点，勾绘坑道水平断面的形状；

（4）根据勘查线剖面图转绘钻孔穿过水平断面的位置；

（5）根据坑道素描图转绘各种地质界线；

（6）连接地质界线，圈定矿体及不同工业品级和类型的范围，注明矿体编号；

（7）如作资源储量估算时，需根据坑道素描图画出采样的位置并编号，此外，还应在图上画出资源储量块段，标上分块的资源储量类别、面积和平均品位等；

（8）如果没有施工坑道，也可根据勘查线剖面图绘制水平断面图，即将勘查线剖面图上与拟编制的水平断面具同一标高线的所有地质界线点，按比例转绘到平面图上，连接各勘查线相应的界线点，便得地质体在某一标高的水平断面图。

有时为了清楚地看到矿体在不同标高的变化情况，可编制“矿体中段联系图”。它的制作方法是将各中段地质图在相应位置按标高并利用透视关系，自下而上地排列在一张图上，给人以立体的感觉，使我们能清楚地看到矿体深部的变化情况（图 15.6）。

15.4.3　矿体纵投影图

1. 图件的主要用途和内容

矿体纵投影图是在与矿体延长方向（走向）平行的垂直投影面或水平投影面上表示矿体内各级资源储量与矿石品级的分布和工程控制程度，一般分矿体编制。它是某些方法（如地质块段法、开采块段法）估算资源储量的基本图纸。如果资源储量估算方法不涉及投影图时，为了表示资源储量级别分布及矿体分布情况，提供开采设计参考，或为了检查勘查工程对矿体的控制程度，也可以编制此种图件。

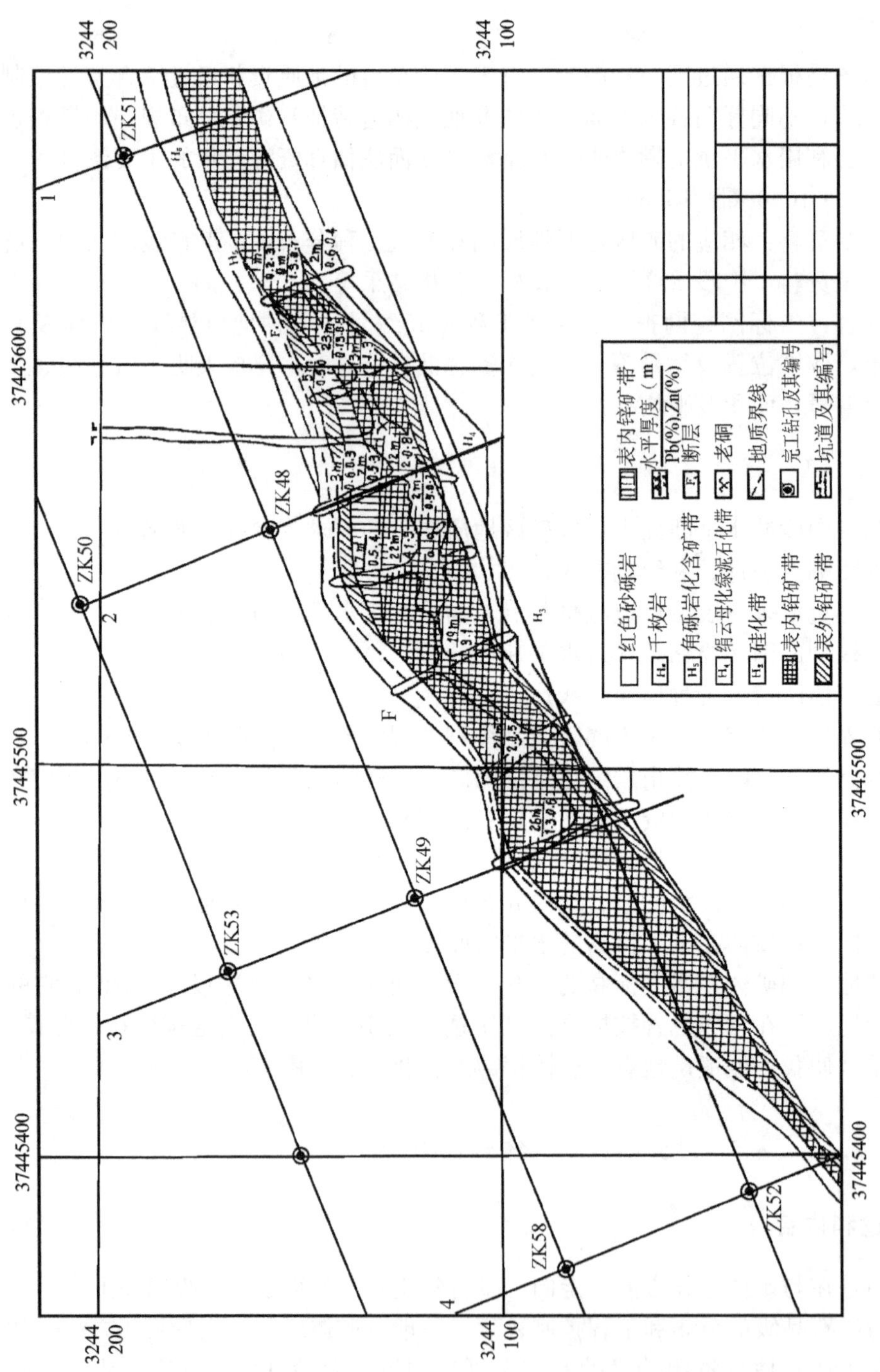

图 15.5　中段地质平面图图示例

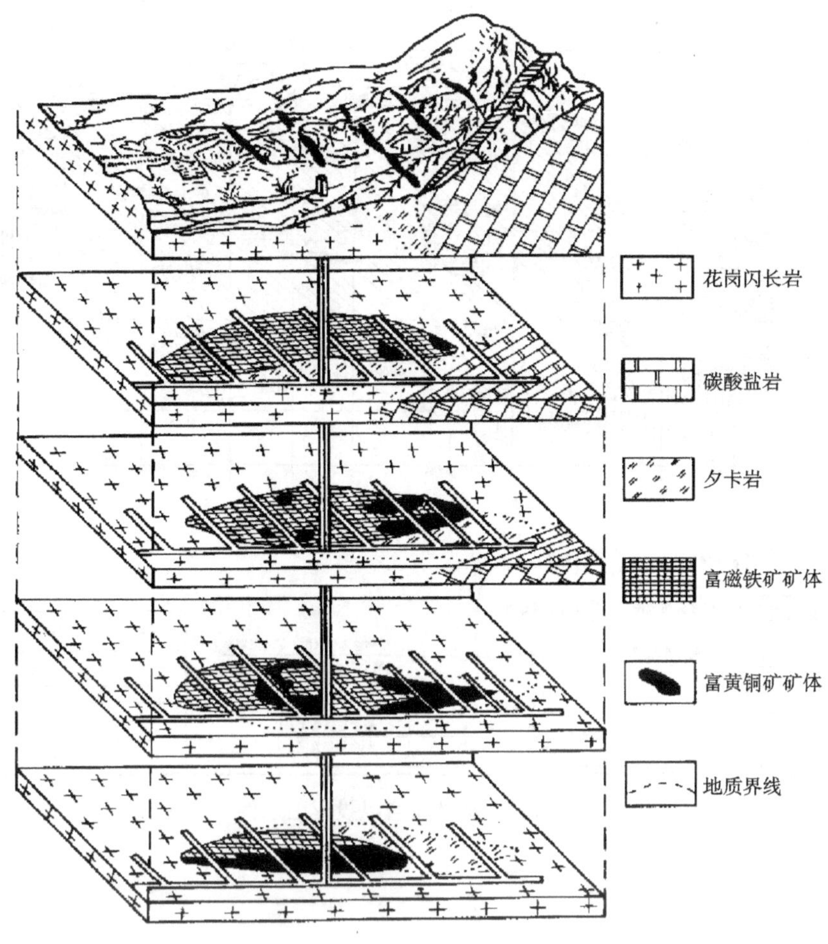

图 15.6　某铜矿 3 号矿体立体图

采用何种投影面制图并估算资源储量，主要取决于矿体产状的陡缓。当矿体总体倾角大于 45°时，一般用垂直投影面，称矿体垂直纵投影图；小于 45°时，则用水平投影面，称矿体水平纵投影图。其比例尺根据矿体规模和要求而定，一般为 1∶500～1∶1000（纵投影图的比例尺应与勘查线剖面图一致）。

矿体垂直纵投影图与矿体水平纵投影图的作图方法基本相似，所不同的是投影方向与投影面不同而已。所以，这里只简要介绍矿体垂直纵投影图（图 15.7）的编制。

编图所需的主要资料：相应的矿区地形地质图、勘查线剖面图、中段地质平面图、勘查工程分布图及各种勘查工程采样分析结果。所采用资料必须已经通过审核验收。

图件的主要内容：投影面方位线、坐标线、标高线、勘查线、矿体出露线与投影边界线，各种勘查工程投影的位置及编号，切割矿体的岩脉和断层等的投影位置，不同资源储量类别和不同类型、品级矿石的界线，块段面积、平均厚度、平均品位、矿石量、金属量等。

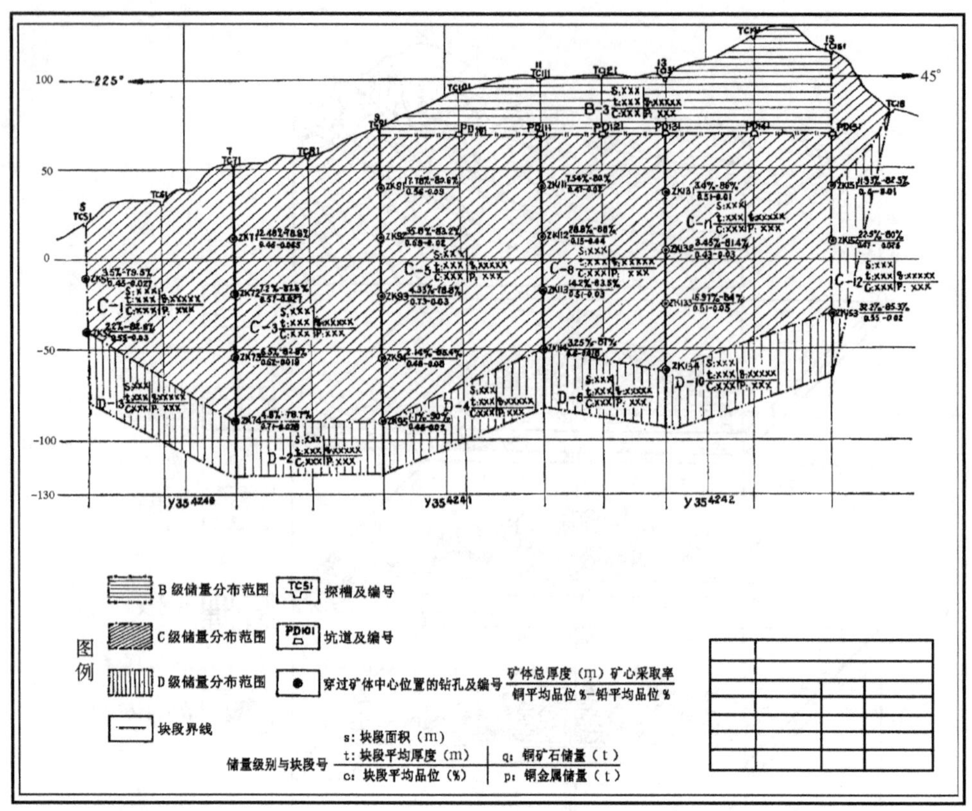

图 15.7　矿体垂直纵投影图示例

2. 编图的基本方法

1）确定投影面方位

一般是采取矿体平均走向的方向［图 15.8（a）］，投影线和矿体走向线的交角一般不能大于 15°。如果矿体各段走向变化大（大于 15°时）可以分段采取不同方向的投影面，使之各自平行于各段矿体的走向，此时应注意展开后各部分的相互关系。

2）绘制标高线

标高线的位置选择要适当，不宜偏高或偏低，使表达的内容居于图幅中央［图 15.8（a）］。标高线之间的间距一般为 10cm，即在 1∶500 比例尺图纸上为 50m，在 1∶1000 比例尺图纸上为 100m。

3）基线或剖面线的绘制

根据不同情况可以采用基线或剖面线。一般采用勘查剖面线为基线，其投影是根据地形地质图将剖面线按比例尺绘制到投影图上，以作为编图的控制网，然后投上坐标线（x 或 y）［图 15.8（a）］。

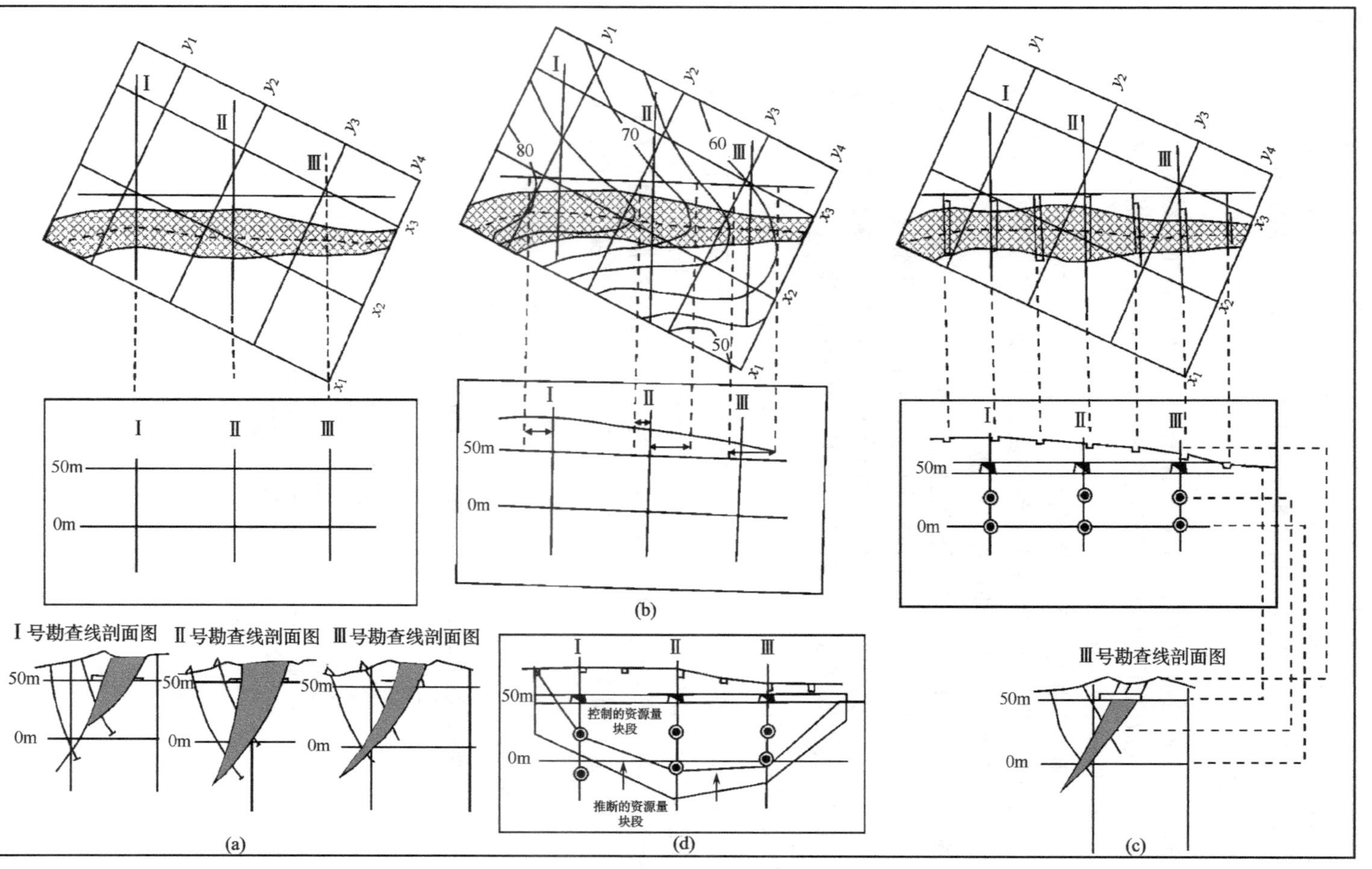

图 15.8　矿体垂直纵投影图的编制方法

(a)投影方位线、矿体中心线的绘制及基线(剖面线)、标高线的绘制;(b)矿体出露地形的绘制;(c)勘探工程截穿矿体位置的投绘;(d)圈定矿体、划分块段

4）矿体出露地形的绘制

在矿区地形地质图上将矿体露头中心线与地形等高线的交点投影到投影方位线上，然后以勘查线控制绘到相应的标高位置，最后将各点高程连接即得矿体出露地形线［图 15.8（b）］。如果矿体为盲矿则在矿体之上相应位置划出地形线，表示矿体的埋深。

5）勘查工程的投绘

（1）探槽的投绘，在矿区地形地质图上，将探槽的两边与矿体中心线的交点垂直投到投影方位线上，再利用基线或剖面线的控制投到投影图上，并按其高程画出探槽位置及其编号［图 15.8（c）］。浅井的投绘亦如此。

（2）沿脉坑道的绘制，是按中段高度移到投影图上相应标高位置。

（3）穿脉坑道的绘制，将穿脉与矿体中心线的交点，投到投影方位线上，再以邻近的勘查剖面线为控制、绘制到投影图上相应的标高位置。

（4）钻孔的投制，根据勘查线剖面图，把钻孔见矿位置（即钻孔与矿体在倾斜方向的中心线的交点），按所在的勘探剖面和见矿标高移到投影图上，并标明钻孔编号和见矿标高［图 15.8（d）］。未见矿钻孔，按矿体连接相应的空间位置画于投影图上，作为矿体边界的控制点。

（5）绘出穿切矿体的岩体（脉）界线，绘出破坏矿体的构造线。

6）圈定矿体、划分块段

按规定的格式要求，在各截穿矿体工程处，标注矿体（层）的厚度、平均品位和矿心采取率；按矿体圈定原则绘出矿体（或资源储量估算）的边界线；划分出不同的矿石类型、品级的界线；按勘查类型的要求划分出资源储量类型的界线，划分资源储量估算块段的界线；按矿石类型、品级和资源储量类别、编制资源储量估算块段平均厚度、品位、面积、体积、资源储量数字及资源储量估算结果汇总表［图 15.8（d）］。

7）最后修饰整理成图

将图名、图例、比例尺及图签表绘于图幅的适当位置，如图 15.7 和图 15.9 所示。

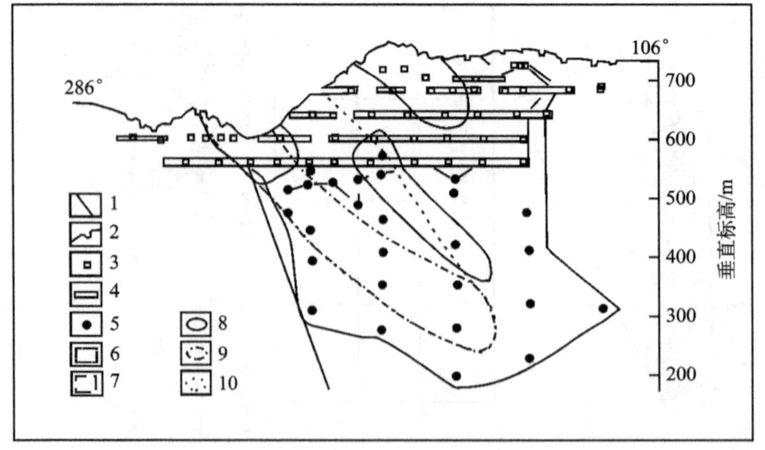

图 15.9 贵州省烂泥沟金矿床 1 号矿体垂直纵投影图（Peters et al.，2002）

1. 断层；2. 探槽；3. 穿脉；4. 沿脉；5. 钻孔穿过矿体的位置；6. 探明的资源储量块段；7. 控制的资源储量块段；8. 富金区；9. 含砷区；10. 含汞区

15.5 其他综合性图件

15.5.1 含矿地层柱状对比图及矿层柱状对比图

此图主要表示沉积矿层或层状矿体及其围岩（含矿层）沿走向（或倾向）在矿产质量、岩相、结构、构造、厚度等方面的变化，并反映矿区内各地段间的矿层对比情况。

对比图的编制是根据各实测地质剖面和探矿工程原始编录的岩层及矿层柱状图按一定方向依次排列编成。垂直比例尺一般为 1∶500～1∶1000，水平比例尺根据柱状剖面图间距大小而定。各柱状图中的相当矿层与标志层一般用直线相连，有疑问的改用断线或点线；选择一个最稳定的可采矿层或标志层作为基准，排在一条水平线上，以便比较和了解沉积变化。

柱状对比图上要画岩性符号，有时为了对比和说明沉积条件的变化，可在相应位置上表示出化石、接触关系、层理类型等岩石成因标志内容的符号；当矿层较多或含矿岩层结构、构造复杂时，可在图的一侧附绘矿层及含矿岩层综合柱状剖面图；在含矿岩层柱状图一侧要标出含矿岩层的分段厚度和矿层厚度。此外，在矿层对比图上要将主要矿层的主要有益、有害元素含量在每一柱状图旁分别加以注明，以表示其质量的变化情况。当采用沉积岩相旋回划分对比时，可在每一含矿地层柱状图右侧附加一个岩相旋回柱状图，或在各岩性柱状图之间表示沉积岩相的花纹符号、沉积旋回的级别，并画上相应的对比线。

15.5.2 矿层底（或顶）板等高线图

此图多用于中等倾斜程度、厚度较稳定、工程较密的层状矿床。这种图可以根据矿层底（顶）板等高线的形态与变化，反映矿体的产状变化与构造形态，且能按不同标高的深度划分块段、估算资源储量，便于开采设计。如煤矿估算资源储量时常用此种图件。

图件内容：图上一般需绘出坐标线、断层线、矿层露头线、勘查线及其编号，全部揭露或穿过本矿层的勘查工程及编号，揭穿矿层底板标高及等高线。如用此图作资源储量估算时，图内尚需绘制采掘边界及采空区；在每个见矿点旁边，注明估算资源储量所采用的矿层厚度、矿心采取率、化验分析结果及矿层小柱状图；此外，应根据勘查工程结合矿层情况，用不同线条分别圈定资源储量类别、划分块段。

编图的基本方法：根据勘查工程与钻孔分布的不同，其编制方法主要有插入法与剖面法两种。其具体步骤如下：

（1）首先在投影平面图上绘制坐标网。

（2）根据测量成果将见矿工程的位置标于图纸上并标明见矿底板标高及矿心采取率、见矿厚度。

（3）绘制矿层地表露头线。

（4）用插入法或垂直剖面法按一定的等高距求出各个等高点。

（5）将相同等高点连接成圆滑的曲线，即为矿层底板等高线，也就是该层面上不同高度的走向线。一般在连线时先连高标高值，然后连低标高值、逐渐向外扩展。

（6）如用此图进行资源储量估算时，还需根据勘查研究程度圈定资源储量类别，划分资源储量估算块段等。

15.5.3　矿体或矿层主要元素变化曲线图

此图的编制在于了解一个矿床主要元素或化合物间的含量消长变化关系，并据以了解矿床及其包含的主要矿产工业品级沿走向、倾斜、厚度或其他方向的变化。

这种图是根据各勘查工程所采样品化验结果编绘，比例尺一般不小于矿床的最大比例尺的地质图，以便明显表示品位变化。一般选择矿产工业品级与空间分布上有代表性的勘查工程资料，并就其勘查进行方向的接近于水平（探槽、平巷）或直立（竖井、浅井、钻孔），分别绘成水平的或直立的曲线图。

除上述一些综合图件外，在勘探阶段根据矿床地质情况和工作的需要，有的还需编制剥离比等值线图、矿层厚度等值线图、地貌图、第四纪地质图、矿床水文地质图等。由于篇幅所限，在此从略。

本章小结

综合地质编录主要是利用各种探矿工程的原始地质编录资料，编制各种综合地质图件，用以反映勘查区或矿床某个侧面的地质矿化特征以及勘查工程的总体部署。本章主要介绍了几种与矿产勘查有关的综合图件编制方法和要求。

本章进一步参考读物

国土资源部矿产资源储量评审中心. 2009. 固体矿产勘查地质图件规范图式. 北京：地质出版社

侯德义. 1984. 找矿勘探地质学. 北京：地质出版社

赵鹏大. 2006. 矿产勘查理论与方法. 武汉：中国地质大学出版社

中华人民共和国地质部. 1980. 固体矿产普查勘探地质资料综合整理规范

第16章 矿体圈定

在资源储量估算过程中，根据勘查工程和取样分析的资料，按照工业部门对矿产利用的工业指标要求，确定不同质量、用途和开采技术条件的矿产资源储量分布范围而进行的工作，称为矿体圈定（orebody delineation）。矿体圈定得是否正确，不只是影响资源储量估算结果的准确性，更重要的是，由于矿体圈定过程中，对矿体形态、产状的歪曲和错误，可能会给矿床勘探以后的矿山企业设计以及矿床的开拓工作带来难以挽回的损失。

16.1 矿产工业指标

16.1.1 矿产工业指标的概念

矿产工业指标简称工业指标（industry specifications），是在当前的技术经济条件下，工业部门对矿产质量和开采条件所提出的标准要求，也就是评定矿床工业价值、圈定工业矿体和估算工业矿产资源储量所遵循的标准。具体地说，矿产工业指标是根据工作地区的矿床地质、经济地理资料、结合我国当前的开采、选冶技术条件、资源供需现状，由有关工业部门，根据地质部门提出的初步意见，共同研究所确定的要求。它作为矿产勘查工作中圈定矿体边界、划分矿石品级、估算资源储量的依据。

在矿产勘查的初期阶段，由于资料不足，通常是类比同类矿床所使用的工业指标，即参考相应目标矿种勘查规范中的工业指标。不过，国家所规定的一般矿产工业指标，只能在矿产勘查早期阶段作为资源量估算和概略研究的参考。而提供矿山建设设计的地质勘探报告中所采用的矿产工业指标，是根据国家的各项技术经济政策、资源情况、开采和加工技术的水平，考虑国家当前和长远的需要，由地质勘查单位提出地质资料和对矿产工业指标的初步意见，再经设计部门在进行技术经济条件比较的基础之上，报请领导主管部门批准后下达给勘查部门。这个矿产工业指标才是最终用以评价矿床、圈定矿体和估算资源储量的依据。

矿产工业指标既是矿床评价的主要依据，在一定程度上也是反映科学技术和工业发展水平的标志。在市场经济条件下，矿产工业指标将主要由矿山企业根据技术经济可行性研究的结果加以确定。因此，矿产工业指标是一种动态指标，它应该随着矿床地质特征的变化、开采和加工技术水平的提高、国际市场矿产品价格的变动等因素而适时地调整，以期获得最佳的技术经济效益。

16.1.2 矿产工业指标的种类

一般固体矿产的工业指标包括边界品位、最低工业品位、有害组分最大允许含量、最小可采厚度、最低工业米百分（或米克）值、夹石剔除厚度及剥离系数等。

1. 边界品位

边界品位（marginal grade）是指在资源储量估算圈定工业矿体时，对单个样品中有用组分含量的最低要求。以作为区分矿石与围岩的一个最低品位界限。有用组分含量低于边界品位的样品，所代表的地段一般视为围岩或夹石。需要强调的是，边界品位不是整个矿体或矿体的某一部分的平均品位，而是针对个别样品或者说是单个样品制定的指标。边界品位在资源储量估算中所起的作用，是使包括在圈定矿体中贫的和富的矿石平均起来，能满足最低工业品位的要求。因此，边界品位应当低到足以使块段边部的贫矿石最大限度的圈入估算范围之内，而又保证与富矿石平均之后具有工业价值。边界品位确定的高低将直接影响矿体形态的变化以及矿产资源的充分而又合理地利用。

边界品位的确定一般参考2012年版《矿产资源工业要求参考手册》提出的指标，也可采用邻区同类矿山采用的指标。原则上边界品位是达到一定选冶试验精度的选矿试验结果中尾矿品位的1.5～2倍。针对具体矿床（矿产地）的指标，只能是一个数值，如金的边界品位确定为0.3g/t，而不能是0.3～0.5g/t。

2. 最低工业品位

最低工业品位也称最低工业可采品位或称最低平均可采品位，简称工业品位。它是指单个工程或矿体的单个开采块段（或勘查块段）中主要有用组分的最低平均品位。也就是说，工程或块段中主要有用组分的平均含量只有高于这个最低工业品位值时才具有工业价值，介于最低工业品位与边界品位之间的矿石称为次经济的或当前经济技术条件下暂时不能利用的矿石（也称为表外矿石）。最低工业品位是划分矿石品级，区别表内外资源储量的分界品位。最低工业品位定得过高，将有相当大的一部分本来是工业可以利用的矿石列入表外；最低工业品位定得过低，也会造成圈定出来的矿体因平均品位降低而失去工业价值。因此最合理的工业品位应当是既能使富矿地段底板的贫矿尽可能多地列入能利用（表内）的资源储量中，同时又能保证把暂不能利用的贫矿地段圈定出来。

3. 边际品位

边际品位（cutoff grade）是西方矿业发达国家使用的指标，定义为某个矿床开采的最低品位，用于确定矿体的边界。例如，假设某个斑岩铜矿床铜的平均品位是0.5%、其边际品位可能是0.2%，则含铜低于0.2%的矿化岩石即被视为废石。从矿产经济学的角度考虑，边际品位是能够使生产成本和销售收入保持平衡所要求矿石的最低金属含量，从而，边际品位表示的是矿山的无盈亏点。

在西方矿业发达国家，没有最低工业品位和边界品位的要求，边际品位是圈定矿体的唯一品位依据。它起着边界品位的作用，但它不是针对单个样品而言；它具有最低工业品位的功能，不过，它是划分矿石和废石的边界而不是区分能利用和暂时不能利用矿石的边界。

随着矿产品市场价格的变动，生产部门所采用的边际品位也将随之进行相应调整。这种定期或不定期调整以保证获取最大利润的边际品位，称为最佳边际品位。

4. 最小可采厚度

矿体的最小可采厚度（minimum stopping width）又简称可采厚度。它是指矿石质量符合要求时，在一定技术经济条件下，可供工业开采的矿层或矿体的最小厚度。可采厚度在圈定矿体时作为区分能利用资源储量与暂不能利用资源储量的标准之一。小于可采厚度的矿体目前不具工业意义，故不宜开采。因为矿体厚度过小，开采时易混入围岩使矿石贫化，造成选矿回收率降低，选矿成本增高。

最小可采厚度均应以真厚度计算。

5. 最低工业米百分值

最低工业米百分值（minimum metal accumulation）是最低工业品位与最小可采厚度之乘积。如果矿石的品位计算单位为%，则称最低工业米百分值或米百分率；若矿石的品位计算单位为 g/t，这时称最低工业米克值。最低工业米百分值这一工业指标是工业部门对某些矿产，特别是工业利用价值较高的矿产所提出的一项综合指标，只用于圈定厚度小于可采厚度而品位大于工业品位的矿体。在这一前提下，如果矿体厚度与矿石品位的乘积等于或大于这一指标要求时，便可将这部分矿体划入能利用（表内）资源储量的范围。

6. 夹石剔除厚度

夹石剔除厚度又称最大允许夹石厚度。它是指工业部门根据采矿技术和矿床地质条件对固体矿产提出的一项工业指标，指在资源储量估算圈定矿体时，允许夹在矿体中间非工业矿石（夹石）的最大厚度。厚度大于这一指标的夹石，在开采时即可单独处理不予开采。厚度小于这一指标的夹石，开采时不能单独处理，而与矿石一并采出，故在资源储量估算时应包括进去。

夹石剔除厚度确定的合适与否直接影响到矿石开采的损失与贫化。夹石剔除厚度如果偏小，虽然可以提高矿石平均品位，但可能导致矿体形状复杂化；而且，如果剔除实际上难以剔除的夹石，有可能会造成更大的矿石损失。如果夹石剔除厚度偏大，则会使矿体形状简化，但平均品位将会有所降低（贫化），势必会增大选矿成本。

7. 有害组分最大允许含量

有害组分最大允许含量指对矿产品质量和加工过程起不良影响的组分允许的最大平均含量，是衡量矿石质量和利用性能的工业指标。对于直接用来冶炼或加工利用的富矿及一些非金属矿产，像耐火材料、熔剂原料等更是一项重要的指标。有害杂质的存在，不仅影响到有益组分选冶，还会提高成本，降低产品质量。但是，有害与有用也是相对的，随着技术的提高，有害组分也会变为有用组分。

8. 矿石工业品级

矿石工业品级简称矿石品级。在一个工业类型矿石中，根据矿石的有用组分、有害组分的含量，物理性能、质量的差异以及不同用途的要求等，对矿石（矿物）所划分的不同等级，称为矿石工业品级。例如，炼钢用铁矿石，按化学成分可分为 4 个品级（表 16.1）；耐火黏土根据有用组分、有害组分的含量及物理性能（耐火度、烧失量），可以分为多种作用的不同等级；云母矿床中按厚片云母片内最大内接矩形面积（cm^2）分为 9 个型号的云母等；金刚石根据它的重量、物理性能等也分为几种不同用途的品级。因此矿石品级的划分，不同矿种有不同的要求。它是合理开采、合理利用矿产资源的重要依据。

表 16.1　铁矿石的工业品级的划分标准

级别	化学成分/%			
	TFe	SiO_2	S	P
一级品	≥62	≤8	≤0.1	≤0.1
二级品	≥60	≤10	≤0.1	≤0.1
三级品	≥58	≤12	≤0.12	≤0.15
四级品	≥56	≤13	≤0.15	≤0.15

9. 剥采比

剥采比（strip ratio）是指露天矿开采过程中，为开采有用的矿物，剥离的废石量和采出的有用矿石量之比，即单位矿石所需剥离的废石量。它是确定矿床露天开采的经济技术指标之一，等于或小于该比值的矿床（体）可以采用露天开采方法进行开采。

16.1.3　工程指标体系和矿块指标体系

1. 工程指标体系

工程指标体系是指在单个探矿工程中同时用边界品位、最低工业品位、最小可采厚度和夹石剔除厚度等指标来圈定矿体（矿块）和估算资源储量的方法体系。我国目前采用的是这种指标体系。

工程指标体系认为矿体有自己的边界、形态和大小。采用边界品位指标作为圈定矿体单个样品有用组分含量的最低要求。换句话说，以它作为区分矿石和废石的界线，其目的一方面是要保证矿体的完整性，以便使矿床开采起来更为简单一些；另一方面则是要保证所圈定的矿块达到最低工业品位的要求，从而使矿山企业可能盈利，同时也能充分利用选冶可回收的资源。采用最低工业品位作为矿体内单个工程中有用组分平均含量的最低要求，也就是说，以它作为工业能够开采利用的矿石品位的最低要求。根据最低工业品位指标圈定的矿体，所开采出的矿石平均品位能够保证采、选、冶企业在当前经济技术条件下获得既定的最低利润，或者至少达到盈亏平衡，过去把这部分资源量或储量称为能利用储量，又称作表内储量。

介于边界品位和最低工业品位之间的这部分矿石，如果在当前经济技术条件下单独开采，肯定是要亏损的，这部分矿石量以往称为暂时不能利用储量或表外储量（平均品位达到工业品位但厚度小于最小可采厚度指标的矿体也属于表外储量）。边界品位的作用是使所圈出的矿体形态更简单和更规则一些。

2. 矿块指标体系

矿块指标体系是指在最小开采单元中采用边际品位来圈定矿块、估算资源储量的方法。西方国家多采用这种指标体系。

矿块指标体系否认矿体有自己的边界、形态和大小。其做法是利用最小开采单元（根据采矿方法确定）把矿床规划成一个个的开采块段，块段平均品位高于边际品位者即为矿块，可以开采，低于该指标者就是废石块段，不予开采。显然，这种指标体系估算出的资源储量包括了贫化部分的矿石量，也就是说，该体系把贫化率引入到资源储量估算中，而这种贫化率含有随意引入的夹石厚度以及矿体可采厚度指标因素在内。

该体系直接反映出工业指标的经济目的，能够显著地简化矿体的圈定和资源储量估算过程。不足之处是资源未能得到最充分的利用。

16.1.4 工业指标的制定方法

工业指标是区分矿与非矿的重要经济指标，在市场经济条件下，应通过可行性研究来确定。由于勘查初期收集资料有限，缺乏代表性，无法进行可行性研究。因此，在预查和普查阶段主要采用类比法确定，即参照《矿床资源工业要求手册》或现行的矿种规范，或业主提供的指标，或类比同类型矿床采用的指标；而在详查和勘探阶段通常要根据预可行性或可行性研究的论证来确定。

1. 确定边界品位和最低工业品位的方法

目前在生产实际中，常用的方法有类比法、统计法、价格法和方案法。现简介如下。

1）类比法

类比法是根据生产实践经验参照现有类似矿床的生产指标的统计资料来确定。这是一种既简单而又实用的方法。但是由于客观自然界的矿床均有自己的特点，所以这种方法又存在着主观成分。所以对那些有用组分简单，矿石技术性能又不复杂的矿床比较适用，对于那些急于建设而又来不及试验的小型矿床也可用类比法。这种方法确定的指标，往往要随着工作的进展，或技术经济条件的发展而不断改变。

2）统计法

统计法是根据矿床中全部样品的品位资料，按主要有用成分的不同含量划分出适当的品位区间，并计算各区间的样品个数及其百分数。每一等级（区间）在图上（图16.1）的位置取决于纵横坐标的交点。纵坐标为这一等级中组分的平均品位，横坐标为该等级以前样品总数加该等级的样品数。根据这些点制成累积频率曲线，然后在纵坐标相当于最低工业品位的位置作一条平行横坐标的直线，与累积曲线相交。这时累积曲线与横坐标所限定的面积被分为两个部分，一部分高于最低工业品位（S_1），另一部分则低于最低工业品位（S_2）。显然，为了保证最低工业品位的要求，需要把最低工业品位水平以上的面积（S_1）来填补这一水平以下的某一面积（S_3），当使$S_3=S_1$之后，S_3面积的最

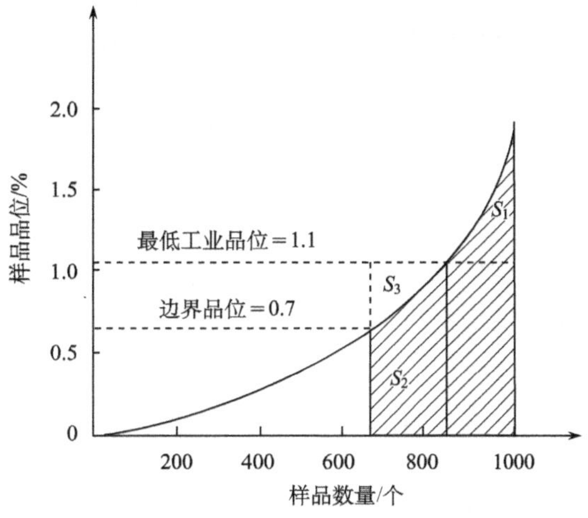

图16.1 样品品位与样品数量间的相依关系

左边的纵坐标与累积曲线的交点即为边界品位。当工业品位＝1.1％时，边界品位确定为0.7％。

3）价格法

价格法是根据从矿石中提取1t最终产品（精矿或金属）的生产成本不得超过该产品的市场价格的原则来计算确定矿床的最低工业品位。一般按下式计算：

最终产品为精矿时：$C_P=\dfrac{A_K\times C_K}{S_K\times K_n\times(1-r)}$ (16.1a)

最终产品为金属时：$C_P=\dfrac{A_m\times C_m}{S_m\times K_m\times(1-r)}$ (16.1b)

式中，C_P 为最低工业品位（％）；C_K 为精矿品位（％）；C_m 为金属品位（纯度）（％）；S_K 为1t精矿市场价格（元/t）；S_m 为1t金属市场价格（元/t）；r 为开采贫化率（％）；K_m 为冶炼回收率（％）；K_n 为选矿回收率（％）；A_k 为1t矿石从地、采、选到精矿出厂的总成本（元/t）；A_m 为1t矿石从地、采、选、冶到金属出厂的总成本（元/t）。

价格法可以反映出生产该种品位矿石的成本和市场价格的关系，达到收支平衡。但是，这种方法所选用的各项指标，往往都是部门平均指标，因此确定的指标不一定非常合理，尤其小矿床，贫矿和复杂的矿床更是如此。故应用价格法确定的指标应和其他方法相比较。

4）方案法

方案法是根据矿床地质特点和样品分析资料，拟定3～4套具有代表性的边界品位和最低工业品位方案，以此分别进行矿体圈定和资源储量估算，形成包括各套方案的试算结果及其相应图件在内的工业指标建议书，并将建议书提交负责该项目预可行性或可行性研究的部门。该部门在进行预可行性或可行性研究的同时，应该对各工业指标的试圈方案进行综合的比较分析，择优确定最佳的工业指标方案，在此基础上编制工业指标推荐方案报告，上报有关主管部门批准后正式下达执行。

如某金属砂矿床，规模很大，覆盖很薄，宜用水力开采，矿区中部金属品位较富，四周较贫。设计中参照国内外有关同类矿床的工业指标，并结合该矿床的具体特点，选择4种方案进行对比（表16.2）。

从表16.2看出，方案1资源量虽然较大，但由于平均品位低，选矿回收率亦低，精矿年产量最少，资源利用率最低，经济效果最差。方案4虽年产精矿多，单位投资成本低，但资源利用率仍较低，因此，方案1和方案4都不理想。方案2的优点是资源利用率高，按金属资源储量和采选总回收量计算，分别比方案3高6.5％及0.9％，但由于平均品位比较低，其他经济指标反而较差，如精矿含金属年产量少182t，单位投资和生产成本也分别比方案3高28％和16％。这样一来，唯有方案3的效果最佳。

方案法具有一定的科学计算基础，特别是计算机的应用创造了更好的条件，可以建立矿床的经济模型，计算多种方案，进行对比，所以方案法的应用更为方便。但对比因素多，难于找到最优方案。

表 16.2　各方案主要技术经济指标表

指标内容		计算单位	方案 1	方案 2	方案 3	方案 4
边界品位		%	0.01	0.03	0.07	0.12
最低工业品位		%	0.02	0.05	0.10	0.15
资源量	矿石量	万 t	1830	1650	1270	1100
	平均品位	%	0.21	0.23	0.28	0.30
	金属量	t	38500	38000	35500	33000
矿山生产能力		万 t/a	50	50	50	50
矿山服务年限		a	37	33	25	22
采矿回收率		%	97	97	97	97
选矿回收率		%	52	56	69	61
采选总回收率		%	50.4	54.3	67.2	59.1
采选金属总回收率		t	19404	20634	20306	19503
资源利用率	金属储量与方案 1 比	%	100	98.7	92.2	85.7
	精矿金属与方案 1 比	%	50.4	53.6	52.7	50.7
精矿品位		%	60	60	60	60
精矿含金属年产最		t/a	546	644	826	915
精矿含每吨金属需矿石量		t/a	915.8	778.2	605.3	546.5
水力开采成本		元/t	1.2	1.2	1.4	1.4
选矿成本		元/t	6.0	6.0	6.6	6.6
精矿含每吨金属采选成本		元/t	6594	5603	4642	4372
精矿每吨金属价格		元/t	6900	6900	6900	6900
采选联合企业基建投资		万元	1180	1180	1180	1180
年产每吨精矿含金属单位投资		万元/t	2.16	1.83	1.43	1.29

2. 边际品位的确定方法

边际品位的确定是一个很复杂的经济问题，详细讨论已超出本书的范围。下面简要介绍 Sinclair 等（2002）利用单位生产成本的概念确定边际品位的方法。单位生产成本（OC）由下式确定：

$$\mathrm{OC}=\mathrm{FC}+(\mathrm{SR}+1)\times\mathrm{MC} \tag{16.2}$$

式中，FC＝固定成本/单位选矿成本；SR＝剥采比；MC＝采矿成本/单位采矿成本。对于单一的金属组分，其边际品位（%）由下式确定：

$$\text{边际品位}=\mathrm{OC}/p \tag{16.3}$$

式中，p 为单位品位的实际金属价格（如冶炼厂 10kg 金属的价格，而金属品位是以质量百分数为单位）。

前已述及，随市场价格的变动，边际品位要相应更动。这种定期或不定期更动以保证获取最大利润的指标，称最佳边际品位。而在具体操作上，最佳的边际品位（即选择具有最大现金流量的边际品位）是根据可信的资源储量估计（表 16.3）。这里的现金流量（CF）由下式确定：

$$\mathrm{CF}=\text{收入}-\text{生产成本}=(g\times F\times p-\mathrm{OC})\times T \tag{16.4}$$

式中，g 为开采矿石的平均品位；F 为每吨矿石的选矿回收率；p 为每吨矿石选出金属的实际价格；T 为选出矿石的吨数。

表 16.3　模拟某个典型斑岩铜矿床的品位-吨位关系

边际品位	矿石量/10^6t	矿石平均品位/%Cu	剥采比
0.18	50.0	0.370	1.00∶1
0.20	47.4	0.381	1.11∶1
0.22	44.6	0.391	1.24∶1
0.24	41.8	0.403	1.39∶1
0.26	38.9	0.414	1.57∶1
0.28	35.9	0.427	1.78∶1
0.30	33.0	0.439	2.03∶1
0.32	30.0	0.453	2.33∶1
0.34	27.2	0.466	2.68∶1

表 16.3 中列出的假设矿石资源储量数据模拟了某个斑岩铜矿床并用于各种可能边际品位的现金流量估计，其结果列于表 16.4，从表中可以清晰地看出，对于该假设的例子来说，0.28%Cu 的边际品位具有最大的现金流量。剥采比、金属价格、选矿回收率等参数的变化都能引起最佳边际品位的变化。John（1985）强调的一个有用的概念是上述确定边际品位的公式可以用于评价各种参数的变化（如金属价格的变化、不同的金属回收率等）对于确定边际品位的影响。也就是说，为了评价对边际品位估值的影响，可以对各种参数进行敏感性分析；在敏感性分析中，每个参数都进行独立的变化。

表 16.4　以表 16.3 为例计算现金流量

边际品位	矿石平均品位/%Cu	剥采比	生产成本/（美元/t）	总收入	实际现金流量
0.18	0.370	1.00∶1	3.50	5.24	1.74
0.20	0.381	1.11∶1	3.58	5.38	1.80
0.22	0.391	1.24∶1	3.68	5.54	1.86
0.24	0.403	1.39∶1	3.80	5.70	1.90
0.26	0.414	1.57∶1	3.93	5.86	1.93
0.28	0.427	1.78∶1	4.09	6.04	1.95
0.30	0.439	2.03∶1	4.28	6.22	1.94
0.32	0.453	2.33∶1	4.50	6.40	1.90
0.34	0.466	2.68∶1	4.76	6.59	1.83

资料来源：John，1985；Sinclair et al.，2002

注：表中的结果可以根据表 16.3 中的信息利用式（16.2）和式（16.3）并采用 MC=0.76、FC=1.98、选矿回收率=0.83 以及金属价格=0.85 美元/磅获得；单位价格为：美元/选出的每吨矿石

3. 确定最小可采厚度的方法

矿体最小可采厚度应该根据矿体形态产状、采矿方法和采运设备来确定。缓倾斜矿体回采空间高度取决于矿体厚度和采矿方法，若矿体薄，为了保证回采空间高度，只有采掘部分废石，使贫化率增高，影响金属回收，且增加采选费用。若保证出矿品位，就需采用分采充填，采矿费也高。故最小可采厚度要定得大一些。急倾斜矿体，最小可采厚度则可以减小，

可采厚度取决于采矿机械的宽度。在机采、机装、机运的情况下，最小可采厚度可参考以下数据：

倾角小于30°的缓倾斜矿体，最小可采厚度1.5m；

倾角30°～50°的倾斜矿体，最小可采厚度1.2m；

倾角大于50°的急倾斜矿体，最小可采厚度0.8～1.2m。

在矿产资源贫乏地区，当矿石与围岩有较明显的差别，可用土法开采，手选富集时，只要在经济上基本合理，矿体最小可采厚度可降低到0.3～0.4m。

4. 夹石剔除厚度的确定方法

夹石剔除厚度主要根据矿床矿化规律、矿石工业品级要求和可能使用的采矿方法综合考虑。对于质量有特殊要求的矿石和直接冶炼的富矿，必须在采取专门措施的条件下确定，一般允许夹石厚度要薄一些。

矿化极不均匀的矿床，夹石呈团块状极不规则地分布在矿体中，开采时无法剔除，可不剔除夹石；当夹石分布有规律，成层出现时，可根据矿体产状结合采矿方法研究确定。夹石在中厚-厚层矿体中，根据经验，采矿方法如果用崩落法，其夹石剔除厚度参照下列数据：

矿体厚度大于10m，夹石剔除厚度3m；

矿体厚度大于5m，夹石剔除厚度2m；

矿体厚度3～5m，夹石剔除厚度1m。

如果在矿石的加工过程中，绝大部分夹石能剔除的，则指标应当低一些，如耐火黏土矿，矿石烧结后一般需人工手选废石，为了不致人为的增大资源储量，其夹石剔除厚度可取最低值（0.3～0.5m）。

5. 确定有害杂质最大允许含量的方法

对于直接入炉的富矿，如高炉富铁矿、富锰矿及富铬铬铁矿等，除制订主要有用组分的质量指标外，还需要确定其中有害组分的允许含量值。有害组分允许含量值是根据用户生产的金属产品品种、冶炼方法、冶炼过程中加入的熔剂成分及冶炼对原料的技术要求等因素来确定。

例如，高炉富铁矿石中计算磷在矿石中的允许含量，一般可参照下式进行初步计算。

磷在矿石中的允许含量：

$$P_1=\frac{(P_2-P_3)F_1}{F_2-F_3} \tag{16.5}$$

式中，P_1为矿石中允许的磷含量（%）；P_2为生铁中的磷含量（%）；P_3为熔剂、焦炭和附加物带入的磷量（%）；F_1为矿石的含铁量（%）；F_2为由铁矿石带入生铁的铁含量一般为92%～95%；F_3为熔剂、焦炭和附加物带入的铁含量（%）。

6. 工业指标体系的政府标准和企业标准

在市场经济条件下，实际运用矿产资源工业要求评价矿床时，政府和企业所采用的标准不尽相同。作为政府管理部门，制定矿产资源工业要求，首先是考虑在当前社会的技术经济条件下，为了充分合理利用有限的资源，提出区分矿与非矿的一般标准，具有宏观指导意义。其次，政府运用矿产资源工业要求，从宏观上引导和监督企业合理利用资源，是加强对矿产资源保护的手段和切入点。再次，政府制定矿产资源工业要求，也是加强矿产资源管理基础工作的需要。政府为掌握国家矿产资源的底数，要开展对矿产资源储量变动的统计。纳入政府统计的矿产资源储量，不能以企业随市场价格不断波动的工业指标圈定储量为依据，而且应该消除由企业的内部因素造成的矿产储量数据的变动。另外，政府制定的矿产工业要求，是在勘查初期，对矿床基本特点了解不足的情况下，开展矿产评价的参照指标。

作为企业，在确定矿产资源工业要求时，为了追求矿产资源开发所获得利润的最大化，首先考虑按指标圈定范围内的矿量，经开发是能够赢利的。因此，随着市场价格等有关因素的波动，评价矿床的工业指标应该相应地浮动，而按照指标圈定的矿体边界，也是动态地变化的。当矿山企业开发利用不同类型矿产资源，如矿床类型、形态、规模、品质、可选冶性、开采技术条件、分布地域环境的不同，选取的指标会有不同。而矿山企业本身的条件，诸如开发的经验、技术的储备、融资的能力、管理的理念和水平等，都会影响矿产工业要求的确定。

16.2　矿体的圈定

矿体圈定一般包括两个方面的内容：①矿体外部边界的圈定，反映矿体沿走向、倾向以及厚度方向的三维空间变化范围；②矿体内部边界的圈定，反映矿体中矿石类型、资源储量类型以及夹石等的分布特征。

16.2.1　矿体圈定原则

应用SD法估算资源储量时，矿体边界可应用计算方法直接推定。而应用地质统计学估算资源储量是采用矿体建模以及与国际市场接轨的品位-吨位曲线来圈矿（见17.7节），矿体的圈定无须固定的边界，只需按市场价格确定品位-吨位曲线即可，生产时随着市场行情的高低，布置开采块段，这样有利于充分利用资源。

本节介绍的内容主要适用于采用工程指标体系圈定矿体的情况。严格地按照矿产工业指标在资源储量估算图纸上将矿体用边界线圈定出来的过程称为矿体的圈定。矿体圈定的正确与否，对资源储量估算的结果影响极大，因而是关键的一环。圈定矿体时应遵循如下原则。

（1）矿体的连接：一般应先连接地质体，然后根据一般工业指标和工程控制情况，结合矿体特征、控矿因素、矿化规律及地球物理和地球化学异常等特征，对矿体进行连接。一般采用直线连接矿体，在掌握了矿体地质特征的情况下，可用自然趋势曲线连接。需要注意的是，无论是采用直线还是曲线连接，所连接的矿体厚度都不得大于相邻两工程的最大见矿厚度。

（2）矿体边界的圈定：应充分考虑矿体的形态和空间产出规律，当矿体长度与厚度呈现正相关关系时，在有充分证据的情况下，可科学地确定外推边界。外推矿体边界时，要充分考虑矿床的成因类型、矿体厚度变化及其尖灭趋势和矿石品位变化等因素。

（3）预查、普查项目原则上采用边界品位圈定矿体、估算资源量。

（4）在单工程圈连矿体的过程中，如果矿体中部品位较高，允许将其上、下部的表外矿（单样来衡量）带入表内，这种做法称为“穿鞋戴帽”。在圈定表内矿时，如果单工程中连续有多个大于边界品位而低于最低工业品位的样品时，一般允许带入小于最大允许夹石厚度的样品，但不得将大于最大允许夹石厚度的样品带入。总的原则是在圈连矿体时，对于厚大且又能连片的表外矿应单独圈出，对夹在表内矿中厚度不大且分布零星难以分采的表外矿，无须单独圈出。

对于已经完成预可行性或可行性研究的矿床，应按最低工业品位数据指标分别圈定不同类型的资源储量边界，一般不使用原国家储委规定的“穿鞋戴帽”的做法。对于使用双指标圈矿、估算资源储量者，可以采用原国家储委规定的“穿鞋戴帽”的做法。

16.2.2 矿体边界线的种类

矿体边界线按其性质可分为零点边界线、可采边界线（表内资源储量边界线）、暂不能开采边界线（表外资源边界线）、矿石类型和品级边界线及资源储量类别边界线等。

(1) 零点边界线：零点边界线是矿体厚度或有用组分含量趋近于零的各点的连线，也就是矿体尖灭点的连线。

(2) 可采边界线：可采边界线是按最小可采厚度和最低工业品位，或最低工业米百分值等矿产工业指标所圈定的矿体界线。由可采边界线圈定的矿产资源储量为能利用的资源储量或表内资源储量。

(3) 暂不能开采边界线（表外资源边界线）：根据边界品位圈定的界线称为表外资源边界线，此边界线以内可采边界线以外的资源为表外资源量。

(4) 矿石类型与品级边界线：即在可采边界线的范围内不同矿石类型和技术品级的分界线，它的圈定是根据矿石类型及技术品级的要求标准进行的。

(5) 资源储量类别边界线：即按不同资源储量类别条件所圈定的界线，如331、332、122等资源储量类别的分界线。

(6) 内边界线与外边界线：边缘见矿工程的连线称内边界线，它表示被勘查工程所控制的那部分矿体的分布范围；边缘见矿工程往外或往深部推断确定的边界线称外边界线，以表示矿体的可能分布范围。当然，可采边界线、矿石类型及品级边界级、表外资源量边界线、资源储量类别边界线，可以在内边界线之内，也可以在内边界线和外边界线之间。而零点边界线从空间上说，则属外边界线。

16.2.3 矿体圈定的步骤

矿体的圈定一般首先在单项工程内进行，其次再根据单项工程的界线在剖面图上或平面上确定矿体的边界。连接平面剖面的矿体边界线即可得到矿体在三度空间的边界线，其确定方法如下。

1. 确定单工程矿体的厚度（宽度）

(1) 根据边界品位指标直接确定矿化体的边界及其中的夹石段；

(2) 根据夹石剔除厚度指标确定圈出的夹石段是剔除抑或并入矿化体；

(3) 根据最低工业品位指标确定单工程中资源储量类别以及矿石类型和品级界线。

案例 16.1

表 16.5 说明在单工程中根据连续取样的品位数据确定矿段厚度的两种方法。第一种方法是直接将 19 号样品作为矿段的下界，其上界划定在 8 号和 9 号样品之间，理由是 1～8 号样品的品位值都低于最低工业品位值（1.5% Zn）；虽然矿段中 10、13 以及 17 号样品的值也低于最低工业品位值，但考虑到其厚度小于最大夹石剔除厚度而且其上、下样品的品位值都较高，故仍将其看作为矿石样品。然后以样品长度为权计算该矿段的加权平均品位（结果见表中第 4 列）。这种方法圈出的矿段厚度较小但平均品位较高，适合于较小规模开采或在矿产品价格处于低迷期。

第二种方法是从底部 19 号样品开始，以样品长度为权逐个向上计算加权平均品位，直到所计算的平均品位高于最低工业品位而且继续计算则低于工业品位值为止（结果见表中第 5 列）。这种方式圈定的矿段贫化率较高，适合于较大规模开采或矿产品价格处于高位时段期间。

表 16.5　利用最低工业品位圈定单工程矿段边界的案例

<table>
<tr><th>样品编号</th><th>样品长度
/m</th><th>样品品位
/%Zn</th><th>根据最低工业品
位直接圈定矿段</th><th>根据加权平均品
位确定矿段边界</th></tr>
<tr><td>1</td><td>0.3</td><td>0.01</td><td></td><td></td></tr>
<tr><td>2</td><td>0.3</td><td>0.05</td><td></td><td></td></tr>
<tr><td>3</td><td>0.3</td><td>0.13</td><td></td><td></td></tr>
<tr><td>4</td><td>0.2</td><td>0.17</td><td></td><td rowspan="16">矿段厚度 3.40 m，加
权平均品位 1.59% Zn</td></tr>
<tr><td>5</td><td>0.2</td><td>0.25</td><td></td></tr>
<tr><td>6</td><td>0.2</td><td>0.64</td><td></td></tr>
<tr><td>7</td><td>0.2</td><td>0.92</td><td></td></tr>
<tr><td>8</td><td>0.2</td><td>1.10</td><td></td></tr>
<tr><td>9</td><td>0.2</td><td>2.30</td><td rowspan="11">矿段厚度 2.10 m，加
权平均品位 2.26% Zn</td></tr>
<tr><td>10</td><td>0.2</td><td>1.20</td></tr>
<tr><td>11</td><td>0.2</td><td>2.10</td></tr>
<tr><td>12</td><td>0.2</td><td>5.30</td></tr>
<tr><td>13</td><td>0.23</td><td>1.40</td></tr>
<tr><td>14</td><td>0.15</td><td>2.00</td></tr>
<tr><td>15</td><td>0.2</td><td>1.90</td></tr>
<tr><td>16</td><td>0.2</td><td>1.80</td></tr>
<tr><td>17</td><td>0.2</td><td>1.30</td></tr>
<tr><td>18</td><td>0.2</td><td>2.60</td></tr>
<tr><td>19</td><td>0.12</td><td>3.50</td></tr>
<tr><td></td><td>样品总
长 4m</td><td>平均品位
1.35%Zn</td><td></td><td></td></tr>
</table>

2. 圈定矿体切面形态

根据每个单工程圈出的矿体厚度（或宽度）以及对矿化规律的认识，在资源储量估算剖面图或平面图上进行工程间的连接从而圈定矿体切面形态。下面将具体介绍矿体各类边界线的确定方法。

16.2.4　矿体边界线的确定方法

1. 零点边界线的确定方法

1）中点法

当两个工程中的一个见矿，而另一个未见矿时，这时两个工程中间矿体厚度或有用组分的零点一般都确定在两个工程的中间，作为零点边界的基点。然后在矿体的垂直纵投影图或水平投影图上或剖面图上，将这些工程的中点连线即矿体的零点边界线。

2）自然尖灭法

自然尖灭法主要是根据矿体厚度或有用组分的自然尖灭规律（即趋势变化）由见矿工程向外延伸至逐渐的自然尖灭处（图 16.2），将这些自然尖灭的点，在平面图上联线构成矿体零点边界线。

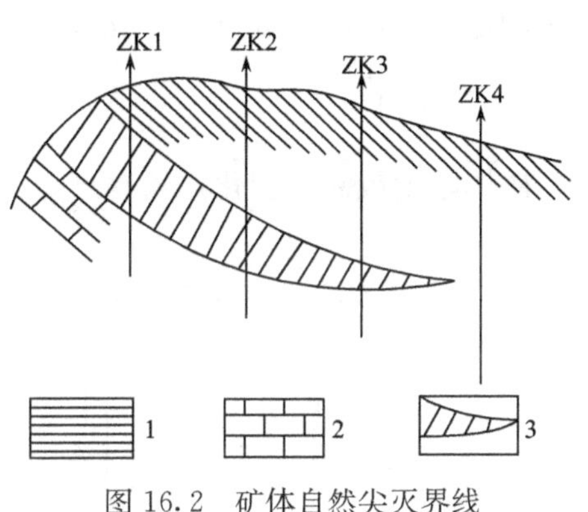

图 16.2　矿体自然尖灭界线

1. 页岩；2. 灰岩；3. 矿体

3）地质推断法

在对矿床、矿体地质特点进行充分研究的基础上，根据地质规律推定矿体边界。例如，根据下列各种情况均可推定矿体的边界线。

（1）矿体的分布受岩相控制时，可根据岩相变化规律推测矿体的边界；

（2）矿体的分布受构造控制时，可根据构造的性质推断矿体的边界；

（3）矿体的形成与某种蚀变有关时，可根据蚀变带的特点、规模去推断矿体边界；

（4）当矿体厚度、品位有规律变化并有数据为依据的按规律推定矿体边界；对于厚度、品位变化规律不明显的情况进行无限外推时，按照已经论证的同类型工程间距的 1/4 平推或 1/2 尖推；有限外推则可按品位厚度不够工业指标的工程间距的 1/2 推定。对于以米百分值或m · g/t值圈定的矿体边界不能外推。对于金属矿床如经可靠的物探或其他资料证实矿体稳定外延的，外推距离可适当增加。

4）几何法

当不能用地质法推断时，可根据几何法采用有限外推或无限外推方法推断矿体的边界：

（1）当边缘见矿工程以外有其他未见矿工程控制，采用有限外推法，外推距离可按照自然尖灭规律或基本工程间距的 1/2～1/4 确定，外推的资源储量降低一个类别。注意当边缘见矿工程见矿厚度小于可采厚度时，不再外推。在两个中段之间有限外推边界，则外推中段高度的一半。

(2) 当边缘见矿工程以外无其他工程控制，采用无限外推法，外推距离根据边缘见矿工程的见矿情况确定，一般不超过基本工程间距的1/2。当矿体仅有地表工程控制时，可根据地表矿体出露长度向深部外推时（推断为三角形或长方形矿体），其无限外推深度应根据矿床地质规律确定，最大推深不得大于矿体平面长度的1/4，并不得大于400m，所获资源量为334类别。

(3) 当矿体用物化探方法勘查，而且效果明显时，可根据物化探资料，如磁力曲线、原生晕等的地质解释推断矿体边界。

2. 可采边界线的确定方法

当矿体的相邻两个工程（或在沿脉中相邻的两个样品）中，一个工程的矿石品位达到工业品位，另一个则未达到工业要求，这时可采边界即在两个工程中间，但具体位置不清楚，这时确定具体边界有以下几种方法。

1) 计算内插法

矿体厚度或品位变化比较有规律，这时可采边界的基点用计算内插法确定。

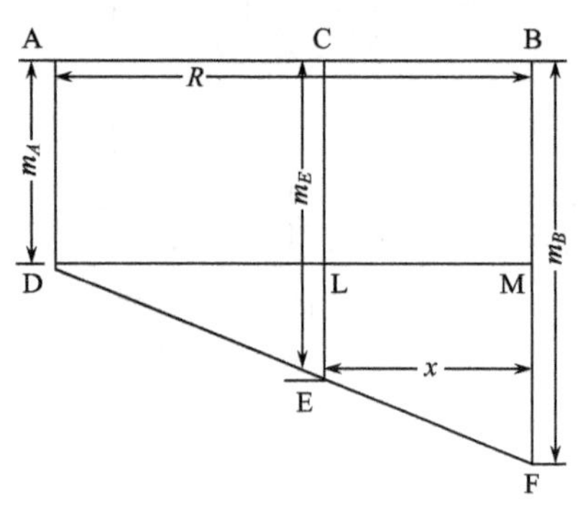

图 16.3 计算插入法确定边界基点

假设A为见矿不合乎工业要求的钻孔位置，B为见矿而又合乎工业要求的钻孔位置，A孔的厚度为m_A，B孔的厚度为m_B，A、B两孔间距离为R，若在A、B两孔中间，令C点为最小可采厚度m_E，这时x即为可采边界基点距B孔的距离（图16.3）。

具体做法如下：

首先作一条水平直线，在线上取AB=R，再通过A、B两点各作垂线AD、BF，令AD=m_A，BF=m_B，过D点作DM，使DM//AB，连接DF直线，假设CE=m_B，根据相似三角形原理则CE距BE的水平距离x用式（16.6）计算：

$$\frac{x}{R}=\frac{m_B-m_E}{m_B-m_A}\text{ 或 }x=\frac{m_B-m_E}{m_B-m_E}\times R \tag{16.6}$$

根据式（16.6）求出x，即可求出C点，C点就是可采边界的基点。

2) 图解法

在平面或剖面图上，用直线联结两个相邻钻孔A及B（图16.4），其中B的品位合乎工业品位，A的品位不够工业品位。

具体做法是首先在B孔位置按一定比例尺向上作BM垂线，令其等于(m_B-m_E)，同时，在A孔位置向下作垂线AN，令其等于(m_E-m_A)，然后连接MN两点，MN连线与AB的交点C就是所求的矿体可采边界的基点。

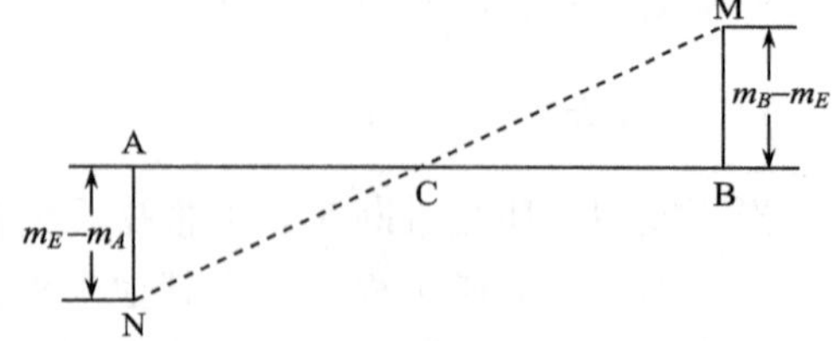

图 16.4 图解法确定边界基点

3）平行线移动法

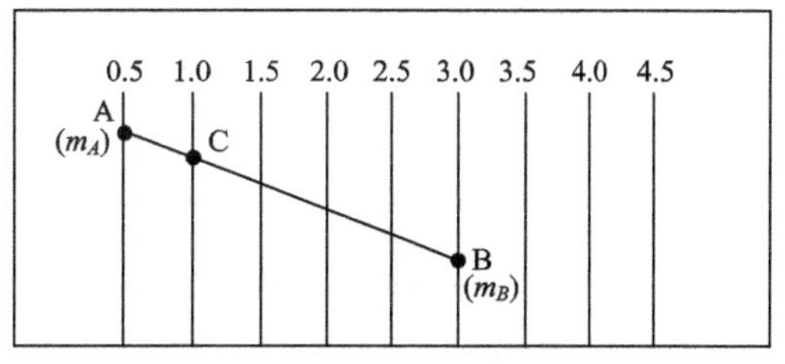

图 16.5 平行移动法求边界线基点

首先在透明纸上以适当的等间距作一系列平行线，每一条平行线都标明品位数据（如0.5%、1%等，图16.5）。

设矿体的工业品位为1.0%，两钻孔A和B的品位为0.5%及3.0%，这时为了求出A、B两孔间可采边界，首先将透明纸（具平行线的）覆盖在地质平面图上，并使0.5%的线与A点相交，并将其固定，然后以A点为中心转动平行线，使B点落在3.0%的线上，这时与1%线相交的点C即为可采边界的基点。

3. 矿石类型和品级边界线的确定

在可采边界线范围内，确定矿石品级和自然类型的边界线时，必须注意控制矿石品级和自然类型的地质因素。只有根据地质规律划出的矿石类型和品级的边界线才是正确的。例如，在确定氧化带和原生带的边界时，必须考虑氧化带和原生带的界线主要是地下水潜水面的位置控制着，而地下水面在较短的距离内可以视为水平的，因此像图16.6（a）中平行两个钻孔划边界线是不正确的，而图16.6（b）中水平的划边界线就是正确的。

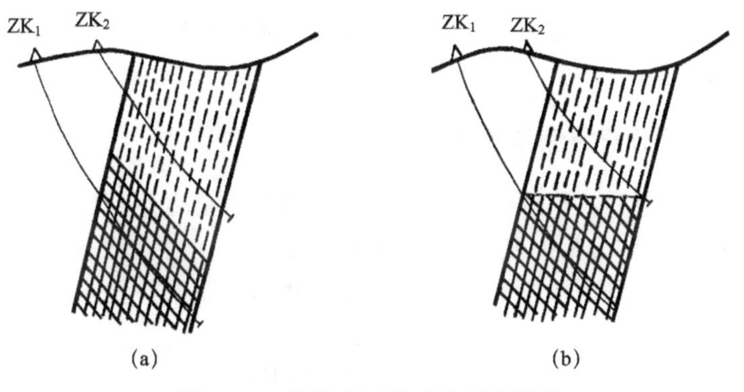

图 16.6 钻孔中间地下水面的界线
（a）不正确；（b）正确

当圈定矿石品级边界线时同样要注意地质控制条件，若为层状矿体，矿石品级有可能具有明显的界线，而且分布比较有规律，一般金属矿床就比较复杂。例如，某剖面两钻孔所见矿石品级截然不同，在没有断裂构造错动的情况下，像图16.7（a）中所划的边界就不够正确，而图16.7（b）中所划的边界就比较正确。

16.2.5 资源储量类别的确定

在矿体圈定过程中，必须根据地质可靠程度确定哪一部分矿石量为探明的、哪一部分为控制的、哪一部分为推断的资源量。根据定义，地质连续性和品位连续性已经确定的资源量归属于探明的资源量；地质连续性和品位连续性基本确定的资源量归属于控制的资源量；地质连续性和品位连续性为推断的资源量归属于推断的资源量。换句话说，从地质可靠程度维

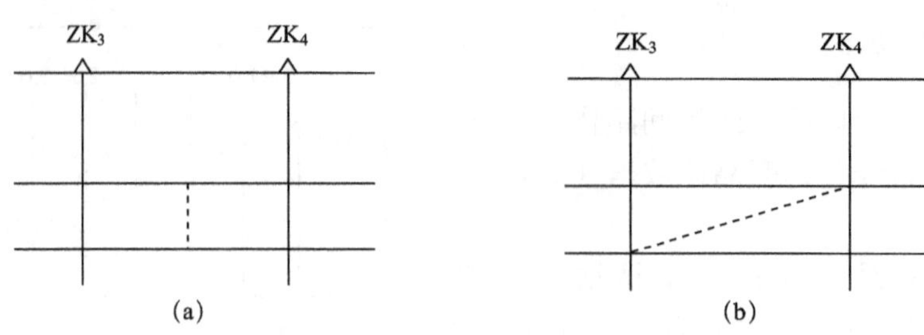

图 16.7 钻孔间矿石类型界线的划分

(a) 不正确；(b) 正确

分析，资源量类别主要反映对矿体的地质控制程度，所以在确定资源量类别边界时，实质上存在一个分析控制程度问题。

然而，资源量的合理分类不仅要从技术层面进行研判，还应权衡考虑许多具体情况，诸如数据的类型和质量（例如，如果资源量估计的数据完全是通过 RC 钻探取样获得的，其资源量类别应比相同工程间距的金刚石钻探低一类；如果采用不适当的采样或分析方法则将影响资源量估算结果的置信度）、地质控制和地质连续性、品位连续性、估值方法、块段大小、可能的采矿方法等因素。矿石储量的合理分类应该考虑相应类别资源量圈定的可靠性、采矿和选冶因素、成本和收入因素、市场评价和其他诸如环境、社会和政治等方面的因素。由此可见，资源储量类别的合理确定需要地质人员根据经验进行判断。虽然目前尚无任何公认的标准能定量地指导如何进行划分，但有许多不同的方法可供利用。

1. 根据勘查工程间距划分资源储量类别

当勘查工程间距确定后，根据勘查工程实际控制距离是否达到勘查间距的要求来划分不同的资源储量类别。如图 16.8 中根据钻孔的距离和图 16.9 根据坑道工程划分出探明的、控制的和推断的资源量（各类别块段资源储量可靠程度的地质条件要求见 12.2.7 节）。

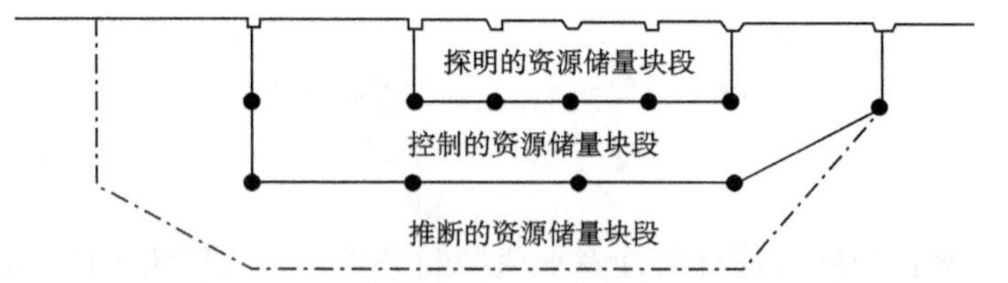

图 16.8 矿体纵投影图，说明根据勘查工程间距划分资源储量类型边界线

国内多数勘查报告中资源储量分类都是基于勘查工程间距，因为控制矿床或矿段的工程间距越小，资源量估计的信度就越高。然而，更重要的是，不要仅仅只根据勘查工程间距进行分类而忽略了许多可能对资源量/储量估计信度有影响的其他因素。

2. 块金效应在矿产资源储量估计和分类中的重要性

块金效应对资源储量分类的信度有重要影响，从而在资源储量估计过程中应该意识到块金效应的存在。块金效应越高，采矿的难度越大（选别开采的可能性越低），这自然会影响到资源储量的分类。例如，根据块金效应的定义（见 13.2.5 节），金矿床可以大致定义为

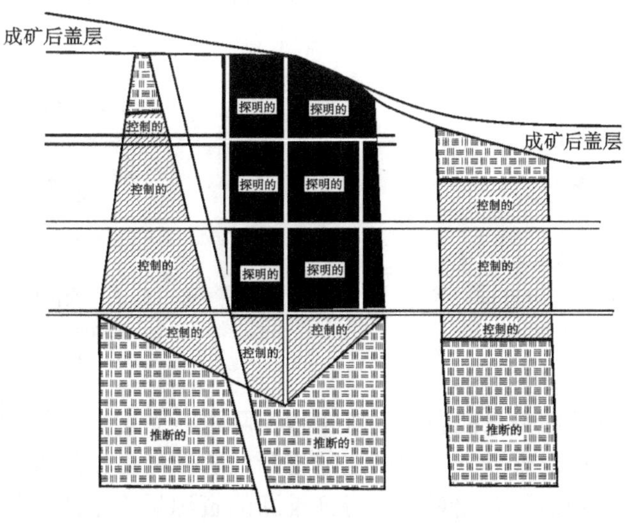

图 16.9　矿体纵投影图（Sinclair，2002）

说明根据坑探工程的控制划分不同级别的资源储量块段。探明的资源储量块段四周都有坑道控制；控制的资源储量块段其两侧或三侧有工程控制，另一侧或两侧的边界为外推；推断的资源储量块段的边界是依据矿化具有较高的连续性根据见矿工程外推确定的

(Dominy et al.，2003)：

低块金效应	＜25％
中等块金效应	25％～50％
高块金效应	50％～75％
极高块金效应	＞75％

对于高块金效应的矿床，其品位数据集的分布呈显著正偏斜，已施工的钻探间距极有可能大于地质统计学的变程，在这种情况下，样品之间不存在相关性（品位不连续），而且，采用较低边际品位比采用较高边际品位估算的资源储量可能具有更高的可信度。高块金效应的矿床，采用金刚石岩心钻探一般只能获得推断的资源量，需要加密钻探以及坑道手段和大样以及试采才能定义探明的和控制的资源量。对于潜在投资者来说，这种类型的矿床有时候看作为高风险，因为品位估值的可信度较低而且一般不求矿石储量。例如，穿过具粗粒金矿化特征的矿段的同一段岩心劈成两半分别进行分析，其金品位之间必定存在显著差异。

对于低块金效应的矿床（如基本金属矿床），50～150m 的金刚石钻探间距一般就能足以定义推断的资源量，加密至 25～100m 就能定义控制的资源量，10～50m 的间距能够定义探明的资源量（Dominy et al.，2001）。

沿取样间距最小方向（即沿钻进方向或沿脉方向）计算的变差函数中可以获得块金效应最好的估值。高块金效应的矿床（如金矿床）的勘查难度最大；块金效应越高，估值期间潜在误差就越大，高随机性使得预测未取样位置的值变得更加困难。对于呈现极高块金效应的矿床最好采用传统方法估计总的平均值，而不是局部估值。

3. 根据矿体外推性质划分资源量类别

前已述及，矿体的外推就是在工程中间或工程外面去推断矿体的边界，前者称有限外推，后者称无限外推。一般有限外推可得到控制的资源储量，而无限外推则只能得到推断的资源量（图 16.10，图 16.11）。

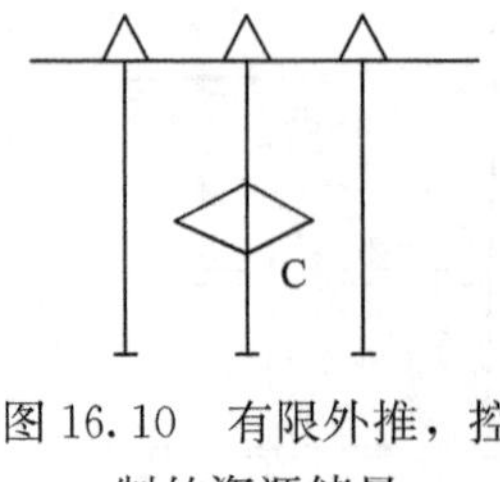

图 16.10 有限外推，控制的资源储量

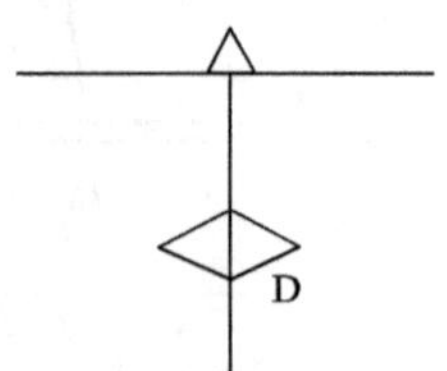

图 16.11 无限外推只能作为推断的资源量

探明的和控制的资源储量只能利用勘查工程实际进行圈定，不能外推。控制的资源储量可以外推推断的资源量；根据勘查工程圈定的推断的资源量可以外推预测的资源量。资源储量不能连续外推，如控制的资源储量外推得到推断的资源量，不能再外推预测的资源量。

4. 根据矿体连接的可靠性划分资源储量类别

边界线在不同工程间矿体的连接是单方案的，则资源储量类别可高些（图 16.12，图 16.13)若不同工程间矿体的连接是多方案的，则资源储量类别就要降低（图 16.14）。

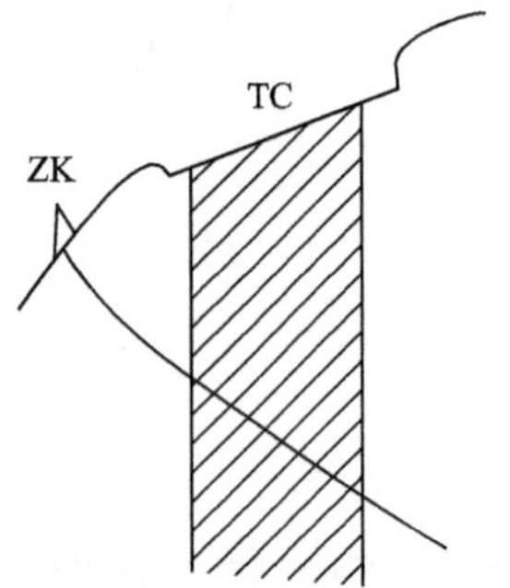

图 16.12 构造单方案连图（控制的资源储量）

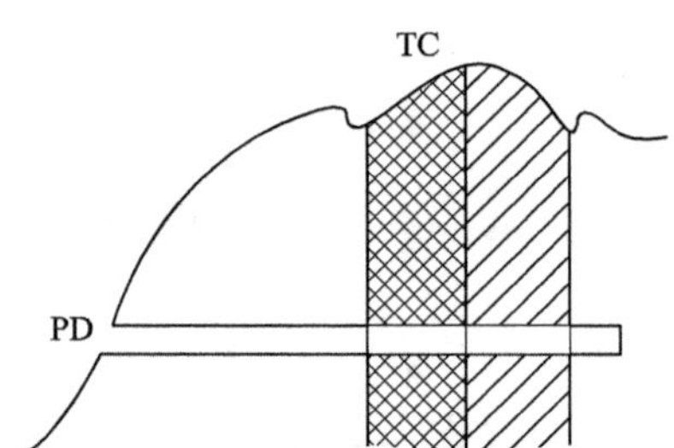

图 16.13 矿石品级单方案连图（控制的资源量）

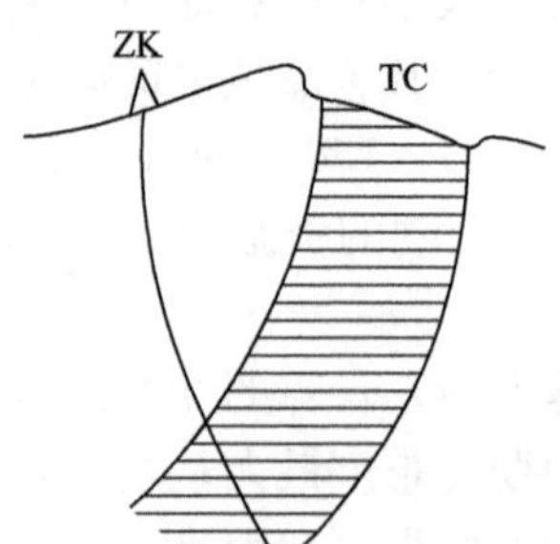

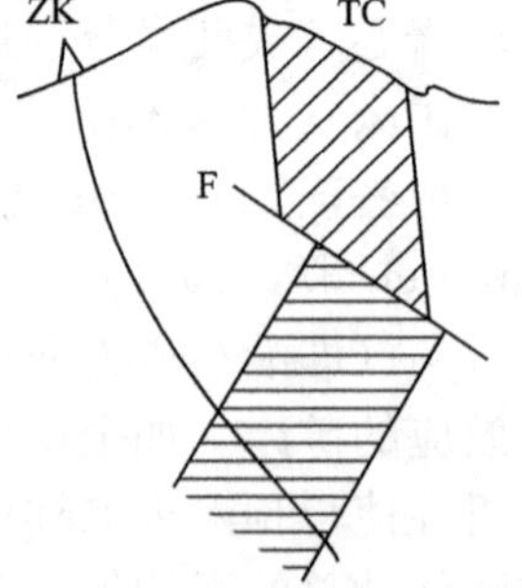

图 16.14 构造多方案连图（推断的资源量）

5. 利用克里金方差的临界值确定资源量的类别

无论采用何种估值方法，估值（Z）一般不等于其被估值（Z^*），其差值（Z^*-Z）称为估值误差（σ_e），估值误差平方的期望值称为估值方差（σ_e^2），即：$\sigma_e^2=E[(Z^*-Z)^2]$。采用克里金方法进行块段品位估值的过程中，还可同时计算出估值方差，称为克里金方差（σ_k^2），它代表实际品位与估值品位之间方差的期望值。克里金方差的计算考虑到了影响估值可靠性的主要因素，包括块段大小、块段内部的离散度、参与估值的样品个数及其构型以及变差函数的参数等（见17.8节）。

因为估值误差（σ_e）服从正态分布（Knudsen et al.，1978），所以只要计算出σ_k^2，即可利用置信区间计算出估值精度。

$$\sqrt{\sigma_k^2}=\sigma_k$$

$$95\%\text{ 的置信区间}=Z\pm 2\sigma_k$$

克里金方差和置信区间对于估计一系列块段估值的可靠性是极其有用的，克里金方差可以用作某个具有数据构型的块段的地质统计学信度的客观度量。在某个给定的地质域内，克里金方差图能够突出各个块段的相对信度，从而可以选定合适的方差定义资源量信度的类别。实现这一目的的最有效方式是以平面图和剖面图的方式呈现彩色编码的克里金方差和钻孔分布图。应用这一分类方法，系统可以自动识别内插的块段（较低的方差，较高的信度）和外推的块段（较高的方差，较低的信度）。图16.15阐明了剖面上钻孔和块段分布，采用编码的克里金方差区分探明的资源量和控制的资源量块段；任何超过变程而外推的体积只能是推断的资源量，因为间距超出变程后样品之间不再具有相关性。

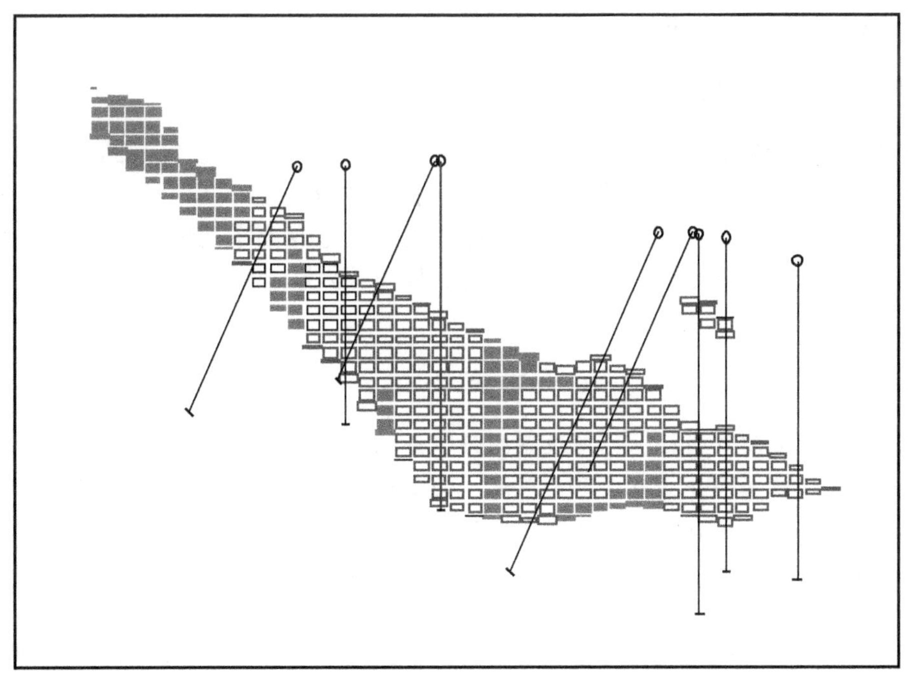

图16.15 钻孔剖面展示的不同类别资源量的分布（Snowden，2001）

空心线框块段为控制的资源量；填充块段为探明的资源量

例如，某斑岩型铜矿将克里金方差为0.00～0.159的所有块段归类为探明的资源量；为0.16～0.239的归为控制的资源量；为0.24～0.319的归为推断的资源量；克里金方差大于0.32的块段被认为估值误差较大，不宜归入推断的资源量类别。

除了应用于资源量分类外，克里金方差还可以作为加密钻孔的依据。设定了可接受的置信区间后，落在该区间之外的区域其块段估值就被认为是不可靠的，需要补充取样，从而可以确定补充钻探的最佳位置。

6. 利用搜索椭圆的半径确定资源储量类别

因为要利用计算机成图，在资源储量估算过程中需要告诉程序系统如何收集和利用控制点，即需要用户自己定义一个邻域。大多数内插方法（如IDW法，见17.5.4节）的绘图只允许用户指定一个半径，因而其搜索范围是圆形的。如果采用正方形勘查网形式布置勘查工程，可以利用搜索圆的半径确定块段的资源储量类别。

地质统计学方法要求考虑区域化变量的各向异性，因而其搜索邻域是一个以待估块段为中心、以两个方向的变程为半径构成的椭圆，只有在椭圆范围内样品点才用于克里金估值（阳正熙等，2008）。

由于变程反映了区域化变量的影响范围，因而可应用于资源储量类别的划分。具体操作可考虑在第一轮克里金运算中将搜索椭圆半径等于变差函数变程的1/3（有的矿床采用1/4），使用3个及以上工程的样品所估值的块段体积归属为探明的资源量；在第二轮运算中将搜索半径等于变差函数变程的1/2，使用2个以上工程的样品所估值的块段划为控制资源量；或者是搜索椭圆半径等于变差函数变程的1/3，使用了3个以下工程的样品所估值的块段体积划为控制的资源量；搜索半径超过变程或者工程个数少于控制资源量所要求的最少工程数的块段赋予推断的资源量类别。

7. SD精度法确定资源储量类别

采用SD法估算资源储量（见17.5节），还可利用SD精度值（η）圈定资源量类别边界：$\eta \geq 80\%$，探明的资源量；$45\% \leq \eta < 65\%$，控制的资源量；$15\% \leq \eta < 30\%$，推断的资源量；$\eta \leq 10\%$，预测的资源量；其余为待定区间，通过专家系统地根据地、物、化、航、遥资料的分析研究、充分考虑矿区水文、工程、环境等因素，确定待定区间是向上靠还是向下靠。

本章小结

工业指标由矿石质量指标（包括边界品位、最低工业品位或边际品位、有害组分最大含量等）和矿床开采技术条件（最小可采厚度、夹石剔除厚度、剥采比等）两部分组成。预查和普查阶段可类比有关矿种的勘查规范中所列一般工业指标进行确定，详查和勘探阶段所用工业指标通常应结合预可行性研究或可行性研究进行确定。依据不同类型的工业指标圈定不同性质的矿体边界。

矿体边界线的圈定一般是在勘查线剖面图、中段地质平面图或矿体投影图等图件上，利用工程原始编录和矿产取样资料，根据确定的工业指标，结合矿床（体）地质构造特征、勘查工程分布及其见矿情况，先确定单个工程矿体各种边界线（基点）位置；然后，将相邻工程上对应边界点相连接，完成勘查剖（断）面上的矿体边界圈定；再对矿体边缘两相邻工程

(剖面)和全部工程所控制的矿体各种边界线的适当连接和圈定。

矿体圈定的过程表明，不同块段其地质可靠程度不一定相同，根据每个块段地质可靠程度的分析确定该块段资源量的类别。本章介绍了多种划分资源储量类别的方法，但是，资源量储量的合理分类不仅要从技术层面进行研判，还应权衡考虑许多具体情况。

讨 论 题

(1) 工业指标是常数吗？试举例说明为什么。

(2) 最低工业品位和边际品位同为盈亏品位，二者的具体应用有何不同？

(3) 开采边界线与零点边界线有什么区别？

(4) “开采边界线圈定的块段矿石量归属于储量”的说法正确吗？

(5) 圈定资源储量类别的方法并对其进行评述。

本章进一步参考读物

《矿产资源工业要求手册》编委会. 2012. 矿产工业要求参考手册. 北京：地质出版社

赵鹏大. 2006. 矿产勘查理论与方法. 武汉：中国地质大学出版社

中国矿业权评估师协会. 2007. 固体矿产资源储量类型的确定

中华人民共和国国家标准 GB/T 13908—2002. 固体矿产地质勘查规范总则

Snowden D V. 2001. Practical Interpretation Of Mineral Resource And Ore Reserve Classification Guidelines// Edwards A C. Mineral Resource and Ore Reserve Estimation：The AusIMM Guide to Good Practice (Monograph 23), Australasian Institute of Mining and Metallurgy：643～653

第17章 矿产资源储量估算

17.1 概 述

17.1.1 资源储量估算的目的和任务

前已述及，矿产资源储量就是指矿产在地下的埋藏量，估算矿产在地下埋藏量的工作称为矿产资源储量估算。矿产资源勘查的基本任务之一就是探明矿产在地下的埋藏量。它是应用各种勘查技术手段揭露和查明矿体，提供资源储量估算所需要的各种原始资料，再根据这些资料估算地下矿产的埋藏量。因而可以说，资源储量估算工作是矿产地质勘查工作成果的总结。

过去的教材以及生产实践中都称为“矿产储量计算”，根据国家标准《固体矿产地质勘查规范总则》(GB/T 13908—2002)，本书改为“矿产资源储量估算”。估算与计算相比，虽然估算方法、参数选取、运算过程等没有差别，但估算一词更多地体现了资源储量的统计性、不确定性，以及风险性等含义（国土资源部矿产资源储量司，2003）。

矿床从预查、普查、详查、勘探直到开采的各阶段，都要进行资源储量估算。由于各阶段的任务不同，资源储量估算的具体要求和作用也各不相同。区域地质调查和矿产预查工作结束后，考虑到国家经济建设和工业布局及企业的发展进一步安排矿产勘查工作，常常要对整个地区所发现的矿化点或圈出的远景区进行概略的资源量估算。这种资源量是预测的，没有精度要求，是潜在矿产资源。普查阶段，对矿产只在少数有限的点上进行揭露和取样，根据这些少量资料估算资源量的精度也不高，一般只能求得推断的资源量。在详查阶段，已经具有了一定程度的勘查工程控制，可以探求控制的资源储量。而在勘探阶段，要根据勘探资料详细估算资源储量，提出比较可靠的探明的资源储量。当矿床进行开采时，为了编制开采计划，保证持续稳定的生产，又要随时统计和掌握矿山的三级生产矿量（地下开采划分为三级矿量：开拓矿量、采准矿量和备采矿量。露采矿山分为二级矿量，即开拓和备采矿量）。

勘查工作开始前要进行资源量预算。在勘查过程中，随着项目工作的逐渐展开，要随时掌握各级资源量/储量的增长情况而需要进行资源储量估算，通常每半年或年终进行一次，以指导下一步的勘查工作。当勘查项目结束时，要进行该项目的资源储量估算、提交勘查项目最终总结报告。这种报告是投资者或工业建设部门进行矿山建设设计和预算投资的依据，也是国家计划部门掌握和平衡矿产资源储量的主要依据。

由于矿山建设设计需要确定矿山生产规模、产品方案和开采、开拓方案，所以对资源量尤其是储量的查明度和精确程度要求都很高，因而必须按不同地段、不同资源储量类别、不同矿石自然类型（原生矿及氧化矿）、不同工业品级（按不同工业用途划分的矿产质量等级）矿石等分别估算其资源储量。

矿石量的高估和低估对矿山设计和生产都可能导致矿山开发决策失误，可能造成严重后果。资源储量的低估可能使本来能够开采盈利的矿山在决策过程中被否定，或者，更经常见到的情况是，导致矿山生产能力设计过低；高估则可能导致矿山开发投资亏损或失败，或者，更可能出现的情况是，矿山生产寿命小于设计生产年限。

17.1.2　我国矿产资源储量估算方法发展历史和现状简述

我国矿产资源储量估算方法的发展及其应用与矿产勘查规范的实施联系得十分紧密。中华人民共和国成立初期，因缺少经验，我国在矿产资源储量的质量技术管理工作中所实施的矿产勘查规范，基本上是照搬苏联的矿产勘查规范。“储量计算方法”作为“规范”中的一项内容，随之被介绍过来（尹镇南，2000）。从 20 世纪 50 年代至 70 年代末期，在全国提交的地质勘查报告成果和矿山开采设计中采用的资源储量估算方法，基本上都是采用这些方法，包括算术平均法、块段法和断面法等，因而把它们称作传统矿产资源储量估算方法。这一阶段的特点是以人工手算为主，传统方法的应用日臻完善，建立了以矿床勘查程度和研究程度、基本参数的合理确定、矿体圈定和连接，以及资源储量估算方法为主体的方法学体系。

1977 年，美国 Flour 采矿和金属有限公司的 Parker 博士随美中贸易全国委员会矿业代表团来华访问，向我国同行全面介绍了地质统计学资源储量估算方法，此后的十几年，地质统计学作为一个重要研究领域，国内许多学者进行了深入的研究，推动了地质统计学的发展。尤其是江西德兴铜矿，长期坚持在矿山生产中应用先进的地质统计学方法，现已成功地在整个生产过程中推广，取得巨大的经济效益，成为国内应用地质统计学方法的典范。

随着计算机技术的发展，我国已相继开发出一批适合国内生产实际需要的资源储量估算软件系统。传统资源储量估算方法获得进一步深入发展，目前仍是国内勘查项目矿产资源储量估算的主要方法；地质统计学方法逐步得到推广，为外资以及合资勘查项目的资源储量估算时所采用的主要方法；我国自行研发的“最佳结构曲线断面积分法”（简称 SD 法）已逐渐得到推广应用。这些方法构成了比较完整的资源储量估算方法学体系。

17.1.3　矿产资源储量的单位

矿体或矿石块段是根据质量（平均品位）和数量（吨位）来进行描述的。

反映矿石质量指标值，如矿石的平均品位的单位，一般黑色金属，有色金属，稀有、分散及伴生元素采用质量百分数（wt%）表示，即每吨矿石中含该种金属（或金属氧化物）量的吨数的百分数；金和铂族元素等贵重金属采用每吨矿石中含该重金属的克数（g/t）或用百万分之一（ppm）来表示；对砂矿来说，一般用每立方米松散沉积物中含有的矿物的克数（g/m^3）表示；金刚石矿是用每立方米含矿岩石中含有金刚石的克拉数（$carat/m^3$）表示。

不同的矿产估算的数量单位往往不同，多数矿产的资源储量单位以吨（t）、稀少的贵金属用千克（kg）、宝石矿物用克（g）或克拉（carat）等重量表示；一般建筑材料，通常只估算矿产的体积，其单位用立方米（m^3）表示。黑色金属（铁、锰、铬）矿产，一般非金属（磷灰石、钾盐、石棉、云母、耐火黏土等）矿产，稀有、分散及伴生元素（钴、铌、钽、铍、铟、镓、锗及铼等），一般有色金属（铜、铅、锌、钨、锡、钼、镍等）矿产资源储量用吨（t）表示。但黑色及非金属矿产只估算矿石资源储量，而有色金属及稀有、分散、伴生元素除计算矿石资源储量外（简称矿石量），还要计算金属（或有用组分）资源储量（简称金属量）。

17.1.4 资源储量估算的一般过程

在矿产勘查过程中，应用各种工程去揭露矿体，通过取样和分析获得大量有关矿石资源储量估算所需要的参数，如品位、厚度、面积、各种品级矿石的体重等，资源储量估算就是在得到这些原始资料之后进行的（图 17.1）。具体估算的过程通常是以下内容。

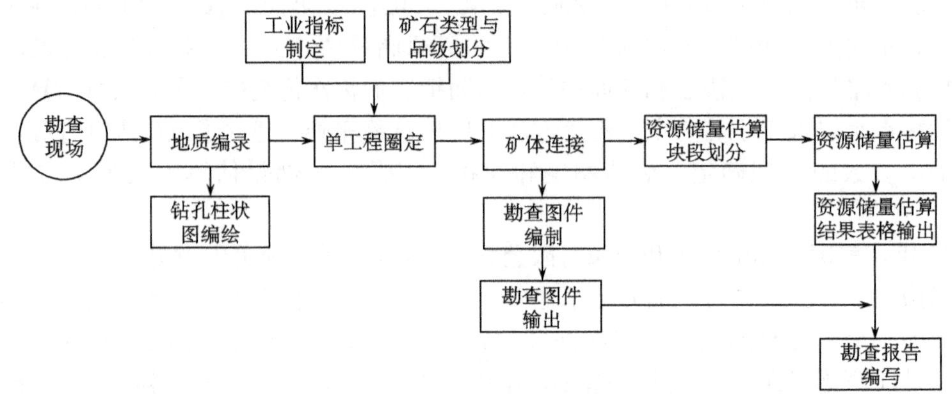

图 17.1 资源储量估算基本流程图（李裕伟等，2000）

（1）在进行资源储量估算之前，在各种勘查线剖面图，水平断面图上根据工业指标圈出工业矿体的空间位置，即圈定工业矿体的边界线。这一项工作是在日常的勘查工作中即应完成的，资源储量估算时进一步详细整理和完备并进行全面检查。与此同时，还要把矿床有关的大量原始数据，整理计算出代表性的基本参数值（如品位、厚度、体重的算术平均值或加权平均值）等，有了这些基本参数才可进行操作运算（本课程将通过实训的方式使学生掌握这些参数的估算方法）。

（2）估算矿体的体积是利用各种勘查剖面图或水平断面图和垂直纵投影图上的矿体面积（或投影面积）乘以平均厚度而得。即

$$V=S\times\overline{M} \quad \text{或} \quad V=S'\times\overline{M}' \tag{17.1}$$

式中，V 为矿体体积（m^3）；S 为矿体面积（m^2）；$\overline{M}$为矿体的平均厚度（m）；S'为矿体的水平或垂直投影面积（m^2）；$\overline{M}'$为矿体的水平或垂直方向的平均厚度（m）。

在 GIS 矿业专用软件尚未普及之前，面积通常采用求积仪、曲线仪法、方格纸法，以及几何图形法等多种方法进行估算，这些方法既费时而且误差较大。采用 GIS 技术后，这些方法已经基本被淘汰。

厚度一般用算术平均法求取，但厚度的选择应视估算方法而定。用纵投影面积时，应计算平均水平厚度；用水平投影面积时，应计算平均垂直厚度；用真面积估算时，应计算平均真厚度。对于厚度变化很大的矿床，若存在特大（小）厚度，应按特高品位处理的思路进行处理，然后再求平均厚度。当工程分布很不均匀时，可根据影响长度或面积加权。对于厚度不大的脉状或层状矿体，利用计算机系统构建了规则块段后（见 17.2.4 节），可采用空间内插法，如距离倒数加权法（IDW 法）计算每个块段中心的厚度值（T）：

$$T=\frac{\sum \frac{t_i}{d_i^n}}{\sum \frac{1}{d_i^n}} \tag{17.2}$$

式中，t_i为邻近该估值块段中心第 i 个工程控制点的矿体厚度；$\frac{1}{d_i^n}$为以第 i 个控制点与估值点之间距离 n 次方的倒数作为该点的权值。一般是以变差函数中的变程作为搜索半径，距离平方的倒数$\left(\frac{1}{d_i^2}\right)$为权估计每个块段中心的厚度（见 17.1.5 节）。

（3）估算矿体的矿石资源储量（矿石量），通常是由矿体体积乘以矿石的平均体重（见 14.3.2 节）而得，即

$$Q=V\times\overline{D} \tag{17.3}$$

式中，Q 为矿体的矿石资源储量（t）；$\overline{D}$ 为矿石的平均体重（t/m^3）。

（4）估算矿石内有用组分的资源储量（金属量）是通过矿石的资源储量（Q）乘以矿石的平均品位（$\overline{C}$）而得，即

$$P=Q\times\overline{C} \tag{17.4}$$

式中，P 为矿石中的金属资源储量（t，g）；$\overline{C}$ 为矿石平均品位（%，g/t 或 t/m^3）。如果单工程的取样长度不等，则以取样长度为权估算该工程的平均品位（$\overline{c}$）：

$$\overline{C}=\frac{\sum l_i c_i}{\sum l_i} \tag{17.5}$$

式中，l_i和c_i分别为该工程中第 i 个样品的取样长度和品位。如果块段面积不等，则以面积为权估算矿体的平均品位。例如，采用面积不等的多边形方法估算层状矿体的资源储量（见 17.6.2 节），则以每个多边形的面积为权估算矿体的平均品位（$\overline{C}$）：

$$\overline{C}=\frac{\sum s_i \overline{c}_i}{\sum s_i} \tag{17.6}$$

式中，s_i和$\overline{c}_i$分别为该矿体中第 i 个多边形的面积和平均品位。

17.2　空间内插方法

17.2.1　空间内插方法的基本概念

通过矿产勘查取样获得的样本数据是离散的观测数据，它们反映了矿化分布的全部或部分特征，借助于空间插值方法可以预测未知矿化的特征，从而构建矿石品位（区域化变量）在空间上连续性变化的数据面。

空间插值方法可以定义为根据已知的空间数据估计（或预测）未知空间的数据值，它包括了空间内插和外推两种算法。空间内插算法是一种通过已知点的数据推求同一区域其他未知点数据的计算方法；空间外推算法则是通过已知区域的数据，推求其他区域数据的方法。资源储量估算方法实际上就是空间内插方法的具体应用。

空间内插利用栅格图来实现，栅格图是基于一套行列组成的方格数据模型（又称为数字

高程模型，简称 DEM)，使用一组方格描述地理要素，每一个方格单元称为像素，其值代表一个实现的地理要素（如矿石块段品位）；各像元可用不同的“灰度值”来表示，从而计算机可以渲晕图或色块图的形式输出。内插法是根据数量有限的样品数据预测栅格数据集的任何单元值，无论该单元是否被观测过（图 17.2）。它可以用于预测任何地理点数据（即区域化变量）的未知值。

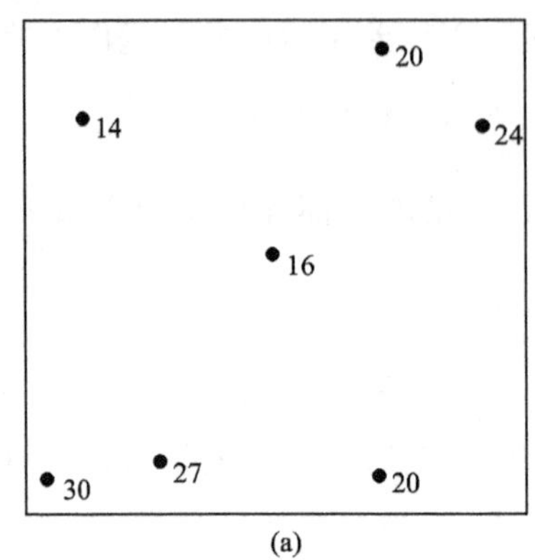

(a)

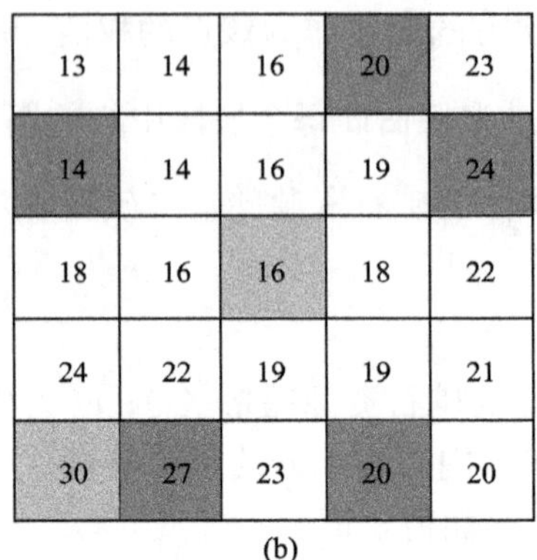

13	14	16	20	23
14	14	16	19	24
18	16	16	18	22
24	22	19	19	21
30	27	23	20	20

(b)

图 17.2　内插方法示意图

(a) 是已知值的点数据集；(b) 是根据这些点内插获得的栅格数据，其中的未知值是利用附近已知点的值采用某种内插算法得出的预测值（估值）

内插方法基于地理学第一定律：空间上分布的物体在空间上是相关的，距离越近的事物趋向于具有相似的特征。换句话说，空间位置上越靠近的点，越可能具有相似的区域化变量值，而距离越远的点，区域化变量值相似的可能性越小。

17.2.2　空间内插方法的分类

根据算法可以将空间内插方法分为整体内插方法（global interpolation）与局部内插方法（local interpolation）两类。整体内插方法利用一个数学函数对研究区内所有采样点的数据进行全区特征拟合，包括全局平均插值法和趋势面插值法。17.4 节中介绍的算术平均法以及一些体积很大的地质块段法等都属于全局平均插值法。趋势面插值法是用一个平滑的数学面描述区域化变量的连续性变化特征，其思路是先用已知采样点数据拟合出一个平滑的数学平面方程，再根据该方程计算未知点的值。它的理论假设是地理坐标（x，y）是独立变量，属性值 z 也是独立变量且是正态分布的，同样回归误差也是与位置无关的独立变量。整体插值法的优点在于能够较好地体现采样点数据整体上的分布与变化特征；但是，由于将小尺度的、局部的变化当做随机性与非结构性的噪声而被忽略，使用这种插值方法会丢失一部分细节信息。

局部内插法是重复利用一个数学函数对插值位置附近的采样点数据（即利用最接近该待估点的 n 个数据点或位于给定搜索半径内的数据点）估算未采样位置的数据，其优点在于能够很好地反映数据在局部位置变化的细节信息，并且通过控制参与运算的数据量，可以保证这种插值方法的运算速度。在资源储量估算中，一般需要掌握矿石品位在空间分布变化的细节，所以使用局部插值方法更具有实际指导意义，样条函数法、泰森多边形法、不规则三角网法、距离倒数加权法（又称为反距离加权法，简称 IDW 法）和克里金法等都属于局部插值法，在矿业专用 GIS 软件的资源储量估算功能模块中一般都包含了这些估值方法。

根据估值与观测值的吻合程度将内插方法分为精确内插和非精确内插。如果利用某种插值方法计算出的采样点估值等于该已知点的观测值，则称这种插值方法是精确插值方法，换句话说，精确插值法所生成的数据面通过所有的控制点，适用于准确数据的空间域。如果已知点的估值不等于其观测值，则称为非精确内插法或近似内插法，适用于数据点存在高度不确定性的空间域；使用非精确性插值法可以避免在输出表面上出现明显的波峰或波谷。

还可根据其实现的数学原理将空间内插法分为确定性方法和随机性（地质统计学）方法。确定性空间内插法不能提供预测值的误差检验；随机性空间内插法能够提供有关估值误差的评价。例如，距离倒数加权法归属于精确性和确定性插值方法，而克里金法属于非精确性和随机性插值方法。

17.2.3　块段的含义

利用空间内插方法可以解决平均品位和平均厚度的估值问题，然而，由于自然界中绝大多数矿体的形状都是很复杂的，要想完全正确地确定这种复杂矿体的形状和体积，是一件很难办到的事。因此，所有固体矿产资源储量估算方法的基本原则，就是把形状复杂的矿体变为与该矿体体积大致相等的简单形体，从而确定体积和资源储量。

为了更好地理解各种资源储量估算方法，需要解释“块段（block）”这一术语。所谓的块段在矿产勘查和资源储量估算工作中没有规定确切的范围，有时是指有勘查工程所控制或圈定的某一部分矿体；有时是为了区别不同的勘查研究程度而划分出的矿体各个部分；还有时是以不同的地质特点或开采技术条件等因素将矿体划分的各个部分。

17.2.4　矿体建模

建立矿体几何模型的过程称为矿体建模（orebody modelling），即是在一定的地质界线内（如岩性、构造、围岩蚀变等界线）将矿体按照一定的规则划分成许多块段（或选别开采单元）。利用矿体的几何模型估算各块段的体积、体重和矿石吨位，利用空间内插法估计各块段的平均品位即可获得其金属量。从而每个块段（或选别开采单元）都分别赋予了平均品位、体重、资源储量类别等属性信息，将块段平均品位大于边际品位（或最低工业品位）的资源储量相加即得到矿体总资源储量。这一系列过程即构成了矿产资源储量估算的方法学体系。现有的矿业专用软件都能够将矿体或其他地质体划分成具有一定规则形态和特定体积的块段，作为进行操作的基本单元，并提供了包括距离倒数加权法、克里金法等多种块段赋值方法；能够动态地从三维图形或剖面、平面图上观察矿体的形态及其变化；并且随着新数据的补充，还能够实时对矿体模型进行更新。在矿山生产过程中，借助于块段模型可以进行采矿设计和矿山资源储量管理，并可适时计算出矿山的资源量/储量及其变动情况，为生产和管理提供准确的资源储量数据，从而建立起数字矿山平台。

表 17.1 是某脉状金矿体采用 Surpac 软件进行矿体三维建模时设定的原点和范围，每个块段大小为 20m×20m×2m，每个块段内子块段大小为 5m×5m×0.5m，用作块克里金计算。

表 17.1 某脉状金矿体块段模型参数 (单位：m)

模型参数	X	Y	Z
最小坐标	3500	13900	730
最大坐标	4700	14800	840
模拟范围	1200	900	110
母块段大小	20	20	2
最小块段大小	5	5	0.5

对于矿化分布不均匀（即不同的地质域内品位分布不同）的矿床，可以根据地质解释给每个块段赋予相应的岩性或围岩蚀变代码，然后分别对每个地质域内的块段进行品位内插并确定其所属资源量类别。

17.3 矿石品位数据的探索性分析

矿产勘查获得的矿石品位原始数据往往是杂乱无章的，看不出规律，因而有必要应用统计学方法对品位数据集进行分析，揭示样本中隐含的结构，提取重要的变量，从而为资源储量估算奠定基础。这一过程称为探索性品位数据分析（exploratory grade data analysis）。

17.3.1 特高品位值的处理

样本中某些样品的品位高出一般样品品位很多倍时称这些样品的品位为特高品位。特高品位是由于个别样品采集于矿化局部特别富集部位而产生的，因此特高品位的样品都在矿石组分分布很不均匀或极不均匀的矿床中出现。特高品位在统计学上称为统计异元值（outliers），由于这种样品的存在会使得平均品位的估值剧烈增高，特别是样品数量很少的情况下，对平均品位的影响很大，处理时应当慎重从事。因此，在肯定为特高品位之后，必须进行仔细的检查和验证，而后方能处理。

1. 特高品位的确定

品位高出多少倍才算特高品位？对此问题过去有许多种确定方法（侯德义等，1984），其中最便捷的方法是利用类比法确定特高品位的下限值（表 17.2），高于其下限值的品位值即视为特高品位。利用盒须图的方法确定特高品位也是一种简便有效的方法（阳正熙等，2008）。

表 17.2 利用类比法确定特高品位的下限值矿床特征

矿床特征	品位变化系数/%	高出平均品位的倍数
品位分布均匀的矿床	＜20	2～3
品位分布较均匀的矿床	20～40	4～5
品位分布不均匀的矿床	40～100	6～10
品位分布很不均匀的矿床	100～150	10～15

2. 特高品位的处理

为了检验特高品位是否属实，首先要检查是否为化验的差错，检验方法是送副样重新分析；若分析无错误，再到取样地点进行取样检查。如果属于取样造成的错误，则该样品作废；如确系特高品位，处理方法有以下几种：

(1) 计算平均品位时，把特高品位剔除。

(2) 用整个坑道或整个块段的平均品位来代替特高品位，这个平均品位可以包括特高品位，也可以不包括特高品位。

(3) 用特高品位相邻两个样品的平均值代替特高样品品位。这样做是考虑它们之间的环境相同。也有人建议把 3 个样品加起来求平均值代替特高样品品位。

(4) 用一般品位的最高值代替特高样品品位。

(5) 采用品位分布直方图中各品位区间的频率为权计算加权平均品位，利用该平均品位替代特高品位。

上述几种特高品位处理方法，都是设法减少特高品位的作用。在实际工作中，特高品位往往是客观存在的，如果对特高品位处理不当，有可能在矿床开采过程中会造成很大困难；如果对富矿的分布范围、位置、品位、产状、变化规律等在开采前均未掌握，对合理安排生产会有很大影响。因此，要特别指出，对特高品位的引起原因，要认真检查和研究，当研究证明，确系富矿引起的，就不应人为的除去，在这种情况下，特高品位应当参加计算。

需要强调的是，极个别情况下，异常低的值也应参照特高品位的方式进行处理。例如，零品位值可能是一个异元值，它们或者应当被忽略不计，或者应当赋予一个最小的品位分析值；如果确认是真零值，则应该保留。缺失值与零品位值的处理方式相同。通过试错法有时能够找到处理这些问题值的最佳方式。

17.3.2 评价不同控矿因素的成矿有利性

由于不同的地质域可能具有不同的矿化特征，从而应按照岩性、蚀变带、构造、品位带或其他已经证实（或推测）具有不同品位分布的数据类型划分地质域，然后再分别计算各地质域样本品位的基本统计量。基本统计量包括：

(1) 数据个数（样品或组合样品的个数）。

(2) 平均值（平均品位和平均厚度等）。如果有足够多的数据，便可以利用平均品位以及品位变化系数在不同地质域之间进行比较（一般来说，每个地质域至少需要 25 个数据才能够在不同地质域之间进行比较），见表 17.3。

表 17.3　不同地质域之间矿石平均品位的比较

平均品位差异	解释
0%～25%	一般不要求区分矿体建模的品位总体
25%～100%	如果是由诸如断层之类的不连续面分割或者变差函数或品位变化趋势不同，那么，矿体建模时需要区分品位总体
>100%	必须分别对不同的品位分布进行矿体建模。如果存在无矿、贫矿、富矿的情况，其品位分布差异可能大于 1000%

（3）标准差和品位变化系数。品位变化系数蕴含着矿石品位的统计学规律，从而对资源储量估算产生影响。表 17.4 阐明了品位变化系数与资源量估算难易程度的关系。

表 17.4　品位变化系数与资源量估算难易程度的关系

变化系数	解释
0%～25%	简单、对称的品位分布，资源量估计比较容易，多种资源量估计方法都可以适用
25%～100%	品位呈偏斜分布，一般可转化为对数正态分布。资源量估计难度为中等
100%～200%	高度偏斜分布，品位极差很大。采用局部内插方法估计资源量的难度较大
＞200%	品位变化极不规律，呈高度偏斜分布或多总体分布，难于或不能采用局部内插方法进行品位估计

变化系数大于 25%的品位分布常常具有对数正态分布，从而，其基本的统计量也可以根据品位的自然对数进行计算。对于完全对数正态分布的统计量与正态分布统计量的关系如下：

$$\text{平均值}=\mathrm{e}^{\left(\alpha+\frac{\beta^2}{2}\right)} \tag{17.7}$$

$$\text{变化系数}=\sqrt{\mathrm{e}^{\beta^2}-1} \tag{17.8}$$

$$\text{标准差}=\text{平均值}\times\text{变化系数}=\mathrm{e}^{\left(\alpha+\frac{\beta^2}{2}\right)}\times\sqrt{\mathrm{e}^{\beta^2}-1} \tag{17.9}$$

式中，α 为品位的几何平均值；β 为品位对数值的几何标准差。

17.3.3　样 品 组 合

1. 支撑的概念

支撑（support）是地质统计学中的术语。矿石品位只在理想意义上具有“点”的数值，而随机函数也是以数据点的方式进行处理；但在矿产资源勘查的实际工作中，品位数据一般都与物理样品有关，物理样品具有长度、面积或体积，也就是说，样品品位代表其长度、面积，或者体积的平均含量。由此，把样品位置的大小、形状、方向和排列定义为支撑。

如果某个样品的支撑相对于所考虑的其他支撑要小得多（如钻孔岩心样品体积相对于最小开采块段体积而言），那么就把该样品支撑看作为点支撑。样品体积越小，样品之间的变化性越大（即方差越大）。例如，以取样长度为 1.0m 进行连续取样的钻孔 Zn 品位值以及采用 2.0m 样长进行组合后的 Zn 品位值。虽然不同支撑计算获得的平均品位相同，但支撑较小的样品相对于支撑较大样品离散程度更大（即方差和变化系数更大）（表 17.5）。组合样品的品位较原始样品的品位变化更小，并且在一定程度上减轻了特高品位对品位估值的影响，也使得样品的统计分布曲线和变差函数曲线趋于规则。样品体积对品位变化性的影响称为“体积-方差关系”或“支撑效应”（Journel et al.，1978）。

2. 样品组合

样品组合就是将空间不等长的样长和品位，量化到一些离散点上。根据地质统计学原理（见 17.6 节），为确保得到参数的无偏估计量，所有的样品数据应该落在相同的支撑上，即

表 17.5　钻孔岩心样品组合

原始样长 1.0m			组合样长 2.0m		
孔深/m		Zn/%	孔深/m		Zn/%
自	至		自	至	
0	1	1.22	0	2	1.06
1	2	0.91	2	4	2.02
2	3	1.58	4	6	2.29
3	4	2.45	6	8	3.25
4	5	2.81	8	10	1.27
5	6	1.76	10	12	1.84
6	7	4.00	12	14	1.76
7	8	2.51	14	16	1.23
8	9	1.98	16	18	1.71
9	10	0.57	18	20	0.88
10	11	1.60	20	22	2.20
11	12	2.08	22	24	2.05
12	13	0.68			
13	14	2.83			
14	15	1.57			
15	16	0.89			
16	17	2.39			
17	18	1.03			
18	19	1.00			
19	20	0.75			
20	21	2.38			
21	22	2.02			
22	23	1.11			
23	24	3.00			
平均值		1.80			1.80
方差		0.77			0.42
最小值		0.57			0.88
最大值		4.00			3.25
变化系数		49			36

同一类参数的地质样品段的长度应该一致。显然，只有当每个品位数据都具有相同支撑的条件下，其统计分析的结果才有意义，而且，借助于变差函数、矿体建模以及某种空间内插方法（如距离倒数加权法或克里金法），样品支撑可以转化为块段支撑。

如何进行样品组合取决于矿化性质和采矿方法，常见的样品组合方法包括矿段样品组合、定长样品组合以及台阶样品组合。

1）矿段样品组合

对于矿岩界限分明的脉状或厚度不大的层状矿体，且在矿石段内垂直方向上品位变化不大时，常常将矿石段内（即矿体上、下盘之间）的样品组合成一个组合样品［图 17.3（a）］，这种组合称为矿段组合。组合样品的品位（$\overline{C}$）是组合段内第 i（$i=1, 2, \cdots, n$）个样品长度l_i及其品位c_i的加权平均值，即

$$\overline{C}=\frac{\sum l_i c_i}{\sum l_i} \tag{17.10}$$

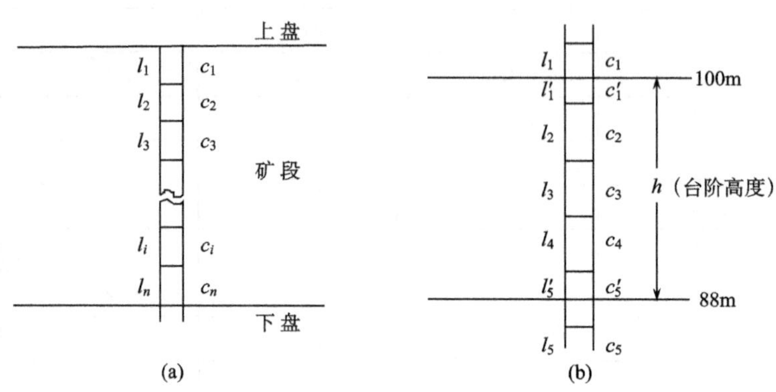

图 17.3　样品组合示意图

（a）钻孔矿段样品组合示意图；（b）露天采场台阶样品组合示意图

2）定长样品组合

如果钻孔揭露的矿化连续性很好（矿段很厚），则首先确定组合样品长度后，以矿段长度除以组合样品长度即为组合样品的个数（四舍五入），然后按照组合样品长度采用加权平均从矿段顶部至底部进行样品组合。如果钻孔揭露了多个矿段，则应先划分矿段，然后分别对每个矿段进行样品组合。

3）台阶样品组合

台阶样品组合是用于露天开采资源量建模的常用方法，也是大吨位、低品位矿床最有用的样品组合方法。台阶样品组合的区间是按照露天开采一个台阶高度内的样品组合成一个样品。这种样品组合方法的优点是提供相同高程的品位数据，只需简单地组合样品品位数据投在平面图上即可进行解释。

$$\overline{C}=\frac{\sum l_i c_i}{h} \tag{17.11}$$

式中，h 为露天开采的台阶高度。当一个样品跨越台阶分界线时［图 17.3（b）中第一和第五个样品］，在计算中样品的长度取落于本台阶的那部分长度［图 17.3（b）中的 l_1'和 l_5'］，样品的品位不变。

台阶样品组合考虑到了矿石的贫化。由于露天开采在垂向上是以台阶为开采单元，沿台阶高度无论品位如何变化都无法进行选别开采，因而，在一个台阶高度采用不同的取样品位

是毫无意义的。

通常会根据岩石类型、矿石分带或其他地质特征给组合样品赋予相应的地质代码，这一步骤一般来说比较简单，因为大多数组合样品都是根据同一个地质单元采集的样品进行组合计算的。而对于接触带的组合样品代码的确定比较复杂一些，因为参与组合的样品是来自多个地质单元，具体确定这类组合样品的代码时应考虑：如果接触带是渐变过渡的而且样品之间品位差异不显著，那么可以根据多数决定原则（即根据在该组合样品中占多数的地质单元）给组合样品赋予地质代码；如果组合样品穿越突变的接触带而且接触带两侧品位差异明显，那么可以根据具有与组合样品最近似品位的地质单元赋予组合样品地质代码。

17.3.4　绘制品位频率分布直方图

有关频率分布直方图的内容请参见 14.1.1 节。借助于品位频率分布直方图可以检验矿石品位近似于正态分布还是偏斜分布（正偏斜分布一般可以转换为对数正态分布）；如果品位数据呈现双峰分布，则应尝试划分地质域分别估算资源量。

17.4　国内传统的资源储量估算方法

17.4.1　算术平均法

1. 基本概念

算术平均法的基本特点是不划分矿体块段，用简单的算术平均法计算各种参数的平均值，即把勘查地段内的全部勘查工程查明的矿体厚度、品位、矿石体重等数值，用算术平均法加以平均，分别求出其算术平均厚度、平均品位和平均体重，然后按圈定的矿体面积算出整个矿体体积。其实质是将整个形状不规则的矿体变为一个厚度和质量一致的板状体，然后根据平均体重估算整个矿体的资源储量（图 17.4）。

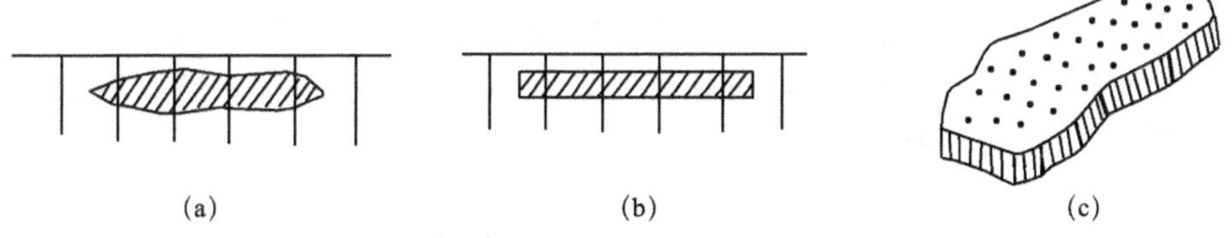

图 17.4　用算术平均法计算储量把复杂矿体变为简单板状体
（a）勘查剖面中圈定的矿体形态，各钻孔见矿厚度不等；
（b）算术平均法将其变为等厚度的简单矿体的剖面；（c）按照简单的板状矿体估算

2. 基本估算过程

首先在投影图上求出整个矿体的投影面积，再用算术平均法估算矿体投影面积内所有工程各种参数的平均值，然后根据矿体的平均厚度和投影面积估算矿体体积，根据矿石平均体重和体积估算矿石资源量或储量，最后根据平均品位和矿石资源储量估算相应的金属量。

算术平均法所利用的图件一般是矿体水平投影图或垂直纵投影图。若在水平投影图上测量矿体面积，利用铅垂厚度求矿体体积；若在垂直纵投影图上测量矿体面积，则利用水平厚度求矿体体积。

3. 算术平均法的适用条件

算术平均法估算资源储量，过程简单，不需作复杂的图纸是其优点，但是，它只能应用于矿体厚度变化较小、勘查工程在矿体上的分布较为均匀、矿产质量及开采条件比较简单的矿床。如果勘查工程分布得不均匀，矿化又很不均匀时，可能产生较大的误差。对于勘查程度较低的矿床，即在预查、普查和详查阶段常常应用此方法。

17.4.2　地质块段法

1. 基本概念

地质块段法是将矿体按不同矿石类型、工业品级、资源储量类别、矿山技术条件及水文地质条件、矿床开采次序等把矿体分成不同的块段，在每个块段内用算术平均法分别估算各块段的资源储量，各块段资源储量之和即为该矿体或矿床的资源储量。显然，地质块段法与算术平均法的原理基本相同，差别在于地质块段法是在块段内应用算术平均法。

划分块段时，应综合考虑各方面的因素，不宜分得太零乱，而且应使每个块段都有相当数量的工程控制。

2. 基本估算过程

首先在投影图上划分块段（图 15.7），然后求出每个块段的面积、平均品位、平均厚度和平均体重等，再根据块段的投影面积和平均厚度估算每个块段的体积，最后根据每个块段的平均体重和平均品位估算块段矿石量和金属量。

3. 地质块段法的应用条件

地质块段法具有算术平均法的所有优点，同时又弥补了算术平均法不能划分块段的缺点。它可用于任何大小、形状和产状的矿体，尤其适合于层状、似层状、透镜状矿体。因此，该法在勘查工作中应用较广。

17.4.3　开采块段法

1. 基本概念

应用坑道工程把矿体切割成不同的适合矿山开采的方形或矩形块段，并利用块段周边坑道所获得的矿体取样资料采用算术平均法估算块段储量的方法称为开采块段法。

开采块段一般由上、下中段沿脉坑道和左、右天井（或上山）工程四面圈定，有时由三面或只有两面工程圈定。储量估算是在块段水平投影图或垂直纵投影图上进行（图 16.9）。

2. 估算过程

首先采用加权平均法求出开采块段周边各坑道中取样的平均品位和厚度，需要注意的是，估算出的厚度应转换为块段投影面的厚度，然后估算块段的平均品位、平均厚度和面积，最后估算块段的矿石量和金属量。

3. 开采块段法的应用条件

开采块段法适用于采用坑道工程系统进行勘查的矿床，尤其适合于地下矿山开采过程中的三级矿量（开拓、采准、回采）估算。

这种方法的优点是作图和计算简单，可按不同要求划分块段进行估算，其估算结果可直接用于采矿设计和制订生产计划。缺点是要受到勘查手段的限制。

17.4.4 断 面 法

在矿床勘查阶段，利用一系列勘查剖面把矿体截为若干个块段，根据各断面的勘查取样资料分别估算这些块段的资源储量，将各块段的资源储量合起来即为矿体的总资源储量，这种资源储量估算方法称断面法或剖面法。如果断面为勘查线剖面，其估算方法称为垂直断面法；如果是根据水平断面（如中段平面）进行估算，则称为水平断面法；如果断面之间彼此平行，称为平行断面法；彼此不平行的断面，则称为不平行断面法。

1. 平行断面法估算资源储量的基本过程

（1）首先在各个勘查剖面图上测定矿体块段断面的面积。

（2）其次，在两个勘查剖面面积之间估算矿体的体积。为此，必须根据相邻两剖面之间块段断面相对面积差$\left(\frac{S_1-S_2}{S_1}\right)$的大小来分别选择不同的公式进行估算。

当相邻两剖面上块段之相对面积差$\frac{S_1-S_2}{S_2}<40\%$时，一般选用梯形体积公式(图 17.5)，其表达式为

$$V=\frac{L}{2}(S_1+S_2) \tag{17.12}$$

式中，V 为两剖面间矿体体积（m^3）；L 为两相邻剖面之间距（m）；S_1、S_2分别为两相邻剖面上的矿体块段断面面积（m^2）。

当相邻两剖面矿体断面之相对面积差$\frac{S_1-S_2}{S_1}>40\%$时，一般选用截锥体积公式估算体积（图 17.6），其公式为

$$V=\frac{L}{3}(S_1+S_2+\sqrt{S_1\times S_2}) \tag{17.13}$$

当在相邻的两剖面中只有一个剖面有面积，而另一剖面上矿体已尖灭，这时根据剖面上矿体面积形状不同，可分别选择楔形（图 17.7）或锥形（图 17.8）公式估算体积。

用楔形公式估算体积的公式为

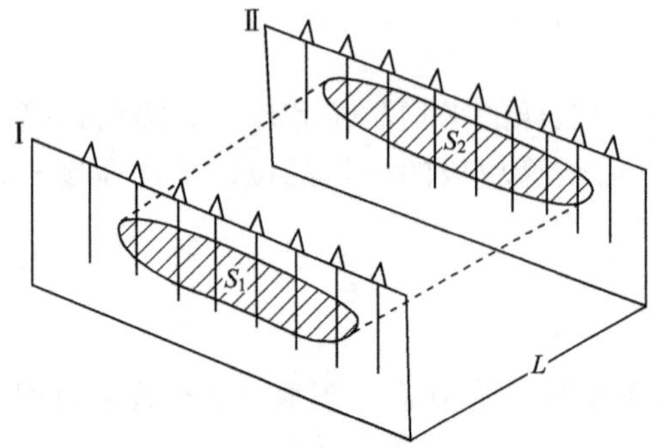

图 17.5 相邻剖面间之梯形块段

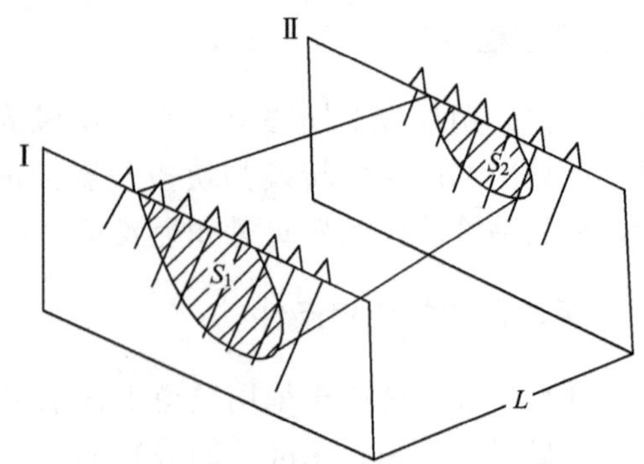

图 17.6 相邻剖面间之截锥块段

$$V = \frac{L}{2} \times S \tag{17.14}$$

用锥形公式估算体积的公式为

$$V = \frac{L}{3} \times S \tag{17.15}$$

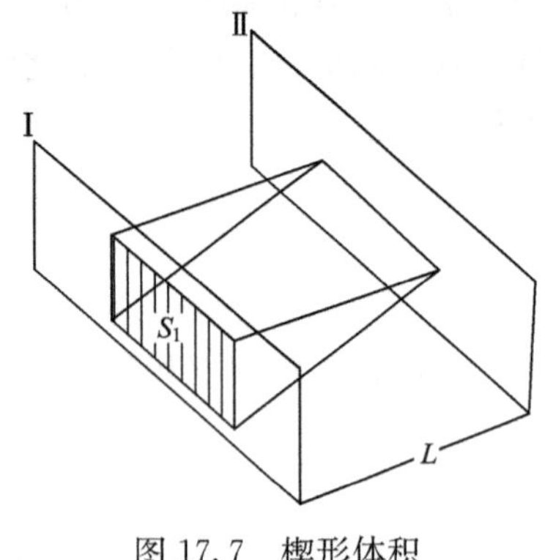

图 17.7 楔形体积

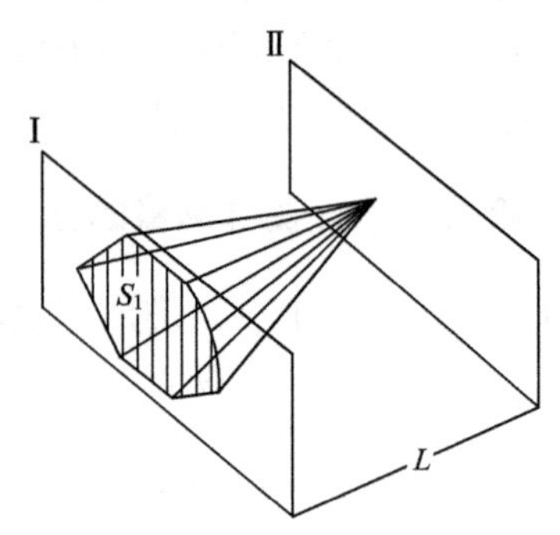

图 17.8 锥形体积

(3) 估算各相邻两剖面间块段的矿石资源储量：

$$Q = V \times \overline{d} \tag{17.16}$$

式中，Q 为块段的矿石资源储量；V 为块段的矿石体积；$\overline{d}$ 为块段矿石平均体重。

(4) 估算各相邻剖面间的金属资源储量：

$$P = Q \times \overline{C} \tag{17.17}$$

式中，P 为块段的金属资源储量；$\overline{C}$ 为块段矿石的平均品位。

(5) 估算整个矿体的体积、矿石资源储量及金属量。

将所有块段的体积、矿石资源储量、金属量各自相加，即

$$V = V_1 + V_2 + V_3 + \cdots + V_n = \sum_{i=1}^{n} V_i$$

$$Q = Q_1 + Q_2 + Q_3 + \cdots + Q_n = \sum_{i=1}^{n} Q_i$$

$$P = P_1 + P_2 + P_3 + \cdots + P_n = \sum_{i=1}^{n} P_i$$

式中，V、Q、P 分别为整个矿体的体积、矿石资源储量及金属量；V_i、Q_i、P_i分别为第 i 个块段的矿体体积、矿石资源储量及金属量。

2. 线储量法

线储量法是一种与平行断面法原理相同的资源储量估算方法。它利用勘查剖面把矿体分为各个块段，每一勘查剖面至相邻两剖面之间 1/2 的地段，即为该剖面控制的地段。先分别估算每个剖面两侧共计 1m 宽度的矿体体积和矿产资源储量（图 17.9），然后按每条勘查剖面的实际控制距离（各勘查剖面与相邻两侧剖面垂直距离的一半），估算出各个块段的矿产资源储量。各块段资源储量的总和，即为整个矿体或矿床的资源储量。线储量法主要应用于砂矿床的资源储量估算。该方法的估算步骤如下。

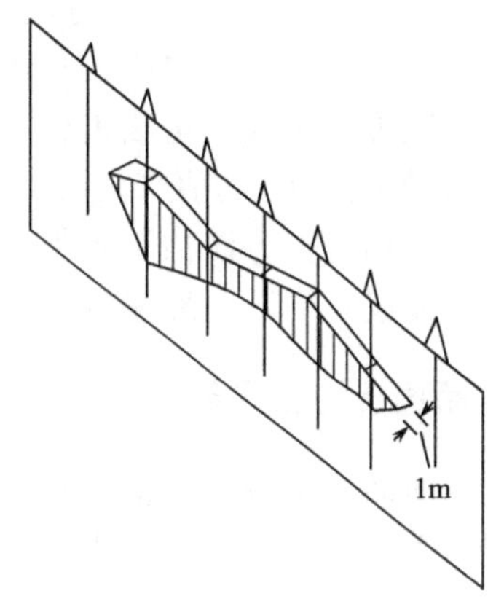

图 17.9　勘查线剖面附近 1m 宽地带的资源储量

(1) 测量各剖面的面积，然后根据剖面的平均体重及平均品位估算每个剖面的线金属资源储量：

$$P_i = S_i \times \overline{d}_i \times \overline{C}_i \tag{17.18}$$

式中，P_i 为某一剖面的线金属资源储量；S_i 为某一剖面的矿体面积；$\overline{d}_i$ 为某一剖面的矿石平均体重；$\overline{C}_i$ 为某一剖面的矿石平均品位。

(2) 估算相邻剖面间块段的金属量。当两剖面面积相对差小于 40%时，应用以下公式：

$$P = \frac{L}{2} \times (P_1 + P_2) \tag{17.19}$$

当两剖面面积相对差大于 40%时，则应用公式：

$$P = \frac{L}{3}(P_1 + P_2 + \sqrt{P_1 \times P_2}) \tag{17.20}$$

式中，P 为两剖面间块段的金属资源储量；L 为两剖面间的距离；P_1、P_2分别为两个相邻剖面的线金属量。

(3) 整个矿体的金属资源储量，为所有块段金属量之和，即

$$P = P_1 + P_2 + P_3 + \cdots + P_n = \sum_{i=1}^{n} P_i \tag{17.21}$$

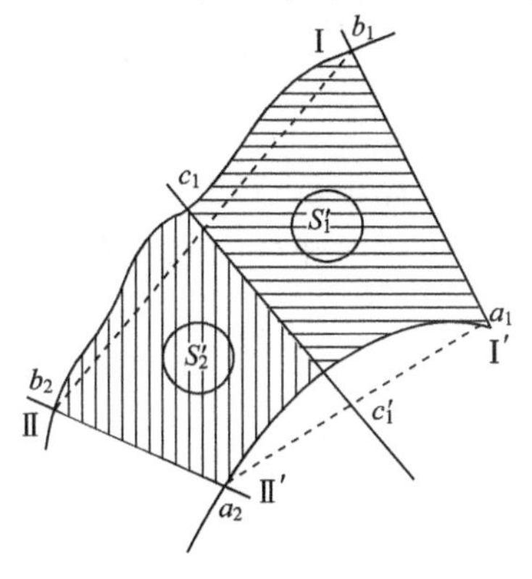

图 17.10　断面控制面积法简化图

3. 不平行断面法

当矿体用不平行勘查线进行勘查时，或者用平行勘查线的同时，由于矿体走向有变化，而采用了不平行勘查线，这时应用不平行断面法是必要的。这种方法在于求矿体不平行剖面间的矿体体积和资源储量。不平行断面法常用的是断面控制距离法（普罗科菲耶夫计算法）。这种方法的实质是沿两个勘查线的每个断面上矿体的面积乘相应的控制距离，采用作辅助线的方法估算不平行断面之间的块段体

积（图 17.10）。

如图 17.10 中Ⅰ至Ⅰ′与Ⅱ至Ⅱ′两条勘查线不平行，a_1、a_2及 b_1、b_2为勘查线与矿体边界线的交点，用直线连接 a_1、a_2及 b_1、b_2，取 b_1、b_2的中点 c_1及 a_1、a_2的中点 c_1'；用直线连接 c_1和 c_1'将块段分为两部分，也就是将块段在平面图上的面积分为 S_1'及 S_2'两个部分；求出在勘查线剖面上矿体的截面积 S_1及 S_2，同时也求出 S_1'及 S_2'的面积。这样就可以求出被中线 c_1、c_1'所分割的这两部分的矿体体积，其公式为

$$V_1 = S_1 \times \frac{S_1'}{l_1}; \quad V_2 = S_2 \times \frac{S_2'}{l_2} \tag{17.22}$$

式中，l_1 为勘查线Ⅰ上 a_1、b_1的长度；l_2 为勘查线Ⅱ上 a_2、b_2的长度。

不平行断面间块段的总体积 $V=V_1+V_2$。

也可以用线储量法进行，这时需将断面面积 S_1及 S_2的相应的由线矿石量 Q_1、Q_2或线金属量 P_1、P_2的值来代替。

应用此种方法估算不够十分准确。但一般在矿床勘查时，勘查线不平行的地段是不多的，或仅有局部的地段的断面是不平行的，对整个矿床的资源储量影响不大。

4. 断面法的应用条件

断面法资源储量估算在目前应用仍较广泛，只要勘查工程是有系统地大致按勘查线或勘查网布置时均可采用。水平的和缓倾斜的矿体常用垂直钻孔的勘查线进行勘查，因而常用垂直断面法估算资源储量。而那些急倾斜矿体、矿柱，网脉状矿床常用水平坑道勘查，因而适于用水平断面法估算资源储量。在勘查砂矿床或侵入岩接触带上的矿床，因矿床的走向经常改变，所以常出现不平行的断面，故时常用不平行断面法估算资源储量。

由于断面法是利用相应的体积公式估算剖面之间块段的体积，如果相邻剖面矿块的面积和形状差异比较显著的话，其块段吨位的估值误差就比较大；此外，断面法资源储量估算实质上是把断面上工程中的品位外延到断面面积上去，接着又把面积上的品位又外延到块段的体积上去，有外延就有误差。所以说断面法资源储量估算虽说在体积估算方面具有简单的优点，但它存在着品位外延所形成的误差无法克服的缺点，对这一点必须有所认识。

17.5　SD 资源储量估算方法

SD 资源储量估算法（简称 SD 法）是由北京恩地公司唐义和蓝运蓉教授共同创立命名的一套独特的系列资源储量估算和审定方法。SD 法将地质变量看作既具规律性又有随机性特点的变量，用权尺法建立结构地质变量，以最佳结构地质变量为基础，在断面图上进行几何形变，用样条函数拟合成结构地质变量曲线，使之能以用积分计算求取资源储量的方法。该方法包括普通 SD 法、SD 搜索法、SD 递进法，有预测精度的功能，并且研发了专用 SD 法软件。

17.5.1　SD 法的基本概念

1. SD 的含义

SD 法是一套估算矿产资源储量的方法体系，由 SD 理论、原理、SD 系列方法及其 SD

软件应用系统构成。

SD 代表三种含义：① 取样条函数（spline）字头“S”和动态分形的汉音字头“D”，构成“SD”，寓意动态分维是本方法的理论基础；② 取“搜索-递进”的汉语拼音字头，构成“SD”，寓意本方法是以搜索递进为主的计算方法；③ 取“审定”一词汉语拼音第一个字母，构成“SD”，寓意审定资源储量是本方法的重要和独特功能。

2. SD 理论

SD 理论是以分形几何学为理论基础建立起来的动态分形几何学，SD 理论即 SD 动态分形几何学，因此，SD 法就是动态分形几何学资源储量估算和审定方法。其基本原理是在剖（断）面图上进行几何形变，用样条函数拟合成结构地质变量曲线，用积分法估算资源储量。

3. 结构地质变量和权尺

结构地质变量：空间上具有结构性变化的地质变量，简称结构量，如厚度、品位等都是结构地质变量。结构地质变量值既与所在的空间位置有关，亦与它周围相邻值的大小和距离有关，它们在一定空间范围相互影响。结构地质变量是 SD 法估算矿产储量及其精度的基础变量。根据定义，结构地质变量等同于地质统计学中的区域化变量。

权尺：用来分配地质变量权的大小的尺度称为权尺，实际上就是权重的大小。权尺使地质变量权尺化，形成结构地质变量。

SD 法采用铃形曲线作为滑动平均窗口的权函数，从而将地质变量构造成结构地质变量。例如，在一条测线上相隔等间距、距离为 Δh 的两相邻地质变量值 x_1 和 x_2 的空间相关权（λ_k）令其各为 1/2；相隔等间距、距离为 Δh 的三个相邻值 x_1、x_2 和 x_3 的空间相关权分别赋予 1/4、2/4、1/2；同理，相隔等间距、距离为 Δh 的四个相邻值 x_1、x_2、x_3 和 x_4 的空间相关权分别赋予 1/8、3/8、3/8、1/8。依此类推，当变量值个数为 n 时，其空间相关权为二项式展开后各项系数 c_{nl1}^{k} 与 2^{n-1} 之比，即

$$\lambda_k = \frac{C_{n-1}^{K}}{2^{n-1}}(k=0,\ 1,\ 2,\ \cdots,\ n-1) \tag{17.23}$$

式中，n 值称为二项式系数直径。空间相关权之和为 1：

$$\sum \lambda_k = 1 \tag{17.24}$$

由此可见，在一个方向上空间相关权的分布曲线近似于铃形曲线（即呈对称分布），故谓之铃形曲线窗，其权称为铃形权，同时利用 n 来调节铃形权的形态。空间相关权确定之后，即可求得结构地质变量值。

对地质变量进行具体统计分析时，SD 法不是寻求统计规律，而是用数据稳健处理方法（权尺化）将原始数据处理成有规律数据，将离散型变量转换成连续型变量。因此，SD 法不是建立原始数据模型，而是建立权尺化处理后的数据模型。从这个意义上说，结构地质变量又是经过权尺化处理的地质变量。其数据模型即是结构量结构空间的表征，这样便有可能对地质变量进行统计分析。由此可见，SD 法的数据权尺化处理与地质统计学的变差函数有着同工异曲之妙。

4. 结构变量曲线

结构地质变量的求得，仅仅为资源储量估算提供了可靠基础数据，SD 法资源储量估算

还需要通过结构变量曲线来实现。

所谓结构变量曲线就是在工程坐标或断面坐标上过已知的以结构地质变量为点列所作的光滑曲线，简称结构量曲线。它们的形态反映了地质变量在空间的变化规律。构造出结构地质变量曲线，是SD法资源储量估算中第二个重要课题。求过程结构地质变量的点列的曲线，是数学拟合问题，SD法采用三次样条函数进行拟合。

17.5.2 SD法基本原理

1. 降维形变原理

矿体形态千差万别，为了简化计算，SD法采取降维处理，利用二维剖面反映三维，从而使SD法称为一种断面曲线法。

与此同时，为了计算的规则化，SD法进一步将断面形态进行齐底拓扑形变(图17.11)，其目的是为了用数学公式描述地质变化，即利用SD样条函数进行拟合。形变后虽然点线面的形态发生了变化，但它们的相对位置没有改变，也就是说，其几何量或物理量未有改变。

SD法在断面上求矿体面积时不是直接利用其形态，而是采用实施几何变形后的形态(图17.11)。这种形变过程实际上并不直接绘出，矿体的原始形态也不一定确知，只需知道几何形变后的形态即可，而且这种形态是资源储量估算后才得出的。

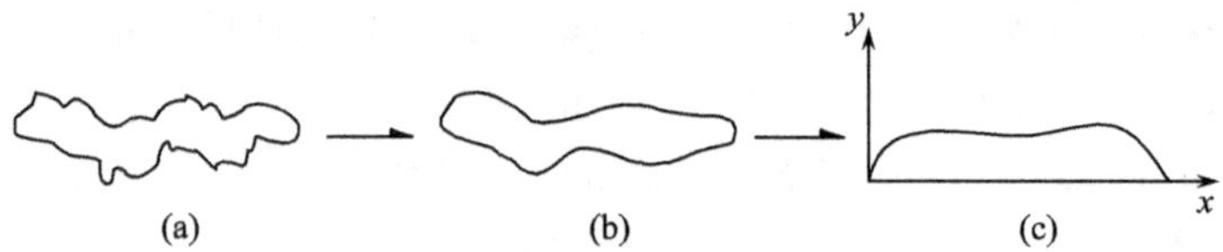

图17.11 矿体形变的几何过程

(a) 矿体剖面原始形态；(b) 边界圆滑后形态；(c) 几何形变后的形态

2. 权尺稳健原理

所谓稳健处理，就是针对一些“质量低”的数据进行有效处理。例如，在统计歌唱比赛的评分时，采取去掉一个最低分和去掉一个最高分的做法就是数据稳健处理的一种方式。SD法稳健处理主要是利用SD权尺进行处理。

3. 搜索求解原理

SD法建立了样条函数反函数近似求解方法，称为SD搜索求解方法。其过程如下：

(1) 利用样条函数曲线和矿体剖面线上的观测点 x_i ($i=1, 2, \cdots, n$) 的厚度和品位观测值构成厚度变化曲线和品位变化曲线。

(2) 制定搜索步长。SD法计算过程中根据工程控制程度自动预置步长。

(3) 确定工业指标。计算时从左至右按给定步长以各项工业指标进行样条函数搜索，划分出矿域和非矿域。当品位达到工业要求而厚度未达到要求时则划分为可疑域，然后采用动态百分值（米百分值）判定其属于矿域还是非矿域。

4. 递进逼近原理

为了充分利用有限信息，SD 法采用动态有限逼近的方法，包括：

(1) 利用稀空法原理（见 13.2.5 节）进行动态逼近，称为回溯递进。

(2) 利用加密法原理进行动态逼近，称为前移递进。

(3) 曲线不摆动的逼进称为单调递进；曲线震荡的逼进称为非单调递进。

17.5.3 SD 法基本方法

SD 法包括 SD 估算和 SD 审定两大基本方法，构成了一套完整的 SD 方法体系。

1. SD 估算方法

1) 普通 SD 法

普通 SD 法也称为 SD 样条函数法，它是以 SD 样条函数为数学工具估算资源储量，即是将结构地质变量作为点列函数，由 SD 样条函数拟合和积分求取资源储量。

普通 SD 法适用于形态简单、矿化连续性好的矿体，或适用于普查和详查阶段估算整体资源储量。

2) SD 搜索法

SD 搜索法全称为 SD 样条函数搜索求解法。如果事先给定样条函数因变量（工业指标），其过程就转化为解函数方程的问题。由于求解方程非常繁琐，尤其是改变工业指标的值重复计算过程，其计算量更大。为了克服这一弱点，SD 法采用步长搜索样条函数曲线在点 x_i 处的函数值，搜索求解后，求断面积分，从而估算出块段资源储量。

3) SD 递进法

由于工程间距不同，对矿体变化程度的描述可能不一样，因而在一定意义上说，矿体变化程度是工程间距的函数。通过递进逼近的方式，SD 递进法力求尽可能精确地估算资源储量。

实际应用中，上述三种方法常常结合使用。例如，采用普通 SD 法进行递进计算，便构成了普通 SD 递进法，利用 SD 搜索法进行递进计算，就构成了 SD 搜索递进法。

为便于应用，SD 法已将上述方法融为一体化计算。对于一个具体矿床，无需考虑选择哪一种方法，只需按如下要求操作步骤即可。

• 确定数据类型

SD 法的数据类型分为 A 型、B 型、C 型、综合型以及标准型。平缓厚大矿体而近乎铅垂取样的数据定义为 A 型数据；陡倾矿体取样的数据为 B 型；薄层平缓矿体取样的数据为 C 型；来源于单个样品各种取值的数据为标准型；来源于已经整理过的单工程矿体数据，如工程平均品位、矿体厚度等为综合型。它们组合成 5 类数据，即：A 型标准型数据；B 型标准型数据；B 型综合型数据；C 型标准型数据；C 型综合型数据。对于一个矿床或一个矿体，可能只有一种数据类型，也可能有几种数据类型。同一矿体若是用多种计算类型者，可划分成若干个矿段。每个矿段最多有两个数据类型。每一个数据类型只能用一个矿段计算名称。

• 明确估算要求

SD系统能够自动按照用户设定的参数进行计算如下内容：

（1）计算范围。分为整体计算、中段（台阶）计算、分段分块计算、任意分块计算以及框块计算。

（2）资源量精度、类别、工程控制程度的要求。系统能够实现判别已经达到什么估算精度、资源量类别、工程控制程度；要求达到什么估算精度、资源量类别、工程控制程度；整个达到什么精度、类别、工程控制程度。

（3）工业指标的选择。选项包括：①多指标和单指标；②指标的内容；③给定合理的指标。多指标包含五项内容：边界品位、工业品位、可采厚度、夹石剔除厚度、米百分值；单指标包含两项内容：最低工业品位和最小可采厚度。

• 输入具体的计算数据

主要包括勘查过程中一些与资源量估算有关的数据，如取样的品位、厚度（样长）、勘查线和计算点的坐标，计算范围等。

2. SD审定法

SD审定法是指在矿产勘查过程中对资源储量的精度、工程控制程度以及资源储量类型等进行定量化确认。SD审定法包括SD精度法和SD稳健法。

1）SD精度法

SD精度法是指采用SD方法计算资源储量估计的误差。其表达式如下：

$$\eta_0 = \frac{S_k}{S} \tag{17.25}$$

式中，η_0为SD资源储量估算精度；S为以点列函数f（x）围成面积所代表的资源储量真值；S_k为在k状态下（即某个勘查阶段工程控制程度的条件下）用SD法估算的资源储量。由于S是未知的，故采用点列函数的节点（观测点）的观测值顶端的曲线长度的真值（假设固定矿段［a，b］区间观测点数无限增加、观测点之间平均间距无限减小而得到的理论曲线长度L，实际上是有限逼近长度）与k状态下（实际勘查间距）的曲线长度（L_k）的关系来进行替代：

$$\eta_0 = \frac{L_k}{L} \tag{17.26}$$

虽然η_0表示资源储量估算的精度，但没有反映工程的控制程度。因此，SD法又提出了SD精度（η），即

$$\eta = \rho\eta_0 \tag{17.27}$$

式中，ρ为框架指数。从而，SD法精度赋予了双重功能，既是储量精确程度的度量，又是工程控制程度和矿体复杂程度的体现。

2）SD 稳健法

SD 稳健法即是构建结构地质变量曲线，其具体内容参见前述“结构变量曲线”的介绍。

功能强大的 SD 法软件系统能够解决以评价矿产资源储量为主的多组工业指标动态圈定矿体、动态估算资源储量及其精度、评价工程控制程度、划分资源储量类别，以及选择合理工业指标等方面的问题。实现了从资源储量估算、认定和评价的一体化。

17.6　西方主要矿业国家资源储量估算方法简介

在 16.1.3 节中已经谈到，西方国家主要采用矿块指标体系，其圈定矿体的方法与国内的做法有所不同，即是根据见矿工程（平均品位达到边际品位指标的工程）的影响范围划分块段（这一过程又称为建立矿体块段体积模型），然后估算各块段的体积和资源储量，最后根据工程间距，或根据用于估计块段的样品点至块段中心的平均距离，或根据克里金方差等参数对各块段的资源量或储量进行分类（国内的做法一般是根据勘查控制程度事先划分好不同类别的资源储量块段，然后再进行估算）。相应的资源储量估计方法主要包括传统方法和地质统计学方法。传统方法包括块段模型法、多角形模型法、三角形模型法以及距离倒数加权法等。

17.6.1　块段模型法

采用块段模型法（block models）的估算资源储量的过程如下：

（1）在平面图或勘查线剖面图上绘出矿体的边界线，然后绘出一系列叠置的、厚度相等的、包含并且最近似矿体形状的块段。块段一般为矩形（只要能够计算出面积，其他形状也可以），厚度（深度）大于 5m［图 17.12（a）］。对于倾斜的板状矿体，有时可以把整个矿体作为一个倾斜的块段。

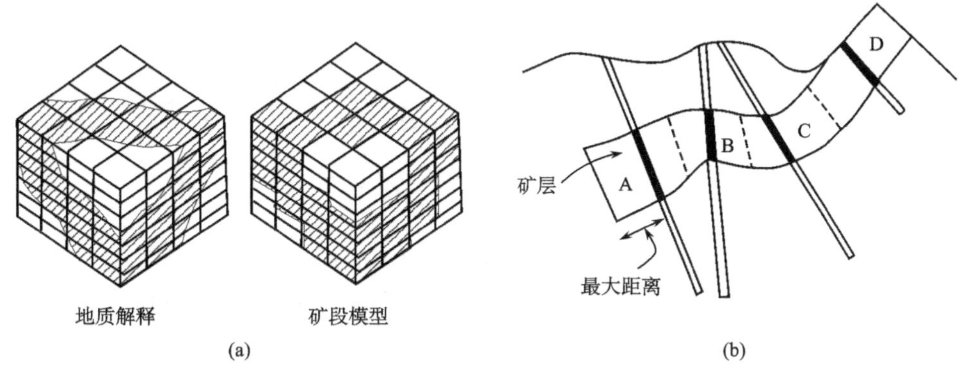

图 17.12　矿体块段模型图

（a）根据倾斜矿体的地质解释划分的块段；（b）在勘查线剖面图上按钻孔间距的 1/2 划分出 A、B、C、D 四个块段

（2）把划分出的每层块段分别绘在各层平面图上［图 17.12（a）］。对于勘查线剖面图，

则是以相邻勘查线之间的中间线作为相邻块段之间的边界［图 17.12（b）］。

（3）测量平面图或剖面图上每个块段的面积（简单的矩形块段面积为长×宽）。

（4）每个块段的面积乘以块段厚度即为块段体积。

（5）每个块段的体积乘以矿石平均体重即为该块段矿石量。每个块段的矿石量乘以该块段所有样品品位的算术平均值即为该块段的金属量。

（6）各块段矿石量之和即为矿体的矿石量；采用加权平均法（以每个块段品位为权）计算整个矿体的金属量。

17.6.2 泰森多边形模型法

泰森多边形（Thiessen polygons）法又称沃龙诺依（Voronoi）多边形法，其原理是在平面上围绕每个钻孔的“影响范围”或最大控制距离建立若干个 Voronoi 多边形区域，然后把钻孔见矿的厚度赋值给该多边形即成为棱柱体。每个多边形的构成是由相应钻孔点与周围所有邻域钻孔点之间的连线作垂直平分线，并将各垂直平分线依次连接而成，这种方法构成的多边形称为泰森多边形或沃龙诺依多边形（图 17.13）。泰森多边形内钻孔的平均品位和厚度直接作为该多边形体的品位和厚度的赋值。由于每个泰森多边形内的点较该多边形外的任意已知点最近，另一种算法是将该多边形及其相邻多边形内钻孔品位和厚度值的加权平均值作为该多边形的赋值，这种算法又常被称为最近邻插值法（nearest neighbor）。

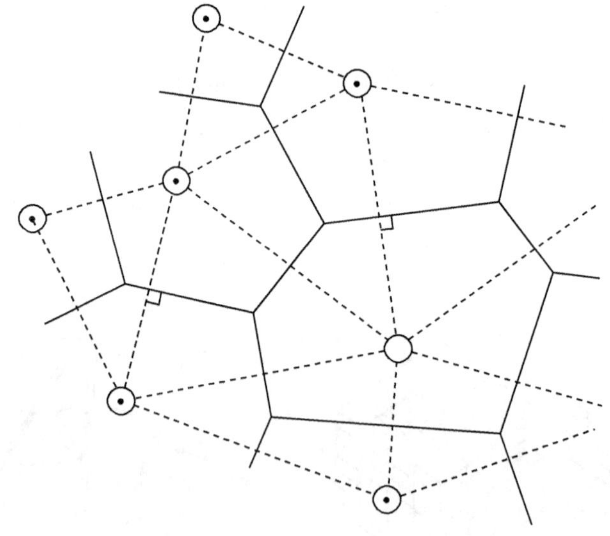

图 17.13 构建多边形面积的图示（Sinclair et al.，2002）
每个多边形内包含的单个样品品位值作为该多边形面积的品位赋值。图中的圆圈表示样品数据点，连接相邻数据点的虚线构成的三角形称德朗奈三角形（Delaunary triangles）；由实线定义的多边形称沃龙诺依多边形（Voronoi polygon），其实线与虚线垂直并且平分虚线

如果矿体很厚，则可以根据矿床开采设定的阶段高度划分等厚（等深）多层多边形体。由此即可求出每个多面体的体积。整个矿体的矿石量和金属量的计算与块段模型法相同。

泰森多边形方法可用于各个勘查阶段，适合于钻孔分布不规则的情况。由于假设在多边形内品位和厚度都是均匀分布的，所以多边形不能跨越地质边界，样品分析值只能利用一次。

这种方法的优点是估值区域的划分简单明确。不足之处在于：

（1）该方法是在最小距离基础上而不是在地质基础上进行品位估值，因而不能识别最小距离之外的品位连续性；

（2）它把一个单值延展为多边形整个面积的值，而品位结构极少是呈这种块状方式的；

（3）多边形的形状和大小是由取样密度（最大半径）确定的，而不是根据地质构造确定；

（4）如果数据点分布不均匀，很大区域将具有同一估值，造成高估含高品位样品的块段品位、低估含低品位样品的块段。

17.6.3　三角形模型法

三角形模型法（triangular models）与泰森多边形法相似，在三角形模型法中是以 3 个相邻见矿工程相连构成矿块，以 3 个见矿工程的平均厚度为三角棱柱体矿块的高、每个三角形的品位是根据位于 3 个角顶品位值确定的（图 17.14）。

图 17.14 资源储量估算的三角形模型。图中展示了位于三角形角顶的钻孔位置及其平均品位值，每个三棱柱体的平均品位是根据角顶的三个值平均求出的。

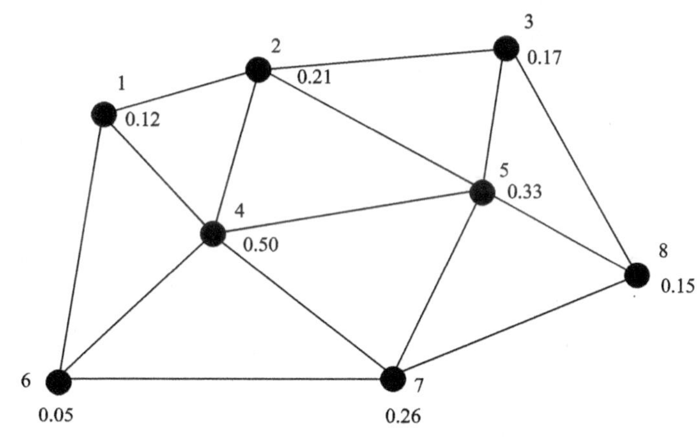

三角形编号	三角形平均品位/wt%	三角形面积/m^2
124	0.277	14.5
146	0.223	21.6
235	0.237	21.1
245	0.346	26.2
358	0.217	14.9
457	0.363	28.2
467	0.270	29.7
578	0.247	22.3

总面积=178.5
总面积×总平均品位=49.9
总平均品位=0.280

图 17.14　资源储量估算的三角形模型

图中展示了位于三角形角顶的钻孔位置及其平均品位值，每个三棱柱体的平均品位是根据角顶的三个值平均求出的

17.6.4 距离倒数加权法

距离倒数加权法（inverse distance weighted，IDW 法）是一种常用且简便的空间插值方法，其原理是根据地理学第一定律，已知取样点对待估点的估值都有局部性影响，其影响随距离增加而减小，距待估点近的已知取样点在估值过程中所占权重大于距待估点远的已知取样点，以待估点及其毗邻样本点之间的距离倒数为权计算出加权平均值作为该待估点的估值（图 17.15）。距待估点越近的样本点赋予的权重越大，即权重贡献与距离成反比，具体算法如下式：

$$z_p^* = \frac{\sum \frac{z_i}{d_i^k}}{\sum \frac{1}{d_i^k}} \tag{17.28}$$

式中，z_p^* 为待估点 p（或待估块段）的估值；z_i 为 p 点周围相邻第 i（$i=1, 2, \cdots, n$）个已知点（或已知块段）的观测值；d_i 为 p 点与 i 点之间的距离；k（$k=1, 2, \cdots, m$）为 d_i 的幂指数，一般取 $k=2$。

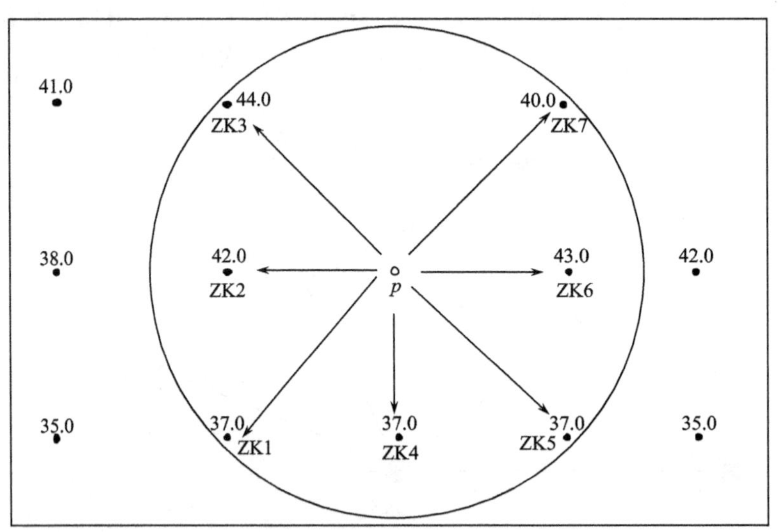

图 17.15 IDW 法示意图

根据距离衰减规律对样本点的空间距离进行加权，即假设已知取样点对预测点值的预测都有局部性影响，其影响随距离增加而减小，距离预测点（估值点）近的已知取样点在预测（估值）过程中所占权重大于距离预测点远的已知取样点。当权重等于 1 时，是线性距离衰减插值，当权重大于 1 时，是非线性距离衰减插值。这种方法的优点是算法简单，易于实现。缺点是如果不了解研究区域化变量结构分布特征，不合理的加权会导致较大的偏差。

案例 17.1 距离倒数加权法

图 17.15 表示某铁矿勘查区部分钻孔水平纵投影图，图中实心圆点为已施工钻孔，空心圆点 p 为待估点（或待估块段），表 17.6 列出圆形搜索区内已施工钻孔的坐标和平均品位

值以及 p 点坐标值。

表 17.6　待估点及其周围 7 个已知点的坐标位置

钻孔点编号	坐标		全铁品位/wt%
	X	Y	
ZK1	100	400	37
ZK2	100	500	42
ZK3	100	600	44
ZK4	200	400	37
ZK5	300	400	37
ZK6	300	500	43
ZK7	300	600	40
P	200	500	待估

根据距离倒数加权法公式［式（17.28）］，利用与未知点 p 紧邻的 7 个已知点之间的距离（图 17.15），以距离的倒数为权，求得的内插值为 39.9wt%。如果不考虑数据的自相关，计算出的标准误差为 2.75wt%；从而，以 90%的置信度，该处随机取样获得的品位值为 34.7～45.1wt%。

采用距离倒数加权法进行资源储量估算的一个关键步骤是确定搜索邻域（即确定参与估值的已知点个数）。一般采用圆（适用于正方形勘查网）或椭圆（适用于长方形勘查网和勘查线形式）来定义搜索邻域的范围，搜索邻域的中心对应于估值块段的中心点。如果采用椭球体模型，其长轴方向对应于矿体走向；短轴方向对应于矿体的倾向，短轴的倾斜角对应于矿体倾角；高对应于矿体的真厚度方向。

距离倒数加权法的优点是算法简单，易于实现。但该方法隐含这样一个假设：待估点的值与任何已知样品点的值之间的关系都依赖于这两点间的距离 d，而不要求其他条件。因此，这一方法存在如下一些主要问题：

（1）哪一种权重因素是最好的选择，如究竟应该选择$\frac{1}{d}$、$\frac{1}{d^2}$，还是$\frac{1}{d^3}$等？实际工作中常以$\frac{1}{d^2}$为权。

（2）如果取样间距不等，应该如何均衡考虑？

（3）估值的可靠性有多大？

（4）如果样本数据不服从正态分布，可能会出现什么问题？

17.7　地质统计学方法

17.7.1　传统资源储量估算方法的局限性

传统资源储量估算方法的理论基础来自于经典统计学，其中一个假设是从未知总体采集的样品是随机选取的并且是相互独立的。相对于矿床（体）而言，这一假设意味着任何样品的采样位置都不重要，换句话说，在矿体两端采集样品与近距离采集样品的效果是一样的。实际上，同一矿体内相邻钻孔或同一钻孔内采集的样品显然不是随机的，也不是独立的；间距小的样品表现出一定程度的空间相关性，即矿化在一定程度上是连续的；如果相邻样品之间不相关，要么就是矿化不连续，要么就是取样间距过大。

尽管经典统计学在资源储量估算中的应用存在诸如此类的限制，但就提供矿床（体）参数（矿石总吨位及其平均品位等）的估值而言，通过对品位或其他变量的数据集分布的研究可以获得很多信息。然而，由于品位分布可能是偏斜的，采用局部估计方法或者难以实现，或者可能存在显著误差。

17.7.2　地质统计学方法资源储量估算原理

为了纪念南非矿山地质工程师 D. G. Krige 在创立地质统计学方面的贡献，地质统计学内插方法以 Krige 的名字命名为克里金（Kriging），因此，克里金成为地质统计学内插方法的代名词。地质统计学方法突破了传统资源储量估算方法的局限：①考虑到了矿床中样品之间在空间上是互相关的以及邻近样品也许不是独立的事实；②这种空间相关性或连续性的度量利用地质统计学的工具——变差函数来实现（见 13.2 节），变差函数一般以整体的方式模拟，而克里金法则是利用所建立的变差函数模型在局部相邻区域进行资源储量估算；③克里金法提供了原地矿石块段品位的最佳估值，尤其是在取样网度很不规则的情况下以及不同方向矿化连续程度不同的情况下；④与其他方法不同，克里金法还能给出每个块段以及矿体（床）资源储量总量估计的置信水平。

克里金法的基本原理可以表述为：把矿体划分成许多待估的小块段（即矿体建模），在充分考虑信息样品的形状、大小及其与待估块段相互间的空间分布位置等几何特征以及品位的空间结构之后，为了达到线性、无偏和最小估计方差的估值，而对每一信息样品值分别赋予一定的权系数，最后进行加权平均来估计块段品位。

克里金资源储量估算方法是以矿石品位和矿床资源储量的精确估计为主要目的，以矿化的空间结构为基础，以区域化变量为核心，以变差函数为基本工具的一种数学地质的新理论和新方法。区域化变量、变差函数以及克里金方程组是克里金法资源储量估算的三大支柱，也是完全掌握克里金法的关键所在（冯超东等，2007）。

经过半个多世纪的发展，克里金已经形成了适用于能够在不同条件下进行估值的方法学体系，其中，普通克里金（ordinary Kriging）是最稳健最常用的资源储量估算方法，故本节只对普通克里金法作简要介绍。

普通克里金又可分为点克里金（point Kriging）和块克里金（block Kriging）。各种普通克里金法都假设局部平均值无需与总体平均值密切相关，从而只利用局域内的样本进行估值。

1. 点克里金

点克里金是根据邻近的一组样品数据利用克里金法估计某个点的值。在点克里金中，我们首先选择与待估点关系最密切的邻近观测点，邻近观测点个数的选择并不是随意的，因为我们已经知道了变程，从而可以估计待估点周围用于预测的最有用的数据的分布距离。如果在变程范围内不存在邻近观测点，我们也可以利用区域平均值估计待估点的值；如果在变程范围内有观测点，那么，利用这些数据的加权平均可以提供更好的估值。

克里金法涉及最佳权值的选择，目的是使估值方差最小，而且权值之和为 1，即$\sum w_i = 1$。要使估值误差或方差达到最小，克里金导出一组联立方程，称为克里金方程。已知样品位置、估值块段的大小以及代表所研究矿化特征的变差函数模型，就可以求解出方程组中的权重系数（w_i）值；将计算出的w_i值乘以相应的样品品位即可得出原地块段加权平均品位的估值，当然，也可以得出每个块段平均品位的估值误差。在勘查间距较大的区域，这些估值误差会更高，而在勘查间距较小的区域，估值误差更低。

假设图 17.16 中的 p 点为未知点，1、2、3 号点为三个控制点，z_1、z_2和z_3分别为三个控制点的品位值，w_1、w_2和w_3分别为赋予z_1、z_2和z_3的权值，则可以利用下式获得 p 点的估值（$\hat{z}_p$）：

$$\hat{z}_p = w_1 z_1 + w_2 z_2 + w_3 z_3 \tag{17.29}$$

如果设定$w_1 + w_2 + w_3 = 1$，那么有任意一个w_i的权值可供选择：其中选择的一些w_i值可能比较好，因为 p 点的真值（z_p）与估值（$\hat{z}_p$）的差值较小；如果$z_p - \hat{z}_p$的差值过大，则说明w_i值选择的不当，由此我们会认为以这种方法求出的$\hat{z}_p$没有意义。其实不然，由于估值误差（$\hat{z}_p - z_p$）服从正态分布，因而$\hat{z}_p$将会在以z_p为中心的一定区间内变化。换句话说，如果所利用的数据是平稳的（即用于内插范围内的数据不存在趋势或者说属于同一个总体），那么，$\hat{z}_p$是z_p的无偏估值。

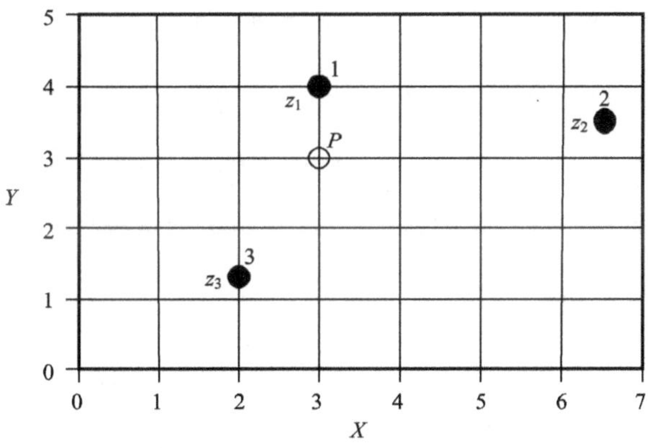

图 17.16　点估计示意图

如果z_1、z_2、z_3的值相等，那么无论w_i值如何选择，其$\hat{z}_p$都相同；如果z_i值不等，则可以计算获得一系列的$\hat{z}_p$值。假设我们计算出 n 个$\hat{z}_p$值，即可以写出估值方差（即克里金方差，σ_k^2）的表达式：

$$\sigma_k^2 = \frac{\sum (\hat{z}_p - z_p)^2}{n} \tag{17.30}$$

σ_k^2只与用于估计z_p的控制点的离散程度有关，其离散程度可以利用变差函数进行描述：

$$\begin{aligned}\sigma_k^2 &= \mathrm{var}(\hat{z}_p - z_p) = \mathrm{var}(\hat{z}_p) + \mathrm{var}(z_p) - 2\mathrm{cov}(\hat{z}_p,\ z_p) \\ &= \mathrm{var}\left(\sum w_i z_i\right) + \mathrm{var}(z_p) - 2\mathrm{cov}\left(\sum w_i z_i,\ z_p\right) \\ &= \sum_i \sum_j w_i w_j \gamma(h_{ij}) + \sigma^2 - 2\sum w_i \gamma(h_{ip})\end{aligned} \tag{17.31}$$

式中，var 为变差函数（variogram）；cov 为协方差函数（covariogram）。根据式（17.29），式（17.30）可改写为

$$\sigma_k^2=\frac{\sum_{i=1}^{n}(w_1 z_1+w_2 z_2+w_3 z_3+\cdots w_i z_i-z_p)^2}{n} \tag{17.32}$$

在本例中，$n=3$，利用式（17.31）、变差函数值以及根据最小二乘法原理建立一组回归联立方程（利用最小二乘法，未知量估值的数学期望等于未知量的数学期望，即所谓的无偏估值，且估值的方差为最小），可以获得使σ_k^2达到最小的一组权值w_1、w_2和w_3：

$$\begin{aligned}
&w_1\gamma(h_{11})+w_2\gamma(h_{12})+w_3\gamma(h_{13})=\gamma(h_{1p})\\
&w_1\gamma(h_{21})+w_2\gamma(h_{22})+w_3\gamma(h_{23})=\gamma(h_{2p})\\
&w_1\gamma(h_{31})+w_2\gamma(h_{32})+w_3\gamma(h_{33})=\gamma(h_{3p})\\
&w_1+w_2+w_3=1
\end{aligned}$$

上述方程组又称为克里金方程组，式中，h_{ij}是第i个控制点与第j个控制点之间的距离（$i=1$，2，3；$j=1$，2，3）；h_{ip}是第i个控制点至待估点（p）之间的距离。其中$w_1+w_2+w_3=1$使估值满足无偏条件。从克里金方程组的导出过程可以看出：克里金方程组是使克里金方差达到最小的回归方程组。

本例中的克里金方程组由 4 个方程和 3 个未知数组成，这种现象在线性代数中称为超定问题，可以引入拉格朗日乘数（λ）作为附加变量进行求解：

$$\begin{aligned}
&w_1\gamma(h_{11})+w_2\gamma(h_{12})+w_3\gamma(h_{13})+\lambda=\gamma(h_{1p})\\
&w_1\gamma(h_{21})+w_2\gamma(h_{22})+w_3\gamma(h_{23})+\lambda=\gamma(h_{2p})\\
&w_1\gamma(h_{31})+w_2\gamma(h_{32})+w_3\gamma(h_{33})+\lambda=\gamma(h_{3p})\\
&w_1+w_2+w_3+0=1
\end{aligned}$$

写成矩阵形式：

$$\begin{bmatrix}\gamma(h_{11}) & \gamma(h_{12}) & \gamma(h_{13}) & 1\\ \gamma(h_{21}) & \gamma(h_{22}) & \gamma(h_{23}) & 1\\ \gamma(h_{31}) & \gamma(h_{32}) & \gamma(h_{33}) & 1\\ 1 & 1 & 1 & 0\end{bmatrix}\begin{bmatrix}w_1\\ w_2\\ w_3\\ \lambda\end{bmatrix}=\begin{bmatrix}\gamma(h_{1p})\\ \gamma(h_{2p})\\ \gamma(h_{3p})\\ 1\end{bmatrix}$$

求解克里金方程即可获得一组最佳权值w_1、w_2、w_3以及λ值，从而利用式（17.29）可计算p点估值$\hat{z}_p$以及克里金方差σ_k^2：

$$\hat{z}_p=w_1 z_1+w_2 z_2+w_3 z_3 \tag{17.33}$$

$$\sigma_k^2=w_1\gamma(h_{1p})+w_2\gamma(h_{2p})+w_3\gamma(h_{3p})+\lambda \tag{17.34}$$

如果将克里金方程组写成一般的矩阵形式，即为

$$[\mathbf{A}]\times[\mathbf{W}]=[\boldsymbol{B}] \tag{17.35}$$

其中：

$$
\boldsymbol{A}=\begin{bmatrix}\gamma(d_{11}) & \gamma(d_{12}) & \cdots & \gamma(d_{1m}) & 1\\ \gamma(d_{21}) & \gamma(d_{22}) & \cdots & \gamma(d_{2m}) & 1\\ \cdots & \cdots & \cdots & \cdots & \cdots\\ \gamma(d_{m1}) & \gamma(d_{m2}) & \cdots & \gamma(d_{mm}) & 1\\ 1 & 1 & 1 & 1 & 0\end{bmatrix};\quad \boldsymbol{W}=\begin{bmatrix}w_1\\ w_2\\ \vdots\\ w_m\\ \lambda\end{bmatrix};\quad \boldsymbol{B}=\begin{bmatrix}\gamma(d_{1p})\\ \gamma(d_{2p})\\ \vdots\\ \gamma(d_{mp})\\ 1\end{bmatrix}
$$

该矩阵形式的方程是求解向量矩阵 **W** 中的未知系数。矩阵 **A** 描述了各样品点之间的变差函数值（也有一些文献中是采用相应的协方差函数值），记录了所有样品对之间的变差函数距离（距离较小的样品对赋予较小的变差函数值，相距较远的样品对赋予较大的变差函数值），从而为该方程组提供了可利用样品的群聚信息，并且能够根据样品群聚性分配权重，将群聚的样品去群（所谓去群即是把群聚的样品点分解成一个等效的点）。矩阵 **W** 是赋予各样品点的权重系数。矩阵 **B** 描述的是各样品点与待估点之间的变差函数值，它提供了一个权重方案，即样品点与待估点的变差函数值越小，该样品对估值的贡献越大。权值求出来后，即可根据下式计算待估点的加权平均估值及其克里金方差和标准差：

$$\hat{z}_p = w_1 z_1 + w_2 z_2 + w_3 z_3 + \cdots + w_i z_i \tag{17.36}$$

$$\sigma_k^2 = w_1\gamma(h_{1p}) + w_2\gamma(h_{2p}) + w_3\gamma(h_{3p}) + \cdots + w_i\gamma(h_{ip}) + \lambda \tag{17.37}$$

$$\sigma_k = \sqrt{w_1\gamma(h_{1p}) + w_2\gamma(h_{2p}) + w_3\gamma(h_{3p}) + \cdots + w_i\gamma(h_{ip}) + \lambda} \tag{17.38}$$

式（17.35）称为普通克里金方程组，式中各矩阵的含义可以理解如下：

(1) [**W**]矩阵可以类比为距离倒数估值方法中的权重，所估计的数据点对的变差函数值随数据点对之间的滞后距离增大而增大。

(2) [**A**]矩阵是一个把[**W**]总和为 1 的乘数（$[\boldsymbol{W}]=[\boldsymbol{A}]^{-1}\times[\boldsymbol{B}]$），从而保证所估计的值为无偏估值。它实际上是通过自动给滞后距离小的数据对赋予较大权值的方式来实现的。假设去除$[\boldsymbol{A}]^{-1}$，则权重[**W**]只与样品点和待估点之间的距离有关（类似于距离倒数加权法的权重系数）。

(3) [**B**]和[**A**]矩阵中都是把滞后距离表达为统计学距离而不是几何距离，矩阵中既包含了数据的空间相关性特征，同时又给不同滞后距离的数据对赋予不同的权值。实际上，所计算出的克里金权值不仅反映了数据空间相关性的效应，而且反映了数据位置的效应。

从上面的讨论可以看出。式（17.35）保证了估值的无偏性，而且该方程组的解（w_i）使得克里金方差（σ_k^2）达到最小。

2. 块克里金

根据邻近的一组样品数据利用克里金法估计某个块段的值称为块克里金。这种方法适用于预测某个指定区域空间变量的平均值。

在估算资源储量时，我们需要估计每个块段的平均品位而不是点的品位。从概念上讲，最简单的方式是在块段内布设许多待估点，然后利用点克里金法对每个点进行估值，再求出估值点的平均值即为块段的平均值，如图 17.17 中的（b）～（e）所示。通常一个矿体可能被分割成数百个以上的块段，假设每个块段布设 100 个待估点，那么需要求解数以万计的克里金方程组，这种海量的计算显然不具有可操作性。

如果把平均过程总合到估值过程中，从而每个块段只需求解一个克里金方程组，如图［17.17（a）］和表 17.7 所示，这一估值方法称为块克里金。为了满足这一要求必须将

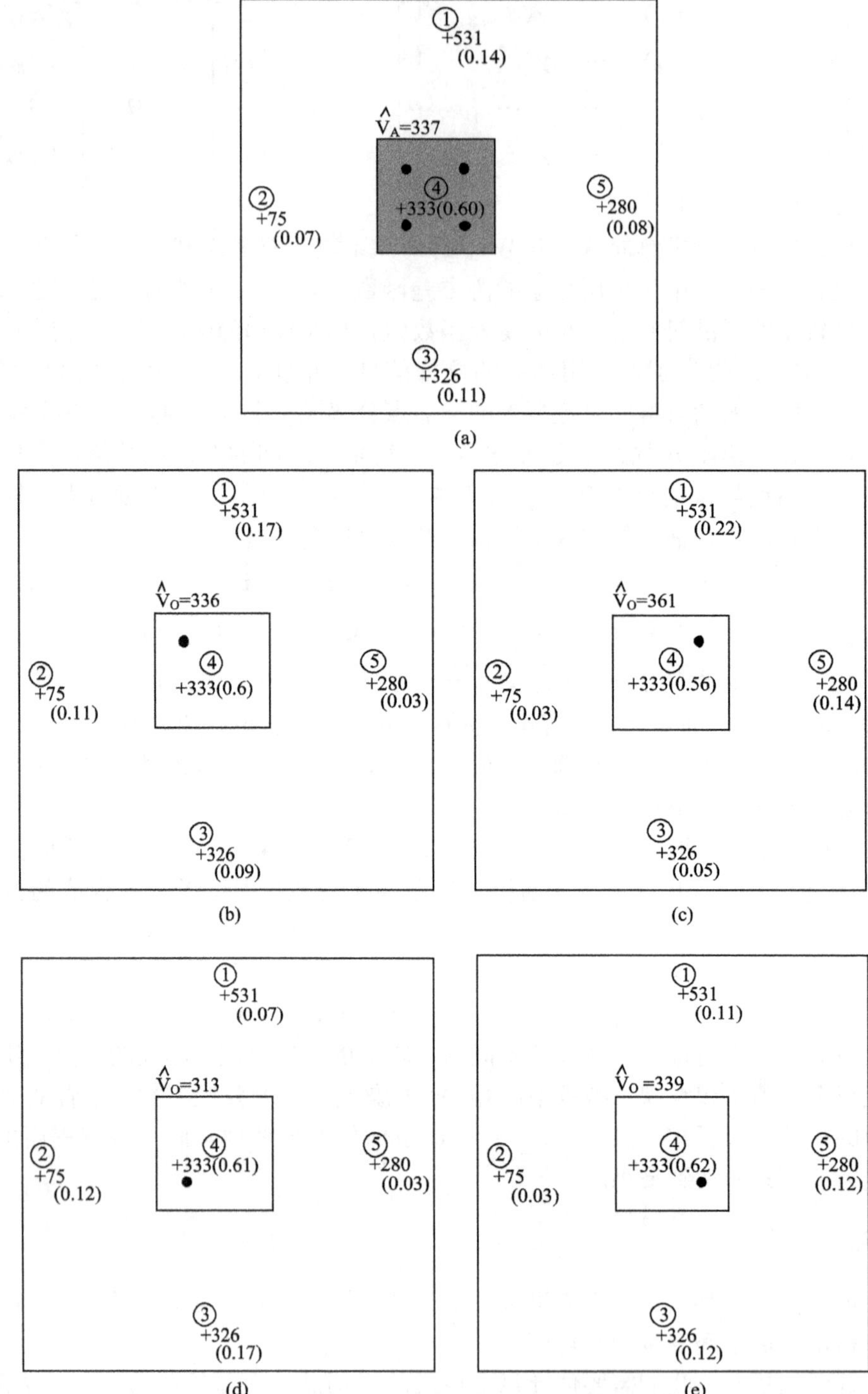

图 17.17 利用块克里金进行块段估值的原理

（a）采用 4 个点逼近块段估值；用“＋”号表示邻近块段的样品点位置，紧邻“＋”号右侧的值为样品值，括号内的值为克里金权值；（b）～（e）说明块段内每个点的点克里金结果；（b）～（e）的点克里金估值的平均值与（a）中块克里金的估值相等

表 17.7 利用图 17.17（a）中块段内 4 个点获得的块克里金估值等于这 4 个点的点克里金估值的平均值

图 17.17 中计算点克里金图号	估值	各样品点的克里金权值				
		1	2	3	4	5
(b)	336	0.17	0.11	0.09	0.60	0.03
(c)	361	0.22	0.03	0.05	0.56	0.14
(d)	313	0.07	0.12	0.17	0.61	0.03
(e)	339	0.11	0.03	0.12	0.62	0.12
点克里金平均值	337	0.14	0.07	0.11	0.60	0.08
块克里金估算结果	337	0.14	0.07	011	0.60	0.08

克里金方程组右侧代表控制点和待估点之间（点与点）的变差函数值由所谓点与块的变差函数值取代。例如，假设图 17.16 中的 p 不是一个点而是一个块段，则其克里金方程为

$$\begin{bmatrix} \gamma(h_{11}) & \gamma(h_{12}) & \gamma(h_{13}) & 1 \\ \gamma(h_{21}) & \gamma(h_{22}) & \gamma(h_{23}) & 1 \\ \gamma(h_{31}) & \gamma(h_{32}) & \gamma(h_{33}) & 1 \\ 1 & 1 & 1 & 0 \end{bmatrix} \begin{bmatrix} w_1 \\ w_2 \\ w_3 \\ \lambda \end{bmatrix} = \begin{bmatrix} \gamma(h_{1B}) \\ \gamma(h_{2B}) \\ \gamma(h_{3B}) \\ 1 \end{bmatrix} \tag{17.39}$$

克里金法是以最邻近样品品位的线性组合计算块段或采区的品位，这样一个线性组合的系数是间接地从变差函数值中获得的。给定一系列空间分布钻孔或其他取样点，任何资源储量估算方法都必须获得这些钻孔之间的块段（或采区）平均品位的估值，这一过程通常是在一个中段接一个中段或一个剖面接一个剖面的基础上借助于某种内插或外推的方式来实现的。案例 17.2 阐明了块段模型法［图 17.18（b）］与克里金法结合应用的实际例子。

案例 17.2　地质统计学资源量估算

波兰 Myszków 块状-网脉状 Mo-W-Cu 矿床布置了 6 条勘查线，施工了 24 个钻孔(图 17.18)。以 0.5m 样长对钻孔岩心进行连续取样，共采集了大约 45000 个样品。

(1) 在勘查线平面分布图上，以每条勘查线为中线向两侧各延伸 1/2 间距划分块段［图 17.18 (a)］。

(2) 建立每条勘查线剖面的品位变差函数模型［图 17.18 (b)］，利用点克里金的估值结果绘制品位等值线图并圈定矿体［图 17.18 (c)］。

(3) 在勘查线剖面图上按照 50m×50m 的规格划分小块段，利用二维块克里金进行品位估值［图 17.18 (c)］。

(4) 估算平面图上各块段的金属量［图 17.18 (a)］。某块段内指定矿石类型的金属量＝勘查线剖面上该类型矿石所占面积×加权平均品位×矿石体重×该块段的宽度。总资源量等于各块段资源量之和。

在矿床勘查和矿山开采过程中，利用这一技术圈定矿体以及估计块段平均品位。此外，块克里金法绘制出的等值线图平滑美观，还可以利用块克里金作出彩色栅格图（图 17.19），这些图件对于揭示矿石品位变化规律格局尤为有效。

3. 克里金方差

估值与真值之间不可避免地会出现误差，最佳的估值方法是使估值误差尽可能地小，换

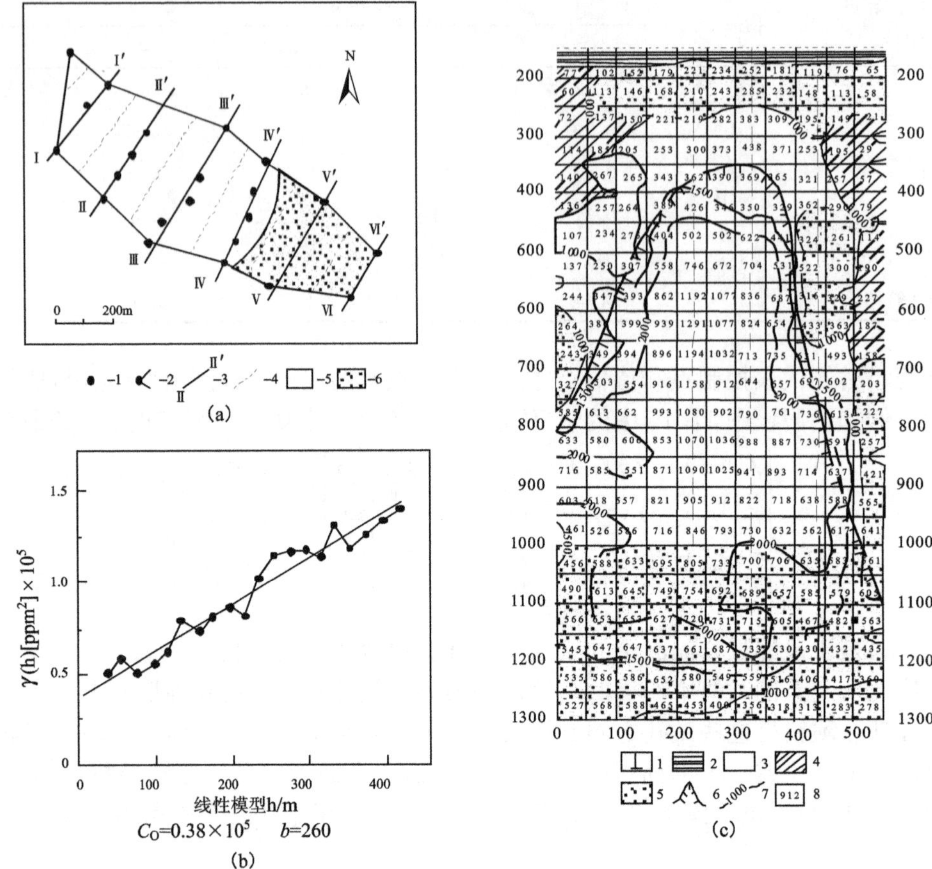

图 17.18　应用克里金法评价波兰 Myszków Mo-W-Cu 矿床（Kokesz，2006）

（a）钻孔位置分布图：1 为钻孔；2 为矿床边界；3 为勘查线；4 为以勘查线为中线建立起的资源量估算块段的边界；5 为经济的资源量；6 为次经济的资源量；（b）Mo 品位变差函数图；（c）勘查线剖面上小块段的，Mo 品位估值：1 为钻孔；2 为覆盖层；3 为经济的 Mo-W-Cu 矿石资源量；4 为经济的 Cu-W-Mo 矿石资源量；5 为次经济的资源量；6 为花岗岩侵入体；7 为根据点克里金法的结果绘制的 Moe 品位的等值线（Moe＝Mo＋1.5W＋0.3Cu）；8 为采用块克里金法估算的 Mo 平均品位

一种方式表达，设 z 和 z^* 分别为块段平均品位的真值和估值，那么，所有块段（$z-z^*$）的差值方差必须最小。

克里金法不过是对估值块段附近的每个样品值赋予最佳权值的线性估值方法，它利用了样品相对于块段的位置以及确定的变差函数模型所描述的不同方向矿化的连续性。由块克里金法可知，任一待估块段平均品位的估值 z^* 是该待估块段影响范围内 n 个有效观测值的线性组合，其计算公式为

$$z^*=\sum_{i=1}^{n} w_i z_i = w_1 z_1 + w_2 z_2 + \cdots + w_n z_n \tag{17.40}$$

式中，z^* 为原地块段品位的估值；z_i 为块段附近用于估计块段品位的已知品位值；w_i 为赋予z_i 的权重系数；n 为选定最邻近的样品值的个数。

虽然块段平均品位的真值（z）并不知道，但是这样一个品位数据的线性组合的估值方差（也就是所有块段估值误差（$z-z^*$）的克里金方差）可以表示为变差函数和权重系数

(w_i) 的唯一函数，从而，只要建立某个矿床（体）的变差函数，那么就可以参照式（17.38)评价任何块段平均品位的估值标准差，并且能够建立相应的置信限。由于 Knudsen 等（1978）已经证明估值误差服从正态分布，从而，如求置信水平为 95%的置信限：

$$95\% \text{ 的置信限} = z^* \pm 2\sigma_k \tag{17.41}$$

克里金标准差和置信限对于估计一系列块段估值（或一组等值线）的可靠性是极其有用的。例如，只需设定可接受的置信水平，即可求出置信限（见 14.1.3 节），对于位于置信限外的块段分布区可以认为是不可靠的，需要加密钻探（补充取样），并可确定加密钻孔的最佳位置。这种利用围绕估值块段以某种特殊形式分布的样品数据来估计指定大小和方向的块段所期望的精度的特征是地质统计学独有的。经典统计学根据平均值的标准差估计某个勘查间距的置信限，只有满足样品是相互独立的条件才会有效，适用于在预查或普查阶段采用很大勘查间距（大于变程）的情况。

值得提出的是，利用距离倒数加权的内插法也具有与式（17.40）相似的形式，式中的权重系数（w_i）的算法不同。克里金法并不像距离倒数加权法那样直接与距离相联系，而是根据建立的变差函数确定样品与样品以及样品与块段的协方差。

克里金利用样品的三维位置（即它们距块段的距离和方向），与其他方法比较，克里金法在研究不规则分布的钻孔数据以及高度异向性的矿体更可靠。

从上面的介绍中可以看出，克里金可定义为某个特殊位置或某个地理面积上的空间变量的最佳线性无偏估计方法。所谓最佳是因为克里金法能够提供最小的估值方差（估值与实际值之差的平方和最小）；所谓线性是因为其估值是根据现有数据的加权线性组合求出来的；至于无偏则是因为这种方法可以使真值（未知的待估值）和预测值（估值）之间的平均离差等于 0，换句话说，当利用克里金进行估值时，一些估值可能高于实际值，一些可能低于实际值，但估值与实际值之差的平均值等于零，这就是估值的无偏性，利用权值之和必须等于 1 的约束条件，就能确保估值的无偏性。

普通克里金要求区域化变量具有平稳性（即没有漂移或趋势变化）和正态分布；对数正态克里金和析取克里金适用于矿山开采阶段确定可采矿石储量的研究。在大多数实际应用中，线性克里金和对数正态克里金用于估计大的原地资源储量块段，再加上这些大的块段内选别开采单元呈正态或对数正态分布的假设，就可以求出非常好的可采储量的估值。

17.7.3　应用地质统计学方法估算资源储量的实施过程

随着计算机技术和可视化技术的不断发展，基于地质统计学方法和三维地质建模技术的大型矿业工程软件在不断的推广并且已经得到广泛的应用，国外比较著名的软件包括如美国 Mintec 公司的 Medsystem，英国 Datamine 公司的 Datamine，澳大利亚 Maptec 公司的 Vulcan，Micromine 公司的 Micromine，GEOVIA 公司的 Surpac，Gemcom Whittle™ 等；国内多家单位如东北大学、中南大学、中国地质大学等高校都在进行相关软件的开发和应用，比较成熟的软件如长沙迪迈信息科技有限公司开发的 DIMINE，北京三地曼矿业软件科技有限公司开发的 3Dmine 等。

地质统计学资源储量估算方法的过程主要包括如下方面。

(1) 数据检查：包括对不同分析方法或不同试验室分析的数据精度的检查，同一个矿床不同勘查阶段取样质量的检查，确定是否所有的样品都揭穿了矿体的厚度，借助于探索性统计分析研究矿石品位与主岩类型、蚀变类型以及构造的相关性并且根据主岩的岩石类型或矿化类型对数据进行分区等。

(2) 探索性分析：只要我们定义了总体，我们就可以利用样本数据绘制频率直方图、计算平均值和标准差等。利用经典统计学分析能够使我们了解数据分布的特征，诸如是对称分布还是偏斜分布，是单个总体还是多个总体，是否存在特高品位等（见 17.3 节）。

(3) 地质分析：为了有效地应用地质统计学方法，有必要全面了解矿化的性质以及控矿因素以及矿化分带规律等，任何可能影响对矿床进行地质统计学评价的特征都应该事先有所认识。

(4) 结构分析：计算每个地质分带内的变差函数，解释不同方向矿化连续性的差异（异向性），并且选择应用于克里金方法的合适的变差函数模型。

(5) 变差函数的交叉验证：交叉验证法（cross-validation）是为了确保所采用的权值的确能使估值方差达到最小而对克里金法进行验证的地质统计学方法，其实质是比较克里金估值与真实值的偏差，并对其差值进行统计分析，以判断所拟合的变差函数参数是否正确（图 17.19)。具体做法是利用最靠近的 4～12 个数据点采用克里金法分别对每个已知点进行估值，在这种情况中，已知值（z）和估值（z^*）都是可知的，从而，该试验误差（$z-z^*$）以及理论估值方差（即克里金方差σ_k^2）都能够计算出来。通过把 z 和z^* 值投在散点图上，就有可能检验用于进行交叉验证法运算的变差函数模型。如果散点图上这些值呈现出高度相关性（判定系数R^2接近于 1.0），我们就能够确信根据变差函数选取的变量为克里金方程的解提供了最好的参数。

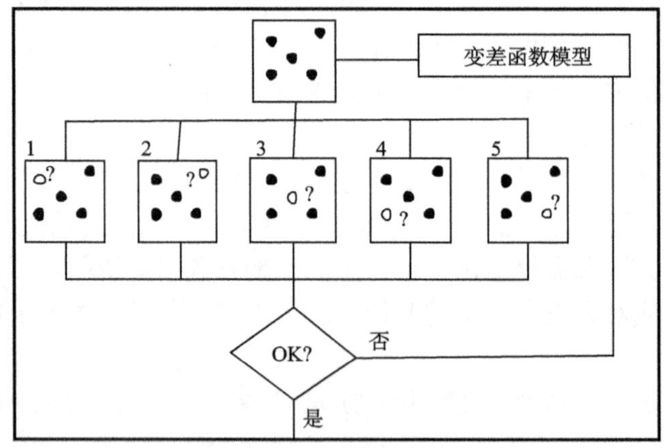

图 17.19 交叉验证法示意图

图中实心圆点为已知点，空心圆点为假设未知点

(6) 矿体建模：基本思想是将矿体按一定的规格划分成一系列互相垂直的立方体块段（采区或其他形式的单元集合体），现有专用软件都提供了自动划分块段的工具，只需对块段的大小和形状进行设置。块段建模提供了局部估值的框架。

克里金估值块段的划分对克里金估值的结果有重要影响，一般来说，块段越大，估值的圆滑作用就越强，整个区域内所有块段的估值结果就越平均，反映不出矿体内品位的变化特征。通常，在确定单元块段尺寸时主要考虑采矿方法、最小采矿单元、矿区的勘查网度以及变差函数的特征等因素，对品位变化较大的矿床，为了能够比较精确地控制及圈定矿体边界，选择相对小的单元块尺寸更有利于零星小矿体的圈定和资源评价（罗周全等，2007）。

（7）局部估值：即利用克里金法和相邻已知数据点估计每个原地块段的平均品位值及其估值方差。合理选择块段估值方差的界线能够将块段按顺序划归为不同的资源储量类别。

（8）整体估值：根据局部估值的结果确定整个矿床的吨位和平均品位。

（9）采用合适的比例尺打印每个中段或台阶可采品位块段分布图。也可根据日产量、月产量、季度产量或者年产量建立如图 17.20 所示的矿石块段模型，用于矿山设计、编制生产计划进行贫富矿石的配矿以及质量控制等，有利于选择最经济有效的采矿方法。

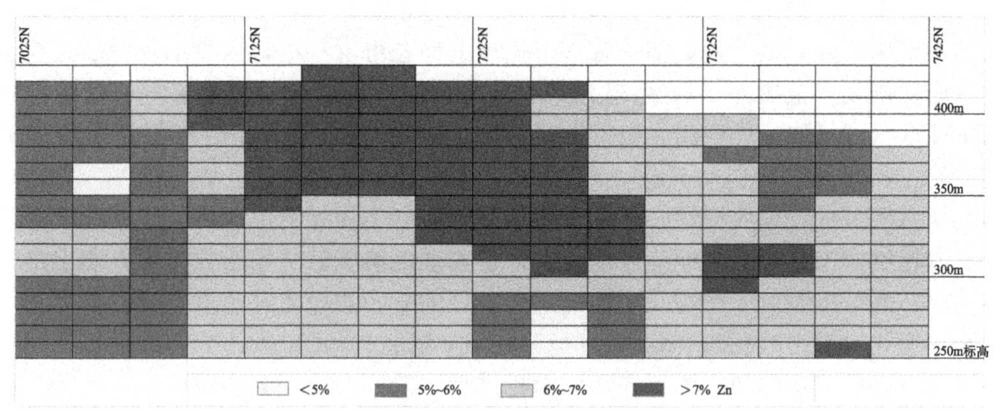

图 17.20　某基本金属矿床纵剖面 Zn 品位分布图

采用 25m×25m×10m 的规格划分矿段，用于资源储量估算和编制生产进度表、矿石品位控制（Haldar，2013）

（10）品位-吨位曲线：①生成实验品位-吨位曲线和理论品位-吨位曲线图；②生成克里金方差-吨位曲线图（见 17.9.2 节）。

17.7.4　地质统计学资源储量估算方法评述

地质统计学的各种方法对工业指标变化顺应性强，适于资源储量的动态管理，除了在估算资源储量方面的应用外，还可利用基于地质统计学的三维可视化软件的功能探讨矿化分布规律、制订最佳勘查方案、进行矿体模拟、确定矿床最佳开采方案和矿山最佳设计参数等。侯景儒等（2001）总结了地质统计学资源储量估算方法的优点：

（1）地质统计学是从地质、矿业工作实践出发，对原有概率统计的若干概念进行了选择、改造及创新，使之更能适应矿产勘查、评价及开采的特点；

（2）能最大限度地利用所取得的关于矿产资源估计的信息，提高估计精度；

（3）它不但能给出矿产资源中有用组分的最佳估计值（块段平均品位及资源量/储量），而且能给出相应的估计精度，为正确评估矿产资源/储量提供重要依据；

（4）能够把矿产勘查、矿山设计及矿床开采有机地结合起来，这对于矿产资源有效的进入市场十分有利；

（5）地质统计学（空间信息统计学）的理论基础及处理不同类型矿床有用组分的各种地

质统计学方法，大大提高了对矿产资源/储量评估的可靠程度，降低了风险；

(6) 它能很好地适应地质勘查、矿山开采的现代化管理，对开采方法及有用组分的市场经济条件的应变能力较强。

现有地质统计学软件系统除了能够提供各种内插方法外，还能提供许多支撑技术。例如，在成图之前，可以利用探索性空间数据分析评价数据的统计学性质，可以利用各种克里金和泛克里金算法创建多种类型的图件，如预测图、估值误差分布图、概率分布图以及分位数图等。

克里金法的最大优点是能描述出矿体品位变化的各向异性，具有样品品位影响的屏蔽效应功能；采用指示克里金法特高品位不需要处理；通过对样品的品位分布检验，了解品位分布类型，确定采用何种克里金方法：如果样品品位呈正态分布，可采用普通克里金法；呈偏态分布的可采用对数克里金法。如果有多个变量的信息可供利用时，可用各种多元地质统计学技术（如协同克里金法）；当有用组分呈现出非线性特征或有特殊要求时，可用各种非线性地质统计学（如析取克里金法，条件期望等）；此外，还有各种条件模拟技术用来解决各种问题。

与其他方法一样，地质统计学方法不能增加现有基本样品的信息量，也不能改进基本数据的质量或精度，但是，正确地应用地质统计学方法的确能够从原始数据中推断出最佳的矿体参数估值；品位控制对于平均品位接近边际品位的矿石块段尤其是重要的，因为选厂入选品位的微小变化对矿山的利润有着重大的影响。地质统计学可以看作为一套估算资源储量的综合方法，只要正确理解和应用得当，矿山投产后一般不会出现大的偏差。

地质统计学是目前西方各国地质学和矿业界非常通行的一种地质研究和资源储量估算方法，它具有最充分利用各种信息量的能力，能够给出每一估计量相对应的估计方差，而且这种估计是最优的和无偏的，具有传统资源储量估算方法所无可比拟的优越性。因此可以说，地质统计学方法代表了矿产资源估算方法的主要进展。

17.8 资源储量估算中应注意的问题

资源储量估算的方法很多，选择哪一种方法主要考虑适合于矿床地质特征（主要是矿体的产状、形态、厚度、品位及变化）以及现有数据特征（重点考虑工程间距以及数据的质量），如果可能的话，还应考虑可能的采矿方法。例如，板（脉）状和层状（似层状）矿体适合于绘制矿体纵投影或水平投影图（若有多个矿体，每个矿体应各自单独成图），估算方法可采用算术平均法、地质块段法、距离倒数加权法、泰森多边形或三角形模型法等，如果数据较多，可采用二维克里金法（注意：如果矿体厚度不稳定，则应采用品位×厚度的积作为估值变量）；对于几何形态比较复杂的矿体可以采用断面法进行估算，也可以建立三维块段模型，然后利用克里金法或距离倒数加权法进行资源储量估算。选择方法时，应尽量使用先进的技术和方法。

传统资源储量估算方法实际上就是几何图形法，是我国长期使用的一种行之有效的方法，特别是对于形态简单、矿化均一的矿体是很有效的。这种方法是将矿体空间形态分割成多个较简单的几何形态，利用经典统计学方法将矿石组分均一化，估算矿体的体积、平均体积质量（体重）、平均品位、矿石量、金属量等。其特点是直观明了，但估算过程的图、表较为繁多（张起钻等，2008），而且用部分化验数据的平均品位代替矿块的整体品位，其计算精度很难满足需要。因此，传统的几何方法在较低级的勘查阶段，如普查、详查阶段，仍是主要的资源量估算方法。另外，完全没有必要采用地质统计学方法或 SD 法来估算由为数不多的钻孔控制的品位分布极不规则的金矿床的资源储量，因为这类矿床只适合于应用算术平均法估计矿床（体）总吨位及其平均品位。

对矿床中已达到共（伴）生组分工业指标要求，并已查明其赋存状态和工业利用途径的共（伴）生组分要进行资源储量估算。估算共（伴）生组分资源储量时，一般不需单独圈定矿体，而采用主要有用组分块段或矿体的矿石量和在此矿石量范围内计算出的共（伴）生组分平均品位，估算伴生组分的金属量和平均品位，即伴生组分的矿石量一般等于或小于主要有用组分的矿石量。

根据估算方法编制相应的图件表册（资源储量估算剖面图、矿体纵投影图、中段地质图，或资源储量估算水平图及垂直纵投影图附底板等高线图，品位、厚度、块段、资源储量分水平表格及总表等）。

利用矿业专用软件估算时，所用的软件应是国家矿产资源储量主管部门评审认可，或是矿业部门长期实际应用过程中证实是可行的软件。估算方法及相应结果录于磁盘中，汇同报告资料一起提交。

资源储量估算结果，应选择 10%有代表性的块段，采用第二种资源储量估算方法估算，二者相对误差应不大于 10%。

17.9　矿床（体）的品位-吨位曲线

17.9.1　边际品位与吨位的关系

根据 16.1.2 节中关于边际品位定义，边际品位确定了矿床开采的矿石量（吨位）和平均品位，实际上控制着矿山开采的利润以及矿山的寿命。虽然较高的边际品位可以提高矿山短期利润和项目的净现值，但是，提高边际品位将可能缩短矿山寿命，而较短的矿山服务年限有可能错失与时间相关的机会（如矿产品价格周期性变化提供给矿山的发展机会）；此外，较短的矿山寿命还可能产生较大的社会经济影响（如对长期稳定的就业影响以及降低矿山职工和当地居民的受益程度）。

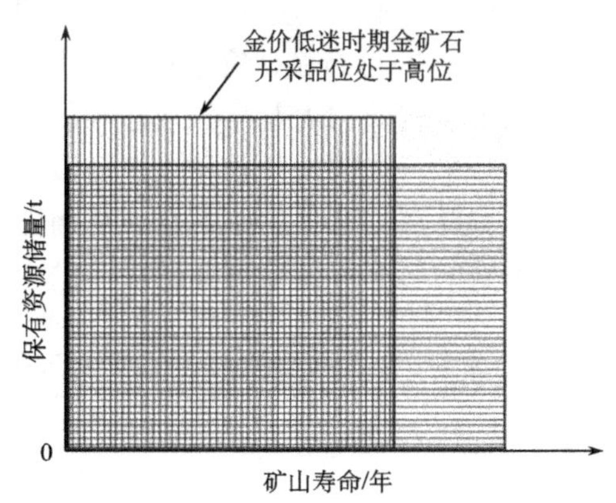

图 17.21　两种不同矿产品价格态势下矿山保有资源储量的变化示意图

金属价格的降低将促使矿山提高边际品位，从而导致平均品位的相应提高，致使一些平均品位高于原边际品位的块段在经济低迷时期可能归属于非经济的块段（图 17.21）。当矿山开采局限于高品位矿石时，如果开采和选矿的产能不变，那么，每个生产周期将生产出更多的金属。然而，随着采矿进程的不断推进，矿山保有资源储量降低，矿山寿命缩短。图 17.21 中，在开采量剖面下的面积表示两种不同价格的保有资源储量的金属含量的差异。

Evans 等（2000）对澳大利亚 50 家最大的黄金生产矿山 1998～1999 年的生产状况进行

了统计模拟（表 17.8），当金价由 450 澳元/盎司降至 400 澳元/盎司时，矿山开采的平均品位将提高 19%，保有资源储量降低 8%，年产量增加 13%。

表 17.8 澳大利亚 50 家最大黄金生产矿山 1998～1999 年生产数据的统计模拟

项目	生产方案		变化率/%
	450 澳元/盎司	400 澳元/盎司	
年产量/t	266	299	13
保有储量/t	1669	1592	−8
平均品位/(g/t)	2.62	3.12	19

资料来源：Evans et al.，2000

17.9.2 矿床（体）品位-吨位曲线的意义

矿床（体）的品位-吨位曲线图是可采储量的图解表达方式，这种图件是总结矿床（体）资源储量的最有用的方式之一。在品位-吨位曲线图上，矿石资源量/储量、金属量以及平均品位相对于边际品位作图；这些曲线还与选别开采单元有关（选别开采意味着只有平均品位高于边际品位的块段才作为矿石开采，选别开采单元是划分矿石或废石的最小块段）。如果说边际品位（或最低工业品位）是表示可采储量的经济方面，那么，选别开采单元就是表达可采储量的技术方面。矿床品位-吨位曲线图可应用于采矿项目的所有阶段，包括可行性分析、矿山设计以及编制采掘计划等。

矿床品位-吨位曲线图是一个非常有用的工具，因为它可以直观地告诉我们在一定的边际品位（或最低工业品位）之上确切的资源储量数量。在矿产勘查阶段，利用品位-吨位曲线可以大致估计不同的边际品位（或最低工业品位）对应的资源储量的吨位概念（表 17.9 和图 17.22）。在可行性研究阶段，利用品位-吨位曲线可以约束不同开采方案的品位和吨位。例如，以较低的工业品位或边际品位进行大规模生产，或者采用较高的工业品位进行较小规模的开采。在矿山设计和生产阶段，利用品位-吨位曲线总结某个指定时间段或者从矿床的某个特殊部位开采的矿石量，从而能够掌控由于工业品位或边际品位的显著变化（如受矿产品价格的影响）而导致的回采率的变化；通过估计品位-吨位曲线不同点上的净现值，

表 17.9 采用不同边际品位估计的澳大利亚西澳 Bullabulling 金矿床吨位和平均品位

边际品位/(g/t Au)	矿石吨位/t	平均品位/(g/t Au)	金资源量/盎司
1	22202000	2.06	1468400
0.9	26739000	1.87	1606500
0.7	41517000	1.48	1981600
0.6	54231000	1.29	2245900
0.5	75013000	1.08	2611800
0.4	107094000	0.89	3071800
0.3	162171000	0.71	3683200

资料来源：澳大利亚 Bullabulling Gold 公司 2010 年年报

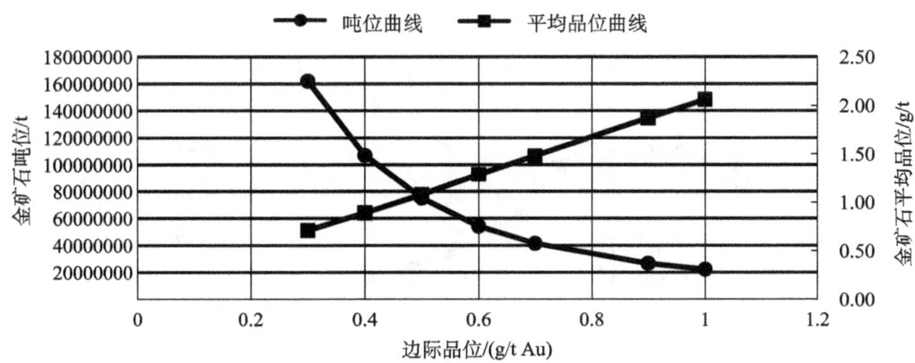

图 17.22　根据表 17.8 中的数据绘制的西澳 Bullabulling 金矿床品位-吨位曲线图

可以确定最佳采矿率和最佳采矿方法，也能够通过随意改变边际品位就能知道这一举措对于资源储量会产生什么样的影响。

在西方矿业发达国家的生产矿山利用品位-吨位曲线来圈矿，即矿体的圈定无须固定的边界，只需按市场价格在品位-吨位曲线确定边际品位即可迅速调整部署新的采掘计划，生产时随着市场行情的高低，布置开采块段，这样有利于充分利用资源。

17.9.3　矿床（体）品位-吨位曲线的绘制方法

在矿产勘查或可行性研究阶段，采用一系列边际品位值计算矿石吨位和平均品位，计算结果投在品位-吨位曲线图上，如表 17.9 和图 17.22 所示，然后根据净现值指标（NPV>0）确定边际品位，最终高于边际品位的块段矿石量用于矿山设计和编制采掘计划。

在矿体圈定过程中，也可根据块段资源储量估算结果，将各块段的平均品位及其资源储量按大小顺序排序，在以 x 轴为品位轴，以 y 轴为吨位轴的坐标系统上投点绘制品位-吨位曲线图（表 17.10 和图 17.23）。

也可以利用品位直方图绘制矿床（体）品位-吨位曲线图，具体做法可参见 Sinclair 等(2002)。

表 17.10　某铁矿体资源量估算品位-吨位表

块段顺序编号	边际品位/Fe%	矿石量/t	平均品位/Fe%
1	60	984704	61.30
2	59	1582219	60.60
3	58	2853236	59.64
4	57	4383623	58.93
5	56	5043488	58.61
6	55	5631149	58.29
7	54	6094310	58.00
8	53	6524498	57.70
9	52	6849930	57.45
10	51	7016891	57.31
11	50	7173522	57.16

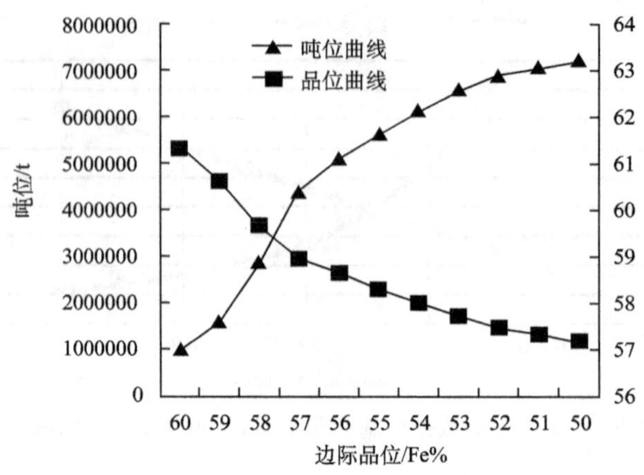

图 17.23　某铁矿体资源量品位-吨位曲线图

利用克里金法估算结果可以提高矿床（体）品位-吨位曲线图的精度，其工作流程如下（侯景儒等，2001）：

(1) 应用合适的克里金法估算出每一待估块段的有用组分的平均品位及其相应的克里金方差。

(2) 估算每一待估块段的矿石量。

(3) 估算每一待估块段的金属量。

(4) 按块段的平均品位的大小排序，同时也按其金属量排序。

(5) 在品位轴（x 轴）和吨位轴（y 轴）坐标系上绘制品位-吨位曲线。相似地，也可绘制累积金属吨位-品位曲线，取 95%的概率（或 90%），利用克里金方差求出任一内插边际品位相应的置信区间 $g\pm2\sigma_k$（g 为边际品位，σ_k 为克里金方差），可以在品位-吨位图上利用线性内插求出某边际品位下的矿石吨位数。

17.10　资源储量估算的误差

在资源储量估算过程中存在许多可能的误差来源，这些误差源对资源储量估计结果的准确性会产生显著影响。这些误差源的合并增强了数据变化性（方差）的随机组分，从而成为高块金方差的原因之一。

由于资源储量估算过程中存在许多可能的误差，如矿体厚度、面积、矿石体重，以及岩心采取率等方面的估计误差，由此估算出的矿石量（吨位）也是有误差的。因此，为了体现资源储量估算相对的不确定性，表述资源储量的吨位时一般只需采用前两位有效数字即可（如估算推定的资源量为 1086.3 万 t，在报告中可表述为“推定的资源量为 1100 万 t”）。实际上，资源储量的吨位没有必要精确到三位或四位有效数字，尤其是在许多矿产勘查报告中，所估算出的资源储量精确到小数位是没有意义的。

同理，如果平均品位的置信区间很宽（即信度很低）或者没有精度表述，而我们说“某铜矿床的平均品位为 2.34%Cu”就有可能误导，精确到小数点后两位数意味着具有很高的精度，对于层状矿床而言是可以接受的，但对于斑岩铜矿而言则是不可能达到的。

17.10.1　累计误差

根据统计学中的区间估计原理，某一信度水平的置信区间给出了总体平均值的最高值和最低值。在统计学中，采用标准差度量总体的统计误差。在资源储量估算中，累计误差可以表述为“总误差的平方等于各种误差的平方和”，即

$$\mathrm{TE}^2=\mathrm{GE}^2+\mathrm{FE}^2+\mathrm{PE}^2+\mathrm{AE}^2 \tag{17.42}$$

以矿床（体）品位的累计误差为例，式中，TE 为总误差；GE 为地质误差，由于地质现象的不确定性引起；FE 为野外取样过程中的误差；PE 为样品加工过程中产生的误差；AE 为样品分析误差。

显然，上述误差是不能消除的，只能在取样过程中尽量进行控制和减小误差。

17.10.2　资源储量估算误差

1. 矿石吨位和品位估算的误差分析

从 17.1 节我们已经知道，估算矿体或矿床金属量的公式为

$$矿体金属量(M)=体重(P)\times品位(G)\times长(L)\times宽(W)\times高(H) \tag{17.43}$$

表 17.11 采用了一组虚构的数据利用式（17.43）计算出的结果说明矿石吨位和品位估算的误差。该表的上半部分按每个分量参数值分别降低 10%后计算出的金属量；表的下半部分则是按每个分量参数值分别增加 10%后计算出的金属量。由表中可以看出，如果允许上述金属量计算公式中每个参数分量都减小或增大 10%，其结果的误差为−41%或+61%。换句话说，其结果为 531441～1449459。

表 17.11　根据虚构的矿体资源量估算参数分量值及其变化后计算出的金属量

体重/(t/m³)	长/m	宽/m	高/m	品位/%	金属量/t	分量变化前后差值
3.0	500	300	100	2.0	900000	
2.7	500	300	100	2.0	810000	
2.7	450	300	100	2.0	729000	
2.7	450	270	100	2.0	656100	
2.7	450	270	90	2.0	590490	
2.7	450	270	90	1.8	531441	−368559
体重/(t/m³)	长/m	宽/m	高/m	品位/%	金属量/t	分量变化前后差值
3.0	500	300	100	2.0	900000	
3.3	500	300	100	2.0	990000	
3.3	550	300	100	2.0	1089000	
3.3	550	330	100	2.0	1197900	
3.3	550	330	110	2.0	1317690	
3.3	550	330	110	2.2	1449459	+549459

上述结果也可以根据式（17.42）来表示，即

$$
\begin{aligned}
误差^2 &= (\Delta M/M)^2 \\
&= (\Delta P/P)^2 + (\Delta G/G)^2 + (\Delta L/L)^2 + (\Delta W/W)^2 + (\Delta H/H)^2 \\
&= (0.3/3)^2 + (50/500)^2 + (30/300)^2 + (10/100)^2 + (0.2/2)^2 \\
&= (0.5)^2
\end{aligned}
$$

从而，误差＝0.25 ＝25%，也就是说，M＝900000±225000。

两种计算方法的计算结果有所差异，原因是利用式（17.42）计算的是偏离起点值900000的线性偏差，而式（17.43）计算的是相对误差。

矿石品位和吨位估算误差导致的后果可能是相当严重的。例如，在资源储量估算结果中，品位误差10%被认为是很微小或很小的误差。如果生产成本至少占矿山收入的50%～70%，那么，开采品位降低10%将可能导致现金营运盈余降低20%～40%（Sorin et al.，2008）。矿石吨位估算误差产生的后果在17.1.1节中已有所述及，此不赘述。

2. 资源储量估算误差分析

资源储量估算误差是资源储量精度的度量，指的是查明的资源储量类型与相应的资源储量类型的真值之差；由于其真值无法获得，因而一般是指与实际采出的相应矿石储量之差。根据误差的产生原因，通常分为地质误差、技术误差和估算方法误差。

1）*地质误差*

地质误差又称类比误差，是由地质推断造成的误差。由于矿产资源勘查是依据有限的工程和样品对矿床的局部和整体作出推断，不可避免地存在一定程度的不确定性，而且，这种不确定性的大小与矿区地质构造的复杂程度、矿体形态及其有用组分的变化程度以及勘查控制程度等因素有关。

许多学者从不同的角度进行论证并建立起各类资源储量的相应精度水平。根据Peters（1987），证实的矿量（proved ore，相当于我国的探明的资源量或储量）的精确度水平为90%（即可信度为90%～100%），概略的矿量（probable ore，相当于我国的控制矿量）的精度水平为70%，可能的矿量（possible ore，相当于我国的推断矿量）为50%。

Diehl和David（1982）以及Annels（1991）根据克里金方差厘定了各级资源储量的误差水平：证实的矿量误差允许范围为±10%、可信度大于80%；概略的矿量误差允许范围为±20%、可信度为60%～80%；可能的矿量误差允许范围为±40%、可信度为40%～60%；推断的矿量（inferred ore）误差允许范围为±60%、可信度为20%～40%；假定的资源量（hypothetical resource）可信度为10%～20%、假想的资源量可信度小于10%。后两者预测资源量的误差允许范围没有要求。

Dominy等（2002）认为资源储量的估值精度应该考虑到影响信度水平的所有因素。精度水平可能随矿床类型以及取样数据密度变化而变化。例如，采用钻探确定的证实的矿石储量可能位于10%～15%的精度范围，而如果相同的块段已经完成了开拓工程，精度范围可能提高到5%～10%（表17.12）。矿床类型对于可获得的资源量和精度水平有重要的影响。例如，由于品位估值的不确定性，品位连续性和地质连续性程度很低的高块金效应脉状金矿床不可能达到测定的资源量/证实的储量类别，即便是在完成了地下开

拓阶段也难以达到。

表 17.12　以 80%或 90%置信度水平资源储量估值的潜在精度水平

资源量类型	精度	
	已完成开拓工程	尚未进行开拓
测定的资源量	±（10%～15%）	±（5%～10%）
推定的资源量	±（25%～35%）	±（15%～25%）
推断的资源量		±（35%～100%）

资料来源：Doming et al.，2002

必和必拓铁矿公司（BHP Billiton iron ore）从生产勘探的角度，采用容许误差作为各类别铁矿石资源量的误差指南（表 17.13），表中的容许误差是根据生产经验制订的。

表 17.13　必和必拓铁矿公司铁矿石资源量分类的容许误差指南

资源量类别	估计参数	3 个月的容许误差	12 个月的容许误差
确定的资源量	吨位	±15 相对误差	±10 相对误差
	Fe %	±1 绝对误差	±0.5 绝对误差
	(P、SiO_2、Al_2O_3、LOI)%	±15 相对误差	±10 相对误差
推定的资源量	吨位	±20 相对误差	±15 相对误差
	Fe %	±1 绝对误差	±1 绝对误差
	(P、SiO_2、Al_2O_3、LOI)%	±20 相对误差	±15 相对误差
推断的资源量	吨位	±30 相对误差	±20 相对误差
	Fe%	±1.5 绝对误差	±1.5 绝对误差
	(P、SiO_2、Al_2O_3、LOI)%	±30 相对误差	±20 相对误差

资料来源：De-vitry et al.，2007

蓝运蓉等（2000）根据 SD 精度法（见 17.3.2 节）提出了资源储量类别的相应精度值（图 17.24）：

SD 精度≥80%，划归探明的资源储量，表明矿床的地质特征、矿体的形态、产状、规模已经圈定，矿石质量、品位、矿体的连续性已详细查明，其矿石真实数量值是在估算资源量≥80%的范围内。

65%≤SD 精度<80%，这部分资源量究竟应该归属于探明的还是控制的资源量，需要结合矿床勘查程度、矿体连续性以及地质人员的经验才能合理地确定。

45%≤SD 精度<65%，划归控制的资源储量，表明矿床的地质特征，矿体的形态、产状、规模已经基本圈定，矿石质量、品位、矿体的连续性已基本查明，其矿石真实数量值是在估算资源量≥45%并且<65%的范围内。

30%≤SD 精度<45%，这部分资源量需要根据地质人员的经验将其合理地划归为控制的或推断的资源量类别。

15%≤SD 精度<30%，划归推断的资源储量，表明大致查明矿产的地质特征，以及矿体的品位、质量，其真实数量是在估算资源量≥15%并且<30%的范围内。

10%≤SD 精度<15%，地质人员可以根据自己的经验将这部分资源量归属为推断的或

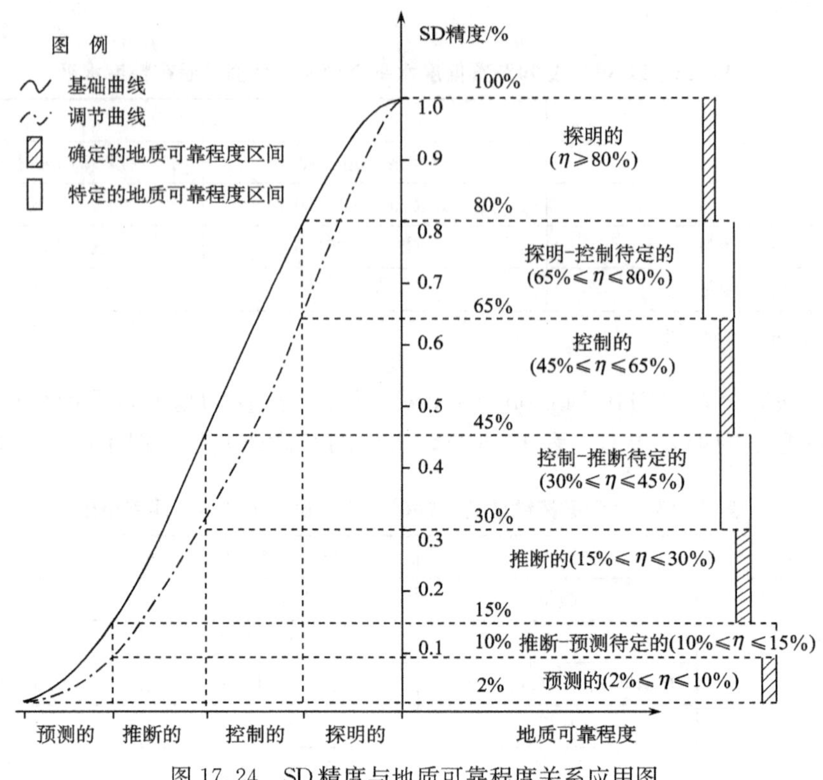

图 17.24　SD 精度与地质可靠程度关系应用图

预测的资源量类别。

SD 精度<10%，划归预测的资源储量，表明矿床经过预查得出的结果。精度越低，表明勘查程度越低，以致估算的资源量值所在的客观资源量区间范围无意义。它的意义程度是随着它接近 30%而提高。

2）技术误差

技术误差是由工作方法、操作技术、设备仪器、测试条件等诸多因素造成资源储量估算所依据的各种参数（面积、平均厚度、平均体重、平均品位等）的估算结果与其真值之间的差值。

技术误差中，由体重引起的误差可达 5%～10%，由面积引起的误差可达 2%～3%，厚度测量的误差为 2%～3%，钻孔测量层厚误差可达 20%～30%，不同矿种的化学分析误差有所不同，如铁矿石品位分析误差不超过±3%，而金矿石可达 15%～20%（矿山地质手册编写委员会，1995）。

3）估算方法误差

每一种资源储量估算方法都会不同程度的产生误差。一般认为，SD 法和地质统计学方法所获得的结果相对更可靠。

17.10.3　矿体的定位误差

矿体定位误差来源于取样不足。例如，确定位于 200m 或 300m 深度的小矿体的位置是很困难的，如果允许钻孔方位角有 10％的偏差，那么就意味着在 200m 深度上其 X、Y 坐标有 20m 的偏移；同时，钻孔深度的估计也会出错；如果按照钻进结果布置一口 200m 深的竖井，可能会导致出现如下所述的技术和经济失误：

（1）设计的竖井应该是紧挨着矿体的，但施工后的竖井实际上在远离矿体 20m 的位置通过矿体，这意味着需要多掘进 20m 从竖井到矿体的水平巷道；

（2）竣工的竖井比实际要求多掘进 5m 的深度（竖井掘进成本最高）；

（3）大多数地下运输巷道需要相应增加 20m 的长度。

这些坑道掘进工程量的增加显著地增加开采成本，因而需要提高最低工业品位指标的要求。在矿体位置信息不确定的情况下是不能进行矿山设计的，由此可见，取样的精确性是非常关键的，它不仅影响到对矿床的评价，还影响到矿山开采。

本章小结

资源储量的估算是矿产勘查工作的一项重要内容，资源储量的估算过程是对勘查工作的综合和总结的过程，资源储量的估算结果是矿产勘查的最终成果。

空间内插法是根据空间域内已知观测点的属性值估计未取样位置属性值的方法。利用空间内插法可以估计空间域内某一点缺失的观测数据，以提高数据密度；可以使数据网格化，把非规则分布的空间数据内插为规则分布的空间数据，将数据点转换为数据面。在资源储量估算过程中，主要利用空间内插法估算矿石块段的平均品位。

探索性品位数据分析是指对已有的矿石品位数据在尽量少的先验假定下进行探索，通过作图、制表、方程拟合、计算统计量等手段探索数据的结构和规律的一种数据分析方法。特别是当我们对这些数据中的信息没有足够的经验，不知道该用何种方法进行品位估值时，探索性数据分析就会非常有效。

资源储量估算方法的实质，就是把形状复杂的矿体转化成为体积近似而形状比较规则的几何体后估算其质量和数量的全过程。资源储量估算的方法多种多样，本章简要介绍了国内外主要的资源储量估算方法的基本原理、计算过程，以及适用条件等。实际应用中，读者应根据项目的要求、矿体地质，以及工程控制程度等选择合适的估算方法。

品位-吨位曲线是可行性研究阶段和矿山生产阶段用于研究品位和吨位之间关系的一种重要手段。

资源储量估计误差的概念使我们能够定量地了解各类别资源储量的精度及其误差的来源。

讨　论　题

（1）空间内插法的原理？

（2）为什么需要对矿石品位数据进行探索性分析？

（3）在方法原理、使用条件、优缺点等方面对算术平均法、地质块段法、断面法以及 SD 法进行比较。

（4）如何应用地质统计学进行资源储量估算？

（5）在方法原理和应用等方面对品位-吨位模型和品位-吨位曲线进行对比。

（6）资源储量误差的概念？

（7）用图形表示 17.10.3 节中讨论的矿体定位误差。

本章进一步参考读物

国土资源部矿产资源储量司. 2000. 矿产资源储量计算方法. 北京：地质出版社

国土资源部矿产资源储量司. 2003. 固体矿产地质勘查规范的新变革. 北京：地质出版社

侯德义. 1984. 找矿勘探地质学. 北京：地质出版社

蓝运蓉，唐义. 2000. 什么是 SD 法. 地质论评，45（增刊）：329～336

孙洪泉. 1990. 地质统计学及其应用. 徐州：中国矿业大学出版社

阳正熙，吴堑虹，彭直兴等. 2008. 地学数据分析教程. 北京：科学出版社

赵鹏大. 2006. 矿产勘查理论与方法. 武汉：中国地质大学出版社

Rossi M E，Deutsch C V. 2014. Mineral Resource Estimation. Netherlands：Springer

主要参考文献

蔡汝青. 2003. 地质矿产调查. 北京：中国建筑工业出版社

常印佛，刘湘信，吴言昌. 1991. 长江中下游铜铁成矿带. 北京：地质出版社

陈国达. 1985. 成矿构造研究法. 北京：地质出版社

陈毓川. 1999. 中国主要金属矿床成矿规律. 北京：地质出版社

陈毓川，李庭栋，彭齐鸣. 1999. 矿产资源与可持续发展. 北京：中国科学技术出版社

陈毓川，朱裕生等. 1993. 中国矿床成矿模式. 北京：地质出版社

成升魁，谷树忠，王礼茂等. 2003. 2002 中国资源报告. 北京：商务印书馆

程裕淇. 1994. 中国区域地质概论. 北京：地质出版社

池三川. 1988. 隐伏矿床（体）的寻找. 武汉：中国地质大学出版社

池顺都. 1991. 矿床勘查模型建立的原则. 地球科学，(3)：20～25

戴维 M. 1989. 矿产储量的地质统计学评价. 孙惠文，刘承祚译. 北京：地质出版社

戴自希，王家枢. 2004. 矿产勘查百年. 北京：地震出版社

董耀松，王伟东. 2003. 试用齐波夫定律预测夹皮沟金矿资源量. 世界地质，22 (3)：262～266

董英君. 2006. 应用重磁方法勘查铁矿的效果. 矿床地质，25 (3)：321～328

范永香，阳正熙. 2003. 成矿规律与成矿预测学. 徐州：中国矿业大学出版社

冯超东，杨鹏，胡乃联. 2007. 克立格法在 SURPAC 软件中的实现及应用. 金属矿山，(4)：55～59

冯建忠，续婧. 2007. 矿产地质勘查项目研判 ABC. 地质找矿论丛，22 (4)：287～293

傅秉锋，郝国杰，张国卿. 2005. 地质调查项目管理. 北京：地质出版社

国土资源部矿产资源储量评审中心. 2009. 固体矿产勘查地质图件规范图式. 北京：地质出版社

国土资源部矿产资源储量司. 2003. 固体矿产地质勘查规范的新变革. 北京：地质出版社

韩金炎. 1987. 数学地质. 北京：煤炭工业出版社

何金周. 1998. 矿床勘探大矿体理论及实践. 北京：地质出版社

赫奇逊・查. 1990. 矿床及其构造背景. 张炳熹，李文达译. 北京：地质出版社

侯德义. 1984. 找矿勘探地质学. 北京：地质出版社

董英君. 2006. 应用重磁方法勘查铁矿的效果. 矿床地质，25 (3)：321～328

侯景儒，黄竞先. 2001. 地质统计学在固体矿产资源/储量分类中的应用. 地质与勘探，37 (6)：61～65

胡惠民. 1995. 大比例尺成矿预测方法. 北京：地质出版社

黄熏德，吴郁彦. 1986. 地球化学找矿. 北京：地质出版社

季斯坦丁诺夫 Э Г. 1988. 成矿理论和成矿规律研究中的矿石建造与地质-成因模式. 国外地质科技，(4)：34～40

《矿产资源工业要求参考手册》编委会. 2012. 矿产资源工业要求参考手册. 北京：地质出版社

卡日丹 А Б. 1990. 矿产的普查与勘探. 袁宝华，王小龙，曲梅兰译. 武汉：中国地质大学出版社

康斯坦丁诺夫. 1982. 评价金属矿床的逻辑信息方法. 北京：地质出版社

考克斯 D P，辛格 D A. 1990. 矿床模式. 宋伯庆，李文祥，朱裕生等译. 北京：地质出版社. 1～14，53～54

科特利亚尔・瓦・尼. 1985. 成矿学及成矿预测. 林彻译. 北京：地质出版社. 95～104

克里夫佐夫 АИ. 1988a. 建立最佳“预测普查组合”的原则和方法. 国外地质科技，(1)：2～9

克里夫佐夫 АИ. 1988b. 矿床局部预测的方法学基础. 国外地质科技，(4)：34～40

克里夫佐夫 АИ. 1988c. 有色金属矿床的“预测-普查-评价”系统. 国外地质科技，(1)：9～14

蓝运蓉，唐义. 2000. 什么是SD法. 地质论评，45（增刊）：229～336
雷恩斯 G L. 1997. 地理信息系统——一种勘查工具. 地质矿产信息，（5）：40～45
李人澍. 1996. 成矿系统分析理论与实践. 北京：地质出版社
李世峰，金瞰昆，周俊杰. 2008. 资源与工程地球物理勘探. 北京：化学工业出版社
李守义，叶冬青. 2006. 矿产勘查学. 北京：地质出版社
李裕伟，杨庄弟，杨丽沛等. 2000. 我国矿产资源储量计算方法. 见：国土资源部矿产资源储量司. 矿产资源储量计算方法. 北京：地质出版社
刘承祚，唐声喤. 1989. 矿产预测的数学方法. 北京：地质出版社
刘庆生，燕守勋，赵善仁. 1999. 齐波夫金矿资源量预测. 地质与勘探，35（4）：33～35
刘振义，祝增猷. 1994. 齐波夫定律在遂昌金矿矿产预测中的应用. 黄金学报，（2）：61～63
卢作祥，范永香，刘辅臣. 1998. 成矿规律和成矿预测学. 北京：地质出版社
鲁蒂埃 P. 1990. 全球成矿规律研究——未来到何处去找金属. 卢星，史崇周，何庆先译. 北京：地质出版社
罗孝宽，郭绍雍. 1991. 应用地球物理教程——重力磁法. 北京：地质出版社
罗周全，刘晓明，吴亚斌等. 2007. 地质统计学在多金属矿床储量计算中的应用研究. 地质与勘探，43（3）：83～87
罗周全，王中民，刘晓明等，2010. 基于地质统计学与Surpac的某铅锌矿床储量计算. 矿业研究与开发，2：4～6
马文璞. 1992. 区域构造解析——方法理论和中国板块构造. 北京：地质出版社
孟良义. 1993. 花岗岩与成矿. 北京：科学出版社
孟令顺，傅维洲. 2007. 地质学研究中的地球物理基础. 长春：吉林大学出版社
米契尔 A H G，加森 M S. 1986. 矿床与全球构造. 周裕藩，李锦轶译. 北京：地质出版社
闵茂中，白南静. 1990. 地质测试样品采集及送测指南. 北京：地质出版社
裴荣富. 1995. 中国矿床成矿模式. 北京：地质出版社
綦远江，蒲继荣，杨玉清. 2002. 齐波夫分布律与阻尼曲线在夹皮沟金矿田成矿预测中的应用. 地质与勘探，38（1）：35～39
任林子. 1993. 齐波夫定律在湖南大仿矿区金银资源预测中的应用. 黄金地质科技，（1）：27～33
施俊法，唐全荣，周平等. 2010. 世界找矿模型和矿产勘查. 北京：地质出版社
斯米尔诺夫·佛·伊. 1985. 矿床地质学. 矿床地质学翻译组译. 北京：地质出版社
斯特罗纳 Д A. 1982. 含矿建造论. 刘浩龙，马孝敏译. 北京：地质出版社
苏红旗，葛艳，刘冬林等. 1999. 基于证据权法矿产预测系统（EWM）. 地质与勘探，35（1）：44～46
孙文珂，丁鹏飞. 1994. 地质填图和矿产调查的综合方法. 北京：地质出版社
孙英君，王劲峰，柏延臣. 2004. 地统计学方法进展研究. 地球科学进展，19（2）：268～273
索金斯·佛. 1987. 金属矿床与板块构造. 曹开春，谢振忠译. 北京：地质出版社
汤中立，白云来. 1999. 华北古大陆西南边缘构造格架与成矿系统. 地学前缘，6（2）：271～285
唐义，蓝运蓉. 1990. SD储量计算法. 北京：地质出版社
王春秀，戴惠新，李英龙等. 2003. 矿业权市场研究. 中国矿业，12（5）：17～19
王世称，侯惠群，王於天等. 1993. 内生矿床成矿系列中比例尺成矿预测方法. 北京：地质出版社
王文. 2004. 国外矿产勘查实例分析及政策研究. 北京：中国大地出版社
王之田，秦克章，张守林. 1994. 大型铜矿地质与找矿. 北京：冶金工业出版社
王钟，邵孟林，肖树建. 1996. 隐伏有色金属矿床综合找矿模型. 北京：地质出版社
王作勋. 1990. 天山多旋回构造演化及成矿. 北京：科学出版社
韦尔默 F W. 1997. 矿床与矿产经济实用计算. 朱铁民译. 北京：地质出版社
翁春林. 2008. 我国矿业权市场存在问题初探. 中国矿业，17（3）：8～10
吴传壁，施俊法. 1999. 勘查战略与矿产勘查. 国外地质科技，（165）：28～36

吴利仁. 1963. 论中国基性、超基性岩成矿专属性. 地质科学，(1)：29～41
吴言昌，曹奋扬，常印佛. 1999. 初论安徽沿江地区成矿系统的深部岩浆控制. 地学前缘，6 (2)：285～297
谢格洛夫 А Д. 1985. 成矿分析基础. 吴承栋，张国容，刘瑞珊译. 北京：冶金工业出版社
熊光楚. 1996. 寻找隐伏金属矿床的方法系统. 矿产与勘查，(5)：75～79
熊光楚. 1998. 信息论、系统论与地质找矿工作. 北京：地质出版社
熊鹏飞. 1994. 中国若干主要类型铜矿床勘查模式. 武汉：中国地质大学出版社
熊盛青，于长春，王卫平等. 2008. 大比例尺直升机航空物探在深部找矿中应用前景. 地球科学进展，23 (3)：270～275
徐增亮，隆盛银. 1990. 铀矿找矿勘探地质学. 北京：原子能出版社
徐志刚，陈毓川，王登红等. 2008. 中国成矿区带划分方案. 北京：地质出版社
严冰，阳正熙，王晓春. 2005. 证据权法在四川宁南地区铅锌矿成矿预测中的应用. 世界地质，24 (3)：253～259
阳正熙. 1993. 矿产勘查中的现代理论和技术. 成都：成都科技大学出版社
阳正熙. 1999. 高质量矿床的勘查战略. 地质科技情报，18 (2)：37～40
阳正熙，马田生，古俊林等. 2004. 实现我国矿产勘查部门跨越式发展之路. 中国矿业，13 (3)：6～9
阳正熙，吴堑虹，彭直兴等. 2008. 地学数据分析教程. 北京：科学出版社
杨兵. 2004. 对我国新的矿产资源/储量分类标准及其与国际接轨的几点看法. 地质与勘探，40 (1)：73～76
杨立德. 2009. 地质·物探·化探找矿模型. 物探与化探，33 (6)：740～742
叶天竺. 2004. 固体矿产预测评价方法技术. 北京：中国大地出版社
伊齐克松·米·伊. 1985. 太平洋区成矿分带. 刘浩龙，许德焕，于志鸿译. 北京：地质出版社
尹镇南. 2000. 我国矿产资源储量计算方法/国土资源部矿产资源储量司. 矿产资源储量计算方法. 北京：地质出版社
於崇文. 1998. 成矿作用动力学. 北京：地质出版社
於崇文. 1999. 大型矿床和成矿区（带）在混沌边缘（上）. 地学前缘，6 (1)：85～103
袁桂琴，熊盛青，孟庆敏等. 2011. 地球物理勘查技术与应用研究. 地质学报，85 (11)：1744～1803
翟裕生. 1984. 矿田构造学概论. 北京：冶金工业出版社
翟裕生. 1998. 区域成矿学研究问题. 矿床地质，17 (增刊)：11～22
翟裕生. 1999. 论成矿系统. 地学前缘，6 (1)：13～29
翟裕生，邓军，李波. 1999. 区域成矿学. 北京：地质出版社
翟裕生，彭润民，向运川等. 2004. 区域成矿研究法. 北京：中国大地出版社
翟裕生，张湖，宋鸿林等. 1997. 大型构造与超大型矿床. 北京：地质出版社
翟裕生，姚书振，林新多. 1992. 长江中下游铁铜（金）成矿规律. 北京：地质出版社
张起钻，杨建功. 2008. 固体矿产资源储量估算应注意的问题. 地质与勘探，44 (4)：74～78
张秋生，刘连登. 1982. 矿源与成矿. 北京：地质出版社
张贻侠. 1993. 矿床模型导论. 北京：地震出版社
张贻侠，刘连登. 1994. 中国前寒武纪矿床和构造. 北京：地震出版社
赵鹏大. 2006. 矿产勘查理论与方法. 武汉：中国地质大学出版社
赵鹏大，胡旺亮，李紫金. 1994. 矿床统计预测. 第二版. 北京：地质出版社
赵鹏大，李万亨. 1988. 矿产勘查与评价. 北京：地质出版社
赵一鸣，吴良士，白鸽. 2004. 中国主要金属矿床成矿规律. 北京：地质出版社
中国地质调查局. 2006. 中国地质调查局地质调查技术标准 DD2006—03. 岩矿石物性调查地质规程
中国地质调查局. 2011. 中国地质调查局地质调查技术标准 DD2011—03. 遥感地质解译方法指南（1∶50000、1∶250000）
中国地质调查局工作标准 DD2000—01. 固体矿产预查暂行规定

中国地质调查局工作标准 DD2000—02. 固体矿产普查暂行规定
中国地质调查局工作标准 DD2002—01. 固体矿产推断的内蕴经济资源量和经工程验证的资源量估算技术要求
中华人民共和国地质矿产行业标准 DZ/T 0032—1992. 地质矿产钻探岩矿心管理通则
中华人民共和国地质矿产行业标准 DZ/T 0078—1993. 固体矿产勘查原始地质编录规定
中华人民共和国地质矿产行业标准 DZ/T 0079—1993. 固体矿产勘查 地质资料综合整理综合研究规定
中华人民共和国地质矿产行业标准 DZ/T 0130. 2—1994. 岩石矿物鉴定质量要求和检查办法
中华人民共和国地质矿产行业标准 DZ/T 0130. 3—1994. 岩矿分析质量要求和检查办法
中华人民共和国地质矿产行业标准 DZ/T 0131—1994 固体矿产勘查报告格式规定
中华人民共和国国家标准 GB/T 13908—2002. 固体矿产地质勘查规范总则
中华人民共和国国家标准 GB/T 17766—1999. 固体矿产资源/储量分类
周宏春. 2003. 新型工业化与资源环境战略. 地质通报，22 (11—12)：881～885
周先民. 2001. 找矿思维方法. 北京：地震出版社
朱光，季晓燕. 1997. 地理信息系统基本原理和应用. 北京：测绘出版社
朱训. 2003. 找矿哲学教程. 北京：中国大地出版社
朱训，伊惠宇，项仁杰等. 1999. 中国矿情. 第二卷. 北京：科学出版社
朱裕生. 1984. 矿产资源评价方法学导论. 北京：地质出版社
朱裕生，李纯杰，王全明. 1997. 成矿地质背景分析. 北京：地质出版社
朱裕生，肖克炎. 1997. 成矿预测方法. 北京：地质出版社
邹光华，欧阳宗圻，李惠等. 1996. 中国主要类型金矿床找矿模型. 北京：地质出版社
Abzalov M. 2011. Sampling Errors and Control of Assay Data Quality in Exploration and Mining Geology//Ivanov O. Applications and Experiences of Quality Control. In Te O：611～645
Agterberg F P. 1989. Computer programs for mineral exploration. Science，245：76～81
Agterberg F P，Bonham-Carter G F. 1990. Deriving weights of evidence from geoscience contour mapps for the prediction of discrete events//Tub-Dokumentation Knogrease and Tagungen (51). Berlin：Proceedings 22nd APCOM Sypoium
Agterberg F P，Bonham-Carter G F，Wright D F. 1988. Statistical pattern recognition for mineral exploration//Gaal G，ed. Proceedings COGEODATA Symposium Computer Application in Resource Exploration. Helsinki：Espo
Agterberg F P，Bonham-Carter G F，Wright D F. 1990. Statistical pattern integration for mineral exploration//Gaal G，Merriam D F，eds. Computer Application in Resource Estimation. Oxford：Pergamon Press
Allais H. 1957. Methods of appraising econmic prospects of mining exploration over large territories：Algerian case study. Management Science，(3)：285～345
Annels A E. 1991. Mineral deposit evaluation. London：Chapman and Hall
Anonymous. 1972. Penrose field conference report on ophiolites. Geotimes，17：24～25
Arehart G B. 1996. Characteristics and origin of sediment-hosted disseminated gold deposits：a review. Ore Geology Review，11 (6)：383～403
Bailly P A. 1983. Mineral exploration//Lacy W C，ed. Mineral Exploration. Pennsylvania：Hutchinson Ross Publishing Company
Barley M E，Eisenlohr B N，Groves D I. 1989. Late archean convergent margin tectonics and gold mineralization：A new look at the norseman-wiluna belt，western Australian. Geology，17：826～829
Bonham-Carter G F，Agterberg F P，Wright D F. 1988. Integration of mineral exploration date sets using SPANS-A quadtree-based GIS：Application to gold exploration in nova scotia. GIS Issue of Photogrammetric Engineering and Remote Sensing

Bonham-Carter G F, Agterberg F P. 1990. Application of microcomputer-based geographic information systems to mineral-potential mapping//Hanley J T, Merriam D F, eds. Microcomputer Application in Geology. Oxford: Pergamon Press

Bonham-Carter G F. 1994. Geographic information systems for geoscientists: Modelling with GIS. Oxford: Pergamon Press

Bonham-Carter G F. 1997. GIS methods for integrating exploration data set//Gubins A G, ed. Geophysics and Geochemistry at the Millennium, Proceedings of Exploration 97 Fourth. Decennial International Conference on Mineral Exploration. Toronto: the GEO F/X Division of AG Information System Ltd. 59～65

Boyd T M. The SEG multi-disciplinary initiative: Teaching the essence of geophysics. The Leading Edge, 16 (7): 1039～1043

Carranza E J M. 2009. Controls on mineral deposit occurrence inferred from analysis of their spatial pattern and spatial association with geological features. Ore Geology Reviews. 35: 383～400

Carter M R, Gregorich E G. 2006. Soil sampling and methods of analysis, 2nd ed. New York: Taylor & Francis Group, LLC, 26～30

Condie K G. 1981. Archean greenstone belts. Developments in precambrian geology 3. Amsterdam: Elesvier

Cox D P. 1993. Mineral deposit models, their use and misuse-A Forum Review. Society of Economic Geologists, Newsletter, (14): 12

Cox D P, Singer D A. 1986. Mineral deposit models. Bulletin: U. S. Geological Survey

Davis John C. 2003. Statistics and data analysis in geology. 3rd ed. New York: John Wiley & Sons

De-Vitry C, Vann J, Arvidson H. 2007. A Guide to Selecting the Optimal Method of Resource Estimation for Multivariate Iron Ore Deposits. Iron Ore Conference. Perth: WA

Diehl P, David M. 1982. Classification for ore reserves/resources based on geostatistical methods. CIM Bullitine, 75 (838): 127～135

Dominy S C, Stephenson P R, Annels A E. 2001. Classification and reporting of mineral resources for high-nugget effect gold vein deposits. Exploration and Mining Geology, 10 (3): 215～233

Eckstrand O R, Sinclair W D, Thorpe R I. 1996. Geology of canadian mineral deposit types. Geological Survey of Canada

Economic Commission For Europe. 2010. United Nations Framework Classification for Fossil Energy and Mineral Reserves and Resources 2009, ECE Energy Series No. 39. New York and Geneva: United Nations

Edwards R. 1986 Ore deposit geology and its influence on mineral exploration. London: Chapman and Hall

Evans M, Taron B. 2000. Australian gold supply response: An application of cutoff grade theory, Paper presented at the 44th Annual Conference of the Australian Agricultural and resource Economics Society. Sydney: University of Sydney

Evans A M. 1997. An introduction to economic geology and its environmental impact. London: Blackwell Science Ltd

Fernando Real. 1999. A Perspective on Neves-Corvo Mining Project Development: A Success Against an EU Trend. Mining Development Strategies With a Focus on the Case of the Iberian Pyrite Belt. Technical Journey 25th September 1998 Lisbon, Portugal

Ford K, Keating P, Thomas M D. 2008. Overview of Geophysical Signatures Associated with Canadian Ore Deposits//Goodfellow W D, ed. Mineral Deposits of Canada: A Synthesis of Major Deposit-Types, District Metallogeny, the Evolution of Geological Provinces, and Exploration Methods. Special Publication 5, Mineral Deposits Division, Geological Association of Canada, 937～971

Gertsch R, Bullock R C. 1998. Techniques in underground mining: selected from underground Mining Methods Handbook. USA littleton: Society of Mining, Metallurgy, and Exploration Inco, 3～45

Glacken I M，Snowden D V. 2001. Mineral Resource Estimation// Edwards A C，ed. Mineral Resource and Ore Reserve Estimation— The AusIMM Guide to Good Practice. Melbourne：The Australasian Institute of Mining and Metallurgy，189～198

Gocht W R. 1988. International mineral economics. Berlin：Springer-Verlag

Grenne T，Slack J F. 2005. Geochemistry of Jasper Beds from the ordovician，lokken ophiolite，norway：origin of proximal and distal siliceous exhalites. Economic Geology and the Bulletin of the Society of Economic Geologists，100 (8)：1511～1527

Gunn A G. 1989. Drainage and overburden geochemistry in exploration for platinum-group element mineralisation in the Unst Ophiolite. Shetland，U. K. Journal of Geochem. Exploratio，71：209～236

Gy P M. 1991. Sampling：The foundation block of analysis. Mikrochim. Acta，II：457～466

Gy P. 1982. Sampling of particular materials. Amsterdam：Elsevier

Hall D J. 2006. The mineral exploration business：Innovation required. SEG Newsletter，65：8～15

Harris D P. 1984. Mineral resources appraisal. Oxford：Oxford University Press

Haldar S K. 2013. Mineral exploration：principles and applications. Amsterdam：Elsevier

Hawkes H E，Webb J S. 1962. Geochemistry in mineral exploration. New York：Harper and Row

Herrington R. 2011. Geological Features and Genetic Models of Mineral Deposits//Darling P，ed. Society for Mining，Metallurgy，and Exploration，Inc. (SME). Mining Engineering Handbook，Volume 1：83～104

Hodgson C J et al. 1988. A new computer-aided methodology for area selection in gold exploration. Economic Geology，83：592～977

Hodgson C J. 1991. Using and abusing mineral model. Geoscience Canada

Howarth R J，White C M，Koch G S. 1980. On Zipf's law applied to resource Prediction. Institute of Mining and Metallurgy Tran，89：182～190

Hronsky J M A，Groves D I. 2008. Science of targeting：Definition，strategies，targeting and performance measurement. Australian Journal of Earth Sciences，55：3～12

Ishihara S. 1977. The magnetite series and ilmenite series granitic rocks. Mining Geol.，27：293～305

John W，Lydon . 2008 . An Overview of the Economic and Geological Contexts of Canada's Nonferrous Metalliferous Mineral Deposit Types Edited by Wayne D. Goodfellow Mineral Deposits of Canada：A Synthesis of Major Deposit-Types，District Metallogeny，the Evolution of Geological Provinces，and Exploration Methods

JORC. 2004. Australasian Code for Reporting of Identified Mineral Resources and Ore Reserves (The JORC Code)，The Joint Ore Reserves Committee of the Australasian Institute of Mining and Metallurgy，Australian Institute of Geoscientists，and Minerals Council of Australia

Journel A G，Huijbregts C. 1978. Mining Geostatistics：London：Academic Press

Kearey P，Brooks M，Hill L. 2002. An Introduction to Geophysical Exploration，3rd edition. Paris：Blackwell Science Ltd

Keller G. 2004. Applied Statistics with Excel. 北京：机械工业出版社

Knox-Robinson C M，Wyborn L A I. 1997. Towards a holistic exploration strategy：Using geographic information system as a tool to enhance exploration. Australian Journal of Earth Sciences，44 (4)：453～463

Knudsen H P，Kim Y C，Mueller E. 1978. Comparative study of the geostatistical ore reserve method over the conventional methods. Mining Engineering，54 (1)：54～58

Leca X. 1991. Discovery of concealed massive-sulphide bodies at neves-corvo，southern portugal——A case history. Applied Earth Science

Leistel J M，Marcoux E，Âblemont D et al. 1998. The volcanic hosted massive sulphide deposits of the Iberian Pyrite Belt. Mineralium Deposita，33：2～30

Lowell J D. 1970. Lateral and vertical alteration mineralization zoning in porphyry ore deposits. Economic Geology，65 (4)：378～408

Meyer C. 1988. Ore deposits as guides to geological history of the earth. Annual Review Earth Planet Science，16：147～171

Miller L J. 1976. Corporation，ore discovery，and the geologist. Economic Geology，71：836～847

Morris R C. 1998. BIF-Hosted iron ore——Hamersley style. AGSO Journal of Australian Geology & Geophysics，17 (4)：207～211

Mosier Dan L，Berger Vladimir I，Singer Donald A. 2009. Volcanogenic massive sulfide deposits of the world——database and grade and tonnage models. USGS. Open File Report，1009～1034

Pan G，Harris D P. 2000. Information synthesis for mineral exploration. Oxford：University Press. 13～29

Paterson N R. 1983. Exploration geophysics airborn//Woakes M，Carman J S，eds. AGID Guide to Mineral Resources Development. Bankok：Association of Geoscientists for International Development. 121～151

Peters S G. 2002. Geology，geochemistry，and geophysics of sedimentary rock-hosted gold deposits in P R China. Open-File Report 02131. USGS. 118～132

Peters W C. 1987 Exploration and mining geology. 2 nd ed. New York：John Wiley and Sons

Phillips W E A，Rowland A，Coller D W. 1988. Structural studies and multidata correlation of mineralization in central ireland//Boissonnas J，Omenetto P，eds. Mineral Deposits within European Community. Berlin：Springer-Verlag

Pirajno F. 1992. Hydrothermal mineral deposits-principles and fundamental concepts for the exploration geologists. Berlin：Springer-Verlag

Pohl W L. 2011. Economic geology principles and practice：Metals，minerals，coal and hydrocarbons——introduction to formation and sustainable exploitation of mineral deposits. Wiley-Blackwell，18～48，422～447

Quick A N et al. 1988. Strategic planing for exploration management. Boston：International Human Resources Development Corporation

Reimann C，Fizmoser P. 2000. Normal and lognormal data distribution in geochemistry：death of a myth. Consequences for the statistical treatment of geochemical and environmental data. Environmental Geology，39：1001～1014.

Reimann C，Filzmoser P，Garrett R G. 2005. Background and threshold：critical comparison of methods of determination. Science of the Total Environment，346：11～6

Richter D H，Singer D A，Cox D P. 1975. Mineral resource map of the Nabesna Quadrangle，Alaska. U. S. Geological Survey Miscellaneous Field Studies Map MF-655K

Robb L J. 2005. Introduction to ore-forming processes. London：Blackwell Science Ltd. 319～334

Robert F，Poulsen K H. 1997. Wold-class archean gold deposits in canada：An overview. Australian Journal of Earth Sciences，44 (3)：329～353

Roberts L S，Dominy S C，Nugus M J. 2003. Problems of sampling and assaying in mesothermal lode gold deposits：Case studies from Australia and north America. In 5th International Mining Geology Conference Proceedings. Bendigo：5th Intemational Mining Geology Conference

Robinson A，Spooner E T. 1984. Can the elliot lake uraninite-bearing quartz pebble conglomerates be used to place limits on the oxygen contents of the early proterozoic atmosphere. Journal of Geology Society

Siegal B S et al. 1980. Remote sensing in geology. New York：John Wiley & Sons. 553～607

Simpson P R，Bowles J F. 1977. Uranium mineralization of the Witwatersrand and Dominon reef systems. Philosophical Transactions of the Royal Society，286：527～548

Sinclair A，Blackwell G H. 2002. Applied mineral inventory estimation. Cambridge University Press. 400

Singer D A，Cox D P. 1993. The nature of mineral deposits and the use of deposit models//McDivitt J F，ed.

International Mineral Development Sourcebook. Golden: Colorado School of Mines

Singer D A. 1993a. Grade and tonnage models for different deposit types//Kirkham R V, Sinclair W D, Thorpe R I, eds. Mineral Deposit Modelling. Geological Association of Canada

Singer D A. 1993b. Basic concepts in Three-part quantitative assessments of undiscovered mineral resources. Nonrenewable Resources, 2 (2): 69～81

Singer D A. 1993c. Basic concepts in three-part quantitative assessments of undiscovered mineral resources. Nonrenewable Resources, 2: 69～81

Singer D A. 1994. The relationship of estimated number of undiscovered deposits to grade and tonnage models in Three-part mineral resource assessments. 1994 International Association of Mathematical Geology Annual Conference. Papers and Extended Abstracts. Oct. 3-5, 1994, Mount Tremblant, Quebec, Canada

Singer D A. 1995. World class base and precious metal deposits-a quantitative analysis. Economic Geology, 90: 88～104

Singer D A. 1996. Grade and tonnage models for the analysis of Nevada' s mineral resources//Singer D A, ed. An Analysis of Nevada' s Metal-Bearing Mineral Resources. NBMG Open-File Report

Singer D A. 2008. Mineral deposit densities for estimating mineral resources. Mathematical Geosciences, 40: 33～46

Singer D A. 2010. Progress in integrated quantitative mineral resource assessments, Ore Geology Reviews, 37 (4): 57～60

Singer D A, Berger V I, Moring B C. 2008. Porphyry Copper Deposits of the World: Database And Grade and Tonnage Models, Menlo Park: U. S. Geological Survey Open-File Report

Singer D A, Kouda R. 2001. Some simple guides to finding useful information in exploration geochemical data. Natural Resources Research, 10 (2): 137～147

Slack J F. 2012. Exploration-resource assessment guides in volcanogenic massive sulfide occurrence model: U. S. Geological Survey Scientific Investigations Report 2010-5070-C, chap. 19, 10 p.

Slichter L B. 1959. Geophysics applied to prospecting for ore. Economic Geology, 50th Anniversary Volume

Slichter L B. 1960. The need for a new philosophy of prospecting. Mining Geology, 12 (6): 570～576

SME. 2007. The SME Guide for Reporting Exploration Results, Mineral Resources, and Mineral Reserves

Snowden D V. 2001. Practical Interpretation Of Mineral Resource And Ore Reserve Classification Guidelines//Edwards A C, ed. Mineral Resource and Ore Reserve Estimation: The AusIMM Guide to Good Practice (Monograph 23). Australasian Institute of Mining and Metallurgy: 643～653

Sorin I, Mirela I. 2008. Ore reserve estimation and project profitability. Annals of the University of Petroşani, Mechanical Engineering, 10: 85～88

Stanley C R, Noble R R P. 2007. Optimizing geochemical threshold selection while evaluating exploration techniques using a minimum hypergeometric probability method. Geochemistry: Exploration, Environment, Analysis, 7: 341～351

Thompson J F H. 1993. Application of deposit models to exploration//Kirkham R V, Sinclair W D, Thorpe R I, eds. Mineral Deposit Modeling. Geological Association of Canada

Turner D D. 1997. Predictive GIS model for sediment-hosted gold deposits//Gubins A G, ed. Geophysics and Geochemistry at the Millenium. Proceedings of the Fourth Decenial International Conference on Mineral Exploration

UN Economic and Social Council. 2009. United Nations framework classification for fossil energy and mineral reserves and resources 2009. Geneva

Weatherstone Niall. 2008. Standards for reporting of mineral resources and reservesstatus, Outlook And Important Issues. 21ST World Mining Congress & Expo 2008

White N, Yang K H. 2007. Exploring in China: The challenges and rewards. SEG (Society of Economic Geologists) Newsletter, 70: 1～15.

Windley B F. 1984. The evolving continents. 2nd ed. Chichester: John Wiley and Sons

Woodall R. 1984a. Success in mineral exploration: A matter of confidence. Geoscience Canada, 11 (1): 60～63

Woodall R. 1984b. Success in mineral exploration: Confidence in property. Geoscience Canada, 11 (2): 31～34

Yaskovskiy P P. 1984. During field exploration evaluation of the structural complexity of ore. Deposits International Geology Review, 26 (4): 446～469

Yeats C J, Vanderhor F. 1998. Archaean lode-gold deposits. AGSO J Aust Geol Geophys, (17): 253～258

附录1　矿产地质勘查报告编写提纲

第一节　矿产勘查报告编写前的最终综合整理

矿产勘查资料综合整理是对勘查工作中所取得的各项原始资料进行系统的整理和综合研究工作。通过这一工作，编制出必要的综合图表，提出各种研究成果，用以指导矿产勘查工作，并据以编制矿产勘查报告和科研报告。

资料综合整理是矿产勘查工作过程中的重要环节，是一项经常性的工作，贯穿于勘查工作的始终。在整个勘查过程中都要做到边勘查施工，边整理资料，边综合研究。只有通过综合整理研究，才能把野外和实验室所获得的丰富感性认识上升为理性认识，逐步提高对区域和勘查区（矿区）地质矿产情况和成矿规律的认识，才能够合理部署各项勘查工作，及时提交合乎质量要求的地质勘查报告。

按资料整理的程序、工作性质和时间要求，资料综合整理可分为经常性资料整理和最终综合整理。经常性资料整理我们已在前述各章中进行过基本介绍。最终综合整理又称报告编制时的资料整理，是在各项原始资料齐备的前提下进行全面系统的综合整理和分析研究，编制出各种图件、表格和文字报告。

一、最终综合整理要求

最终综合整理是将野外系统整理和勘查过程中综合研究的资料和图件，按照地质勘查设计和勘查报告的要求编制图件、表册及文字。参加最终整理的人员，基本上应是参与勘查项目的全体工程技术人员。

最终综合整理出的资料（包括原始编录资料、综合整理资料）必须正确、齐全，综合图件必须突出反映矿床（区）某一专题地质特征或综合地质特征，或阐明某一专项地质问题。反映同一地质体的图件应相互吻合。图件内容、图式、图例、文字等，必须符合规范要求，力求做到表格化、标准化、规范化。要有专人负责根据国家标准对图件、表册及文字检查验收。

二、原始地质编录资料的最终整理

将原始地质编录资料进行最后校核并分类编号后，进行登记造册。然后根据设计及报告编写要求，将列入设计核报告中原始编录资料，如槽、井、坑探素描图及移动存储设备等，按照有关规范和规定要求整理后清绘或复制。

三、综合图表的绘制

1. 综合图件的绘制

需要绘制的综合图件的种类按固体矿产不同勘查报告编写提纲要求结合矿种和矿区的具

体情况最终确定，其图式和内容按规范和规定要求绘制。图例按规定的图例执行，可结合矿床（区）的地质特征允许合并或简化和增补，但同一矿床（区）设计和勘查报告中各类图件（含插图）图例均应统一。图上每一界线（含图框线）的相对误差、综合或累计不大于0.5mm。勘查区若隶属于自治区时，图名下应标注相应民族的文字。综合图件经最终检查校对后编号和清绘复制。

2. 综合表册的编制

应根据矿种、勘查报告的种类、资源储量的估算方法，以及采矿方法等确定需要编制相应的附表种类和格式。各类附表需经校对后方可复制。

各类表册、图件的文字中采用的同一数据应相同。基础数据的精度应准确到小数点后两位，其修约按《数值修约规则》（GB8170—87）进行。最终资料及图件中的数据一般不得修正，若发现明显错误需要修正时，应查明原因，若为转抄错误或综合上的错误，应报请项目负责人同意后方能修正。对原始资料数据不能改动。

四、资源储量估算

根据矿产勘查阶段的要求估算相应级别的资源储量。估算资源储量所用到的工业指标是由工业部门正式下达的，如果工业部门未下达工业指标，则可参照国家有关部门颁发的矿床一般工业指标为依据进行估算。

对矿石组分或矿体结构变化复杂的矿床，要加强对矿体圈定、储量（资源量）级别，以及块段划分的研究。

参与资源储量估算的参数必须与原始资料吻合，不同的矿石类型以及矿石品级应测定出相应的体重值；对于特高品位或特大厚度，应在详细研究的基础上提出合理的处理方法。

应尽可能采用先进的资源储量估算方法，根据估算方法编制相应的图件和表册。资源储量估算结果，应选择10%的有代表性的地段，改用另一种方法估算，二者相对误差应小于10%。采用计算机技术时，其估算方法及估算结果均应录于移动磁盘中，汇同报告资料一起提交。

五、可行性研究（略）

六、声像资料编辑

依据报告内容及声像资料，编出脚本，进行剪辑，必要时补充摄制，最后配以解说。

七、信息资料录制

信息资料分为两类：一类为基础数据即原始数据，包括槽、井、坑、钻孔等勘查工程的坐标、品位、厚度、标高等的观测数据；另一类为综合数据，包括平均品位、厚度、面积等。所有信息资料均应按有关要求，分别录于磁盘中，随同报告上交。

第二节 矿产地质勘查报告编写的要求

一、地质勘查报告的性质和用途

根据《固体矿产勘查/矿山闭坑地质报告编写规范》（中华人民共和国地质矿产行业标

准）（DZ / T0033—2002），矿产地质勘查报告是综合描述矿产资源/储量的空间分布、质量及其数量，论述其控制程度和可靠程度，并评价其经济意义的说明文字和图表资料，是对勘查对象调查研究的成果总结。地质勘查报告可以作为矿山建设设计或对矿区进一步勘查的依据，也可作为以矿产勘查开发项目公开发行股票及其他方式筹资或融资时，以及探矿权或采矿权转让时有关资源量/储量评审认定的依据。也是政府部门矿产资源管理工作和有关单位科研、教学的重要技术资料。

二、地质勘查报告编写基本准则

（1）矿产勘查每一阶段工作结束，均应编写相应阶段的地质勘查报告。勘查投资人确定各阶段连续工作，不编写中间报告的，应在该勘查项目结束时以全部勘查资料编写报告。勘查期间所放弃的勘查区块，应以放弃区块内已取得的资料为基础编写该放弃区块的报告。因项目中途撤销而停止地质勘查工作的，应在已取得资料的基础上编写地质勘查报告。

（2）地质勘查报告必须客观、真实、准确地反映勘查工作所取得的各项资料和成果。其编写的基础是：①所实施的勘查工作符合国家固体矿产地质勘查规范准则以及相关矿种地质勘查规范和其他有关规范的技术要求；②已取全、取准第一手资料，并经过了综合分析整理和研究。

（3）地质勘查工作应与项目可行性研究紧密结合，地质勘查报告中应包括地质勘查和可行性研究工作。如果可行性研究程度为概略研究，由勘查单位把概略研究结果编入勘查报告；若为预可行性研究或可行性研究，应在勘查报告中引述该项目预可行性研究或可行性研究报告的主要结论。

（4）地质勘查报告的内容要有针对性、适用性和科学性。原始数据资料要求准确无误，研究分析做到简明扼要，结论依据可靠。要力求采用图表化、数据化的表达方式。应采用比较成熟的并经审定的估算方法和相应的计算机软件估算资源量/储量。

（5）勘查项目应按照相关地质勘查规范对各勘查阶段的要求（或按照勘查合同的约定）部署工作，并取得相应阶段的各项勘查数据资料。

三、矿产勘查报告编写要求

矿产勘查野外工作结束前，应按照有关规范和勘查设计要求，由勘查投资人或勘查单位上级主管部门组织，对勘查工作区的工作程度和第一手资料的质量进行野外检查验收。检查验收中若发现存在重大问题，应责成勘查单位在报告编写前解决。未经野外验收的勘查项目，不应进入报告编写阶段。

在勘查报告编写前，报告编写技术负责人应结合矿种特点、勘查区实际情况以及勘查投资人的具体要求（供矿山建设设计的勘查报告还应听取矿山设计单位意见），以本附录第三节内容为基础进行增减取舍，拟定切合实际的报告编写提纲，送勘查投资人批准。获得批准后的报告提纲在报告编写过程中如果需要作出重大变动，应将修改后的提纲送勘查投资人审核同意。

编写勘查报告的过程是一个团队协作的过程。报告编写技术负责人根据批准的报告编写提纲，制定出工作计划、组织好编写工作、保证勘查报告编写任务按时完成。在编写过程中应定期进行质量检查，对于工作中存在的一些重大理论和技术问题，应及时组织研讨，统一认识，并将结果准确客观地反映在报告中，但属于学术上的不同观点不需在报告中论述。

勘查报告应由报告正文、附图、附表、附件组成。矿业权人为保守商业秘密或适应政府的地质资料汇交管理的需要，可酌情将正文内容合理分册编写，每册单独装订。

矿产勘查报告名称统一为××省（市、自治区）××县（市、旗或矿田、煤田）××矿区（矿段、井田）××矿（指矿种名称）××（勘查阶段名称）报告。报告附图的图式、图例、比例尺等均应按照有关技术标准执行。

勘查工作中获得的原始资料，由报告编写技术负责人组织，按照有关技术标准的要求立卷归档。矿产勘查报告按照政府有关矿产资源储量评审认定的规定，经初审后送交评审认定，并由报告编写技术负责人按照评审中提出的修改意见组织对报告的修改。勘查报告经评审认定后，应将评审认定文件作为附件附于报告中。评审认定后复制的报告，按照政府有关地质资料汇交的规定进行汇交。

地质勘查报告经评审认定后，应将评审认定文件作为附件附于报告中。

第三节　固体矿产地质勘查报告编写提纲

1. 绪论

1.1　勘查目的和任务

简述勘查目的和投资人、矿山设计单位对勘查工作的具体要求。

1.2　勘查工作区位置、交通

说明勘查工作区的区块编号、勘查范围和拐点经纬度、矿区位于所在县级城市的方位、直距、矿区边界和面积，经过矿区或邻近的（现有的或拟建的）铁路、公路、水路等重要交通线以及矿区距最近的车站、码头、机场的里程（直距、运距）。

1.3　勘查工作区自然地理、经济状况

概述矿区地形地貌的主要特征、类型、绝对高度和相对高度，主要河流的最低侵蚀基准面、丰（枯）水期流量及最高洪水位等。根据有代表性的气象资料，说明矿区的气候特征、气温变化、降水量、暴雨强度、蒸发量、相对湿度、风力、风向、雷电情况、雨季和冰冻期、冻土层深度等。说明区内的地震烈度，概述滑坡、泥石流等地质灾害情况。

简述区内经济概况，包括燃料、电力、供水水源、建筑材料、工业、农业、牧业、人口等。应说明供水水源地、电网名称、矿区距水源地、电网距离及供水、供电满足程度。

1.4　以往工作评述

简述矿床的发现，从发现至本次勘查所进行的地质、物探、化探等各项工作，按时间先后简述其工作情况、投入主要工作量、取得的主要地质成果等，并对其成果质量和勘查、研究程度进行评述。如属已开采的勘查矿区，应阐明矿山生产建设的规模、生产概况、累计采出矿量及已消耗的资源/储量。

1.5　本次工作情况

说明工作的起讫年月、简要经过、完成的各项实物工作量（插表）、投入资金总额、取

得的主要地质成果、矿床类型及简要地质特征、总计资源/储量、首采区范围、开发前景。按不同的类型列出资源/储量表，并列出其平均品位（按国家规定应保密的矿种不必列出本表）。

2. 区域地质

以1∶5万比例尺的区域地质调查资料（1∶5万比例尺未做地区，可用1∶20万比例尺区调资料）为基础，简明扼要地说明矿床在区域构造中的位置，区域内对矿田（床）成因有影响的主要地层及岩浆岩种类、特征及分布、主要构造的特征及分布。

3. 矿区（床）地质

详细说明矿区（床）所在范围内，对成矿作用有影响和对矿体有破坏作用的地层、构造、岩浆活动、变质作用、围岩蚀变；赋矿层位及矿化等特征。

4. 矿体（层）地质

4.1 矿体（层）特征

综合叙述矿体（层）的总数目、总厚度、含矿率、空间分布范围、分布规律及相互关系等。分别说明主要工业矿体（层）的赋矿岩石、空间位置、形态、产状、长度、宽度（延深）、厚度、沿走向和倾向的变化规律、连接对比的依据和可靠程度、成矿后断层对矿体连接的影响。矿体（层）多时，小矿体特征可列插表说明。

4.2 矿石质量

按矿石性质分带（氧化带、混合带、原生带），分别说明矿石的结构、构造、矿物成分、有用矿物的含量、有用矿物的粒度、晶粒形态、嵌布方式、结晶世代、矿物生成顺序和共生关系；说明矿石的化学成分，主要有用组分和伴生有用、有益、有害组分的含量、赋存状态和变化规律等。对于以物理机械性能为主要评价指标的矿产，则应对其物理机械性能进行详细论述。

4.3 矿石类型和品级

阐述矿体氧化带、混合带、原生带的分布范围。说明矿石的自然类型、工业类型、工业品级种类以及划分的原则和依据。对选冶性能有明显差异的各类矿石，应详细说明其所占比例和空间分布规律。

4.4 矿体（层）围岩和夹石

说明主要矿体（层）上下盘围岩的种类，近矿围岩的矿物成分、有用、有益和有害组分的大致含量、蚀变情况及其与矿体（层）的接触关系；说明矿体（层）内夹石（层）的岩性种类、分布规律、数量、有用、有益和有害组分的大致含量、夹石（层）对矿体完整性的影响程度。

4.5 矿床成因及找矿标志

简述矿床成因、成矿控制因素、矿化富集规律和找矿标志，指出矿区远景及找矿方向。

4.6　矿区（床）内共（伴）生矿产综合评价

对于在勘查主矿体的同时综合勘查的共生矿产、伴生矿产，应进行综合评价，说明其综合勘查的程度、规模、分布规律、矿石质量特征等。

5. 矿石加工技术性能

5.1　采样种类、方法及其代表性

说明各种类型矿石加工试验样品的采样目的、要求（包括投资人、矿山设计单位对试验种类和数量的要求）、采样种类、采样方法、采样的工程种类及编号、样点的数目，并从矿石类型、样品空间分布、品位等方面评述样品的代表性。

5.2　试验种类、方法及结果

说明各种类型矿石加工技术试验种类，采用的加工、选矿方法及试验流程，并叙述所取得的各项试验成果。

5.3　矿石工业利用性能评价

根据矿石加工技术试验结果，做出矿石可选（冶）性能和工业利用性能的评价，说明矿石中有用组分回收利用和有害杂质处理的可能性，提出共（伴）生组分综合利用的途径。

对于矿石类型简单，或属于已开发矿床的深部（或走向）延伸部分矿体的勘查，矿石类型和已开发部分一致或相似，不需进行选冶试验，仅与邻近同类型生产矿山进行矿石类型、结构构造、物质成分等实际资料进行对比的，应对其矿石可选（冶）性、综合回收利用情况进行说明。

6. 矿床开采技术条件

6.1　水文地质

6.1.1　简述矿区所处水文地质单元的位置；矿区地形地貌、水文气象特征；地下水的补给、径流、排泄条件，矿床最低侵蚀基准面和矿井最低排泄面标高。

6.1.2　论述矿床开采疏干排水影响范围内各含（隔）水层的岩性、厚度、分布、岩溶裂隙发育程度；主要充（含）水层的富水性、导水性、水头高度、水质、水量、水温、补给条件及其与相邻含水层和地表水体的水力联系程度；构造破碎带、风化裂隙带及岩溶的发育程度、分布、含（导）水性及其对矿床充水的影响；地表水、老窿水对矿床充水的影响程度。

6.1.3　预测矿坑涌水量。确定矿床的充水因素及其水文地质边界，建立水文地质模型，选择合理的计算方法及水文地质参数，计算矿坑第一开拓水平的正常和最大涌水量，估算矿坑最低开拓水平的涌水量，并对水量可靠性进行评述，推荐作为矿山开采设计的矿坑涌水量。

6.1.4　矿区供水水源评价。对矿坑水的排供结合与综合利用的可能性及矿区内可作为供水水源的地表水、地下水、地热水、矿泉水的水质、水量进行初步评价。如矿区内不存在可作为供水的水源地，则应指出供水方向，并提出进一步工作的意见。对盐类矿床上、下可能存在的卤水资源也应进行评价。

6.2 工程地质

6.2.1 论述矿体（层）围岩的岩性特征、结构类型、风化蚀变程度、物理力学性质及各种软弱夹层的岩性、厚度、分布及其物理力学和水理性质；统计各类岩石的RQD值（岩石质量指标），评述岩体的质量；论述矿床范围内，特别是对矿床开采、工业场地布置有影响的断裂（破碎带）的规模、性质及分布、充填物的性质和胶结程度，坑内开采的矿床应论述矿体及其近矿围岩的节理的规模、产状、充填物的性质、节理密度、各类结构面（层面、节理裂隙面、断裂面、软弱层面）的组合关系，评述岩体的稳定性；论述风化带深度和岩溶发育带的发育深度，矿区内各类不良自然现象及工程地质问题。

6.2.2 结合矿床（可能）的开拓方案，对矿体及其顶底板岩石的稳固性、露天采场边坡的稳定性以及矿床的工程地质条件做出综合评价，预测可能出现的主要工程地质问题，提出防治意见。

6.3 环境地质

6.3.1 阐明矿区及其附近地震活动历史、地震烈度、地形地貌条件及新构造特征，对矿区的稳定性做出评价；评述矿区目前存在的崩塌、滑坡、泥石流等地质灾害和环境污染问题。

6.3.2 依据各种自然地质作用和采矿活动对地质环境可能造成的破坏和影响程度，评述矿区地质环境质量。

6.3.3 对矿床开采中可能引起的区域地下水位下降、山体开裂、滑坡、泥石流、地表沉降和塌陷、地表水及地下水的污染、放射性及其他有害物质的污染等环境地质问题进行预测评价，提出防治意见。

6.3.4 煤矿应叙述井内瓦斯、煤尘和煤的自燃等方面的基本测试结果，结合井田地质条件和井田内邻近生产矿井的有关资料，分析其变化规律，评述其对未来矿井的建设、生产可能产生的影响。

6.3.5 深埋矿床和地温异常矿床，应叙述井田、矿床的地温状况，恒温带深度、温度、地温梯度及变化；高温区的分布范围与分级、地温背景、热源。

6.3.6 放射性本底值较高的矿床，应对放射性背景值及其变化规律进行论述，划出对人体有危害的高背景值区。

7. 勘查工作及其质量评述

7.1 勘查方法及工程布置

说明勘查类型、勘查手段、方法的选择、勘查工程布置原则、工程间距的确定及依据。对矿体（层）的厚度、矿石品位、矿产资源/储量等进行数值和变化系数的计算，或进行地质统计学方法的分析，说明使用的勘查工程间距对矿体（层）的控制程度，以及所采用的工程间距的合理性。

7.2 勘查工程质量评述

说明钻孔结构、岩矿心直径及其合理性；钻孔孔斜和方位角测定所采用的仪器及测量方法和质量评述；孔深校正、岩矿心采取的质量评述；钻孔封孔方法、封孔质量检查及评述；孔口立桩标记及钻探班报表质量、岩矿心管理工作评述；简易水文观测及其质量评述；水文地质孔的止水、抽水试验质量评述；地下水动态长期观测工作质量评述。

说明槽、井、坑探工程规格、质量，评述其取得的地质效果。对质量存在问题，但又参与资源/储量估算的工程，应逐一进行质量评述。

7.3　地形测量、地质勘查工程测量及其质量评述

简述控制测量的等级和实测精度；采用的平面坐标和高程系统；地形测量的成图方法及质量。简述地质勘查工程的测量方法及质量。

7.4　地质填图工作及其质量评述

说明矿区地质图和地质剖面的测制方法及其精度。

7.5　物探、化探工作及其质量评述

简述地面物探、化探的工作方法、工作量、资料处理和地质解释方法、主要成果并做出质量评述。说明测井的工作方法、工作量、地质解释方法、主要成果并做出质量评述。

7.6　采样、化验和岩矿鉴定工作及其质量评述。

说明光谱分析、全分析、基本分析、组合分析、物相分析等样品的采集方法、规格及其确定的依据；采样工作质量及样品的代表性；采样工作的检查结果。样品加工及K值（缩分系数）选择的依据。各种化验分析内检、外检情况及质量评述。岩矿鉴定工作质量评述。

自然重砂、人工重砂、单矿物、同位素年龄及稳定同位素（包括硫、铅、锶等）组成样、精矿样品等的加工、分析、鉴定工作质量的评述。

水样、岩矿物理力学性质测试样的采样、测试及其质量评述。

8. 资源/储量估算

8.1　资源/储量估算的工业指标

说明有关工业指标的文件、文号，引述工业指标的内容。

8.2　资源/储量估算方法的选择及其依据

从矿体的形态、产状及勘查工程的布置方式等方面论述所选择的资源/储量估算方法的合理性及其依据，并阐述该方法的主要计算公式。

8.3　资源/储量估算参数的确定

论述参与资源/储量估算的面积、体积质量（体重）、单工程平均品位、块段平均品位、矿床平均品位、特高品位、矿体平均厚度等参数的测定、计算和处理方法。

8.4　矿体（层）圈定的原则

说明根据矿床地质特征、成矿控制因素及矿化规律等所确定的矿体圈定和连接、内外推

的原则。

8.5　资源/储量的分类

根据矿体的勘查控制程度、地质可靠程度、可行性评价结果，对勘查工作所获得的资源/储量进行分类，说明各类型资源/储量的具体划分条件及其在地质空间的分布。

8.6　资源/储量估算结果

说明各种类型资源/储量估算结果、总资源/储量，各类型资源/储量所占矿床总资源/储量的比例。资源/储量估算结果可用附（插）表说明。

8.7　资源/储量估算的可靠性

抽取一定数量的块段用其他方法进行验算，根据验算结果来评述资源/储量估算的可靠程度。

8.8　共（伴）生矿产的资源/储量估算方法及结果

分别说明各种共（伴）生矿产的取样方法、基本分析或组合样数目，块段平均品位、矿床平均品位的计算方法、资源/储量估算方法及结果。资源/储量估算结果可用插表说明。

8.9　资源/储量估算中需要说明的问题（略）

9. 矿床开发经济意义概略研究

9.1　论述国内、外资源状况，市场供求、市场价格及产品竞争能力。

9.2　概述矿床的资源储量、矿石加工技术性能及矿床开采技术条件。

9.3　概述供水、供电、交通运输、原料及燃料供应、建筑材料来源及其他外部条件的概况。

9.4　简要说明未来矿山生产规模、服务年限及产品方案。

9.5　简要说明预计的开采方式、开拓方式、采矿方法、选矿方法、选矿流程等。

9.6　论述评价方法的选择及技术经济指标（类似企业的经验指标或扩大指标）的选取。

9.7　经济效益计算（附有关表格）及敏感性分析。

9.8　简要说明企业经济效益和社会效益、环境保护问题。

9.9　对建设项目进行综合评价，确定矿床开发有无投资机会、是否需要进一步勘查、是否制定长远规划或工程建设规划。

10. 结论

10.1　对矿床勘查控制程度、地质报告资料的完备程度及其质量等做出概括的、结论性的评述。

10.2　总结矿床成矿基本规律，做出远景评价。

10.3　评价开采技术条件和地质环境问题。

10.4　指出矿床开采的经济效果。

10.5　总结地质工作中的主要经验教训及存在问题。

10.6　提出对今后生产地质勘查和矿山开采的建议。

注：结论之后附照片图版，照片图版也可单独成册。

说明：

附录1节选自下述规范：

（1）中华人民共和国地质部．1980. 固体矿产普查勘探地质资料综合整理规范

（2）中华人民共和国地质矿产行业标准DZ/T 0033—2002 固体矿产勘查/矿山闭坑地质报告编写规范

附录 2　矿产资源储量规模划分标准

顺序号	矿种名称		储量单位	矿床规模		
				大型	中型	小型
1	铀	（地浸砂岩型）	金属/t	≥10000	3000～10000	<3000
		（其他类型）	金属/t	≥3000	1000～3000	<1000
2	铁	（贫矿）	矿石/亿 t	≥1	0.1～1	<0.1
		（富矿）	矿石/亿 t	≥0.5	0.05～0.5	<0.05
3	锰		矿石/万 t	≥2000	200～2000	<200
4	铬铁矿		矿石/万 t	≥500	100～500	<100
5	钒		V_2O_5/万 t	≥100	10～100	<10
6	钛	（金红石原生矿）	TiO_2/万 t	≥20	5～20	<5
		（金红石砂矿）	矿物/万 t	≥10	2～10	<2
		（钛铁矿原生矿）	TiO_2/万 t	≥500	50～500	<50
		（钛铁矿砂矿）	矿物/万 t	≥100	20～100	<20
7	铜		金属/万 t	≥50	10～50	<10
8	铅		金属/万 t	≥50	10～50	<10
9	锌		金属/万 t	≥50	10～50	<10
10	铝土矿		矿石/万 t	≥2000	500～2000	<500
11	镍		金属/万 t	≥10	2～10	<2
12	钴		金属/万 t	≥2	0.2～2	<0.2
13	钨		WO_3/万 t	≥5	1～5	<1
14	锡		金属/万 t	≥4	0.5～4	<0.5
15	铋		金属/万 t	≥5	1～5	<1
16	钼		金属/万 t	≥10	1～10	<1
17	汞		金属/万 t	≥2000	500～2000	<500
18	锑		金属/万 t	≥10	1～10	<1
19	金	（岩金）	金属/t	≥20	5～20	<5
		（砂金）	金属/t	≥8	2～8	<2
20	银		金属/t	≥1000	200～1000	<200
21	铂族		金属/t	≥10	2～10	<2
22	钽	（原生矿）	Ta_2O_5/t	≥1000	500～1000	<500
		（砂矿）	矿物/t	≥500	100～500	<100
23	铌	（原生矿）	Nb_2O_5/万 t	≥10	1～10	<1
		（砂矿）	矿物/t	≥2000	500～2000	<500
24	铍		BeO/t	≥10000	2000～10000	<2000
25	锂	（矿物锂矿）	Li_2O/万 t	≥10	1～10	<1
		（盐湖锂矿）	LiCl/万 t	≥50	10～50	<10

资料来源：国土资源部，2000

附录3　度量单位换算系数

一、质量单位

1 千克（kg）＝2.2046 磅（pound，缩写为 lb，英国常衡制单位）

1 长吨（long ton，缩写为 lt）＝2240lb（英国常衡制单位）

1 短吨（short ton，缩写为 st）＝2000lb（英国常衡制单位）

1 公吨（metric ton，缩写为 t）＝1000kg（米制单位）＝2204.6lb＝1.1023st＝1.1023st＝0.9842lt

克/吨（g/t）＝1ppm＝0.02917 盎司（金衡制）/st

克/立方厘米（g/cm^3）＝1t/m^3＝62.428 磅/立方英尺

1 克拉（carat）＝200mg（钻石的重量单位）

1 克拉（carat）＝1.0296g（药品质量单位）

1 开（karat，缩写为 k）＝1/24（黄金纯度单位，1 开约为千分数的 41.7；纯金为 24 开或 999.9 黄金，足金成色在 990 以上，22 开相当于千分数 916）

1 盎司（troy ounce，缩写为 tr oz）＝31.1035g（金衡制单位）

1 盎司＝28.349g（英国常衡制单位）

1 英钱（penyweight）＝1/20 盎司（金衡制）＝1.5552g

1 磅（金衡制）＝12 盎司（金衡制）＝373.24g

1 磅（英国常衡制单位）＝16 盎司（英国常衡制单位）＝453.6g

二、距离单位

1 英寸（inch）＝2.54cm

1 英里（mile）＝5280 英尺（feet）＝1.609km

1km＝0.6214 英里

1mm＝0.0394 英寸

三、面积单位

1 英亩（acre）＝0.404686 公顷（hectares）＝4046.86m^2

1 公顷＝10000m^2

后　记

随着计划经济转化为市场经济，我国矿产勘查行业已经发生了深刻变革，而且这种变革还将继续；一方面，我们正面临着勘查难度增大、勘查成本增加、矿床发现率降低，同时又要保持我国矿业可持续发展的严峻挑战；另一方面，矿产勘查部门人才匮乏、知识老化已成为矿产勘查行业发展的瓶颈。目前，矿产勘查专业教育也在采取积极的应对措施，提高办学水平。在教学过程中，我们感觉到现有教材已经难以适应现行的教学要求，迫切需要新编能够适应市场经济并且能够与国际基本接轨的教材。

作为教材，内容上应该反映本学科前沿、跟踪创新成果。本书在编写过程中力图根据本课程的特点在内容选材和体系结构安排方面为学生未来成为矿产勘查领域的专门人才而设计一个知识结构和能力结构的框架，努力以发展的眼光来建设，努力注重综合、突出应用，并且尽可能深入浅出地进行阐述，期望能使更多的读者从中受益。但难免挂一漏万。

矿产资源勘查学是一门高度综合的应用地质学学科。本课程的学习过程中需要理解许多理论概念，了解它们是在什么样的情况下提出，又在应用中有了哪些方面的发展，这样才能比较容易把握问题的实质；对于每一种勘查方法和技术，则需要了解其原理和适用条件以及所获结果的解释；矿产勘查工作有许多规范要求，实际工作中既要遵守规范又要坚持创新。矿产勘查工程学的发展一方面决定于学科本身的发展，另一方面又与整个科学水平的发展有关，因此，学习过程中不能只满足于教材和课堂教授，要注意联系本课程知识多阅读一些相关学科的参考资料，特别是对相关学术期刊的阅览和网上信息的搜寻。此外，还应积极参加师生之间、学者之间的交流和讨论，这种交流不在于结果如何，关键在过程，目的在于提高自主学习的积极性和能力。

总体而言，矿产资源勘查学主要解决如下四方面的问题。

(1) 勘查什么：这涉及目标矿种和目标矿床类型的确定。

(2) 到什么地方去勘查：这涉及确定勘查选区的问题。选区过程是勘查活动序列中最关键的一步。

(3) 怎样勘查：这涉及勘查手段的应用问题。最成功的勘查项目一般是地质、地球物理、地球化学及探矿工程技术的最佳组合。

(4) 矿体的形态、产状、规模、质量以及开发前景：这需要通过采用一定的勘查方法查明矿体在三度空间中的赋存状态，通过可行性分析确定其工业价值。

最后，让我们以杰出的矿产勘查学家、西澳采矿公司前勘查部主任 Roy Woodall 于1992年的一段话作为本书的结尾：

——矿产勘查是一种投资形式；

——矿产勘查是科学研究；

——矿产勘查需要创造性思维；

——矿床发现是发明；

——矿产勘查是为人类创造财富。